LEBEN DES BENVENUTO CELLINI

VON IHM SELBST GESCHRIEBEN

LEBEN DES BENVENUTO CELLINI

VON IHM SELBST GESCHRIEBEN

❧

AUS DEM ITALIENISCHEN

INS DEUTSCHE ÜBERTRAGEN VON

HEINRICH CONRAD

MIT ZWEIUNDDREISSIG BILDERN VON

MICHAEL MATHIAS PRECHTL

❧

VERLAG C. H. BECK MÜNCHEN

Der Historienschreiber muß unbekümmert um persönliche Rücksichten, auch wenn es Schande und Schmach bringt, stets die lautere Wahrheit berichten.

Benedetto Varchi

Ich könnte mich noch ausführlicher über die Werke Benvenutos ergehen, der in seinen Taten mutig, kühn, lebendig, rasch und gewaltig war, dazu ein Mann, der es gut verstand, seine Sache selbst vor Fürsten in Worten zu führen, sowie mit Hand und Geist Werke der Kunst zu vollbringen, unterlasse es aber, da er selbst sein Leben und seine Arbeiten geschildert, auch eine Abhandlung über Goldschmiedekunst wie über Bildhauerei geschrieben hat, mit mehr Beredsamkeit und Ordnung, als ich es zu tun vermöchte.

Giorgio Vasari

Willkommen Benvenuto
Ein Leben in zweiunddreissig Bildern
Von Michael Mathias Prechtl

Als man Giovanni Cellini den erstgeborenen Sohn brachte, damit er ihm einen Namen gebe, rief er: »Sei willkommen«, und so wurde der Junge im Taufregister namhaft: Benvenuto.
In ein Gruppenbild am Plafond der Sala Cosimo im Palazzo Vecchio hat Vasari sich selbst groß und gut beleuchtet in den Vordergrund gemalt, den Herzog breit in die Mitte und hinter seinen Rücken, als Statisten unter anderen, ein wenig beschattet: Benvenuto Cellini. Dies ist das einzig erhaltene *authentische* Bildnis.
Ich habe mir meinen Benvenuto erfunden, etwa sechsundsechzig Jahre alt, vom Leben gezeichnet, den Blick selbstbewußt, doch etwas mißtrauisch auf den neugierigen Leser seiner Memoiren gerichtet.
Der Skorpion. Bambino Benvenuto fing sich einen Skorpion, zu groß für seine Kinderfaust, lief freudig damit zum Großvater Andrea: »Großvater schau, mein schönes Krebschen!« Wollte ihn nicht wieder aus der Hand lassen, so sehr man auch bat. Bis der Vater mit der großen Schere kam und der tödlichen Gefahr Stachel und Zangen beschnitt. In einem alten astrologischen Kalender steht zu lesen: »Recket doch der Skorpion den Stachel ebenso oft gegen sich selbst wie gegen seine Feinde, an denen er nie Mangel hat, da er schroff sein kann, hart und dazu von böser Zunge. Quälet sich aber auch selbst mit Eifersucht und dunklem Hirngespinste, tappet im schwarzen Wirrgarten seiner Triebe, streitet wider Chimären und ist sich und anderen ein Rätsel. O des Kampfes und Umgetriebenseins so eines, welcher sich leicht an Arbeit übernimmt, so sein erfinderisch Ingenium ihm verschaffet und sein beharrlicher Wille endlich zwinget. Ist sehr bös oder sehr gut und muß sich letzteres sauer werden lassen. Glaub's!«
Salamander soll glühen. Giovanni Cellini glaubte in der Feuersglut einen Salamander zu sehen. Um auch den Sohn von dieser Vision zu überzeugen, gab er ihm eine gewaltige Ohrfeige. Der schlagende Beweis sollte Benvenuto ein Leben lang an den feurigen Lurch erinnern. Jahre später sah er den von Flammen umzingelten Salamander als Imprese im Wappen des Königs von Frankreich wieder. Auch der hielt die fabelhaft aus dem Feuer geborene Amphibie für vorbildlich. Er hatte eben noch keinen Buffon oder Brehm zur Hand, bei denen er hätte nachlesen können, daß Feuersalamander nur im feuchten Element, nicht in heißer Glut leben können.

LEONARDOS ROSSÄPFEL. Zur selben Zeit, als Benvenuto sein Sternbild fing, wurden Leonardo da Vinci und Michelangelo Buonarotti vom Rat der Republik Florenz aufgefordert, Entwürfe zur Ausmalung des großen Rathaussaales zu liefern. Leonardo zeichnete kämpfende Kavallerie, Michelangelo badende Infanterie. Beide Kartone erregten, kaum waren sie ausgestellt, ungeheures Aufsehen. Später übten sich zahllose Künstler, von Raffael bis Rubens, im Nachzeichnen der Details. Für Benvenuto Cellini waren sie eine »Schule der Welt«. Als Leonardo an der Wand zu malen begann, tobte ein heftiges Unwetter über Florenz, es wurde stockdunkel, kalt und feucht, die Farben liefen ihm von der Wand. Da legte er entmutigt den Pinsel aus der Hand, verließ den Saal und die Arbeit und kam nie mehr zurück. Michelangelo hatte erst gar nicht mit der Malerei begonnen. Während sein Karton schon bald verloren ging, konnte Rubens noch ein Jahrhundert danach vom Karton des Leonardo die vier um die Fahne raufenden Reiter abzeichnen.

BILDHAUEREI. Die sprichwörtliche *beffa* der Florentiner, der Schabernack, ist bissig und scharf, will sich über den anderen nicht nur lustig machen, sondern ihn bloßstellen und verhöhnen. Die *burla*, der üble Streich, in bedachtsamer Streitlust angezettelt, ist zuweilen geistreich, meist erbarmungslos rüpelhaft. Von solcher Art war wohl der Spott, den der junge Michelangelo mit dem zwei Jahre älteren Pietro Torrigiani trieb, als sie 1492 nach Masaccios Fresken in der Cappella Brancacci zeichneten. Pietro, schlagfertig nur mit der Faust, nicht mit dem Wort, verstand keinen Spaß. Er gab dem Witzbold einen so gewaltigen Schlag auf die Nase, daß der »für tot« liegen blieb. Torrigiani floh aus Florenz, Michelangelo blieb fürs Leben gezeichnet.

RAFFAEL MACHT SICH AM BESTEN IN RÖTEL. Michelangelo zeichnete nach Masaccio, Raffael zeichnete nach Michelangelo, Benvenuto zeichnete nach Michelangelo und Raffael. Michelangelo: »Das Zeichnen, welches man mit einem anderen Wort auch Entwerfen nennt, ist Quell und Quintessenz der Malerei, der Bildhauerei, der Baukunst wie jeder anderen Art des Gestaltens. Es ist die Wurzel aller Wissenschaft. Wer diese Kunst beherrscht, mag erkennen, daß ihm eine unvergleichliche Macht gegeben ist ... Jeden Gegenstand in seiner Art vollkommen zu zeichnen, dünkt mich nicht anders, als das Amt des unsterblichen Schöpfers zu verwalten.«

EIN PFAU UNTER KRÄHEN. Nach der Pest hatte sich in Rom ein Kreis von Künstlern gefunden, das geschenkte Leben ausgelassen zu genießen. Zu einem Sonntagsvergnügen sollte jeder ein Mädchen mitbringen. Benvenuto machte sich den Spaß, eines Nachbarn Jungen, den »hübschen Diego«, in Frauenkleider zu stecken und mit Schmuck herausgeputzt als seine »Braut« vorzustellen. Von allen Mädchen war er die Schönste, ein Pfau unter den Krähen.

SACCO DI ROMA. Die Römer plünderten Athen, Karthago, Jerusalem. Rom wurde von Geiserichs Vandalen geplündert, von den Söldnern des fünften Karl, und am nachhaltigsten von den Kunstkommissaren Napoleon Bonapartes. Kaiser Karl war seinen Truppen seit Monaten den Sold schuldig geblieben. Die Soldaten begannen zu meutern, da lief ein Gerücht um, sie würden in Rom entlohnt. Doch Papst Klemens weigerte sich, eine Zeche zu bezahlen, die er nicht bestellt hatte. Am 6. Mai 1527, zwei Stunden vor Sonnenuntergang, drangen die Kaiserlichen: Spanier, Neapolitaner, allen voran die deutschen Landsknechte, in die Ewige Stadt ein und nahmen sich Rom zur Beute. Mit diesem Tag endete die Renaissance, sagt man.

DAS EINSCHMELZEN DER PAPSTKRONE ZUM OSTERHASEN. Während des Sacco saß Benvenuto mit Papst Klemens sicher im Mausoleum des Hadrian, der festen Engelsburg, brach Edelsteine aus den Schmuckstücken des Pontifex Maximus, zerschlug ohne Bedenken oder Bedauern Meisterwerke der Goldschmiedekunst und schmolz sie zu Klumpen. Diese Aktion erinnert an ein Medienspektakel unserer Tage, wobei die Krone zum Osterhasen gerann.

DER STURZ DER GIGANTEN. Nach dem Sacco ging Benvenuto nach Mantua, seinen Freund Giulio Romano zu besuchen. Giulio war dort ein großer Herr geworden und baute vor den Toren der Stadt den Palazzo del Tè, eine Sommerresidenz für den Markgrafen Federico Gonzaga. Später malte er in den letzten Raum dieses »Palastes der glänzenden Täuschungen« die stürzenden Giganten, sein malerisches Haupt- und Meisterwerk.

EIN HUND MIT GOLDENER NASE. »Ich hielt mir einen sehr großen und langhaarigen Hund«, schrieb Cellini laut Conrad, aber ein paar Seiten weiter steht zu lesen: »An demselben Tag ging ich mit meinem Pudel über die Piazza Navona.« Ja, was nun, wie war der Hund, sehr groß oder pudelklein? Er hatte jedenfalls eine sehr feine Nase, konnte Gold und Juwelen von weitem riechen und fing den Dieb, der Wochen zuvor in Benvenutos Werkstatt eingebrochen hatte. Ein wahrer Golden Retriever also, auch wenn er nicht so oder anders aussah.

DIE BESCHWÖRUNG DER SCHWARZEN TEUFEL. Damals brauchte ein Geisterbeschwörer Magie, um mit Hokuspokus, Feuer und Schwefel Legionen echter Teufel aufzutreiben. In unserem Jahrhundert reichte blanke Demagogie, um dumme Teufel in Massen auf infernalische Ideen einzuschwören.

»DAS MESSER KENNT KEIN MASS«, sagte Benvenuto, aber er kannte sein Messer. Kaum war Papst Klemens gestorben, überfiel Cellini seinen Erzfeind Pompeo und stach ihn tot. Er wußte, nach der Neuwahl würde die übliche Amnestie verkündet und sein Mord könnte straflos bleiben. So kam es auch: Papst Paul meinte, einzigartige Männer wie Cellini brauchten es mit den Gesetzen nicht so genau zu nehmen, und stellte ihm einen Freibrief aus.

DA WAR DER WURM DRIN. Benvenuto lag mit hohem Fieber und mit Schüttelfrost im Bett. Von den Ärzten, die dazumal von Krankheitsursachen so gut wie keine Ahnung hatten, wurde er nach wenigen Tagen aufgegeben. Da kurierte er sich selbst, indem er zwei Maß kaltes klares Wasser trank. Danach erbrach er einen ellenlangen haarigen Wurm. Bald fühlte er sich besser, und die Ärzte wunderten sich.

VASARI BESCHREIBT CELLINI: »Mit dem ältesten und geehrtesten beginnend sage ich, daß Benvenuto Cellini, Bürger aus Florenz, heutigen Tages Bildhauer, in seiner Jugend die Goldschmiedekunst übte und hierin nicht seines Gleichen hatte«... Giorgio Vasari war der erste Kunsthistoriker und ein hervorragender Architekt, doch ein mäßiger Maler, schätzte sich aber als solcher sehr hoch ein. Er kritisierte Leonardos langsame Arbeitsweise und war sehr stolz auf seine eigene enorme Produktion: So brüstete er sich, er habe den großen Saal der Cancelleria zu Rom in nur einhundert Tagen ausgemalt. »Das sieht man«, bemerkte Michelangelo spöttisch. Rilke sagte von ihm: »Wieviel Ungerechtigkeit hat der Ahn aller Kunstkritik, Vasari, auf dem Gewissen! Und doch, wie hoch steht er in seiner naiven Anerkennung über dem Gebaren seiner verkrüppelten Nachfahren.«

DER TRAUM VOM FLIEGEN. Der Kastellan auf der Engelsburg, in der Benvenuto gefangen saß, litt zuweilen an seltsamen Wahnvorstellungen: Letztes Jahr glaubte er ein Frosch zu sein und machte große Sprünge, dieses Jahr fühlte er sich als Fledermaus und wollte fliegen. Er fragte seinen Gefangenen, ob auch er Lust habe zu fliegen. Benvenuto wußte sicher von Leonardo da Vincis Konstruktionen und Flugversuchen. So sagte er, wenn er das Material hätte, sich Fledermausflügel zu machen, würde er sich zutrauen, vom Kastell hinabzuflattern. Da ließ ihn der Burgvogt in Fesseln legen und sicher hinter doppelten Riegeln einschließen. Karl Valentin, der, wenn er wollte, wie ein Frosch und eine Fledermaus aussehen konnte, übte aus Angst vor Höhenflügen »Sturzflüge im Zuschauerraum«.

DER SCHUSS AUF DIE TAUBE. Cellini war ein Waffennarr. Nie ging er ohne Dolch und Degen aus. Vor allem aber liebte er es zu schießen. Er hatte vom Herzog Alexander eine Radschloßbüchse geschenkt erhalten, mit der er bei jeder Gelegenheit in der Gegend herumballerte. So zielte er einmal nach dem Kopf einer Taube, die über dem Fenster eines gewissen Kardinals Santa Fiori nistete. Er schoß und traf. Der Kardinal, der zufällig zur gleichen Zeit zum Fenster hinausgesehen hatte, glaubte, der Schuß habe ihm gegolten, und beschuldigte Benvenuto des Attentats auf seine exzellente Person.

PAPA E FIGLIO E SPIRITO. Cellini wurde von einem undankbaren Gesellen denunziert, bei besagter Kronenschmelze während des Sacco päpstliches Gold und Pretiosen in den eigenen Sack gesteckt zu haben. Der habgierige Papstsohn Pierluigi Farnese ließ Cellini in die finsteren Verliese des Vatikans werfen, der betrunkene unheilige Vater Paul gab ihm in weinseliger Laune die Freiheit wieder. Der Kardinal von Ferrara hatte sich Benvenuto im günstigsten Moment, als der unfehlbare Papst nicht ganz bei Sinnen war, für den König von Frankreich erbeten. Kaum wieder nüchtern, bedauerte Papa Paolo sogleich seine mitleidige Anwandlung.

DIE ENGLISCHE BOTSCHAFT. Wie einstmals den schlafenden Petrus ein Engel im Kerker besuchte, seine Ketten zu lösen, so kam auch einer zu Benvenuto in die Zelle, als er schlief. Im Traum schrieb ihm der himmlische Bote Worte von großer Bedeutung auf die Stirn und sagte ihm göttliche Geheimnisse ins Ohr, gebot ihm aber streng zu schweigen. Als Benvenuto erwachte, fand er die Tinte noch nicht trocken. Er konnte jedoch die Botschaft nicht entziffern, da er keinen Spiegel zur Hand hatte, zudem war seine Zelle stockdunkel. Seitdem sah er sein Haupt von einem Heiligenschein erleuchtet, jeden Morgen nach dem Aufstehen zwei Stunden lang.

DIE SCHULE VON FONTAINEBLEAU. König Franz liebte Italien und die italienische Kunst. Da es ihm nicht gelang, Italien in Besitz zu nehmen, holte er sich Italien nach Frankreich. Als er noch in Amboise an der Loire wohnte, brachte er den alten Leonardo da Vinci dorthin. Wenn man Ingres glauben darf, ist Leonardo sogar in seinen Armen gestorben. Später, da er die mittelalterliche Burg im Wald von Fontainebleau zu einem grandiosen Palast ausbauen ließ, engagierte er den Florentiner Rosso, einen Schüler Pontormos, und Primaticcio da Bologna, der bei Giulio Romano in Mantua gearbeitet hatte. Diese beiden schon anerkannten Künstler sollten seine neue Residenz mit Fresken, Stukkaturen, Reliefs und anderem Dekor ausschmücken. Um die vielfältigen Aufgaben zu bewältigen, stellten sie eine große Anzahl junger Künstler zur Mitarbeit an. Sie zeigten ihnen, wie man die Körper windet und dreht, die Glieder streckt und ineinanderrenkt, zu Kompositionen voll Sinnlichkeit und tieferer Bedeutung, im hellen, heiteren Kolorit, rosa, hellblau und grün. Später nannte man diese Künstlergruppe und den von ihr gepflegten Stil: Schule von Fontainebleau.

DIE JAGD IST VORBEI. Ein durstiger Hund namens Bleau entdeckte die blaue Quelle und die badende Nymphe Fontaine. Cellini modellierte für das Tympanon der porte dorée, der goldenen Pforte am Schloß Fontainebleau, eine Nymphe, die einen Hirsch umhalst, aus ihrem umgestürzten Krug sprudelt das Wasser, Hunde trinken rechts davon, von links schnüffeln Wildschweine. Eine sehr ähnliche Komposition wurde für eine Marmorgruppe übernommen, die zu einem der Brunnen des Jagdschlosses der Diane de Poitiers gehörte: Diana legt zärtlich den Arm um einen kapitalen Hirsch. Der Künstler ist unbekannt. War es Cellini? Wohl kaum, ein derart gelungenes Werk hätte er sich wortreich zugeschrieben. Wenn der kapitale Hirsch stellvertretend für Franz steht, dann muß die Badenixe Anne d'Estampes sein, die zudem in Fontaine-Vavaganne geboren wurde.

Ein juristischer Akt. Die Magd Catarina beschuldigte Cellini vor Gericht, er habe sie »auf italienische Art« in die falsche Öffnung mißbraucht. Benvenuto war entrüstet, dies sei keine italienische Praxis, da er sie nicht kenne, müsse es wohl eine französische sein, weil sie ihr so gut bekannt sei. Mit großem Geschrei verlangte er vom Richter für die Sünderin die Höchststrafe: das Feuer. Dieser Argumentation war das Gericht nicht gewachsen.

Der Koloss. In Frankreich wurde Cellini zum Bildhauer. Hier, in sicherer Entfernung zum großen Vorbildner, wollte er ihn übertreffen. Was jener in Florenz nicht zu tun imstande war, beschloß Benvenuto in Paris zu verwirklichen. Papst Klemens hatte bei Michelangelo eine riesige Statue bestellt. Diese sollte, wie jene sagenhafte dem antiken Rhodos, nun Florenz zu einem Weltwunder verhelfen. Michelangelo bemerkte ironisch, man könne, damit die Sache sich lohne, zwischen den Beinen einen Barbierladen unterbringen, den hochgereckten Arm als Rauchabzug benutzen und im Hohlkopf Glocken aufhängen. Das Geläute würde sich anhören, als schreie der Gigant um Gnade. Cellinis Modell aus Holz und Gips ragte weithin Aufsehen erregend über den Dächern von Paris, doch es stand auf schwachen Füßen und zerfiel, kaum daß er die Stadt verlassen.

Saurer Hagelschlag. Bei der Heimkehr von Frankreich nach Italien wurden Cellini und seine Gesellschaft eine Tagesreise vor Lyon von einem Unwetter überrascht. Aus heiterem Himmel fielen nach gewaltigen Donnerschlägen Hagelschlossen, erst bohnengroße, dann größere, zuletzt zitronendicke. Benvenuto sang lauthals ein Miserere und betete inbrünstig, vergaß aber nicht, seinen Kopf mit dem Mantel zu polstern. Als sie nach dem Ende des Gewitters weiterritten, fanden sie die Gegend schlimm verwüstet. Bäume waren zerfetzt, alles Vieh, das draußen gewesen war, erschlagen, viele Hirten tot. Da dankten sie Gott, daß sie mit dem Schrecken davongekommen waren.

Der Büstenhalter. Um sich bei seinem neuen Herrn gut einzuführen und den Bronzeguß zu proben, modellierte Cellini eine überlebensgroße Büste Cosimos de Medici. Über die Reaktion des Herzogs schweigt Benvenuto. Fühlte er sich zu wenig oder zu sehr getroffen? Die strenge, despotische Miene des Bronzecosimos scheint dem lebendigen nicht gefallen zu haben, denn er verbannte das gute Stück auf die Insel Elba, wo es über dem Tor der Festung von Portoferraio die Feinde schrecken sollte.

Die ganymedische Versuchung. Herzog Cosimo hatte einen antiken griechischen Torso aus Marmor erworben. Benvenuto erbot sich, Arme und Beine, Kopf und Adler anzustücken und so einen schönen Ganymed daraus zu machen. Sein Rivale Bandinelli, erbost darüber, daß Cellini sich an griechischem Marmor vergreifen und aus einem Corpus von wer weiß wem des Zeus Lustknaben machen wollte, nannte ihn vor aller Ohren einen Sodomiten. Benvenuto, selten um eine Widerrede verlegen, parierte schlagfertig: »Wollte Gott, daß ich mich auf eine so edle Kunst verstünde, denn wir lesen, daß Jupiter selbst sie mit Ganymed im Olymp trieb, und hier auf Erden pflegen sie große Geister, Kaiser und Könige. Leider bin ich nur ein schlichter armer Mensch, der auf so etwas nicht hoffen darf und kann.« Der Witz bei der Sache war, daß jeder Benvenutos Hang zu schönen Knaben kannte, weshalb er schon etliche Male in ernsthafte Schwierigkeiten geraten war.

Taubenblut tut Augen gut. Als Benvenuto am Schleifstein einen Meißel schärfte, sprang ihm ein Stahlsplitter tief ins Auge. Er fürchtete blind zu werden. Ein Chirurg ließ zwei Täubchen zur Ader und träufelte ihm lebenswarmes Blut ins Auge. Nach zwei Tagen kam der Splitter von selbst heraus und Benvenuto sah »besser als zuvor«. Dankbar machte er der heiligen Lucia ein goldenes Auge.

Das Haupt der Medusa. Herzog Cosimo wollte dem Sieg der Medici über die Republik und das Volk von Florenz ein Denkmal setzen. Als siegreichen Stellvertreter wählte er sich Perseus, Sohn der Danae, die Vater Zeus als Goldregen geschwängert hatte. Cellini wurde beauftragt, den mythischen Helden zu schaffen, der mit List und Tücke die Gorgo bezwang. Medusa verlor den Kopf, und kopflos gebar sie aus vollem Hals Pegasos, das geflügelte Pferd. Benvenuto stellte den Halsabschneider an den großen Platz vor dem Palazzo Vecchio. Da steht er noch heute; Medusas Haupt blickt hocherhoben in seiner Faust auf Florenz, und die Stadt erstarrt zu Stein.

Mehr Licht! Michelangelo schrieb an Benvenuto: »Ich habe Euch so viele Jahre als den besten Goldschmied gekannt, von dem wir jemals gewußt haben, und nun werde ich Euch als einen ebenso trefflichen Bildhauer anerkennen müssen. Ihr sollt wissen, daß Herr Bindo Altovito mich in sein Haus führte, mir seine Erzbüste zeigte und mir sagte, sie sei von Eurer Hand. Ich hatte meine große Freude daran, doch habe ich sehr bedauert, daß sie in schlechtem Licht stand. Wenn sie das rechte Licht hätte, so würde sie als das schönste Werk erscheinen, das sie in Wirklichkeit ist.« Aufgeregt lief Benvenuto mit dem Brief zum Herzog, um ihm das dicke Lob des *Göttlichen* unter die Nase zu halten.

Cellini macht der Chimäre Beine. Der sagenhafte Bellerophon, der den geflügelten Pegasos fing und zuritt, tötete hoch zu Pferde die Chimaira, das gefährliche Urvieh. Von vorne war sie ein feuerspeiender Löwe, von hinten eine giftige Schlange und in der Mitte eine Ziege. Als man bei Arezzo in der Erde grub, fand man die etruskische Bronze dieses dreifach gemischten Ungeheuers. Dem antiken Stück fehlten allerdings zwei Beine von vieren. Auf nur zwei Füßen konnte die Löwenziege mit dem Schlangenschweif nicht stehen bleiben, so ergänzte Benvenuto eine vordere und eine hintere Tatze. Meyers Enzyklopädie nennt die Schimäre: Trugbild, Hirngespinst, Idee, die nicht zu verwirklichen ist.

KÜNSTLERLOHN. Cosimo schenkte Cellini mit eigener, herzoglicher Hand eine saftige Birne. Benvenuto war gerührt und vergaß, wie oft er lange auf Bezahlung hatte warten müssen und daß er meistens viel weniger bekam, als er gefordert hatte.

KREUZSCHMERZEN. Als er sich alt fühlte, dachte Benvenuto sich sein Grab zu richten. Er wollte seinen Sarkophag in eine Nische der Kirche Santa Maria Novella stellen und darüber einen lebensgroßen Gekreuzigten aus Marmor hängen. Da ihn die Mönche hier nicht haben wollten, ging er zur Kirche Santissima Annunziata, um dort sein Kreuz anzubringen. Auch hier verweigerte man ihm die Grablege. Wie muß es Benvenuto gekränkt haben, als seinem Intimfeind Bandinelli in derselben Kirche eine ganze Seitenkapelle zugesprochen wurde. Da wollte Benvenuto seinen Christus wegschenken; der frommen Eleanore, um ihre Protektion zu gewinnen. Er vergaß nicht zu erwähnen, daß der Kruzifixus mehr als zweitausend Goldstücke wert sei. Entrüstet lehnte die Herzogin den allzu durchsichtigen Bestechungsversuch ab.

»Ich ließ etliche Tage verstreichen, bis ich dachte, daß die Tränen getrocknet seien; dann ging ich nach Pisa.« Mit diesen Worten beendet Cellini seine Lebensbeschreibung. Benvenuto hatte noch acht Jahre und zwei Monate zu leben. 1564 starb in Rom Michelangelo, der große Leitstern seines Lebens. 1565 heiratete er seine Haushälterin Piera di Salvatore Parigi, mit der er seit langem zusammengelebt hatte. Fünf Kinder wurden ihnen noch geboren, von denen zwei bald starben. 1568 erschienen die Abhandlungen »Über die Goldschmiedekunst« und »Über die Bildhauerkunst« im Druck. Seit über zehn Jahren hatte Benvenuto keine Aufträge mehr erhalten. Verbittert und verarmt starb Benvenuto Cellini am 14. Februar 1571. Den Tag darauf wurde er im Kreuzgang neben der Kirche Santa Maria dell'Annunziata in der Gruft der Accademia del Disegno beigesetzt.

IM NAMEN DES

LEBENDIGEN UND UNSTERBLICHEN GOTTES

LEBEN DES BENVENUTO CELLINI, GOLDSCHMIED

UND BILDHAUER

GESCHRIEBEN VON SEINER EIGENEN HAND

ᛒ

ERSTES KAPITEL
1500 – 1515

Was den Autor bewogen, die Geschichte seines Lebens zu schreiben.
Ursprung der Stadt Florenz.
Nachricht von des Autors Familie und Verwandtschaft.
Ursache, warum er Benvenuto genannt worden.
Er zeigt einen frühen Geschmack für Nachbilden und Zeichnen;
aber sein Vater unterrichtet ihn in der Musik.
Aus Gefälligkeit, obgleich mit Widerstreben, lernt der Knabe die Flöte.
Sein Vater wird von Leo X. begünstigt. Benvenuto
kommt zu einem Juwelier und Goldschmied in die Lehre.

ALLE MENSCHEN jeden Standes, die etwas Tüchtiges oder nach wahrhaft Tüchtigem Aussehendes geleistet haben, sollten wahrheitsgetreu und ehrlich mit eigener Hand ihr Leben beschreiben; aber man sollte so schönen Werkes sich nicht vor Vollendung des vierzigsten Lebensjahres unterfangen. Dessen bin ich inne geworden, da ich jetzt mein achtundfünfzigstes Jahr vollendet habe und dem Alter entgegengehe. Ich lebe gegenwärtig in meiner Vaterstadt Florenz und erinnere mich vieler Widerwärtigkeiten, wie sie wohl jedem in seinem Leben geschehen. Da ich nun zurzeit von solchen Widerwärtigkeiten unbehelligt bin, wie ich in meinem früheren Leben niemals es war, da ich mich größerer Heiterkeit des Geistes und besserer Gesundheit des Leibes erfreue denn je zuvor, und da ich endlich manches Angenehmen und Guten mich erinnere, aber auch so manches unsagbaren Leides, daß ich rückblickend voll Staunens bin, wie ich dieses Alter von achtundfünfzig Jahren habe erreichen können, dem ich dank der göttlichen Güte jetzt entgegengehe – so habe ich beschlossen, mein Leben zu beschreiben.

Wenn nun jemand, der sich bemüht hat, einiges Tüchtiges zu leisten, von der Welt anerkannt ist, so sollte ihm dies allein genügen, nämlich, daß er als ein Mann erkannt und bekannt ist; da man aber doch auch so leben muß, wie man die anderen leben sieht, so geht es bei solcher Lebensschilderung ohne einige weltliche Hoffart nicht ab, die sich in gar verschiedener Gestalt zeigt: und hierbei ist es denn das erste, seine Mitmenschen wissen zu lassen, daß man von ältestem und wackerem Geschlecht abstamme.

Ich heiße Benvenuto Cellini und bin der Sohn des Meisters Giovanni, dessen Vater Andrea und dessen Großvater Christofano Cellini hieß; meine Mutter ist Madonna Elisabetta Granacci, Stefanos Tochter. Beide sind Florentiner Bürgersleute. Man findet – so schreibt Giovanni Villani – in den Chroniken unserer ältesten und glaubwürdigsten Florentiner Geschichtsschreiber, daß die Stadt Florenz nach dem Muster der schönen Stadt Rom erbaut worden sei; man sehe noch einige Spuren vom Kolosseum und von den warmen Bädern. Diese liegen neben Santa Croce; das Kapitol war dort, wo heute der Alte Markt ist, die Rotunda steht noch aufrecht; sie wurde als Tempel des Mars erbaut, heute dient sie unserem San Giovanni. Daß dieses alles einst so war, sieht man sehr gut und es läßt sich nicht leugnen, aber genannte Gebäude sind viel kleiner als die römischen. Ihr Erbauer soll Julius Cäsar mit einigen römischen Rittern gewesen sein; sie erbauten nach der Besiegung und Einnahme von Fiesole an diesem Orte eine Stadt und jeder von ihnen übernahm es, eins dieser stattlichen Gebäude zu errichten. Nun hatte Julius Cäsar einen hochgeehrten und tapferen Hauptmann, der sich nach einer zwei Miglien von Monte Fiasconi gelegenen Burg Florinus Cellinus nannte. Dieser Florinus bezog sein Lager unterhalb Fiesole, wo jetzt Florenz liegt, denn die Nähe des Arnoflusses war dem Heere bequem. Da sagten nun alle Soldaten und andere Leute, die mit diesem Hauptmann zu tun hatten: wir wollen nach Florenzia gehen, teils weil der Hauptmann Florinus hieß, teils weil die Gegend seines Lagers eine überreiche Menge von Blumen hervorbrachte. Als Julius Cäsar die Stadt gründete, gefiel ihm dieser allerschönste Name, nicht nur weil er so passend war, sondern auch weil Blumen Glück bringen; er nannte daher die Stadt Florenzia. Zugleich wollte er damit seinem tapferen Hauptmann eine Gunst erweisen; er hatte ihn um so lieber, da er selber ihn aus geringem Stande hervorgezogen und aus ihm einen so wackeren Mann gemacht hatte. Wenn aber gelehrte Phantasten und Untersucher von solchen Namensableitungen behaupten, der Name habe Fluenzia wegen der Lage am fließenden Arno geheißen, so läßt dieses sich nicht aufrechterhalten: denn Rom liegt am Tiberfluß, Ferrara am Pofluß, Lyon am Saônefluß, Paris am Seinefluß; trotzdem haben sie verschiedene Namen, die ihnen aus anderen Gründen gegeben worden sind. Da wir dieses wissen, so sind wir der Meinung, der Name sei von jenem wackeren Manne abzuleiten. Wir finden ferner unsere Cellinis in Ravenna, der ältesten Stadt Italiens; sie sind dort vornehme Edelleute; es gibt auch welche in Pisa, und ich habe in vielen Städten der Christenheit Männer dieses Namens gefunden. Auch in unserem Lande sind noch einige Häuser von ihnen übrig. Sie sind dem Waffenhandwerk ergeben, und es ist noch nicht viele Jahre her, daß ein bartloser Jüngling, Luca Cellini, mit einem in der Führung der Waffen geschickten Krieger namens Francesco von Vicorati, einem sehr tapferen Manne, der schon mehrmals in den Schranken gekämpft hatte, einen Zweikampf ausfocht. Diesen besiegte Luca durch seine eigene Tapferkeit mit den Waffen in der Hand und tötete ihn, zum großen Erstaunen der ganzen Welt, die gerade das Gegenteil erwartet hatte. Ich rühme mich also einer Abstammung von tapferen Leuten. Inwiefern ich nun meinem Hause einige Ehre gemacht habe, so gut dies in unseren Zeitläuften und durch meine Kunst, die nicht viel bedeuten will, überhaupt möglich ist, das will ich an seinem Ort erzählen. Daß ich von niederer Herkunft bin und als erster meinem Hause Ruhm verschafft habe, das rechne ich mir zu größerer Ehre an, wie wenn ich von hoher Abkunft wäre und durch schlechte Eigenschaften diese besudelt oder mein Geschlecht zugrunde gerichtet hätte. So will ich nun zuerst erzählen, wie ich nach Gottes Willen geboren wurde.

Meine Vorfahren wohnten im Ambratale[1], wo sie viele Güter besaßen; sie hatten sich wegen der Parteiwirren zurückgezogen und lebten dort wie kleine Könige; sie alle fanden ihre Lust an den Waffen und waren höchst tapfere Männer. Da geschah es, daß ein jüngerer Sohn namens Christofano mit einigen Nachbarn und Freunden in bitteren Streit geriet. Als nun auch die Häupter der beiden Häuser sich hineingemischt hatten, da sahen sie, daß das entfachte Feuer von solcher Gewalt war, daß beide Familien in Gefahr waren, zugrunde zu gehen. Dieses zogen die Ältesten in Betracht und verglichen sich, so daß meine Sippe den Christofano fortschaffte, die andere Partei aber den Jüngling, durch den der Streit entstanden war, ebenfalls entfernte. Jene schickten ihren Sohn nach Siena, die unsrigen sandten Christofano nach Florenz. Dort kauften sie ihm in der Via Chiara nahe beim Kloster Sant'Orsola ein Häuschen und etliche recht gute Ländereien an der Brücke Rifredi. Christofano nahm in Florenz ein Weib; er hatte Söhne und Töchter; alle seine Töchter stattete er bei ihrer Verheiratung aus, in das übrige teilten sich die Söhne nach dem Tode ihres Vaters. Das Haus in der Via Chiara mit anderen Habseligkeiten fiel einem dieser Söhne zu, namens Andrea. Auch dieser vermählte sich und hatte vier Söhne. Der erste hieß Girolamo, der zweite Bartolomeo, der dritte, der später mein Vater wurde, hieß Giovanni, der vierte Francesco. Dieser Andrea Cellini verstand sich für die damalige Zeit recht gut auf die Baukunst[2]; er erwählte sie zu seiner Kunst und lebte von ihr. Giovanni, mein Vater, half ihm vor allen seinen Brüdern dabei. Da nun, nach Vitruv, wer in dieser Kunst etwas leisten will, auch von Musik und Zeichnen etwas verstehen muß, so wandte Giovanni, nachdem er ein guter Zeichner geworden war, auch der Musik seinen Eifer zu und lernte sehr gut die Geige und die Flöte spielen; und da er ein sehr fleißiger Mann war, so ging er wenig aus. Im Nachbarhause wohnte ein gewisser Stefano Granacci, der mehrere Töchter von herrlicher Schönheit hatte. Nach Gottes

---

1 Das Tal des Ambraflusses, westlich von Arezzo.
2 Das Haus in der Via Chiara war alles, was Andrea besaß. Nach seiner eigenen Angabe in den Katastern war er muratore, also Maurer- und nicht Baumeister.

Fügung sah Giovanni eine von diesen Töchtern namens Elisabetta, und sie gefiel ihm so wohl, daß er sie zum Weibe begehrte. Da nun die beiden Väter wegen der engen Nachbarschaft einander sehr gut kannten, so kam die Heirat ohne Mühe zustande, denn ihnen beiden erschien sie von großem Vorteil. Zunächst beschlossen nun die beiden guten Alten die Heirat; hierauf begannen sie von der Mitgift zu sprechen, und als sich hierbei ein freundschaftlicher Streit unter ihnen erhob, sprach Andrea zum Stefano: »Mein Sohn Giovanni ist der trefflichste Jüngling in Florenz und in Italien, und wenn ich ihn schon früher hätte verheiraten wollen, so hätte ich wohl bessere Mitgift erlangen können, als sie Leuten unseres Standes in Florenz zuteil werden.« Hierauf erwiderte Stefano: »Du hast tausend Gründe; ich aber habe fünf Töchter und dazu noch viele Söhne. Wenn ich meine Rechnung mache, so ist das, was ich dir anbot, alles was ich erschwingen kann.«

Giovanni hatte, von ihnen unbemerkt, schon eine Zeitlang zugehört; plötzlich trat er hervor und sagte: »Oh mein Vater! Das Mädchen habe ich begehrt und geliebt, nicht aber ihr Geld. Pfui über den, der sich an der Mitgift seiner Gattin bereichern will! Ihr habt Euch doch gerühmt, daß ich so geschickt sei. Sollte ich nicht für meine Frau zu sorgen und ihre Bedürfnisse zu befriedigen vermögen, auch wenn ich etwas weniger Geld erhalte, als Ihr zu erhalten wünscht? Ich aber sage Euch: das Mädchen ist mein, die Mitgift mag Euer sein!«

Andrea Cellini, der ein etwas sonderlicher Mann war, erboste sich wohl ein wenig hierüber, aber nach wenigen Tagen führte Giovanni seine Braut heim; er verlangte niemals eine Mitgift. Sie erfreuten sich ihrer Jugend und ihrer heiligen Liebe achtzehn Jahre lang und sehnten sich sehr, Kinder zu haben. In diesen achtzehn Jahren brachte sein Weib zwei tote Knaben zur Welt, woran die Dummheit der Ärzte schuld war. Hierauf wurde sie von neuem schwanger und gebar ein Mädchen, das nach der Mutter meines Vaters Cosa (Niccolosa) genannt wurde. Zwei Jahre darauf wurde sie wieder guter Hoffnung, und da die Gelüste, denen sie wie andere schwangere Frauen heftig ergeben war, genau die gleichen waren wie bei der vorhergehenden Schwangerschaft, so glaubten alle, sie müsse wieder ein Mädchen zur Welt bringen und man beschloß, dieses solle Reparata heißen, um in der Tochter den Namen der Großmutter zu erneuen. Und es begab sich, daß sie in der Nacht nach Allerheiligen niederkam, genau um viereinhalb Uhr im Jahre 1500.[3] Die Hebamme wußte, daß ein Mädchen erwartet würde. Nachdem sie das Geschöpf gereinigt hatte, wickelte sie es in die schönsten weißen Laken, ging dann sachte zu meinem Vater

---

3   Nach dem Taufregister im Domarchiv wurde Benvenuto am 3. November um 4 ¼ Uhr geboren.

Giovanni und sprach: »Ich bringe Euch ein schönes Geschenk, wie Ihr es nicht erwartet habt.«

Mein Vater, der ein wahrer Philosoph war, ging auf und ab und sagte: »Was immer Gott mir schenkt, mir ist es lieb.« Und als er die Laken auseinanderschlug, da sah er den unerwarteten Sohn. Da schlug er die alten Hände zusammen, hob sie und seine Augen zu Gott empor und sprach: »Herr, ich danke dir von ganzem Herzen! Dieser ist mir lieb, er sei willkommen.«

Alle, die zugegen waren, fragten ihn freudig, wie sie ihn heißen sollten. Giovanni aber antwortete ihnen nur: »Ei, er sei willkommen (benvenuto)!« Da beschlossen sie, mir diesen Namen in der heiligen Taufe zu geben und so heiße ich denn zeit meines Lebens mit Gottes Gnade Benvenuto.

Mein Großvater Andrea Cellini lebte noch, als ich schon drei Jahre alt war; er aber hatte schon das hundertste Jahr überschritten.[4] Eines Tages war ein Brunnenrohr verlegt worden, und aus diesem war ein großer Skorpion hervorgekrochen, den niemand gesehen hatte; er war aus der Röhre auf die Erde und unter eine Bank gekrochen; dort sah ich ihn, lief herzu und griff ihn mit meiner Hand. Das Tier war so groß, daß aus meinem Händchen auf der einen Seite der Schwanz, auf der andern die beiden Zangen hervorragten. Wie man mir erzählt hat, lief ich mit großem Jubel zu meinem Großvater und sagte: »Sieh doch, Großvater, mein schönes Krebschen!« Er erkannte das Tier als einen Skorpion und war vor Schreck und Angst um mich dem Tode nahe. Er streichelte mich zärtlich und verlangte, ich solle es hergeben. Ich aber hielt weinend den Skorpion nur um so fester, denn ich wollte ihn keinem Menschen geben. Auf mein Geschrei eilte mein Vater herzu, der noch im Hause war; er war vor Schrecken so starr, daß er nicht wußte, wie dagegen zu helfen sei, daß das giftige Tier mich töte. Unterdessen sah er eine Schere und mit dieser schnitt er, indem er mich streichelte, der Bestie den Schwanz und die Scheren ab. Als ich somit vor großem Unheil bewahrt blieb, nahm er das ganze für ein gutes Vorzeichen. Als ich etwa fünf Jahre alt war, befand sich eines Tages mein Vater in einem kleinen Keller unseres Hauses, worin vom Waschen her ein gutes Feuer von Eichenkloben übriggeblieben war; Giovanni ging mit seiner Geige im Arm allein vor diesem Feuer auf und ab, spielte und sang. Es war sehr kalt. Ins Feuer sehend, erblickte er plötzlich mitten in den züngelnden Flammen ein Tierchen gleich einer Eidechse, die sich im prasselnden Feuer ergötzte. Er erkannte sofort, was es war, ließ meine Schwester und mich rufen, zeigte uns Kindern das Tier und gab mir eine derbe Ohrfeige, worüber ich sofort heftig zu weinen anfing. Er besänftigte mich freundlich und sagte: »Mein liebes Söhnchen, ich

---

4 Eine kleine Übertreibung. Andrea konnte damals höchstens 82 Jahre alt sein.

gab dir die Ohrfeige nicht, weil du etwas Böses begangen hast, sondern nur, damit du dich dieser Eidechse erinnern mögest, die du im Feuer siehst: sie ist ein Salamander, wie man, wenn die Berichte wahr sind, noch niemals einen gesehen hat.« Mit diesen Worten küßte er mich und gab mir einige Heller.

Bald begann mein Vater, mich Flöte spielen und singen zu lehren; und obwohl ich im zartesten Alter stand, worin kleine Jungen gewöhnlich an einem Pfeifchen und ähnlichem Tand ihre Freude haben, so machte es mir einen unsäglichen Verdruß, und ich spielte und sang nur aus Gehorsam. Mein Vater machte zu jener Zeit Orgeln mit wunderbaren Holzpfeifen, Klaviere, wie man sie so gut und schön bis dahin nie gesehen hatte, Geigen, Lauten und die schönsten und ausgezeichnetsten Harfen. Er war auch Kriegsbaumeister und wunderbar geschickt in der Verfertigung von Werkzeugen zum Brückenbau, Waldmühlen und anderen Maschinen. Er war der erste, der gute Elfenbeinarbeiten machte.[5] Als er sich aber in jene verliebte, die später durch ihn meine Mutter wurde, und vielleicht infolgedessen über dem Flötenspiel seine sonstige Pflicht vernachlässigte, da wurde er von den Ratspfeifern aufgefordert, mit ihnen zusammen zu blasen. Nachdem er dies eine Zeitlang zu seinem Vergnügen getan hatte, redeten sie ihm so lange zu, bis er sich in ihre Pfeiferzunft aufnehmen ließ. Lorenzo de' Medici und sein Sohn Piero[6], die große Stücke auf ihn hielten, sahen, daß er ganz und gar im Flötenspiel aufging und seine schöne Begabung und seine schöne Kunst vernachlässigte. Darum ließen sie ihm die Stelle wieder abnehmen. Mein Vater war darob sehr erzürnt und vermeinte, sie hätten ihm dadurch ein großes Unrecht angetan. Plötzlich aber wandte er sich wieder seiner Kunst zu und verfertigte einen Spiegel von etwa einer Elle im Durchmesser aus Knochen und Elfenbein mit Figuren und Blätterwerk von sauberer Arbeit und feiner Zeichnung. Der Spiegel stellte ein Rad dar: in der Mitte war der Spiegel und rund herum sieben Rundungen, in denen aus Elfenbein und schwarzen Knochen die sieben Tugenden geschnitzt und dargestellt waren. Der ganze Spiegel und mit ihm die sieben Tugenden befanden sich im Gleichgewicht, so daß, wenn man das Rad umdrehte, alle Tugenden sich bewegten; sie hatten ein Gegengewicht an den Füßen, so daß sie immer gerade standen. Und da er einige Kenntnisse der lateinischen Sprache hatte, so setzte er rund um den Spiegel herum einen lateinischen Vers, der

---

5 Es gibt aus viel früherer Zeit ausgezeichnete Elfenbeinarbeiten von Andrea Pisano, Donatello und anderen.
6 Lorenzo de' Medici, genannt der Prächtige, gestorben am 8. April 1494, war der bekannte große Staatsmann, Beschützer und Förderer so vieler Gelehrter, Dichter und Künstler. Piero verlor die Herrschaft, als Karl VIII. von Frankreich den Durchgang durch Florenz erzwang; später suchte er vergeblich sie zurückzugewinnen. Er ertrank 1503 im Garigliano.

der Skorpion

besagte, daß bei allen Umdrehungen des Glücksrades die Tugend immer aufrecht bleibt: Rota sum: semper, quoquo me verto, stat virtus.

Bald darauf wurde ihm sein Amt als Ratspfeifer zurückgegeben. Obwohl von diesen Vorgängen einige vor meiner Geburt stattfanden, erinnere ich mich ihrer doch aus den Erzählungen und wollte sie daher nicht übergehen. Diese Pfeifer waren zu jener Zeit lauter hochangesehene Handwerker und einige von ihnen betrieben die feineren Künste der Seiden- und Wollwirkerei; daher sah denn auch mein Vater es nicht als Schande an, dieses Gewerbe zu betreiben, und er hatte auf der Welt keinen sehnlicheren Wunsch, als daß ich ein großer Musiker würde. Ich aber hatte auf der Welt keinen größeren Verdruß, als wenn er mit mir darüber sprach und zu mir sagte: er sehe, daß ich das größte Geschick dazu habe, und wenn ich nur wolle, könne ich der erste Künstler der Welt sein.

Wie ich bereits sagte, war mein Vater ein eifriger Diener und treuer Freund des Hauses Medici; und als Piero davongejagt wurde, vertraute er sich meinem Vater in sehr vielen Dingen von der größten Wichtigkeit an. Als später der prachtliebende Piero Soderini[7] Gonfaloniere wurde, lernte er meinen Vater in seinem Amt als Ratspfeifer kennen; und als er nun erfuhr, wie wunderbar geschickt mein Vater überhaupt sei, begann er sich seiner in Angelegenheiten von der größten Wichtigkeit als Baumeister[8] zu bedienen. Solange Soderino in Florenz war, stand mein Vater bei ihm im höchsten Ansehen. So jung ich damals war, ließ mich mein Vater damals schon die Flöte blasen; ich blies mit den Musikern des Palastes vor dem hohen Rat; ich spielte den Diskant vom Blatte weg, ein Ratsdiener trug mich auf dem Arm. Der Gonfaloniere, eben jener Soderino, hatte viele Freude daran, mich schwatzen zu lassen; er gab mir Zuckerwerk und sagte zu meinem Vater: »Meister Giovanni, laß ihn außer dem Blasen auch noch deine anderen herrlichen Künste lernen!« Worauf mein Vater ihm erwiderte: »Ich will nicht, daß er eine andere Kunst treibe, als spielen und komponieren, denn in dieser Kunst hoffe ich, ihn zum ersten Künstler der Welt zu machen, wenn Gott ihm das Leben schenkt.« Auf diese Worte erwiderte einer von den alten Herrn: »Oh, Meister Giovanni, tu nur, was dir der Gonfaloniere sagt; denn warum sollte er nichts anderes als ein guter Musiker werden?«

---

7 Er war der einzige auf Lebenszeit erwählte Gonfaloniere der Republik Florenz. Er stand in hohem Ansehen wegen seiner Tugend und seines Reichtums, war aber ängstlich und der schwierigen Lage nicht gewachsen. Als er 1512 vertrieben wurde, kehrten die Medici nach Florenz zurück, und zwar als Fürsten, nicht mehr als Bürger.
8 Er fertigte unter anderem ein technisch kompliziertes Gerüst, das Leonardo da Vinci für sein Wandgemälde im großen Ratssaal entworfen hatte.

So verstrich eine Zeit, bis die Medici zurückkehrten. Gleich nachher erwies der Kardinal, der später Papst Leo wurde, meinem Vater viele Freundlichkeiten. Während die Medici in der Verbannung waren, hatte man aus dem Wappen an ihrem Palaste[9] die Kugeln entfernt und ein großes rotes Kreuz darauf malen lassen als Wappen und Zeichen der Gemeinde. Kaum waren sie zurückgekehrt, so wurde das rote Kreuz wieder ausgekratzt, ihre roten Kugeln kamen wieder in das Schild hinein und das goldene Feld wurde sehr schön erneuert. Mein Vater, der eine gewisse natürliche dichterische Begabung hatte und auch einige Wahrsagekunst besaß, die ihm gewiß von Gott verliehen worden war, setzte unter dieses Wappen sofort nach seiner Enthüllung folgende vier Verse:

> Dies Wappen, das so lang verborgen hat
> Das Kreuzeszeichen unsrer lieben Stadt,
> In frohem Glanz jetzt strahlt es wieder hier
> Und wartet auf Sankt Peters Mantelzier.

Dieses Epigramm wurde von ganz Florenz gelesen. Wenige Tage darauf starb Papst Julius II. Der Kardinal de Medici ging nach Rom und wurde gegen die Erwartung der ganzen Welt zum Papst erwählt. Es war der freigebige, großmütige Papst Leo X.[10] Mein Vater schickte ihm seine vier prophetischen Verse. Der Papst ließ ihm melden, er möchte nach Rom kommen. Er hätte gut daran getan, wenn er gegangen wäre; aber er wollte nicht; zum Lohn dafür wurde ihm seine Stelle im Rathause genommen, sobald Jacopo Salviati zum Gonfaloniere erwählt war. Dies wurde Ursache, daß ich mich der Goldschmiedekunst zuwandte; teils erlernte ich diese Kunst, teils blies ich viel gegen meinen Willen.

Ich bat meinen Vater, er möchte mich täglich eine Anzahl Stunden zeichnen lassen, die ganze übrige Zeit würde ich mich aufs Blasen verlegen, nur um ihn zufriedenzustellen. Hierauf antwortete er mir: »Du hast also keine Freude am Blasen?« Ich sagte: »Nein, es erscheint mir eine niedrige Kunst im Vergleich mit der, die mir im Sinne liegt.«

Da verzweifelte mein guter Vater daran, daß ich je ein Bläser werden würde, und gab mich in die Werkstatt zum Vater des Ritters Bandinello, der sich

---

9 Der Palast wurde zwischen 1444 und 1464 von Michelozzo für Cosimo il Vecchio de' Medici erbaut und kam im 17. Jahrhundert in den Besitz der Familie Riccardi, die ihn erweiterte und umbaute. Er heißt nun offiziell Palazzo Medici-Riccardi. Heute befindet sich darin ein Medici-Museum und die Präfektur von Florenz.
10 Am 11. März 1513.

Michelagnolo nannte[11]. Er war ein Goldschmied von Pizzi di Monte, sehr wacker in seiner Kunst, aber von dunkler Herkunft, denn er war der Sohn eines Köhlers. Darum ist aber Bandinello nicht zu schelten; denn er hat sein Haus begründet. Wäre er nur auf gutem Wege dazu gelangt! Wie dem auch sei, es ziemt mir nicht, darüber etwas zu sagen. Als ich einige Tage bei ihm war, nahm mein Vater mich wieder von dem Michelagnolo fort, denn er konnte nicht leben, ohne mich beständig vor Augen zu haben. So mußte ich denn zu meinem Mißvergnügen bis zum Alter von fünfzehn Jahren ein Bläser sein. Wollte ich die großen Abenteuer beschreiben, die mir bis zu diesem Alter zustießen, und die großen Gefahren, in denen oft mein Leben schwebte, so würde sich wundern, wer dies läse; aber um nicht so weitschweifig zu sein, und weil ich ohnehin genug zu sagen habe, übergehe ich diese Geschichten.

Als ich fünfzehn Jahre alt geworden war, trat ich gegen den Willen meines Vaters in die Werkstatt eines Goldschmiedes Antonio di Sandro ein, den man den Goldschmied Marcone zu nennen pflegte. Er war ein ausgezeichneter Arbeiter, stolz und frei in allem seinem Tun. Mein Vater wollte nicht, daß er mir den Lohn gäbe, den andere Gehilfen erhielten, damit ich, der ich aus freiem Antrieb zu meiner Kunst gekommen war, nach Herzenslust zeichnen könnte, wann es mir gefiele. Er hatte einen einzigen natürlichen Sohn bei sich, dem er oft Arbeiten auftrug, um mich zu schonen. Mein Eifer war so groß, oder meine Neigung zum Beruf war so aufrichtig, daß ich in wenigen Monaten die tüchtigen, ja sogar die besten Gesellen meiner Kunst einholte und daß ich schon einigen Nutzen aus meinen Anstrengungen zu ziehen begann. Trotzdem verfehlte ich nicht, zuweilen meinem guten Vater zuliebe die Flöte oder das Horn zu blasen; und so oft er mich hörte, seufzte er tief und stets stürzten ihm die Tränen aus den Augen. Aus kindlicher Liebe tat ich ihm diesen Gefallen und stellte mich, wie wenn auch ich große Freude daran hätte.

---

11 Michelangelo di Viviano stammte nicht aus Pizzidimonte, sondern kam von Gaiole in Chianti und war nicht Sohn eines Köhlers, wie Cellini sagt, sondern eines Schmiedes. Seine Werkstatt lag gegenüber dem steilen Gäßchen, das von Orsanmichele nach dem Mercato Nuovo führte. Er besaß ein Landgut in Pizzidimonte, daher auch Cellinis Angaben.

ZWEITES KAPITEL
1516 – 1518

Benvenuto sieht seinen Bruder in einem Gefecht beinahe erschlagen und nimmt seine Partei; daraus entspringen einige unangenehme Vorfälle, und er wird deshalb von Florenz verbannt. Er begibt sich nach Siena und von da nach Bologna, wo er in der Kunst, auf der Flöte zu blasen, zunimmt, mehr aber noch in der Profession des Goldschmiedes. Streit zwischen seinem Vater und Pierino, einem Tonkünstler; trauriges Ende des letzteren. Benvenuto begibt sich nach Pisa und geht bei einem dortigen Goldschmied in Arbeit. Er kommt krank nach Florenz zurück. Nach seiner Genesung tritt er bei seinem alten Meister Marcone in Arbeit. Pietro Torrigiani, ein italienischer Bildhauer, kommt nach Florenz und sucht junge Künstler für den König von England.

ICH HATTE einen um zwei Jahre[1] jüngeren Bruder, der sehr kühn und hitzig war; er wurde später einer von den ersten Kriegern, die aus der Schule des wunderbaren Herrn Giovannino de' Medici[2], Vaters des Herzogs Cosimo, hervorgingen. Der Knabe war ungefähr vierzehn Jahre alt und ich zählte zwei Jahre mehr. Eines Sonntags, zwei Stunden vor Nacht, geriet er vor der Stadt zwischen den Toren San Gallo und Pinti mit einem Burschen von zwanzig Jahren in Streit; er zog den Degen und setzte ihm so tapfer zu, daß er ihn gefährlich verwundete. Trotzdem bedrängte er ihn noch weiter. Eine große Menge Menschen waren zugegen und unter diesen etliche Verwandte des Burschen; als sie sahen, daß die Sache einen üblen Lauf nahm, rafften sie viele Kieselsteine auf, und einer von diesen traf den armen Jungen, meinen Bruder, an den Kopf; er fiel sofort wie tot ohnmächtig zur Erde. Zufällig kam auch ich dorthin, ohne Freunde und ohne Waffen; ich rief meinem Bruder aus allen Kräften zu, er solle sich zurückziehen, denn er habe schon genug getan: da fiel er aber auch schon für tot hin. Sogleich eilte ich herzu, ergriff seinen Degen, stellte mich vor ihn und hielt etlichen Degen und vielen Steinen stand. Ich wich

---

1 Richtig sollte es heißen: um 4 Jahre, da Francesco im Jahre 1504 geboren wurde.
2 Giovanni war der Sohn des Pierfrancesco dei Medici und der berühmten Caterina Sforza. Er wurde im Jahre 1498 in Forli geboren. Er war einer der berühmtesten italienischen Heerführer dieser Zeit; seinen Beinamen delle Bande Nere erhielt er davon, daß er zum Zeichen der Trauer um seinen Vetter Papst Leo X. eine schwarze Armbinde trug; dies Abzeichen wurde später dann von seinen Truppen angenommen. Er starb an den Wunden, die er in einem Gefecht gegen die Kaiserlichen unter Georg von Frundsberg bei Governolo im Herzogtum Mantua am 25. November 1526 erhielt. Aus seiner Ehe mit Maria Salviati ging der erste Herzog von Toskana, Cosimo I., hervor.

meinem Bruder nicht von der Seite, bis von dem Tor San Gallo etliche tapfere Soldaten kamen und mich vor der tobenden Wut der Feinde erretteten. Sie wunderten sich höchlich, wie ein so junges Blut so tapfer sein könne. So trug ich nun meinen Bruder für tot nach Hause, wo er mit vieler Mühe wieder zu sich gebracht wurde. Nach seiner Genesung verbannten die Acht[3], die bereits unsere Gegner auf mehrere Jahre aus der Stadt verwiesen hatten, auch uns auf sechs Monate zehn Miglien von der Stadt. Ich sprach zu meinem Bruder: »Komm mit mir!« Und so schieden wir von unserem armen Vater, der uns seinen Segen gab, aber kein Geld, denn er hatte keins.

Ich ging nach Siena zu einem wackeren Manne, der sich Meister Francesco Castoro[4] nannte. Ich war schon einmal bei diesem braven Manne gewesen, als ich meinem Vater entlaufen war und hatte etliche Tage bei ihm verweilt und in der Goldschmiedekunst gearbeitet, bis mein Vater mich zurückholen ließ. Als ich nun zu diesem Francesco kam, erkannte er mich sofort wieder und gab mir Arbeit. Francesco gab mir Hausung, solange ich in Siena weilte; ich arbeitete dort mit meinem Bruder viele Monate. Dieser hatte die Anfangsgründe der lateinischen Wissenschaft inne, aber er war so jung, daß er die Würze der Tugend noch nicht zu schmecken vermochte, sondern unstet umherschweifte.

Nach einiger Zeit veranlaßte der Kardinal de' Medici[5], der später Papst Klemens wurde, auf Bitten meines Vaters, daß wir nach Florenz zurückkehrten. Ein Schüler meines Vaters sagte aus bösem Sinne dem Kardinal, er solle mich nach Bologna schicken, um von einem großen Meister, der dort lebte, das Blasen zu lernen. Dieser Meister nannte sich Antonio und war wirklich ein tüchtiger Mann in seinem Beruf. Der Kardinal sagte meinem Vater: wenn er mich nach Bologna schicken wolle, werde er mir Empfehlungsbriefe zu meinem Fortkommen geben. Mein Vater, dessen sehnlichster Wunsch dadurch erfüllt wurde, schickte mich hin, und ich ging gerne, da ich die Welt zu sehen wünschte.

In Bologna nahm ich bei einem Meister namens Ercole del Piffero Arbeit. Ich begann Geld zu verdienen, nahm jeden Tag Unterricht im Blasen und machte in wenigen Wochen große Fortschritte in dem verfluchten Blasen; weit größeren Gewinn aber brachte mir die Goldschmiedekunst. Denn da ich von dem Kardinal keine Hilfe erhalten hatte, so ging ich in das Haus eines Bologne-

---

3 Die Acht, gli Otto di Balia e Guardia, waren eine Kriminal-Polizeibehörde, die im Palast des Podestà ihren Sitz hatte.
4 Ein Goldschmied aus Lucca, besonders bekannt durch seine Arbeiten für den Dom in Siena.
5 Giulio, natürlicher Sohn des im Jahre 1478 ermordeten Giuliano. Er wurde von Leo X. zum Erzbischof und Gouverneur von Florenz ernannt, folgte im November 1523 dem Papst Hadrian VI. als Klemens VII. und starb am 25. September 1534.

ser Miniaturenmalers, Scipione Cavalletti (er wohnte in der Straße Unserer lieben Frau von Baraccan); dort zeichnete und arbeitete ich für einen Juden namens Graziadio, von dem ich ziemlich viel Geld verdiente.

Nach sechs Monaten kehrte ich nach Florenz zurück, worüber jener Schüler meines Vaters, der Pfeifer Pierino, sich sehr ärgerte. Meinem Vater zu Gefallen ging ich aber doch zu ihm und spielte mit seinem Bruder Girolamo zusammen Horn und Flöte; er war um etliche Jahre jünger als Piero und war ein wackerer guter Junge, ganz das Gegenteil von seinem Bruder. Eines Tages kam mein Vater in Pieros Haus, um uns blasen zu hören; er hatte die größte Freude an meinem Blasen und sagte: »Trotz jedem, der mich daran hat hindern wollen, will ich doch noch einen herrlichen Musikus aus ihm machen.« Hierauf antwortete Piero, und er hatte recht: »Weit mehr Nutzen und Ehre als von dieser Pfeiferei wird Euer Benvenuto davon haben, wenn er sich an die Goldschmiedekunst hält.« Über diese Worte geriet mein Vater in großen Ärger, zumal da auch ich dieselbe Meinung wie Piero hatte, und zornig sagte er zu ihm: »Ich wußte wohl, daß du der Mann bist, der mich verhindert, mein so heiß ersehntes Ziel zu erreichen. Du bist es, der mich um meine Stelle im Palast gebracht hat. So hast du mir mit jenem Undank vergolten, der ja gewöhnlich der Lohn großer Wohltaten ist. Ich habe dir die Stelle verschafft, du hast sie mir fortnehmen lassen. Ich lehrte dich blasen, und mir verdankst du die ganze Kunst, die du besitzest. Dafür hältst du meinen Sohn davon ab, meinen Willen zu erfüllen. Aber merke dir diese prophetischen Worte: nicht Jahre oder Monate, sondern nur einige Wochen werden verstreichen und du wirst wegen deines so niederträchtigen Undanks zugrunde gehen.«

Auf diese Worte antwortete Pierino: »Meister Giovanni, die meisten Menschen werden Narren, wenn sie alt werden. So geht es auch Euch. Ich wundere mich hierüber nicht, denn Ihr habt auf das freigebigste alle Eure Habe fortgeschenkt und nicht daran gedacht, ob Eure Söhne derselben bedürfen würden. Ich denke das Gegenteil zu tun und meinen Söhnen so viel zu hinterlassen, daß sie die Eurigen unterstützen können.«

Hierauf antwortete mein Vater: »Ein schlechter Baum bringt niemals gute Früchte. Im Gegenteil. Und ich sage dir: du bist schlecht, und deine Söhne werden dumm und arm sein und werden zu meinen tüchtigen reichen Söhnen betteln kommen.«

Mit hitzigen Worten auf einander schimpfend, trennten sie sich. Ich stand meinem guten Vater zur Seite und als ich mit ihm zusammen das Haus verließ, sagte ich ihm: »Wenn Ihr mich die Zeichenkunst wollt lernen lassen, so will ich Euch an jenem Schurken für seine Beleidigungen rächen.«

Mein Vater antwortete: »Mein lieber Sohn, auch ich bin ein guter Zeichner gewesen. Willst du nun nicht zur Erquickung für so viele Mühen und aus Liebe zu mir, der ich dein Vater bin, der ich dich gezeugt und erzogen und so manche ehrenvolle Geschicklichkeit dich gelehrt habe, mir versprechen, daß du manchmal die Flöte und das allerliebste Hörnchen zur Hand nehmen und auch zu deiner eigenen Ergötzlichkeit spielen willst?«

Ich sagte, aus Liebe zu ihm wollte ich es tun und recht gern. Hierauf sagte mir mein Vater, solche Kunstfertigkeit würde die beste Rache sein, die ich an den Beleidigungen seiner Feinde nehmen könnte.

Es war seit diesem Gespräch noch kein ganzer Monat verflossen, da befand sich Pierino mit vielen Freunden in einem Zimmer im Erdgeschoß seines Hauses in der Via dello Studio über einem Gewölbe, das er kürzlich hatte machen lassen. Er sprach über seinen Meister, eben meinen Vater, und wiederholte dessen Worte, daß er zugrunde gehen würde. Kaum hatte er diese Worte ausgesprochen, so stürzte das Zimmer ein, entweder weil das Gewölbe schlecht gemacht worden war, oder durch Gottes Fügung, der keinen Frevler ungestraft läßt. Und die Steine und Ziegel, die mit ihm zusammen herabstürzten, zerschmetterten ihm beide Beine. Die andern aber, die dabei waren, blieben am Rande des Gewölbes und taten sich kein Leid. Wohl waren sie betäubt und erstaunt, besonders da sie sich erinnerten, wie er kurz vorher gespottet hatte. Sobald mein Vater dies vernahm, rüstete er sich, suchte ihn auf und sagte zu ihm in Gegenwart seines Vaters, des Ratstrompeters Niccolaio von Volterra: »Oh Piero, mein lieber Schüler, herzlich leid tut mir dein Unglück, aber erinnerst du dich wohl, wie ich vor kurzem es dir voraussagte? Auch mit deinen Söhnen und den meinigen wird es so kommen, wie ich dir sagte.«

Kurze Zeit darauf starb der undankbare Piero an seinen Leiden. Er hinterließ ein liederliches Weib und einen Sohn, der etliche Jahre später in Rom zu mir kam und mich um ein Almosen bat. Ich gab es ihm, denn es liegt in meiner Natur, Almosen zu geben, und ich erinnerte mich mit Tränen an die glücklichen Verhältnisse, worin Pierino lebte, als mein Vater ihm jene Worte sagte, nämlich, daß seine Söhne bei uns betteln würden. Hiermit sei es genug von dieser Geschichte. Niemand spottet der Weissagung eines rechtlichen Mannes, der ungerecht beleidigt worden ist, denn nicht er selber spricht, sondern durch ihn spricht Gottes Stimme.

Ich hielt mich an meine Goldschmiedekunst und unterstützte auf diese Weise meinen guten Vater. Seinem anderen Sohn, meinem Bruder Cecchino, dessen ich bereits erwähnte, hatte er anfangs lateinischen Unterricht geben lassen; denn wie er aus mir, dem ältern, einen großen Bläser und Musikus machen wollte, so sollte der jüngere ein gelehrter Rechtskundiger werden. Aber er konnte die natürliche Neigung in uns nicht besiegen, die mich zur

Zeichenkunst und meinen Bruder, der von schöner und anmutiger Gestalt war, zum Waffenhandwerk trieb. Eines Tages kam der junge Knabe von der Fechtstunde aus der Schule des erlauchten Herrn Giovannino de' Medici nach Hause, als ich ausgegangen war. Da es ihm an guten Kleidern fehlte, so ging er zu unseren Schwestern und diese gaben ihm ohne Wissen meines Vaters meinen schönen neuen Mantel und mein Wams. Denn aus dem Lohn meiner Arbeit hatte ich nicht nur meinen Vater, meine Mutter und meine braven Schwestern unterstützt, sondern mir auch diese stattlichen Kleider angeschafft. Als ich mich nun hintergangen und meiner Kleider beraubt sah und meinen Bruder, dem ich sie wieder abnehmen wollte, nicht finden konnte, da fragte ich meinen Vater, warum er mir so großes Unrecht antun lasse, da ich doch so gerne mich abmühe, um ihm beizustehen. Er antwortete mir hierauf, ich sei sein guter Sohn; was ich als Verlust ansehe, werde mir Gewinn einbringen; es sei eine Notwendigkeit, ja sogar Gottes Gebot, daß der, der etwas besitze, den Bedürftigen gäbe; um seinetwillen möge ich die Kränkung ertragen; so werde Gott mir alles vergelten.

Ich gab meinem armen betrübten Vater als ein unerfahrener Knabe eine harte Antwort, nahm meine übrigen armseligen Kleider und mein Geld und ging auf dem nächsten Wege zu einem der Stadttore hinaus. Da ich nicht wußte, durch welches Tor ich nach Rom kommen könnte, so kam ich nach Lucca und von Lucca nach Pisa. Ich war damals ungefähr sechzehn Jahre alt. In Pisa blieb ich auf der mittleren Brücke bei dem sogenannten Fischstein[6] vor einer Goldschmiedewerkstatt stehen und sah aufmerksam dem Meister bei seiner Arbeit zu. Er fragte mich, wer ich sei und welches Handwerk ich treibe, worauf ich ihm antwortete, ich arbeite ein wenig in der gleichen Kunst, die er selber übe. Der wackere Mann bat mich, in seine Werkstatt einzutreten, gab mir sofort Arbeit und sagte zu mir: »Nach deinem Aussehen glaube ich, daß du ehrlich und gut bist.« Mit diesen Worten legte er Gold, Silber und Juwelen vor mich hin. Als aber das erste Tagewerk vollbracht war, führte er mich am Abend in sein Haus, wo er ehrbar mit seinem schönen Weibe und mit seinen Kindern lebte. Ich gedachte des Schmerzes, den mein guter Vater um mich haben möchte, und schrieb ihm, ich sei in dem Hause eines guten und wackeren Mannes, der sich Meister Ulivieri della Chiostra nenne, und arbeite mit ihm viele schöne und große Werke; er möge guten Mutes sein, denn ich gedenke etwas zu lernen und hoffe, mit meiner Geschicklichkeit ihm bald Nutzen und Ehre zu bringen. Mein guter Vater antwortete auf diesen Brief sofort: »Mein lieber Sohn, meine Liebe zu Dir ist so groß, daß ich mich sogleich würde

---

6 So wurde die Anlegestelle genannt, wo Fische verkauft wurden.

aufgemacht haben, um Dich zurückzuholen, wäre nicht die Rücksicht auf die Schicklichkeit, die ich über alles stelle. Denn wahrlich, mir ist, als fehlte mir das Augenlicht, wenn ich Dich nicht jeden Tag sehe, wie ichs gewöhnt war. Ich werde streben, mein Haus zu Tüchtigkeit und Ehren zu führen; Du aber strebe, etwas Tüchtiges zu lernen. Ich wünsche nur, daß du jener einfachen Worte gedenkst, sie stets beobachtest und niemals sie vergißt:

> Nella casa che tu vuoi stare,
> Vivi onesto e non vi rubare.
> Willst Du in einem Haus willkommen sein –
> Sei brav und halte Dich von Stehlen rein!«

Dieser Brief fiel meinem Meister Ulivieri in die Hände: er las ihn, ohne daß ich es wußte und gestand mir dies, indem er sagte: »Wahrlich, mein Benvenuto, dein gutes Aussehen hat mich nicht betrogen. Dies bestätigt mir ein Brief deines Vaters, der mir in die Hände gefallen ist. Er muß ein guter, rechtlicher Mann sein. So tue denn, wie wenn du in deinem Hause und bei deinem Vater wärest.«

Da ich nun in Pisa war, so besuchte ich auch den Friedhof und fand dort viele schöne Altertümer, besonders marmorne Sarkophage. An anderen Orten Pisas sah ich viele andere Altertümer; ich studierte sie mit großem Bemühen alle Tage, die mir meine Arbeit in der Werkstatt frei ließ. Mein Meister hatte zu mir eine Liebe gefaßt, wie wenn er mein Vater gewesen wäre, und als er sah, daß ich alle meine Zeit so wacker verwendete, besuchte er mich oft auf dem Kämmerchen, das er mir gegeben hatte. Ich machte in dem einen Jahr, das ich dort blieb, große Fortschritte und arbeitete in Gold und Silber viele schöne und bedeutende Sachen, die mir die größte Lust machten, es immer noch weiter zu bringen. Unterdessen schrieb mein Vater mir recht kläglich, ich solle doch zu ihm zurückkehren: in jedem Brief erinnerte er mich daran, ich dürfe nicht das Blasen verlernen, das er mit so vieler Mühe mir beigebracht habe. Dies benahm mir alle Lust, jemals wieder zu ihm zurückzugehen, so verhaßt war mir das verdammte Blasen; und das Jahr, das ich in Pisa verbrachte, glaubte ich wirklich im Paradiese zu sein; denn ich blies nicht ein einziges Mal.

Am Ende des Jahres fand mein Meister Gelegenheit, nach Florenz zu reisen, um seine Gold- und Silber-Abfälle zu verkaufen. Da ich mir in der schlechten Luft von Pisa etwas Fieber geholt hatte, so reiste ich mit diesem Fieber und mit meinem Meister nach Florenz. Dort sagte mein Vater ihm auf das herzlichste und mit vielen Bitten, es sei sein Wunsch, daß er mich nicht wieder mit nach Pisa nehme. Etwa zwei Monate lag ich zu Hause krank; mein Vater pflegte mich mit großer Liebe und ließ mich heilen. Fortwährend sagte er mir, es dünkten ihm tausend Jahre, bis ich wieder gesund würde; er möchte mich so gerne ein bißchen blasen hören. Während er von diesem Blasen sprach, hatte er seinen Finger auf meinem Pulse – denn er besaß einige Kenntnisse in der Medizin und in der lateinischen Sprache –, und da fühlte er, sobald er vom Blasen anfing, in meinem Pulse eine solche Aufregung, daß er ganz bekümmert und unter Tränen von mir ging. Als ich nun seinen großen Kummer sah, sagte ich zu einer meiner Schwestern, sie solle mir eine Flöte bringen; obwohl ich beständig Fieber hatte, so blies ich doch, da dieses Instrument wenig Anstrengung erforderte, mit so großer Fertigkeit der Finger und der Zunge, daß mein Vater, der unvermutet wieder eintrat, mich tausendmal segnete und mir sagte, ich scheine in der Zeit meiner Abwesenheit große Fortschritte gemacht zu haben; er bat mich, ich solle mich weiter üben, denn ich dürfe eine so schöne Fertigkeit nicht vernachlässigen.

Als ich wieder gesund war, kehrte ich zu meinem wackeren Goldschmied Marcone zurück; er gab mir zu verdienen, und ich unterstützte von meinem Lohn meinen Vater und mein Haus.

Um jene Zeit kam ein Bildhauer nach Florenz, der sich Piero Torrigiani[7] nannte. Er kam von England, wo er lange Jahre gewesen war; und da er ein großer Freund meines Meisters war, besuchte er ihn alle Tage. Er sah meine Zeichnungen und meine Arbeiten und sagte zu mir: »Ich bin nach Florenz gekommen, um so viele junge Leute mitzunehmen, wie ich bekommen kann[8]; ich habe für meinen König ein großes Werk auszuführen und suche zu Gehilfen besonders meine Florentiner. Deine Art zu arbeiten und zu zeichnen ist mehr die eines Bildhauers als die eines Goldschmiedes, und da ich große Werke von Erz zu machen habe, so will ich dich geschickt und reich machen.« Er war ein Mann von schönster Gestalt und höchster Kühnheit; er sah eher einem großen Soldaten als einem Bildhauer ähnlich; mit seinen wilden Gebärden, mit seiner dröhnenden Stimme und mit dem Runzeln seiner Augenbrauen konnte er wohl auch einen mutigen Mann erschrecken und alle Tage sprach er von seinen Heldentaten gegen die Bestien, die Engländer.[9] So kam

---

7 Der Bildhauer Pietro Torrigiani war am 24. November 1472 in Florenz geboren. In England hat er unter anderem das Grabmal Heinrichs VII. und seiner Gemahlin Elisabeth von York für die Westminster-Abtei in London ausgeführt. Er starb 1528 in Sevilla als Opfer der spanischen Inquisition.

8 Dies wird durch die noch erhaltenen Verträge mit mehreren Bildhauern und Malern bestätigt. Sie verpflichteten sich auf viereinhalb Jahre in Italien, Frankreich, Flandern, England und Deutschland oder an irgendeinem anderen Ort der Welt für ihn zu arbeiten. Hierfür erhielten sie jährlich 40 goldene Dukaten außer Kost und Wohnung und dem Reitpferd für die Reise.

9 Auch Vasari bestätigt, daß er ein Mann von wildem und kühnem Charakter war; ferner ist bekannt, daß er an mehreren Kriegen und Gefechten teilgenommen hat.

das Gespräch auch einmal auf Michelagnolo Buonarroti[10]; den Anlaß gab eine Zeichnung, die ich nach einem Karton des göttlichsten Künstlers gemacht hatte. Dieser Karton war das erste der schönen Werke, worin Michelagnolo sein wunderbares Talent gezeigt hatte; er machte es im Wettbewerb mit einem anderen, nämlich Lionardo da Vinci, und die beiden Bilder waren für den Ratssaal im Palaste der Signoria bestimmt. Sie stellten dar, wie Pisa von den Florentinern genommen wurde. Der wundervolle Lionardo da Vinci hatte sich zum Vorwurf ein Reitertreffen genommen, wobei einige Banner erobert wurden; es war so göttlich gemacht, wie man sich es nur vorstellen kann. Michelagnolo Buonarroti dagegen zeigte in seinem Bilde einen Haufen Fußvolks, der bei dem Sommerwetter ein Bad im Arno genommen hatte. Er hatte den Augenblick gewählt, wo zur Schlacht gerufen wird und die nackten Krieger schnell zu den Waffen rennen. So schön waren Stellungen und Gebärden, daß man weder von alten, noch von neuen ein so erhabenes Werk gesehen hat. Doch war, wie ich gesagt habe, auch die Arbeit des großen Lionardo sehr schön und wundervoll. Von diesen beiden Kartons hing der eine im Palast der Medici, der andere im Saale des Papstes, und solange sie vorhanden waren, waren sie die Schule der Welt. Denn obgleich der göttliche Michelagnolo später die große Kapelle[11] des Papstes Julius schuf, erreichte er niemals auch nur zur Hälfte die Höhe dieser Zeichnung: sein Talent erreichte niemals wieder den Rang dieser ersten Studien.

---

10 Michelangelo Buonarrotti, geboren in Capresa in der Toskana am 6. März 1475, gestorben in Rom am 18. Februar 1564. – Leonardo, nach seinem Geburtsort Vinci bei Florenz da Vinci genannt, war geboren im Jahre 1452; er starb 1519 in Cloux bei Amboise. – Der Gonfaloniere Soderini übertrug Michelangelo und Leonardo den Auftrag zur Ausmalung der Wände des großen Ratssaales. Leonardo zeichnete seinen Karton in der sogenannten Sala del Papa in Santa Maria Novella, wo die Päpste ein Absteigequartier hatten; Michelangelo schuf seine Arbeit in einem Saale des Hospitals Sant' Onofrio. Leonardo schilderte einen Vorfall aus der Schlacht bei Anghiari, die im Jahre 1440 zwischen Florentinern und Mailändern geschlagen wurde. Michelangelos Karton behandelte ein Gefecht aus dem Kriege mit Pisa im Jahre 1406 oder, wie andere meinen, die Schlacht bei Cascina (1364). Die beiden berühmten Kartons wurden in den Jahren 1504–1505 fertiggestellt, gingen aber später verloren. Nach Vasari wurde Michelangelos Karton aus Neid von Baccio Bandinelli in viele Stücke zerfetzt, als bei der Vertreibung Soderinis aufrührerische Volkshaufen in das Rathaus eindrangen. Die heute noch vorhandenen Kopien nach einzelnen Teilen geben kaum eine Vorstellung von der Gewalt und Großartigkeit der Entwürfe.

11 Die Sixtinische Kapelle im Vatikan, in welcher Michelangelo in den Jahren 1508–1513 die Erschaffung der Welt und Szenen aus dem Alten Testament malte, zuletzt 1534–1541 das Weltgericht.

DRITTES KAPITEL
1518–1523

Benvenuto wird mit Torrigiani bekannt und wirft einen Haß auf ihn.
Benvenuto befleißigt sich, nach den Kartons von Michelagnolo
und Lionardo da Vinci zu studieren. Um sich in seiner Kunst zu vervollkommnen,
geht er nach Rom, begleitet von einem jungen Gesellen namens Tasso.
Er findet in dieser Hauptstadt große Aufmunterung sowie mancherlei Abenteuer.
Nach zwei Jahren kehrt er nach Florenz zurück, wo er seine Kunst mit gutem Erfolg treibt.
Seine Mitkünstler werden eifersüchtig über seine Geschicklichkeit.
Streit zwischen ihm und Gherardo Guasconti.
Verfolgt, weil er seinen Gegner geschlagen und verwundet, kleidet er sich
in eine Mönchskutte und flieht nach Rom.

WIR WENDEN uns wieder zu Piero Torrigiani. Er hielt meine Zeichnung in der Hand und sagte: »Dieser Buonarroti und ich gingen als Knaben in die Kirche Santa Maria del Carmine, um in der Kapelle des Masaccio[1] die Bilder zu studieren. Buonarroti pflegte alle Künstler zu foppen, die dort Zeichnungen machten, und als er auch mich eines Tages ärgerte, geriet ich in größeren Zorn als sonst, streckte die Hand aus und versetzte ihm einen so derben Faustschlag auf die Nase, daß ich Knochen und Knorpel unter meiner Hand so mürbe fühlte, wie wenn es eine Waffel gewesen wäre; so wurde er von mir gezeichnet und wird es sein Leben lang bleiben.«[2]

Diese Worte erzeugten in mir, da ich die Werke des göttlichen Michelagnolo beständig betrachtete, einen solchen Haß, daß ich den Anblick des Mannes nicht mehr ertragen konnte und daß mir jede Lust verging mit ihm nach England zu reisen.

Beständig war ich in Florenz bemüht, mich an der schönen Art des Michelagnolo zu bilden, von der ich niemals abgewichen bin. Ich verkehrte zu jener Zeit in innigster Freundschaft mit einem liebenswürdigen Jüngling meines Alters, der ebenfalls die Goldschmiedekunst erlernte. Er hieß Francesco[3] und war ein Sohn des ausgezeichneten Malers Filippo di Fra Filippo. Aus unserem Verkehr erwuchs eine solche Liebe, daß wir weder tags noch nachts uns trennten. Sein Haus war voll von den schönen Studien, die sein wackerer Vater gezeichnet hatte; es waren mehrere Bände Handzeichnungen nach den schönen römischen

---

1 Die weltberühmte Brancacci-Kapelle, die von Masaccio und mehreren anderen Künstlern ausgemalt wurde.
2 Diese Geschichte wird auch von Vasari bestätigt.
3 Nach dem Taufregister des Domes geboren am 15. Mai 1501.

Altertümern. Ihr Anblick erfüllte mich mit einer wahren Liebe, und wir studierten sie ungefähr zwei Jahre lang zusammen. Zu jener Zeit machte ich eine halberhabene Arbeit aus Silber von der Größe einer kleinen Kinderhand; sie diente zu einem Schloß für einen Männergürtel; diese wurden damals mit so großen Schlössern getragen. Das Muster bestand aus Blättern nach antiker Art mit sehr viel Kindlein und allerlei schönen Masken. Ich verfertigte diese Arbeit in der Werkstatt eines gewissen Francesco Salimbene. Die Zunft der Goldschmiede, der das Werk gezeigt wurde, erklärte mich für den besten Gesellen ihrer Art.

Ein Jüngling von meinem Alter, ein gewisser Giovambatista, genannt Tasso, ein Holzschnitzer[4], sagte mir eines Tages nach dem Frühstück, wenn ich nach Rom gehen wollte, würde er gern mit mir zusammen reisen. Ich war damals wieder wegen des Blasens mit meinem Vater erzürnt und sagte zum Tasso: »Du bist einer, der viele Worte macht, aber niemals etwas tut.«

Hierauf antwortete er mir: »Auch ich habe mich mit meiner Mutter erzürnt, und wenn ich nur soviel Geld hätte, um nach Rom kommen zu können, so würde ich nicht einmal umkehren, um meine armselige Werkstatt zu verschließen.« Auf diese Worte erwiderte ich ihm, ich hätte soviel Geld bei mir, daß wir alle beide nach Rom gelangen könnten. Unter solchen Gesprächen waren wir unversehens beim Tor San Piero Gattolini[5] angelangt. Da sagte ich: »Mein Tasso, das ist Gottes Fügung, daß wir an dieses Tor gelangt sind, ohne daß weder du noch ich daran gedacht haben. Da ich nun einmal hier bin, so dünkt mir, ich habe bereits den halben Weg gemacht.«

So wurden wir denn einig; als wir aber unseres Weges weiterzogen, da sagten wir zueinander: »Oh, was werden heute abend unsere Alten sagen?« Da machten wir ab, wir wollten daran nicht mehr denken, ehe wir nicht in Rom angekommen wären. Wir banden unsere Schurzfelle auf den Rücken und gingen schweigend weiter, bis wir in Siena ankamen. Dort sagte Tasso, er habe sich die Füße wund gelaufen und wolle nicht weiter gehen; er bat mich ihm so viel Geld zu leihen, daß er umkehren könnte. Hierauf sagte ich zu ihm: »Dann würde mir nicht so viel bleiben, um weiter reisen zu können. Du hättest daran denken sollen, bevor du von Florenz fortgingst. Wenn du aber wegen deiner Füße nicht weitergehen willst, so können wir leicht ein Pferd finden, das nach Rom zurückgeht; so hast du keinen Grund mehr, nicht weiter zu reisen.«

Ich nahm das Pferd und da er mir nicht antwortete, so schlug ich den Weg nach dem römischen Tor ein. Als er mich entschlossen sah, hinkte er endlich doch verdrießlich hinter mir her. Mein Geselle tat mir leid und ich wartete

---

4 Er war ein ausgezeichneter Holzschnitzer und sehr tüchtiger Baumeister; nach seinem Entwurf ist die Loggia auf dem Mercato Nuovo ausgeführt. Er starb 1555.
5 Damals nach einer Kirche so genannt; es ist die jetzige Porta Romana.

daher am Tore auf ihn; da nahm ich ihn hinter mich und sagte zu ihm: »Was würden morgen unsere Freunde von uns sagen, wenn wir, die wir nach Rom gehen wollten, nicht den Mut gehabt hätten, über Siena hinauszugehen?«

Da sagte der gute Tasso zu mir, ich hätte recht; und da er ein fröhlicher Mensch war, so fing ich an zu lachen und zu singen; und so kamen wir immer singend und lachend nach Rom. Ich zählte damals gerade neunzehn Jahre, wie das Jahrhundert.

Als wir in Rom angekommen waren, ging ich sofort in die Werkstatt eines Meisters, der sich Firenzuola nannte. Er hieß Giovanni und war aus Firenzuola in der Lombardei, ein trefflicher Meister in der Verfertigung von Gefäßen und größeren Werken. Als ich ihm das Modell jenes Schlosses zeigte, das ich in Florenz beim Salimbene gemacht hatte, gefiel es ihm über alle Maßen und er sagte zu einem Florentiner Gesellen Giannotto Giannotti[6], der schon etliche Jahre bei ihm war: »Das ist einer von den Florentinern, die was können, und du bist einer von denen, die nichts können.« Da erkannte ich den Giannotti und wollte ihn begrüßen; denn bevor er nach Rom ging, hatten wir oft miteinander gezeichnet und waren recht vertraute Gesellen gewesen. Er aber ärgerte sich über die Worte seines Meisters so sehr, daß er sagte, er kenne mich nicht und wisse nicht, wer ich sei. Verdrießlich über diese Worte, sagte ich zu ihm: »Oh Giannotti, ehemals warst du mein Hausfreund; wir sind da und da zusammen gewesen, haben gezeichnet, haben gegessen und getrunken und in deinem Landhaus geschlafen. Ich bedarf nicht deines Zeugnisses bei diesem wackeren Manne, deinem Meister, denn ich hoffe, meine Hände werden ohne deine Hilfe zeigen, wer ich bin.« Kaum hatte ich dies gesagt, so wandte sich Firenzuola, ein hitziger und wackerer Mann, zu Giannotto und sprach zu ihm: »Du erbärmlicher Geselle, schämst du dich nicht, einen früheren vertrauten Freund mit solchen Reden und Tun zu behandeln?« Und mit demselben Eifer wandte er sich zu mir und sprach: »Komm in meine Werkstatt und lasse, wie du gesagt hast, deine Hände zeigen, wer du bist.«

Er gab mir eine sehr schöne Arbeit für einen Kardinal zu machen. Es war ein Kästchen nach dem Muster jener Porphyrwanne[7], die vor dem Eingang der Rotonda steht. Ich bildete ihn nicht nur nach, sondern bereicherte die Arbeit aus meinem eigenen mit so vielen schönen Figuren, daß mein Meister das Werk seinen Zunftgenossen zeigte und sich rühmte, daß eine so schöne Arbeit aus seiner Werkstatt hervorgehe. Es war von der Größe einer halben Elle und war so eingerichtet, daß es als Salzgefäß bei Tisch dienen konnte.

6 Er war ein Bruder von Michelangelos gelehrtem Freunde Donato Giannotti.
7 Diese Porphyrwanne wurde 1733 nach dem Lateran gebracht und bald darauf für das Grabmal des Papstes Klemens VII. in der Kapelle des Hauses Corsini verwandt.

Dies war der erste Verdienst, den ich in Rom hatte. Einen Teil des Geldes schickte ich meinem guten Vater als Unterstützung; der andere diente zu meinem Lebensunterhalt. Er ermöglichte mir, die Altertümer zu studieren, bis mir schließlich das Geld ausging; da kehrte ich in die Werkstatt zurück und nahm wieder Arbeit. Mein Gefährte Batista Tasso blieb nicht lange in Rom, sondern kehrte nach Florenz zurück. Nachdem ich neue Arbeiten übernommen und diese beendigt hatte, bekam ich Lust zu einem anderen Meister zu gehen, wozu mich ein Mailänder, genannt Meister Pagolo Arsago[8], beredet hatte. Zuvor aber hatte mein Firenzuola einen harten Streit mit diesem Arsago, dem er in meiner Gegenwart beleidigende Worte sagte. Ich verteidigte meinen neuen Meister und sagte, ich sei frei geboren und frei wolle ich leben; darüber könne er sich nicht beklagen; im Gegenteil, ich habe von ihm noch einige Taler Lohn zu bekommen; als freier Arbeiter wolle ich hingehen, wohin es mir gefalle, denn ich sei mir bewußt, daß ich keinem Menschen unrecht tue. Ähnliche Worte sprach auch mein neuer Meister, indem er sagte, er habe mich nicht gerufen und ich tue ihm einen Gefallen, wenn ich zum Firenzuola zurückgehe. Auf dieses erwiderte ich, ich sei mir durchaus keines Unrechts gegen ihn bewußt, und da ich meine angefangenen Arbeiten beendigt habe, so wolle ich nur mir selber und keinem andern angehören, und wer mich haben wolle, der solle mich nur fragen. Hierauf versetzte Firenzuola: »Ich will nichts mehr von dir wissen; laß dich nicht mehr vor meinen Augen sehen!« Ich erinnerte ihn an mein Geld, und als er mich höhnte, erwiderte ich: »So gut ich das Eisen geschliffen habe für jene Arbeiten, die Ihr gesehen habt, so gut kann ich auch den Degen schleifen, um mir zum Lohn für meine Mühe zu verhelfen.«

Gerade als ich diese Worte sprach, blieb ein alter Mann vor der Werkstatt stehen, der nannte sich Meister Antonio[9] von San Marino. Er war der erste und trefflichste Goldschmied von Rom und war früher Firenzuolas Meister gewesen. Er hörte meine Gründe, denn ich sprach so laut, daß man sie sehr gut verstehen konnte, nahm mich sofort in seinen Schutz und sagte zum Firenzuola, er müsse mich bezahlen.

Der Streit wurde hitzig, denn Firenzuola wußte mit den Waffen noch besser umzugehen als mit seinem Handwerkszeug. Schließlich siegte doch die Vernunft, der ich mit meiner Festigkeit Geltung verschaffte. Ich wurde bezahlt,

---

8 Paolo da Arsagno, genannt Pagolo, hatte seine Werkstatt neben dem Kirchlein des Sant' Eligio, des Schutzheiligen der Goldschmiede.
9 Antonio di Paolo dei Fabbri war nicht nur ein ausgezeichneter Künstler, sondern auch ein kluger Mann, der von seiner heimatlichen Republik mehrere Male mit der Vertretung ihrer Interessen bei der römischen Kurie betraut wurde.

und im Laufe der Zeit wurden Firenzuola und ich sogar Freunde und ich stand auf seinen Wunsch Pate bei einem Sohn von ihm.

Ich arbeitete nun bei meinem Meister Pagolo Arsago und verdiente viel Geld, wovon ich immer den größeren Teil meinem Vater schickte. Nach zwei Jahren kehrte ich auf die Bitten meines guten Vaters nach Florenz zurück und arbeitete dort wieder für Francesco Salimbene, bei dem ich viel Geld verdiente und mir große Mühe gab, etwas zu lernen. Ich erneuerte meine Freundschaft mit Francesco di Philippos Sohn, und obgleich ich mit dem verdammten Blasen viel Zeit vertrödelte, so widmete ich doch stets etliche Stunden des Tages oder der Nacht meinen Studien.

Ich machte zu jener Zeit ein silbernes Herzschloß, wie man damals es nannte. Dies war ein drei Finger breiter Gürtel, den die Bräute zu tragen pflegten. Er war in halberhabener Arbeit gemacht, doch mit einigen runden Figuren dazwischen. Ich verfertigte ihn für einen gewissen Raffaello Lapaccini. Obwohl ich sehr schlecht dafür bezahlt wurde, so war doch die Ehre, die die Arbeit mir brachte, so groß, daß sie mehr wert war als der Preis, den ich gerechterweise dafür hätte erhalten sollen.

Ich arbeitete zu jener Zeit bei vielen verschiedenen Meistern, unter denen ich auch etliche rechtliche Goldschmiede fand, wie mein erster Meister Marcone war. Andere dagegen, die für ehrliche Männer galten, betrogen mich bei meinen Arbeiten und übervorteilten mich, soviel sie nur konnten. Als ich dieses merkte, wandte ich mich von ihnen und hütete mich fortan vor diesen Betrügern und Dieben. Ein Goldschmied, Giovambatista Sogliani, überließ mir freundschaftlich einen Teil seiner Werkstatt, der dicht am Neuen Markt neben der Wechslerbank der Landi lag. Dort machte ich viele schöne kleine Arbeiten und verdiente viel Geld; so konnte ich meinem Hause eine rechte Hilfe sein. Dies erregte den Neid jener schlechten Meister, die ich früher gehabt hatte, Salvatore und Michele Guasconti[10]. Da drei große Werkstätten der Goldschmiedezunft ihnen gehörten, so machten sie mir viele Scherereien. Als ich mich gegen einen wackeren Mann über ihre Nachstellungen beklagte und ihm sagte, es sollte ihnen doch genügen, daß sie mich unter dem Mantel ihrer falschen Güte bestohlen hätten, da kam ihnen dies zu Ohren und sie erklärten, ich sollte diese Worte schwer bereuen. Ich aber, der ich die Furcht nicht kannte, achtete ihrer Drohungen wenig oder gar nicht.

Eines Tages begab es sich, daß ich vor den Laden des einen von ihnen trat. Er hatte mich gerufen, um mich zu schelten und mich herauszufordern. Ich

---

10 Von Salvatore Guasconti sagt Cellini in seiner Abhandlung über die Goldschmiedekunst: »Er war ein Mann von sehr universaler Begabung, besonders für kleine Niello- und Email-Arbeiten.«

Salamander soll glühen

antwortete ihm: wenn sie ihre Pflicht gegen mich getan hätten, so würde ich von ihnen gesprochen haben, wie man von wackeren und rechtlichen Männern spricht; da sie aber das Gegenteil getan hätten, so möchten sie sich selber anklagen, nicht aber mich. Einer von ihnen, ihr Vetter Gherardo Guasconti, der vielleicht von ihnen dazu angestiftet worden war, bemerkte, daß ein mit Ziegelsteinen beladenes Maultier vorbeigetrieben wurde, und drückte die Last so gegen mich an, daß mir sehr weh getan wurde. Schnell drehte ich mich um, und als ich ihn lachen sah, versetzte ich ihm einen solchen Faustschlag gegen die eine Schläfe, daß er wie tot in Ohnmacht sank. Dann wandte ich mich zu seinem Vetter und rief: »So behandelt man feige Spitzbuben euresgleichen!« Und als sie Miene machten, so viel ihrer waren, über mich herzufallen, da geriet ich in Hitze, zog einen Dolch, den ich bei mir hatte, und rief: »Wenn einer von euch aus dem Laden herauskommt, so mag nur ein anderer gleich zum Beichtvater laufen; denn für den Arzt wird es hier nichts zu tun geben.« Diese Worte jagten ihnen solche Angst ein, daß keiner von ihnen sich rührte, um dem Vetter zu helfen. Kaum war ich fort, so liefen Väter und Söhne zu den Acht und sagten, ich hätte sie mit bewaffneter Hand in ihrer Werkstatt angegriffen, was doch in Florenz nicht mehr der Brauch sei. Die Herren Achte ließen mich rufen. Ich erschien und sie gaben mir einen strengen Verweis, schon deshalb, weil sie mich wie einen Soldaten in der Jacke sahen, während jene nach Bürgerart in Mantel und Kapuze erschienen; auch hatten meine Gegner bereits mit den einzelnen Herren in deren Häusern gesprochen, ich aber hatte als ein unerfahrener Knabe, der ich war, mit keinem von den Herren gesprochen, sondern mich nur auf mein gutes Recht verlassen. Ich sagte, die schwere Beleidigung, die mir jener Gherardo angetan, hätte mich in heftigsten Zorn versetzt; ich hätte ihm dafür nur eine Ohrfeige gegeben und meinte daher so strengen Tadel nicht verdient zu haben. Prinzivalle della Stufa[11], einer von den Achten, ließ mich kaum das Wort Ohrfeige aussprechen und rief: »Einen Faustschlag gabst du ihm, nicht eine Ohrfeige!« Hierauf läutete Prinzivalle mit dem Glöckchen, schickte uns alle hinaus und sagte zu seinen Kollegen: »Seht doch, ihr Herren, die Einfalt des armen Burschen. Er klagt sich an, eine Ohrfeige gegeben zu haben, weil er denkt, dies Vergehen sei weniger groß, als wenn er dem Mann einen Faustschlag versetzt hätte. Eine Ohrfeige aber kostet auf dem Neuen Markt eine Strafe von fünfundzwanzig Talern, ein Faustschlag dagegen wenig oder nichts. Er ist ein sehr tüchtiger Bursche und unterhält sein armes Haus durch fleißige Arbeit; wollte Gott, unsere Stadt hätte von dieser Art so viele zuviel, wie sie deren zu wenig hat.«

---

11 Er war ein Parteigänger der Medici, zu deren Gunsten er im Jahre 1510 eine Verschwörung gegen den Gonfaloniere Soderini anzettelte. Er starb am 19. Mai 1566 im Alter von 77 Jahren.

Es waren aber unter ihnen etliche mit umgebogenen Kappen[12], Parteigänger des Fra Girolamo; von den Bitten und Verleumdungen meiner Gegner bewogen, wollten sie mich ins Gefängnis schicken und mir eine harte Strafe auferlegen. Der gute Prinzivalle aber brachte alles in Ordnung und legte mir nur die kleine Strafe auf, vier Scheffel Mehl dem Kloster delle Murate als Almosen zu geben. Hierauf wurden wir wieder hereingerufen, und er befahl mir bei Strafe ihrer Ungnade kein Wort zu reden und gehorsam die Buße zu erlegen, zu der ich verurteilt sei. Sie gaben mir noch einmal einen derben Verweis und schickten mich dann zum Schreiber; ich aber brummte immer vor mich hin: eine Ohrfeige wars, kein Faustschlag! Hierüber lachten die Acht. Der Schreiber befahl uns im Namen der Obrigkeit, daß wir füreinander Bürgschaft leisten sollten. So war denn ich allein zu den vier Scheffeln Mehl verurteilt. Diese Ungerechtigkeit erschien mir so schlimm wie ein Mord. Ich schickte nach einem Vetter, Meister Annibale dem Wundarzt, Vater des Herrn Librodoro Librodori, und ersuchte ihn sich für mich zu verbürgen. Er aber wollte nicht kommen; hierüber wurde ich so wütend, daß ich wie eine Otter fauchte und gar gewaltig fluchte. Hieran erkennt man, daß die Sterne uns nicht leiten, sondern unser Schicksal bestimmen. Indem ich bedachte, wie sehr dieser Annibale meinem Hause zu Dank verpflichtet war, geriet ich in einen solchen Zorn, daß ich völlig die Besinnung verlor, wie ich denn von Natur schon zum Zorn geneigt bin. Ich wartete, bis der Rat der Acht zum Essen gegangen war. Als ich nun allein war und sah, daß keiner von den Dienern der Acht sich um mich bekümmerte, lief ich in rasender Wut aus dem Palast nach meiner Werkstatt, holte mir einen langen Dolch und rannte in das Haus meiner Feinde, die ich bei Tische fand. Der junge Gherardo, der den Streit angefangen hatte, warf sich mir entgegen. Ich führte gegen seine Brust einen Dolchstoß, der ihm Wams und Hemd durchschnitt, aber sein Fleisch nicht berührte, so daß er völlig unversehrt blieb. Weil aber der Stoß ein gewaltiges Geräusch in den Kleidern machte und weil er vor Schreck zu Boden fiel, so dachte ich, ich hätte ihn übel verwundet und rief: »Ihr Verräter, heute ist der Tag, da ich euch alle ermorde!«

Vater, Mutter und Töchter glaubten, der Tag des jüngsten Gerichts sei da; sie warfen sich schnell auf die Knie und schrien aus vollem Halse um Erbarmen. Als ich sah, daß keiner an Widerstand dachte und jener wie tot am Boden lag, da dünkte es mich zu erbärmlich, sie anzurühren. Wütend lief ich die Treppe herab. Auf der Straße aber fand ich die übrige Sippschaft, mehr als zwölf an der

---

12 Die umgebogenen Kappen (nicht wie Goethe irrtümlich übersetzt Rotkappen) waren Parteiabzeichen der Republikaner und der Anhänger des Dominikanermönches Girolamo Savonarola, der am 23. Mai 1498 als Ketzer auf der Piazza della Signoria verbrannt worden war.

Zahl. Einer von ihnen hatte eine eiserne Stange, ein anderer einen Flintenlauf, noch andere Hämmer, kleine Ambosse oder Stöcke. Wie ein rasender Stier rannte ich auf sie los, warf vier oder fünf von ihnen zur Erde und fiel über sie her, indem ich mit meinem Dolch bald diesen, bald jenen bedrohte; die anderen, die noch standen, hieben mit Hämmern, Stöcken und Ambossen aus Leibeskräften auf mich ein. Gott aber, der zuweilen Erbarmen fühlt, lenkte es so, daß wir einander keinen Schaden taten. Nur meine Mütze blieb zurück. An diese hielten meine Gegner sich, da ich selber ihnen entronnen war, und ein jeder durchbohrte sie mit seiner Waffe. Dann sahen sie sich nach ihren Verwundeten und Toten um; aber es hatte keiner von ihnen Schaden genommen.[13]

Ich ging nun in das Kloster Santa Maria Novella und traf dort sogleich den Bruder Alessio Strozzi. Ich kannte ihn nicht, aber ich empfahl mich dem guten Mann um Gottes willen und bat ihn, mir das Leben zu retten, denn ich hätte eine große Schuld begangen. Der gute Mönch sagte mir, ich solle keine Furcht haben; denn wenn ich auch alle Verbrechen der Welt begangen hätte, so wäre ich doch in seinem Kämmerchen vollkommen sicher. Eine Stunde darauf traten die Acht zu einer außerordentlichen Beratung zusammen; sie schleuderten einen gar schrecklichen Bannfluch gegen mich und drohten mit den härtesten Strafen jedem, der mich verborgen hielte oder um meinen Aufenthalt wußte, ohne Ansehen des Ortes und der Person. Mein betrübter armer Vater ging zu den Achten, warf sich vor ihnen auf die Knie und flehte um Erbarmen für seinen armen, jungen Sohn. Da sprang einer von den grimmigen Herrn auf, schüttelte die Quaste seiner Zipfelhaube und sprach zu meinem armen Vater die harten Worte: »Hebe dich fort von hier! Mach, daß du hinauskommst! Morgen früh soll er uns am Galgen baumeln!« Da aber erkühnte sich mein armer Vater und antwortete ihm und sprach: »Was Gottes Wille ist, das werdet ihr tun, aber nicht mehr.« Hierauf erwiderte derselbige: »Gewiß wird dies Gottes Wille sein.« Mein Vater aber sagte ihm: »Ich tröste mich, daß Ihr dies sicherlich nicht wißt.«

Er ging hinaus und kam zu mir mit einem Jüngling meines Alters, einem gewissen Piero Giovanni Landi; wir liebten uns sehr, wie wenn wir leibliche

---

13 In der Schilderung Benvenutos der am 13. November 1523 stattgefundenen Rauferei mit den Guasconti hat Guasti nach den noch vorhandenen Protokollen der Acht einige Irrtümer festgestellt. Für den Faustschlag oder die Ohrfeige, die er dem Gherardo gab, wurde er zu einer Buße von 12, also nicht 4 Scheffeln Mehl verurteilt. Nachdem er sich mit seinem großen Spieß bewaffnet hatte, lief er nicht in das Haus des Guasconti, sondern in dessen Werkstatt. Er verwundete Gherardo an den Armen und an den Lenden und traf auch den Bartolomeo Benvenuti, der die Partei der Guasconti ergriffen hatte. Es ist also nicht richtig, wenn Benvenuto behauptet, es seien alle unversehrt geblieben. Er wurde für diese Tat am selben Tage von den Acht zum Tode verurteilt. – Übrigens war er in demselben Jahre, am 15. Januar 1523, schon einmal wegen einer »unzüchtigen Handlung« zu einer Buße von 12 Scheffeln Mehl verurteilt worden.

Brüder gewesen wären. Dieser Jüngling hatte unter dem Mantel einen herrlichen Degen und ein sehr schönes Panzerhemd. Mein beherzter Vater erzählte mir den Vorfall und berichtete, was die Herrn der Acht gesagt hatten; hierauf küßte er mich auf die Stirn und auf beide Augen und sagte: »Gott beschütze und behüte dich!« Er gab mir den Degen und den Panzer und half mir mit eigenen Händen sie anlegen. Dann sprach er weiter: »oh, mein wackerer Sohn, mit diesem in der Hand lebe oder stirb!«

Piero Landi, der dabei stand, weinte unaufhörlich. Er gab mir zehn Goldgulden, und ich bat ihn, mir die Flaumhaare des Bartes abzuschneiden, die eben hervorzukeimen anfingen. Bruder Alessio ließ mich ein Mönchsgewand anziehen und gab mir einen Laienbruder zur Begleitung. Ich verließ das Kloster und ging zum Pratotor hinaus und an den Mauern entlang bis zur Piazza San Gallo. In einem der ersten Häuser am Berge fand ich einen gewissen Grassuccio, leiblichen Bruder des Herrn Benedetto von Monte Varchi[14]. Sogleich entmönchte ich mich und ward wieder Mann. Wir bestiegen zwei Pferde, die dort für uns bereitstanden und ritten die Nacht hindurch nach Siena. Ich schickte den Grassuccio nach Florenz zurück; er ging zu meinem Vater, grüßte ihn und sagte ihm, ich sei unversehrt angekommen. Da freute mein Vater sich herzlich und konnte es kaum erwarten, den von den Achten zu sehen, der ihn so hart beleidigt hatte. Als er ihn traf, sprach er: »Seht Ihr, Antonio, Gott wußte, was mit meinem Sohn geschehen sollte; Ihr aber wußtet es nicht!« Der andere entgegnete: »Er soll uns nur noch einmal in die Hände fallen!«

Darauf mein Vater: »Unterdessen will ich Gott danken, der ihn aus dieser Fährnis errettet hat!«

---

14 Er hieß Giovanni Battista und war Priester.

VIERTES KAPITEL
1523 – 1524

*Benvenuto macht außerordentliches Glück in Rom.
Er wird von einer edlen Dame, Porzia Chigi,
höchlich aufgemuntert. Besonderes Zutrauen dieser Dame.
Eifersucht zwischen ihm und Lucagnolo von Jesi.
Er bläst vor Papst Klemens VII., der mit ihm wohl zufrieden ist und ihn,
wegen der doppelten Fähigkeit als Goldschmied und Musikus,
in Dienst nimmt. Der Bischof von Salamanca
gibt ihm, auf die Empfehlung des Francesco Penni,
Schülers von Raffael, Arbeit.
Seltsame Abenteuer zwischen ihm und dem Bischof.*

IN SIENA wartete ich auf die römische Landpost und nahm einen Platz auf dieser. Jenseits der Paglia[1] begegneten wir dem Kurier, der die Nachricht von der Erwählung des neuen Papstes Klemens brachte. In Rom nahm ich Arbeit in der Werkstatt des Goldschmiedemeisters Santi[2]. Dieser war gestorben, aber ein Sohn von ihm setzte das Gewerbe fort. Doch arbeitete er nicht selber, sondern ließ alle Geschäfte von einem jungen Mann, namens Luca Agnolo von Jesi, besorgen. Dieser war der Sohn eines Bauern und schon als kleiner Junge Arbeiter beim Meister Santi geworden. Er war klein von Gestalt, aber gut gewachsen. Dieser Jüngling arbeitete besser als irgend einer, den ich bis dahin gesehen hatte. Er schuf mit der größten Leichtigkeit und reicher Erfindungsgabe; er arbeitete nur große Stücke, nämlich herrliche Gefäße, Becken und dergleichen Dinge.

Nachdem ich in diese Werkstatt eingetreten war, übernahm ich es, für den spanischen Bischof von Salamanca[3] einige Leuchter zu machen; sie waren von sehr reicher Arbeit, wie es für solche Werke sich gehört. Ein Schüler des Raffaello von Urbino, Gianfrancesco, genannt der Fattore[4], war ein trefflicher Maler; er war ein Freund des Bischofs und brachte mich in hohe Gunst bei

---

1 Nebenfluß des Tibers unterhalb Orvieto.
2 Nach Bertolotti hieß er Santo di Cola, war römischer Bürger und Goldschmied des Papstes.
3 Der Bischof von Salamanca, Don Francisco di Cabrera y Bobadilla, war im Jahre 1517 zum Lateranischen Konzil nach Rom gekommen; er befand sich dort noch zur Zeit der Erstürmung und ging mit Klemens VII. in die Engelsburg. Bald darauf kehrte er nach Spanien zurück, wo er im Dezember 1529 starb.
4 Giovanni Francesco Penni, genannt il Fattore, Schüler und Mitarbeiter Raffaels. Auch nach dessen Tode schuf er nur wenige eigene Gemälde. Sein Meister hielt ihn so hoch, daß er ihn und Giulio Romano zum Erben aller seiner Kunstgegenstände einsetzte. Er starb, etwa 40 Jahre alt, 1530 in Neapel.

demselben, so daß ich viele Arbeiten für ihn zu machen erhielt und sehr viel Geld verdiente.

Zu jener Zeit ging ich manchmal, um zu zeichnen, in die Kapelle des Michelagnolo[5], manchmal in das Haus des Agostino Chigi von Siena[6], wo sich viele herrliche Gemälde von der Hand des trefflichen Raffaello von Urbino befanden. Ich ging besonders an Festtagen in dieses Haus, worin Herr Gismondo Chigi, der Bruder des genannten Herrn Agostino wohnte. Sie waren sehr stolz darauf, wenn junge Leute meinesgleichen in ihre Häuser kamen, um sich zu belehren. Die Frau des Herrn Gismondo, die außerordentlich freundlich und über alle Maßen schön war, hatte mich oft in ihrem Hause gesehen; sie trat eines Tages zu mir, sah sich meine Zeichnungen an und fragte mich, ob ich Bildhauer oder Maler sei. Ich antwortete ihr, ich sei ein Goldschmied. Sie ließ durch eine ihrer Kammerfrauen eine Lilie von herrlichen, in Gold gefaßten Diamanten bringen, zeigte sie mir und forderte mich auf, ich solle sie schätzen. Ich schätzte den Wert auf achthundert Goldgulden. Sie sagte nun, ich habe den Wert sehr gut geschätzt, und fragte mich, ob ich mir zutraue, sie recht schön in eine andere Fassung zu bringen. Ich antwortete, ich würde dies sehr gern tun und entwarf sofort in ihrer Gegenwart eine kleine Zeichnung. Dies gelang mir um so besser, da es mir ein großes Vergnügen war, mit dieser schönen und liebenswürdigen Edelfrau mich zu unterhalten. Als meine Zeichnung fertig war, kam eine andere sehr schöne, edle Römerin von oben aus dem Hause herunter und fragte Madonna Porzia[7], was sie da mache. Diese erwiderte lächelnd: »Ich mache mir das Vergnügen, diesen wackeren Jüngling zeichnen zu sehen, der ebenso gut wie schön ist.« Diese Worte machten mich halb stolz, halb verlegen, ich errötete und sagte: »Wie ich auch sein möge, Madonna, ich werde stets freudig bereit sein, Euch zu dienen.«

Auch die hohe Frau errötete ein wenig und sagte: »Du weißt wohl, ich wünsche, daß du mir dienst.«

Sie reichte mir die Lilie und hieß mich sie mitnehmen; hierauf gab sie mir zwanzig Goldgulden, die sie in der Tasche hatte, und sagte: »Fasse sie mir nach deiner Zeichnung und hebe mir das alte Gold auf, worin sie jetzt gefaßt ist.«

---

5 Die sixtinische.
6 Die sogenannte Villa Farnesina an der Lungara. Agostino Chigi, »der größte Kaufherr der Christenheit«, ließ sie in den Jahren 1508–1511 mit bis dahin unerhörtem Glanz errichten. Nach einer Bemerkung des Vasari nimmt man als Erbauer des Palastes Baldassari Peruzzi an; doch hatte Raffael wesentlich zu den Blauplänen beigetragen. Den Namen La Farnesina erhielt der Palast, weil er im Jahre 1580 in den Besitz der Familie Farnese kam, die ihn bis zum Jahre 1731 behielt.
7 Sie hieß nicht Porzia, sondern Sulpizia Petrucci; Sigismondo Chigi hatte sie am 31. März 1507 geheiratet. Porzia, die jüngere Schwester der Frau Sulpizia, wurde im Jahre 1525 an Buoncompagno Agazzari von Siena verheiratet.

Da sprach die römische Edelfrau: »Wenn ich der junge Mann wäre, so würde ich in Gottes Namen mich davon machen.« Madonna Porzia aber antwortete: »Solche Talente sind selten mit Lastern verbunden; er sieht wie ein wackerer Jüngling aus und wird gewiß sein Aussehen nicht Lügen strafen.« Sie nahm ihre Freundin bei der Hand, wandte sich um und sagte mit lieblichem Lächeln: »Leb wohl, Benvenuto!«

Ich verweilte noch einen Augenblick, um meine Zeichnung des Raffaelloschen Jupiter zu vollenden. Hierauf begab ich mich in die Werkstatt und begann ein kleines Wachsmodell zu machen, um zu zeigen, wie die Arbeit werden sollte. Ich brachte sie der Frau Porzia und traf bei ihr wieder jene römische Edeldame. Beide waren sehr zufrieden mit meiner Arbeit und zeigten sich so huldvoll, daß ich mich erkühnte, ihnen zu versprechen, das Werk solle doppelt so schön werden als das Muster. So ging ich denn an die Arbeit und vollendete das Kleinod in zwölf Tagen, wiederum in Gestalt einer Lilie, aber mit Masken, Kindchen und Tieren geschickt geziert und so herrlich emailliert, daß die Diamanten, die die Lilie bildeten, mehr als den doppelten Wert erhielten. Während ich an diesem Werke arbeitete, war der erwähnte treffliche Goldschmied Luca sehr aufgebracht darüber; er sagte mir mehrere Male, ich würde mehr gewinnen und Ehre haben, wenn ich ihm hülfe, große Silbergefäße zu verfertigen, wie ich es anfangs getan hatte. Ich erwiderte ihm darauf, daß ich stets, wenn ich Lust hätte, große Silbergefäße machen könnte, daß es aber solche Arbeit, wie ich jetzt machte, nicht jeden Tag zu machen gäbe, und daß man mit ihnen nicht weniger Ehre als mit den großen Silberschüsseln, wohl aber viel mehr Geld gewinnen könne. Luca lachte mich aus und sagte: »Du wirst sehen, Benvenuto! Ich werde mich beeilen, dieses Gefäß fertig zu haben, wenn du mit deiner Arbeit fertig bist. Ich fing damit an, als du mit deinem Juwel begannst. Die Erfahrung wird uns dann klar und deutlich zeigen, welchen Gewinn mir mein Gefäß und dir dein Kleinod bringt.« Ich erwiderte ihm darauf, ich wolle gerne mit einem so tüchtigen Meister, wie er sei, solchen Wettstreit eingehen, damit wir am Ende sehen könnten, wer von uns sich getäuscht habe. So beugten wir denn alle beide, mit einem leisen spöttischen Lachen, eifrig den Kopf auf die Arbeit und hielten uns beide so fleißig an die Vollendung der begonnenen Werke, daß nach Ablauf von etwa zehn Tagen ein jeder seine Arbeit mit vieler Kunst und Sauberkeit beendigt hatte.

Das Werk des Luca war ein herrliches, größeres Gefäß für die Tafel des Papstes Klemens; es sollte dazu dienen, mitten auf dem Tisch zu stehen, um Knochen und Obstschalen hineinzuwerfen; es diente mehr zum Prunk als zur Notwendigkeit. Es war mit zwei schönen Henkeln geziert und mit vielen kleinen und großen Masken und herrlichem Blätterwerk ausgestattet und alles war so anmutig und erfindungsreich, wie man nur wünschen konnte. Ich mußte ihm sagen, es sei das schönste Gefäß, das ich jemals in meinem Leben gesehen habe.

Luca glaubte nun, mich eines Besseren belehrt zu haben, und sagte: »Deine Arbeit scheint mir nicht weniger schön, aber wir werden bald den Unterschied sehen.« Er nahm nun sein Gefäß und brachte es dem Papst, der wohl damit zufrieden war und es ihm sofort nach dem Preis zahlen ließ, den die Zunft für solche großen Stücke festgesetzt hatte. Unterdessen brachte ich meine Arbeit der genannten edlen Madonna Porzia. Sie sagte mir voller Erstaunen, ich hätte das gegebene Versprechen bei weitem übertroffen; hierauf forderte sie mich auf, ich möchte für meine Mühe verlangen so viel mir gut schiene, denn sie sei der Meinung, ich hätte solchen Lohn verdient, daß sie mich kaum befriedigen würde, wenn sie mir ein Landgut schenkte. Da sie aber dies nicht könnte, setzte sie lachend hinzu, so möchte ich ihr sagen, was sie für mich tun könnte. Ich erwiderte hierauf: »Der höchste Lohn, den ich für meine Mühe mir ersehne, ist der, Euer Gnaden zufriedengestellt zu haben.« Mit diesen Worten lächelte auch ich, machte ihr eine Verbeugung und entfernte mich, indem ich noch sagte, ich wolle keinen anderen Lohn als diesen. Da wandte Madonna Porzia sich zu jener römischen Edelfrau und sagte: »Seht, bei seiner Geschicklichkeit, die wir von ihm erwarteten, sind nur Tugenden, nicht aber Laster!«

Beide waren voll von Bewunderung; dann aber sagte Porzia: »Mein Benvenuto, hast du niemals das Wort gehört: wenn der Arme dem Reichen etwas schenkt, so lacht der Teufel dazu?« Ich antwortete ihr: »Der Teufel hat schon so vielen Verdruß, diesmal will ich ihn gerne lachen sehen.« Ich ging und sie rief mir nach: »Diesmal soll er diese Freude nicht erleben.«

Als ich in meine Werkstatt kam, hatte Luca in einer Tüte das Geld, das er für sein Gefäß bekommen hatte. Sobald ich eintrat, rief er mir entgegen: »Nun lege einmal den Lohn für dein Kleinod neben den Lohn für mein Gefäß!« Ich erwiderte, ich wolle mir dies bis zum nächsten Tage vorbehalten; denn ich sei der Hoffnung, wie meine Arbeit in ihrer Art nicht weniger schön als die seinige gewesen sei, so werde ich auch den Lohn dafür sehen lassen können.

Am nächsten Tage schickte Madonna Porzia einen ihrer Hausmeister nach meiner Werkstatt; er rief mich heraus und gab mir eine Rolle Geld von seiner Herrin; zugleich bedeutete er mir, das Geld, das sie mir schicke, sei noch nicht der volle Lohn, den meine Mühe verdiene. Er sagte mir noch viele andere Worte, die einer so vornehmen Dame würdig waren. Luca konnte es kaum erwarten, seine Geldrolle mit der meinigen zu vergleichen. Kaum war ich wieder in dem Laden, so holte er in Gegenwart von zwölf Arbeitern und anderen Nachbarn, die hereingekommen waren, um den Ausgang des Streites

Leonardos Roßäpfel

zu sehen, mit spöttischem Lachen seine Geldrolle hervor, und sagte drei- oder viermal »autsch, autsch!« und schüttelte mit großem Lärm die Geldstücke auf die Bank aus. Es waren fünfundzwanzig Dukaten in kleinen Silbermünzen. Er dachte, in meiner Rolle seien höchstens vier oder fünf Dukaten in Münze. Sein Geschrei, die Blicke und das Gelächter der Umstehenden hatten mich betäubt; ich schielte ein wenig in meine Geldtüte hinein und sah, daß es lauter Gold war. Da hob ich am anderen Ende der Bank mit niedergeschlagenen Augen und ganz ohne Geräusch mit beiden Händen meine Rolle hoch empor, so daß die Goldstücke wie aus einem Mühltrichter hervorrannen. Meine Münzen waren an Zahl doppelt so viel als die seinigen; da wandten sich alle Augen, die bis dahin spöttisch auf mich blickten, plötzlich zu ihm und die Zuschauer sagten: »Luca, Benvenutos Geld sieht viel besser aus als deins; denn es sind Goldstücke und nochmal so viele als deine.«

Ich glaubte, Luca würde vor Neid und Ärger auf der Stelle umkommen, obgleich er von dem vielen Gelde den dritten Teil erhielt. Denn es ist Brauch, daß der Arbeiter zwei Drittel und der Meister, dem die Werkstatt gehört, ein Drittel des Lohnes erhält. Der Neid war stärker in ihm als die Geldgier, obgleich eigentlich das Gegenteil hätte der Fall sein sollen, denn Luca war der Sohn eines Bauern von Jesi. Er verfluchte seine Kunst und die Meister, die sie ihn gelehrt hatten, und sagte, er wolle hinfür gar keine großen Stücke mehr machen, sondern nur noch solchen kleinen Hurenkram, weil der so gut bezahlt würde. Da ärgerte auch ich mich und sagte zu ihm, jeder Vogel singe sein eigenes Lied; er spräche, wie ers im Stall gelernt hätte, worin er aufgewachsen wäre; ich könnte ihm aber versichern, solche klöterigen Sachen wie er könnte ich ganz leicht machen, ihm aber würde es nie gelingen, solchen Hurenkram fertig zu bringen wie ich. Ich sagte ihm, wir würden das ja bald sehen, und ging voller Wut hinaus. Alle Anwesenden gaben ihm laut unrecht und sagten ihm, er hätte sich als ein rechter grober Bauer erwiesen, ich aber als ein wackerer Bursche.

Am folgenden Tage ging ich zu Madonna Porzia, um mich bei ihr zu bedanken; ich sagte, sie habe gerade das Gegenteil von dem getan, was sie gesagt habe: ich hätte es so machen wollen, daß der Teufel dazu lachen könnte, sie aber hätte es so gemacht, daß er abermals Gott verleugnete. Wir lachten fröhlich zusammen, und sie bestellte bei mir noch andere schöne und gute Arbeiten.

Zu jener Zeit bemühte ich mich durch Vermittlung eines Schülers des Malers Raffaello von Urbino[8] um einen Auftrag vom Bischof von Salamanca

---

8 Der vorhin erwähnte Gianfrancesco Penni, genannt il Fattore.

auf ein großes Wassergefäß, wie sie zum Prunk auf die Kredenztische gestellt werden. Der Bischof wollte zwei von gleicher Größe haben und bestellte eins beim Luca und das andere bei mir; wie es bei solchen Gefäßen üblich ist, wurden uns die Zeichnungen des Entwurfes geliefert; sie waren von dem erwähnten Maler Gianfrancesco. Ich begann mit eifriger Begier die Arbeiten an diesem Gefäß; ein Mailänder, der sich Meister Giovanpiero della Tacca[9] nannte, überließ mir ein Eckchen seiner Werkstatt. Ich brachte meine Rechnungen in Ordnung, legte das Geld beiseite, das ich für mich selber nötig hatte, und schickte den ganzen Rest meinem guten, armen Vater nach Florenz. Als er sich das Geld dort hatte auszahlen lassen, begegnete er zufällig einem von den grimmigen Herrn der Acht, und zwar gerade dem, der bei Gelegenheit jenes Tumultes von mir gesagt hatte, man würde mich auf alle Fälle am Galgen baumeln lassen. Weil nun dieser grimmige Herr rechte Taugenichtse zu Söhnen hatte, so sagte mein Vater zu ihm: »Jedem kann ein Unglück zustoßen, besonders einem jähzornigen Menschen, wenn er recht hat, wie damals mein Sohn; aber seht nur, wie brav er sich jetzt aufführt. Das kommt von der tüchtigen Erziehung, die ich ihm gegeben habe. Wollte Gott Euch gönnen, daß Ihr an Euren Söhnen nicht mehr noch weniger Freude und Leid erlebt, als ich an dem meinen; denn Gott hat mir vergönnt, daß ich meinen Benvenuto gut erziehen konnte, und als meine Kraft nicht mehr ausreichte, da hat er ihn mir gegen Euer Erwarten aus Euren grimmigen Händen errettet.« Er schrieb mir diese Begegnung und bat mich, ich möchte doch um Gottes willen auch manchmal blasen, damit ich diese schöne Kunst nicht verlerne, die er mit so großer Mühe mir beigebracht habe. Der Brief war im liebevollsten väterlichen Tone geschrieben; er rührte mich zu Tränen, und ich nahm mir vor, ihm vor seinem Tode noch eine rechte Freude mit meinem Blasen zu machen, da ja Gott selber uns jeden erlaubten Wunsch erfüllt, wenn wir vertrauend ihn darum bitten.

Während ich mich an dem schönen Gefäß für Salamanca mühte, hatte ich zu meiner Hilfe nur einen jungen Knaben, den ich auf die dringlichsten Bitten meiner Freunde, halb gegen meinen eigenen Willen, als Burschen angenommen hatte. Er war ungefähr vierzehn Jahre alt, hieß Paulino und war der Sohn eines römischen Bürgers, der von seinen Einkünften lebte. Paulino war der besterzogene, ehrlichste und schönste Knabe, den ich je in meinem Leben gesehen hatte. Wegen seines braven Betragens und wegen seiner unendlichen Schönheit empfand ich eine so innige Liebe für ihn, wie die Brust eines Mannes nur fassen kann. Diese herzliche Liebe veranlaßte mich recht oft, nach meinem

---

9   Er soll mit Zunamen Carpani, nach anderen Quellen Crivelli geheißen haben.

Waldhorn zu greifen, um sein wundervolles Gesicht, das von Natur ernsthaft und melancholisch war, sich erheitern zu sehen. Denn wenn ich mein Hörnchen zur Hand nahm, überzog plötzlich ein so ehrliches und schönes Lächeln sein Gesicht, daß ich mich gar nicht mehr über all das Geschwätz wundere, das die Griechen von ihren Göttern berichten; denn wenn er zu jener Zeit gelebt hätte, würde er vielleicht die Götter ganz außer sich gebracht haben. Paulino hatte eine Schwester namens Faustina, und ich glaube nicht, daß die Faustina, von der die alten Schriften so viel fabeln[10], so schön gewesen ist. Sein Vater nahm mich etliche Male nach seinem Weinberge mit, und es kam mir so vor, daß der wackere Mann mich gerne zum Schwiegersohn gehabt hätte. Infolgedessen blies ich viel öfter, als ich es früher getan hatte. Ein gewisser Gianiacomo von Cesena[11], der als Pfeifer im Dienste des Papstes stand, ein ganz ausgezeichneter Musikus, ließ durch den Trompeter Lorenzo aus Lucca, der heute im Dienste des Herzogs steht, bei mir anfragen, ob ich ihnen am Augustfest[12] helfen wolle, mit meinem Horn den Diskant zu blasen; sie hätten zu diesem Tage für die Tafelmusik des Papstes mehrere sehr schöne Motetten ausgesucht. Es war zwar mein sehnlicher Wunsch, mein schönes bereits angefangenes Silbergefäß fertig zu machen, aber weil die Musik ja an sich schon etwas Herrliches ist, und auch, um meinem alten Vater eine Freude zu machen, erklärte ich mich bereit, in ihre Gesellschaft einzutreten. Acht Tage vor dem Augustfest begannen wir, jeden Tag zwei Stunden zusammen zu üben. Am Augusttage aber gingen wir ins Belvedere[13] und bliesen während der Tafel die eingeübten Motetten so schön, daß Papst Klemens sagte, er habe niemals eine lieblichere und harmonischere Musik gehört. Er rief den Gianiacomo heran und fragte, wo und wie er einen so guten Hornbläser für den Diskant aufgetrieben hätte, und erkundigte sich ganz genau, wer ich sei. Als Gianiacomo ihm meinen Namen genannt hatte, rief der Papst: »Da ist er wohl ein Sohn des Meisters Giovanni?«

Als er diese Frage bejahte, erklärte der Papst, er wolle mich unter den anderen Musikern in seinem Dienst haben. Gianiacomo antwortete. »Allerheiligster Vater, daß Ihr ihn bekommen werdet, dafür kann ich nicht einstehen; denn sein Beruf, dem er beständig nachgeht, ist die Goldschmiedekunst; er ist ein ausgezeichneter Arbeiter und verdient damit viel mehr Geld, als er mit dem Blasen verdienen könnte.« Hierauf der Papst: »Da er auch noch dieses Talent besitzt, womit ich nicht gerechnet hatte, so will ich ihn um so mehr. Er soll den-

---

10 Die Gemahlin des Kaisers Mark Aurel.
11 Nach Bertoletti hieß er de' Bernardini.
12 Mariä Himmelfahrt am 15. August.
13 Eine hochgelegene, zur Aussicht bestimmte und mit antiken Bildsäulen, unter anderen dem Apollo von Belvedere, reich geschmückte Hofanlage im Vatikan, die Bramante für Papst Julius II. erbaut hatte.

selben Lohn erhalten wie ihr anderen; sage ihm von mir, er solle mir dienen, ich werde ihm tagsüber auch in seinem anderen Beruf reichlich zu tun geben.« Zugleich reichte er ihm in einem Tüchlein hundert goldene Kammerdukaten mit den Worten: »Verteile sie so, daß auch er sein Teil erhält.«

Gianiacomo kehrte zu uns zurück und erzählte uns ganz genau, was der Papst ihm gesagt hatte; hierauf teilte er das Geld unter uns acht und sagte zu mir, als er mir meinen Teil gab: »Ich werde dich als unser Mitglied einschreiben lassen.« Ich antwortete hierauf: »Laßt dies noch für heute; morgen werde ich Euch antworten.«

Ich ging fort und war in großen Zweifeln, ob ich es annehmen sollte, denn ich sah wohl, daß es mir schaden würde, wenn ich mich von dem Studium meiner schönen Künste entfernte. In der nächsten Nacht erschien mir mein Vater im Traum und bat mich unter liebevollen Tränen, ich möchte doch um Gottes und seinetwillen das Amt annehmen: ich aber antwortete ihm in meinem Traum, das wolle ich auf keinen Fall tun. Da kam es mir plötzlich vor, als ob sein Gesicht sich schrecklich verzerrte; mit entsetzlicher Stimme rief er mir zu: »Wenn du es nicht tust, wird dein Vater dich verfluchen; wenn du es aber tust, werde ich dich mein Leben lang segnen.« Als ich aufgestanden war, lief ich voller Angst hin und ließ mich einschreiben; dies teilte ich dann meinem alten Vater mit, der vor unverhoffter Freude beinahe gestorben wäre; er antwortete mir sogleich, er habe beinahe denselben Traum gehabt wie ich. Und da ich nun den berechtigten Wunsch meines guten Vaters erfüllt hatte, so dünkte mir, mir müsse alles in Ehren und Glück aufgehen.

So ging ich denn mit größtem Eifer daran, das Gefäß fertig zu machen, das ich für den Salamanca begonnen hatte. Der Bischof war ein trefflicher Mann, sehr reich, aber schwer zufrieden zu stellen. Jeden Tag schickte er und ließ mich zeigen, was ich machte; und als einmal sein Abgesandter mich nicht fand, geriet Salamanca in großen Zorn und sagte, er wolle mir die Arbeit fortnehmen und sie von einem anderen fertig machen lassen. Dies kam davon, daß ich mich mit dem verfluchten Blasen abgab. Ich machte mich jedoch mit dem größten Fleiß Tag und Nacht ans Werk und brachte die Arbeit so weit vorwärts, daß ich sie sehen lassen konnte. Als ich sie nun dem Bischof zeigte, bekam dieser so große Lust, sie fertig zu sehen, daß es mir bald leid tat, sie ihm gezeigt zu haben. In der Zeit von drei Monaten war das Gefäß fertig; es waren darauf so viele schöne Tierchen, Blätter und Masken angebracht, wie man sich nur denken kann. Ich schickte meinen Burschen Paulino zum tüchtigen Meister Luca, um ihm meine Arbeit zu zeigen. Paulino sagte zu ihm mit seiner unendlichen Anmut und Schönheit: »Meister Luca, Benvenuto schickt Euch hier, wie er versprach, Euren klöterigen Kram und hofft, von Euch seinen Hurenkram zu sehen.«

Luca nahm das Gefäß in die Hand und betrachtete es lange; dann sagte er zu Paulino: »Mein schöner Knabe, sage deinem Herrn, er ist ein tüchtiger Mensch und ich bitte ihn, meine Freundschaft anzunehmen, und von dem anderen wollen wir nicht mehr reden.« Hoch erfreut brachte der wackere Junge mir diesen Bescheid. Dann brachte er das Gefäß zu Salamanca, welcher verlangte, daß es geschätzt werden solle. Hierüber kam Luca zu; er schätzte mir das Gefäß in einer mich ehrenden Weise und lobte es weit mehr, als ich erwartet hatte. Salamanca nahm die Schüssel und sagte auf seine spanische Art: »Ich schwöre bei Gott, ich will ihn so lange auf die Zahlung warten lassen, wie er mich auf die Schüssel hat warten lassen!« Über diese Worte ärgerte ich mich sehr; ich verfluchte ganz Spanien und jeden Freund der Spanier.

Außer vielen schönen Zieraten befand sich an diesem Gefäß ein Henkel, der aus einem Stück aufs zarteste gearbeitet war und mittels einer Stahlfeder gerade über der Öffnung des Gefäßes gehalten wurde.[14] Eines Tages zeigte der Monsignor, um zu prahlen, einigen seiner spanischen Edelleute mein Gefäß; als der Bischof fort war, faßte einer von diesen Edelleuten den schönen Henkel zu unvorsichtig an; die zarte Feder vermochte seiner plumpen Kraft nicht zu widerstehen und zerbrach ihm in der Hand. Der Edelmann bekam einen großen Schreck und bat den Mundschenken, der das Gefäß in Verwahrung hatte, er möchte es sofort zu dem Meister bringen lassen, der es verfertigt hätte; dieser sollte es sofort ausbessern, und er möchte ihm jeden Preis bewilligen, den er verlangen würde, die Hauptsache wäre, daß es schnell ausgebessert würde. So kam das Gefäß wieder in meine Hand; ich versprach es aufs schnellste wieder herzurichten und tat es auch. Es wurde vor dem Mittagessen zu mir gebracht, zwei Stunden vor Abend aber kam der Bote, der es gebracht hatte, ganz schweißbedeckt, weil er den ganzen Weg gelaufen war. Seine Gnaden hatten nämlich abermals das Gefäß verlangt, um es einigen anderen Herrn zu zeigen. Der Mundschenk ließ mich kaum ein Wort sprechen und rief: »Schnell, schnell! Bring das Gefäß!«

Ich beeilte mich aber keineswegs und gab es ihm nicht, sondern sagte, ich hätte es nicht so eilig. Hierüber geriet der Diener in solche Wut, daß er mit der einen Hand nach seinem Degen griff und mit der anderen gewaltsam in den Laden einzudringen versuchte. Dem widersetzte ich mich jedoch sofort mit Waffengewalt; zugleich sagte ich ihm mit harten Worten: »Ich will es dir nicht geben; sage deinem gnädigen Herrn, ich verlange das Geld für meine Mühe, eher kommt das Gefäß nicht aus meinem Laden heraus.«

---

14 Benvenuto beschreibt dieses Gefäß sehr ausführlich im 22. Kapitel seiner Abhandlung über die Goldschmiedekunst.

Als er nun sah, daß ihm die Drohungen nichts nützten, fing er an mich zu bitten, wie man zum Heiligen Kreuz betet. Er sagte mir, wenn ich ihm das Gefäß gäbe, würde er dafür sorgen, daß ich bezahlt würde. Diese Worte aber brachten mich nicht von meinem Entschluß ab, sondern ich sagte ihm immer wieder dasselbe. Schließlich verzweifelte er am Erfolg und schwor, er würde mit vielen Spaniern kommen, die mich in Stücke hauen sollten. Er lief davon; ich hielt es wohl für möglich, daß sie einen Mordversuch wagen würden, und nahm mir vor, mich mutig zu wehren. Ich machte eine ausgezeichnete Flinte zurecht, mit der ich auf die Jagd zu gehen pflegte, und sagte zu mir selbst: »Wer mir meine Sachen und den Lohn meiner Arbeit nimmt, der kann auch gleich mein Leben bekommen.«

Während ich hierüber bei mir selber nachdachte, erschienen viele Spanier mit ihrem Haushofmeister; er sagte ihnen in der hitzigen spanischen Art, sie sollten eindringen, das Gefäß nehmen und mich verprügeln. Hierauf zeigte ich ihnen die Mündung der Büchse und ihren gespannten Hahn und rief laut: »Ihr Schurken, ihr Verräter, ihr Mörder! Dringt man so in Rom in Häuser und Läden ein? Wer von Euch Spitzbuben der Türklappe zu nahe kommt, den schieße ich mit meiner Büchse nieder.« Zugleich zielte ich auf ihren Haushofmeister, machte Miene loszudrücken und rief: »Du Räuber bist ihr Anstifter! Du sollst der erste sein, der stirbt!« Er gab dem Pferd, worauf er saß, die Sporen und ritt mit verhängten Zügeln davon. Infolge des großen Lärms waren alle Nachbarn herbeigelaufen; einige römische Edelleute, die vorbeikamen, sagten zu mir: »Schlage die Halunken nur tot, wir werden dir helfen.«

Diese Worte wirkten so kräftig, daß meine Angreifer in große Angst gerieten und nach Hause gingen. Sie mußten nun die ganze Geschichte ihrem gnädigen Herrn erzählen. Er war sehr stolz und schimpfte alle seine Diener aus, teils weil sie solchen Tumult verursachten, teils weil sie die Sache nicht durchgeführt, nachdem sie sie einmal angefangen hätten.

Unterdessen kam der Maler hinzu, der die ganze Sache vermittelt hatte; Monsignor befahl ihm, mir in seinem Auftrage zu melden: wenn ich ihm nicht sofort das Gefäß brächte, würden meine Ohren das größte Stück sein, das von mir übrig bliebe; wenn ich es aber brächte, würde er mir sofort Bezahlung dafür geben. Ich fürchtete mich aber keineswegs und tat ihm kund, ich würde mich sofort an den Papst wenden.

Als jedoch sein Zorn und meine Furcht sich etwas gelegt hatten, begannen einige vornehme römische Herrn zwischen uns zu vermitteln; sie verbürgten sich, daß der Bischof mir nichts zuleide tun, sondern vielmehr mir meine Arbeit bezahlen würde. Ich versah mich mit einem großen Dolch, zog mein gutes Panzerhemd an und ging in das Haus des Monsignor, der sein ganzes

Gesinde aufgestellt hatte. Paulino mit dem silbernen Gefäß ging neben mir. Es war wahrhaftig, wie wenn ich durch den Tierkreis schritte: der eine sah wie ein Löwe aus, ein anderer wie ein Skorpion, ein dritter wie ein Krebs. Endlich kamen wir vor den Pfaffen, der so recht auf spanische Art Pfaffenworte hervorsprudelte. Ich stand gesenkten Hauptes da, sah ihn nicht an und sagte kein Wort. Hierob geriet er immer mehr in Wut; er ließ mir Schreibzeug reichen und befahl mir, mit eigener Hand zu schreiben, daß ich von ihm bezahlt worden und zufrieden sei. Hierauf erhob ich den Kopf und sagte zu ihm, das würde ich sehr gern tun, sobald ich mein Geld hätte. Der Bischof wurde immer wütender, und schimpfte und fluchte mächtig. Schließlich bekam ich das Geld; dann schrieb ich und ging froh und zufrieden von dannen.

Papst Klemens hatte vorher schon das Gefäß gesehen, man hatte ihm aber nicht gesagt, daß es eine Arbeit von mir sei. Als er die Geschichte hörte, machte sie ihm sehr viel Vergnügen. Er lobte mich und sagte öffentlich, er halte große Stücke auf mich. Infolgedessen tat es dem Monsignor Salamanca sehr leid, mich so beschimpft zu haben. Um mich wieder zu versöhnen, ließ er mir durch denselben Maler sagen, er wolle noch viele große Arbeiten bei mir bestellen. Ich aber erwiderte hierauf, ich würde diese gern machen, aber ich verlange Bezahlung, bevor ich anfange. Auch diese Worte kamen dem Papst Klemens zu Ohren und er lachte herzlich darüber. Dem Kardinal Cibo[15], der gerade zugegen war, erzählte der Papst meinen ganzen Streit mit dem Bischof. Hierauf wandte er sich an einen seiner Beamten und befahl ihm, er solle mir fortdauernd Bestellungen für den Palast geben. Kardinal Cibo ließ mich rufen, unterhielt sich sehr freundlich mit mir und bestellte bei mir ein Gefäß, das noch größer war als das für den Salamanca. Auch Kardinal Cornaro und viele andere Kardinäle, besonders Ridolfi und Salviati[16] ließen mich für sie arbeiten, so daß ich viel Geld verdiente. Madonna Porzia sagte mir, ich müsse eine Werkstatt für meine eigene Rechnung aufmachen. Ich tat dies und hatte stets für diese edle Frau zu arbeiten. Sie bezahlte mich immer sehr reichlich, und sie ist wohl die Ursache, daß ich mich der Welt als einen Mann gezeigt habe, der etwas kann.

Ich wurde der Freund des Herrn Gabriello Ceserino, der damals Gonfaloniere von Rom war. Für diesen Herrn schuf ich viele Werke, vor allem eine große goldene Medaille, die am Hut zu tragen war: es war darauf Leda mit ihrem Schwan zu sehen. Er war mit meiner Arbeit sehr zufrieden und sagte

---

15 Kardinal Innocenzo Cibo Malaspina, Erzbischof von Genua, war ein Neffe Leos X. und Ratgeber des Herzogs Alessandro de' Medici.
16 Die Kardinäle Niccolò Ridolfi und Giovanni Salviati waren ebenfalls Neffen Leos X.; Marco Cornaro war der Sohn Giorgios, Bruders der Königin Caterina von Zypern, aus dem Hause Cornaro.

mir, er wolle sie schätzen lassen, um mir den verdienten Lohn zu zahlen. Da nun die Medaille sehr sorgfältig gearbeitet war, so schätzten die Vorsteher meiner Zunft sie weit höher als er geglaubt hatte. Infolgedessen erhielt er die Medaille, und ich bekam nichts für meine Arbeit. Es ging mir mit dieser Medaille beinahe ebenso wie mit dem Gefäß für den Bischof Salamanca. Damit aber diese Dinge mir nicht den Raum fortnehmen, den ich benötige, um wichtigere zu berichten, erwähne ich sie nur in aller Kürze.

FÜNFTES KAPITEL
1524

*Benvenuto findet Händel und nimmt eine Herausforderung
eines der Leute des Rienzi da Ceri an.
Er arbeitet große Kardinalssiegel, nach Art des Lautizio.
Die Pest bricht in Rom aus; während derselben hält er sich viel in den Ruinen auf
und studiert dort nach den architektonischen Zieraten.
Geschichte des Herrn Giacomo Carpi, berühmten Wundarztes. Begebenheiten
mit einigen Vasen, welche Benvenuto gezeichnet.
Nachdem die Pestilenz vorbei war, treten mehrere Künstler zusammen, Maler,
Bildhauer und Goldschmiede, sich wöchentlich zu vergnügen.
Angenehme Beschreibung eines dieser Bankette,
welches Benvenuto durch einen glücklichen Einfall verherrlicht.*

DA ICH mein Leben schildern will, so muß ich etliches andere, das sich nicht auf meinen Beruf bezieht, wenn auch nicht ausführlich beschreiben, so doch im Vorübergehen streifen. Ich war am Morgen unseres[1] Heiligen Sankt Johannes mit vielen Landsleuten von allerlei Berufen: Malern, Bildhauern, Goldschmieden beim Mahle zusammen; unter anderen hervorragenden Männern waren dabei ein Maler, genannt Rosso[2], und Raffaels Schüler Gianfrancesco Penni. Und da ich sie freigebig bewirtete, so lachten sie und scherzten, wie es wohl der Fall sein mag, wenn viele Menschen beisammen sind und eines so herrlichen Festes sich freuen. Zufällig kam ein

---

[1] Johannes der Täufer, der Schutzheilige von Florenz. Sein Tag ist der 24. Juni.
[2] Der Florentiner Maler Giovanni Battista di Jacopo, genannt Rosso Fiorentino (*1494) war nach Vasari ein sehr schöner Mann sowie ein ausgezeichneter Musiker und Philosoph. Auch Pietro Aretino rühmt seine sonnige Heiterkeit. Cellini traf ihn in Paris wieder, wo Rosso sich im Jahre 1540 vergiftete.

Prahlhans vorbei, ein Soldat des Ritters Rienzo von Ceri[3]; er hörte den Lärm und sprach spöttisch in unziemlicher Weise von der florentinischen Nation. Als Anführer so vieler tüchtiger und wackerer Männer hielt ich mich für beleidigt; ohne daß jemand es bemerkte, ging ich ihm sachte nach und holte ihn ein. Er ging mit seiner Dirne, mit der er, um sie zum Lachen zu bringen, fortwährend noch seine albernen Witze machte. Ich hielt ihn an und fragte ihn, ob er der Freche sei, der auf die Florentiner schimpfte. Er antwortete: »Der bin ich.« Da erhob ich meine Hand, schlug ihn ins Gesicht und rief: »Und ich bin der!« Allsobald griffen wir beide mutig zum Degen. Kaum aber hatte der Kampf begonnen, so mischten sich viele ein; als sie jedoch sahen und hörten, daß ich im Recht war, ergriffen sie meine Partei. Den Tag darauf erhielt ich eine Herausforderung, mich mit ihm zu schlagen. Die nahm ich freudig an und sagte, damit wolle ich wohl viel schneller fertig werden als mit einer Arbeit meines Berufes. Ich ging sofort zu einem alten Kämpen namens Bevilacqua[4]. Er galt für die erste Klinge von ganz Italien, denn er war wohl mehr als zwanzigmal losgewesen und hatte immer mit Ehren bestanden. Dieser wackere Mann war mein guter Freund; er kannte mich durch meine Arbeiten und war mir schon bei mehreren bösen Streithändeln mit anderen zur Seite gestanden. So sagte er denn nun sogleich fröhlich zu mir: »Mein Benvenuto, wenn du es mit Mars selber zu tun hättest, so bin ich gewiß, du würdest mit Ehren bestehen; denn so viele Jahre ich dich nun schon kenne, habe ich dich noch niemals in einen unrechten Handel verwickelt gesehen.« So machte er denn meine Sache zu der seinen und führte uns auf den Platz, wo wir die Waffen in die Hand nahmen; doch wurde kein Blut vergossen, da mein Gegner Versöhnung anbot, und so ging ich mit allen Ehren aus dem Handel hervor. Ich übergehe andere Geschichten dieser Art, obgleich sie sehr schön anzuhören wären; ich spare meine Worte, um von meiner Kunst zu reden, die mich eigentlich angetrieben hat, dieses Buch zu schreiben und von der ich nur zu viel werde zu sagen haben. Von ehrlichem Wetteifer getrieben, wünschte ich auch andere Werke zu schaffen, so wie ich die Arbeiten des wackeren Lucagnolo erreicht und übertroffen hatte, ohne mich darum doch meiner schönen Juwelierkunst zu entfremden. Ich erwarb mir, indem ich stets auf diesen beiden Gebieten meiner Kunst arbeitete, großen Gewinn und noch größere Ehre. Es war zu jener Zeit in Rom ein wackerer Mann aus Perugia, ein gewisser

---

[3] Rienzo oder Lorenzo da Ceri war ein berühmter Glücksritter im Solde der Venezianer, des Papstes und des Königs von Frankreich; von diesem wurde er nach Rom geschickt, als die Kaiserlichen die Stadt bedrohten. Es gelang ihm nicht, sie zu retten, er starb im Jahre 1528 in den Abruzzen.
[4] Auch Aretino erwähnt ihn, allerdings in anderem Sinne, nämlich als lächerlichen Klopffechter und Raufbold.

Lautizio. Er verstand nur eine einzige Arbeit; in dieser aber war er einzig auf der Welt.⁵ In Rom hat jeder Kardinal nach dem Brauch ein Siegel mit seinem Wappen. Diese Siegel sind so groß wie die Hand eines zwölfjährigen Knaben. Sie tragen, wie gesagt, das Wappen des Kardinals mit vielen Figuren geziert. Wenn es gut gemacht ist, wird ein solches Petschaft mit hundert Goldgulden und noch mehr bezahlt. Auch diesem braven Künstler es nachzutun, trieb mich ein löblicher Wetteifer, obwohl seine Kunst mit den anderen Künsten eines Goldschmiedes nichts zu tun hat. Lautizio verstand sich nur auf diese Kunst des Petschaftstechens. Ich widmete mich auch dieser Kunst mit eifrigem Bemühen, obgleich ich sie sehr schwierig fand; mit aller Mühe blieb ich beständig bestrebt, um Geld zu verdienen und um etwas zu lernen.

Es war in Rom auch ein anderer ausgezeichneter Künstler, ein Mailänder, der sich Meister Caradosso⁶ nannte; dieser verfertigte nur ziselierte Medaillen aus Metallblech und andere Dinge dieser Art; er machte einige Friedensbilder⁷ in halberhabener Arbeit und auch Kruzifixe von Spannengröße aus ganz dünnem Goldblech, so herrlich gearbeitet, daß mir dünkte, ich hätte einen größeren Meister in diesen Dingen niemals gesehen, und daß ich ihn mehr als jeden anderen um seine Kunst beneidete. Andere Meister schufen Medaillen, die in Stahl gestochen waren; diese sind die wahren Muster für Künstler, die es im Münzenschlagen zu etwas bringen wollen. Alle diese verschiedenen Künste erlernte ich mit größtem Eifer, und außerdem noch die wundervolle Kunst des Emaillierens, in der ich niemals einen so trefflichen Meister fand wie unseren berühmten Florentiner Amerigo.⁸ Ihn selber kannte ich nicht, wohl aber seine herrlichen Werke, deren göttliche Vollkommenheit ich von keinem auf dieser Welt auch nur annähernd erreicht sah. Diese Arbeiten sind sehr schwierig, weil sie nach aller Mühe zuletzt ins Feuer kommen und dadurch sehr oft verdorben und zerstört werden. Aber ich wandte mich dieser Kunst mit allen meinen Kräften zu, und so groß ich auch die Schwierigkeiten fand, hatte ich eine so herzliche Freude daran, daß ich diese Schwierigkeiten nur als ein Ausruhen ansah. Gott hatte mir die schöne Naturgabe eines glücklichen und immer gleichmäßigen Gemütes gegeben, so daß ich unbekümmert alles ausführte, was mir in den Sinn kam. Diese mannigfachen Künste sind von-

---

5 Cellini erwähnt ihn auch im 13. Kapitel seiner Abhandlung über die Goldschmiedekunst als einzig auf diesem Gebiete. Er war seit 1516 Münzmeister in Perugia, wo er im Jahre 1527 starb.
6 Eigentlich hieß er Ambrogio Foppa. Cellini spricht von ihm mit hohem Lobe in seiner Abhandlung über die Goldschmiedekunst. Er stand bei den Päpsten Julius, Leo und Klemens in hohem Ansehen.
7 Friedensbilder, Paci, nennt man noch heute Täfelchen mit Heiligenbildern, die von den Frommen in der Kirche dem messelesenden Priester zum Kuß dargereicht werden.
8 Amerigo di Giovanni war geboren im Jahre 1420 und starb 1491; er war einer der Preisrichter beim Wettbewerb für die Fassade des Florentiner Doms.

einander sehr verschieden; wenn einer in der einen etwas Tüchtiges leistet, gelingt es ihm fast niemals, in einer anderen ebenso Gutes zu vollbringen. Ich aber bemühte mich mit ganzer Kraft, in allen gleiches zu leisten; was ich darin vollbracht habe, das werde ich an seinem Orte zeigen.

Zu jener Zeit – ich war ein Jüngling von ungefähr dreiundzwanzig Jahren – brach eine so entsetzliche Pest[9] aus, daß in Rom jeden Tag viele Tausende starben. Dadurch erschreckt, begann ich gewissen Freuden nachzugehen, zu denen mich mein Sinn trieb; doch geschah dies aus einem bestimmten Anlaß, den ich erzählen werde. An den Festtagen ging ich gerne nach Altertümern aus, die ich in Wachs oder mit dem Zeichenstift nachbildete. Nun liegen diese Altertümer alle in Ruinen, und da in diesen Ruinen sehr viele Tauben nisteten, so bekam ich Lust, meine Büchse an ihnen zu erproben. Aus Furcht vor der Pest mied ich menschlichen Umgang und legte meinem Paulino die Büchse auf die Schulter. Wir gingen allein nach Altertümern aus und kehrten oft mit vielen fetten Tauben beladen nach Hause. Ich mochte meine Büchse immer nur mit einer Kugel laden; so verdankte ich es nur meiner Kunst und Geschicklichkeit, daß ich große Beute machte. Ich hielt meine Büchse mit eigener Hand sauber, und es gab wohl keine, die von innen wie von außen so spiegelblank war, auch bereitete ich mit eigener Hand das feinste Schießpulver, bei dessen Anfertigung ich Geheimnisse fand, die bis heute kein anderer gefunden hat. Um es kurz zu machen, will ich nur eins erwähnen, worüber jeder, der sich aufs Schießen versteht, sich verwundern wird: mit Pulver von dem fünften Teile des Gewichts, das meine Kugel hatte, traf ich auf zweihundert Schritte ins Schwarze der Scheibe.

Obgleich die große Freude, die ich an meiner Büchse fand, mich oftmals von meiner Kunst oder von meinen Studien abzulenken schien und auch wirklich ablenkte, so war doch anderseits der Vorteil, den ich davon hatte, viel größer als der Nachteil: denn wenn ich auf die Jagd ging, verbesserte ich meine Lebenskraft, indem die frische Luft mich stärkte. Ich bin von Natur zum Trübsinn geneigt, aber das Vergnügen der Jagd erheiterte mir sofort das Herz: ich arbeitete leichter und viel besser, als wenn ich beständig in meiner Werkstatt studierte und arbeitete; und so hatte ich von meiner Büchse am Ende mehr Gewinn als Verlust.

Indem ich so meinem Vergnügen nachging, hatte ich auch Freundschaft mit einigen Sammlern von Altertümern geschlossen; sie paßten den lombardischen Bauern auf, die zu bestimmten Zeiten nach Rom kamen, um die Wein-

---

9   Die ganz furchtbare Pest, an der in Rom im Jahre 1523 mehr als 18 000 Menschen starben, war bereits im Abklingen, als Cellini im November jenes Jahres in der heiligen Stadt ankam; doch brach sie, wenn auch mit geringerer Heftigkeit, im Sommer 1524 wieder aus.

gärten zu bearbeiten. Diese fanden beim Umwenden des Erdreichs immer antike Medaillen, Achate, Glasarbeiten, Karneole und Kameen, auch Juwelen, wie Smaragde, Saphire, Diamanten und Rubine. Die Sammler bekamen diese Sachen von den Bauern oft für ganz geringes Geld; ich aber zahlte ihnen oft ebensoviele Goldgulden, wie sie Julier gegeben hatten. Auch ich hatte davon großen Gewinn, denn ich verdiente das Zehnfache oder noch mehr, und dabei waren alle Kardinäle in Rom mir noch dankbar für die Sachen.

Ich will von diesen Funden nur die bemerkenswertesten und seltensten hier anführen: Ich erhielt einen Delphinskopf von der Größe einer starken Bohne; dieser Kopf war nicht nur außerordentlich schön, sondern die Natur hatte der Kunst noch einen besonderen Reiz hinzugefügt, denn dieser Smaragd war von so schöner Farbe, daß mein Käufer ihn wie einen anderen Edelstein in einen Ring fassen ließ und ihn für ebensoviele Hunderte von Goldgulden verkaufte, wie er mir Zehner gegeben hatte. Ein anderer Stein stellte einen Kopf vom schönsten Topas vor, wie man ihn je gesehen hat. Er war von der Größe einer Haselnuß und von der herrlichsten Arbeit: ein Minervakopf. Ferner eine Kamee, worauf ein Herkules eingeschnitten war, der den dreischlündigen Kerberus fesselte. Dieser Stein war so schön und trefflich geschnitten, daß unser großer Michelagnolo gestehen mußte, er habe niemals etwas so Herrliches gesehen. Außer vielen anderen Münzen aus Bronze erhielt ich auch eine mit dem Jupiterkopf, von einer Größe, wie man sie nie gesehen hatte; der Kopf war von unübertrefflicher Arbeit und auf der Kehrseite befanden sich einige kleine Figuren, die ebenso gemacht waren. So könnte ich noch vieles anführen, doch will ich mich nicht länger dabei aufhalten, um nicht zu weitschweifig zu werden.

Wie ich bereits sagte, war in Rom die Pest ausgebrochen. Ich muß nun um ein weniges in der Zeit zurückgehen, doch bleibe ich bei meiner Erzählung. Ein sehr bedeutender Chirurgus kam nach Rom, der sich Meister Giacomo von Carpi[10] nannte. Dieser treffliche Mann heilte alle möglichen Krankheiten, vor allen Dingen aber verstand er sich auf Gewaltkuren gegen das Franzosenübel,

---

10 Giacomo Berengario von Carpi war zu jener Zeit ein berühmter Arzt und Chirurg. Wenn er auch wohl nicht der erste war, der sich bei der Behandlung venerischer Krankheiten des Quecksilbers bediente, so hat er es doch sicherlich bei seinen Kuren mit gutem Erfolge angewandt. Wenn Cellini ihn hier und bei anderen Gelegenheiten als Quacksalber und Kurpfuscher hinstellt, so ist dies sicherlich übertrieben, denn er hat eine Anzahl medizinischer Werke geschrieben, die für jene Zeit zweifellos bedeutend sind. Auch war er seit dem Jahre 1502 25 Jahre lang Professor der Chirurgie in Bologna. Daß er habsüchtig war und ein großes Vermögen zusammenscharrte, steht auch fest. Nach Vasari verlangte er vom Kardinal Colonna, den er behandelt und geheilt hatte, den heiligen Johannes des Raffael als Lohn. Dieses Bild befindet sich jetzt in den Uffizien in Florenz. Er starb in Ferrara, man weiß nicht genau in welchem Jahre, und hinterließ alle seine Reichtümer dem dritten Herzog von Ferrara und Modena, Alfonso I. von Este, an dessen Hof Ariosto lebte und dichtete.

das in Rom besonders unter den Priestern und vornehmlich unter den reichen Priestern verbreitet ist. Der treffliche Arzt kündigte an, er wisse durch allerhand Gewürze diese Krankheit auf wunderbare Art zu heilen, verlange jedoch die Bezahlung vor dem Beginn der Kur; er erhielt diese Bezahlung auch wirklich nicht von zehn, sondern von hunderten. Er war ein großer Kenner der Zeichenkunst. Als er eines Tages zufällig bei meiner Werkstatt vorbeikam, sah er einige Zeichnungen, die ich dort hatte. Es befanden sich darunter auch einige absonderliche kleine Gefäße, die ich zu meinem Vergnügen gezeichnet hatte. Sie waren von den Gefäßen, die man bis dahin gesehen hatte, völlig verschieden. Meister Giacomo bestellte bei mir die Ausführung dieser Gefäße in Silber. Ich übernahm diesen Auftrag außerordentlich gern, weil ich selber Lust dazu hatte. Der wackere Mann bezahlte sie mir sehr gut, aber noch hundertmal größer war die Ehre, die mir diese Gefäße brachten; denn die Meister meiner Goldschmiedekunst erklärten, sie hätten niemals etwas Schöneres und besser Gearbeitetes gesehen. Sobald sie fertig waren, zeigte er sie dem Papst; und den Tag darauf reiste er ab. Er war sehr gelehrt und wußte wunderbar über die Arzneikunst zu sprechen. Der Papst bat ihn, er möge in seinen Diensten bleiben; er aber erwiderte, er wolle keinem Menschen auf der Welt dienen; wer ihn brauche, der solle nur zu ihm kommen. Er war ein sehr schlauer Mann und tat sehr wohl daran, Rom zu verlassen; denn nach wenigen Monaten befanden alle von ihm Behandelten sich so schlecht, daß sie hundertmal übler daran waren als früher. Wäre er dageblieben, so hätte man ihn totgeschlagen. Er zeigte meine Gefäße vielen hohen Herren, darunter auch dem Durchlauchtigsten Herzog von Ferrara, und sagte, er habe sie von einem großen Herrn in Rom erhalten, dem er gesagt habe, er müsse ihm die vielen Gefäße geben, wenn er wünsche, daß er ihn von seiner Krankheit heile. Der Herr habe ihm gesagt, die Gefäße seien antik, er möchte doch etwas anderes von ihm verlangen, dessen Hergabe ihm nicht so sauer ankäme; er aber habe sich geweigert, ihn zu kurieren und so habe er denn die Gefäße doch schließlich erhalten.

Dies erzählte mir Meister Alberto Bendedio in Ferrara, indem er mir mit großer Wichtigkeit einige Nachbildungen aus Ton zeigte. Ich lachte darüber; da ich aber nichts weiter sagte, so rief Meister Alberto Bendedio, der ein stolzer Mann war, entrüstet aus: »Du lachst darüber? Ich sage dir, seit tausend Jahren ist kein Mensch geboren, der sie auch nur nachzeichnen könnte!«

Um meinen Gefäßen nicht diesen schönen Ruhm zu rauben, schwieg ich still und bewunderte sie, selber ganz erstaunt. In Rom sprachen viele Herrn, darunter auch einige Freunde von mir, mit mir von diesem Werk, das sie für eine wundervolle Antike hielten. Stolz auf meine Leistung, erklärte ich nun, die Gefäße seien von mir verfertigt. Sie wollten dies nicht glauben, und da ich diese Herrn von meiner Wahrhaftigkeit überzeugen wollte, so mußte ich ihnen den Beweis liefern, indem ich neue Zeichnungen anfertigte; denn die alten Zeichnungen hatte Meister Giacomo der Schlaue mitgenommen. Diese kleine Arbeit brachte mir sehr schönen Verdienst.

Die Pest wütete viele Monate lang; ich war glücklich durchgeschlüpft, war heil und gesund geblieben, aber von meinen Freunden waren viele gestorben. Eines Abends brachte ein Hausgenosse eine Bologneser Dirne namens Faustina zum Essen mit. Sie war ein sehr schönes Weib, aber schon etwa dreißig Jahre alt; sie hatte eine junge Magd bei sich, die nur etwa dreizehn oder vierzehn Jahre zählte. Da die Faustina meinem Freund gehörte, so hätte ich sie um alles Gold der Welt nicht anrühren mögen. Obwohl sie mir ihre Liebe erklärte, bewahrte ich doch meinem Freunde die Treue; als sie aber im Bett lagen, bemächtigte ich mich heimlich der Magd, die noch ganz unschuldig war. Wehe, wenn die Herrin es gemerkt hätte! Ich ergötzte mich mit ihr die ganze Nacht hindurch und hatte mehr Genuß an ihr, als ich an ihrer Herrin Faustina würde gehabt haben. Am nächsten Tage beim Frühstück war ich so müde, wie wenn ich viele Meilen gegangen wäre, und als ich essen wollte, befiel mich ein schwerer Kopfschmerz. Ich fühlte einen stechenden Schmerz im linken Arm und entdeckte eine Beule am äußeren Knöchel der linken Hand. Entsetzt flohen alle aus dem Hause: mein Freund, die dicke Kuh und das Kälbchen. Ich blieb allein mit meinem armen jungen Burschen, der mich nicht verlassen wollte. Mir stockte vor Angst der Atem und ich war gewiß, daß ich sterben müßte. Unterdessen kam meines Burschen Vater durch die Straße; der war Arzt im Dienst des Kardinals Jacobacci [11]. Zu ihm sagte mein Bursche: »Kommt doch, lieber Vater, und seht Euch Benvenuto an; er ist etwas unwohl und liegt im Bett.« Ohne daran zu denken, was für ein Unwohlsein das sein könnte, ging er sofort zu mir. Als er mir aber den Puls fühlte, sah und fühlte er, was ihm nicht lieb war. Da wandte er sich schnell zu seinem Sohn und sprach: »oh du hinterlistiger Junge, du hast mich zugrunde gerichtet! Wie kann ich jetzt noch zum Kardinal gehen?« Darauf erwiderte ihm sein Sohn: »Mein Meister Benvenuto, lieber Vater, ist viel mehr wert als alle Kardinäle von Rom.« Da sagte der Arzt zu mir: »Da ich nun mal hier bin, so will ich dich behandeln. Nur sage ich dir eins: wenn du den Beischlaf vollzogen hast, bist du des Todes.« – »Ich habe ihn heute nacht vollzogen.« – »Mit wem und wie oft?« – »Die ganze vorige Nacht, und mit einem blutjungen Mädchen.« Da merkte der Arzt, wie töricht er gesprochen hatte, und sagte schnell zu mir: »Wenn die Schmerzen noch so jung

---

11 Domenico Jacobacci war römischer Ritter, ein ausgezeichneter Rechtsgelehrter und Freund der Wissenschaften. Er war Auditor der Rota und wurde im Juli 1517 Kardinal.

sind, zählen sie noch nicht; und da die Hilfe so schnell bei der Hand ist, so brauchst du keine Angst zu haben; ich hoffe auf alle Fälle dich zu heilen.«

Nachdem er mir Medizin eingegeben hatte, entfernte er sich schnell. Gleich darauf kam einer meiner liebsten Freunde, Giovanni Rigoli; er bedauerte mich, daß ich so große Schmerzen leiden müßte und daß mein Hausgenosse mich so allein gelassen hätte; dann sagte er: »Verlaß dich darauf, mein Benvenuto, ich werde dich nicht verlassen, bevor ich dich geheilt sehe.« Ich bat meinen Freund, er möchte mir nicht zu nahe kommen, weil ich angesteckt sei, und bat ihn nur, er möchte so freundlich sein, eine gute Menge Goldgulden zu nehmen, die in einem Kasten neben meinem Bett lägen; diese möchte er, sobald Gott mich aus dieser Welt genommen hätte, meinem armen Vater schicken und ihm freundlich dazu schreiben, daß auch ich mich nun dem Brauch dieser schrecklichen Zeit anbequemt hätte. Mein lieber Freund sagte mir, er wolle mich auf keinen Fall verlassen und er wisse sehr gut, was er unter allen Umständen für einen Freund zu tun habe. Mit Gottes Hilfe kamen wir durch, und als die trefflichen Heilmittel mir große Erleichterung verschafft hatten, erholte ich mich sehr schnell von der schrecklichen Krankheit. Obwohl die Wunde an meinem Pulse noch offen war und ich sie nur mit einem Pflaster bedeckt hatte, ritt ich schon auf einem wilden Pferdchen aus, das ich besaß. Dieses hatte vier Zoll lange Haare, war genau so groß wie ein großer Bär und sah auch wie ein Bär aus. Auf diesem Pferde ritt ich aus Rom in der Richtung auf Civitavecchia nach einem dem Grafen dell' Anguillara gehörigen Städtchen Cervetera[12], um den Maler Rosso zu besuchen. Ich traf meinen Rosso an, und er freute sich über alle Maßen als ich ihm sagte: »Ich will Euch vergelten, was Ihr vor so und so vielen Monaten mit mir gemacht habt.«

Er lachte laut auf, umarmte und küßte mich und sagte zu mir, um des Grafen willen möchte ich still sein. Nun lebten wir glücklich und froh bei gutem Wein und ausgezeichneten Speisen, freundlich behandelt von dem Grafen. Ich verweilte dort ungefähr einen Monat. Jeden Tag ritt ich allein nach dem Meeresstrande; dort stieg ich ab und belud mich mit allerlei verschiedenen Steinchen, Schnecken und Müschelchen von großer Schönheit und Seltenheit. Am letzten Tage, den ich dort verbrachte, wurde ich von vielen vermummten Männern angegriffen, die von einem maurischen Kaperschiff gelandet waren. Sie glaubten mich sicher in ihrer Gewalt zu haben, da es ihnen nicht möglich schien, daß ich ihren Händen entschlüpfen könnte. Ich aber stieg schnell auf mein Pferdchen und entschloß mich den gefährlichen Sprung zu wagen, um nicht Braten oder Suppenfleisch zu werden; denn ich sah wenig Hoffnung, einer von diesen

12 Jetzt Cervetri, ein kleines Dorf nicht weit von Bracciano, dicht am Meere. Graf von Anguillara war damals Averso, Sohn des Flaminio.

Todesarten zu entgehen. Mit Gottes Hilfe aber tat mein Pferdchen, von dem ich vorhin sprach, den unglaublichen Sprung. Ich war gerettet und dankte Gott. Ich meldete es dem Grafen; er rief zu den Waffen, aber die Räuber waren schon auf dem Meere. Den zweiten Tag darauf kehrte ich gesund und munter nach Rom zurück.

Unterdessen war die Pest so ziemlich vorüber und man umarmte fröhlich diejenigen, die man noch am Leben traf. Daraus entstand eine Gesellschaft der besten Maler, Bildhauer und Goldschmiede, die in Rom waren. Der Begründer dieser Gesellschaft war ein Bildhauer, Michelagnolo[13] aus Siena, ein trefflicher Künstler, der es mit jedem anderen Künstler seines Berufes aufnehmen konnte, vor allem aber der fröhlichste und lustigste Mensch, den man sich nur denken konnte. Er war der älteste von der Gesellschaft, aber an körperlicher Frische der jüngste. Wir kamen oft zusammen, mindestens zweimal wöchentlich; ich will es nicht verhehlen, daß zu unserer Gesellschaft auch die Maler Giulio Romano[14] und Gianfrancesco, die wundervollen Schüler des großen Raffaello von Urbino sich einfanden. Nachdem wir uns schon öfter versammelt hatten, befahl eines Tages unser wackerer Führer, wir sollten am nächsten Sonntag alle in seinem Hause zu Nacht speisen; jeder solle seine Krähe mitbringen – so nannte Michelagnolo die Mädchen – und wer sie nicht mitbringe, der solle verpflichtet sein, ein Abendessen für die ganze Gesellschaft zu bezahlen. Wer von uns nicht irgendeine Kurtisane kannte, hatte sich mit nicht geringen Kosten und Mühen eine solche zu verschaffen, um nicht bei dem herrlichen Gastmahl sich schämen zu müssen. Ich glaubte sehr gut versehen zu sein, denn ein sehr schönes, junges Mädchen namens Pantasilea war sterblich in mich verliebt; ich mußte sie aber einem meiner liebsten Freunde, dem Bachiacca[15], abtreten, der sich in sie verliebt hatte. Es gab hierüber einigen Liebesverdruß, denn als ich sie auf die erste Bitte hin meinem Bachiacca abtrat, da glaubte das Mädchen, ich lege geringen Wert auf ihre große Liebe; hierüber entstand später ein böser Handel, als sie sich für die von mir erlittene Beleidigung rächen wollte. Ich werde an seinem Ort darüber berichten.

Als nun die Stunde kam, da ein jeder mit seiner Krähe in der trefflichen Gesellschaft erscheinen sollte, da hatte ich keine. Von einem solchen Spaße

---

13   Vasari erzählt von ihm, daß er die besten Jahre seines Lebens in Slawonien verbracht hatte. Später kam er nach Rom, wo er nach dem Modell des Baldassare Peruzzi das Grabmal des Papstes Hadrian des Sechsten ausführte, das sich noch jetzt in der Kirche Santa Maria dell' Anima befindet.
14   Giulio Pippi, genannt Giulio Romano, war einer der Lieblingsschüler Raffaels, dem er bei der Ausführung vieler Werke half, unter anderen zum Beispiel bei der Ausschmückung des Konstantinsaales im Vatikan. Er war auch ein ausgezeichneter Baumeister und führte für den Herzog von Mantua den Palazzo del Tè aus.
15   Er hieß eigentlich Francesco Lippini. Er war am 1. März 1494 geboren und starb am 5. Oktober 1557. Nach Vasari war er ein fleißiger Maler, besonders von Blumen, Kräutern, Vögeln und allerlei Tieren.

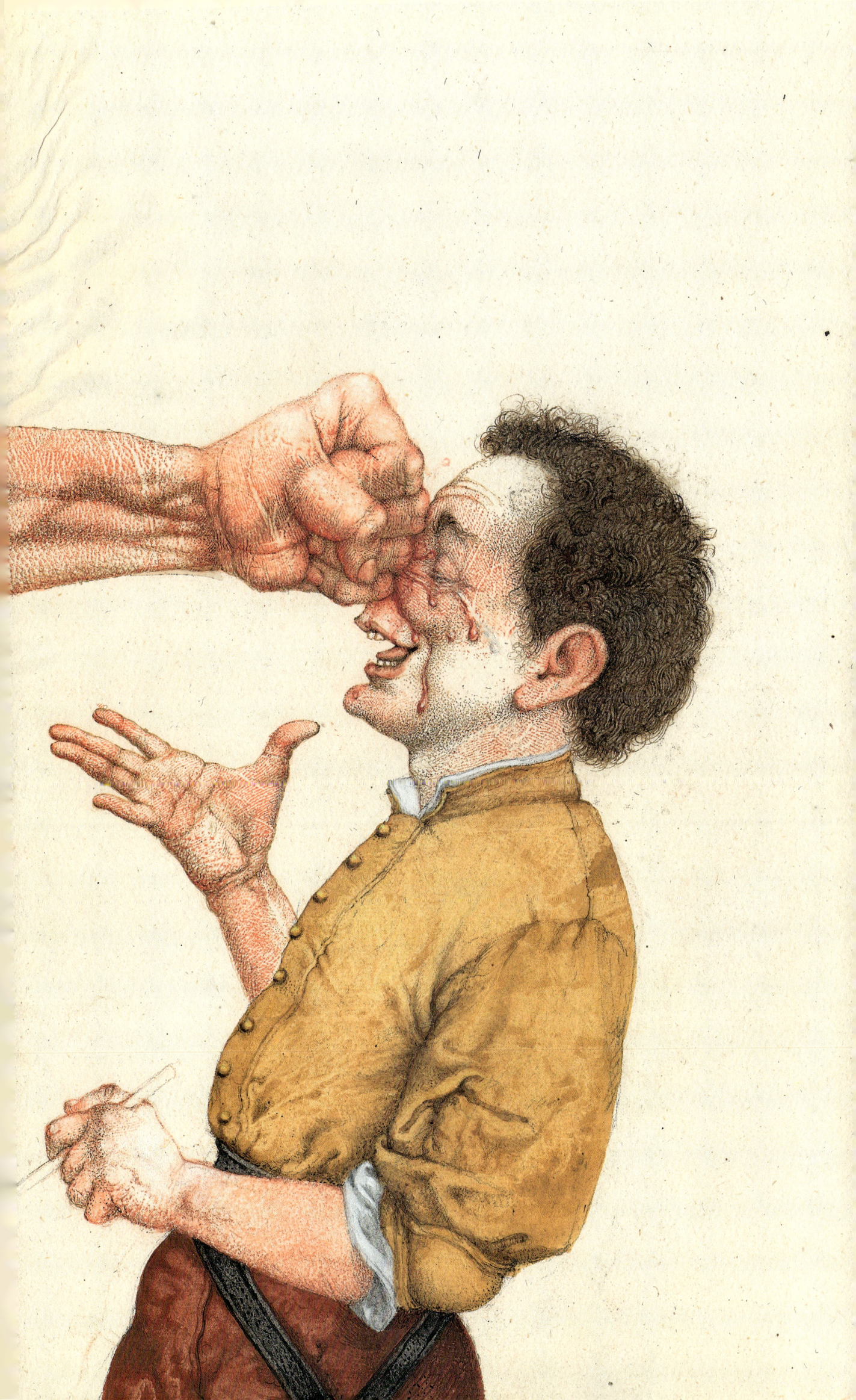

Bildhauerei

aber mich auszuschließen, das brachte ich nicht übers Herz; anderseits aber wollte ich nicht unter meinem Schutze irgendein gerupftes Krähentier in den wackeren Kreis einführen. Da fiel mir ein Spaß ein, über den man nur fröhlich lachen konnte. Ich rief einen Knaben von sechzehn Jahren, der neben mir wohnte und der Sohn eines spanischen Gelbgießers war. Dieser Knabe studierte sehr fleißig die lateinische Sprache; er hieß Diego, war ein hübscher Junge und hatte eine herrliche Gesichtsfarbe; der Schnitt seines Gesichtes war viel schöner als der antike Antinouskopf; ich hatte ihn oft gezeichnet und bei meinen Arbeiten viel Ehre damit eingelegt. Er verkehrte mit keinem Menschen und darum kannte ihn niemand; er ging gewöhnlich sehr schlecht gekleidet und war nur in seine herrlichen Studien verliebt.

Ich rief ihn in mein Haus und bat ihn, er möchte sich die Frauenkleider anziehen lassen, die ich zurechtgelegt hatte. Er war bereit und zog sich schnell an; ich aber erhöhte mit herrlichem Schmuck die großen Schönheiten seines reizenden Gesichtes: ich hängte ihm zwei Ringe mit großen schönen Perlen an die Ohren; diese Ringe waren offen und klemmten die Ohrläppchen nur ein, während es aussah, wie wenn diese durchstochen wären. Dann hängte ich ihm schöne goldene Ketten mit reichen Juwelen um den Hals und seine schönen Hände schmückte ich mit Fingerringen.

Nun zupfte ich ihn scherzhaft an einem Ohr und zog ihn vor meinen großen Spiegel; als der Knabe sich sah, sagte er ganz erstaunt und stolz: »Was? Das ist Diego?«

Ich antwortete ihm: »Ja, das ist Diego, von dem ich niemals eine Gefälligkeit verlangt habe; nun aber bitte ich diesen Diego, er möge mir in allen Ehren den Gefallen tun, mit mir in diesen Kleidern bei jener wackeren Gesellschaft zu speisen, von der ich ihm schon oft erzählt habe.«

Da verließ den ehrbaren, wackeren und verständigen Knaben seine Keckheit, er schlug die Augen nieder und stand eine Weile ohne ein Wort zu sagen; plötzlich aber warf er den Kopf zurück und sprach: »Mit Benvenuto komme ich; laß uns gehen!«

Ich schlang ihm um den Kopf ein großes Tuch, das man in Rom ein Sommertuch nennt, und ging mit ihm nach dem Ort, wo schon alle versammelt waren. Alle gingen mir entgegen. Michelagnolo stand zwischen Giulio und Gianfrancesco; er nahm meinem schönen Gesichtchen das Kopftuch ab und da er, wie ich schon gesagt habe, der spaßhafteste und lustigste Mensch von der Welt war, so hielt er sich mit der einen Hand an Giulio, mit der anderen an Gianfrancesco fest, zog sie tief zur Erde nieder, fiel selber auf die Knie und rief mit lautem Geschrei alle Leute heran: »Seht, seht, wie die Engel des Paradieses ausschauen! Man spricht immer nur von Engeln, aber seht, es gibt auch Engelinnen!«

Und mit lauter Stimme sang er:

> Oh Englein schön, oh Englein fein,
> Segne mich, laß mich selig sein!

Da erhob das reizende Geschöpf lächelnd die Hand und gab ihm mit vielen scherzhaften Worten einen päpstlichen Segen. Michelagnolo aber stand auf und sagte, dem Papst küsse man die Füße, den Engeln aber die Wange. Er tat dies, der Jüngling aber errötete und wurde dadurch noch schöner. Wir gingen hinein in das Zimmer, dessen Wände mit Sonetten bedeckt waren, die ein jeder von uns gemacht und dem Michelagnolo geschickt hatte. Der Knabe begann sie zu lesen und las sie alle; dadurch gewann seine unendliche Schönheit einen geradezu himmlischen Ausdruck. Was alles voll Verwunderung gesprochen wurde, damit will ich mich nicht aufhalten, sondern nur einen Ausspruch des herrlichen Malers Giulio erwähnen. Der schaute sich im Kreise um und sah alle Anwesenden an, besonders aber die Frauen; dann wandte er sich zu Michelagnolo und sprach: »Mein lieber Michelagnolo, wenn Ihr diese Mädchen Krähen nennt, so habt Ihr ganz recht, denn neben diesem wunderschönen Pfau sehen sie noch häßlicher aus als Krähen.«

Als das Essen bereit war und wir uns zu Tisch setzen wollten, bat Giulio sich die Gunst aus, uns die Plätze anweisen zu dürfen. Dies wurde ihm zugestanden. Er nahm nun alle Mädchen bei der Hand und setzte sie an die innere Seite des Tisches und meine Schöne in die Mitte; dann ließ er alle Männer an der äußeren Seite niedersetzen und mich wieder in der Mitte, indem er sagte, ich verdiene die allergrößte Ehre. Hinter den Frauen befand sich eine Wand von herrlichem blühenden Jasmin; dieser bildete für die Mädchen und besonders für das meine einen so herrlichen Hintergrund, wie ich ihn kaum beschreiben kann.

Herzhaft erfreuten wir alle uns nun des reichen Mahles, das in wunderbarer Fülle bereitet war. Als wir gegessen hatten, kamen einige Sänger und Musikanten, und da sie nach ihren Notenbüchern sangen, sagte mein bildschönes Mädchen, es wolle auch mitsingen. Sie sang so viel besser als die anderen, daß Giulio und Michelagnolo nicht mehr wie früher scherzten, sondern mit ernsten und aufrichtigen Worten ihr Erstaunen kund gaben.

Nach dem Konzert begann Aurelio von Ascoli[16], der wundervolle Improvisator, mit göttlich schönen Worten das Lob der Frauen zu singen. Während er

---

16 Es dürfte sich wohl um den berühmten Improvisator Euralio d'Ascoli handeln, der mit den ersten Dichtern und Gelehrten jener Zeit befreundet war.

nun sang, wollten die beiden Frauen, die zu beiden Seiten meiner Schönen saßen, nicht aufhören zu schwätzen: die eine erzählte ihr, wie übel es ihr immer ergangen sei; die andere fragte sie, wie sie sich durchgebracht habe, wer ihre Freunde seien, wie lange sie schon in Rom sei und dergleichen mehr.

Wenn ich nun dieses Vergnügen ausführlich beschreiben wollte, so müßte ich vieles von den Händeln sagen, die meine in mich verliebte Pantasilea anstiftete; ich will dies aber nicht und gehe daher in aller Kürze darüber hinweg. Schließlich wurde das Geschwätz der dummen Weiber meiner Schönen, die wir Pomona genannt hatten, so lästig, daß sie sich vor Verlegenheit bald nach rechts bald nach links wandte. Das Mädchen, das Giulio mitgebracht hatte, fragte sie, ob ihr übel sei. Sie sagte ja, sie glaube seit einigen Monaten guter Hoffnung zu sein und fühle Schmerzen im Unterleib. Sofort erfaßte die beiden Mädchen, die neben ihr saßen, Mitleid mit Pomona; sie befühlten sie und fanden, daß es ein Knabe war. Schnell zogen sie die Hände zurück und standen mit großem Schelten auf den schönen Jüngling von Tisch auf. Es erhob sich ein großer Lärm und ungeheures Gelächter; der wackere Michelagnolo aber erbat sich von allen die Erlaubnis, mir nach seinem Gutdünken eine Buße auferlegen zu dürfen. Mit lautem Geschrei stimmte man ihm zu; er aber hob mich in seinen Armen empor und rief: »Hoch soll er leben! Hoch soll er leben! Dies ist die Buße, die er dafür verdient, daß er einen so schönen Streich uns gespielt hat.«

Hiermit endete das fröhliche Mahl und der fröhliche Tag und ein jeder ging nach Hause.

SECHSTES KAPITEL
1524

*Benvenuto ahmt türkische, mit Silber damaszierte Dolche nach.
Ableitung des Wortes Groteske, von Zieraten gebraucht.
Benvenutos Fleiß an Medaillen und Ringen. Seine Wohltaten an Luigi Pulci
werden mit Undank belohnt. Leidenschaft des Pulci
zu Pantasilea und tragisches Ende desselben. Kühnes Betragen Benvenutos,
der die Verliebten und ihr bewaffnetes Geleit angreift.
Benvenuto entkommt und versöhnt sich mit Benvegnato von Perugia.*

Es wäre zu umständlich, wollt' ich genau Art und Menge der Werke beschreiben, die ich für alle möglichen Leute verfertigte. Ich will nur sagen, daß ich mit allem Fleiß und Eifer mich in den verschiedenen Künsten heimisch machte, von denen ich vorhin sprach. So arbeitete ich denn alles mögliche; wohl gedenke ich meine hervorragenden Arbeiten zu beschreiben, aber ich werde damit warten, bis ich am richtigen Ort davon sprechen kann, was gar bald geschehen soll.

Der erwähnte senesische Bildhauer Michelagnolo schuf zu jener Zeit das Grabmal des verstorbenen Papstes Hadrian. Der Maler Giuglio Romano verließ Rom und begab sich in den Dienst des Markgrafen von Mantua[1]. Die anderen Freunde gingen hierhin und dorthin, je nachdem ihre Geschäfte sie riefen; und so löste unsere treffliche Gesellschaft fast gänzlich sich auf.

Zu jener Zeit kamen mir zufällig einige kleine türkische Dolche in die Hände; Griff und Klinge waren aus Eisen, wie auch die Scheide. In das Eisen war auf türkische Art viel gar schönes Blätterwerk eingelassen und auf das sauberste mit Gold ausgefüllt. Diese Dolche erregten in mir den lebhaften Wunsch, auch in dieser von meinen anderen Fertigkeiten so verschiedenen Kunst geschickt zu werden; es gelang mir aufs beste und ich fertigte ihrer etliche. Meine Arbeiten waren aus verschiedenen Gründen viel schöner und dauerhafter als die türkischen. Ich grub nämlich die Verzierungen viel tiefer in den Stahl als es bei den türkischen Dolchen üblich war. Zweitens ist das türkische Laubwerk nichts weiter als Arumsblätter mit einigen Sonnenblumen. Es ist zwar nicht ohne Anmut, gefällt aber auf die Dauer doch nicht so wie unser Blätterwerk. Denn in Italien haben wir verschiedene Arten solchen Blätter-

---

[1] Um dort den Palazzo del Tè (der Name Tè bezieht sich auf eine alte Flurbezeichnung) zu bauen und auszuschmücken.

werks: so bilden die Lombarden Efeublätter und die Ranken des wilden Weines in den lieblichsten Verschlingungen nach; die Toskaner aber und die Römer sind noch weit geschmackvoller in dieser Kunst; denn sie bilden die Blätter des Akanthus, den man auch Bärenklau nennt, mit seinen Blättern und Blumen in allen möglichen Verschlingungen nach und zwischen diesen Blättern sind auf das trefflichste allerlei Vöglein und Tiere abgebildet, an denen man den guten Geschmack des Künstlers erkennt. Manche finden ihre Vorbilder in der Natur an wilden Blumen, zum Beispiel am sogenannten Löwenzahn und anderen Blumen, denen die trefflichen Künstler noch ihre eigenen schönen Erfindungen hinzufügen.

Von Unwissenden werden diese Zeichnungen Grotesken genannt. Dieser Name stammt aus der neueren Zeit, indem solche Zeichnungen von den Forschern in Rom in allerlei Erdhöhlen entdeckt wurden, die vor Zeiten Kammern, Zimmer, Badestuben, Säle und dergleichen gewesen waren. Da nun diese Gebäude in Ruinen gesunken sind, befinden die Räume sich jetzt gleichsam unter der Erde, und so nannten die Forscher sie nach dem römischen Sprachgebrauch grotte und jene Zeichnungen Grotesken. Dies ist aber nicht der richtige Name. Denn wie die Alten sich daran ergötzten, aus Ziegen, Kühen und Stuten Ungetüme hervorgehen zu lassen und diese Monstra zu nennen, so schufen auch unsere Künstler mit ihrem gemischten Blätterwerk gewissermaßen Monstra; und daher sollten sie auch Monstra und nicht Grotesken heißen. Das eingelegte Laubwerk, das ich auf besagte Weise schuf, war viel schöner anzusehen als das türkische.

Zu jener Zeit wurden in antiken Urnen in der Asche, die sie enthielten, eiserne Ringe gefunden, die mit Gold ausgelegt waren und jeder einen kleinen Onyx trugen. Die Gelehrten stellten darüber Untersuchungen an und behaupteten, diese Ringe seien von solchen Leuten getragen worden, die bei allen bösen und guten Ereignissen des Lebens ruhigen Gemütes bleiben wollten. Auf Wunsch vieler mir befreundeter Herrn ging ich an die Arbeit und verfertigte manche solcher Ringe: ich machte sie aus dem allerreinsten Stahl und legte sie aufs feinste mit Gold aus, so daß sie herrlich anzusehen waren; für einen solchen Ring erhielt ich oft, nur für meine Arbeit, mehr als vierzig Taler.

Man trug zu jener Zeit oftmals goldene Schaumünzen, die jeder Herr oder Edelmann nach Geschmack und Laune für sich anfertigen ließ; sie wurden an der Mütze getragen[2]. Es war eine schwierige Arbeit; trotzdem verfertigte ich ihrer gar viele. Der berühmte treffliche Meister Caradosso, von dem ich schon sprach, fertigte viele solcher Münzen und da sie mehrere Figuren enthielten, so

---

2 In seiner Abhandlung über die Goldschmiedekunst beschreibt Cellini sie ausführlich.

ließ er sich für das Stück niemals weniger als hundert Goldgulden bezahlen. Diesem Meister nun zogen mehrere große Herren mich vor, nicht weil er so teuer war, sondern weil er so langsam arbeitete; unter anderen schuf ich auch im Wettbewerb mit dem trefflichen Meister eine Münze mit vier Figuren. Ich gab mir große Mühe damit und als die edlen Herrn meine Arbeit mit der des wackeren Caradosso verglichen, da sagten sie, meine Münze sei weit besser gearbeitet und viel schöner und forderten mich auf, ihnen zu sagen, welchen Preis ich für meine Arbeit wollte; denn da ich ihnen viele Freude gemacht hätte, so möchten sie auch meine Wünsche erfüllen. Ich antwortete ihnen, der höchste und liebste Lohn für meine Mühe sei es, wenn meine Arbeit den Werken eines so trefflichen Meisters an die Seite gestellt werde; und wenn die edlen Herrn dieser Meinung seien, so halte ich mich für überreich bezahlt. Mit diesen Worten entfernte ich mich; sie aber machten mir sofort ein so freigebiges Geschenk, daß ich wohl zufrieden war. Hierdurch wurde meine Lust am Schaffen so vermehrt, daß einiges eintrat, was der Leser künftig vernehmen wird.

Obwohl ich mich nun ein wenig von dem Bericht über meine Berufsarbeit entfernen muß, so möchte ich doch einige ärgerliche Händel erzählen, die ich in diesem mühsamen Leben zu bestehen hatte.

Ich sprach bereits vorhin von meiner wackeren Gesellschaft und von einem gewissen lustigen Abend und erwähnte dabei auch ein Mädchen, Pantasilea. Sie hatte mich früher mit einer falschen und zudringlichen Liebe verfolgt; nun aber war sie wütend auf mich wegen meines Scherzes mit dem erwähnten spanischen Knaben Diego und hatte geschworen, sich an mir zu rächen. Es fand sich eine Gelegenheit dazu, die mein Leben in die größte Gefahr brachte, wie ich nun beschreiben will.

Es kam nach Rom ein Jüngling namens Luigi Pulci, ein Sohn jenes Pulci[3], dem der Kopf abgeschlagen wurde, weil er die eigene Tochter geschändet hatte. Dieser Jüngling besaß die wundervollste Dichtergabe und war ein Kenner der besten lateinischen Literatur; er schrieb gut und war von anmutiger Gestalt und schönstem Gesicht. Er war irgendeinem Bischof, ich weiß nicht welchem, davongelaufen und war durch und durch von der Franzosenkrankheit verseucht. In Florenz hatte der Knabe in Sommernächten, wo man auf der Straße zu lärmen pflegt, so herrlich gesungen, daß der göttliche Michelagnolo Buonarroti, der trefflichste Bildhauer und Maler, stets mit dem größten Eifer und Vergnügen dorthin ging, wo er ihn anwesend wußte, um ihn zu hören; der

---

3 Er hieß Jacopo und war der Sohn des bekannten Dichters der Morgante Maggiore, Luigi Pulci. Von der Art seines Verbrechens berichten die zeitgenössischen Geschichtsschreiber nichts. Er wurde am 15. November 1531 hingerichtet.

wackere Goldschmied Piloto[4] und ich waren immer bei ihm. Auf diese Weise waren wir mit Luigi Pulci bekannt geworden.

Als es ihm viele Jahre später in Rom so schlecht ging, kam er zu mir und bat mich, ich möge um Gottes willen ihm helfen. Ich hatte Mitleid mit ihm wegen seiner trefflichen Gaben, weil er mein Landsmann war und weil es meine Art so ist. Darum nahm ich ihn in mein Haus und ließ ihn heilen; weil er noch so jung war, wurde er denn auch bald gesund. Je mehr nun seine Kräfte zunahmen, desto eifriger studierte er. Ich hatte ihm so viele Bücher verschafft, wie ich nur konnte. Luigi wußte wohl, wie große Wohltat er von mir empfangen hatte, und dankte mir oft unter Tränen dafür und sagte, wenn Gott ihm je Gelegenheit dazu biete, wolle er mir meine Wohltaten mit Wucherzinsen vergelten. Hierauf erwiderte ich ihm, ich hätte nicht getan, was ich gewollt, sondern nur was ich gekonnt hätte; es sei Pflicht aller Menschen, einander zu helfen; er solle sich nur des Guten, das ich für ihn getan, erinnern und gleiches einem anderen erweisen, der seiner bedürfen möge, wie er meiner bedurft habe; er solle mein Freund bleiben und mich als seinen Freund lieben.

Der Jüngling begann nun Verbindung mit dem römischen Hof zu suchen und fand sie auch gar bald; er wurde mit einem Bischof bekannt, einem Greise von achtzig Jahren, den man den Bischof von Gurk[5] nannte. Dieser hatte einen Neffen, den Junker Giovanni, einen venezianischen Edelmann. Herr Giovanni zeigte eine große Liebe für die Talente dieses Luigi Pulci und wurde unter diesem Vorwande auf das innigste mit ihm vertraut. Luigi hatte ihm von mir erzählt und ihm gesagt, wie großen Dank er mir schulde; hierdurch bekam Herr Giovanni Lust, mich kennen zu lernen. Nun begab es sich, daß ich eines Abends der Pantasilea ein Essen gab. Ich hatte zu diesem Mahle viele treffliche Freunde eingeladen, und gerade als wir zu Tisch gehen wollten, kamen Junker Giovanni und Luigi Pulci. Sie ließen sich erst ein wenig nötigen, blieben aber dann bei uns zum Essen. Kaum hatte die schamlose Dirne den schönen Jüngling gesehen, so entzündete sich in ihr heiße Begier nach ihm. Ich rief daher nach dem fröhlichen Mahle Luigi Pulci beiseite und sagte ihm: wenn er für das, was ich ihm getan, mir dankbar sein wolle, so möge er sich niemals mit der Buhlerin zu tun machen. Er antwortete mir: »Aber, mein Benvenuto, haltet Ihr mich denn für wahnsinnig?«

Ich sagte: »Wahnsinnig seid Ihr nicht, aber jung. Ich schwöre Euch bei Gott: an ihr liegt mir nicht das geringste, aber um Euch würde es mir sehr leid tun, wenn Ihr um dieses Weibes willen den Hals brächet.«

---

[4] Piloto war der Beiname eines berühmten Florentiner Goldschmiedes namens Giovanni, der in der zweiten Hälfte des XV. Jahrhunderts geboren wurde. Er war auch ein guter Bildhauer.
[5] Der Venezianer Girolamo Balbo, Bischof von Gurk in Kärnten, war ein gelehrter Schriftsteller und Dichter.

Da verschwor er sich, Gott möge ihn den Hals brechen lassen, wenn er jemals ein Wort mit ihr spreche. Gewiß tat er diesen Schwur zu Gott mit aufrichtigem Herzen, denn er brach sich wirklich den Hals, wie ich später erzählen werde.

Die Liebe des Herrn Giovanni zu ihm war aber unrein und nicht tugendreich; denn man sah den Jüngling alle Tage in neuen Kleidern von Samt und Seide; so wußte man, daß er sich schändlichem Laster ergeben und alle seine wunderbaren Tugenden in den Kot geworfen hatte. Er kannte mich nicht mehr und tat als ob er mich nicht sähe; denn ich hatte ihn getadelt und ihm gesagt, er habe sich schnöden Lastern ergeben und werde sich, wie er selber gesagt habe, den Hals brechen.

Sein Junker Giovanni kaufte ihm einen herrlichen Rappen, für den er hundertundfünfzig Goldgulden bezahlte. Dieses Pferd war ausgezeichnet zugeritten und Luigi ließ es jeden Tag vor dem Hause der Kurtisane Pantasilea tänzeln. Ich bemerkte es wohl, kümmerte mich aber nicht darum, sondern sagte, jeder nach seiner Art, und hielt mich an meine Arbeit.

Nun begab es sich eines Sonntag abends, daß wir von dem senesischen Bildhauer Michelagnolo zum Essen eingeladen wurden; es war im Sommer. Auch der bereits erwähnte Bachiacca war gekommen und hatte seine alte Liebe, eben jene Pantasilea, mitgebracht. Sie saß bei Tische zwischen mir und Bachiacca. Als wir beim besten Schmausen waren, stand sie auf und sagte, sie müsse einmal hinausgehen, weil sie Leibschmerzen habe, werde aber gleich wiederkommen. Während wir fröhlich plauderten und schmausten, blieb sie ungebührlich lange aus. Zufällig horchte ich einmal auf und es kam mir vor, wie wenn ich auf der Straße ganz leise etwas wispern hörte. Mit meinem Tischmesser in der Hand erhob ich mich ein wenig und blickte aus dem Fenster, das dicht neben dem Tische war. Da sah ich auf der Straße Luigi Pulci und Pantasilea und hörte, wie Luigi sagte: »Weh uns, wenn dieser Teufels-Benvenuto uns sähe!« und wie sie antwortete: »Seid unbesorgt; hört doch nur, welchen Lärm sie machen. Sie denken an alles andere als an uns!«

Kaum hatte ich dies gehört, so sprang ich durch das Fenster auf die Straße, packte Luigi am Mantel und hätte ihn sicherlich erstochen, wenn er nicht seinem Schimmel die Sporen gegeben hätte; er ließ seinen Mantel in meiner Hand und rettete sein Leben. Pantasilea flüchtete in eine nahe Kirche. Die Tischgäste standen sofort auf, liefen zu mir herunter und baten mich, ich solle doch wegen eines schlechten Weibsbildes ihre und meine Ruhe nicht stören. Ich sagte ihnen, aus dem Weibe mache ich mir nichts, aber der verruchte Jüngling habe mich durch seine Nichtachtung gekränkt. Alle Reden der trefflichen Männer vermochten mich nicht zu besänftigen, sondern ich nahm mei-

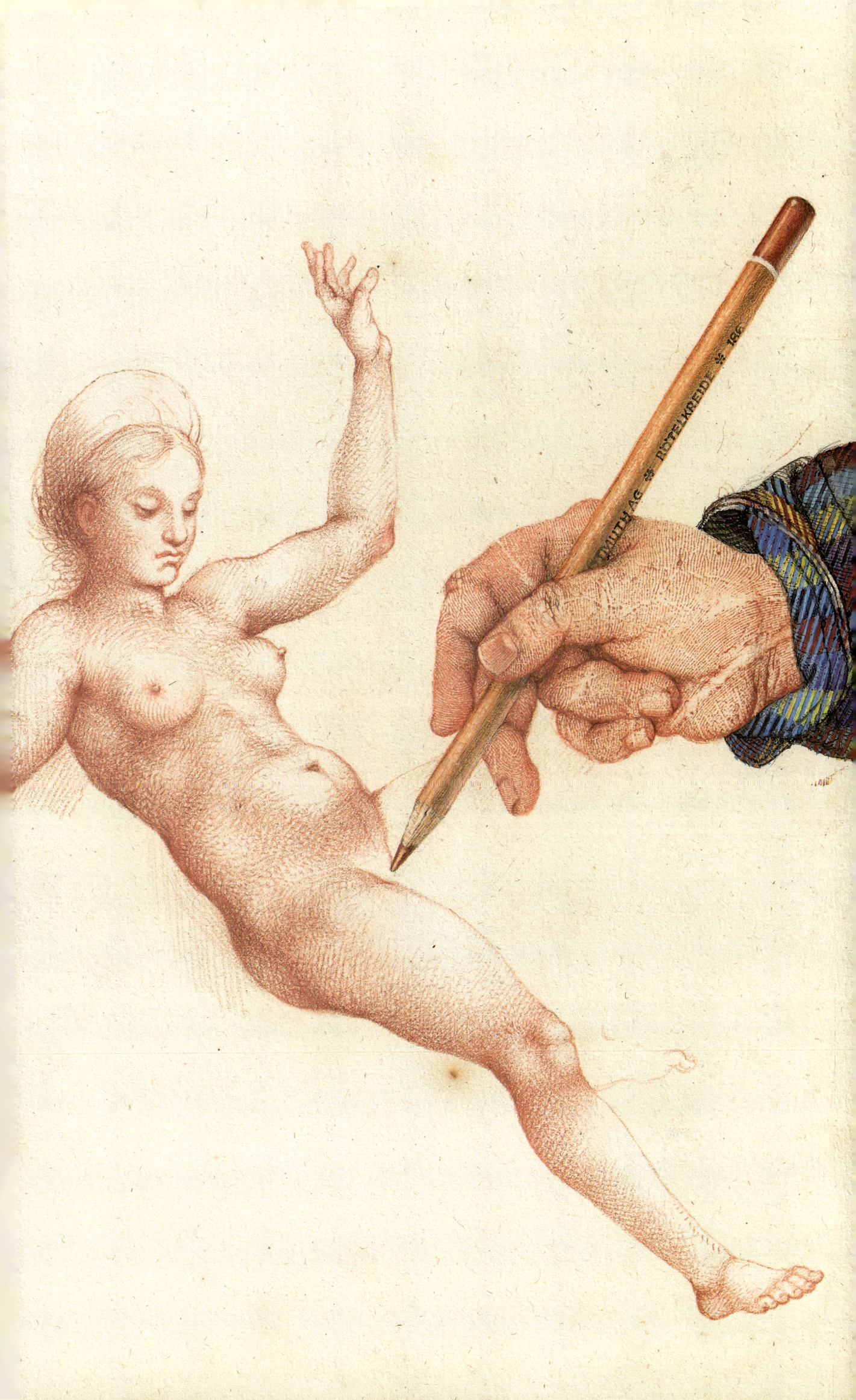

Raffael macht sich am besten in Rötel

nen Degen und ging allein in die Wiesen[6]; denn das Haus, wo wir gespeist hatten, lag dicht bei dem Burgtor, durch das der Weg in die Wiesen führt. Ich blieb aber nicht lange Zeit draußen, sondern kehrte, als die Sonne untergegangen war, nach Rom zurück. Es war schon finstere Nacht, aber die Tore von Rom werden nicht geschlossen. Gegen zwei Uhr nach Sonnenuntergang kam ich vor das Haus der Pantasilea. Ich gedachte, wenn Luigi Pulci da wäre, ihnen beiden ein böses Stündlein zu bereiten. Als ich aber sah und hörte, daß nur eine häßliche alte Magd, die Canida[7], im Hause war, ging ich heim, legte meinen Mantel ab und ging mit bloßem Degen nach jenem Hause zurück, das hinter den Bänken[8] am Tiber lag. Gerade gegenüber war der Garten eines Wirtes, Romolo genannt; er war mit einer starken Hagenbuttenhecke eingefaßt, und hinter dieser versteckte ich mich, um zu warten, bis das Weib mit Luigi nach Hause käme. Nach einiger Zeit kam mein Freund Bachiacca; entweder hatte er sich gedacht, daß ich da sein würde, oder man hatte es ihm gesagt. Leise rief er mir zu: »Gevatter!« (Wir nannten uns im Scherz so). Er weinte beinahe, als er mir sagte: »Lieber Gevatter, ich bitte Euch, macht doch dem armen Mädchen keinen Verdruß. Sie hat ja ganz und gar keine Schuld.«

Ich antwortete ihm: »Wenn Ihr nicht augenblicklich macht, daß Ihr fortkommt, kriegt Ihr einen mit dem Degen auf den Kopf!« Der Schreck fuhr meinem armen Gevatter in den Leib und er konnte nicht weit kommen, da mußte er den Forderungen der Natur gehorchen.

Es war eine klare Sternennacht. Plötzlich hörte ich das Getrappel von mehreren Pferden, die von hüben und drüben sich näherten. Es waren Luigi und Pantasilea, begleitet von dem päpstlichen Kämmerer, Herrn Benvegnato[9] aus Perugia. Sie hatten noch vier tapfere Hauptleute aus Perugia bei sich und einige andere mutige, junge Soldaten. Im ganzen waren es mehr als zwölf Degen. Als ich dies sah, gedachte ich mich in der Hecke zu verstecken, denn ich wußte nicht, auf welchem Wege ich entkommen sollte; aber die Hagedornen stachen mich. Da gedachte ich einen Sprung zu tun und zu entfliehen, und stürzte hervor wie ein Stier, als ich Luigi, der Pantasilea umhalst hielt, sagen hörte: »Nun will ich dich aber in einem fort küssen; mag der Verräter Benvenuto sich zu Tode ärgern!«

Von den Hagedornen gestochen und von den Worten des Jünglings gepeinigt, sprang ich hervor, schwang den Degen und rief mit lauter Stimme: »Ihr

---

6 Prati di castello, Gegend bei der Engelsburg, jenseits der alten Stadtviertel.
7 Wahrscheinlich soll es Candida heißen.
8 Via de banchi, eine Straße in der Nähe der Engelsbrücke, die nach den dort befindlichen Verkaufsständen und Werkstätten benannt wurde.
9 Er hieß Benvegnato Narducci; im Jahre 1530 wurde er Kommandant von Rocca d' Ostia.

seid alle des Todes!« Der Hieb traf Luigi an der Schulter, und da die losen Schelme den armen Jungen mit Wämsern und dergleichen ganz gepanzert hatten, so knallte der Schlag gar gewaltig; die Klinge glitt ab und traf Pantasilea auf Nase und Mund. Beide fielen zu Boden; Bachiacca, dem die Hosen um die Beine schlotterten, lief schreiend davon.

Kühn ging ich mit dem Degen auf die andern los; als aber die tapfern Männer in der Schenke einen großen Lärm sich erheben hörten, da dachten sie, ein ganzes Heer von hundert Männern sei da. Trotzdem griffen sie tapfer zu den Degen; aber zwei Pferde wurden scheu und brachten ihre Schar in solche Verwirrung, daß zwei von ihnen von den Gäulen fielen. Die anderen ergriffen die Flucht. Als ich nun die Sache so gut ablaufen sah, da lief ich eiligst davon. Ich hatte den Handel mit Ehren bestanden, aber ich wollte auch das Glück nicht mehr auf die Probe stellen, als nötig war.

In dem entsetzlichen Getümmel hatten mehrere von den Soldaten und Hauptleuten sich mit ihren eigenen Degen verwundet; Benvegnato aber, der päpstliche Kämmerer, war von seinem Maultier gestürzt und arg getreten worden; sein Diener fiel mit gezogenem Degen vom Pferde und verwundete ihn übel an der einen Hand.

Wütend über den Schmerz, fluchte Herr Benvegnato lauter als alle anderen, und schrie nach seiner peruginischen Art: »Bei Gott, Benvegnato wird dem Benvenuto Lebensart beibringen!« Er befahl einem seiner Hauptleute, der vielleicht mutiger als die anderen war, aber sich nicht zu benehmen wußte, weil er noch zu jung war, er solle mir eine Herausforderung überbringen. Dieser suchte mich an meinem Zufluchtsort auf, nämlich in dem Hause eines vornehmen neapolitanischen Edelmannes, der eine große Vorliebe für mich hatte, nicht nur wegen meiner Geschicklichkeit in meinem Beruf, sondern auch wegen der kriegerischen Anlagen meines Geistes und Körpers, denn er hatte ähnliche Neigungen. Da ich mich in diesem Hause so gut aufgenommen sah und mich außerordentlich wohl fühlte, so gab ich dem Hauptmann eine solche Antwort, daß es ihn wohl gereuen mochte, mich aufgesucht zu haben.

Als nach einigen Tagen die Wunden Luigis und der Dirne und der anderen einigermaßen heil waren, wurde der neapolitanische Herr von Junker Benvegnato, dessen Wut verraucht war, freundlichst gebeten, er möchte mich doch mit dem jungen Luigi versöhnen; die tapferen Soldaten hätten mir gar nichts tun wollen, sondern nur den Wunsch gehabt, mich kennen zu lernen. Der Edelmann antwortete ihm, er wolle mich hinbringen, wohin sie wünschten, und gerne mich zum Friedensschluß bewegen; doch dürften von beiden Seiten nicht viele Worte gemacht werden, denn davon würden sie keine Ehre haben; es genüge, wenn wir zusammen tränken und uns küßten; das Wort wolle er führen und es gerne so machen, daß sie mit Ehren beständen. So geschah es auch.

An einem Donnerstagabend führte der Edelmann mich in das Haus des Herrn Benvegnato; dort waren alle Soldaten, die bei jener Niederlage zugegen gewesen waren; sie saßen noch bei Tisch. Mein Edelmann hatte mehr als dreißig gut bewaffnete, tapfere Männer bei sich; das hatte Junker Benvegnato nicht erwartet. Der Edelmann trat in den Saal und ich folgte ihm. Er sprach: »Gott mit euch, meine Herren! Ich bin mit meinem Benvenuto, den ich wie meinen leiblichen Bruder liebe, zu euch gekommen. Gerne wollen wir alles tun, was euch recht ist.«

Als Benvegnato so viele Leute den Saal füllen sah, sagte er: »Wir wollen von euch Frieden; weiter nichts.« Und so versprach er, der Statthalter von Rom solle mich nicht belästigen. Wir schlossen Frieden, und ich ging sofort nach meiner Werkstatt.

Nicht eine Stunde konnte ich ohne den neapolitanischen Edelmann leben. Entweder suchte er mich oder er ließ mich holen. Unterdessen war Luigi Pulci geheilt und ritt jeden Tag auf seinem Rappen, dem prächtigen Roß. Eines Tages, als es ein wenig regnete, ließ er das Pferd vor Pantasileas Tür seine Künste machen. Es strauchelte, fiel und stürzte auf den Reiter. Er brach den rechten Oberschenkel und starb wenige Tage darauf im Hause der Pantasilea. So erfüllte sich der Schwur, den er aufrichtig zu Gott getan hatte. Da sieht man, wie Gott über Gerechte und Ungerechte wacht und jeden nach seinem Verdienst entlohnt.

SIEBENTES KAPITEL
1527

*Der Herzog von Bourbon belagert Rom. Es wird eingenommen
und geplündert. Benvenuto tötet den Herzog
von Bourbon durch Büchsenschüsse von der Mauer.
Er flüchtet ins Kastell Sant' Angelo, wo er als Bombardier angestellt wird
und sich außerordentlich hervortut.
Der Prinz von Oranien fällt auf einen Kanonenschuß Benvenutos.
Der Papst erkennt die Dienste des Benvenuto.
Das Kastell Sant' Angelo geht über durch Vertrag.*

Die ganze Welt stand in Waffen. Papst Klemens hatte vom Herrn Giovanni de' Medici einige Scharen Soldaten erbeten; diese kamen auch und trieben in Rom ein so wildes Wesen, daß es ein übles Ding war, in offener Werkstatt zu arbeiten. Darum zog ich in ein gutes Haus hinter den Bänken und arbeitete dort für alle meine Freunde, die ich mir gewonnen hatte. Doch wollten meine Arbeiten zu jener Zeit nicht viel bedeuten; darum geziemt es mir nicht von ihnen zu reden. Ich ergötzte mich damals viel an Musik und anderen ähnlichen Lustbarkeiten.

Auf den Rat des Herrn Jacopo Salviati entließ Papst Klemens die ihm von Herrn Giovanni gesandten fünf Kompanien, nachdem dieser in der Lombardei gestorben war. Als Bourbon erfuhr, daß in Rom keine Besatzung war, rückte er in Eilmärschen mit seinem Heer vor die Stadt[1]. Ganz Rom griff zu den Waffen. Mein guter Freund Alessandro, der Sohn des Piero del Bene, dessen Haus ich auf seinen Wunsch bereits einmal bewohnt hatte, als die Leute der Familie Colonna einrückten, bat mich bei diesem wichtigeren Anlaß, mit fünfzig Mann sein Haus zu beschützen und wieder wie zur Zeit der Colonna[2] ihr Anführer zu sein. Ich brachte fünfzig tapfere Jünglinge zusammen und wir legten uns in sein Haus, wo wir gut bezahlt und gut verpflegt wurden. Als das

---

[1] Diese Truppen waren nebst zweitausend Schweizern und zweihundert Landsknechten des Herzogs Gonzaga im Oktober 1526 in Rom eingerückt. Nachdem die Anhänger der Colonnaschen Partei über die neapolitanische Grenze gejagt worden waren, hatte der Papst aus Mangel an Geld und im Vertrauen auf Karls des Fünften Wort im März 1527 fast alle Soldaten entlassen. Daß die Stadt Rom dem Ansturm der Kaiserlichen unter Karl von Bourbon so unrühmlich erlag, wird zum Teil auch dadurch erklärt, daß Leo X. und Klemens VII. den Römern das Waffentragen verboten hatten.

[2] Die mächtige und reiche Familie Colonna hatte unter Anführung des Kardinals Pompeo am 20. Sept. 1526 ihre Leute in Rom einrücken lassen, das Volk zum Aufruhr gebracht, den Vatikan geplündert und Papst Klemens VII. gezwungen, einen für den Kaiser vorteilhaften Vertrag zu schließen.

Heer des Konnetabels vor den Mauern von Rom stand, bat mich Alessandro del Bene, mit ihm hinzugehen und ihm Gesellschaft zu leisten; ich ging daher mit einem von meinen besseren Leuten, und unterwegs stieß noch ein Jüngling, Cecchino della Casa, zu uns. Als wir auf die Mauern beim Friedhof kamen, sahen wir dort das ungeheure Heer, das alle Kräfte aufbot, um in die Stadt einzudringen. Gerade an dem Ort, wo wir uns aufstellten, fanden viele von den Stürmenden den Tod; um so erbitterter wurde der Kampf. Es herrschte ein dichter Nebel. Ich sagte zu Alessandro: »Laß uns nur so schnell wie möglich nach Hause gehen, denn hier ist nichts mehr zu machen: Ihr seht, die einen steigen über die Mauer und die anderen fliehen.«

Erschrocken sagte Lessandro: »Wollte Gott, wir wären nicht gekommen.« Zugleich wandte er sich und lief in größter Eile davon. Ich holte ihn ein und sagte: »Da Ihr mich einmal hierher geführt habt, so müssen wir auch irgend etwas Tapferes tun.« Ich richtete meine Hakenbüchse auf eine Stelle, wo das Schlachtgetümmel besonders dicht war und zielte auf einen, der sich von den anderen unterschied; des Nebels wegen aber konnte ich nicht unterscheiden, ob er beritten oder zu Fuß war. Ich wandte mich an Lessandro und Cecchino und sagte ihnen, sie möchten ihre Büchsen abfeuern; ich zeigte ihnen auch, wie sie dem Feuer der Feinde draußen ausweichen könnten. Nachdem wir zweimal unsere Gewehre abgefeuert hatten, sah ich einen außerordentlichen Tumult unter ihnen; von diesen unseren Schüssen war Bourbon gefallen[3]; wie ich später hörte, war er der Mann, den ich anfangs über die anderen emporragen gesehen hatte. Wir verließen diesen Ort, gingen über den Friedhof und durch die Peterskirche und gelangten mit größter Schwierigkeit an das Tor der Engelsburg, denn die Herren Rienzo da Ceri und Orazio Baglioni[4] verwundeten und erschlugen alle, die sich vor dem Kampf an der Mauer drückten. Als wir vor dem genannten Tor ankamen, war ein Teil der Feinde bereits in Rom eingedrungen, so daß wir diese im Rücken hatten. Die Besatzung der Burg wollte eben das Fallgatter des Tores herunterlassen; so entstand ein wenig Platz,

---

[3] Es ist also eine ganz falsche Behauptung, wenn man Benvenuto vorwirft, er habe damit renommiert, den Konnetabel erschossen zu haben. Wenn Gregorovius sich erlaubt, daraufhin Benvenuto einen Windbeutel zu nennen, so ist das eine Leichtfertigkeit, die einem Geschichtsschreiber übel ansteht. Leider hat auch Goethe durch seine Inhaltsangabe über dem Kapitel dazu beigetragen, die falsche Behauptung zu verbreiten. – Der Tat haben sich noch mehrere andere gerühmt, z. B. Giovanni da Udine. Torrigio schreibt sie dem Römer Valentini zu. Cellinis Darstellung ist glaubwürdig, weil alle Geschichtsschreiber der Zeit die näheren Umstände (den dichten Nebel, die auffallende Erscheinung des in Weiß gekleideten Konnetabels u.a.m.) bestätigen. Karl von Bourbon fiel am Morgen des 6. Mai 1527.

[4] Er war der Sohn des berühmten Giovanni Paolo, zeichnete sich aber nicht durch besondere kriegerische Leistungen aus, obwohl er den Oberbefehl über die schwarzen Banden erhielt. Klemens VII. ließ ihn in die Engelsburg einsperren, weil er in Perugia Unruhen erregt hatte. Als aber der Konnetabel vor die Mauern von Rom rückte, wurde Orazio die Verteidigung von Stadt und Burg anvertraut.

und wir vier kamen noch hinein. Kaum war ich drinnen, so bemächtigte sich meiner der Hauptmann Pallone de' Medici als einer, der zu den Leuten des Papstes gehöre; so mußte ich mich, sehr gegen meinen Willen, von Lessandro trennen und auf die Bastion steigen.

Zu gleicher Zeit war Papst Klemens durch den unterirdischen Gang in die Burg gekommen; er hatte nicht früher den Vatikan verlassen wollen, weil er nicht glaubte, daß die Feinde eindringen würden. So war ich nun eingesperrt; ich befand mich in der Nähe einiger Geschütze, über die ein Bombardier Giuliano aus Florenz den Befehl führte. Er sah von den Zinnen der Burg aus, wie sein armes Haus geplündert und wie sein Weib und seine Kinder mißhandelt wurden; um nicht die Seinen zu treffen, wagte er nicht seine Kanonen Feuer geben zu lassen. Er warf die Lunte auf die Erde und zerkratzte sich mit lautem Heulen sein Gesicht; das gleiche taten auch einige andere Bombardiere. Da nahm ich eine von den Lunten, ließ mir von etlichen weniger Aufgeregten helfen und richtete Wallbüchsen und Feldschlangen auf jene Punkte, wohin es nach meiner Ansicht nötig war. Auf diese Weise tötete ich den Feinden viele Leute, und ohne dieses Feuer wären die Feinde, die am Morgen in Rom eingedrungen waren, auch in die Burg gekommen; denn das hätten sie sehr leicht tun können, weil sie bis dahin vom Geschütz nicht belästigt worden waren. Ich schoß munter weiter, und einige Kardinäle und große Herren segneten mich darum, so daß mein Eifer sich immer noch vergrößerte und ich die übermenschlichsten Anstrengungen machte. Genug, ich war Ursache, daß an jenem Morgen die Burg erhalten blieb und daß die anderen Bombardiere zu ihrer Pflicht zurückkehrten. So mühte ich mich diesen ganzen Tag, bis am Abend das Heer von Trastevere in Rom einrückte. Papst Klemens hatte den Oberbefehl über alle Bombardiere einem römischen Großen gegeben, dem Junker Antonio Santa Croce. Dieser kam sofort zu mir, sagte mir die freundlichsten Worte und stellte mich mit fünf ausgezeichneten Geschützen auf den höchsten Punkt der Burg, nämlich neben den Engel[5], von dem sie ihren Namen trägt. Dieser Platz beherrscht die Burg nach allen Richtungen; man sieht von da aus nach Rom und nach den Wiesen hinüber. Er stellte so viele Leute unter meinen Befehl, wie ich brauchte, um meine Geschütze an Ort und Stelle zu schaffen, ließ mir eine Löhnung vorauszahlen, lieferte mir Brot und Wein und bat mich, ich möchte nur so fortfahren, wie ich begonnen hätte. Ich hatte zum Kriegerberuf manchmal mehr Lust als zu meinem eigentlichen; darum übte ich ihn um so lieber, als er mir jetzt sehr zu-

---

5 Die Statue, eine Marmorfigur von Raffaello da Montelupo, stellte den Erzengel Michael dar. Im 18. Jahrhundert wurde sie durch eine Bronze ersetzt, die nach einem Modell des holländischen Bildhauers Verschaffelt von Giordani gegossen wurde.

statten kam. Als es Nacht wurde und die Feinde in Rom eingerückt waren, sah ich, der ich immer meine Lust an neuen Sachen hatte, mit Staunen den unerhörten und wunderbaren Brand von Rom an; wer nicht in der Engelsburg gewesen ist, hat so etwas nie gesehen und kann sich keinen Begriff davon machen. Ich will mich jedoch mit der Beschreibung nicht aufhalten, sondern in der begonnenen Erzählung meines Lebens und dessen, was dazu gehört, nun fortfahren.

Während des ganzen Monats, den unsere Belagerung in der Engelsburg währte[6], bediente ich fleißig meine Geschütze und erlebte viel sehr Wichtiges, was wohl wert wäre, erzählt zu werden; um aber nicht zu weitschweifig zu sein und mich nicht zu sehr von den Angelegenheiten meines Berufes zu entfernen, übergehe ich die meisten Vorfälle und erzähle nur die wenigsten, beträchtlichsten: Besagter Junker Antonio Santa Croce hatte mich vom Engel heruntergerufen, um auf einige Häuser in der Nähe der Burg zu schießen, in die man etliche Feinde eindringen gesehen. Gerade als ich schoß, kam eine Kanonenkugel geflogen, traf eine Ecke von einer Mauerzinne und riß davon ein so großes Stück, daß es mir zum Glück keinen Schaden tat: denn die ganze Masse schlug mir gegen die Brust und benahm mir den Atem, so daß ich für tot zur Erde fiel. Ich hörte jedoch alles, was die Umstehenden sagten; am lautesten klagte Junker Antonio Santa Croce. Der sprach: »Wehe! Da haben wir die beste Hilfe verloren, die wir hier hatten.« Auf den Lärm kam ein Freund von mir herbei, Gianfrancesco der Pfeifer, der aber mehr Lust zur Medizin hatte als zum Pfeifen – der rannte weinend davon und holte eine Flasche vom besten griechischen Wein. Er machte einen Ziegel heiß, streute eine ganze Handvoll Wermut darauf und besprengte diesen reichlich mit dem guten griechischen Wein; dann legte er mir den Ziegel schnell auf die Stelle der Brust, wo man die Quetschung sah. Dank dem Wermut erlangte ich sofort die verlorenen Kräfte wieder. Als ich aber reden wollte, da konnte ich nicht; denn einige dumme Kerle von den Soldaten hatten mir den Mund voll Erde gestopft; sie glaubten mir damit die Kommunion gereicht zu haben. Sie hätten mich wirklich beinahe dadurch exkommuniziert, denn ich konnte nicht zu mir kommen, weil die Erde mir viel mehr Beschwerde machte als der Schlag.

Ich kam jedoch davon und widmete mich wieder meinen Kanonen, mit solchem Eifer, wie man ihn sich kaum vorstellen kann.

Papst Klemens hatte den Herzog von Urbino[7] um Hilfe gebeten, der bei dem Heere der Venezianer war. Er ließ durch seine Gesandten dem durch-

---

6 Vom 6. Mai bis zum 5. Juni.
7 Francesco Maria della Rovere.

lauchtigen Herrn sagen: solange die Burg sich hielte, sollten jeden Abend auf den Zinnen drei Feuer angezündet und drei Kanonen dreimal abgeschossen werden. Mir lag es ob, diese Feuer anzuzünden und die Schüsse abzufeuern: ich richtete nun am Tage die Kanonen stets auf solche Stellen, wo sie am meisten Schaden anrichten mußten. Um deswillen hatte der Papst mich recht lieb; denn er sah, daß ich mein Handwerk mit dem gebührenden Eifer betrieb. Der Entsatz vom Herzog kam nicht; aus welchen Gründen er ausblieb, darüber sage ich nichts, weil es mich nichts angeht.

Während ich nun mein teuflisches Handwerk trieb, besuchten mich oft mehrere von den Kardinälen, die in der Burg waren, besonders häufig aber der Kardinal von Ravenna[8] und Kardinal Gaddi; diesen sagte ich oft, sie möchten nicht heraufkommen, denn man sähe ihre roten Käppchen von weitem und könne daher von den benachbarten Palästen, zum Beispiel vom Biniturm, ihnen und mir gefährlich werden; endlich ließ ich sie gar aussperren, wodurch ich mir nicht geringe Feindschaft von ihnen zuzog.

Oft kam auch Herr Orazio Baglioni zu mir, der mir sehr wohl wollte. Als er eines Tages mit mir plauderte, sah er eine gewisse Bewegung in einer Schenke, die vor dem Burgtor an dem Ort Bocanello liegt. Das Schild dieser Kneipe war eine rote Sonne, die zwischen zwei Fenstern gemalt war. Diese Fenster waren geschlossen, Herr Orazio aber meinte, gerade unter dieser Sonne zwischen den beiden Fenstern müsse ein Tisch stehen, woran Soldaten schlemmten. Darum sagte er zu mir: »Benvenuto, wenn du Lust hättest, mit deinem Kanönchen eine Elle unterhalb dieser Sonne zu schießen, so glaube ich, du würdest ein gutes Werk tun; denn man hört da herum einen großen Lärm, es müssen Leute von hohem Range sein.« Ich antwortete dem Herrn: »Ich brauche nur hinzusehen, so ist die Sonne schon getroffen; aber dicht neben der Mündung der Kanone steht ein Korb voll von Steinen; den werden die Heftigkeit des Feuers und der Luftdruck herunterwerfen.« Er erwiderte mir: »Besinne dich nur nicht lange, mein Benvenuto! Erstens wird der Luftdruck den Korb, so wie er steht, wohl nicht hinunterwerfen; aber selbst wenn er herunterfiele und gar der Papst darunter stände, so wäre das nicht so schlimm wie du denkst. Schieß nur, schieß!«

So besann ich mich denn nicht länger mehr, sondern zielte mitten auf die Sonne, wie ich es versprochen hatte. Der Korb fiel hinunter, ganz wie ich es mir gedacht hatte und zwar gerade zwischen den Kardinal Farnese[9] und den Herrn

---

8 Der Kardinal von Ravenna war der als Schriftsteller bekannte Benedetto Accolti aus Arezzo. In der Engelsburg befanden sich während der Belagerung dreizehn Kardinäle. Nur fünf, die zur kaiserlichen Partei gehörten und darum nichts befürchteten, waren in ihren Palästen in Rom geblieben.
9 Der spätere Papst Paul III.

Jacopo Salviati, die beinahe zerquetscht worden wären. Zum Glück hatte Kardinal Farnese dem Herrn Jacopo gerade vorgeworfen, er sei schuld an der Plünderung von Rom; hierüber beschimpften sie sich gegenseitig so heftig, daß sie vor ihren Schimpfworten davonliefen; sonst hätte mein Korb sie alle beide zerquetscht. Als der gute Herr Orazio den großen Lärm hörte, der unten im Hofe sich erhob, da lief er schnell hinunter; ich beugte mich über den Mauerrand, um zu sehen, wohin der Korb gefallen wäre, da hörte ich einige zueinander sagen: »Den Bombardier da sollte man totschlagen.« Schnell entschlossen richtete ich zwei Feldschlangen auf die Treppe, die nach oben führte; ich war bereit, auf den ersten, der heraufkäme, sofort eine von den Kanonen loszubrennen. Einige Diener des Kardinals Farnese schienen wirklich die Absicht zu haben, mich zu belästigen; darum kam ich ihnen zuvor und nahm die brennende Lunte in die Hand. Zu einigen von ihnen, die ich kannte, sagte ich: »Ihr Schnapphähne, macht, daß ihr fortkommt! Für den, der es wagen sollte, diese Treppe zu betreten, habe ich zwei Kanonen bereit, die euch zu Grus und Mus machen! Sagt nur dem Kardinal, ich habe weiter nichts getan, als was mir von meinen Vorgesetzten aufgetragen wurde; was ich tat, geschah zur Verteidigung eurer Pfaffen, und nicht um sie zu beleidigen.«

Sie machten sich aus dem Staube. Da kam Herr Orazio Baglioni herbeigelaufen; dem rief ich zu, er solle zurückgehen, sonst würde ich ihn totschießen. Ich wußte jedoch sehr wohl, wer er war. Nicht ohne Furcht blieb der Ritter stehen und sagte: »Benvenuto, ich bin dein Freund.« Ich erwiderte: »Kommt nur allein, Herr, ganz wie es Euch beliebt.« Er war sehr stolz, darum blieb er einen Augenblick stehen und sagte verdrießlich: »Ich habe Lust, nun nicht mehr hinaufzukommen und gerade das Gegenteil zu tun von dem, was ich zu tun gedachte.«

Ich antwortete, ich stehe auf meinem Posten, um andere zu verteidigen, darum sei ich aber auch der Mann, mich selber zu verteidigen. Er sagte, er komme allein; als er aber oben war, sah ich, daß seine Gesichtszüge ganz verzerrt waren, darum legte ich die Hand auf meinen Degen und war vor ihm auf der Hut. Da fing er an zu lachen; die Farbe kam ihm wieder in die Wangen und er sagte sehr freundlich zu mir: »Mein Benvenuto, ich habe dich herzlich gern; das werde ich dir zeigen, wann es Gott gefällt. Wollte Gott, du hättest die beiden Schurken erschlagen, von denen der eine an so großem Unheil schuld ist, der andere zuweilen noch Schlimmeres verübt hat.« Er sagte mir noch: wenn ich gefragt würde, so möchte ich nichts davon sagen, daß er dabei gewesen wäre, als ich die Kanonenschüsse abgefeuert hätte; im übrigen sollte ich nur unbesorgt sein.

Es gab einen gewaltigen Lärm, und die Geschichte war noch lange nicht zu Ende. Ich will mich jedoch nicht länger damit aufhalten und nur noch bemerken, daß ich mit meinem Streich meinen guten Vater an diesem Herrn Jacopo Salviati gerächt hatte, der ihm tausendfach schnödes Leid angetan hatte, worüber mein Vater sich oft gegrämt hatte. Indessen hatte ich ihm ohne Absicht diesen bösen Schreck eingejagt. Vom Farnese will ich nichts weiter sagen; man wird aber an seinem Ort vernehmen, daß es ihm recht geschehen wäre, wenn meine Steine ihn erschlagen hätten[10].

Ich schoß nun eifrig mit meinen Kanonen und verübte jeden Tag eine bemerkenswerte Tat damit, so daß ich mir Gunst und Gnade des Papstes in hohem Maße erwarb. Kein Tag verging, daß ich nicht einen der Feinde draußen erschlug. Eines Tages erging sich der Papst auf der runden Bastei und sah in den Wiesen einen spanischen Obristen, den er an gewissen Zeichen erkannte, da er früher in seinem Dienst gestanden war. Er sah nach dem Mann aus und erzählte seinen Begleitern von ihm. Oben bei meinem Engel wußte ich nichts hiervon; ich sah nur einen Mann, vom Kopf bis zu den Füßen rosenrot gekleidet, der mit einem Spieß in der Hand seine Leute an den Laufgräben arbeiten ließ. Ich überlegte, was ich ihm antun könnte, und nahm einen Geierfalk, den ich da oben hatte. Dies ist ein Geschütz von größerer Länge und von schwererem Kaliber als eine Wallbüchse, etwa von der halben Größe einer Feldschlange. Ich zog die Ladung Pulver heraus und lud es von neuem, indem ich dem groben einen guten Teil feinen Pulvers beifügte. Hierauf richtete ich es sorgfältig auf diesen Rosenroten; ich mußte in einem überaus hohen Bogen schießen, weil er so weit entfernt war, daß man nach den Regeln der Kunst mit einem Geschütz solchen Kalibers nicht auf ihn zielen durfte. Ich traf den Rosenroten, der mit spanischer Prahlsucht seinen Degen quer vor dem Leibe trug, gerade in die Mitte. Meine Kanonenkugel traf den Degen und der Mann wurde in zwei Teile zerrissen. Der Papst, der dies nicht erwartet hatte, war darob voller Freude und Verwunderung, teils weil er nicht glaubte, daß man mit einer Kanone auf so weite Entfernung treffen könnte, teils weil der Mann in zwei Stücke zerrissen war. Er konnte nicht begreifen, wie dies möglich wäre, und ließ mich darum rufen und fragte mich danach. Ich sagte ihm, mit welchem Eifer ich mich im Schießen geübt hätte; warum aber der Mann in zwei Stücke zerrissen war, das wußte ich ebensowenig wie er.

Ich kniete vor ihm nieder und bat um Vergebung für diesen Totschlag sowie für die anderen, die ich auf der Engelsburg im Dienste der Kirche begangen hätte. Der Papst erhob die Hände, machte ein gewaltiges Kreuz über meine ganze Gestalt, erteilte mir seinen Segen und vergab mir alle Mordtaten, die ich

---

10 Jedenfalls eine Anspielung auf die furchtbaren Leiden, die Benvenuto später durch Papst Paul den Dritten erdulden mußte.

jemals im Dienste der Apostolischen Kirche verübt hätte oder noch verüben würde.

Ich ging wieder hinauf und fuhr in unermüdlichem Eifer fort zu schießen; fast niemals ging ein Schuß mir fehl. Freilich ging mein Zeichnen, mein Studieren und mein schönes Blasen vor diesem Kanonendonner in den Wind; wollte ich aber alle Taten berichten, die ich bei dieser blutigen Höllenarbeit vollbrachte, so würde die Welt staunen; ich übergehe sie, weil ich nicht zu weitschweifig werden möchte. Ich will nur einiges hier anführen, was unbedingt zu meiner Lebensgeschichte gehört: Tag und Nacht dachte ich darüber nach, was ich zur Verteidigung der Kirche tun könnte. Wenn die Feinde ihre Wachen ablösten, zogen sie durch das Tor Santo Spirito, das ein ausgezeichnetes Ziel bot; da ich aber von der Seite schießen mußte, so richtete ich nicht so viel Schaden an, wie ich gerne getan hätte. Immerhin fielen täglich ihrer eine ganze Menge. Als nun die Feinde diesen Weg versperrt sahen, häuften sie eines Nachts mehr als dreißig Schanzkörbe auf das Dach eines Hauses und versperrten mir dadurch die Aussicht auf den Weg. Ich dachte nun recht eifrig über diesen Fall nach und richtete alle meine fünf Geschütze auf diese Schanzkörbe. Dann wartete ich bis zwei Stunden vor Sonnenuntergang; um diese Zeit wurden die Wachen abgelöst. Sie dachten, in aller Sicherheit zu sein und gingen recht gemächlich und enger zusammengeschlossen als sie es sonst taten.

Plötzlich gab ich Feuer aus allen meinen Schlünden und warf nicht nur die Schanzkörbe vom Dach herunter, die mir die Aussicht versperrt hatten, sondern tötete auch mit diesem einzigen Schlage dreißig Mann. Nachdem ich dieses Manöver noch zweimal wiederholt hatte, gerieten die Soldaten in solche Unordnung, daß viele von ihnen, die von der großen Plünderung her reich mit Beute beladen waren und sich nach allen ihren Mühen gerne erholen wollten, zu verschiedenen Malen meuterten. Auf Befehl ihres tapferen Führers Gian von Urbino mußten sie zu ihrem größten Verdruß einen anderen Weg wählen, um ihre Wachen abzulösen. Der Umweg betrug mehr als drei Miglien; dies war mehr als das Doppelte des früheren Weges. Über diese Tat sagten alle Herrn, die in der Burg waren, mir die größten Schmeicheleien. Da dieses Ereignis später sehr wichtige Folgen hatte, so wollte ich es doch erzählen, weil ich ja nicht ein Schreiber von Beruf bin; sonst, wenn ich mit solchen Sachen meine Lebensgeschichte ausschmücken wollte, würde ich niemals fertig werden. Nur noch eine solche Geschichte werde ich an ihrem Ort mitteilen.

Einige Zeit vorher hatte Papst Klemens, um die Tiaren und den herrlichen Schmuck der Apostolischen Kammer zu retten, mich rufen lassen und sich mit einem Junkerchen und mir allein in einem Zimmer eingeschlossen. Dieses Junkerchen war Stallknecht bei Filippo Strozzi gewesen, ein Franzose von niedrigster Geburt. Da er aber ein eifriger Diener war, hatte Papst Klemens ihn sehr reich gemacht und vertraute ihm wie sich selber. Der Papst, der Kavalier und ich schlossen uns in die Schatzkammer ein, und die Tiaren nebst all den vielen Juwelen der Apostolischen Kammer wurden mir vorgelegt. Der Papst befahl mir, alle Steine aus ihren goldenen Fassungen zu nehmen. Ich tat dies; hierauf wickelte ich jeden Stein in ein Stückchen Papier und wir nähten diese dem Papst und dem Junkerchen in das Rückenfutter ein. Außerdem gaben sie mir alles Gold, etwa zweihundert Pfund an Gewicht, und befahlen mir, dieses so geheim wie möglich zu schmelzen. Ich ging zum Engel hinauf, wo ich mein Zimmer hatte, das ich verschließen konnte, so daß ich von niemandem belästigt wurde; ich baute mir aus Ziegeln einen kleinen Ofen mit Zuglöchern und richtete unter diesem Ofen einen ziemlich großen Aschenherd ein; das Gold lag auf den Kohlen und fiel allmählich auf den Herd hinunter.

Während dieser Ofen selbsttätig arbeitete, sann ich beständig darauf, wie ich unseren Feinden Abbruch tun könnte; und da wir in den Laufgräben unsere Feinde in Reichweite hatten, so tat ich ihnen mittels alter Steinkugeln, von denen als Munition mehrere Fuhren auf der Burg vorhanden waren, großen Abbruch. Ich nahm eine Wallbüchse und eine Feldschlange, die an der Mündung beide ein wenig beschädigt waren. Diese füllte ich mit den Steinkugeln, gab Feuer und richtete in den Laufgräben viel unerwartetes Unheil an. Während ich das Gold schmolz, ließ ich meine Geschütze fast unaufhörlich arbeiten.

Eines Tages sah ich kurz vor dem Abendläuten einen Reiter auf einem Maultier dicht am Rande des Laufgrabens. Das Maultier lief sehr schnell, er aber sprach mit den Leuten, die im Graben waren. Ich befahl, daß alle meine Geschütze Feuer geben sollten, bevor er auf meiner rechten Seite wäre. Das Feuer war so gut gezielt, daß ich ihn mit einer von den Steinkugeln mitten ins Gesicht traf; die übrigen Kugeln bekam das Maultier, das tot zur Erde fiel. Im Laufgraben erhob sich ein großer Lärm; da gab ich noch einmal Feuer und richtete großen Schaden an. Der Reiter war der Prinz von Oranien[11]. Er wurde aus dem Laufgraben in eine benachbarte Schenke getragen; dorthin strömte binnen kurzem der ganze Adel des Heeres zusammen. Als Papst Klemens hörte, was ich vollbracht hatte, ließ er mich sofort rufen, und ich mußte ihm alles erzählen. Ich sagte ihm, der Verwundete müsse ein Mann von höchstem Range sein; dies könne man daraus schließen, daß in der Schenke, wohin man

---

[11] Philibert de Châlon, Prinz von Oranien. Er war als Nachfolger des Herzogs von Bourbon Oberbefehlshaber der Kaiserlichen geworden; später war er Vizekönig von Italien. Die Wunde, die er am 29. Mai 1527 erhielt, war eine »gräßlich anzusehende« Gesichtswunde, wie ein französischer Chronist berichtet. Der Prinz von Oranien fiel 1530 in der Schlacht bei Gavinana.

ihn gebracht hätte, alle Anführer des feindlichen Heeres sich sofort versammelt hätten. Der Papst ließ in bester Laune den Junker Antonio Santa Croce rufen, der, wie ich bereits erwähnte, den Oberbefehl über alle Bombardiere hatte. Er sagte ihm, er möge allen unseren Bombardieren befehlen, unser ganzes sehr zahlreiches Geschütz auf dieses Haus zu richten; auf das Zeichen eines Büchsenschusses sollten alle zusammen Feuer geben. Wenn alle Anführer des Heeres getötet würden, so würde dieses sich auflösen. So würde endlich Gott seine täglichen Bitten erhören und ihn von diesen gottlosen Schurken befreien.

Gehorsam dem Befehl des Antonio Santa Croce richteten wir unsere Geschütze und harrten des Zeichens. Als aber Kardinal Orsino dieses hörte, machte er dem Papst Vorwürfe und sagte, auf keinen Fall dürfte so etwas gemacht werden; denn wir ständen eben im Begriff, einen Vergleich zu schließen. Und wenn die Führer getötet würden, würde das ganze Lager gewiß die Burg erstürmen und alles vollends zugrunde richten. Dies aber dürfe nach der Meinung der Kardinäle nicht geschehen.

Der arme Papst sah voll Verzweiflung, daß er von innen und von außen verraten wurde, und sagte, er überlasse alles ihnen. Der Befehl wurde also widerrufen. Ich aber konnte mich nicht halten, und als ich hörte, daß man mir den Befehl bringen würde, nicht zu schießen, da brannte ich meinen Geierfalk los. Ich traf einen Pfeiler in dem Hofe jenes Hauses, wo ich viele Leute beisammen stehen sah. Dieser Schuß fügte den Feinden so großen Schaden zu, daß sie sofort das Haus räumten. Kardinal Orsino sagte, er wolle mich hängen oder sonstwie umbringen lassen; der Papst aber nahm sich eifrig meiner an. Was für heftige Worte bei dieser Gelegenheit zwischen ihnen gewechselt wurden, das ist mir wohlbekannt; da ich aber keine Geschichte schreibe, so ist es nicht meines Amtes, darüber zu berichten. Ich halte mich nur an das, was mir selber widerfuhr.

ACHTES KAPITEL
1528–1529

Benvenuto kehrt nach Florenz zurück und kauft seinen Bann ab.
Orazio Baglioni möchte ihn zum Soldatenstand bereden;
aber auf seines Vaters Bitten geht er nach Mantua. Er findet seinen Freund
Giulio Romano daselbst, der seine Kunst dem Herzog
empfiehlt. Eine unvorsichtige Rede nötigt ihn, von Mantua zu gehen.
Er kommt nach Florenz zurück, wo sein Vater indes
und die meisten seiner Bekannten an der Pest gestorben. Gutes Verhältnis
zwischen ihm und Michelagnolo Buonarroti,
durch dessen Empfehlung er bei seinen Arbeiten sehr aufgemuntert wird.
Geschichte des Federigo Ginori.
Bruch zwischen Papst Klemens und der Stadt Florenz.
Benvenuto folgt einem Rufe nach Rom.

Als ich das Gold geschmolzen hatte, brachte ich es dem Papst; er dankte mir vielmals für meine Arbeit und trug dem Junkerchen auf, mir fünfundzwanzig Taler auszuzahlen, indem er sich bei mir entschuldigte, daß er mir nicht mehr geben könnte, weil er nicht mehr hätte. Wenige Tage darauf wurde die Burg übergeben[1]. Ich ging mit Herrn Orazio Baglioni und dreihundert Kameraden nach Perugia; dort wollte Herr Orazio mir die Kompanie übergeben; ich wollte sie jedoch nicht übernehmen, sondern sagte zu ihm, ich wolle nach Florenz gehen, um meinen Vater zu besuchen und um mich von dem Banne zu lösen. Der Junker sagte mir, er sei gerade eben von den Florentinern zum Feldhauptmann gemacht worden; dem Abgesandten der Stadt Florenz, Herrn Piermaria di Lotto, empfahl er mich angelegentlich als einen von den Seinigen. So machte ich denn mit einigen Kameraden mich auf den Weg. In Rom wütete die fürchterliche Pest[2]. In Florenz fand ich meinen guten Vater; er glaubte, ich sei bei der Erstürmung Roms umgekommen, oder ich würde nackt und bloß zu ihm zurückkehren. Aber ganz im Gegenteil: ich lebte, ich hatte viel Geld, einen Diener und ein gutes Pferd. Mein Alter war über meinen Anblick so fröhlich, er umarmte und küßte mich mit solcher Inbrunst, daß ich glaubte, ihn würde vor Freude der Schlag treffen. Ich erzählte

---

1 Am 5. Juni 1527. Klemens VII. blieb in der Engelsburg als Gefangener bis zum 8. Dezember; dann gelang es ihm, in einer Verkleidung zu entfliehen.
2 An einem einzigen Tage starben mehr als vierhundert Menschen. Vom Mai bis November wurden über vierzigtausend Leichen begraben.

ihm die ganzen Teufelsgeschichten von der Plünderung und steckte ihm eine gute Handvoll Taler zu, die ich auf Soldatenart gewonnen hatte; nachdem mein guter Vater und ich uns nach Herzenslust geliebkost hatten, ging er sofort zu den Acht, um mich vom Banne zu lösen. Zufällig war unter ihnen einer von denen, die mir den Bann auferlegt hatten und zwar gerade jener, der seinerzeit meinem Vater so hart gesagt hatte, er wolle mich am Galgen baumeln lassen. Diesem Herrn machte nun mein Vater einige vorsichtige Andeutungen, daß ich beim Herrn Orazio Baglioni in Gunst stehe. Infolgedessen sagte ich meinem Vater, Herr Orazio habe mich zum Hauptmann erwählt und ich müsse daher allmählich daran denken, die Kompanie zu übernehmen. Über diese Worte war mein armer Vater sehr bestürzt, er bat mich, ich solle mich doch um Gottes willen auf dergleichen nicht einlassen, er wisse doch, daß ich zu Besserem gut sei; sein anderer Sohn, mein Bruder, sei ja bereits ein so tapferer Krieger; darum müsse ich mich meiner herrlichen Kunst widmen, um die ich mich so viele Jahre lang und so eifrig gemüht habe. Ich versprach ihm Gehorsam; aber als kluger Mann dachte er, ich würde trotz meinem Versprechen mich doch nicht dem Kriegslärm entziehen können, sobald Herr Orazio ankäme. Darum sorgte er, mich mit guter Art von Florenz fortzubringen und sagte: »Oh, mein lieber Sohn, hier wütet die entsetzliche Pest; ich fürchte immer, du bringst sie mir ins Haus. Nun erinnere ich mich, daß ich als Jüngling einst nach Mantua ging, wo ich sehr freundlich aufgenommen wurde und mehrere Jahre verweilte. Darum bitte ich dich und befehle ich dir: Geh, wenn du mich lieb hast, lieber heut als morgen von Florenz fort und begib dich nach Mantua.«

Ich habe immer meine Freude daran gehabt, die Welt zu sehen, und da ich noch niemals in Mantua gewesen war, so ging ich mit dem mitgebrachten Gelde ganz gerne dorthin; den größeren Teil desselben ließ ich jedoch meinem guten Vater zurück; ich versprach ihm, ich würde ihn stets unterstützen, wo immer ich sein möchte, und übergab ihn der Pflege meiner älteren Schwester. Diese hieß Cosa; sie hatte nicht heiraten wollen und war als Nonne in Sant' Orsola angenommen, blieb jedoch im Hause zur Pflege unseres alten Vaters und zur Aufsicht über meine jüngere Schwester, die mit einem Bildhauer Bartolomeo verheiratet war. So ging ich denn mit dem Segen meines Vaters von dannen und ritt auf dem Rücken meines wackeren Rößleins nach Mantua. Ich hätte zuviel zu erzählen, wenn ich diese kleine Reise ausführlich beschreiben wollte; zwar war die Welt von Pest und Krieg verfinstert, doch kam ich schließlich unter den größten Schwierigkeiten nach Mantua. Gleich nach meiner Ankunft suchte ich mir Arbeit; ich fand sie bei dem Mailänder Meister Niccolò, der als Goldschmied im Dienste des Herzogs von Mantua stand.

Gleich am dritten Tage suchte ich meinen bereits erwähnten guten Freund, den trefflichen Maler Meister Giulio Romano, auf. Er empfing mich auf das freundlichste und machte mir große Vorwürfe, daß ich nicht in seinem Hause abgestiegen sei. Er lebte als großer Herr und baute für den Herzog draußen vor der Stadt den Palazzo al Tè. Dies war ein großes und herrliches Werk, wie man vielleicht noch jetzt sehen kann. Herr Giulio sprach sofort mit ehrenden Worten von mir zum Herzog; dieser bestellte bei mir ein Modell zu einem Kästchen für das heilige Blut Christi, das in Mantua ist und der Sage nach vom heiligen Longinus dorthin gebracht ist. Herrn Giulio trug er auf, mir eine Zeichnung für diesen Kasten zu machen. Hierauf antwortete ihm aber Herr Giulio: »Gnädiger Herr, Benvenuto ist ein Mann, der keine Zeichnungen von anderen braucht, wie Eure Durchlaucht an seinem Werk erkennen werden.«

Ich machte mich sofort an dies Modell und entwarf eine Zeichnung für einen Reliquienkasten, der die heilige Flasche bequem aufnehmen konnte; außerdem verfertigte ich noch ein kleines Modell aus Wachs. Es stellte einen sitzenden Christus dar, der sich mit der erhobenen Linken auf sein großes Kreuz stützte, während er mit den Fingern der Rechten seine Brustwunde zu öffnen schien. Dieses Modell gefiel dem Herzog so sehr, daß er mir überreiche Gunst erwies und mir zu verstehen gab, er würde mich gerne gegen reichen Lohn in seinen Dienst nehmen.

Unterdessen hatte ich auch seinem Bruder, dem Kardinal[3], meine Aufwartung gemacht; dieser bat den Herzog, er möchte gestatten, daß ich ihm sein großes Kardinalssiegel stäche. Ich ging sofort daran, aber während der Arbeit überfiel mich das viertägige Fieber. Bei jedem Anfall wurde ich wie rasend. Da fluchte ich auf Mantua und seinen Herzog und jeden, der an solchem Ort verweilen könnte. Diese Worte wurden dem Herzog von einem Mailänder Goldschmied hinterbracht; denn dieser merkte sehr wohl, daß der Fürst mich in seinen Dienst nehmen wollte. Diesen erfaßte grimmiger Zorn über meine kranken Worte; und da ich ebenso wütend über Mantua war, so kam unser beider Wut sich gleich. Als ich nach vier Monaten das Siegel[4] und verschiedene andere kleine Werke, die der Kardinal für den Herzog bestellte, fertig hatte, zahlte der Prälat mir reichen Lohn und bat mich, nach Rom, der herrlichen Stadt zurückzukehren, wo wir uns früher schon gekannt hatten. Mit einem tüchtigen Beutel voll mit Talern reiste ich von Mantua ab. In Governo, wo der

---

3 Ercole Gonzaga, Bischof von Mantua, wurde 1527 Kardinal. Er war ein gebildeter und freidenkender Mann, ein Freund von Wissenschaft und Kunst.
4 Die beiden Siegel, die er für den Herzog und den Kardinal machte, beschreibt Benvenuto in seiner Abhandlung über die Goldschmiedekunst (Kapitel XIII).

ein Pfau unter Krähen

treffliche Held Giovanni erschlagen wurde, befiel mich ein kleines Fieber, das jedoch meine Reise nicht aufhielt; denn ich ließ es an jenem Ort und hatte es niemals wieder.

In Florenz angekommen, wollte ich meinen guten Vater aufsuchen. Ich klopfte an die Tür. Da tat sich das Fenster auf und ein buckeliges Weib schickte mich mit wütendem Geschimpfe fort, sie behauptete, ich hätte die Pest. Ich sagte zu ihr: »Höre, du verfluchter Buckel, ist denn kein anderes Gesicht im Hause als deins?« – »Zum Teufel, nein!« – »So soll es keine zwei Stunden dauern«, rief ich laut.

Auf den Lärm kam eine Nachbarin heraus. Die sagte mir, mein Vater und alle anderen Bewohner des Hauses seien an der Pest gestorben. Ich hatte mir dies zum Teil schon gedacht und mein Schmerz war daher nicht so groß. Sie sagte mir, nur meine jüngere Schwester Liperata sei am Leben geblieben und von einer frommen Frau, Monna Andrea de' Bellacci aufgenommen worden. Auf dem Wege nach einem Gasthof begegnete ich einem guten Freunde, Giovanni Rigogli. Ich stieg bei ihm ab und wir gingen auf den Marktplatz, wo ich erfuhr, daß mein Bruder am Leben geblieben sei. Ich besuchte ihn im Hause seines Freundes Bertino Aldobrandi. Wir umarmten uns beide mit unsäglicher Freude, denn ihm war gesagt worden, ich sei gestorben, und ich hatte gehört, er sei gestorben. Dann schlug er vor Erstaunen ein lautes Gelächter auf, nahm meine Hand und sagte: »Komm, Bruder, ich will dich an einen Ort führen, den du dir niemals vorstellen könntest: ich habe nämlich unsere Schwester Liperata wieder verheiratet, die dich ganz gewiß für tot hält.«

Unterwegs erzählten wir einander die herrlichen Dinge, die wir erlebt hatten; als wir aber in das Haus meiner Schwester kamen, erregte die unerwartete Neuigkeit sie so, daß sie mir ohnmächtig in die Arme sank und da kein Wort gesprochen wurde, so wußte ihr Mann[5] nicht, daß ich ihr Bruder war, bis mein Bruder Cecchino es ihm sagte. Wir kamen der Ohnmächtigen zu Hilfe und sie erholte sich bald wieder; nachdem sie ein bißchen um Vater, Schwester, Gatten und kleinen Sohn geweint hatte, gab sie ihre Befehle für das Abendessen. Wir waren den ganzen Abend fröhlich und sprachen nicht von den Toten, sondern lieber von der Hochzeit; so waren wir denn beim Essen lustig und guter Dinge.

Durch die Bitten meines Bruders und meiner Schwester bewogen, blieb ich noch in Florenz, obgleich der Sinn auf Rom stand. Mein lieber Freund Piero Landi, der mir früher schon mehrere Male, wie ich erzählte, in schwierigen Lagen geholfen hatte, sagte mir, ich müsse eine Zeitlang in Florenz verweilen;

---

5 Damals war er eigentlich erst ihr Bräutigam. Dieser zweite Mann der Liperata (mundartliche Form des Namens Reparata) hieß Raffaello Tassi. Er heiratete sie 1528.

denn da die Medici aus Florenz vertrieben seien[6] (nämlich Herr Ippolito, der spätere Kardinal, und Herr Alessandro, der spätere Herzog von Florenz), so müsse ich noch ein Weilchen warten, um zu sehen, wie das Ding laufen werde. So begann ich denn auf dem Neuen Markt zu arbeiten, faßte viele Juwelen und verdiente ein schönes Geld. Es kam damals nach Florenz ein Senese Girolamo Marretti; er war lange Zeit in der Türkei gewesen und ein Mann von lebhaftem Geiste. Er suchte mich in meiner Werkstatt auf und bestellte bei mir eine Schaumünze, wie man sie damals an den Hüten trug; ich mußte darauf den Herkules abbilden, wie er dem Löwen mit der Faust in den Rachen fährt. Während ich an diesem Stück arbeitete, kam Michelagnolo Buonarroti mehrere Male, um sichs anzusehen. Ich hatte mir große Mühe mit diesem Stück gegeben und die Haltung des Mannes und des grimmigen Tieres war ganz anders, als andere Künstler sie bis dahin dargestellt hatten; solche Art des Arbeitens war dem göttlichen Michelagnolo bis dahin gänzlich unbekannt gewesen und er pries mein Werk so hoch, daß mein Sinn nur noch darauf stand, Treffliches zu schaffen, und obwohl diese Arbeit mir Geld einbrachte, so befriedigte sie mich doch nicht, denn ich begehrte Höheres zu leisten.

Ein Jüngling von stolzem Sinn, Federigo Ginori, ein schöner stattlicher Mann, der lange in Neapel gewesen war und sich dort in eine Fürstin verliebt hatte, wünschte eine Münze zu haben, worauf Atlas mit der Weltkugel dargestellt sein sollte. Er ersuchte den großen Michelagnolo, ihm eine kleine Zeichnung zu entwerfen; dieser aber antwortete ihm: »Geht zu dem jungen Goldschmied Benvenuto; dieser wird Euch trefflich bedienen und bedarf sicherlich meiner Zeichnung nicht. Doch möget Ihr nicht glauben, ich scheue diese kleine Arbeit; darum will ich Euch gerne eine Zeichnung machen. Sprecht unterdessen mit Benvenuto und laßt auch ihn ein kleines Modell anfertigen; der beste von den beiden Entwürfen mag dann ausgeführt werden.«

Federigo Ginori kam zu mir und sprach mir seine Wünsche aus; er sagte mir, wie hoch der wunderbare Michelagnolo mich gepriesen habe, und daß auch ich ein kleines Modell in Wachs ausführen solle, während der treffliche Künstler ihm eine Zeichnung versprochen habe. Diese Worte des großen Mannes machten mir solchen Mut, daß ich sofort mit dem größten Eifer an die Anfertigung des Modells heranging. Als ich es fertig hatte, brachte ein Maler, Giuliano Bugiardini, mir die Zeichnung seines Freundes Michelagnolo. Federigo aber entschied, die Arbeit solle nach meinem Modell ausgeführt werden und Bugiardini gab ihm recht. So begann ich denn die Arbeit. Der treffliche Michel-

---

6 Die Florentiner hatten sich das Unglück des in der Engelsburg eingeschlossenen Medicäers Klemens des Siebenten zunutze gemacht.

agnolo sah sie und lobte sie über alle Maßen[7]. Die Gestalt des Atlas war aus Goldblech getrieben; sie trug auf dem Rücken das Himmelsgewölbe in Gestalt einer Kristallkugel; auf einem Grunde von Lapislazuli war der Tierkreis eingelegt, und das Ganze war über alle Maßen herrlich anzusehen. Darunter stand der Spruch: *Summa tulisse juvat.* Federigo war sehr zufrieden und bezahlte mich reichlich. Ein Freund des Herrn Federigo Ginori, Aluigi Alamanni, war damals in Florenz; er kam oft in mein Haus und wurde in der Folge mein sehr guter Freund.

Unterdessen hatte Papst Klemens der Stadt Florenz den Krieg erklärt. Man rüstete sich zur Verteidigung, und da in jedem Viertel die Volkswehr aufgeboten wurde, so erhielt auch ich Befehl, mich zu stellen. Ich legte eine reiche Rüstung an und übte mich mit den vornehmsten Edelleuten in den Waffen. Alle waren zum Kriegsdienst und zur Verteidigung freudig bereit und auf allen Gassen sprach man, wie es zu solchen Zeiten üblich ist. Die jungen Leute kamen häufiger als sonst zusammen und man sprach nur noch von den Waffen. Eines Tages gegen Mittag, als in meiner Werkstatt eine Menge vornehmster Jünglinge unserer Stadt beisammen waren, wurde mir ein Brief aus Rom überbracht. Er war von dem Meister Jacopino della Barca. Eigentlich hieß er Jacopo dello Sciorina, wurde aber in Rom della Barca genannt, weil er zwischen dem Ponte Sisto und dem Ponte Santo' Agnolo mit einer Barke die Fähre über den Tiber besorgte. Dieser Meister Jacopo war ein sehr gescheiter Mensch, der sehr ergötzlich zu reden wußte; er war früher in Florenz ein Verleger der Tuchmacherzunft gewesen. Er war sehr beliebt beim Papst Klemens, der an seinen Reden Freude hatte. Eines Tages kam das Gespräch auch auf die Plünderung und die Belagerung der Engelsburg; der Papst erinnerte sich meiner, sprach über alle Maßen gut von mir und sagte schließlich, er möchte mich gerne wieder in Rom haben, wenn er nur wüßte, wo ich wäre.

Als nun Meister Jacopo ihm sagte, ich sei in Florenz, befahl der Papst ihm, an mich zu schreiben, ich möchte doch wieder zu ihm kommen.

Besagter Brief meldete mir, ich solle nur wieder in den Dienst des Papstes Klemens treten, es werde mein Vorteil sein. Die jungen Herren, die in meinem Laden waren, wollten natürlich wissen, was in dem Brief stünde; darum versteckte ich diesen, und das war das beste, was ich tun konnte. Hierauf schrieb ich dem Meister Jacopo und bat ihn, er möchte überhaupt nicht, weder im

---

[7] Im zwölften Kapitel seiner Abhandlung über die Goldschmiedekunst erzählt Cellini, er habe diese Medaille etwa im Jahr nach der Plünderung Roms für Girolamo Marretti gemacht. Er berichtet, Michelangelo habe bei ihrem Anblick gesagt: »Wenn dieses Werk in Marmor oder Erz nach dem schönen Entwurf in großem Maßstab ausgeführt würde, so würde die Welt staunen. Auch so ist es meiner Ansicht nach so schön, daß ich glaube, die Goldschmiede des Altertums haben niemals etwas so Vortreffliches gemacht.«

Guten noch im Bösen, jemals an mich schreiben. Er aber bekam dadurch nur noch mehr Lust, mich nach Rom zu ziehen und schrieb mir einen zweiten Brief, der so überschwenglich war, daß es mir übel ergangen wäre, wenn ihn irgendein Mensch zu Gesicht bekommen hätte[8].

Er schrieb mir im Auftrag des Papstes, ich solle sofort kommen; der Papst wolle bei mir bedeutende Werke bestellen; wenn ich meinen Vorteil verstände, ließe ich alles andere sofort im Stich und dächte nicht daran, mit jenen rasenden Narren gemeinsame Sache gegen einen Papst zu machen. Ich las den Brief und bekam solche Angst, daß ich meinen lieben Freund Pier Landi damit aufsuchte; er fragte mich bei meinem Anblick sofort: »Was hast du denn Neues? Du siehst ja ganz verstört aus.«

Ich sagte meinem Freund, ich könne ihm durchaus nicht sagen, was ich hätte und was mich so sehr beunruhigte; ich bäte ihn nur, meine Schlüssel an sich zu nehmen und dem und jenem, den er in meinem Buch würde aufgeschrieben finden, Edelsteine und Gold zurückzugeben. Außerdem möchte er meinen Hausrat an sich nehmen und in gewohnter Freundschaft mir aufbewahren; binnen wenigen Tagen würde er erfahren, wo ich wäre.

Der verständige junge Mann ahnte wohl so ziemlich, was vorging und sagte zu mir: »Lieber Bruder, geh nur schnell! Dann schreibe mir, und wegen deiner Sachen bekümmere dich nicht.« So tat ich denn auch. Er war der treueste, verständigste, redlichste, verschwiegenste, liebevollste Freund, den ich jemals gekannt habe. Ich reiste von Florenz nach Rom; von dort aus schrieb ich ihm.

---

[8] Bei den damaligen Machthabern in Florenz herrschte natürlich der größte Argwohn gegen alle, die des Verkehrs mit der vertriebenen Familie Medici verdächtig waren.

NEUNTES KAPITEL
1529 – 1530

*Benvenuto kehrt nach Rom zurück und wird dem Papste vorgestellt.
Unterredung zwischen ihm und Seiner Heiligkeit.
Der Papst überträgt ihm eine vortreffliche Goldschmiede- und Juwelierarbeit.
Nach des Papstes Wunsch wird er als Stempelschneider
bei der Münze angestellt, ungeachtet sich die Hofleute und besonders
Pompeo von Mailand, des Papstes Günstling,
dagegensetzen. Schöne Medaille nach seiner Erfindung.
Streit zwischen ihm und Bandinelli, dem Bildhauer.*

ICH TRAF in Rom noch einen Teil meiner alten Freunde, die mich mit großen Freuden aufnahmen. Sofort übernahm ich eine Menge Arbeiten, aber nur des Gewinnes wegen; sie sind daher einer Beschreibung nicht wert. Ein alter Goldschmied, Raffaello del Moro, ein hochgeschätzter Meister seiner Kunst und außerdem ein rechtlicher Mann, bat mich, in seiner Werkstatt zu arbeiten, weil er etliche wichtige Werke fertig zu machen hätte; da ich einen sehr guten Lohn dafür erhielt, ging ich gerne hin. Ich war bereits mehr als zehn Tage in Rom, hatte mich aber beim Meister Jacopino della Barca noch nicht sehen lassen. Als er mich eines Tages zufällig traf, bezeigte er große Freude. Als er mich jedoch fragte, wie lange ich schon in Rom sei, und ich ihm antwortete, ich sei etwa zwei Wochen da, nahm er mir dies sehr übel und sagte zu mir, ich mache mir wohl sehr wenig aus einem Papst, der mir doch schon dreimal sehr dringlich durch ihn habe schreiben lassen. Da er mir gerade dadurch viel Verdruß gemacht hatte, so antwortete ich in meinem Zorn ihm nicht. Er war außerordentlich schwatzhaft und erzählte mir so viel von der Pest, daß ich ihn reden lassen mußte, bis er müde war; dann sagte ich ihm nichts weiter, als daß er mich zu gelegener Zeit zum Papst führen möchte. Er antwortete, gelegene Zeit sei immer, worauf ich ihm sagte: »Auch ich bin immer bereit.«

Es war am Gründonnerstag. Wir gingen zusammen nach dem Palast und in die Gemächer des Papstes; da er bekannt war und ich erwartet wurde, so wurden wir sofort eingelassen. Der Papst war ein wenig unwohl und lag zu Bett; bei ihm waren Herr Jacopo Salviati und der Erzbischof von Capua[1]. Kaum sah mich der Papst, so wurde er ganz munter. Ich küßte ihm die Füße und trat

---

1 Nikolaus Schomberg della Magna, dem Dominikanerorden angehörend; er war vertrauter Freund und Ratgeber Klemens des Siebenten.

dann ganz bescheiden an seine Seite, wie wenn ich ihm etwas Wichtiges zu sagen hätte. Sofort winkte er mit der Hand und Herr Jacopo und der Erzbischof traten ganz abseits. Nun begann ich sofort und sprach: »Allerheiligster Vater, seit der Plünderung habe ich weder beichten noch das Abendmahl nehmen können, weil kein Priester mich ledig sprechen will. Die Sache ist die: Als ich damals das Gold einschmolz und die Edelsteine aus ihrer Fassung nahm, da gaben Eure Heiligkeit dem Junkerchen Auftrag, es solle mir einen kleinen Lohn für meine Mühe auszahlen. Diesen jedoch bekam ich nicht, sondern dafür nur Schimpfworte. Da ging ich nach dem Zimmer hinauf, worin ich das Gold geschmolzen hatte, wusch die Asche und fand ungefähr anderthalb Pfund in lauter Stückchen von der Größe von Hirsekörnern. Da ich nun nicht so viel Geld hatte, um auf anständige Weise nach Hause zu kommen, so nahm ich dieses Gold an mich, um es später wieder zurückzugeben, wenn ich dazu imstande sein würde. So werfe ich mich denn nun zu Füßen Eurer Heiligkeit, des wahren Beichtvaters der Christenheit: Eure Heiligkeit wollen mir die Huld erweisen, mich freizusprechen, damit ich zu Beicht und Abendmahl gehen kann und durch die Gunst Eurer Heiligkeit wieder die Gunst meines Herrn Jesus erlange.«

Mit einem leisen Seufzer, der vielleicht der Erinnerung an seine Leiden galt, antwortete der Papst mir: »Was du mir auch immer sagen magst, Benvenuto, ich bin gewiß, daß ich dich von jedem Unrecht, das du begangen hast, lossprechen darf. So will ich es denn tun. Sage mir nur mutig und offen alles heraus, was du auf dem Herzen hast; hättest du mir auch den Wert eines ganzen Königreiches genommen, so wäre ich doch vollkommen bereit, dir zu verzeihen.«

»Anderes als das von mir Erwähnte habe ich nicht gehabt, Allerheiligster Vater; die Summe hat nicht einmal den Wert von hundertundvierzig Dukaten. Soviel bekam ich dafür in der Münze zu Perugia, und dieses Gold brachte ich meinem guten alten Vater mit, um ihn zu trösten.«

Darauf der Papst: »Dein Vater war ein so trefflicher Künstler und ehrenwerter Mann, daß ich ihn niemals vergessen werde; auch du wirst nicht aus der Art schlagen. Es tut mir recht leid, daß es so wenig Gold war. Die Summe, die du genannt hast, schenke ich dir. Ich verzeihe dir alles. Sage dies nur dem Beichtvater, wenn du nicht etwa noch anderes genommen hast, was mir gehört. Sobald du zu Beicht und Abendmahl gegangen bist, laß dich wiedersehen; es soll dein Schaden nicht sein.«

Nachdem ich vom Bett des Papstes zurückgetreten war, kamen Herr Jacopo und der Erzbischof wieder näher. Der Papst sprach auf das allerbeste von mir und sagte, er habe mir die Beichte abgenommen und mich ledig gesprochen. Dem Erzbischof von Capua sagte er, er möge mich zu sich kommen lassen und mich fragen, ob ich außer jenem Falle auch noch etwas anderes nötig habe; er solle mich von allem lossprechen, dazu gebe er ihm volle Gewalt, und er solle recht freundlich zu mir sein.

Als ich mit Meister Jacopino fortging, fragte dieser mich in brennender Neugier, was für geheime Sachen ich denn so lange mit dem Papst besprochen habe; als er mich zum zweiten und sogar zum dritten Male danach fragte, sagte ich ihm, das wolle ich ihm nicht sagen, denn das seien keine Dinge, die ihn etwas angingen und darum solle er mich nicht danach fragen.

Ich tat nun alles, was mir der Papst befohlen hatte; am dritten Feiertage ging ich wieder zu ihm. Er war noch freundlicher als das erstemal und sagte zu mir: »Wärest du etwas früher nach Rom gekommen, so hätte ich dich die beiden Tiaren wieder anfertigen lassen, die wir in der Engelsburg eingeschmolzen haben; doch dies sind ja, abgesehen von dem Wert der Edelsteine, Arbeiten von geringer Bedeutung. Ich will dir eine andere Arbeit von größter Wichtigkeit übergeben, bei der du zeigen kannst, was du verstehst: Du sollst den großen Knopf des Pluviale[2] anfertigen. Er soll rund wie ein Teller werden und auch die Größe eines Tellerchens von dem Durchmesser einer drittel Elle haben. Es soll darauf Gott Vater in halberhabener Arbeit dargestellt sein, und in der Mitte will ich den schönen großen Diamanten angebracht haben nebst vielen anderen wertvollen Edelsteinen. Caradosso hat schon einen solchen Knopf angefangen, er wird aber niemals fertig; der deinige aber soll recht bald fertig sein, denn ich will mich noch ein bißchen daran freuen. So geh denn und mach ein schönes Modellchen!« Er ließ mir alle Edelsteine zeigen; hierauf ging ich schnurstracks in meine Werkstatt.

Während der Belagerung von Florenz war jener Federigo Ginori, dem ich die Schaumünze mit dem Atlas gemacht hatte, an der Schwindsucht gestorben. Die Münze kam in den Besitz des Herrn Luigi Alamanni, der sie bald darauf dem König Franz von Frankreich nebst einigen seiner trefflichen Schriften zum Geschenk machte. Da die Münze dem König über die Maßen gefiel, sprach der treffliche Meister Luigi Alamanni Seiner Majestät so günstig von meiner Kunst und meiner Tüchtigkeit, daß der König den Wunsch aussprach, mich kennen zu lernen.

Unterdessen arbeitete ich mit allem Eifer an dem Modell des Knopfes und machte es so groß wie das Werk selber werden sollte. Mein Auftrag machte viele Meister von der Goldschmiedezunft neidisch, die der Meinung waren, sie seien ebenfalls imstande, so etwas zu machen. Ein gewisser Micheletto, ein sehr

---

[2] Ein vom Papst bei der Messe getragener Mantel, der über der Brust durch eine große Schließe in Form eines Knopfes zusammengehalten wird.

geschickter Steinschneider und Juwelier, ein alter Künstler von großem Ansehen, hatte die Anfertigung der beiden päpstlichen Tiaren übernommen. Als ich nun dieses Modell machte, wunderte er sich, daß ich mich nicht an ihn wandte, da er doch die Sache verstand und ziemlich großen Einfluß auf den Papst hatte. Da er sah, daß ich nicht zu ihm kam, so kam er schließlich zu mir und fragte mich, was ich mache. »Was mir der Papst aufgetragen hat«, antwortete ich. Da sagte er: »Der Papst hat mir befohlen, alle Arbeiten zu besehen, die für Seine Heiligkeit angefertigt werden.«

Ich erwiderte ihm darauf, ich würde erst den Papst fragen und danach würde ich wissen, was ich ihm zu antworten hätte. Er sagte, ich solle das bereuen, entfernte sich voller Zorn und rief alle Meister unserer Zunft zusammen. Die Sache wurde besprochen und Michele erhielt von ihnen allen Vollmacht. Der schlaue Mann ließ nun von tüchtigen Zeichnern mehr als dreißig Zeichnungen anfertigen, die alle denselben Gegenstand, aber mit Abänderungen darstellten.

Da er nun das Ohr des Papstes hatte, tat er sich mit einem anderen Juwelier, einem Mailänder namens Pompeo, zusammen; dieser stand als Verwandter des ersten Kämmerers, Herrn Traiano[3], beim Papste in hoher Gunst. Michele und Pompeo sagten nun dem Papst, sie hätten mein Modell gesehen, aber ich schiene ihnen nicht der richtige Mann für eine so herrliche Aufgabe zu sein. Der Papst erwiderte ihnen, er wolle es ebenfalls sehen, und wenn ich nicht der Geeignete sei, so werde man einen anderen suchen. Hierauf sagten die beiden, sie hätten etliche wunderschöne Zeichnungen von dem Gegenstand. Der Papst antwortete ihnen, das sei ihm recht lieb, er wolle sie aber nicht früher sehen als bis ich mit meinem Modell fertig sei; dann wolle er alles zusammen sehen.

Wenige Tage darauf war ich mit meinem Modell fertig; als ich es eines Morgens zum Papst trug, ließ Herr Traiano mich warten und unterdessen in aller Eile Michele und Pompeo holen und ihnen sagen, sie möchten die Zeichnungen mitbringen. Als sie da waren, wurden wir alle hineingeführt; Michele und Pompeo breiteten sofort ihre Zeichnungen aus und der Papst begann sie sich anzusehen. Nun wissen aber Zeichner, die nicht zugleich auch Juweliere sind, nichts von der richtigen Anbringung der Edelsteine, und die Goldschmiede hatten ihnen keine Anweisungen darüber gegeben, deshalb muß ein Juwelier, der neben seinen Edelsteinen auch Figuren anzubringen hat, zu zeichnen verstehen, denn sonst kann er nichts Ordentliches machen. So hatten denn nun alle Zeichner den herrlichen Diamanten mitten auf der Brust Gott Vaters angebracht. Als der Papst, der wirklich ein feiner Kenner war, dies

---

3 Messer Traiano Alicorni aus Mailand war Notar, Geheimschreiber und vertrauter Tischgenosse des Papstes, der ihm viele Wohltaten zukommen ließ.

Sacco di Roma

sah, gefiel es ihm durchaus nicht. Nachdem er zehn Zeichnungen gesehen hatte, warf er die übrigen auf die Erde und sagte zu mir, der beiseite stand und wartete: »Zeige doch mal dein Modell her, Benvenuto, und laß sehen, ob du denselben Fehler begangen hast wie die anderen.«

Ich trat heran und als ich die runde Schachtel öffnete, da leuchteten dem Papst die Augen auf und er rief laut: »Wenn du mit mir ein Leib und eine Seele wärest, hättest du es nicht anders machen können; jene anderen aber haben sich mit Schande bedeckt.« Viele vornehme Herren traten herbei und der Papst zeigte ihnen den Unterschied zwischen meinem Modell und den Zeichnungen. Als er mich genug gelobt und die anderen getadelt und verhöhnt hatte, wandte er sich zu mir und sagte: »Ich sehe nur einen einzigen Übelstand dabei, allerdings einen sehr bedeutenden, Benvenuto: das Wachs ist leicht zu bearbeiten; nun aber kommt es darauf an, die Arbeit in Gold auszuführen.«

Hierauf antwortete ich kühnlich und sprach: »Allerdings, Heiliger Vater; aber wenn ich die Arbeit nicht zehnmal besser mache als mein Modell ist, so braucht Ihr sie mir nicht zu bezahlen.«

Diese Worte brachten eine große Bewegung unter den Kavalieren hervor; sie sagten, ich verspräche zu viel. Einer von ihnen aber, ein großer Philosoph, sprach zu meinen Gunsten und sagte: »Nach dem schönen Gesicht und dem ebenmäßigen Körper dieses jungen Mannes verspreche ich mir, daß er alles machen wird, was er sagt, und noch mehr.« – »Das glaube ich auch«, sagte der Papst.

Er rief seinen Kämmerer, Herrn Traiano, herbei und befahl ihm, fünfhundert goldene Kammerdukaten zu bringen. Während ich auf das Geld wartete, betrachtete der Papst noch einmal in ruhigerer Stimmung, wie schön ich den Diamanten mit Gott Vater zusammen angebracht hatte. Ich hatte den Diamanten genau in die Mitte des Werkes gesetzt und über ihn Gott Vater in sitzender Stellung mit einer schönen Neigung nach der Seite abgebildet, wodurch eine herrliche Übereinstimmung hervorgebracht und die Wirkung des Edelsteines nicht beeinträchtigt wurde: Gott Vater gab mit erhobener rechter Hand den Segen und unter dem Diamanten hatte ich drei Knäbchen dargestellt, die in ihren erhobenen Armen den Stein trugen. Das Knäbchen in der Mitte war in ganz erhabener und die beiden andern in halberhabener Arbeit. Rund herum waren viele Engelchen verschiedenster Art mit schönen Edelsteinen untermischt. Gott Vater trug einen fliegenden Mantel, unter welchem viele Engelchen hervorkamen; außerdem waren noch viele andere herrlich anzusehende Zierate über die Arbeit verteilt. Das Werk war in weißem Stuck auf einen schwarzen Stein aufgetragen. Als die Dukaten kamen, gab der Papst sie mir mit eigener Hand und bat mich mit größter Freundlichkeit, das Werk zur rechten Zeit fertig zu machen; es solle mein Schaden nicht sein.

Ich ging mit meinem Golde und dem Modell nach Hause und konnte es kaum erwarten, bis ich an die Arbeit kam. Ich machte mich sofort mit größtem Eifer ans Werk, und nach acht Tagen ließ der Papst durch einen seiner Kammerherren, einen der vornehmsten Edelleute von Bologna, mir sagen, ich möchte zu ihm kommen und die Arbeit mitbringen, so wie sie augenblicklich wäre. Unterwegs sagte der Kammerherr, einer der freundlichsten Kavaliere am ganzen Hofe, zu mir: der Papst wolle nicht nur diese Arbeit sehen, sondern auch eine andere von größerer Bedeutung bei mir bestellen, nämlich den Prägestempel für die römische Münze; ich solle mich nur darauf vorbereiten, Seiner Heiligkeit gleich die richtige Antwort zu geben, deshalb habe er es mir vorher gesagt.

Als wir vor den Papst kamen, zeigte ich ihm das Goldblech, worauf bis dahin nur Gott Vater herausgearbeitet war; aber schon in dieser unfertigen Form war die Gestalt von besserer Arbeit als das kleine Wachsmodell. Der Papst war ganz erstaunt und sagte zu mir: »Von nun an will ich alles glauben, was du mir sagst!« Nach unendlich schmeichelhaften Lobsprüchen fuhr er schließlich fort: »Ich will dir einen anderen Auftrag geben, und es würde mich ebensosehr und noch mehr freuen als jenes andere Kleinod, wenn du den Mut hättest, die Arbeit zu machen. Ich wünsche von dir die Stempel für meine Münze zu erhalten. Hast du schon solche Arbeiten gemacht, und traust du dir ihre Ausführung zu?« Ich antwortete ihm, ich wollte es mir schon zutrauen; auch hätte ich schon bei solchen Arbeiten zugesehen; selber jedoch hätte ich noch keine gemacht.

Der Sekretär Seiner Heiligkeit, ein gewisser Herr Tommaso von Prato[4], war zugegen und sagte, weil er mit meinen Feinden sehr befreundet war: »Allerheiligster Vater, Ihr erweiset dem jungen Mann hohe Gunst; er ist schon von Natur sehr keck und würde Euch sogar eine neue Welt versprechen; Ihr habt ihm bereits einen wichtigen Auftrag gegeben; wenn Ihr nun noch einen zweiten hinzufügt, so wird der eine den anderen beeinträchtigen.«

Zornig fuhr der Papst ihn an und sagte, er solle sich um sein eigenes Amt kümmern; bei mir aber bestellte er das Modell zu einer großen goldenen Dublone; es sollte darauf ein nackter Christus mit gefesselten Händen zu sehen sein, mit der Unterschrift *Ecce Homo*. Auf der Kehrseite sollten ein Papst und ein Kaiser zu sehen sein, die gemeinsam ein Kreuz aufrichteten, das umzustürzen drohte. Die Unterschrift lautete: *Unus spiritus et una fides erat in eis.*

Als der Papst bei mir diese schöne Münze bestellt hatte, kam der Bildhauer

---

4 Tommaso de' Cortesi war ein berühmter Rechtsgelehrter und Diplomat. Er brachte zum Beispiel die Heirat Heinrichs des Achten von England mit Katharina von Aragonien zustande.

Bandinello herein, der damals noch nicht Ritter war[5]. Er sagte mit seiner gewöhnlichen anmaßenden Unwissenheit: »Diesen Goldschmieden muß man zu solchen schönen Arbeiten die Zeichnungen machen.« Sofort drehte ich mich um und sagte zu ihm, ich hätte für meine Kunst seine Zeichnungen nicht nötig, hoffte aber, daß ich in einiger Zeit ihn in den Schatten stellen würde. Der Papst freute sich außerordentlich über diese Worte, wandte sich zu mir und sagte: »Geh nur, mein Benvenuto, diene mir mit deinem ganzen Herzen und höre nicht auf das, was die Narren sagen.«

So ging ich denn; schnell hatte ich zwei eiserne Stempel fertig, prägte mit ihnen eine Münze in Gold und brachte eines Sonntags nach dem Essen Münze und Stempel dem Papst. Er war ganz erstaunt, als er sie sah und freute sich nicht nur über meine schöne Arbeit, sondern bewunderte noch mehr meine Schnelligkeit. Damit der Papst sich noch mehr über meine Leistungen freuen möchte, hatte ich alle alten Münzen mitgebracht, die von den wackeren Meistern im Dienste der Päpste Julius und Leo geschlagen worden waren. Als ich sah, daß meine Arbeit ihm viel besser gefiel, zog ich eine Bittschrift aus dem Busen, worin ich um das Amt des Stempelschneiders einkam. Für dieses Amt wurde ein Gehalt von sechs Goldgulden im Monat gezahlt, und außerdem gab der Münzwardein noch besonders für je drei Stempel einen Dukaten. Der Papst nahm mir meine Bittschrift ab, gab sie seinem Sekretär und sagte ihm, er solle sofort die Ausfertigung machen.

Der Sekretär nahm meine Bittschrift, steckte sie in seine Tasche und sprach: »Allerheiligster Vater, Eure Heiligkeit wird sich nicht übereilen; solche Dinge wollen doch überlegt sein.« Da sagte der Papst: »Ich versteh Euch schon; gebt nur die Eingabe her!« Und er nahm das Papier, unterzeichnete es eigenhändig, gab es mir und sagte: »So, nun ist nicht mehr darüber zu reden. Fertigt die Bestallung sofort aus, ich will es. Benvenutos Schuhe sind mehr wert als die Augen von all den anderen dummen Tölpeln!« Ich dankte Seiner Heiligkeit und ging von Herzen froh an meine Arbeit.

---

[5] Er hieß eigentlich Brandini und nahm aus Eitelkeit den Namen der altadeligen Familie Bandinelli an. Cavaliere di San Pietro wurde er 1526 durch Karl V. und Klemens VII. Cellini hatte später in Florenz viele Händel mit ihm, worüber wir später ausführlich lesen werden. Auch Vasari und andere bestätigen, daß er wegen seiner Schmähsucht allgemein verhaßt war.

ZEHNTES KAPITEL
1530

Die Tochter des Raffaello del' Moro hat eine böse Hand;
Benvenuto ist bei der Kur geschäftig, aber seine
Absicht, sie zu heiraten, wird vereitelt. Er schlägt eine schöne Medaille
auf Papst Klemens VII. Trauriges Ende seines Bruders,
der zu Rom in einem Gefechte fällt. Schmerz des Benvenuto darüber,
der seinem Bruder ein Monument mit einer Inschrift
errichtet und den Tod rächt. Seine Werkstatt wird bestohlen.
Außerordentliches Beispiel von der Treue eines Hundes
bei dieser Gelegenheit. Der Papst setzt großes Vertrauen auf Benvenuto
und muntert ihn außerordentlich auf.

ICH ARBEITETE immer noch in der Werkstatt des vorhin erwähnten Raffaello. Der wackere Mann hatte eine schöne Tochter, die er mir heimlich zugedacht hatte. Ich hatte wohl etwas davon bemerkt und beschäftigte mich auch mit dem Gedanken, denn es war mein eigener Wunsch; doch ließ ich mir durchaus nichts davon merken, sondern blieb immer wie ich war, worüber alle sich wunderten. Dem armen Mädchen stieß das Unglück zu, daß an der rechten Hand zwei Knöchelchen am vierten Finger und eins am kleinen Finger sich entzündeten. Durch Unachtsamkeit des Vaters geschah es, daß das arme Mädchen von einem unwissenden Quacksalber behandelt wurde; dieser sagte, der ganze rechte Arm würde steif werden, wenn nicht noch Schlimmeres einträte. Als ich den armen Vater darüber ganz bestürzt sah, sagte ich ihm, ich glaubte durchaus nicht an das Gerede des unwissenden Arztes. Er antwortete mir, er kenne weder einen Arzt noch einen Chirurgen und bitte mich daher, ihm einen zu besorgen, wenn ich einen kenne. Ich ließ sofort Meister Jacopo[1] aus Perugia kommen, einen ausgezeichneten Chirurgen. Er untersuchte das arme Mädchen, das durch die Worte des dummen Arztes, die sie gehört hatte, in die größte Angst versetzt worden war, und sagte, es sei nicht so schlimm, sie werde den vollkommenen Gebrauch ihrer rechten Hand wieder erlangen; die beiden letzten Finger würden allerdings ein bißchen schwächer bleiben als die anderen; aber dieses würde sie durchaus nicht weiter belästigen. Er nahm sie in Behandlung, und als er nach einigen Tagen ein wenig von den kranken Kno-

---

[1] Er hieß Giacomo Rastelli und war aus Rimini, wurde aber ›il Perugia‹ genannt, weil er viele Jahre in Perugia gewohnt hatte. Er war Leibchirurgus des Papstes Klemens und seiner Nachfolger bis 1566.

chen wegnehmen wollte, rief der Vater mich herbei und sagte mir, ich möchte doch ein wenig mitansehen, was mit dem Mädchen gemacht würde. Meister Jacopo begann seine Arbeit mit Messern, die zu plump waren. Ich sah, daß er damit wenig ausrichtete und dem Mädchen sehr weh tat. Darum bat ich den Meister, er möchte doch einen Augenblick innehalten und nur ein Achtelstündchen auf mich warten. Ich lief in die Werkstatt und machte eine ganz feine gebogene Stahlklinge, so scharf wie ein Rasiermesser. Die brachte ich dem Arzt, und dieser arbeitete damit so leicht, daß sie gar keinen Schmerz fühlte und daß er in ganz kurzer Zeit fertig war. Infolgedessen und aus anderen Gründen gewann der wackere Mensch mich lieber als seine beiden eigenen Söhne und gab sich viele Mühe, das schöne Mädchen zu heilen.

Ich verkehrte sehr freundschaftlich mit einem Herrn Giovanni Gaddi[2], einem päpstlichen Kämmerer, der eine große Freude an künstlerischen Gaben hatte, obgleich er selber keine einzige besaß. Bei ihm waren stets ein gewisser Herr Giovanni[3], der ein ausgezeichneter Kenner des Griechischen war, Herr Lodovico da Fano, ein ebenso großer Gelehrter, Herr Antonio Allegretti und Herr Annibale Caro, der damals noch ein junger Mann war, außerdem der ausgezeichnete Maler Bastiano[4] aus Venedig und ich. Wir sahen uns fast jeden Tag bei Herrn Giovanni. Der wackere Goldschmied Raffaello ging nun eines Tages zu meinem Freunde und sprach zu ihm: »Lieber Herr Giovanni, Ihr kennt mich. Ich möchte mein Töchterchen dem Benvenuto geben, und da ich keinen besseren Helfer wüßte als Euer Gnaden, so bitte ich Euch um Euren Beistand. Ihr möget selber nach Eurem Belieben eine Mitgift bestimmen wie sie meinen Mitteln entspricht.« Der unbesonnene Mann ließ den braven Meister kaum ausreden und sagte in das Blaue hinein: »Davon sprecht nur nicht mehr, Raffaello; davon seid Ihr weiter entfernt als der Januar von den Maulbeeren.«

Der arme Mann war ganz niedergeschlagen und suchte das Mädchen schnell zu verheiraten; dieses selber, ihre Mutter und alle Hausgenossen zürnten mit mir, der ich doch den Grund nicht wußte; mir schien, sie zahlten für meine Freundlichkeit gegen sie mit schlechter Münze. Darum suchte ich eine Werkstatt in der Nähe der ihrigen zu eröffnen. Jener Herr Giovanni sagte mir nicht eher etwas davon, als bis nach etlichen Monaten das Mädchen verheiratet war.

Ich arbeitete mit großem Eifer an der Vollendung des Brustschildes und für die Münze, für die der Papst ein neues Geldstück im Wert von zwei Karlinen

---

2 Er war ein sehr geschickter Diplomat und ein großer Freund von Kunst und Wissenschaft. Annibale Caro, der bekannte Humanist, war sein Sekretär. Er ist nicht zu verwechseln mit dem Kardinal Gaddi.
3 Wahrscheinlich Giovanni Vergezio oder Giovanni Lascaris.
4 Sebastiano Luciani (um 1485 bis 1547), Schüler Raffaels, genannt Sebastiano del Piombo, weil er die päpstliche Sinekure des Frate del Piombo (Siegelbewahrers) erhielt.

bei mir bestellte. Es trug das Kopfbild Seiner Heiligkeit und auf dem Revers einen Christus auf dem Meere, der dem heiligen Petrus seine Hand entgegenstreckte. Rund herum standen die Worte: *Quare dubitasti?* Diese Münze gefiel so sehr, daß ein Sekretär des Papstes, ein sehr kunstsinniger Mann namens Sanga[5], zum Papst sagte: »Eure Heiligkeit kann sich rühmen, eine Münze zu haben, wie die alten Kaiser in all ihrer Pracht keine hinterlassen haben.« Der Papst erwiderte: »Und Benvenuto kann sich rühmen, einem Kaiser zu dienen, der ihn anerkennt.« Ich beschäftigte mich beständig mit meiner großen goldenen Arbeit, die ich dem Papst auf seinen Wunsch oft zeigte und woran er immer Vergnügen hatte.

Mein Bruder war in Rom im Dienst des Herzogs Lessandro, dem der Papst damals das Herzogtum Penna[6] verschafft hatte. Im Dienst dieses Herzogs befanden sich viele wackere und mutige Krieger aus der Schule des großen Helden Giovanni de' Medici, und der Herzog hielt auf meinen Bruder so große Stücke wie nur auf irgendeinen anderen. Eines Tages frühstückte mein Bruder hinter den Bänken in der Schenke eines gewissen Baccino della Croce, wo alle jene Tapferen zu speisen pflegten. Er saß auf einem Stuhl und schlief. Da kam der Bargello mit seinen Leuten vorbei; sie führten einen lombardischen Hauptmann Cisti ins Gefängnis; dieser war ebenfalls ein Schüler des großen Herrn Giovannino, stand aber nicht mehr im Dienste des Herzogs. Hauptmann Cattivanza degli Strozzi[7] war in Baccinos Schenke. Als nun Hauptmann Cisti den Hauptmann Cattivanza degli Strozzi sah, rief er ihm zu: »Ich wollte Euch etliche Taler bringen, die ich Euch schuldig war; wollt Ihr sie haben, so holt sie Euch, ehe sie mit mir ins Gefängnis wandern.« Dieser Hauptmann schob gerne andere Leute vor, hielt aber sich selber stets zurück; da nun so viele tapfere Jünglinge zugegen waren, die zu einem kühnen Unternehmen vollauf Lust, wenn auch nicht die Kraft besaßen, so sagte er ihnen, sie sollten sich an den Hauptmann Cisti heranmachen und sich von ihm das Geld geben lassen; wenn die Leute des Bargello Widerstand leisteten, sollten sie nur Gewalt anwenden. Es waren nur vier ganz junge Leute ohne Bart in der Schenke; einer von ihnen hieß Bertino Aldobrandi, ein anderer Anguillotto von Lucca; wie die anderen hießen, erinnere ich mich nicht mehr. Bertino war von meinem Bruder sozusagen aufgezogen, und dieser hatte ihn unbeschreiblich lieb. Die vier tapferen

---

5   Giambattista Sanga, ein guter lateinischer Dichter und Briefschreiber. Er starb 1532 an Gift, das er versehentlich genommen hatte.
6   Dieses Herzogtum (in den Abruzzen gelegen) hatte Alessandro de' Medici allerdings schon 1522 von Karl V. als Lehen erhalten. Er lebte seit 1527 in Rom, bis er 1532 als Herzog nach Florenz zurückkehrte und dort die Herrschaft übernahm.
7   Bernardo Strozzi, genannt Cattivanza (Schlechtigkeit) war Capitano der Republik Florenz. Er war sehr übel beleumundet.

Jünglinge fielen über die Häscher her, die mehr als fünfzig Mann stark[8] und mit Piken, Büchsen und großen zweihändigen Schwertern bewaffnet waren. Nach einem kurzen Wortwechsel griff man zu den Waffen und die vier Jünglinge setzten den Häschern so gewaltig zu, daß sie den ganzen Trupp in die Flucht geschlagen hätten, wenn der Hauptmann Cattivanza degli Strozzi sich überhaupt nur gezeigt hätte; er hätte gar nicht einmal nötig gehabt, den Degen zu ziehen. So aber verlängerte sich der Widerstand der Häscher und Bertino empfing einige schwere Wunden, so daß er zur Erde sank; gleichzeitig erhielt auch Anguillotto eine Wunde am rechten Arm, so daß er nicht mehr den Degen halten konnte und sich so gut wie möglich zurückziehen mußte. Die anderen folgten ihm; Bertino Allobrandi wurde schwer verwundet davongetragen.

Während dieser Vorgänge saßen wir alle bei Tisch; denn wir hatten an diesem Mittag mehr als eine Stunde später zu essen begonnen als für gewöhnlich. Einer von den Söhnen, und zwar der älteste, Giovanni, stand vom Tisch auf, um die Rauferei zu sehen. Ich sagte zu ihm: »Giovanni, geh lieber nicht hin, bei solchen Händeln verliert man sicher und kann nichts gewinnen.« Auch sein Vater sagte zu ihm: »Höre, Junge, geh nicht hin!«

Der Knabe hörte nicht und lief die Treppe hinunter. Als er nach den Bänken kam, wo die große Rauferei war, sah er, wie gerade Bertino von der Erde aufgehoben wurde; schnell lief er zurück. Er begegnete meinem Bruder Cecchino und dieser fragte ihn, was es gebe. Obgleich einige Leute den Giovanni gewarnt hatten, er möchte meinem Bruder nichts sagen, so antwortete er ihm in seiner Unbesonnenheit, Bertino Allobrandi sei von den Häschern erschlagen worden. Da brüllte mein armer Bruder so laut auf, daß man es zehn Miglien weit hätte hören können. Dann fragte er Giovanni: »Weh mir! Kannst du mir sagen, wer ihn mir getötet hat?«

Giovanni antwortete, es sei einer von denen mit den zweihändigen Schwertern gewesen; er trage eine blaue Feder an der Mütze. Mein Bruder lief ihnen nach, erkannte den Mörder an jenem Zeichen und stürzte sich mit seiner wunderbaren Schnelligkeit und Tapferkeit mitten in den ganzen Haufen. Ehe einer ihn abwehren konnte, gab er ihm einen Stoß in den Wanst, stach ihn durch und durch und schlug ihn mit dem Degengriff zu Boden. Dann wandte er sich tapfer und wütend gegen die anderen, daß er allein sie alle in die Flucht schlug. Als er aber über einen Hakenschützen herfallen wollte, feuerte dieser zu seiner Selbstverteidigung die Büchse ab und traf den unglücklichen Helden

---

8 Wohl etwas übertrieben, denn nach erhalten gebliebenen Aufzeichnungen hatte der Bargello Maffeo im ganzen nur 25 Mann zu Fuß und 10 Reiter in seinem Dienst.

über dem rechten Knie. Als er zur Erde fiel, ergriffen die Häscher eilig die Flucht, weil sie fürchteten, es möchte noch ein anderer seinesgleichen kommen.

Als ich den Lärm fortdauern hörte, stand auch ich vom Tisch auf, schnallte meinen Degen um, den ich stets bei mir trug und ging hinaus. An der Engelsbrücke sah ich großen Menschenauflauf; ich ging näher heran, und da einige mich kannten, so machten sie mir Platz und zeigten mir, was ich lieber nicht hätte sehen wollen, obgleich mich die größte Neugier hingetrieben hatte. Anfangs erkannte ich ihn nicht, denn er trug andere Kleider als diejenigen, in denen ich ihn kurz vorher gesehen hatte. So erkannte er mich zuerst und sagte zu mir: »Liebster Bruder, laß mein großes Unglück dich nicht bekümmern, denn mein Beruf versprach mir ein solches Ende. Laß mich schnell von hier fortbringen, ich habe nur noch wenige Stunden zu leben.«

Unterdessen hatte man mir in aller Kürze, wie es bei solchen Gelegenheiten üblich ist, den Fall erzählt; ich sagte zu ihm: »Lieber Bruder, dies ist der größte Schmerz und das tiefste Leid, das mir in meinem ganzen Leben zustoßen konnte; doch sei getrost, bevor dir dein Mörder aus den Augen kommt, wirst du dich durch meine Hand an ihm gerächt sehen!« So sprachen wir hastig zueinander.

Die Häscher waren nur fünfzig Schritte von uns entfernt, denn der Bargello Maffio hatte einen Teil von ihnen zurückgeschickt, um den Korporal zu decken, der meinen Bruder erschossen hatte. Schnell lief ich die kurze Strecke und drängte mich, in meinen Mantel gewickelt, an Maffio heran. Ich hätte ihn ganz gewiß erstochen, denn es war eine große Volksmenge da, und ich befand mich mitten im Gewühl. Als ich aber blitzschnell den Degen herausgerissen hatte, fiel mir von hinten mein lieber Freund, der tapfere Jüngling Berlinghiero Berlinghieri in die Arme. Vier andere Jünglinge seinesgleichen, die bei ihm waren, riefen dem Maffio zu: »Schnell fort von hier! Sonst schlägt dieser allein dich tot!« Maffio fragte: »Wer ist es?«

Sie sagten: »Es ist der leibliche Bruder von dem, den du dort liegen siehst!« Da wollte er nichts weiter hören, sondern zog sich eilends nach Torre di Nona zurück. Zu mir aber sagten sie: »Benvenuto! Daß wir dich gegen deinen Willen verhinderten, geschah zu deinem Besten; laß uns lieber deinem Bruder zu Hilfe eilen, der in wenigen Augenblicken sterben wird.«

So kehrten wir denn um und gingen zu meinem Bruder, den ich in ein Haus tragen ließ. Die Ärzte berieten sich und verbanden ihn; doch konnten sie sich nicht entschließen, ihm das Bein abzunehmen, wodurch er vielleicht hätte gerettet werden können. Gleich nach dem Verbinden erschien Herzog Lessandro am Orte. Er war sehr freundlich, und mein Bruder, der das Bewußtsein noch nicht verloren hatte, sagte zu ihm: »Gnädiger Herr, ich bedaure nur, daß

Eure Durchlaucht einen Diener verlieren, wie Ihr ihn vielleicht tapferer, gewiß aber nicht treuer und anhänglicher finden könnt.«

Der Herzog bat ihn, er möge Mut fassen, damit er am Leben bleibe; er wisse recht wohl, welch ein tapferer und wackerer Mann er sei. Dann wandte er sich zu seinen Leuten und befahl ihnen, sie sollten es dem tapferen Jüngling an nichts fehlen lassen.

Als der Herzog fort war, verlor mein Bruder infolge seines ungeheuren Blutverlustes die Besinnung; denn das Blut wollte sich nicht stillen lassen. Er redete die ganze Nacht hindurch irre; nur als man ihm das Abendmahl reichen wollte, sagte er: »Ihr solltet mich vorher beichten lassen; denn unmöglich kann ich das heilige Sakrament in dieses schon zerstörte Gefäß aufnehmen. Begnügt euch damit, daß ich es mit meinen Augen genieße; durch sie wird meine unsterbliche Seele es empfangen, die ihren Gott um Barmherzigkeit und Verzeihung anfleht.«

Er schwieg. Als man das Sakrament fortgenommen hatte, fingen seine irren Reden wieder an. Er sagte in seiner Raserei die entsetzlichsten Worte und raste die ganze Nacht hindurch bis an den Morgen. Als aber die Sonne sich über unseren Horizont erhoben hatte, wandte er sich zu mir und sprach: »Mein Bruder, ich will nicht länger hierbleiben, sonst würde ich etwas tun, was jene bereuen sollten, die mir solches Leid antaten!«

Dann warf er sich mit beiden Beinen herum, obgleich wir das eine in sehr schwere Schienen gesteckt hatten. Er tat, wie wenn er zu Pferde steigen wollte, wandte sein Antlitz zu mir und sagte dreimal: »Leb wohl!« Und mit diesen Worten schied seine Heldenseele.

Zur schicklichen Stunde, zwei Stunden vor Sonnenuntergang, ließ ich ihn mit den größten Ehren in der Kirche der Florentiner[9] begraben. Später ließ ich ihm einen sehr schönen Marmorstein setzen, worauf Siegeszeichen und Fahnen eingemeißelt waren.

Ich kann nicht übergehen, daß er, als einer von seinen Freunden ihn fragte, ob er wohl den Mann kenne, der ihn erschossen habe, die Antwort gab, er kenne ihn, und daß er ihm zugleich zuwinkte. Obgleich mein Bruder so leise gesprochen hatte, daß ich ihn nicht hören sollte, hatte ich alles ganz deutlich verstanden. Ich werde an seinem Ort berichten, was für Folgen dieses hatte.

Für diesen Stein gaben mir einige treffliche Gelehrte, die meinen Bruder gekannt hatten, eine Inschrift[10], die der herrliche Jüngling, wie sie sagten, wohl verdient habe. Sie lautete:

---

9 San Giovanni dei Fiorentini wurde unter Leo dem Zehnten in der Via Giulia nach Plänen des Jacopo Sansovino zu bauen begonnen, aber erst nach vielen Jahren von Giacomo della Porta vollendet.
10 Diese Inschrift ist nicht mehr vorhanden.

Francisco Cellino Florentino, qui quod in teneris annis ad Joannem Medicem ducem plures victorias retulit et signifer fuit, facile documentum dedit quantae fortitudinis et consilii vir futurus erat, ni crudelis fati archibuso transfossus, quinto aetatis lustro jaceret, Benvenutus frater posuit. Obiit die XXVII Maii MDXXIX.

Er war fünfundzwanzig Jahre alt; unter den Soldaten hieß er Cecchino del Piffero, Franzel des Pfeiffers Sohn, sein eigentlicher Name aber war Giovanfrancesco Cellini. Ich ließ auch seinen Kriegsnamen, unter dem er bekannt war, unter unser Wappen setzen. Ich hatte diesen Namen in sehr schönen antiken Buchstaben einmeißeln lassen, die außer dem ersten und dem letzten zerbrochen dargestellt waren. Als die Gelehrten, die mir die schöne Inschrift verfaßt hatten, mich fragten, was die zerbrochenen Buchstaben zu bedeuten hätten, antwortete ich ihnen: die Buchstaben seien zerbrochen, weil auch das wunderbare Gefäß seines Leibes zertrümmert und vernichtet sei. Daß der erste Buchstabe ganz sei, solle bedeuten, daß die von Gott uns geschenkte Seele zu unserem Heile von seiner Göttlichkeit entflammt sei und in alle Ewigkeit unzerstört bleibe; der letzte Buchstabe aber sei ganz, um den herrlichen Ruhm des tapferen und tugendlichen Jünglings anzuzeigen. Dieser Gedanke fand großen Beifall und ist in der Folge von diesem und jenem nachgeahmt worden.

Ich ließ in den Stein auch das Wappen der Cellini einmeißeln, jedoch mit einigen Veränderungen. In Ravenna, der uralten Stadt, leben unsere Cellini als hochgeachtete Edelleute. Deren Wappen ist in blauem Felde ein aufgerichteter goldener Löwe mit einer roten Lilie in der rechten Pranke und drei kleinen roten Lilien auf dem Turnierkragen. Dies ist das echte Wappen unserer Familie Cellini. Das Wappen, das mein Vater mir zeigte, trug nur die Löwenpranke ohne den Leib des Tieres; sonst aber war alles übrige vorhanden. Mir wäre es lieber, wenn das Wappen der Cellini von Ravenna von uns geführt würde. Das Wappen auf dem Grabstein meines Bruders trug die Löwenpranke, jedoch mit einem Beil statt der Lilie und mit vierfach geteiltem Schilde. Das Beil ließ ich nur darum anbringen, damit ich nicht vergesse, daß ich ihn zu rächen habe.

Ich arbeitete mit der größten Sorgfalt an der Vollendung des goldenen Brustschildes für den Papst Klemens. Diese Arbeit lag ihm sehr am Herzen und er ließ mich jede Woche zwei- oder dreimal rufen, um sie sich zeigen zu lassen. Sie gefiel ihm jedesmal besser; nur tadelte er mich zu wiederholten Malen, ja schalt mich beinahe wegen meiner tiefen Betrübnis um den Tod meines Bruders. Eines Tages, als ich ganz besonders niedergeschlagen und verstört war, sagte er zu mir: »Ei, Benvenuto, das wußte ich nicht, daß du verrückt bist! Du hast doch längst gewußt, daß es gegen den Tod kein Heilmittel gibt! Du wirst ihm wahrhaftig bald nachfolgen.«

Während ich an diesem Werke und an den Münzstempeln arbeitete, liebäugelte ich fortwährend mit dem Gedanken an jenen Schützen, der meinem Bruder den Garaus gemacht hatte. Er war früher bei den leichten Reitern gewesen, später aber als Korporal bei den Büchsenträgern des Bargello eingetreten. Am meisten erboste es mich, daß er sich seiner Tat gerühmt und gesagt hatte: »Wäre ich nicht gewesen und hätte ich nicht den tapferen Jungen niedergestreckt, so hätte nicht viel daran gefehlt, daß er zu unserem größten Schimpf uns alle in die Flucht geschlagen hätte.«

Bald merkte ich, daß meine Leidenschaft, ihm fortwährend nachzugehen, mir Schlaf und Eßlust nahm und mich dem Grabe zuführte. Eines Abends traf ich meine Maßnahmen, um endlich dieser Qual ledig zu werden, unbekümmert darum, daß ich eine niedrige und nicht eben lobenswerte Tat zu diesem Zwecke begehen mußte.

Der Mann wohnte in Torre Sanguigna neben dem Hause einer der beliebtesten Kurtisanen von Rom, Signora Antea. An jenem Abend hatte es eben vierundzwanzig geschlagen, als der Soldat nach dem Nachtessen mit dem Degen in der Hand auf seiner Schwelle stand. Sehr geschickt schlich ich mich mit einem großen pistoischen Dolch an ihn heran und führte von hinten einen Stoß, mit dem ich ihm den Hals rein abzuschneiden gedachte. Da er sich aber sehr schnell umwandte, so traf der Stoß die linke Schulter und spaltete den ganzen Knochen. Von dem furchtbaren Schmerz betäubt, warf er seinen Degen hin und lief davon. Ich eilte ihm nach, holte ihn in vier Schritten ein und schwang den Dolch über seinen Kopf. Da er sich duckte, traf das Messer ihn genau zwischen Hals und Nacken und drang so tief hinein, daß ich es nicht wieder herauszuziehen vermochte. Aus dem Hause der Antea sprangen vier Soldaten mit bloßem Degen in der Hand heraus, so daß auch ich blank ziehen mußte, um mich gegen sie zu verteidigen. Ich ließ den Dolch stecken und sprang davon. Weil ich fürchtete, erkannt worden zu sein, ging ich in das Haus des Herzogs Lessandro, das zwischen der Piazza Navona und der Rotonda liegt[11]. Ich trug dem Herzog durch einen seiner Leute mein Anliegen vor und er ließ mir sagen: wenn ich allein sei, solle ich nur ruhig sein und keine Sorge haben; ich möge nur nach Hause gehen und an dem Werke arbeiten, das der Papst so sehnlich wünsche, doch solle ich mich acht Tage zu Hause halten.

Die Soldaten, die mich gestört hatten und in deren Händen sich noch der Dolch befand, erzählten, wie die Sache hergegangen wäre und was für eine Mühe sie gehabt hätten, den Dolch aus dem Halsknochen jenes Mannes herauszubringen, den sie übrigens nicht kannten. Giovanni Bandini, der dar-

---

11 Palazzo Madama, heute Sitz des Italienischen Senates.

über zukam, sagte zu ihnen: »Dieser Dolch gehört mir; ich hatte ihn Benvenuto geliehen, der seinen Bruder rächen wollte.«

Da bedauerten die Soldaten mit vielen Worten, daß sie mich in meinem Werk gestört hätten, obgleich meine Rache reichlicher Lohn für den Frevler gewesen wäre.

Mehr als acht Tage vergingen, ohne daß der Papst mich rufen ließ, wie ers sonst zu tun pflegte. Endlich ließ er mich durch seinen bereits erwähnten Kämmerer, den bolognesischen Edelmann abholen; dieser sagte mir sehr freundlich, der Papst wisse alles; Seine Heiligkeit halte große Stücke auf mich, ich solle nur fleißig arbeiten und ruhig sein.

Der Papst sah mich von der Seite an und in seinen Blicken lag eine böse Drohung; sonst aber sagte er nichts. Als er aber meine Arbeit sah, da erheiterte sich sein Gesicht; er lobte mich außerordentlich und sagte mir, ich hätte eine große Arbeit in so kurzer Zeit gemacht. Dann sah er mir ins Gesicht und sagte: »Da du nun wieder gesund bist, Benvenuto, so gib acht auf dein Leben.« Ich verstand ihn und sagte, das würde ich tun.

Gleich darauf machte ich eine sehr schöne Werkstatt bei den Bänken auf, gegenüber dem Laden des Meisters Raffaello. Dort vollendete ich das Werk in wenigen Monaten. Der Papst schickte mir alle Edelsteine dazu, außer dem Diamanten, den er wegen seiner Geldnot an einige Genueser Wechsler verpfändet hatte. Ich erhielt daher nur eine Nachbildung davon. Ich hielt mir fünf sehr tüchtige Gehilfen und machte außer jenem Werke noch viele andere Arbeiten; meine Werkstatt enthielt daher sehr wertvolle fertige Arbeiten, Edelsteine, Gold und Silber. Ich hielt mir einen sehr großen und schönen langhaarigen Hund, den mir der Herzog Lessandro geschickt hatte; er war sehr gut für die Jagd, brachte mir alle Vögel und andere Tiere, die ich mit meiner Büchse erlegt hatte und war außerdem im Hause von wunderbarer Wachsamkeit.

Ich war nunmehr neunundzwanzig Jahre alt, und da meine Verhältnisse es mir erlaubten, so hatte ich eine wunderschöne und anmutige Magd in meinen Dienst genommen. Ich benutzte sie als Modell bei meinen Arbeiten; außerdem erfreute sich meine Jugend der fleischlichen Lust mit ihr. Aus diesem Grunde schlief ich in einem Zimmer, das weit ab von der Kammer meiner Gesellen und von meiner Werkstatt lag; es war aber mit der Kammer meiner Magd durch ein Schlupfloch verbunden. Infolgedessen erlustigte ich mich sehr oft mit ihr. Obgleich ich nun den allerleichtesten Schlaf habe, so wird doch dieser nach einer Liebesnacht oft sehr tief und schwer.

Ein Spitzbube, der mich unter dem Vorgeben, daß er ein Goldschmied sei, besucht und dabei meine Juwelen gesehen hatte, beschloß mich zu bestehlen. Er brach in meine Werkstatt ein und fand eine Menge kleiner Gold- und

Silbersachen; als er jedoch einige Kästen aufbrach, um die von ihm gesehenen Edelsteine zu finden, stürzte sich mein Hund auf ihn. Er vermochte sich mit seinem Degen kaum des Tieres zu erwehren; der Hund lief durch das ganze Haus und in die Kammer meiner Gesellen, deren Türen wegen der Sommerhitze offen standen. Als sie auf sein lautes Bellen nicht hören wollten, zog er ihnen die Decken herunter, und als sie auch hierauf sich noch nicht rührten, packte er bald diesen, bald jenen am Arm. Als sie dann endlich erwacht waren, sprang er ihnen mit fürchterlichem Gebell voran, um ihnen den Weg zu zeigen. Die Schlingel wollten ihm aber nicht folgen und warfen bei dem Scheine der Lampe, die auf meinen Befehl die ganze Nacht in ihren Zimmern brannte, mit Stöcken und Steinen nach dem lästigen Tier; schließlich machten sie gar ihre Türen zu. Als nun der Hund alle Hoffnung verloren hatte, daß die Schurken ihm beistehen würden, ging er allein auf die Suche nach dem Dieb. In der Werkstatt fand er ihn nicht mehr, doch holte er ihn bald ein und hatte ihm im Nu den Mantel heruntergerissen. Der Dieb rief einige Schneider an und bat sie, sie möchten ihm doch um Gottes willen gegen den tollen Hund beistehen. Sie glaubten, er spreche die Wahrheit, liefen auf die Straße und befreiten ihn mit vieler Mühe von dem Hunde.

Als es nun Tag war, kamen meine Gesellen in die Werkstatt: sie fanden sie offen und sahen die Tür erbrochen und alle Kästen zerschlagen. Da fingen sie laut an zu schreien: »O weh! O weh!« Ich hörte sie und sprang, von dem Lärm erschreckt, aus dem Bett. Sie liefen mir entgegen und schrien: »Oh, wir Unglücklichen, wir sind bestohlen worden! Ein Dieb ist eingebrochen und hat alles fortgeschleppt!« Diese Worte jagten mir einen solchen Schreck ein, daß ich nicht einmal an meine Eisenkiste gehen konnte, um nachzusehen, ob die Edelsteine des Papstes noch drin wären.

Mir wurde schwarz vor den Augen und ich mußte sie bitten, sie möchten die Kiste öffnen und nachsehen, wieviele von den Juwelen des Papstes fehlten. Die jungen Leute waren alle im Hemd; sofort öffneten sie die Kiste und als sie alle Juwelen und die goldene Arbeit noch beisammen fanden, da wurden sie fröhlich und sagten zu mir: »Ei, es ist ja gar nichts geschehen! Die Arbeit und die Edelsteine sind alle noch hier! Freilich hat der Spitzbube uns allen nur das Hemd gelassen, denn gestern abend hatten wir uns wegen der großen Hitze in der Werkstatt ausgezogen und unsere Kleider hier liegen lassen.«

Da kam ich schnell wieder zu mir, dankte Gott und sagte: »Geht nur und kleidet euch alle neu; ich werde alles bezahlen. Später könnt ihr mir in aller Gemächlichkeit erzählen, wie es zugegangen ist.«

Was mich, gegen meine sonstige Natur, so sehr erschreckt und geängstigt hatte, war der Gedanke, daß die Leute gewiß sagen würden, ich hätte den

Einbruch nur ersonnen, um selber die Edelsteine zu stehlen. Dies wurde auch wirklich dem Papst Klemens von seinem vertrautesten Günstling und von anderen gesagt. Francesco del Nero[12], Zano de' Biliotti, sein Schatzmeister, der Bischof von Vasona[13] und viele andere hatten zu ihm gesagt: »Wie könnt Ihr, Heiligster Vater, so wertvolle Juwelen einem solchen Jüngling anvertrauen, der ein Feuerkopf ist, sich mehr mit den Waffen als mit seiner Kunst abgibt und noch nicht dreißig Jahre alt ist?«

Hierauf hatte der Papst gefragt, ob einer von ihnen etwas über mich wisse, das zu einem solchen Verdacht Ursache geben könne. Sein Schatzmeister Francesco del Nero rief: »Nein, nein, Heiligster Vater! Er hat aber auch noch niemals Gelegenheit dazu gehabt.« Hierauf versetzte der Papst: »Ich halte ihn für einen durchaus ehrlichen Mann, und selbst wenn ich etwas Übles von ihm sähe, würde ich es nicht glauben.«

An dieses Gespräch erinnerte ich mich sofort und es versetzte mich in die größte Unruhe. Nachdem ich meinen jungen Leuten befohlen hatte, sich neu zu kleiden, brachte ich die Edelsteine, so gut ich konnte, an den richtigen Stellen an und ging mit meiner goldenen Arbeit schnell zum Papst. Francesco del Nero hatte ihm bereits das Gerücht mitgeteilt, daß meine Werkstatt bestohlen worden sei, und hatte ihn mißtrauisch gegen mich gemacht. Der Papst dachte sich Böses, sah mich mit einem fürchterlichen Blick an und schrie mir zu: »Was willst du hier? Was gibts?«

»Hier sind alle Eure Edelsteine und das Gold. Es fehlt nichts.« Da erheiterte sich das Gesicht des Papstes und er sagte: »So sei mir willkommen.« Ich zeigte ihm die Arbeit und während er sie betrachtete, erzählte ich ihm die ganze Geschichte von dem Räuber und von meinem Schrecken, und warum ich hauptsächlich so große Angst ausgestanden hätte. Während meiner Erzählung wandte er sich mehrere Male um und sah mir fest ins Gesicht. Dem Francesco del Nero, der dabei stand, dünkte wohl, er hätte lieber nicht eintreten sollen. Schließlich lachte der Papst über alle die Geschichten, die ich ihm erzählt hatte und sagte zu mir: »Geh und bleibe ein ehrlicher Mann, wie ich dich gekannt habe.«

---

12 Genannt Crà del Piccadiglio, berüchtigt wegen seines Geizes, der Unterschlagung öffentlicher Gelder in Florenz verdächtig, daher nicht berechtigt, sich als Biedermann aufzuspielen.
13 Girolamo Schio da Vicenza, Bischof von Vaison in der Grafschaft Avignon.

ELFTES KAPITEL
1530 – 1532

Benvenutos Feinde bedienen sich der Gelegenheit, daß falsche Münzen zum
Vorschein kommen, um ihn bei dem Papste zu verleumden;
allein er beweist seine Unschuld zu des Papstes Überzeugung. Er entdeckt
den Schelm, der seine Werkstatt bestohlen, durch die Spürkräfte
seines Hundes. Überschwemmung von Rom.
Er macht eine Zeichnung zu einem prächtigen Kelche für den Papst.
Mißverstand zwischen ihm und Seiner Heiligkeit.
Kardinal Salviati wird Legat in Rom in des Papstes Abwesenheit,
beleidigt und verfolgt Benvenuto.
Eine Augenkrankheit verhindert ihn, den Kelch zu beenden. Der Papst
ist bei seiner Rückkunft erzürnt über ihn.
Außerordentliche Szene zwischen ihm und Seiner Heiligkeit.
Benvenuto leidet an venerischen Übeln und wird
durch das Heilige Holz geheilt.

WÄHREND ICH mich mit dieser Arbeit mühte und außerdem beständig für die Münze arbeitete, tauchten in Rom falsche Geldstücke auf, die das Gepräge meiner Stempel trugen. Sie wurden sofort dem Papst überbracht und man versuchte, ihm Mißtrauen gegen mich einzuflößen. Er aber sagte zu dem Münzmeister Jacopo Balducci: »Bemühe dich auf das schnellste, den Übeltäter ausfindig zu machen, denn wir wissen, daß Benvenuto ein Ehrenmann ist.«

Der schuftige Münzmeister[1] aber, der mein Feind war, erwiderte: »Gebe Gott, Allerheiligster Vater, daß es sich so herausstellt, wie Ihr sagt; wir haben indessen schon einige Spuren.«

Darauf wandte der Papst sich zum Statthalter von Rom und befahl diesem, sich um die Entdeckung des Frevlers zu bemühen. Einige Tage später ließ der Papst mich holen und sprach mit mir über allerlei; er kam endlich auch auf die Münzen zu sprechen und sagte anscheinend zufällig zu mir: »Benvenuto, würdest du dich wohl getrauen, falsche Münzen zu machen?«

Ich antwortete darauf, nach meiner Meinung würde ich sie besser machen als alle die Leute, die sich mit diesem schändlichen Handwerk abgäben. Denn

---

[1] Er wurde später selber der Falschmünzerei angeklagt, zum Verlust der rechten Hand verurteilt und erst in dem Augenblick begnadigt, als der Scharfrichter bereits sein Amt verrichten wollte.

die Leute, die sich darauf einließen, wüßten sonst nichts zu verdienen und wären unwissende Menschen. Ich gewänne aber mit meinem bißchen Kunst mehr als genug, denn wenn ich an den Stempeln für die Münze arbeitete, verdiente ich jeden Morgen vor dem Frühstück mindestens drei Taler. (Dieses war nämlich der übliche Preis für die Münzeisen, und der dumme Münzwardein war eben darum ärgerlich auf mich, weil er sie gerne billiger gehabt hätte.) Was ich mit Hilfe Gottes und der Welt verdiente, wäre mir vollkommen genug; mit Falschmünzerei würde ich nicht einmal soviel verdienen können.

Der Papst nahm meine Worte sehr wohl auf und während er vorher befohlen hatte, man solle wohl acht geben, daß ich nicht von Rom fortginge, sagte er ihnen jetzt, man solle die Verbrecher mit allem Eifer suchen und um mich sich überhaupt nicht mühen. Denn er wollte mich nicht erzürnen, weil er mich dadurch hätte verlieren können. Er gab diesen Auftrag einigen Palastgeistlichen, und als diese nun mit dem pflichtschuldigen Eifer wirklich suchten, hatten sie den Übeltäter bald gefunden. Es war einer von den Leuten der Münze selber, ein römischer Bürger namens Ceseri Macherone; mit ihm zusammen wurde ein Arbeiter verhaftet.

An demselben Tage ging ich mit meinem schönen Hund über die Piazza Navona. Gerade vor der Tür des Bargello stürzte mein Hund mit lautem Gebell in das Haus und warf sich auf einen jungen Menschen, den der Goldschmied Donnino von Parma, ein früherer Schüler des Caradosso, unter dem Verdacht des Diebstahls hatte verhaften lassen. Der junge Mensch leugnete frech und Donnino konnte ihn nicht hinreichend überführen, besonders da einer von den Korporalen der Sbirren ein Genuese war und den Vater des Jünglings kannte. Als nun auch noch der Hund ihn anfiel und ihn zerfleischen wollte, wurden die Häscher mitleidig und wollten ihn einfach laufen lassen. Als ich herzugetreten war, stürzte der Hund ohne Furcht vor Klingen und Stöcken sich von neuem auf den jungen Mann. Da sagten die Sbirren, wenn ich meinen Hund nicht zur Ruhe brächte, so würden sie ihn totschlagen. Ich hielt den Hund fest, so gut ich konnte; als aber der junge Mann fortgehen wollte und seinen Mantel um sich wickelte, fielen ihm einige Papiertüten aus der Kapuze, die Donnino als sein Eigentum erkannte. Auch ich erkannte einen kleinen Ring darunter. Da rief ich sofort: »Das ist der Dieb, der meine Werkstätte erbrochen und bestohlen hat; mein Hund erkennt ihn!« Ich ließ den Hund los und er stürzte sich von neuem auf ihn. Da bat der Dieb mich um Gnade und sagte, er würde mir alles wieder geben, was er mir genommen hätte. Ich rief den Hund zurück und der Mensch gab mir das Gold und das Silber und die Ringe, die er mir gestohlen hatte, und obendrein noch fünfundzwanzig Taler. Er bat mich um meine Fürsprache. Ich erwiderte ihm darauf, er solle sich Gott

das Einschmelzen der Papstkrone
zum Osterhasen

empfehlen; ich würde ihm nichts zuliebe noch zuleide tun. Hierauf ging ich an meine Arbeit. Wenige Tage darauf wurde der Falschmünzer Ceseri Macherone bei den Bänken vor der Tür der Münze gehenkt, sein Helfer wurde auf die Galeeren geschickt[2]; der genuesische Dieb wurde auf dem Campo di Fiore gehenkt. Ich aber stand nun noch mehr als früher in dem Rufe eines ehrlichen Mannes.

Als meine Arbeit sich der Vollendung näherte, trat die große Überschwemmung ein, die ganz Rom unter Wasser setzte. Ich sah dem Schauspiel der Elemente zu. Es war schon gegen Abend, denn es schlug zweiundzwanzig, und das Wasser stieg noch immer. Mein Haus mit der Werkstatt lag nach vorne hinaus bei den Bänken; nach hinten hinaus lag es um einige Ellen höher, denn es war an dem Monte Giordano angebaut. So dachte ich denn zuerst an die Errettung meines Lebens und an meine Ehre, steckte alle meine Juwelen in die Taschen, gab die Goldarbeiten meinen Gesellen zur Bewachung und stieg barfuß zu meinen Hinterfenstern hinaus. Ich watete, so gut es ging, durch das Wasser, bis ich zuletzt nach Monte Cavallo kam, wo ich den päpstlichen Hausgeistlichen Giovanni Gaddi und den venezianischen Maler Bastiano fand. Ich wandte mich sofort an Meister Giovanni und bat ihn, mir die Edelsteine aufzuheben; er ging auf meine Bitte ein wie wenn ich sein Bruder gewesen wäre. Als nach einigen Tagen die Wassernot vorüber war, kehrte ich in meine Werkstatt zurück und brachte, dank der Gnade Gottes und meiner Mühe, das Werk so glücklich zu Ende, daß man es für die schönste Arbeit erklärte, die man je in Rom gesehen hätte.

Als ich sie dem Papst brachte, wußte er gar nicht, wie er mich genügend loben sollte und sagte: »Wäre ich ein reicher Kaiser, so schenkte ich meinem Benvenuto soviel Land, wie er mit seinen Augen erreichen könnte! Da wir aber heute leider nur arme, bankerotte Kaiser sind, so wollen wir ihm doch wenigstens soviel Brot geben, wie er für seine bescheidenen Wünsche bedarf.«

Ich ließ den Papst seine begeisterten Worte zu Ende sprechen und bat ihn dann um die Stelle des Leibtrabanten, die gerade frei geworden war. Der Papst sagte, er wolle mir einen viel wichtigeren Posten geben. Ich antwortete Seiner Heiligkeit, er möchte mir die kleine Stelle nur einstweilen als Anzahlung geben. Da lachte er auf und sagte, ihm sei es recht; aber ich solle nicht wirklichen Dienst tun, sondern mit meinen Kameraden mich einigen, daß ich nicht zum Dienst käme; um sie zu beruhigen, werde er ihnen einige Gesuche bewilligen, die sie bei ihm eingereicht hätten. So geschah es auch. Diese

---

[2] Cesare Maccheroni hatte nach zweimaliger Tortur ein vollständiges Geständnis abgelegt. Sein Helfer hieß Raffaello di Domenico und war ein Römer.

Trabantenstelle brachte mir im Jahre nicht viel weniger als zweihundert Taler ein.

Nachdem ich eine Zeitlang den Papst bald mit dieser, bald mit jener Arbeit bedient hatte, trug er mir auf, ihm eine Zeichnung zu einem reich verzierten Kelch zu machen; ich tat dies und fertigte zugleich ein Modell aus Holz und Wachs an. Den Knauf des Deckels bildeten drei freistehende Figuren von ziemlicher Größe, die Glaube, Hoffnung und Liebe darstellten; ihnen entsprachen am Fuße drei Rundbilder von flacherhabener Arbeit: die Geburt Christi, die Auferstehung Christi und der gekreuzigte St. Petrus mit dem Kopf nach unten; so war es mir aufgetragen worden. Diese Arbeit, an der ich eifrig fortschuf, verlangte der Papst oft zu sehen; da ich nun gemerkt hatte, daß Seine Heiligkeit seines Versprechens, mir eine Stelle zu geben, sich nicht mehr erinnerte, bat ich ihn eines Abends um das Amt eines Frate del Piombo[3], das gerade frei geworden war. Der gute Papst erinnerte sich nicht mehr der Verzückung, in die er beim Fertigwerden jenes früheren Werkes geraten war und sagte zu mir: »Dieses Amt bringt mehr als achthundert Taler ein; wenn ich es dir gäbe, würdest du nur faulenzen; deine Finger würden ihre schöne Kunst verlernen und mich würde man darob tadeln.« Ich antwortete sofort: »Eine Katze von guter Art maust besser wenn sie satt, als wenn sie hungrig ist, und ehrliche Männer, die aus Neigung Künstler sind, schaffen viel besser, wenn sie in größerem Überfluß leben; Eure Heiligkeit können mir glauben, daß Fürsten, die solchen Männern rechtlichen Lebensunterhalt gewähren, damit ihren Talenten Nahrung geben, während diese bei entgegengesetzter Behandlung verkümmern und verdorren. Aber, Eure Heiligkeit, ich habe, als ich meine Bitte tat, nicht daran gedacht, die Stelle zu erhalten. Glücklich genug, daß ich die armselige Trabantenstelle erhielt! Das andere war nur so ein Traumbild. Da Eure Heiligkeit die Stelle nicht mir geben will, so wird sie gut tun, sie einem Künstler zu verleihen, der sie verdient, und nicht irgendeinem dummen Tölpel, der nur ans Faulenzen denkt, wie Eure Heiligkeit sagten. Nehmet ein Beispiel an Papst Julius seligen Angedenkens, der dem trefflichen Baumeister Bramante eine solche Stelle gab.« Schnell machte ich meine Verbeugung und ging weg. Da trat der Maler Bastiano aus Venedig vor und sprach: »Allerheiligster Vater, Eure Heiligkeit wollen geruhen, die Stelle jemandem zu verleihen, der sich in seiner Kunst Mühe gibt; und da auch ich, wie Eure Heiligkeit wissen, mich eifrig darum bemühe, so bitte ich Sie, mich des Amtes für würdig halten zu wollen.«

[3] Er hatte die bleiernen Siegel an die päpstlichen Bullen anzuheften. Diese Sinekure war lange Zeit eine Pfründe der Zisterzienser, später wurde sie auch an Laien vergeben, z. B. an Bramante, den hier genannten Sebastiano Luciani und andere, die sich dann aber Frate nannten und auch das Mönchsgewand anlegten.

Der Papst antwortete: »Dieser Teufelskerl, der Benvenuto, verträgt gar keinen Tadel. Ich war ganz geneigt, ihm die Stelle zu geben; es schickt sich aber doch nicht, so stolz zu einem Papst zu reden. Ich weiß nicht, was ich tun soll.«

Da trat der Bischof von Vasona vor und bat für Bastiano, indem er sprach: »Allerheiligster Vater, Benvenuto ist jung, das Schwert an der Seite steht ihm weit besser als die Mönchskutte; wollen Eure Heiligkeit geruhen, die Stelle unserem kunstreichen Bastiano zu geben; Benvenuto kann gelegentlich irgend etwas Gutes erhalten, was sich besser für ihn schickt als dieses Amt.«

Da sagte der Papst zu Herrn Bartolomeo Valori[4]: »Wenn Ihr Benvenuto seht, so sagt ihm von mir, er selber habe den Maler Bastiano zum Frate del Piombo gemacht; aber die erste bessere Stelle, die frei wird, solle er bekommen; unterdessen solle er nur recht fleißig und gut arbeiten und mein Werk vollenden.«

Am nächsten Abend, zwei Stunden nach Sonnenuntergang, begegnete ich dem Herrn Bartolomeo Valori an der Ecke des Münzhauses. Zwei Fackelträger gingen vor ihm her und er hatte es sehr eilig, denn der Papst hatte ihn gerufen. Als ich ihm meine Verbeugung machte, blieb er stehen, rief mich an und sagte mir mit den freundlichsten Worten alles, was er im Auftrage des Papstes mir mitzuteilen hatte. Ich erwiderte ihm hierauf: ich würde meine Arbeit so eifrig und fleißig zu Ende bringen wie noch keine andere zuvor; doch mache ich mir nicht die geringste Hoffnung, jemals etwas vom Papst zu erhalten. Herr Bartolomeo verwies mir solche Rede und sagte, so dürfe man auf die Anträge des Papstes nicht antworten. Ich erwiderte: »Ich kann keine Hoffnungen auf solche Worte setzen, denn ich weiß, daß ich auf keinen Fall etwas erhalten werde; darum wäre ich ein Narr, wenn ich anders antwortete.« Mit diesen Worten ging ich wieder an meine Arbeit. Herr Bartolomeo mußte meine kühnen Worte dem Papst berichten; vielleicht erzählte er ihm noch mehr als ich gesagt hatte. Während zwei Monaten ließ daher der Papst mich nicht ein einziges Mal rufen und auch ich ging während dieser ganzen Zeit nicht ein einziges Mal in den päpstlichen Palast. Der Papst, der vor Ungeduld nach meiner Arbeit schier verging, beauftragte schließlich den Herrn Ruberto Pucci, er solle doch einmal nachsehen, was ich mache. Dieses gute Männchen besuchte mich jeden Tag und sagte mir jedesmal einige liebenswürdige Worte, die ich ebenso erwiderte. Der Papst wollte nach Bologna verreisen und als er schließlich sah, daß ich aus eigenem Antriebe nicht kam, ließ er mir durch Herrn Ruberto sagen, ich möchte ihm meine Arbeit bringen, denn er wünsche zu sehen, wie weit ich

---

4 Valori war damals päpstlicher Kommissar; später Parteigänger des Gegners der Medici Filippo Strozzi. Er wurde am 20. August 1537 in Florenz enthauptet.

damit sei. Ich trug sie also zum Papst, zeigte ihm, daß der größte Teil bereits fertig war und bat ihn, mir fünfhundert Taler da zu lassen, teils als Abschlagszahlung auf meinen Lohn, teils, weil es mir wirklich an Gold mangele, um die Arbeit fertig machen zu können. Der Papst sagte zu mir: »Macht nur, macht sie nur fertig!« Ich antwortete im Fortgehen, wenn er mir Geld daließe, würde ich die Arbeit fertig machen. Hiermit ging ich hinaus.

Als der Papst nach Bologna reiste[5], machte er den Kardinal Salviati[6] zum Legaten von Rom und hinterließ ihm den Auftrag, das Fertigwerden meiner Arbeit zu betreiben. Er sagte zu ihm: »Benvenuto ist ein Mann, der von seinen eigenen Fähigkeiten gering denkt und noch geringer von uns; darum feuert ihn nur an, damit ich das Werk vollendet finde, wenn ich wiederkomme.«

Nach Verlauf von acht Tagen ließ dieses Vieh von einem Kardinal mich holen, indem er mir befahl, die Arbeit mitzubringen. Ich ging zu ihm, aber ohne meine Arbeit. Kaum sah er mich, so fuhr der Kardinal mich an: »Nun? Wo hast du dein Zwiebelmus? Hast du's fertig?« Ich antwortete ihm: »Hochwürdigster Herr! Mein Zwiebelmus habe ich nicht fertig, und werde es auch nicht fertig machen, wenn Ihr mir nicht die Zwiebeln dazu gebt.«

Als er diese Worte hörte, wurde der Kardinal, der mehr wie ein Esel als wie ein Mensch aussah, noch einmal so häßlich; ohne jede Vorrede sagte er plötzlich: »Ich werde dich auf die Galeere bringen. Da wirst du dann Zeit haben, deine Arbeit fertig zu machen.« Da wurde ich denn mit dieser Bestie auch bestialisch und sagte: »Euer Gnaden! Wenn ich Verbrechen begehe, die die Galeere verdienen, dann mögt Ihr mich dazu verurteilen; aber wegen dieser Übeltaten fürchte ich Euer Gnaden nicht; außerdem sage ich Euch: gerade um Euer Gnaden willen mache ich nun die Arbeit überhaupt nicht fertig; schickt nur nicht mehr nach mir, denn ich komme nicht mehr, wenn Ihr mich nicht von den Sbirren abholen laßt!«

Der gute Kardinal versuchte ein paarmal, mir in aller Freundschaft sagen zu lassen, daß ich arbeiten und daß ich ihm meine Arbeit hinbringen und vorzeigen müsse. Ich sagte aber seinem Abgesandten: »Sagt nur Seiner Gnaden, er solle mir Zwiebeln schicken, wenn er wolle, daß ich das Zwiebelmus fertig mache!« Niemals erwiderte ich ein anderes Wort, und so ließ er schließlich von dem aussichtslosen Bemühen ab.

Kaum war der Papst von Bologna[7] zurück, ließ er mich sofort holen, denn der Kardinal hatte ihm schon das Allerschlimmste über mich geschrieben.

---

5 Am 18. November 1532. Der Papst hatte dort eine Zusammenkunft mit Karl dem Fünften.
6 Ein Sohn des bei der Belagerung der Engelsburg erwähnten Kardinals Jacopo Salviati.
7 Er reiste in den ersten Tagen des März 1533 von Bologna ab.

Voller Wut ließ der Papst mir befehlen, ich solle mit meiner Arbeit zu ihm kommen. Nun hatte ich, während der Papst in Bologna war, infolge eines bösen Schnupfens eine solche Augenentzündung bekommen, daß ich vor Schmerzen beinahe am Leben verzagte. Dies war auch der Hauptgrund, warum ich nicht gearbeitet hatte; denn die Krankheit war so schlimm, daß ich ganz bestimmt glaubte, ich würde blind werden; ich hatte schon eine Rechnung aufgestellt, wieviel Vermögen ich nötig haben würde, falls ich blind werden sollte. Während ich nun zum Papst ging, dachte ich darüber nach, wie ich mich entschuldigen könnte, daß ich die Arbeit nicht vorwärts gebracht hätte. Ich hoffte, ihm, während er sie ansähe, sagen zu können, wie es mit mir stände. Dies ging jedoch nicht so; denn kaum stand ich vor ihm, so schimpfte er schon auf mich los: »Her mit der Arbeit! Ist sie fertig?«

Ich wickelte sie aus dem Tuch; da aber sagte er plötzlich noch wütender: »Bei Gott schwöre ich dir, der du vor keinem Menschen Achtung hast: hielte mich nicht die Rücksicht auf das Urteil der Welt zurück, ich ließe dich mitsamt deiner Arbeit aus dem Fenster werfen!«

Als ich nun den Papst so bestialisch böse sah, dachte ich daran, mich aus dem Staube zu machen. Während er immer noch weiter schimpfte, nahm ich meine Arbeit unter den Mantel und murmelte: »Und wenn die ganze Welt sich auf den Kopf stellte, so könnte doch ein Blinder nicht solche Arbeiten machen.« Da fing der Papst noch lauter an zu schrein und rief: »Komm her! Was sagst du da?«

Ich dachte einen Augenblick daran, hinauszurennen und die Treppen hinunterzulaufen; aber ich besann mich, warf mich vor ihm auf die Knie und rief, weil er unaufhörlich weiterschimpfte, ganz laut: »Da ich durch eine Krankheit blind geworden bin, brauche ich doch nicht zu arbeiten!« Er antwortete: »Du hast doch genug sehen können, um hierher zu kommen; ich glaube von allem, was du sagst, kein Wort.« Da er jedoch dieses schon beträchtlich leiser sprach, so sagte ich zu ihm: »Eure Heiligkeit brauchen nur Ihren Leibarzt herzuschikken; der wird die Wahrheit herausfinden.«

»Wir werden uns zur rechten Zeit schon erkundigen, ob du wahr sprichst.« Da ich nun merkte, daß er mir Gehör schenkte, so sagte ich: »Ich glaube, an meinem bösen Leiden ist nur Kardinal Salviati schuld; denn kaum waren Eure Heiligkeit fort, so ließ er mich holen, und da nannte er meine Arbeit ein Zwiebelmus und sagte zu mir, er werde sie mich auf einer Galeere fertig arbeiten lassen. Diese schändlichen Worte wirkten so stark auf mich, daß ich plötzlich fühlte, wie mir die hitzige Leidenschaft des Zornes das ganze Gesicht entzündete; es drang eine so ungeheure Hitze mir in die Augen, daß ich nicht einmal nach Hause finden konnte; wenige Tage darauf wurden meine beiden

Augen vom grauen Star befallen: ich sah kein Fünkchen Licht mehr und darum habe ich seit der Abreise Eurer Heiligkeit nichts mehr arbeiten können.«

Nachdem ich so gesprochen hatte, erhob ich mich von meinen Knien und ging in Gottes Namen von dannen; wie mir erzählt wurde, hatte der Papst gesagt: »Ämter kann man wohl geben, aber nicht den Verstand dazu; ich hatte dem Kardinal nicht gesagt, daß er so mit dem Knüppel dreinschlagen solle. Wenn es wahr ist, daß er kranke Augen hat – und das werde ich von meinem Leibarzt erfahren – so muß man wohl einiges Mitleid haben.«

Unter den Anwesenden war ein sehr trefflicher vornehmer Edelmann, ein großer Freund des Papstes. Dieser fragte den Papst, wer ich sei, und fuhr dann fort: »Allerheiligster Vater, ich frage danach, weil es mir vorkam, wie wenn Ihr gleichzeitig den heftigsten Zorn und das tiefste Mitleid empfändet. Darum frage ich Euere Heiligkeit nach dem Mann; denn wenn er Hilfe verdient, so werde ich ihm ein geheimes Mittel sagen, das ihn von seiner Krankheit heilen wird.«

Der Papst antwortete: »Er ist der größte Mann, der jemals aus seinem Beruf hervorgegangen ist; wenn wir einmal beisammen sind, werde ich Euch mit seinen wunderbaren Werken und mit ihm selber bekannt machen; und es wird mir angenehm sein, wenn man ihm irgendeine Pfründe geben könnte.«

Drei Tage darauf ließ der Papst mich nach dem Essen holen; jener Edelmann war bei ihm. Kaum war ich da, so ließ der Papst sich mein Brustschild von dem Meßrock holen. Ich hatte unterdessen meinen Kelch hervorgezogen; der Edelmann betrachtete ihn und sagte, er habe niemals etwas so Wunderbares gesehen. Als aber das Brustschild gebracht wurde, da wuchs sein Staunen noch mehr; er sah mir ins Gesicht und sagte: »Er ist noch so jung und versteht seine Kunst schon so gut; er kann es noch weit bringen.« Als er mich hierauf nach meinem Namen fragte, antwortete ich ihm: »Benvenuto ist mein Name.«

Drauf er: »Willkommen werde ich dieses Mal dir sein: Pflücke Lilien mit Stengel, Blume und Wurzel; lasse sie auf gelindem Feuer in Wasser kochen und bade dir mit diesem Wasser jeden Tag mehrere Male die Augen, so wirst du ganz gewiß von deiner Krankheit genesen. Vor allen Dingen mußt du deine Gedärme reinigen; dann gebrauche fleißig das Wasser.« Der Papst sagte mir einige freundliche Worte, und so ging ich halb zufrieden nach Hause.

Die Krankheit hatte ich wirklich; aber ich glaube, ich hatte sie von jener schönen jungen Magd bekommen, die ich mir hielt, als ich bestohlen wurde. Länger als vier volle Monate blieb diese Franzosenkrankheit mir verborgen; plötzlich aber bedeckte sie meinen ganzen Leib; sie zeigte sich nicht in der gewöhnlichen Form, ich war vielmehr von roten Blasen von Pfennigsgröße bedeckt. Die Ärzte behaupteten immer, es sei nicht das französische Übel, so viel ich ihnen auch sagte, warum ich die Krankheit dafür hielte. Ich ließ mich eine Zeitlang auf ihre Art behandeln, aber es half mir nichts. Endlich entschloß ich mich gegen den Willen der ersten Ärzte von Rom das Holz zu nehmen. Ich nahm das Holz[8] und lebte mit der allerstrengsten Mäßigkeit. Nach wenigen Tagen fühlte ich schon eine sehr große Erleichterung und nach fünfzig Tagen war ich geheilt und gesund wie ein Fisch. Um mich von dem ausgestandenen Leiden wieder zu erholen, ging ich, da es Winter wurde, zu meinem Vergnügen oft mit meiner Büchse auf die Jagd. Bei jedem Wind und Wetter trieb ich mich in Wasser und Sümpfen umher und die Folge war, daß nach wenigen Tagen die Krankheit zehnmal so schlimm ausbrach als sie früher gewesen war. Ich begab mich wieder in die Behandlung der Ärzte, nahm ihre Medizin und wurde immer kränker. Als mich auch noch ein Fieber befiel, dachte ich daran, wieder das Holz zu nehmen; die Ärzte aber verboten es mir und sagten, ich würde in acht Tagen sterben, wenn ich in meinem Fieberzustande die Holzkur machte. Ich tat es aber trotz ihrem Verbot. Ich hielt dieselben Regeln ein wie beim erstenmal, und nachdem ich vier Tage lang das heilige Holzwasser getrunken hatte, verließ das Fieber mich wirklich.

Während ich die Holzkur machte und von Tag zu Tag gesund wurde, arbeitete ich immer weiter an den Modellen zu den einzelnen Teilen meines Kelches, und es gelangen mir in dieser Zeit des Fastens und der Enthaltsamkeit schöne Dinge und seltene Erfindungen, wie nie zuvor in meinem Leben. Nach fünfzig Tagen war ich vollkommen geheilt, so daß ich nur noch daran zu denken brauchte, meine Gesundheit vollkommen zu befestigen. Nach meinem großen Fasten war ich so rein von aller Krankheit, daß ich mich wie neugeboren fühlte. Obwohl ich nun hauptsächlich nur meiner Gesundheit lebte, hörte ich doch niemals auf zu arbeiten; ich schaffte an meinem Kelch und für die Münze, und der eine wie die andere erhielt den gebührenden Teil meiner Sorgfalt.

---

8 Das Holz = lignum vitae. Ein Heilmittel gegen die Syphilis, das damals für unfehlbar galt: es ist das aus Westindien eingeführte Guajak- oder Pockholz.

ZWÖLFTES KAPITEL
1532

Geschichte eines Goldschmiedes von Mailand, der zu Parma als falscher Münzer zum Tode verdammt war und durch den Kardinal Salviati, Legaten dieser Stadt, gerettet wurde. Der Kardinal sendet ihn nach Rom als einen geschickten Künstler, der dem Benvenuto das Gegengewicht halten könne. Tobia wird von dem Papste in Arbeit gesetzt, welches Benvenuto sehr unangenehm ist. Pompeo von Mailand verleumdet ihn; er verliert seine Stelle bei der Münze. Er wird verhaftet, weil er den Kelch nicht ausliefern will, und vor den Gouverneur von Rom gebracht. Sonderbare Unterhaltung zwischen ihm und dieser Magistratsperson. Durch einen Kunstgriff überredet ihn der Gouverneur, den Kelch dem Papste auszuliefern, der ihn Benvenuto zurückschickt, mit dem Befehl, das Werk fortzusetzen.

UM DIESE Zeit wurde der Kardinal Salviati, der den grimmigsten Haß auf mich hatte, zum Legaten von Parma ernannt. In Parma wurde ein Mailänder Goldschmied namens Tobia[1] als Falschmünzer gefangen gesetzt. Nachdem er zum Galgen und Scheiterhaufen verurteilt worden war, sprach man über ihn mit dem Legaten, dem er als ein sehr geschickter Künstler gelobt wurde. Der Kardinal ließ die Vollstreckung des Urteils aufschieben und schrieb dem Papst Klemens, daß der geschickteste Goldschmied der Welt wegen Falschmünzerei zu Galgen und Scheiterhaufen verurteilt sei; er sei jedoch ein einfältiger guter Mann und behaupte, seinen Beichtvater um seine Meinung gefragt und von diesem Erlaubnis erhalten zu haben. »Wenn Eure Heiligkeit diesen trefflichen Künstler nach Rom kommen laßt«, fuhr er fort, »so werdet Ihr den Hochmut Eures Benvenuto demütigen; ich bin fest überzeugt, daß die Werke dieses Tobia Euch viel mehr gefallen werden als die des Benvenuto.«

Der Papst ließ ihn sofort nach Rom kommen. Der Papst ließ uns gleichzeitig zu sich kommen und bestellte bei einem jeden von uns eine Zeichnung für das schönste Horn, das man je gesehen hatte: es war von einem Einhorn und mit siebzehntausend Kammerdukaten bezahlt worden. Der Papst wollte es dem

---

[1] Dieser Tobia soll aus Camerino gestammt haben, doch ist das nicht ganz sicher. Er war übrigens als Goldschmied nicht unbedeutend, da ihm 1537 die Anfertigung der goldenen Tugendrose übertragen wurde; auch sind mehrere andere ziemlich beträchtliche Aufträge überliefert, die er bis zur Mitte des Jahrhunderts nach und nach erhielt.

der Sturz der Giganten

König Franz² schenken; vorher aber sollte es reich mit Gold verziert werden, und darum erhielten wir beide den Auftrag, einen Entwurf dazu anzufertigen. Als wir damit fertig waren, gingen wir beide zum Papst. Die Zeichnung des Tobia stellte einen Leuchter dar, in den anstatt der Kerze dieses schöne Horn hineingesteckt wurde; den Fuß des Leuchters bildeten vier Einhornköpfchen³. Ich konnte mich nicht enthalten, über diese armselige Erfindung leise in mich hineinzulachen. Der Papst sah es und sagte sofort: »Nun zeige deine Zeichnung.«

Ich hatte nur einen Einhornskopf gemacht, wie er diesem Horn entsprach. Er war von schönster Erfindung, indem ich ihn teils einem Pferdekopf, teils einem Hirschkopf nachgebildet hatte; er war mit dem schönsten Vlies und allerlei anmutigen Einfällen geschmückt, so daß jeder, der ihn sah, meinen Entwurf lobte. Aber einige Mailänder von größtem Einfluß, die bei diesem Wettstreit zugegen waren, sagten zum Papst: »Allerheiligster Vater, Ihr schickt ja dieses köstliche Geschenk nach Frankreich; die Franzosen aber sind rohe Leute und werden die ausgezeichnete Arbeit Benvenutos nicht zu schätzen wissen. Das Kirchengerät dagegen wird ihnen sehr gut gefallen; außerdem wird es schnell gemacht sein. Benvenuto wird sich Mühe geben, Euren Kelch fertig zu machen; so würdet Ihr zwei Arbeiten zu gleicher Zeit erhalten, und der arme Mann, den Ihr habt kommen lassen, findet Beschäftigung.«

Da dem Papst viel daran lag, seinen Kelch zu bekommen, so folgte er gerne dem Rat der Mailänder: am nächsten Tage gab er das Einhorn dem Tobia zu machen; mir aber ließ er durch seinen Haushofmeister sagen, ich solle ihm seinen Kelch fertig machen. Ich antwortete ihm hierauf, ich hätte überhaupt keinen anderen Wunsch, als mein schönes Werk zu Ende zu bringen, und wenn es nur nicht von Gold wäre, so könnte ich es ganz leicht allein fertig machen; da es nun aber von Gold wäre, so müßte Seine Heiligkeit mir Gold geben, wenn sie wünschte, daß ich die Arbeit machte. Hierauf erwiderte dieser pöbelhafte Hofmann⁴: »Um Gottes willen verlange kein Gold vom Papst! Dadurch würdest du ihn in den größten Zorn bringen und dann wehe dir!« Ich sagte: »Oh, mein verehrter gnädiger Herr, sagt mir doch bitte, wie man ohne

---

² König Franz dem Ersten von Frankreich gelegentlich der Vermählung seines zweiten Sohnes, des Herzogs Heinrich von Orleans (des späteren Königs Heinrich II.), mit der Nichte des Papstes, Katharina von Medici. Die Hochzeit wurde im Herbst 1533 in Marseille gefeiert; Klemens VII. nahm daran teil, und König und Papst machten sich gegenseitig Geschenke.
³ Nach der Beschreibung im Inventar, das 1560–1562 in Fontainebleau aufgenommen wurde, wurde der Fuß nicht von vier, sondern von drei Einhornköpfen gebildet. Das Horn war fünf Fuß drei Zoll lang; das Gold der Fassung wog sechsundzwanzig und eine halbe Mark und war fünfzehnhundert Goldgulden wert.
⁴ Er hieß Pier Giovanni Aliotti und wurde 1551 von Julius dem Dritten zum Bischof von Forlì gemacht. Auch Michelangelo hatte einen großen Zorn auf ihn und nannte ihn Tantecose – wegen seiner Wichtigtuerei und Neigung, sich in alles einzumischen.

Mehl Brot backt? So wird auch ohne Gold diese Arbeit niemals fertig werden.« Der Haushofmeister meinte, ich hätte ihn aufziehen wollen; darum sagte er mir, er würde alles, was ich gesagt hätte, dem Papst berichten. Das tat er denn auch. Der Papst geriet in einen grimmigen Zorn und rief, er wolle doch mal sehen, ob ich wirklich so verrückt wäre, die Arbeit nicht fertig zu machen.

So vergingen zwei Monate; obwohl ich gesagt hatte, ich würde die Arbeit nicht mehr anrühren, hatte ich doch im Gegenteil mit der größten Liebe an meinem Werke gearbeitet. Als nun aber der Papst sah, daß ich ihm mein Werk nicht brachte, wurde er recht ungnädig und sagte, er würde mich unter allen Umständen bestrafen. Er sagte diese Worte in Gegenwart seines Juweliers, eines Mailänders namens Pompeo; er war ein naher Verwandter eines gewissen Herrn Traiano, des Lieblingsdieners des Papstes Klemens. Diese beiden sagten dem Papst übereinstimmend: »Wenn Eure Heiligkeit ihm seine Stellung bei der Münze wegnähmen, würde er vielleicht mehr Lust bekommen, den Kelch fertig zu machen.«

Der Papst erwiderte: »Im Gegenteil, es würden zwei Übel daraus entstehen: erstens würde ich bei der Münze, die für mich so wichtig ist, schlecht bedient sein; zweitens würde ich ganz gewiß niemals den Kelch bekommen.«

Da aber die beiden Mailänder doch sahen, daß der Papst böse auf mich war, so ließen sie nicht ab und brachten ihn schließlich dahin, daß er mir die Münze abnahm und sie einem jungen Peruginer gab, der den Spitznamen Fagiuola[5] hatte. Jener Pompeo kam im Auftrage des Papstes zu mir und sagte mir: Seine Heiligkeit habe mir die Münze abgenommen, und wenn ich nicht den Kelch fertig machte, würde sie mir noch anderes abnehmen. Ich antwortete hierauf: »Sagt nur Seiner Heiligkeit, die Münze habe er sich selber abgenommen und nicht mir, und ebenso würde es ihm auch mit anderen Dingen ergehen. Selbst wenn Seine Heiligkeit mir die Münze wieder geben wollte, würde ich sie unter keinen Umständen wieder annehmen.«

Der elende Tropf konnte es kaum erwarten, zum Papst zurückzukommen, um ihm dies alles und noch einiges mehr von seiner eigenen Erfindung zu sagen.

Acht Tage darauf schickte der Papst denselben Menschen zu mir, er wolle den Kelch nicht mehr von mir fertig gemacht haben, sondern wünsche ihn in dem Zustande, worin er sich augenblicklich befände, ausgeliefert zu erhalten.

Ich antwortete diesem Pompeo: »Mit dem Kelch ist es nicht wie mit der Münze. Diese konnte er mir nehmen, aber jenen nicht. Ich habe allerdings

---

[5] Er hieß Tommaso d'Antonio und war ein ausgezeichneter Steinschneider und Medaillenmacher. – Gleichzeitig verlor Cellini auch die Sinekure bei den päpstlichen Trabanten.

fünfhundert Taler erhalten; diese gehören Seiner Heiligkeit, und ich werde sie ihm sofort zurückgeben. Die Arbeit aber gehört mir und ich werde damit machen, was mir gut dünkt.«

Pompeo rannte davon, um dem Papst meine Worte zu berichten nebst einigen anderen bissigen Bemerkungen, die ich in meinem gerechten Zorn gemacht hatte.

Drei Tage darauf kamen zu mir zwei Kämmerer Seiner Heiligkeit; sie standen bei dem Papste in hoher Gunst und einer von ihnen ist noch heute am Leben; er ist jetzt Bischof, nennt sich Meister Pier Giovanni[6]; damals war er Kämmerer bei Seiner Heiligkeit. Der andere war aus noch vornehmerem Hause, ich erinnere mich jedoch des Namens nicht mehr. Sie sagten zu mir: »Der Papst schickt uns, Benvenuto; da du von gütlichem Wege nichts wissen willst, so befiehlt er dir jetzt, die Arbeit herauszugeben; sonst sollen wir dich ins Gefängnis führen.«

Ich sah ihnen fröhlich ins Gesicht und sagte: »Ihr Herren, wenn ich meine Arbeit Seiner Heiligkeit gäbe, so wäre dies mein Werk und nicht seins. Darum will ich es nicht. Nachdem ich es mit großer Mühe so weit fertiggebracht habe, so will ich nicht, daß es einem unwissenden Vieh in die Hände kommt und durch Pfuscherarbeit mir verdorben wird.«

Der vorhin erwähnte Goldschmied Tobia war dabei, als ich dies sagte. Er war so frech, daß er von mir sogar die Modelle zu dem Werke verlangte. Ich gab ihm eine Antwort, wie sie sich für einen solchen Elenden gehört; doch will ich sie hier nicht wiederholen. Die Herren Kämmerer baten mich, ich möchte mich entscheiden, was ich tun wollte. Ich sagte ihnen, ich hätte bereits entschieden. Ich nahm meinen Mantel und verbeugte mich im Herausgehen sehr ehrerbietig mit der Mütze in der Hand vor einem Christusbild und sagte: »O gütiger und unsterblicher, gerechter und heiliger Erlöser! Alles was du tust, geschieht nach deiner unvergleichlichen Gerechtigkeit. Wie du weißt, gehe ich jetzt in das dreißigste Jahr und niemals bisher wurde mir aus irgendeinem Anlaß mit dem Kerker gedroht; sollte es aber jetzt dein Wille sein, daß ich ins Gefängnis gehe, so bin ich von ganzem Herzen dazu bereit und danke dir dafür.«

Hierauf wandte ich mich zu den beiden Kämmerern und sagte mit einem beinahe fröhlichen Gesichtsausdruck: »Ein Mann meinesgleichen verdiente keine minderen Häscher als euch Herren. Nehmt mich also nur in eure Mitte und bringt mich in welches Gefängnis ihr wollt.«

Die beiden Edelleute lachten laut auf, nahmen mich in ihre Mitte und

---

[6] Der oben erwähnte Aliotti.

führten mich unter beständigen freundlichen Gesprächen zum Statthalter von Rom, Magalotto[7].

Der Fiskal war bei ihm und sie warteten schon auf mich. Die beiden Kämmerlinge lachten und sagten zum Statthalter: »Da bringen wir Euch einen Gefangenen; nehmt ihn in gute Hut. Es hat uns großen Spaß gemacht, Euren Häschern ins Handwerk zu pfuschen, und Benvenuto hat uns gesagt, es sei das erstemal, daß er verhaftet werde, und darum dürften die Sbirren, die ihn gefangennähmen, keine geringeren Leute sein als wir.«

Sie gingen nun sofort zum Papst und erzählten ihm alles ganz genau. Anfänglich schien es, als ob er wütend werden wollte; dann aber zwang er sich zu lachen, weil einige Kavaliere und Kardinäle anwesend waren, mit denen ich befreundet war und bei denen ich in hoher Gunst stand.

Unterdessen bekam ich vom Statthalter und dem Fiskal[8] Schelte, Ermahnungen und Ratschläge zu hören. Sie sagten mir, die Vernunft erfordere, daß einer, der bei dem andern eine Arbeit bestelle, sie nach seinem Belieben zurückverlangen könne. Ich antwortete darauf, dies widerspreche der Gerechtigkeit und selbst ein Papst könne es nicht machen; denn ein Papst sei nicht wie gewisse tyrannische kleine Herren, die ihren Völkern sehr schlecht mitspielen und weder Recht noch Gesetz beachten; ein Statthalter Christi aber dürfe so etwas durchaus nicht machen. Da sagte der Statthalter auf seine sbirrenhafte Art: »Benvenuto, Benvenuto! Du willst es offenbar dahin bringen, daß ich dich behandle wie du es verdienst.«

»So werdet Ihr mir Ehre und Freundlichkeit widerfahren lassen, wenn Ihr mich behandelt wie ich es verdiene.« – »Laß sofort die Arbeit rufen und warte nicht, bis ich es zum zweitenmal befehle.« – »Meine Herrn, vergönnt mir noch vier Wörtlein über meine Gründe.«

Der Fiskal, der ein viel bescheidenerer Büttel war als der Statthalter, sagte zu diesem: »Euer Gnaden, gestatten wir ihm noch hundert Worte, wenn er uns nur die Arbeit herausgibt, das ist für uns die Hauptsache.«

Ich sagte: »Nehmen wir an, ich ließe einen Palast oder ein Haus bauen, so könnte ich mit Recht zu dem Maurermeister sagen: Ich will nicht mehr, daß du an meinem Hause oder an meinem Palast arbeitest; wenn ich ihm seine Arbeit bezahlte, so hätte ich ein Recht ihn fortzuschicken. Oder irgend jemand wollte einen Edelstein im Werte von tausend Talern fassen lassen und er sähe, daß der Juwelier ihn nicht nach seinem Wunsche bediente, so könnte er zu ihm sagen:

---

[7] Gregorio Magalotti, ein ausgezeichneter Rechtsgelehrter, war ein besonderer Günstling Klemens des Siebenten, von dem er 1532 zum Bischof von Lipari und 1534 zum Bischof von Chiusi ernannt wurde. Unter Paul dem Dritten wurde er Legat in Bologna, wo er im Dezember 1537 starb.
[8] Fiskal-Prokurator war damals und auch noch unter Paul dem Dritten Benedetto Valenti.

Gib mir meinen Stein zurück; ich will deine Arbeit nicht. Aber bei dieser Sache steht es ganz anders; hier handelt es sich nicht um ein Haus oder um ein Juwel, und man kann von mir nichts weiter verlangen, als daß ich die fünfhundert Taler zurückgebe, die ich erhalten habe. So tut also, meine gnädigen Herrn, was in eurer Macht steht: von mir werdet ihr nichts weiter erhalten als die fünfhundert Taler. Sagt dies nur dem Papst! Eure Drohungen erschrecken mich nicht im geringsten; denn ich bin ein ehrlicher Mann, habe nicht gefehlt und habe darum auch keine Furcht.«

Statthalter und Fiskal standen auf und sagten mir, sie gingen zum Papst und würden mit einem Auftrage zurückkehren, der mir übel bekommen würde. Ich blieb unter Bewachung zurück und ging in einem Saale auf und ab. Es dauerte fast drei Stunden, bis sie vom Papst zurückkamen. Unterdessen besuchten mich alle vornehmen Florentiner Kaufleute und baten mich dringend, ich möchte doch nicht mit einem Papst streiten, denn das könnte mein Verderben sein. Ich antwortete ihnen, ich wüßte ganz genau, was ich wollte.

Sobald der Statthalter mit dem Fiskal vom Papst zurück war, ließ er mich rufen und sagte folgendes: »Benvenuto, es tut mir wirklich selber leid, daß ich mit einem solchen Auftrage vom Papst zurückkomme; aber ich muß dir sagen: schaffe sofort das Werk herbei oder sieh dich vor!« Ich antwortete ihm: »Ich habe bis zur Stunde niemals geglaubt, daß der Statthalter eine Ungerechtigkeit begehen könnte, und ich will es erst sehen, ehe ich es glaube. Tut also, was in Eurer Macht steht.«

Der Statthalter versetzte: »Ich habe dir noch zwei Worte vom Papst zu sagen; dann werde ich den Auftrag ausführen, den ich erhalten habe. Der Papst befiehlt, du sollst mir das Werk hierherbringen; ich soll es vor deinen Augen in eine Schachtel legen, und diese versiegeln lassen; hierauf soll ich sie zum Papst bringen. Dieser verspricht dir bei seinem Wort, das Siegel nicht zu erbrechen, sondern dir die Arbeit sofort zurückzugeben. Dies verlangt er um seiner eigenen Ehre willen.« Ich lachte und antwortete: »Recht gern will ich meine Arbeit auf diese Weise ausliefern, denn ich möchte gern erfahren, was das Wort eines Papstes ist.«

So ließ ich denn meine Arbeit holen, versiegelte sie, wie er es verlangt hatte und gab sie ihm. Als der Statthalter mit der Arbeit vor den Papst kam, nahm dieser die Schachtel in die Hände und drehte sie immer hin und her; hierauf habe er den Statthalter – so erzählte mir dieser später – gefragt, ob er den Kelch gesehen habe, und er habe darauf erwidert, er habe ihn gesehen und das Werk sei in seiner Gegenwart versiegelt worden; es sei ihm als eine wunderherrliche Arbeit erschienen. Da habe der Papst ihm gesagt: »Saget dem Benvenuto, die Päpste haben Gewalt, viel größere Dinge als dieses zu lösen und zu binden.«

Mit diesen Worten habe er etwas ärgerlich die Schachtel geöffnet, indem er Siegel und Bindfaden abgerissen habe.

Hierauf – so wurde mir erzählt – sah er sich die Arbeit lange an und zeigte sie dann dem Goldschmied Tobia, der sie sehr lobte. Dann fragte der Papst ihn, ob er sich getraue, nachdem er das Werk gesehen habe, ein gleiches fertig zu bringen. Er sagte ja und der Papst befahl ihm, sich genau danach zu richten. Hierauf wandte er sich zum Statthalter und sagte: »Seht zu, ob Benvenuto Euch die Arbeit geben will; wenn er dies tut, soll ihm soviel bezahlt werden, wie die Arbeit nach der Schätzung tüchtiger Meister wert ist. Will er es aber wirklich selber fertig machen, so mag er eine bestimmte Zeit dafür ansetzen; wenn Ihr seht, daß er die Arbeit machen will, so könnt Ihr ihm jede billige Bequemlichkeit zugestehen.«

Hierauf erwiderte der Statthalter: »Allerheiligster Vater, ich kenne das fürchterliche Wesen jenes Mannes; gebt mir Vollmacht, ihn auf meine Art herunterzuputzen.« Der Papst erwiderte, er solle ihm nur sagen, was er wolle, doch sei er überzeugt, daß er die Sache doch nur verschlimmern werde; wenn er sehe, daß er nichts ausrichte, so solle er mir befehlen, die fünfhundert Taler seinem Juwelier Pompeo zu bringen.

Der Statthalter kam zurück, ließ mich in sein Zimmer rufen, sah mich mit einem Polizeiblick an und sagte: »Die Päpste haben Macht, die ganze Welt zu binden und zu lösen, und das wird sogleich im Himmel gutgeheißen. Da hast du deine Arbeit offen zurück, Seine Heiligkeit hat sie gesehen.« Da erhob ich meine Stimme und rief: »Ich danke Gott, daß ich nun sagen kann, was an dem Worte eines Papstes ist.«

Der Statthalter tobte mit Worten und Gebärden auf eine ganz unvernünftige Art herum; als er aber sah, daß ihm dies nichts nützte, gab er es auf, nahm einen einigermaßen freundlichen Ton an und sagte zu mir: »Benvenuto, es tut mir wirklich leid, daß du deinen eigenen Vorteil nicht einsehen willst. So geh denn und bringe die fünfhundert Taler, sobald du willst, dem Pompeo.« Ich nahm meine Arbeit, ging nach Hause und brachte die fünfhundert Taler sofort dem Pompeo. Der Papst hatte gedacht, es würde mir ungelegen oder vielleicht auch unlieb sein, sofort das Geld hergeben zu müssen, und er hatte mich dadurch in seinem Dienst festhalten wollen; als aber nun Pompeo mit dem Gelde in der Hand lächelnd vor ihn hintrat, da schimpfte er. Es ärgerte ihn, daß die Sache so abgelaufen war und er sagte zu ihm: »Geh zu Benvenuto in seine Werkstatt; tu mit ihm so freundlich, wie du dummes Vieh es nur vermagst, und sage ihm, wenn er mir die Arbeit zu einer Monstranz fertig machen wolle, so daß ich bei der Fronleichnamsprozession den Leib des Herrn darin tragen könne, werde ich ihm alle Bequemlichkeiten zugestehen; nur soll er arbeiten.«

Pompeo kam zu mir, rief mich aus der Werkstatt und sagte mir mit seiner täppischen Eselsfreundlichkeit alles, was der Papst ihm aufgetragen hatte. Ich antwortete ihm sofort: »Ich wünsche mir auf der ganzen Welt keinen größeren Schatz, als daß ich die Gnade eines so großmächtigen Papstes wiedererlange, die ich nicht durch eigene Schuld, sondern durch meine entsetzliche Krankheit und durch die Bosheit neidischer und schadenfroher Menschen verloren habe. Der Papst hat ja so viele Diener; darum möge er um Eurer selbst willen in dieser Kunst nicht mehr Euch zu mir schicken. Ich rate Euch, nehmt Euch in acht. Ich werde Tag und Nacht unaufhörlich daran denken, wie ich dem Papst dienen kann, und werde alles tun, was ich vermag. Denkt nur daran, was Ihr dem Papst über mich gesagt habt und mischt Euch durchaus nicht in meine Angelegenheiten, sonst werde ich Euch so heimzahlen, daß Ihr Euren Irrtum bereuen sollt[9].«

Der Mensch hinterbrachte dem Papst alles, was ich gesagt hatte und machte es noch viel schlimmer, als es gewesen war. In diesem Zustand blieben die Dinge eine Weile; ich arbeitete in meiner Werkstatt und betrieb meine Geschäfte.

---

[9] Den unvollendeten Kelch versetzte Benvenuto später bei Bindo Altoviti für zweihundert Goldgulden. Herzog Cosimo der Erste ließ ihn durch seinen Kammerherrn Storza Almeni auslösen und von dem Florentiner Goldschmied Niccolò Santini vollenden. Er schenkte ihn dem Papst Pius dem Fünften, als dieser ihn im Jahre 1569 zum Großherzog von Toskana krönte. – Der Kelch ist später verloren gegangen.

DREIZEHNTES KAPITEL
1533 – 1534

*Benvenuto verliebt sich in eine sizilianische Kurtisane namens Angelica,
welche von ihrer Mutter geschwind nach Neapel geführt wird.
Seine Verzweiflung über den Verlust der Geliebten.
Er wird mit einem sizilianischen Priester bekannt, der sich mit Zauberei abgibt.
Zeremonien, deren er sich bedient. Benvenuto ist bei den
Beschwörungen gegenwärtig, in Hoffnung, seine Geliebte wieder zu erlangen.
Wunderbare Wirkung der Beschwörung. Ihm wird versprochen,
er solle Angelica innerhalb eines Monats wiedersehen.
Streit zwischen ihm und Herrn Benedetto, den er tödlich mit einem Stein
verwundet. Pompeo von Mailand berichtet dem Papst,
Benvenuto habe den Goldschmied Tobia umgebracht. Seine Heiligkeit
befiehlt dem Gouverneur von Rom, den Mörder
zu ergreifen und auf der Stelle hinrichten zu lassen. Er entflieht
und begibt sich nach Neapel. Auf dem Wege trifft er
einen Freund, Solosmeo, den Bildhauer.*

DER GOLDSCHMIED Tobia hatte unterdessen die Fassung und Verzierung jenes Einhornes fertig gemacht; außerdem hatte der Papst ihm aufgetragen, den Becher, den er gesehen hatte, sogleich anzufangen und ihn nach dem Muster des meinigen zu gestalten. Als er sich aber die Arbeit von Tobia zeigen ließ, war er übel zufrieden und bedauerte sehr, mit mir gebrochen zu haben: er schalt auf die Werke des Tobia und auf alle jene, die ihm den Mann empfohlen hatten. Baccino della Croce kam mehrere Male zu mir im Auftrag des Papstes; ich solle doch die Monstranz fertig machen. Ich gab ihm zur Antwort, ich bäte Seine Heiligkeit, sie möchte mich doch von der eben überstandenen schweren Krankheit mich erholen lassen; ich wäre meiner Genesung noch nicht ganz sicher, aber ich würde Seiner Heiligkeit zeigen, daß ich alle Stunden, die ich arbeiten könnte, nur Ihrem Dienst widmete. Ich hatte ihn heimlich gezeichnet und arbeitete nun an einer Schaumünze mit seinem Bilde; die Stahlstempel zur Prägung dieser Münze fertigte ich in meinem Hause an; in meiner Werkstatt hielt ich einen Gesellen namens Felice[1], der früher mein Lehrbursche gewesen war.

Ich hatte mich zu jener Zeit, wie junge Männer zu tun pflegen, in ein sehr

---

[1] Er hieß mit Beinamen Guadagni.

schönes sizilianisches Mädchen verliebt; auch sie hing mit großer Zärtlichkeit an mir, ihre Mutter aber merkte unsere Liebschaft und ahnte etwas von meiner Absicht, mit dem Mädchen ohne Wissen der Mutter heimlich auf ein Jahr nach Florenz zu gehen. Infolgedessen verließ sie eines Nachts in aller Heimlichkeit Rom und reiste nach Neapel; angeblich ging sie nach Civitavecchia, in Wirklichkeit aber über Ostia nach Neapel. Ich verfolgte sie nach Civitavecchia und stellte unglaubliche Torheiten an, um sie wiederzufinden. Es wäre zu umständlich, dies alles zu erzählen; genug, ich war nahe daran, entweder verrückt zu werden oder zu sterben.

Zwei Monate darauf schrieb sie mir, sie befinde sich in Sizilien und es gehe ihr sehr schlecht. Ich hatte mich indessen in alle möglichen Vergnügungen gestürzt und mich in eine andere Liebschaft eingelassen, um nur dieses Mädchen zu vergessen.

Bei diesem tollen Lebenswandel war ich mit einem sizilianischen Priester bekannt geworden, der ein Mann von erhabenem Geiste war und recht gute Kenntnisse im Lateinischen und im Griechischen besaß. Als eines Tages das Gespräch auf die Kunst der Zauberei kam, sagte ich zu ihm: »Ich habe zeit meines Lebens den sehnlichsten Wunsch gehabt, etwas von dieser Kunst zu sehen oder zu hören.«

Der Priester erwiderte: »Starken und sicheren Gemütes muß sein, wer solchen Beginnens sich unterfangen will.« Ich antwortete, Stärke und Sicherheit des Gemütes hätte ich mehr als genug, wenn ich nur wüßte, wie es anzufangen wäre. Darauf der Priester: »Wenn es dir genügt, dergleichen zu sehen, so kann ich dich vollauf zufriedenstellen.«

Wir verabredeten nun, das Werk zu unternehmen, und eines Abends erklärte der Priester sich bereit und sagte mir, ich solle einen oder auch zwei Gefährten suchen. Ich rief meinen guten Freund Vincenzio Romoli und dieser brachte einen Pistojeser mit, der sich ebenfalls mit der schwarzen Kunst befaßte. Wir gingen ins Kolosseum; dort kleidete der Priester sich wie ein Zauberer und zeichnete mit allen erdenklichen schönen Zeremonien Kreise auf die Erde. Er hatte uns Feuer und köstliches Räucherwerk, aber auch stinkendes Zeug mitbringen lassen.

Als er fertig war, machte er einen Zugang zum Zirkel und führte uns an der Hand einen nach dem anderen hinein. Hierauf teilte er jedem seine Aufgabe zu: den Fünfstern gab er dem anderen Schwarzkünstler in die Hand, und uns beiden anderen lag es ob, das Feuer zu unterhalten und das Räucherwerk zu verbrennen. Nun begannen die Beschwörungen; sie dauerten länger als anderthalb Stunden: es erschienen etliche Legionen Teufel, so daß das ganze Kolosseum voll davon war. Als der Priester bemerkte, daß so viele Teufel anwesend waren, wandte er sich zu mir, der ich mit dem Aufwerfen des köstlichen Räucherwerks beschäftigt war und sagte: »Benvenuto, verlange etwas von ihm!« Ich sagte, sie sollten veranstalten, daß ich wieder mit meiner Sizilianerin Angelica zusammenkomme.

In jener Nacht erhielten wir keine Antwort; doch war ich mit unserem Werk sehr wohl zufrieden. Der Zauberer sagte, wir müßten noch ein anderes Mal hingehen; dann würde ich alle meine Wünsche erfüllt sehen, ich müßte jedoch einen Knaben mitbringen, der noch ganz keusch wäre. Ich nahm meinen Lehrburschen, der etwa zwölf Jahre alt war, und lud abermals Vincenzio Romoli ein; auch nahm ich einen gewissen Agnolino Gaddi mit, weil er unser Hausfreund war.

Wir gingen wieder an denselben Ort. Der Zauberer traf seine Vorbereitungen mit derselben oder noch größeren Umständlichkeit und führte uns dann in den Zirkel, für den er diesmal noch kunstvollere und noch seltsamere Zeremonien bereitet hatte. Dann trug er meinem Vincenzio und dem Agnolino Gaddi auf, für das Feuer und das Räucherwerk zu sorgen, gab mir den Fünfstern in die Hand und befahl mir diesen so zu halten, wie er mir angeben würde; unter dem Fünfstern stand mein kleiner Lehrjunge. Nun begann der Schwarzkünstler die schrecklichsten Beschwörungen anzustellen: Er rief die Teufel, die alle jene Legionen anführten, bei ihren Namen und rief sie im Namen und bei der Macht des unerschaffenen, lebendigen und ewigen Gottes, in hebräischen, auch griechischen und lateinischen Worten an. Da erfüllte sich binnen kurzer Zeit das ganze Kolosseum noch mit hundertmal so vielen Teufeln, als das erstemal dagewesen waren. Vincenzio unterhielt zusammen mit Agnolino das Feuer und verbrannte große Mengen köstlichen Räucherwerkes. Ich aber verlangte auf Befehl des Zauberers abermals, mit Angelica zusammen sein zu können. Da wandte sich der Zauberer zu mir und sprach: »Hörst du, was sie gesagt haben? In einem Monat wirst du mit ihr zusammen sein.« Hierauf bat er mich abermals, ich möchte getreulich zu ihm halten, denn es seien so viele Legionen von Teufeln mehr erschienen, als er gerufen habe, und es seien Teufel von der gefährlichsten Art; nachdem sie meine Bitte bewilligt hätten, müßten wir freundlich mit ihnen umgehen und in aller Geduld sie entlassen.

Der Knabe, der unter dem Fünfstern stand, rief in entsetzlicher Angst, es wären eine Million grimmiger Männer da, die uns alle bedrohten; außerdem wären ihm vier ungeheure bewaffnete Riesen erschienen, die zu uns eindringen wollten. Unterdessen bemühte sich der Schwarzkünstler vor Furcht zitternd, mit sanften und freundlichen Worten nach besten Kräften die Teufel fortzuschicken. Vicenzio Romoli zitterte wie Espenlaub und räucherte unaufhörlich. Ich hatte ebensoviele Angst wie die anderen, bemühte mich aber keine

Furcht zu zeigen und stärkte dadurch ihnen allen den Mut; als ich aber die Angst des Schwarzkünstlers sah, da wäre ich beinahe gestorben. Der Knabe hatte seinen Kopf zwischen die Knie genommen und sagte: »So will ich sterben, wir sind des Todes.« Da sagte ich zum Knaben: »Diese Geschöpfe sind alle unter uns in der Hölle, und was du siehst, ist nur Rauch und Schatten; hebe nur die Augen auf!«

Er tat es und sagte von neuem: »Das ganze Kolosseum brennt und das Feuer kommt auf uns zu!« Er schlug die Hände vors Gesicht und rief wieder, er sei des Todes und wolle nichts mehr sehen. Der Schwarzkünstler nahm seine Zuflucht zu mir; er bat mich, standhaft zu bleiben und mit Zaffetica[2] zu räuchern. Ich wandte mich zu Vincenzio Romoli und befahl ihm, schnell Zaffetica aufzustreuen. Während ich dies sagte, sah ich Agnolino Gaddi an; er hatte solche Angst, daß ihm die Augen quer im Kopfe standen und daß er mehr als halb tot war. Ich sagte zu ihm: »Agnolino, hier darf man keine Furcht haben, sondern muß sich rühren und einander beistehen. Streue schnell Zaffetica auf!«

Als nun Agnolino sich zum Feuer wenden wollte, besudelte er sich mit Donnergeräusch und so reichlich, daß es viel stärker stank als die Zaffetica. Da aber der Knabe den ungeheuren Gestank roch und den großen Knall vernahm, erhob er den Kopf, und als er mich lachen hörte, erholte er sich ein wenig von seiner Furcht und sagte, die Teufel begännen bereits, in großer Eile sich zu entfernen. So blieben wir bis zum Morgenläuten. Da sagte der Junge, es seien nur noch wenige da und diese ständen ganz in der Ferne.

Nachdem der Zauberer alle seine Zeremonien gemacht hatte, warf er seinen Zaubermantel ab und nahm den großen Packen Bücher an sich, den er weggebracht hatte. Dann verließen wir alle miteinander den Kreis, indem wir uns eng zusammendrückten. Der Knabe, der sich in die Mitte gestellt hatte, hielt den Zauberer am Wams und mich am Mantel fest. Während wir nach den Bänken gingen, wo wir wohnten, sagte er nun unaufhörlich, zwei von den Teufeln, die er im Kolosseum gesehen hätte, sprängen vor uns her und liefen bald über die Dächer, bald über die Straße. Der Zauberer sagte: so oft er auch schon im Zauberkreis gestanden wäre, etwas so Ungeheuerliches sei ihm doch noch nicht begegnet. Er suchte mich zu überreden, mit ihm zusammen ein Buch zu weihen; dadurch würden wir ungeheure Reichtümer erlangen, die wir von den Teufeln fordern könnten; sie müßten uns die Schätze anzeigen, von denen die ganze Erde voll ist, und auf diese Art würden wir sehr reich werden; die Liebesgeschichten seien eitler Unsinn und brächten nichts ein. Ich antwortete

---

2 Asa foetida, Stinkasant, Teufelsdreck; gehärteter Milchsaft aus der Wurzel vorderasiatischer Doldengewächse; Aphrodisiakum.

ihm: wenn ich nur Latein verstände, würde ich sehr gerne so etwas tun. Er aber erwiderte mir: die lateinische Sprache hätte für mich gar keinen Zweck; Leute, die gut Latein verständen, fände er soviel er wollte; noch niemals aber hätte er einen gefunden, der so festen Mut gehabt hätte wie ich; darum sollte ich unbedingt seinem Rate folgen. Unter solchen Gesprächen kamen wir nach Hause; in der folgenden Nacht träumten wir alle von Teufeln.

Als wir uns am Tage wiedersahen, setzte der Schwarzkünstler mir zu, ich solle ihm doch bei seinem Unternehmen helfen. Ich fragte ihn, wieviel Zeit denn dafür nötig wäre und wohin wir reisen müßten. Er antwortete mir, wir brauchten weniger als einen Monat, um unser Beginnen durchzuführen und der günstigste Ort wäre in den Bergen von Norcia gelegen. Sein Meister habe zwar auch hier in der Nähe, bei der Abtei Farfa[3], Beschwörungen angestellt; er habe jedoch dabei große Schwierigkeiten gehabt, die in den Bergen von Norcia nicht vorhanden seien. Die Bauern von Norcia wären zuverlässige Leute, die in solchen Dingen Bescheid wüßten und uns im Notfall ausgezeichnete Dienste leisten könnten. Der zauberkundige Priester hatte mich vollständig überzeugt; ich war gern bereit mit ihm das Werk zu unternehmen; ich sagte ihm jedoch, zuerst wolle ich die Schaumünze für den Papst fertig machen. Von dieser wußte nur der Priester und sonst kein Mensch, und ich bat ihn, die Sache geheim zu halten. Beständig fragte ich ihn, ob er wirklich glaube, daß ich zur verheißenen Zeit mit meiner Sizilianerin Angelica beisammen sein werde; denn da der Zeitpunkt schon nahe heranrückte, so wunderte ich mich sehr, daß ich gar nichts von ihr hörte. Der Zauberer sagte mir, ich würde ganz bestimmt mit ihr zusammenkommen; denn die Teufel brächen niemals ihr Wort, wenn sie es so bestimmt gegeben hätten wie in jener Nacht; ich möchte aber die Augen offen halten und mich vor Händeln in acht nehmen, in die ich dabei geraten könnte; lieber sollte ich etwas ertragen, was mir gegen die Natur ginge, denn er sähe eine große Gefahr für mich in drohender Nähe. Darum wäre es gut für mich, wenn ich mit ihm ginge, um das Buch zu weihen. Auf diese Weise würde die Gefahr vorübergehen und ich würde uns alle beide zu den glücklichsten Menschen machen.

Ich selber hatte zu dem Abenteuer noch mehr Lust als er; trotzdem sagte ich ihm, es sei ein gewisser Meister Giovanni von Castel Bolognese nach Rom gekommen; der sei ein sehr geschickter Meister in der Kunst, stählerne Stempel für Medaillen anzufertigen, wie auch ich sie mache. Es sei daher mein höchster Wunsch, mit diesem trefflichen Künstler in Wettbewerb zu treten, um der Welt etwas zu zeigen; ich hoffe, mit meiner Kunstfertigkeit und nicht mit

---

3 Ein Marktflecken in den Sabinerbergen, dreizehn Meilen von Rom.

meinem Degen meine vielen Feinde niederzuschmettern. Der Priester aber sagte immer wieder: »Um Gottes willen, lieber Benvenuto, komme mit mir und fliehe die große Gefahr, die ich dir drohen sehe!«

Ich hatte mir aber durchaus vorgenommen, zuerst meine Münze fertig zu machen. Das Ende des Monats nahte schon heran und meine Schaumünze beschäftigte mich so sehr, daß ich weder an Angelica noch an irgend etwas anderes dachte, sondern nur Sinn für meine Arbeit hatte.

Eines Abends hatte ich mich zu ungewöhnlicher Stunde, um die Zeit des Läutens, von meinem Hause nach meiner Werkstatt begeben. Ich hatte nämlich meine Werkstatt bei den Bänken, mein Häuschen aber lag hinter den Bänken und ich ging nur selten in den Laden, sondern ließ dort alles von meinem Gesellen Felice besorgen. Nachdem ich eine Zeitlang in der Werkstatt gewesen war, fiel mir ein, daß ich etwas mit Alessandro del Bene zu besprechen hätte. Schnell ging ich hinaus; unter den Bänken aber traf ich einen guten Freund von mir namens Benedetto. Er war ein Notar, aus Florenz gebürtig und der Sohn eines blinden Bettlers, der aus Siena stammte. Dieser Herr war viele Jahre in Neapel gewesen; später war er nach Rom zurückgekehrt, wo er für das senesische Handelshaus Chigi Geschäfte machte. Mein Geselle hatte ihn sehr oft um eine Summe gemahnt, die er ihm für einige anvertraute Ringe schuldete; an jenem Tage hatte er ihn wieder bei den Bänken getroffen und ihn etwas barsch um das Geld gemahnt, wie es eben seine Art war. Herr Benedetto hatte sich in Gegenwart seiner Herren befunden, und als diese von dem Sachverhalt vernahmen, schalten sie ihn tüchtig aus und sagten ihm, sie würden einen anderen Geschäftsführer annehmen, denn von solchen Sachen wollten sie nichts wissen. Herr Benedetto entschuldigte sich so gut er konnte bei ihnen, indem er sagte, er hätte den Goldschmied bereits bezahlt, aber tobsüchtige Narren könnte er auch nicht bändigen. Die Senesen waren mit diesen Worten nicht zufrieden und jagten ihn auf der Stelle davon. Er eilte nun schnurstracks zu meiner Werkstatt, vielleicht um dem Felice Verdruß zu machen. Gerade in der Mitte der Bänke begegneten wir uns, und ich, der ich von nichts wußte, grüßte ihn nach meiner Gewohnheit auf das freundlichste; er aber antwortete mir mit vielen Schimpfworten. Ich erinnerte mich der Warnung des Zauberers und hielt mich nach Kräften zurück, um mich nicht von seinen Worten hinreißen zu lassen, sondern sagte: »Herr Benedetto, Herr Bruder, seid doch nicht böse auf mich! Ich habe Euch ja nichts zuleide getan und weiß gar nichts von Eurer Geschichte; was Ihr mit Felice zu tun gehabt, das macht doch mit ihm allein ab; er weiß selber, was er zu antworten hat; ich aber weiß von nichts, und darum tut Ihr unrecht, so bissig auf mich los zu fahren, besonders da Ihr wißt, daß ich nicht der Mann bin, Beleidigungen einzustecken.«

Hierauf erwiderte er, ich wisse ganz gut von allem Bescheid, er aber wolle schon mit mir fertig werden; Felice und ich seien zwei große Halunken. Es waren schon viele Leute zusammen gelaufen, um den Streit anzuhören. Von seinen groben Worten hingerissen, bückte ich mich schnell zur Erde, nahm einen Klumpen Kot – denn es hatte gerade geregnet – und holte aus, um ihm diesen ins Gesicht zu werfen. Er bückte sich und infolgedessen traf ich ihn mitten auf den Kopf. In dem Kot stak ein Stück Mauerstein mit vielen scharfen Spitzen; eine von diesen traf ihn auf den Kopf und er fiel für tot zur Erde. Er blutete so stark, daß alle Umstehenden glaubten, er sei wirklich tot.

Während er noch auf der Erde lag und einige Leute sich um ihn bemühten um ihn fortzuschaffen, kam der mehrfach erwähnte Juwelier Pompeo vorüber, nach dem der Papst wegen einiger Arbeit geschickt hatte. Als er den Mann so übel zugerichtet sah, fragte er: »Wer hat es ihm besorgt?« Man antwortete ihm: »Das hat Benvenuto getan; aber die Bestie hatte angefangen.«

Schnell lief Pompeo zum Papst und sagte zu diesem: »Allerheiligster Vater, jetzt hat der Benvenuto den Tobia erschlagen; ich habe ihn mit meinen eigenen Augen liegen sehen.« Da befahl der Papst wütend dem Statthalter, der gerade zugegen war, er solle mich fangen und sofort an der Stelle des Mordes aufhängen lassen; er solle sich schleunigst meiner bemächtigen und ihm nicht eher vor Augen kommen, als bis er mich gehängt hätte.

Als ich den unglücklichen Menschen daliegen sah, dachte ich sofort an meine eigene Haut, denn ich kannte die Macht meiner Feinde und wußte wohl, was sie mir anrichten konnten. Daher entfernte ich mich und ging in das Haus des Palastgeistlichen Giovanni Gaddi, um alles vorzubereiten, daß ich so schnell wie möglich mich aus dem Staube machen könnte. Meister Giovanni riet mir, ich solle es mit meiner Abreise nur nicht so eilig haben; es könne doch sein, daß das Unglück nicht so groß sei, wie ich glaube. Er ließ Herrn Annibale Caro rufen, der bei ihm wohnte, und trug ihm auf, sich zu erkundigen. Während er diese Befehle erteilte, erschien im Auftrage des Kardinals de' Medici[4] ein römischer Edelmann, der in dessen Dienst stand. Er rief Meister Giovanni und mich beiseite und sagte uns, was der Kardinal vom Papst gehört habe; es sei durchaus nicht möglich mir beizustehen, daher solle ich mein möglichstes tun, um der ersten Wut aus dem Wege zu gehen; einem römischen Hause dürfe ich mich nicht anvertrauen.

Als der Edelmann fortgegangen war, sah Meister Giovanni mir ins Gesicht

---

4 Ippolito, der natürliche Sohn des Bruders von Leo dem Zehnten, Giuliano, des Herzogs von Nemours. Er wurde 1529 im Alter von achtzehn Jahren Kardinal, war prachtliebend und kriegerisch und starb schon 1535, wahrscheinlich von seinem Neffen Herzog Alessandro vergiftet, gegen den er eine Verschwörung angezettelt hatte.

und sagte mir unter Tränen: »Oh weh, ich Armer! Daß ich dir nicht helfen kann!« Ich antwortete ihm: »Mit Gottes Hilfe will ich schon allein durchkommen, ich bitte Euch nur mir mit Euren Pferden auszuhelfen.«

Er hatte bereits Befehl gegeben, einen türkischen Rappen zu satteln, den schnellsten und besten Gaul in ganz Rom. Ich bestieg ihn und ritt davon; auf dem Sattelbogen hielt ich eine Radschloßbüchse vor mir schußbereit, um mich nötigenfalls zu verteidigen. Als ich am Ponte Sisto ankam, fand ich dort die ganze Schar der Häscher zu Pferde und zu Fuß; da machte ich aus der Not eine Tugend, gab herzhaft meinem Pferde ein bißchen die Sporen und kam mit Gottes Hilfe, der ihre Augen verblendete, frei hindurch. Dann ritt ich, so schnell ich konnte, nach Palombara, einem Dorfe, das dem Herrn Giovanni Batista Sovelli gehörte. Von dort schickte ich Herrn Giovanni das Pferd zurück, indem ich verbot, ihm zu sagen, wo ich mich befände. Herr Giovanni Batista pflegte mich zwei Tage lang und riet mir dann nach Neapel zu reisen, bis die erste Wut verraucht sei. Er ließ mich mit einer Bedeckung bis zur Neapolitanischen Straße bringen. Auf dieser fand ich einen mir befreundeten Bildhauer, der nach San Germano ging, um das Grabmal des Herrn Pietro de Medici in Monte Casini fertig zu machen. Er hieß Solosmeo[5]. Er erzählte mir, daß Papst Klemens am selbigen Abend noch einen seiner Kammerherrn ausgesandt habe, um sich zu erkundigen, wie es mit Tobia stehe. Er fand diesen bei der Arbeit; dem Mann fehlte nichts und er wußte von nichts. Der Kammerherr berichtete dies dem Papst, der sich darauf zu Pompeo wandte und ihm sagte: »Du bist ein ruchloser Mensch; aber ich versichere dir, du hast eine Schlange aufgestochert; sie wird dich beißen, und dir wird ganz recht geschehen.« Dann sprach er mit dem Kardinal de' Medici und trug ihm auf, er möchte sich ein wenig um mich kümmern, denn um alles in der Welt wollte er mich nicht verlieren.

Solosmeo aber und ich ritten singend auf Monte Casini zu, um miteinander nach Neapel zu reisen.

---

5 Antonio di Giovanni da Settignano il Solosmeo, Schüler des Malers Andrea del Sarto und des Bildhauers Andrea Sansovino.

VIERZEHNTES KAPITEL
1534

*Benvenuto gelangt glücklich nach Neapel. Dort findet er
seine Geliebte Angelica und ihre Mutter.
Sonderbare Zusammenkunft dieser Personen. Er wird von dem Vizekönig
von Neapel günstig aufgenommen, welcher versucht,
ihn in seinen Diensten zu behalten. Angelicas Mutter macht ihm
zu harte Bedingungen. Er nimmt die Einladung
des Kardinals von Medici nach Rom an, da der Papst den Irrtum
wegen Tobias Tod schon entdeckt hat.
Besonderes und galantes Abenteuer auf der Straße. Er kommt glücklich nach Rom,
wo er hört, daß Benedetto von seiner Wunde genesen ist.
Er schlägt eine schöne Medaille auf Papst Klemens und wartet
Seiner Heiligkeit auf. Was ihm in dieser Audienz
begegnet. Der Papst vergibt ihm und nimmt ihn in seine Dienste.*

Nachdem Solosmeo seine Arbeit in Monte Casini erledigt hatte, ritten wir zusammen nach Neapel. Eine halbe Miglie von Neapel kam uns ein Wirt entgegen, der uns in sein Gasthaus einlud und uns sagte: er sei viele Jahre in Florenz bei Carlo Ginori[1] gewesen und wenn wir bei ihm einkehrten, würde er uns auf das beste verpflegen, weil wir Florentiner wären. Wir sagten ihm mehrere Male, wir wollten nicht bei ihm einkehren, er aber ritt bald vor und bald hinter uns her und sagte immer wieder dasselbe: er möchte uns gerne in seiner Herberge haben. Endlich fragte ich den Lästigen, ob er mir vielleicht eine Sizilianerin namens Beatrice nachweisen könne; sie habe eine schöne Tochter, Angelica, und beide seien Kurtisanen. Der Wirt glaubte, ich wolle ihn foppen und sagte: »Hole die Pest alle Kurtisanen und ihre Freunde!« Hiermit gab er dem Pferd die Sporen, ritt davon und ließ uns in Ruhe. Ich freute mich, auf so gute Art diesen Kerl los geworden zu sein, zugleich aber machte die Erinnerung an meine große Liebe zu Angelica mir nicht wenig Schmerzen. Während ich nun mit Solosmeo nicht ohne manchen verliebten Seufzer darüber sprach, sahen wir den Wirt in aller Eile zurückreiten. Er rief uns zu: »Vor zwei oder drei Tagen sind neben meinem Gasthof eine Frau und ein Mädchen eingezogen, die so heißen; ob sie aus Sizilien oder anderswo her sind, weiß ich nicht.«

---

1 Carlo Ginori war Gonfaloniere in den beiden ersten Monaten des Jahres 1527. Vasari erwähnt ihn mehrfach als Freund der Künste und Beschützer der Künstler.

ein Hund mit goldener Nase

Ich sagte zu ihm: »Der Name Angelica hat solche Macht über mich, daß ich nun doch in deinem Hause einkehren will.« Wir ritten nun mit dem Wirt nach Neapel hinein und stiegen in seiner Herberge ab. In meiner Ungeduld brachte ich mit größter Eile meine Sachen in Ordnung, dann ging ich in das Nebenhaus und fand dort meine Angelica, die mich mit unendlicher Freude herzte und liebkoste; ich blieb von zweiundzwanzig Uhr bis zum anderen Morgen bei ihr und genoß unvergleichliche Wonnen. Während ich in diesen Freuden schwelgte, fiel mir plötzlich ein, daß gerade an diesem Tage der Monat zu Ende ging, den ich nach dem Versprechen der Teufel im Zauberkreise warten sollte. So bedenke nun ein jeder, der sich mit den Teufeln einläßt, welche übermenschliche Gefahren ich zu bestehen hatte.

Zufällig hatte ich in meinem Felleisen einen Diamanten, der mir bei der Zunft zum Kauf angeboten worden war. War ich auch noch jung, so kannte man mich doch auch in Neapel als einen tüchtigen Meister und nahm mich auf das freundlichste auf, besonders ein trefflicher Goldschmied namens Domenico Fontana. Dieser wackere Meister ging während der drei Tage, die ich in Neapel war, nicht in seine Werkstatt, sondern begleitete mich und zeigte mir viele herrliche Altertümer in und vor der Stadt. Außerdem führte er mich zum Vizekönig[2] von Neapel, der ihm hatte sagen lassen, er habe Lust mich kennen zu lernen. Seine Exzellenz empfing mich mit großen Ehren, und während wir miteinander sprachen, fiel dem Herrn mein Diamant in die Augen; er ließ ihn sich von mir zeigen und sagte: wenn ich den Ring abzugeben hätte, so möchte ich doch ja an ihn denken. Ich nahm den Ring, steckte ihn an seinen Finger und sagte: »Der Ring und ich stehen Euer Exzellenz zu Diensten.« Er erwiderte, der Diamant sei ihm sehr wertvoll, aber noch viel wertvoller würde es ihm sein, wenn ich bei ihm bliebe; er wolle mit mir einen Vertrag machen, daß ich ihn loben solle.

Wir wechselten viele höfliche Worte miteinander, schließlich aber kam das Gespräch wieder auf den Diamanten, und der Vizekönig befahl mir, ich solle ihm sofort den Preis nennen, den ich für recht halte. Ich antwortete, der Preis sei genau zweihundert Taler. Seine Exzellenz sagte, das sei nach ihrer Meinung keine unbillige Forderung, besonders da der Ring von meiner Hand gefaßt sei; denn er kenne mich als den ersten Meister der Welt, und wenn ein anderer den Stein gefaßt hätte, würde er nicht so prächtig aussehen. Ich antwortete ihm, der Stein sei nicht von meiner Hand gefaßt und sei überhaupt nicht gut gefaßt; er

---

2 Pedro Alvarez von Toledo, Marquis von Villafranca, ein Oheim des berühmten Herzogs von Alba, war von 1532 an etwa zwanzig Jahre lang Vizekönig von Neapel und regierte mit solcher Weisheit, daß er der »Große Vizekönig« genannt wurde.

sei außerordentlich gütig zu mir, aber wenn ich den Ring von neuem fassen würde, würde er einen weit größeren Wert erhalten. Mit diesen Worten drückte ich mit dem Daumennagel den Diamanten aus seinem Kasten, putzte ihn und reichte ihn dem Vizekönig zurück, der darüber sehr erstaunt und sehr zufrieden war und mir eine Anweisung gab, daß die verlangten zweihundert Taler mir ausgezahlt werden sollten.

In meiner Herberge fand ich einen Brief vom Kardinal de Medici; er schrieb mir, ich solle eilig nach Rom zurückkehren und gleich beim Hause Seiner Eminenz absteigen. Ich las meiner Angelica den Brief vor, und sie bat mich liebevoll unter Tränen, ich solle doch in Neapel bleiben oder sie mitnehmen. Ich antwortete ihr, wenn sie mit mir ginge, wollte ich ihr die vom Vizekönig erhaltenen zweihundert Taler zur Aufbewahrung geben. Als nun die Mutter sah, daß wir allen Ernstes den Plan besprachen, trat sie zu uns und sagte zu mir: »Benvenuto, wenn du meine Angelica nach Rom mitnehmen willst, so laß mir doch fünfzehn Dukaten hier, damit ich niederkommen kann; später will ich dann nachkommen.« Ich sagte der alten Vettel, ich wolle ihr gerne dreißig geben, wenn sie mir meine Angelica geben wolle.
Nachdem wir hierauf einig geworden waren, bat Angelica mich, ihr ein Kleid von schwarzem Samt zu kaufen, der in Neapel billig sei. Ich willigte in alles ein, ließ den Samt holen und bezahlte ihn. Da glaubte die Alte, sie könne mich um den Finger wickeln, verlangte für sich ein feines Tuchkleid, viele andere Sachen für ihre Tochter und noch viel mehr Geld, als ich ihr bereits geboten hatte. Da fragte ich sie in aller Freundlichkeit: »Meine liebe Beatrice, genügt das nicht, was ich dir angeboten habe?«
»Nein!« antwortete sie. Darauf versetzte ich: was ihr nicht genug sei, mir sei es genug, küßte lachend meine weinende Angelica, sagte ihr Lebewohl und reiste sofort nach Rom zurück.

Ich reiste noch in derselben Nacht von Neapel ab; mein Geld trug ich auf dem Leibe, um nicht aus dem Hinterhalt überfallen und ermordet zu werden, wie es in Neapel gewöhnlich ist. Als ich an die Brücke über den Selice³ kam, da griffen mich mehrere Reiter an, die mich ermorden wollten; ich entrann ihnen jedoch dank meiner Schlauheit und Tapferkeit. Einige Tage später ließ ich Solosmeo bei seiner Arbeit in Monte Casini und reiste allein weiter. Da ich zur Zeit des Frühstücks nach dem Gasthof in Anagni kam, schoß ich in der Nähe des Hauses mit meiner Büchse nach Vögeln und erlegte einige; dabei verletzte mir ein eiserner Stift am Schloß meines Stutzens die rechte Hand. Obwohl die Wunde nicht von Bedeutung war, sah sie doch ziemlich gefährlich aus, weil das

---

3   Zwischen Capua und Aversa, etwa zwölf Meilen von Neapel.

Blut sehr stark floß. Ich ging in das Wirtshaus, brachte mein Pferd in den Stall und stieg nach einem Altan hinauf, wo ich viele neapolitanische Edelleute fand, die sich eben zu Tische setzen wollten; in ihrer Gesellschaft war ein junges Fräulein von einer Schönheit, wie ich sie nie gesehen hatte. Hinter mir her kam mein verwegen aussehender Diener mit einer großen Hellebarde in der Hand. Der Anblick der Waffe und des Blutes jagte den armen Edelleuten die größte Angst ein, besonders da der Ort als Mördernest bekannt war. Sie sprangen vom Tisch auf und flehten voller Schrecken den lieben Gott um Hilfe an. Ich rief ihnen lachend zu, Gott habe ihnen bereits geholfen, denn ich sei der Mann, um sie gegen jeden Angreifer zu verteidigen. Als ich sie dann um einigen Beistand bat, um meine Hand zu verbinden, nahm das schöne Fräulein ihr reich mit Gold gesticktes Schnupftuch und wollte mich damit verbinden. Dies wollte ich nicht; sie aber riß es schnell mitten durch und verband mich eigenhändig mit der größten Anmut. Da sie sich nun einigermaßen beruhigt hatten, so speisten wir recht fröhlich. Nach dem Essen stiegen wir zu Pferde und reisten in Gesellschaft weiter. Die Edelleute hatten immer noch etwas Furcht; darum ließen sie mich klugerweise mit der Dame plaudern, während sie selber ein wenig zurückblieben. Ich winkte meinem Diener, er solle ebenfalls hinten bleiben und ritt auf meinem schönen Pferdchen immer neben ihr her. Wir sprachen von Dingen, die man nicht beim Apotheker kaufen kann, und so kam ich auf die angenehmste Weise nach Rom.

Dort angekommen, stieg ich bei dem Palazzo des Kardinals de' Medici ab; ich ging sogleich zu Seiner Eminenz, wartete ihm auf und dankte ihm herzlich, daß er mich hatte zurückkommen lassen. Sodann bat ich ihn, er möchte mich vor dem Gefängnis und womöglich vor der Geldstrafe schützen. Es machte dem Herrn viel Vergnügen, mich zu sehen, und er sagte mir, ich solle nur unbesorgt sein. Hierauf wandte er sich an einen seiner Edelleute, den Senesen Herrn Pierantonio Pecci[4] und sagte ihm, er möchte in seinem Namen dem Bargello bedeuten, daß er nicht wagen solle, mich anzurühren. Hierauf fragte er ihn, wie sich der Mann befände, dem ich den Stein auf den Kopf geschlagen hätte. Herr Pierantonio antwortete, es gehe dem Mann schlecht und es werde ihm noch schlechter gehen; denn als er erfahren habe, daß ich nach Rom zurückkehren wolle, habe er gesagt, er wolle mir zum Verdruß sterben. Da lachte der Kardinal laut auf und sagte: »Besser konnte er es uns nicht zeigen, daß er aus Siena war[5].« Dann wandte er sich zu mir und sagte: »Gedulde dich

---

[4] Er trat später in die Dienste der Katharina von Medici; er machte dann einen Versuch, Siena aus der Gewalt der Spanier in die der Franzosen zu bringen und wurde als Rebell geächtet.
[5] Die Senesen standen damals im Rufe eitler Toren; einen ergötzlichen Typ hat Aretino im Messer Maco seiner Komödie ›La Cortigiana‹ gezeichnet. Dante nennt sie *gente vana* und behauptet, sie seien noch eitler als

um unser-, um deinetwillen noch vier oder fünf Tage und arbeite nicht unter den Bänken. Dann kannst du gehen, wohin du willst, und die Narren mögen sterben, soviel sie Lust haben.«

Ich ging nach Hause und arbeitete an der Vollendung der angefangenen Schaumünze mit dem Bildnis des Papstes Klemens weiter; ich hatte dazu eine Kehrseite entworfen, worauf eine Friedensgöttin dargestellt war. Dies war ein junges Weib in leichten Gewändern, das mit einer Fackel in der Hand einen Haufen Waffen verbrannte, die wie eine Trophäe zusammengebunden waren. Im Hintergrunde sah man einen Teil von einem Tempel, worin die Wut mit vielen Ketten gefesselt lag; rund herum stand die Inschrift: *Clauduntur belli portae.*

Während ich die Schaumünze fertig machte, war der von mir Verwundete genesen. Der Papst fragte unaufhörlich nach mir, so daß ich mich schon hütete, mich vor dem Kardinal de' Medici sehen zu lassen, denn jedesmal, wenn Seine Eminenz mich sah, gab sie mir irgend einen bedeutenden Auftrag und dadurch wurde ich an der Vollendung meiner Medaille stark gehindert. Endlich übernahm Herr Piero Carnesecchi[6], der beim Papst in hoher Gunst stand, die Aufgabe, mich wieder an den Hof zu ziehen. Er gab mir in geschickter Weise zu verstehen, wie sehr es der Wunsch des Papstes sei, daß ich für ihn arbeiten möge. Ich antwortete ihm: in wenigen Tagen werde ich Seiner Heiligkeit beweisen, daß ich niemals ihren Dienst verabsäumt habe.

Wenige Tage darauf war meine Schaumünze fertig und ich schlug sie in Gold, Silber und Kupfer. Ich zeigte sie dem Herrn Pietro, und dieser führte mich sofort zum Papst. Dies geschah an einem Apriltage nach Tisch bei schönem Wetter; der Papst war im Belvedere, und als ich vor Seine Heiligkeit

---

die Franzosen – aber Dante verabscheute als Florentiner die Senesen; außerdem ist er vielleicht oft ungerecht und voreingenommen. Der Anlaß zu seiner Entrüstung erscheint jedenfalls jetzt einigermaßen komisch: er regt sich darüber auf, daß eine Gesellschaft junger Leute aus Siena und der Umgegend ihr Hab und Gut in Saus und Braus durchbrachten. Da die jungen Leute das lustige Leben zwanzig Monate lang fortsetzten, »bis alles alle war«, so haben sie doch offenbar Vergnügen daran gehabt – und warum sollte das nicht 200 000 Goldgulden wert sein? Ihr »Klubhaus«, die sogenannte »Consuma«, ist noch erhalten (allerdings wohl mit einem neuen Oberbau). Es liegt ganz in der Nähe des Bahnhofs an der Via Garibaldi und trägt auf einer Marmortafel eine unfreiwillig komische Inschrift, worin die vergeudeten 200 000 Goldgulden in den Tageskurs von etwa 1895 umgerechnet sind. Sie lauten auf deutsch ungefähr folgendermaßen: »In diesem Hause verpraßte eine Gesellschaft junger Leute in zwanzig Monaten die Summe von 200 000 Goldgulden oder *Drei Millionen zweihundertsiebenundzwanzigtausendsechshundert Lire*, wofür der göttliche Dichter sie in gerechtem Zorne geißelte.« (Ich zitiere aus dem Gedächtnis; es kann wohl sein, daß die Summe ein bißchen anders lautet; aber das ändert ja an dem Witz nichts, der eine echte »Seneserei« ist.) Aber trotz alledem: wer, der Siena und die Senesen kennt, liebt nicht die Stadt und die Einwohner?

6 Er war Geheimschreiber des Papstes Klemens und stand bei diesem und den späteren Medicäern in großer Gunst. Da er sich jedoch der evangelischen Lehre zuneigte, wurde er von Cosimo dem Ersten an Papst Pius den Fünften ausgeliefert und 1567 in Rom als unbußfertiger Ketzer enthauptet und dann verbrannt.

die Verschwörung der schwarzen Teufel

im Kolosseum zu Rom

geführt wurde, überreichte ich ihr die Münzen mitsamt den Stahlstempeln. Er nahm sie, erkannte sofort die große Kunst, womit sie gearbeitet waren, sah Herrn Pietro an und sagte: »So schöne Münzen haben die Alten niemals gehabt.« Während nun er und die anderen Anwesenden bald die Stempel, bald die Münzen betrachteten, begann ich bescheiden zu sprechen und sagte: »Wenn nicht eine höhere Macht die Macht meines bösen Sterns gelähmt und verhindert hätte, womit er mich bedrohte, so würden Eure Heiligkeit ohne Ihre und meine Schuld einen treuen und eifrigen Diener verloren haben. Gewiß, Allerheiligster Vater, gilt bei solchen Gelegenheiten, wo es ums Leben geht, jenes einfältige Sprichwort, das da sagt, man muß siebenmal zeichnen bevor man einmal schneidet. Die böse, lügenhafte Zunge meines schlimmsten Feindes hat Eure Heiligkeit so leicht in Zorn versetzt, daß Sie dem Statthalter befahlen, mich sofort zu ergreifen und aufzuhängen; damit hätten Sie sich selber einen großen Schaden angetan, indem Sie sich eines Dieners beraubt hätten, den Sie selber für treu erklärt haben. Ganz gewiß würden Eure Heiligkeit vor Gott und den Menschen nicht geringe Reue hierob empfunden haben. Ein guter und rechtlicher Herr oder Vater darf nicht so übereilt seinen schweren Arm auf Diener oder Sohn niederfallen lassen; denn hinterdrein würde die Reue nichts mehr nützen. Da nun Gott den widrigen Lauf der Gestirne gehemmt und mich Eurer Heiligkeit erhalten hat, so bitte ich noch einmal, künftighin nicht so leicht mit mir zu zürnen.«

Der Papst hatte aufgehört die Medaillen zu betrachten und hörte mir mit großer Aufmerksamkeit zu. Da eine Menge Herren von großer Bedeutung anwesend waren, so errötete der Papst, wie wenn er sich schämte, und da er keinen anderen Ausweg aus der Klemme wußte, sagte er, er könne sich nicht mehr erinnern, jemals einen solchen Auftrag gegeben zu haben. Als ich dies merkte, brachte ich das Gespräch auf etwas anderes, damit er über seine Beschämung hinwegkommen möchte.

Der Heilige Vater brachte nun wieder das Gespräch auf die Schaumünzen und fragte mich, wie ich es angefangen hätte, sie so ausgezeichnet zu prägen, da sie doch so groß seien; er habe niemals antike Münzen von solcher Größe gesehen[7]. Hierüber sprachen wir eine Weile. Er mochte Angst haben, daß ich ihm noch eine zweite, noch derbere Strafpredigt hielte, und sagte mir darum, die Münzen seien sehr schön und er freue sich sehr darüber; er möchte nur gerne eine andere Rückseite nach seinem Geschmack haben, wenn es möglich

---

7 Die Medaille hat einen Durchmesser von 39 Millimetern. Die Rückseite mit dem Friedensstempel bezieht sich auf den damaligen Friedenszustand, der von 1530 bis 1536 dauerte; die mit dem Moses auf den im Auftrag des Papstes Klemens im Jahre 1528 von Antonio da Sangallo hergestellten berühmten Brunnen in Orvieto.

wäre, eine solche Münze mit zwei verschiedenen Kehrseiten zu prägen. Diese Frage bejahte ich.

Seine Heiligkeit trug mir nunmehr auf, die Geschichte darzustellen, wie Moses aus dem Felsen Wasser schlägt. Die Inschrift sollte lauten: *Ut bibat populus.* Dann sagte er: »Geh, Benvenuto! Sobald du fertig bist, will ich auch an dich denken.«

Als ich hinaus war, erklärte der Papst in Gegenwart aller Leute, er wolle mir soviel geben, daß ich reichlich leben könne, ohne je für einen anderen zu arbeiten. Ich aber arbeitete mit allem Eifer an der Kehrseite mit dem Moses.

FÜNFZEHNTES KAPITEL
1534–1535

*Papst Klemens wird krank und stirbt. Benvenuto tötet Pompeo
von Mailand. Kardinal Cornaro nimmt
ihn in Schutz. Paul III. aus dem Hause Farnese wird Papst.
Er setzt Benvenuto wieder an seinen Platz
als Stempelschneider bei der Münze. Pier Luigi, des Papstes natürlicher Sohn,
wird Benvenutos Feind. Ursache davon.
Pier Luigi bestellt einen korsikanischen Soldaten, Benvenuto
zu ermorden, der die Absicht erfährt
und nach Florenz geht.*

UNTERDESSEN WURDE der Papst krank und die Ärzte waren der Meinung, daß die Krankheit gefährlich sei. Mein Gegner hatte Furcht vor mir und dingte einige neapolitanische Soldaten, damit sie mir das Los bereiteten, das er von mir zu erleiden fürchtete. Nur mit großer Mühe konnte ich mich meiner armen Haut wehren.

Schließlich brachte ich die bestellte Rückseite meiner Münze zustande; ich trug sie zum Papst und fand diesen in sehr üblem Zustande im Bett liegen. Trotzdem war er sehr freundlich zu mir und verlangte die Münzen und die Stempel zu sehen; aber obgleich er sich Kerzen und Brille bringen ließ, vermochte er nichts mehr zu erkennen. Er betastete sie eine Zeitlang mit den Fingern; dann stieß er einen tiefen Seufzer aus und sagte zu einigen von den Umstehenden, um mich tue es ihm leid, aber wenn Gott ihm die Gesundheit wiederschenke, werde er alles ins rechte Geleis bringen.

Drei Tage darauf[1] starb der Papst, und so hatte ich meine Mühe verloren. Trotzdem war ich guten Mutes und sagte zu mir selber: Ich habe mich durch diese Medaille so bekannt gemacht, daß jeder künftige Papst mich verwenden und vielleicht besser belohnen wird. So beruhigte ich mich selber und löschte in meinem Gedächtnis alles bittere Unheil aus, das Pompeo mir angetan hatte. Die Büchse auf der Schulter und den Degen an der Seite ging ich nach Sankt Peter und küßte dem toten Papst unter Tränen die Füße; hierauf kehrte ich nach den Bänken zurück, um dem großen Getümmel zuzusehen, das bei solchen Gelegenheiten üblich ist.

Während ich mit vielen Freunden unter den Bänken saß, kam Pompeo, von zehn wohlbewaffneten Männern umgeben, an uns vorbei. Mir gegenüber blieb er stehen, wie wenn er Händel mit mir anfangen wollte. Die Freunde, die bei mir waren, lauter tapfere und kräftige Jünglinge, winkten mir, ich solle Hand anlegen. Ich überlegte mir jedoch sofort, daß ich nicht zum Degen greifen dürfte, weil daraus großer Schaden für diejenigen entstehen könnte, die gar keine Schuld daran hätten, darum hielt ich es für das beste, mein Leben ganz allein aufs Spiel zu setzen. Nachdem Pompeo ungefähr die Zeit von zwei Ave Maria stehen geblieben war, lachte er verächtlich über mich, und als er ging, lachten auch seine Leute, schüttelten die Köpfe und forderten mich auf ähnliche Weise heraus. Meine Freunde wollten zu den Waffen greifen; ich aber sagte ihnen zornig, ich sei der Mann, meine Händel allein auszufechten und brauche keinen mutigeren als mich selber; jeder möge sich um seine Sachen bekümmern. Hierüber ärgerten sich meine Freunde und gingen murrend von dannen. Unter ihnen war mein liebster Freund, Albertaccio del Bene[2], der leibliche Bruder des Herrn Alessandro und des Herrn Albizo, der heute in Lyon in großem Reichtum lebt. Dieser Albertaccio war der herrlichste und mutigste Jüngling, den ich je gekannt habe; er liebte mich wie sich selber, und da er wohl wußte, daß meine Geduld keine Feigheit, sondern höchste Kühnheit war, denn er kannte mich aufs beste, so bat er mich, ich möchte ihn doch rufen, einerlei was ich im Sinne hätte. Ich antwortete ihm: »Mein Albertaccio, teuerster Freund, die Zeit wird wohl kommen, da Ihr mir helfen könnt; aber in diesem Falle bitte ich Euch, wenn Ihr mich lieb habt, so kümmert Euch nicht um mich, sondern nur um Eure eigenen Sachen und entfernt Euch schnell, wie die anderen es getan haben; denn hier ist keine Zeit zu verlieren.«

Diese Worte sagte ich schnell. Unterdessen waren meine Feinde langsamen Schrittes von den Bänken nach der sogenannten Chiavica zu gegangen. Dort ist

---

1 Am 25. September 1534.
2 Er war ein gebildeter Mann und eleganter Schriftsteller, dabei von großem persönlichen Mut. Er fiel 1554 im senesischen Kriege in der Schlacht bei Marciano.

eine Kreuzung von Straßen, die nach verschiedenen Richtungen laufen. Das Haus meines Feindes Pompeo lag in der Straße, die gerade nach dem Campo dei Fiori führt, Pompeo aber war aus irgendeinem Anlaß bei dem Apotheker an der Ecke der Chiavica eingetreten und hatte sich dort eine Zeitlang verweilt. Wie man mir sagte, hatte er sich dort der Heldentat gerühmt, die er gegen mich ausgeübt zu haben glaubte; wie dem auch sein mag, sie war ihm nicht zum Heil. Als ich an der Ecke ankam, war er gerade aus dem Apothekerladen herausgetreten und seine Trabanten hatten schon ihren Kreis geöffnet und ihn in ihre Mitte genommen. Ich zog einen kleinen spitzen Dolch, durchbrach die Reihe seiner Leute und packte ihn so schnell und fest an der Brust, daß keiner ihm helfen konnte. Ich zielte nach seinem Gesicht und erschreckte ihn so, daß er den Kopf abwandte; infolgedessen traf ich ihn gerade unter dem Ohr. Ich stieß nun zweimal zu, aber beim zweiten Stoß fiel er mir tot in den Arm. Dies war nun freilich niemals meine Absicht gewesen[3]; aber, wie man zu sagen pflegt, das Messer kennt kein Maß.

Ich nahm den Dolch in die linke Hand und zog mit der rechten meinen Degen, um mein Leben zu verteidigen. Die Trabanten liefen jedoch alle zu dem Leichnam hin und keiner trat mir zu nahe. So ging ich denn allein die Strada Julia entlang und überlegte, wohin ich flüchten könnte.

Ich war dreihundert Schritte gegangen, da kam der Goldschmied Piloto, mein sehr lieber Freund mir nachgelaufen und sagte: »Bruder, das ist eine üble Sache! Laßt uns sehen, wie wir dich retten können.« Ich antwortete ihm: »Laß uns ins Haus des Albertaccio del Bene gehen; vor wenigen Augenblicken habe ich ihm gesagt, die Zeit werde gar bald kommen, daß ich seiner bedürfe.«

In Albertaccios Haus wurde ich mit unermeßlicher Liebe empfangen und bald kamen von den Bänken her die vornehmsten Jünglinge aller Nationen, mit Ausnahme der Mailänder, und alle erboten sich, ihr Leben daran zu setzen um mein Leben zu retten. Auch Herr Luigi Rucellai[4] stellte mir auf das dringlichste seine ganze Habe zur Verfügung; dasselbe taten viele andere große Herrn seinesgleichen; denn alle gaben mir recht und waren der Meinung, der Mensch habe mich zu sehr gequält und es sei nur zu verwundern, daß ich es so lange ertragen habe.

In diesem Augenblick schickte Kardinal Cornaro[5], der die Sache erfahren, aus eigenem Antrieb dreißig Soldaten mit Hellebarden, Piken und Büchsen,

---

3 Trotz dieser Versicherung kann man wohl annehmen, daß Benvenuto den Zeitpunkt des Mordes mit Vorbedacht wählte; denn derartige Frevel, die während einer Sedisvakanz vorfielen, wurden nie bestraft, da mit dem neuen Papst unfehlbar eine allgemeine Amnestie kam.
4 Er war nach dem Fall der Florentiner Republik nach Rom ausgewandert.
5 Francesco, ein Bruder des im vierten Kapitel erwähnten Kardinals Marco Cornaro.

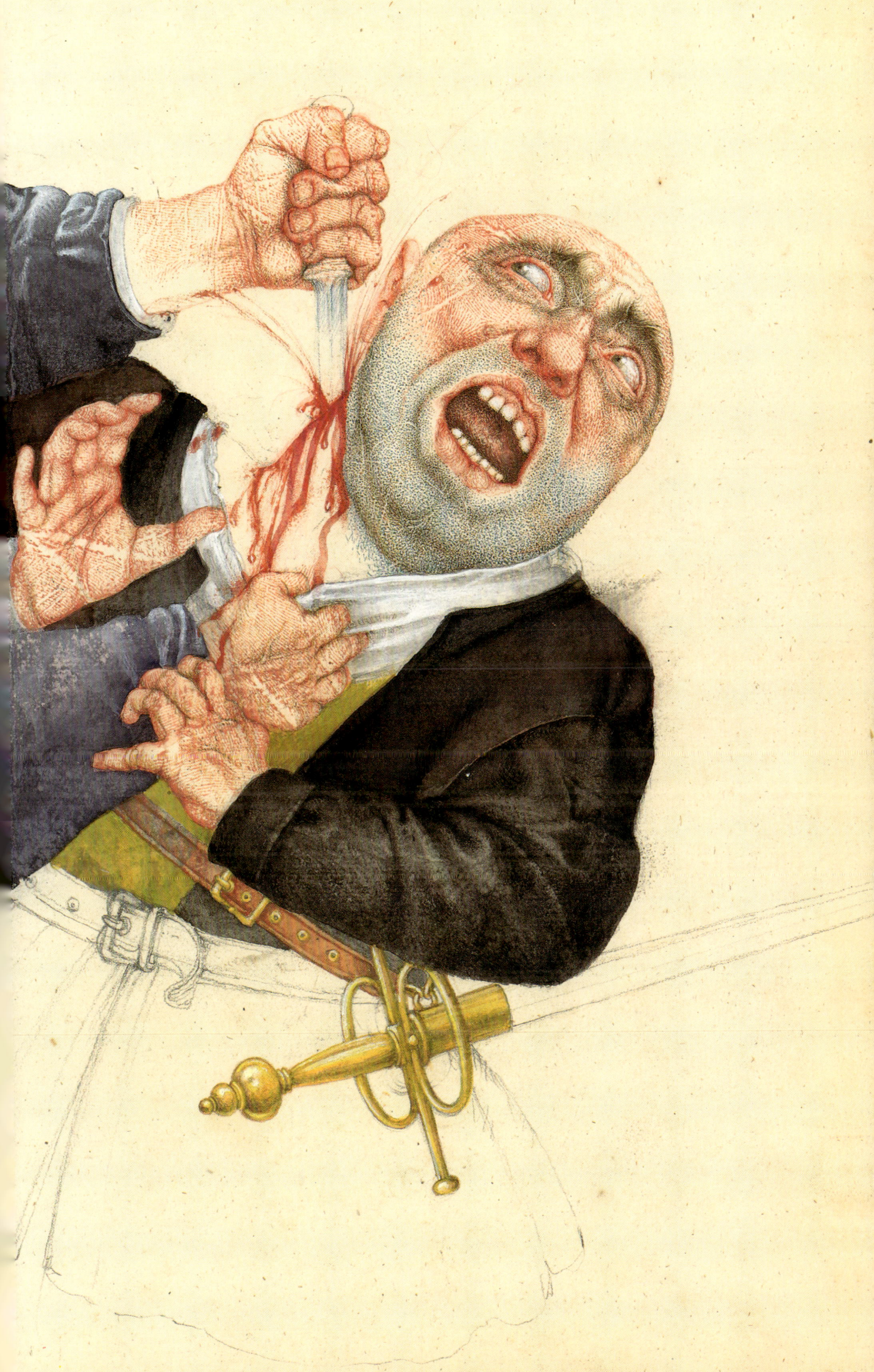

das Messer kennt kein Maß

um mich mit sicherem Geleit nach seinem Hause zu bringen; ich nahm sein Anerbieten an und ging mit ihnen fort, begleitet von mindestens ebensovielen jungen Leuten, die bei mir gewesen waren. Unterdessen hatte der erste Kammerdiener des Papstes, Herr Trajano, den Tod seines Verwandten erfahren; er schickte einen vornehmen Edelmann zum Kardinal de' Medici, um sich bei diesem über meine Untat zu beklagen und ihm zu sagen, daß Seine Eminenz verpflichtet sei, mich zu bestrafen. Der Kardinal antwortete sofort: »Sehr übel hätte Benvenuto daran getan, dieses geringe Übel nicht zu tun! Sagt Herrn Trajano meinen Dank dafür, daß er mir mitgeteilt hat, was ich noch nicht wußte!« Dann wandte er sich vor den Augen des Mailänder Edelmannes zu seinem vertrauten Günstling, dem Bischof von Forlì[6], und sagte zu ihm: »Sucht mir schnell meinen Benvenuto und bringt ihn mir hierher; denn ich will ihn unterstützen und verteidigen, und wer etwas gegen ihn untermischt, der bekommt es mit mir zu tun.«

Der Edelmann wurde ganz rot und ging; der Bischof von Forlì aber suchte mich im Hause des Kardinals Cornaro. Er sagte ihm, der Kardinal de' Medici schicke wegen Benvenutos; er wolle ihn in seinen Gewahrsam nehmen. Kardinal Cornaro, der halsstarrig war wie ein junger Bär, antwortete dem Bischof ganz zornig, er könne mich ebenso gut in Gewahrsam halten wie der Kardinal de' Medici. Der Bischof sagte hierauf, er möge doch gnädigst erlauben, daß ein Beauftragter des Kardinals wegen anderer Angelegenheiten, die mit dem Morde nicht in Verbindung ständen, mit mir ein Wörtchen spräche. Cornaro antwortete ihm: für den heutigen Tag solle er nur annehmen, daß er bereits mit mir gesprochen habe; er könne mich nicht zu sehen bekommen.

Kardinal de' Medici war hierüber sehr entrüstet; ich ging jedoch die nächste Nacht ohne Wissen des Kardinals Cornaro in trefflicher Gesellschaft zu ihm und bat ihn, er möge mir die große Gunst erweisen, mich im Hause des Cornaro zu lassen, der mich so überaus freundlich aufgenommen habe. Wenn Seine Gnaden mich im Hause Cornaros ließen, so würde ich dadurch einen Freund mehr im Unglück gewinnen. Indessen sei ich zu allem bereit, was Seine Gnaden wünschten. Er antwortete mir, ich möchte es nach meinem Gutdünken machen, und so kehrte ich in das Haus des Cornaro zurück.

Einige Tage darauf wurde Kardinal Farnese[7] zum Papst erwählt; nachdem er die wichtigsten Angelegenheiten geordnet hatte, fragte er nach mir, indem er sagte, kein anderer als ich solle seine Münzen machen. Hierauf erwiderte ein

---

6 Bernardo di Michelozzi de' Medici, seit 1528 Bischof von Forlì.
7 Alessandro Farnese wurde am 12. Oktober 1534 durch Zuruf gewählt; er nannte sich als Papst Paul der Dritte.

Edelmann, der bei Seiner Heiligkeit in hoher Gunst stand und Herr Latino Juvinale[8] genannt wurde, ich sei wegen der Ermordung des Mailänders Pompeo flüchtig. Zugleich stellte er die Gründe, die mich zur Tat veranlaßt hatten, in sehr günstigem Lichte dar. Der Papst versetzte: »Vom Tode des Pompeo wußte ich nichts, aber die Gründe, die Benvenuto gehabt hat, kannte ich längst; fertigt ihm darum sofort einen Schutzbrief aus, der ihn völlig sicher stellt!« Ein Mailänder, Herr Ambrogio[9], ein guter Freund des Pompeo, sagte zum Papst, bei dem er in großem Ansehen stand: »Es wäre nicht ratsam, in den ersten Tagen Eurer Päpstlichen Regierung eine solche Begnadigung zu verfügen.«

Der Papst erwiderte: »Das weiß ich besser als Ihr! Männer wie Benvenuto, die einzig in ihrer Kunst sind, brauchen sich an die Gesetze nicht zu binden, noch weniger er, der, wie ich weiß, so viele Gründe gehabt hat.« Er ließ mir den Schutzbrief[10] ausstellen und ich begann sofort zu seiner größten Zufriedenheit für ihn zu arbeiten.

Der genannte Herr Latino Juvinale kam zu mir und trug mir auf, die Münzen für den Papst zu machen. Dieses brachte alle meine Feinde auf die Beine und sie boten alles auf, mich an der Ausführung des Auftrages zu hindern. Als dies der Papst erfuhr, schalt er sie heftig aus und erklärte, ich solle die Münzen machen. So verfertigte ich denn die Stempel zu den Scudi; ich hatte darauf den heiligen Paulus in halber Figur[11] abgebildet, mit der Umschrift: *Vas Electionis.* Diese Münze gefiel weit besser als die anderen, die von meinen Nebenbuhlern gemacht worden waren, so daß der Papst erklärte, er wolle nichts mehr von Münzen hören, ich solle sie machen und kein anderer. Ich ging nun eifrig an die Arbeit und Herr Latino Juvinale stellte mich im Auftrage des Papstes Seiner Heiligkeit vor. Ich wünschte wieder zum Stempelschneider für die Münze ernannt zu werden, der Papst ließ sich jedoch von seinen Ratgebern beeinflussen und sagte, ich müßte zuerst wegen des Mordes begnadigt sein; dies könne am Marientag im August durch einen Erlaß der Bezirksvorsteher von Rom geschehen, denen man alljährlich zu diesem hohen Festtage zwölf Verbannte zu überlassen pflegte; unterdessen solle man mir einen anderen Schutzbrief ausstellen, der mir bis zu dieser Zeit Sicherheit gewähre. Als nun meine Feinde

---

8 Latino Giovinale de' Manetti (1486–1553). Lyriker und Archäologe.

9 Ambrogio Recalcati, apostolischer Protonotar, erster Geheimschreiber Pauls des Dritten, war wegen seiner Bestechlichkeit berüchtigt. Später wurde ihm das unrechtmäßig erworbene Gut wieder abgenommen und er selber gefangen gesetzt; er soll darüber den Verstand verloren haben und nach seiner Freilassung Eremit geworden sein.

10 Dieser Schutzbrief ist 1894 wieder aufgefunden und im Archivio storico dell' Arte 1894 veröffentlicht worden.

11 Dies ist ein Irrtum Benvenutos. Der heilige Paulus ist in ganzer Figur dargestellt. Der Durchmesser der Münze beträgt 29 mm.

sahen, daß es ihnen durchaus nicht möglich war, mich von dem Amte bei der Münze fern zu halten, griffen sie zu einem anderen Mittel. Pompeo hatte einer natürlichen Tochter[12] dreitausend Dukaten Mitgift hinterlassen; sie veranlaßten nun einen Günstling des Sohnes unseres neuen Papstes, Herrn Pier Luigi[13], durch seinen Herrn um ihre Hand anzuhalten. So geschah es. Dieser Günstling war ein Bauerssohn, den der Prinz erzogen hatte. Wie man sich erzählte, bekam er wenig von dem Gelde, denn sein Herr eignete es sich selber an. Nun hatte er aber auf das Drängen seiner Frau mehrere Male den Prinzen gebeten, er möge mich doch verhaften lassen und der hohe Herr hatte ihm versprochen, dies zu veranlassen, sobald ich nicht mehr so stark in der Gunst des Papstes stände. Als nun zwei Monate später der Diener seine Mitgift herauszubekommen suchte, gab der Herr ihm eine ausweichende Antwort, deutete jedoch seiner Frau an, er werde unter allen Umständen ihren Vater rächen. Da ich hiervon etwas erfuhr, machte ich dem Herrn mehrere Male meine Aufwartung. Er empfing mich auf das liebenswürdigste, obwohl er bereits befohlen hatte, mich entweder zu ermorden oder vom Bargello verhaften zu lassen. Er befahl einem seiner Soldaten, einem kleinen Teufelskerl von einem Korsen, er solle die Geschichte so sauber wie möglich besorgen, und meine anderen Feinde, vor allen Herr Trajano, hatten dem kleinen Korsen versprochen, ihm hundert Taler zu schenken. Er sagte, das sei für ihn nicht schwerer, als ein frisches Ei auszutrinken. Ich hörte davon und ging mit offenen Augen, in guter Begleitung und in starker Rüstung mit Harnisch und Armschienen, wozu mir mein Schutzbrief Erlaubnis gab. Der kleine Korse wollte aus Geiz das ganze Geld allein verdienen und gedachte daher auch die Arbeit allein zu machen.

Eines Tages nach dem Essen wurde ich zum Herrn Pier Luigi gerufen; ich ging sofort hin, weil der hohe Herr davon gesprochen hatte, mehrere große Silberschüsseln von mir anfertigen zu lassen. Ich verließ eilends mein Haus, jedoch in meiner gewöhnlichen Rüstung, und ging schnell durch die Strada Julia, wo ich um diese Stunde niemanden zu finden glaubte. Als ich am Ende der Straße nach dem Palazzo Farnese umbiegen wollte, sah ich den kleinen Korsen aufstehen und sich mir in den Weg stellen. Nach meiner Gewohnheit war ich in einem großen Bogen um die Ecke gegangen; infolgedessen nahm ich keinen Schaden, sondern war zur Verteidigung bereit; ich ging etwas langsamer und hielt mich an die Mauer, um den Korsen vorbeizulassen. Auch er trat

---

12 Sie hieß Claudia, soll aber Pompeos eheliche Tochter gewesen sein. Die Summe von 3000 (Silber-) Dukaten wird durch Pompeos noch erhaltenes Testament bestätigt.
13 Pierluigi Farnese war Pauls des Dritten natürlicher Sohn. Die blinde Liebe seines Vaters machte ihn so übermütig, daß er die scheußlichsten Grausamkeiten beging. Seine Taten fanden den gerechten Lohn, indem seine eigenen Leute ihn im September 1547 ermordeten.

an die Mauer, so daß wir uns ziemlich nahe kamen. Ich sah aus seinen Anstalten, daß er Händel mit mir anfangen wollte und daß er dachte, dies könnte ihm wohl gelingen, weil er mich allein sah. Da sagte ich zu ihm: »Tapferer Soldat! Wenn es Nacht wäre, könntet Ihr sagen, Ihr hättet mich mit einem anderen verwechselt; da es aber Tag ist, so wißt Ihr sehr gut, wer ich bin. Ich habe niemals etwas mit Euch zu schaffen gehabt und habe Euch niemals etwas unangenehmes zugefügt, wäre im Gegenteil gerne bereit, Euch einen Gefallen zu tun.«

Er blieb ruhig vor mir stehen und sagte mir kühn, er wisse nicht, wovon ich rede. Ich erwiderte ihm: »Ich weiß sehr wohl, was Ihr wollt und was Ihr sagt; was Ihr Euch vorgenommen habt, ist schwieriger und gefährlicher als Ihr denkt und könnte wohl anders ausschlagen. Vergeßt nicht, daß Ihr es mit einem Mann zu tun habt, der sich gegen hundert wehren würde. Euer Geschäft ist keine Ehre für einen tapferen Mann, wie Ihr seid.«

Ich stand kampfbereit da und wir beide hatten uns verfärbt. Unterdessen waren Leute herbeigelaufen. Sie merkten wohl, daß unsere Worte von Eisen waren. Er aber sah, daß er keine Gelegenheit fand, mit mir handgemein zu werden, darum sagte er: »Wir werden uns ein anderes Mal wiedersehen.« Ich antwortete ihm: »Einen braven Mann oder einen, der so aussieht, sehe ich immer gern wieder.«

Hiermit entfernte ich mich und ging in den Palazzo des Herrn Farnese; der hatte mich gar nicht rufen lassen. Als ich wieder in meiner Werkstatt war, ließ der kleine Korse durch einen gemeinsamen guten Freund mir sagen; ich brauche mich vor ihm nicht mehr in acht zu nehmen, denn er wolle gut Freund mit mir sein. Aber ich solle mich vor anderen wohl hüten, denn ich sei in größter Gefahr; mehrere vornehme Herren hätten mir den Tod geschworen. Ich ließ ihm meinen Dank sagen und nahm mich in acht, so sehr ich nur konnte. Wenige Tage darauf wurde mir von einem guten Freunde mitgeteilt, Herr Pier Luigi habe ausdrücklich befohlen, mich an dem Abend zu verhaften. Dies wurde mir um zwanzig Uhr gesagt; ich sprach darüber mit einigen Freunden und diese rieten mir, sofort abzureisen. Die Verhaftung sollte eine Stunde nach Sonnenuntergang stattfinden; darum nahm ich um dreiundzwanzig Uhr auf der Post ein Pferd und ritt nach Florenz.

Seitdem der kleine Korse nicht den Mut gefunden hatte, den übernommenen Auftrag auszuführen, hatte Herr Pier Luigi aus eigener Machtvollkommenheit den Befehl gegeben, mich gefangen zu nehmen; er tat dies nur, um Pompeos Tochter zu beruhigen, die von ihm wissen wollte, wo ihre Mitgift wäre. Da er nun ihren Wunsch nach Rache weder durch das eine noch durch das andere der beiden von ihm ersonnenen Mittel erfüllen konnte, so verfiel er auf einen dritten Anschlag, von dem ich zu seiner Zeit sprechen werde.

SECHZEHNTES KAPITEL
1535

*Herzog Alexander nimmt Benvenuto sehr freundlich auf. Dieser macht
eine Reise nach Venedig mit Tribolo, einem Bildhauer.
Sie kommen nach Ferrara und finden Händel mit florentinischen Ausgewanderten.
Nach einem kurzen Aufenthalte in Venedig kehren sie nach Florenz
zurück. Wunderliche Geschichte, wie Benvenuto sich an einem Gastwirte rächt.
Nach seiner Rückkunft macht ihn Alexander zum Münzmeister
und schenkt ihm ein vortreffliches Schießgewehr. Ottaviano de' Medici
macht Benvenuto mancherlei Verdruß.
Papst Paul III. verspricht ihm Begnadigung und lädt ihn wieder
nach Rom in seine Dienste. Er nimmt an
und geht nach Rom zurück.
Großmütiges Betragen Herzog Alexanders.*

ICH KAM nach Florenz und stellte mich dem Herzog Lessandro vor; er nahm mich außerordentlich freundlich auf und ersuchte mich bei ihm zu bleiben. Es war in Florenz ein Bildhauer namens Tribolino[1], mein Gevatter, denn ich hatte ihm einen Sohn[2] aus der Taufe gehoben. Dieser sagte mir eines Tages im Gespräch, sein früherer Lehrer, Jacopo Sansovino[3], habe ihn nach Venedig berufen; da er diese Stadt noch niemals gesehen habe und dort guten Verdienst zu finden erwarte, so gehe er sehr gern hin. Er fragte mich, ob ich Venedig schon gesehen habe, und als ich diese Frage verneinte, bat er mich, diese Lustpartie mit ihm zusammen zu machen.

Da ich ihm nun dies versprochen hatte, so antwortete ich dem Herzog Lessandro, ich wolle zuerst nach Venedig reisen, stehe ihm aber nach meiner Rückkehr gerne zu Diensten. Er nahm mir das Versprechen ab und befahl mir vor meiner Abreise ihm noch Bescheid zu sagen. Nachdem ich meine Sachen in Ordnung gebracht hatte, ging ich am nächsten Tage zum Herzog, um mich bei ihm zu beurlauben. Ich fand ihn im Palazzo de' Pazzi, den zu jener Zeit die

---

1 Niccolo di Raffaello de' Pericoli, genannt Tribolo (1500–1550). Er ist nur unter seinem Spitznamen Tribolo bekannt, der auch auf seine Kinder überging. Nach Vasari soll er ihn erhalten haben, weil er als Kind sehr unartig war und alle Leute »tribulierte«.
2 Er hieß Raffaello, ist sonst nicht weiter bekannt.
3 Jacopo Tatti aus Florenz, genannt Jacopo Sansovino, nahm den Namen seines Lehrers Andrea Contucci aus Monte San Savino, gewöhnlich Andrea del Sansovino genannt, an. Er wurde als Baumeister der Prokuratien nach Venedig berufen; sehr bekannt sind seine Skulpturen am eingestürzten Campanile des Markusplatzes.

Gattin und die Töchter des Herrn Lorenzo Cibo bewohnten. Ich ließ Seiner Durchlaucht melden, daß ich mit seiner gütigen Erlaubnis nach Venedig reisen wolle. Herr Cosimino de' Medici, der jetzige Herzog von Florenz, kam mit der Antwort zurück, ich möchte Niccolò da Monte Aguto aufsuchen. Dieser werde mir 50 Goldgulden geben, die mir Seine Durchlaucht der Herzog schenke, damit ich sie auf seine Gesundheit verzehre und dann in seinen Dienst zurückkehre.

Ich bekam von Niccolò das Geld und ging nach Hause zu Tribolo, der bereits reisefertig war und mich fragte, ob ich den Degen aufgebunden habe. Ich antwortete ihm: Wer zu Pferde reise, brauche den Degen nicht aufzubinden. Er aber versetzte, in Florenz sei es einmal der Brauch, denn da sei ein gewisser Meister Maurizio[4], der um der geringsten Ursache willen Sankt Johannes den Täufer könnte peitschen lassen; darum müsse man bis vors Tor den Degen aufgebunden tragen. Ich lachte darüber und so ritten wir denn los. Wir reisten zusammen mit dem Boten der venezianischen Landpost, Lamentone[5] genannt.

Wir reisten über Bologna und kamen eines Abends in Ferrara an, wo wir im Gasthof am Marktplatz ausstiegen. Lamentone ging zu einigen florentinischen Verbannten, denen er Briefe und Nachrichten von ihren Gattinnen zu bringen hatte; der Herzog hatte nämlich verfügt, daß nur der Postbote mit ihnen sprechen dürfe und daß jeden anderen dieselbe Strafe der Verbannung treffen solle. Da es kaum zweiundzwanzig Uhr war, so gingen Tribolo und ich aus, um den Herzog von Ferrara nach Hause kommen zu sehen; er war nach Belfiore[6] gefahren, um ein Turnier anzusehen. Wir begegneten bei dieser Gelegenheit vielen florentinischen Verbannten; sie sahen uns fest an, wie wenn sie uns zwingen wollten, mit ihnen zu sprechen. Tribolo, der der ängstlichste Mensch war, den ich je gekannt habe, sagte unaufhörlich zu mir: »Sieh sie nicht an, sprich nicht mit ihnen, wenn du nach Florenz zurückkehren willst.«

Nachdem wir die Einfahrt des Herzogs gesehen hatten, gingen wir nach unserem Gasthof zurück, wo wir Lamentone trafen. Etwa eine Stunde nach Sonnenuntergang erschien Niccolò Benintendi mit seinem Bruder Piero, ei-

---

4 Dieser Ser Maurizio stammte aus Mailand; er war Kanzler der »Acht« und wegen seiner Grausamkeit so verrufen, daß Vasari von ihm sagt: wer das Unglück hatte, ihm am Morgen zu begegnen, dem war der ganze Tag verdorben.
5 Dieser Mann, dessen Name so gut zu seinem Charakter paßt und ein Seitenstück zu dem Hasenfuß Tribolo bildet, hieß wirklich so, wie aus den Rechnungsbüchern des Herzogs Cosimo hervorgeht. Er war noch 1545 Bote der Landpost nach Venedig.
6 Ein prächtiger herzoglicher Landsitz bei Ferrara. Der damalige Herzog war Ercole der Zweite.

nem anderen alten Mann – ich glaube, es war Jacopo Nardi – und verschiedenen anderen jungen Leuten. Sie fragten den Postboten nach ihren Bekannten in Florenz; Tribolo und ich waren abseits getreten, um nicht mit ihnen zu sprechen. Nachdem sie eine Weile mit Lamentone sich unterhalten hatten, sagte Niccolò Benintendi: »Die beiden da kenne ich sehr gut; die haben Schiß, daß sie nicht mit uns sprechen wollen.«

Tribolo sagte mir, ich soll ruhig sein, und Lamentone antwortete ihm, nur er habe die Erlaubnis, mit ihnen zu sprechen, wir aber nicht. Da rief Benintendi, das sei eine Eselei, uns solle der Kuckuck holen, und was dergleichen schöne Sachen mehr waren.

Nun aber warf ich den Kopf zurück und sagte so bescheiden wie ich nur wußte und nur konnte: »Meine lieben Herrn, ihr könnt uns bösen Schaden tun, wir aber können euch nicht helfen. Wenn ihr auch manches Wort gesagt habt, das sich gegen solche Leute wie wir nicht schickt, so wollen wir darum doch nicht böse mit euch sein.« Der alte Nardi sagte, ich habe gesprochen wie ein braver junger Mann, der ich auch sei; Niccolò Benintendi aber rief: »Sie und der Herzog können mir im – – –[7].«

Ich erwiderte ihm, er tue uns unrecht, und wir wollten nichts mit ihm zu tun haben. Der alte Nardi schlug sich auf unsere Seite und sagte dem Benintendi, er habe unrecht, worauf dieser weiterschimpfte. Infolgedessen sagte ich ihm, er würde von mir etwas zu hören und zu fühlen bekommen, was ihm nicht gefallen dürfte; darum solle er sich um seine eigene Sachen bekümmern und uns in Ruhe lassen. Er antwortete abermals, der Herzog und wir sollten ihm im – – –, und wir und der Herzog wären eine Eselsbande. Ich sagte ihm ins Gesicht, er sei ein ganz gemeiner Lügner, und zog den Degen. Der Alte wollte schnell die Treppe hinunterlaufen, glitt aber auf einer der obersten Stufen aus und einer purzelte über den anderen her. Ich sprang auf sie zu, schlug mit großem Getöse den Degen gegen die Wand und schrie: »Ich schlage euch alle tot!« Doch nahm ich mich wohl in acht und tat ihnen nichts zuleide, was mir doch sehr leicht gewesen wäre. Als der Wirt den Lärm hörte, schrie er: »Lamentone, laß das sein!«

Einige riefen: »Au, mein Kopf!« Andere: »Laßt uns hinaus!« Kurz, es war ein unbeschreibliches Getümmel wie von einer Herde Schweine. Der Wirt kam mit Licht; ich ging hinaus und steckte den Degen ein. Lamentone sagte zu Niccolò Benintendi, er habe sehr unrecht getan, und der Wirt sagte zu ihm: »Es steht Todesstrafe darauf, wenn hier einer den Degen zieht, und wenn unser Herzog eure Unverschämtheiten erführe, ließe er euch an den Galgen hängen;

---

7 Im Manuskript: Io ho in culo loro e il duca.

ich will euch nicht antun, was ihr verdient hättet; aber kommt mir nicht mehr in meine Schenke, sonst wehe euch!«

Der Wirt kam zu mir hinauf, und als ich mich entschuldigen wollte, ließ er mich nicht ausreden, sondern sagte mir, er wisse wohl, daß ich tausendmal recht habe; ich solle mich nur auf der Reise sehr vor ihnen in acht nehmen.

Nach dem Abendessen kam ein Schiffer, der uns nach Venedig bringen wollte; ich fragte ihn, ob er mir das ganze Schiff zur Verfügung stellen wolle. Er war bereit, und wir vereinbarten den Preis. Am Morgen in aller Frühe nahmen wir Pferde und ritten nach dem Hafen, der einige Miglien von Ferrara entfernt ist. Wir fanden dort den Bruder des Niccolò Benintendi mit drei Freunden, die auf uns warteten. Zwei von ihnen waren rechte Klopffechter mit langen Lanzen; ich hatte mir aber einen schönen Spieß in Ferrara gekauft, und da ich vortrefflich bewaffnet war, so hatte ich durchaus keine Furcht, während Tribolo fortwährend rief: »Gott steh uns bei! Die wollen uns totschlagen!«

Lamentone sagte zu mir: »Du wirst am besten tun, wenn du nach Ferrara zurückgehst; denn ich sehe, die Sache ist gefährlich. Ich bitte dich, mein Benvenuto, gehe der Wut dieser rasenden Bestien aus dem Wege!« Ich aber sagte: »Nur vorwärts! Wer recht hat, dem hilft Gott, und ihr werdet sehen, wie ich mir selber helfe! Ist das Schiff nicht für uns allein gemietet?« – »Allerdings«, sagte Lamentone. – »So wollen wir denn auch in dem Schiff ohne jene fahren, sofern ich es durchsetzen kann!«

Ich spornte mein Pferd; als ich aber auf fünfzig Schritte an sie heran war, sprang ich ab und ging kühn mit meinem Spieß auf sie los. Tribolo war zurückgeblieben und hockte auf seinem Pferde, wie wenn er vor Frost erstarrt wäre. Der Postbote Lamentone aber schnaubte und blies, daß man einen Wind zu hören glaubte. Dies war überhaupt so seine Gewohnheit, aber diesmal blies er noch stärker als sonst, denn er dachte bei sich selber, worauf wohl dieser Teufelskram hinauskommen würde.

Dicht am Schiffe trat der Schiffer mir entgegen und sagte, einige Florentiner Edelleute wollten mit mir fahren, wenn es mir recht wäre. Ich antwortete: »Das Schiff ist für uns gemietet und nicht für andere; es tut mir herzlich leid, sie nicht mitnehmen zu können.«

Da rief ein tapferer Jüngling namens Magalotti: »Benvenuto, wir werden dich schon dahin bringen, daß du kannst.« Ich antwortete ihm: »Ich habe Gott und das Recht für mich, und wenn auch meine Kräfte wollen und können, so soll Euch nicht gelingen was Ihr sagt.« Gleichzeitig sprang ich in das Schiff, hielt ihm die Spitze meiner Lanze entgegen und rief: »Mit dieser werde ich Euch zeigen, daß ich nicht kann.« Magalotti wollte seinen Mut zeigen, zog den Degen und kam heran; da sprang ich auf den Rand des Schiffes und führte einen so gewaltigen Stoß nach ihm, daß ich ihn durch und durch gestoßen hätte, wenn er nicht rücklings zur Erde gefallen wäre. Seine Freunde zogen sich zurück, statt ihm zu helfen; ich hätte ihn totschlagen können, aber ich sagte ihm im Gegenteil: »Steh auf, Bruder, nimm deine Waffe und geh! Du hast nun gesehen, daß ich nicht kann, was ich nicht will und daß ich nicht wollte, was ich konnte.«

Hierauf rief ich Tribolo, den Schiffer und Lamentone und wir fuhren nach Venedig. Als wir zehn Miglien auf dem Po zurückgelegt hatten, holten die jungen Leute uns mit einem flachen Kahn ein, und als sie auf gleicher Höhe mit uns waren, rief der Dummkopf Piero Benintendi mir zu: »Fahre nur zu, Benvenuto! In Venedig werden wir uns wiedersehen.« Ich antwortete: »Packt euch nur! Ich komme schon; mich könnt ihr überall wiederfinden.«

So kamen wir nach Venedig. Ich machte einem Bruder des Kardinals Cornaro meine Aufwartung und bat mir die Vergünstigung zu verschaffen, daß ich den Degen tragen dürfe. Er sagte mir, ich solle ihn nur einfach tragen; höchstens könnte er mir fortgenommen werden.

So besuchten wir mit dem Degen an der Seite den Bildhauer Jacopo del Sansovino, der den Tribolo verschrieben hatte; gegen mich war er sehr freundlich und lud uns zum Essen ein. Wir blieben bei ihm. Zu Tribolo sagte er, augenblicklich habe er nichts für ihn zu tun, er möge doch ein anderes Mal wiederkommen. Da lachte ich laut auf und sagte scherzend zu Sansovino: »Sein Haus liegt von dem Eurigen zu weit entfernt, als daß er nochmal wiederkommen könnte.« Der arme Tribolo bekam einen Schreck und sagte: »Hier hab ich doch Euren Brief, worin Ihr mir schreibt, daß ich kommen solle.« Sansovino antwortete ihm: »Wackere Männer und Künstler wie ich dürfen so etwas tun und noch mehr.«

Tribolo zuckte nur mit den Achseln und sagte ein paarmal: »Aber bitte! Aber bitte!« Da nahm ich ohne Rücksicht auf das herrliche Mahl, womit Sansovino mich bewirtet hatte, meines Freundes Tribolo Partei, denn der hatte recht. Überdies hatte Sansovino bei Tisch fortwährend von seinen großen Werken geschwätzt, auf Michelagnolo und alle Kunstverwandten geschimpft und nur sich selber als einen Wundermann gelobt. Dies wurde mir so überdrüssig, daß mir kein Bissen schmecken wollte. Darum sagte ich nur: »Meister Jacopo, ein rechter Mann tut immer recht, und Künstler, die etwas Schönes und Gutes machen können, erkennt man besser durch das Lob aus fremdem Munde, als wenn sie sich so selbstbewußt selber preisen.« Hierauf standen wir alle brummend vom Tisch auf.

Am selben Tage begegnete mir beim Rialto Piero Benintendi, der verschiedene Freunde bei sich hatte. Ich sah, daß sie Händel mit mir suchten und ging in einen Apothekerladen, um den Sturm vorüberziehen zu lassen. Später hörte ich, daß der junge Magalotti, gegen den ich so edel gewesen war, sie tüchtig ausgeschimpft hatte. So ging die Sache vorüber.

Wenige Tage später traten wir die Rückreise nach Florenz an. In einem gewissen Ort jenseits von Chioggia, zur linken Hand, wenn man nach Ferrara geht, verlangte der Wirt Bezahlung, bevor wir schlafen gingen. Als wir ihm sagten, an anderen Orten sei es gebräuchlich erst morgens zu bezahlen, antwortete er uns: »Ich will am Abend bezahlt sein; das ist so meine Art.« Ich bemerkte ihm, Leute, die alles nach ihrer Art haben wollten, müßten sich auch eine Welt nach ihrer Art machen; denn in dieser Welt sei das nicht der Brauch.

Der Wirt antwortete, ich solle ihm nicht den Kopf betäuben; er wolle es nun einmal so. Tribolo zitterte vor Angst und stieß mich in die Seite, ich solle ruhig sein, damit es uns nicht noch schlimmer gehe. Wir bezahlten also den Wirt nach seiner Art und gingen dann schlafen. Wir hatten ganz ausgezeichnete Betten mit neuer Wäsche und blitzsauber. Trotzdem konnte ich nicht schlafen, weil ich die ganze Nacht darüber nachdenken mußte, wie ich mich rächen sollte. Ich dachte daran, ihm das Haus anzuzünden oder vier gute Pferde lahm zu machen, die er im Stall hatte; die Ausführung wäre ganz leicht gewesen; aber ich sah, daß es weniger leicht war, mich und meine Gefährten in Sicherheit zu bringen. Schließlich verfiel ich darauf, unsere Sachen und die übrigen Gefährten einzuschiffen; als die Treidelpferde schon an das Seil gespannt waren, sagte ich, das Schiff solle nicht abfahren, bis ich zurückkomme, ich hätte ein Paar Pantoffeln im Schlafzimmer gelassen. Ich ging also in das Wirtshaus zurück und rief nach dem Wirt; er antwortete mir, wir gingen ihn nichts an und sollten uns zum Henker scheren. Sein junger Stallbursche sagte ganz schlaftrunken zu mir: Der Wirt würde sich um den Papst selber nicht rühren; denn er liege bei einem dicken Mensch, das er sehr gern habe.

Er bat mich um ein Trinkgeld; ich gab ihm ein paar kleine venezianische Münzen und sagte zu ihm, er solle den Treidelknecht so lange aufhalten, bis ich mit meinen Pantoffeln käme. Dann ging ich nach oben, nahm ein haarscharfes Messer mit und schnitt alle vier Betten, die da waren, kurz und klein, so daß ich den Schaden, den ich angerichtet hatte, auf mehr als fünfzig Taler schätzte. Nachdem ich einige Fetzen von dem Zeug in die Tasche gesteckt hatte, eilte ich nach dem Schiff und sagte dem Treidelknecht, er solle nun schnell abfahren.

Als wir ein kleines Stück Weges gefahren waren, sagte mein Gevatter Tribolo, er habe ein paar Riemen von seinem Mantelsack vergessen und müsse daher umkehren, um sie zu holen. Ich sagte ihm, auf zwei Riemchen komme es nicht an, ich wolle ihm große machen lassen, soviel er haben wolle. Er antwortete, ich mache immer Spaß, er wolle aber durchaus zurückgehen und seine Riemen holen. Er wollte den Fährmann anhalten lassen; ich aber rief ihm zu, er solle weiterfahren. Dann erzählte ich meinem Freunde, was für einen großen Schaden ich dem Wirt zugefügt hätte. Als ich ihm auch die Leinenstücke und anderes Zeug zeigte, geriet er in eine so entsetzliche Furcht, daß er unaufhörlich dem Treidelknecht zurief: »Nur fort! Nur schnell fort!« Er fühlte sich erst in Sicherheit, als wir am Tor von Florenz ankamen. Dort sagte Tribolo: »Laß uns um Gottes willen die Degen aufbinden und mache mir keine Geschichten mehr! Mir war die ganze Zeit zumute, wie wenn meine Gedärme in einer Schüssel wären.«

Ich antwortete ihm: »Gevatter Tribolo, Ihr braucht doch den Degen nicht aufzubinden, denn Ihr habt ihn ja niemals losgebunden.« Ich sagte dies absichtlich, weil ich auf der ganzen Reise niemals ein Zeichen von Mannhaftigkeit an ihm bemerkt hatte. Er sah seinen Degen an und sagte: »Bei Gott, Ihr habt recht; der Degen ist noch so aufgebunden, wie ich die Schlinge machte, bevor ich mein Haus verließ.«

Mein Gevatter war der Meinung, ich sei für ihn schlechte Gesellschaft gewesen. Denn ich hatte mich gegen alle, die mit uns Händel anfangen wollten, verteidigt und zur Wehre gesetzt. Ich dagegen war der Meinung, er habe sich viel schlechter gegen mich benommen; denn er war mir in allen diesen Fällen nicht beigestanden. Hierüber möge nun urteilen, wer ohne Leidenschaft der Sache fernsteht.

Kaum war ich vom Pferde gestiegen, so suchte ich sofort den Herzog Lessandro auf, dankte ihm für das Geschenk von fünfzig Talern und sagte ihm, ich sei freudig bereit, Seiner Durchlaucht zu dienen, so gut ich nur könne. Er befahl mir, sofort die Stempel für seine Münzen anzufertigen. Die erste Münze, die ich machte, war ein Vierzigsoldistück mit dem Bilde des Herzogs auf der einen Seite und mit den beiden Heiligen Cosimo und Damiano auf der anderen Seite. Diese Münzen waren von Silber und gefielen so sehr, daß der Herzog kühnlich sagte, es seien die schönsten Münzen der Christenheit. Dasselbe sagte auch ganz Florenz und jeder, der sie sah. Ich bat nun Seine Durchlaucht, mir eine feste Anstellung zu geben und mir ein Zimmer in der Münze anweisen zu lassen. Er sagte mir, ich solle ihm nur recht eifrig dienen, er werde mir viel mehr geben als ich verlange; zugleich sagte er mir, er habe dem Münzmeister Carlo Acciaiuoli Auftrag gegeben und ich solle mich stets an ihn wenden, wenn ich Geld haben wolle. So war es auch; aber ich war so sparsam mit dem Abheben der Gelder, daß ich immer noch ein Guthaben hatte.

Ich machte außerdem die Stempel für den Giulio; es war darauf ein sitzender Sankt Johannes mit einem Buche in der Hand von der Seite abgebildet, und es dünkte mir das schönste Werk zu sein, das ich je gemacht hatte; auf der Kehrseite war das Wappen des Herzogs Lessandro. Hierauf machte ich den Stempel für den halben Giulio, mit einem Kopf des heiligen Johannes von vorne gesehen. Es war die erste Münze mit vollem Gesicht auf so dünnem Silber; freilich weiß die Schwierigkeiten nur zu würdigen, wer es in diesem Beruf zum Meister gebracht hat. Hierauf machte ich die Stempel für den Goldgulden: auf der einen Seite war ein Kreuz nebst etlichen kleinen Cherubinen; auf der anderen Seite war das Wappen Seiner Durchlaucht.

Als ich diese vier Münzen gemacht hatte, bat ich Seine Durchlaucht, mir eine feste Anstellung zu geben und mir das erwähnte Zimmer anzuweisen, vorausgesetzt, daß ihm meine Arbeit gefiele. Seine Durchlaucht antwortete mir gütig, er sei sehr zufrieden mit mir und werde die Befehle geben. Während ich mit ihm sprach, war der Herzog in seinem Ankleidezimmer und besah einen trefflichen Stutzen, der ihm aus Deutschland geschickt worden war. Als er merkte, daß ich das schöne Gewehr mit großer Aufmerksamkeit betrachtete, gab er es mir in die Hand und sagte mir, er wisse recht wohl, welche Freude ich an solchen Dingen habe; ich möge mir als Handgeld auf das Versprochene in seiner Gewehrkammer eine Büchse nach meinem Belieben aussuchen, nur diese nicht; es seien aber viele ebenso gute und noch schönere vorhanden. Ich nahm sein Geschenk an und dankte ihm; und als er mich nun suchende Blicke um mich werfen sah, befahl er dem Aufseher, einem gewissen Pretino von Lucca, er solle mich nehmen lassen, was ich wolle. Er entfernte sich mit einigen sehr freundlichen Worten, ich aber suchte mir die schönste und beste Büchse aus, die ich je gesehen und besessen hatte, und brachte sie nach Hause.

Zwei Tage darauf brachte ich ihm die bestellten Zeichnungen zu einigen Goldarbeiten, die er seiner damals noch in Neapel sich aufhaltenden Gemahlin schenken wollte. Ich trug ihm wiederum dasselbe Anliegen vor, er möge mir die Bestellung ausfertigen lassen. Der Herzog erwiderte, ich solle ihm vorher den Stempel zu seinem Bilde machen; es solle aber ebenso schön sein wie das, das ich für den Papst Klemens angefertigt hatte. Ich begann sofort das Bildnis in Wachs zu machen, und der Herzog befahl, mich sofort vorzulassen, so oft ich käme, um ihn abzubilden. Da ich sah, daß meine Anstellung sich in die Länge zog, so stellte ich einen gewissen Pietro Pagolo von Monte Rotondo als Gesellen an; er war schon als ganz kleiner Junge in Rom bei mir gewesen; ich fand ihn als Gesellen bei dem Goldschmied Bernardonaccio[8], der ihn nicht eben gut behandelte, darum nahm ich ihn von ihm fort und lehrte ihn treffliche Stempel

---

8 Wahrscheinlich Bernardo oder Bernardone Baldini, ein Goldschmied, den Cellini auch anderswo stets nur mit Geringschätzung nennt.

für die Münze anzufertigen. Unterdessen machte ich das Porträt des Herzogs, den ich oft nach Tisch mit seinem Lorenzino schlafend fand, der ihn später ermordete. Sonst war niemand anwesend und ich wunderte mich sehr, daß ein Herzog so vertrauensvoll sein konnte.

Nun begab es sich, daß Ottaviano[9] de' Medici, der dem Anschein nach alles regierte, gegen des Herzogs Willen den alten Münzmeister, Bastiano Cennini[10], begünstigen wollte. Dieser altfränkische Mann, der wenig verstand, hatte beim Ausprägen der Scudi seine dummen Stempel und den meinigen durcheinander benutzen lassen. Ich beschwerte mich darüber beim Herzog; er sah, daß ich recht hatte, ärgerte sich sehr und sagte zu mir: »Geh zu Ottaviano und zeige ihm die Münzen!« Ich ging sofort zu ihm hin und zeigte ihm, wie man meine schönen Münzen verpfuscht hatte. Er antwortete recht flegelhaft: »Das beliebt uns so!« Und ich erwiderte ihm: »Das ist nicht recht so und gefällt mir nicht.« Darauf er: »Und wenn es nun dem Herzog gefiele?« – »So würde es doch mir nicht gefallen; denn so etwas ist weder gerecht noch vernünftig.«

Er sagte, ich solle mich hinausscheren und solle es hinunterwürgen, und wenn ich daran verrecken müßte. Ich ging zum Herzog zurück und erzählte ihm das ganze verdrießliche Gespräch zwischen Ottaviano und mir; ich bat ihn, er möchte meine schönen Münzen nicht verpfuschen lassen, mir aber möchte er meinen Abschied geben.

Er antwortete mir: »Ottaviano verlangt zu viel. Was du wünschest, soll geschehen, denn dies ist eine Beleidigung, die mir selber angetan wird.«

An demselben Tage – es war Donnerstag – erhielt ich aus Rom einen vollständigen, freien Geleitbrief vom Papst und zugleich die Mitteilung, ich solle schnell nach Rom gehen, um am Marienfest Mitte August begnadigt zu werden, damit ich wegen des Totschlags nicht mehr in Angst zu sein brauche.

Ich ging zum Herzog, den ich im Bett fand, da er nicht wohl war, wie man mir sagte. Nachdem ich noch etwas mehr als zwei Stunden an einem Wachsbilde gearbeitet hatte, zeigte ich ihm das fertige Werk, das ihm sehr gefiel. Hierauf zeigte ich Seiner Durchlaucht den auf Befehl des Papstes ausgefertigten Geleitbrief und sagte ihm, daß der Papst mich zurückrufe, um für ihn einige Arbeiten anzufertigen. Ich wolle deshalb wieder nach dem schönen Rom mich aufmachen und unterdessen an seiner Medaille arbeiten. Halb zornig antwortete der Herzog hierauf: »Benvenuto, tu mir meinen Willen und geh nicht fort. Ich werde dir deine Besoldung anweisen und außerdem dir ein Zimmer in der

---

9 Seine Anmaßung und Unhöflichkeit gegen niedriger Gestellte wird auch von anderen bestätigt.
10 Sebastiano Cennini; in der Einleitung zu seiner Abhandlung über die Goldschmiedekunst gibt Benvenuto ihm jedoch das Zeugnis eines »wahrhaft tüchtigen Meisters«.

Münze geben. Ja, du sollst noch viel mehr erhalten als du jemals wirst verlangen können; denn was du von mir forderst, ist recht und vernünftig. Wer sollte mir denn die schönen Münzen prägen, die du mir gemacht hast?«

Ich antwortete: »Gnädiger Herr, ich habe bereits an alles gedacht; ich habe hier meinen Schüler, einen jungen Römer, diesen habe ich alles gelehrt und er wird Eurer Durchlaucht vortrefflich dienen, bis ich mit der fertigen Denkmünze zurückkehre, um alsdann immer bei Euch zu bleiben. Ich habe auch noch in Rom meine offene Werkstatt mit Gesellen und allerlei Geschäften. Sobald ich die Begnadigung habe, überlasse ich den ganzen Kram in Rom einem meiner Zöglinge, der dort ist und kehre mit Euerer Durchlaucht Erlaubnis hierher zurück.«

Bei diesem Gespräch war nun Lorenzino de' Medici und sonst niemand zugegen; der Herzog ermahnte ihn verschiedene Male, daß auch er mir zureden solle, in Florenz zu bleiben. Lorenzino sagte aber immer nur: »Benvenuto, du tust am besten daran, wenn du bleibst.«

Ich antwortete ihm, ich wolle unter allen Umständen wieder nach Rom gehen. Hierauf sagte er nichts mehr, sondern sah nur immer den Herzog mit einem bitterbösen Blick an. Ich hatte unterdessen die Medaille fertig gemacht und in die Schachtel gelegt. Nun sagte ich zum Herzog: »Gnädiger Herr, seid unbesorgt, ich werde Euch eine viel schönere Medaille machen als die für den Papst Klemens war; diese werde ich besser machen, weil jene die erste war, die ich überhaupt verfertigte. Herr Lorenzo wird mir eine schöne Rückseite angeben; denn er ist gelehrt und von schönem Geiste.«

Lorenzo antwortete sofort: »Ich denke nur daran, dir eine schöne Kehrseite anzugeben, die Seiner Durchlaucht würdig ist.« Der Herzog kicherte, sah Lorenzo an und sagte: »Gebt ihm die Kehrseite an, so wird er hierbleiben und nicht abreisen.« Da antwortete Lorenzo schnell: »Ich werde es so schnell machen wie ich nur kann, und ich hoffe, es soll etwas werden, worüber die ganze Welt sich erstaunt.«

Der Herzog, der ihn für etwas albern und für feige hielt, drehte sich im Bett herum und lachte über seine Worte. Ich ließ sie allein und entfernte mich, ohne wegen des Urlaubes weitere Worte zu machen. Der Herzog sprach nicht mehr davon, weil er nicht glaubte, daß ich gehen würde. Als er aber dann erfuhr, daß ich abgereist sei, schickte er mir einen Diener nach. Dieser holte mich in Siena ein, gab mir im Auftrag des Herzogs fünfzig goldene Dukaten und sagte mir: »Der Herzog bittet dich, du mögest das Geld auf seine Gesundheit verzehren und sobald wie möglich wiederkommen. Von Herrn Lorenzo soll ich dir sagen, er habe für die Schaumünze, die du machen willst, eine wundervolle Kehrseite im Sinne.«

Ich hatte meinem römischen Gesellen Pietro Pagolo genau hinterlassen, wie er die Stempel zu handhaben hätte; dies ist jedoch eine sehr schwierige Sache, und darum kam er niemals so recht damit zustande. Mir war die Münze für Anfertigung der Stempel mehr als siebzig Goldgulden schuldig.

SIEBZEHNTES KAPITEL
1535

*Benvenuto wird bald nach seiner Rückkehr von vielen Häschern
bei Nacht angegriffen, die ihn wegen des an
Pompeo von Mailand verübten Mordes einfangen sollen.
Er verteidigt sich tapfer und zeigt ihnen
des Papstes Freibrief. Er wartet dem Papst auf, und seine
Begnadigung wird auf dem Kapitol eingezeichnet.
Er wird gefährlich krank.
Erzählung dessen, was während dieser Krankheit vorfällt.
Musterhafte Treue seines Dieners Felice.*

NACH ROM nahm ich die schöne Radschloßbüchse mit, die der Herzog mir geschenkt hatte; ich brauchte sie zu meinem größten Vergnügen viele Male unterwegs und erprobte sie als eine unschätzbare Waffe. Weil mein Häuschen, das in der Strada Julia lag, nicht in Ordnung war, stieg ich beim Kammergeistlichen Herrn Giovanni Gaddi ab, dem ich vor meiner Abreise von Rom viele schöne Waffen und andere Dinge, die ich sehr wert hielt, zur Aufbewahrung gegeben hatte. In meiner Werkstatt wollte ich nicht absteigen, sondern schickte nach meinem Gesellen Felice und ließ ihn mein Häuschen sofort aufs beste in Ordnung bringen. Am nächsten Tage schlief ich dann in meinem Hause, nachdem ich meine Kleider und alles, was ich brauchte, sauber zurecht gemacht hatte, denn ich wollte am nächsten Morgen den Papst aufsuchen, um ihm meinen Dank zu sagen. Zur Bedienung hatte ich zwei Knaben, und unten in meinem Hause wohnte eine Wäscherin, die gar trefflich für mich kochte. Zum Abend hatte ich mehrere Freunde zu Tisch, und nachdem wir sehr fröhlich gespeist hatten, ging ich zu Bett. Die Nacht war kaum vorbei und es war noch mehr als eine Stunde vor Tage, als ich so wütende Schläge gegen meine Tür hörte, daß ein Schlag dem andern unmittelbar folgte. Ich rief den älteren von meinen Dienern, Cencio – es war jener, den ich zu der

Teufelsbeschwörung mitgenommen hatte – und befahl ihm nachzusehen, wer der Narr sei, der zu solcher Stunde so unmenschlich laut klopfe. Während Cencio hinunterging, zündete ich ein zweites Licht an – eins habe ich stets die ganze Nacht brennen – und warf mir ein ausgezeichnetes Panzerhemd über und darüber eine Jacke, wie sie gerade zur Hand war. Cencio kam zurück und sagte: »Oh weh, Herr! Der Bargello ist da mit all seinen Leuten! Er sagt, wenn Ihr nicht schnell öffnet, wird er die Tür einschlagen; sie haben Fackeln und allerlei Zeug bei sich.« Ich antwortete ihm: »Sag ihnen, ich ziehe mir nur eine Jacke über das Hemd und komme sofort.«

Da ich mir dachte, daß es ein Überfall sei, wie ihn Herr Pier Luigi schon einmal versucht hatte, so nahm ich in die rechte Hand einen ausgezeichneten Dolch, und in die linke meinen Freibrief. Dann lief ich an das hintere Fenster, das auf einen Garten hinausging und sah dort mehr als dreißig Häscher. Ich sah also, daß ich auf dieser Seite nicht entfliehen konnte. Mit Dolch und Schutzbrief gerüstet, sagte ich den beiden Knaben: »Habt keine Furcht; macht die Tür auf.« Sogleich stürzte der Bargello Vittorio[1] mit zwei anderen herein. Sie dachten, sie könnten mich leicht in ihre Gewalt bekommen; als sie mich aber zur Verteidigung bereit sahen, wichen sie zurück und sagten: »Hier ist's kein Spaß!« Ich warf ihnen den Schutzbrief hin und rief: »Leset! Da ihr mich nicht verhaften dürft, so sollt ihr mich auch nicht anrühren!«

Der Bargello sagte zu einigen von seinen Leuten, sie sollten mich festnehmen; was mit dem Freibrief wäre, würde man später sehen. Da hielt ich ihnen kühn meine Waffe entgegen und rief: »Gott soll entscheiden! Entweder komme ich lebend davon, oder ihr kriegt mich nur tot!« Der Raum war eng; sie drohten auf mich einzudringen, ich aber stand bereit, mich zu wehren. Da nun der Bargello sah, daß er mich nicht anders haben konnte als wie ich gesagt hatte, so rief er den Gerichtsschreiber; während er aber den Schutzbrief verlesen ließ, versuchte er mehrere Male, seine Leute ihre Hand an mich legen zu lassen; darum rührte ich mich nicht aus meiner Stellung. So gaben sie denn ihren Vorsatz auf, warfen mir meinen Schutzbrief vor die Füße und gingen ohne mich von dannen.

Ich legte mich wieder zu Bett; aber ich war in großen Sorgen und konnte nicht wieder einschlafen. Ich hatte mir vorgenommen, sofort bei Tagesanbruch mir die Ader schlagen zu lassen; doch fragte ich vorher Herrn Giovanni Gaddi. Dieser rief einen Quacksalber, der mich fragte, ob ich Angst gehabt habe. Nun

---

[1] Benvenuto, der ja sehr oft mit den Bargelli zu tun hatte, muß den Namen verwechselt haben; Vittorio Politi übernahm das Amt erst im Mai 1539; in den Jahren 1534 und 35 waren Bargelli: Nardo Castaldo und Pietro Francesco il Riccio.

sage einer, was soll man von dem Verstand eines Arztes denken, der eine solche Frage tut, nachdem man ihm einen derartigen außerordentlichen Fall erzählt hat! Es war so ein Geck, der fast immerzu über gar nichts lachte. Lachend sagte er mir, ich solle einen guten Becher griechischen Weines trinken, solle nur guter Dinge sein und keine Furcht haben. Herr Giovanni sagte ihm: »Meister! Wäre einer von Erz oder Marmor, er würde ob einer solchen Geschichte Angst haben, geschweige denn ein gewöhnlicher Mensch.«

Das Ärztlein aber erwiderte: »Euer Gnaden, wir sind nicht alle über einen Leisten geschlagen; er ist nicht von Erz oder Marmor, sondern von gediegenem Eisen.« Hierauf befühlte er meinen Puls und sagte mit seinem albernen Lachen zu Herrn Giovanni: »Fühlt doch nur hin! Solchen Puls hat doch kein Mensch, sondern nur ein Löwe oder ein Drache.« Mein Puls war im Gegenteil sehr unruhig und schlug weit über das richtige Maß, das eben dieses Affengesicht von einem Arzt weder von Hippokrates noch von Galenus gelernt hatte. Ich fühlte wohl, daß ich krank war; aber ich hatte an dem ausgestandenen Schrecken und Schaden genug und tat darum, wie wenn ich guten Mutes sei.

Unterdessen hatte Herr Giovanni das Essen auftragen lassen, und wir aßen alle zusammen; die Gesellschaft bestand außer Herrn Giovanni aus einem gewissen Herrn Ludovico von Fano, Herrn Antonio Allegretti, Herrn Giovanni Greco, lauter sehr gelehrten Männern, und aus Herrn Annibale Caro, der damals noch sehr jung war. Beim Essen wurde von nichts anderem gesprochen als von meinem mutigen Betragen. Sie ließen sich die Geschichte auch von meinem jungen Diener Cencio erzählen; er war außerordentlich klug, tapfer und von schönster Gestalt. Er mußte seine Schilderung mehrere Male wiederholen und jedesmal, wenn er meinen grimmigen Kampfeszorn beschrieb und ihnen meine Stellung vormachte und auch meine eigenen Worte gebrauchte, die er sehr gut behalten hatte, dann fiel mir immer noch irgendein neuer Umstand ein. Oft fragten sie ihn, ob er Furcht gehabt habe; darauf antwortete er: hiernach möchten sie mich fragen, denn er hätte genau soviel Furcht gehabt wie ich.

Schließlich wurde ich des Geschwätzes überdrüssig, und da ich mich sehr angegriffen fühlte, so stand ich von Tisch auf und sagte, ich wolle für ihn und mich ein neues Kleid von himmelblauem Tuch mit ebensolcher Seide besorgen; denn in vier Tagen war Mariä Himmelfahrt, und ich wollte die Prozession mitmachen, und Cencio sollte die brennende weiße Wachskerze tragen. Ich ging und schnitt das blaue Tuch zu, dazu eine schöne Weste von blauem Ermisin und ein Wams von demselben Stoff; für Cencio schnitt ich Wams und Weste von blauem Taffet zu. Hierauf ging ich zum Papst; er sagte mir, ich solle mit seinem Haushofmeister, Herrn Ambrogio, sprechen; er habe diesem Auftrag gegeben, mich ein großes Werk von Gold machen zu lassen. Ich suchte

Herrn Ambrogio auf; er war bereits vollkommen über den Vorfall mit dem Bargello unterrichtet, und da er mit meinen Feinden einverstanden war, daß man mich entfernen müsse, so hatte er den Bargello ausgescholten, daß er mich nicht ergriffen hätte; dieser aber entschuldigte sich damit, daß er gegen einen solchen Freibrief nichts machen könne. Herr Ambrogio sprach zuerst von den Arbeiten, die der Papst ihm aufgetragen hatte; hierauf sagte er, ich solle die Zeichnungen machen, es werde alsdann alles befohlen werden.

Unterdessen kam der heilige Marientag heran. Da es nun Brauch ist, daß Leute, die begnadigt werden wollen, ins Gefängnis gehen, so ging ich abermals zum Papst und sagte Seiner Heiligkeit, ich wolle nicht ins Gefängnis gehen und bitte daher mir die Gnade zu erweisen, daß ich es nicht zu tun brauche.

Der Papst antwortete mir, es sei so Brauch und ich müsse mich danach richten. Ich kniete abermals nieder und dankte Seiner Heiligkeit für den ausgestellten Freibrief; mit diesem würde ich in den Dienst meines Herzogs nach Florenz zurückkehren, der mich sehnsuchtsvoll erwarte. Auf diese Worte hin wandte der Papst sich an einen seiner Vertrauten und sagte ihm: »Man fertige dem Benvenuto die Begnadigung ohne Kerker aus; setzt den Erlaß auf und damit mag es gut sein.«

Die Verfügung wurde hereingebracht und der Papst unterzeichnete sie. Sie wurde auf dem Kapitol registriert und am Marientage ging ich zwischen zwei Edelleuten mit großen Ehren in der Prozession und erlangte vollständige Begnadigung[2].

Vier Tage darauf überfiel mich ein sehr hohes Fieber mit unbeschreiblichem Frost. Ich legte mich zu Bett, denn ich glaubte sofort, die Krankheit sei tödlich. Ich ließ die ersten Ärzte von Rom kommen, unter ihnen auch den Meister Francesco[3] von Norcia – einen sehr alten Arzt, der in Rom im besten Rufe stand. Ich sagte den Ärzten, was nach meiner Ansicht die Ursache meines großen Leidens war, und daß ich mir hätte wollen die Ader schlagen lassen; man habe mir geraten, es nicht zu tun; wenn es aber noch Zeit sei, so bitte ich sie, mir noch die Ader zu schlagen. Meister Francesco antwortete mir, ein Aderlaß sei jetzt nicht angebracht, wohl aber wäre er damals gut gewesen; denn dann würde mir überhaupt nichts gefehlt haben; jetzt müsse man mich auf einem anderen Wege heilen.

Sie behandelten mich so sorgfältig, wie sie es nur konnten und verstanden. Ich wurde aber zusehends jeden Tag kränker und nach acht Tagen war mein

---

2 Dieses Recht, einen zum Tode Verurteilten zu begnadigen, hatten viele römische Brüderschaften und Zünfte. Cellini verdankte seine Begnadigung der Metzgerzunft.
3 Francesco Fusconi, Leibarzt der Päpste Hadrian des Sechsten, Klemens des Siebenten, Paul des Dritten.

Leiden so groß, daß die Ärzte alle Hoffnung aufgaben und die Weisung erteilten, man solle mir alles geben, was ich wünsche. Meister Francesco sagte: »Solange noch Atem in ihm ist, ruft mich zu jeder Stunde; denn man stellt sich gar nicht vor, was die Natur bei einem solchen jungen Manne vermag. Sollte er jedoch in Ohnmacht fallen, so gebt ihm diese fünf Heilmittel eines nach dem anderen und laßt mich holen; ich komme zu jeder Stunde bei Tag und bei Nacht. Mir liegt mehr daran, diesen Benvenuto durchzubringen als alle Kardinäle von Rom[4].« Jeden Tag besuchte mich zwei- oder dreimal Herr Giovanni Gaddi, und jedesmal nahm er meine schönen Stutzen, meine Panzerhemden und meine Degen in die Hand und sagte fortwährend: »Dies ist schön und das ist noch schöner.« Ebenso machte er es mit meinen kleinen Modellen und Sächelchen, so daß ich dieser Reden schließlich ganz überdrüssig wurde.

Mit ihm kam oft ein gewisser Mattio Franzesi[5], der es gar nicht erwarten konnte, daß ich stürbe; nicht als ob er etwas von dem Meinigen zu erhalten gehofft hätte – er wünschte es dem Anschein nach nur darum, weil Herr Giovanni große Lust auf meine Waffen zu haben schien.

Mein Geselle war der bereits erwähnte Felice; diesem verdankte ich mehr Hilfe als ein Mensch von einem anderen erwarten kann. Ich war so geschwächt und heruntergekommen, daß ich nicht mehr so viel Kraft hatte, wieder einzuatmen, nachdem ich ausgeatmet hatte; mein Gehirn aber war so stark, wie wenn mir gar nichts gefehlt hätte. Als ich nun so mit klarem Bewußtsein dalag, kam ein schrecklicher Alter an mein Bett, der mich mit Gewalt in seinen ungeheuren Kahn zerren wollte; darum rief ich meinem Felice, er solle hinzutreten und den abscheulichen Alten fortjagen. Felice, der mich innig liebte, lief weinend herzu und rief: »Fort, fort, alter Verräter! Willst du mir all mein Glück rauben?« Da sagte Herr Giovanni Gaddi, der auch zugegen war: »Der arme Kerl redet irre. Es wird nur noch ein paar Stunden dauern.« Mattio Franzesi sagte: »Er hat den Dante gelesen[6], und in seiner argen Krankheit ist ihm der Sinn getrübt.« Und lachend fuhr er fort: »Fort, du alter Halunke! Ärgere unseren Benvenuto nicht!«

Ich sah, daß man mich verspottete, und da wandte ich mich zu Herrn Giovanni Gaddi und sprach zu ihm: »Mein lieber gnädiger Herr! Wisset, ich rede nicht irre, sondern jener Greis ist wirklich da und quält mich sehr. Ihr aber

---

4 Meister Francesco war ein sehr großer Freund der Künste und Besitzer einer herrlichen Sammlung antiker Bildwerke. Er war sehr reich und hoch angesehen.
5 Ein Florentiner, beliebt als Dichter von Burlesken.
6 Jedenfalls eine Anspielung auf die bekannten Verse aus dem dritten Gesang der »Hölle«:
   Ed ecco verso noi venir par nave
   Un vecchio bianco per antico pelo.

würdet gut tun, wenn Ihr mich von dem unglückseligen Mattio befreitet, der über mein Leiden lacht; und da Euer Gnaden mich mit Eurem Besuche beehren, so solltet Ihr mit Herrn Antonio Allegretti, oder mit Herrn Annibale Caro, oder mit Euren anderen trefflichen Freunden kommen; das sind Männer von anderer Lebensart und von anderem Geist als dieses Biest.«

Da sagte Herr Giovanni scherzend zu Mattio, er solle sich für immer von hinnen heben. Mattio lachte, aber aus dem Scherz wurde Ernst, denn Herr Giovanni wollte niemals wieder etwas von ihm wissen. Er ließ nun Herrn Antonio Allegretti, Herrn Lodovico sowie Herrn Annibale Caro rufen. Die Ankunft dieser trefflichen Männer war für mich ein großer Trost. Ich plauderte mit ihnen ein Weilchen ganz vernünftig und bat nur immer Felice, er solle den Alten fortjagen. Herr Lodovico fragte mich, was ich zu sehen glaube und wie denn der Alte ausschaue. Indes ich ihn mit Worten deutlich beschrieb, packte der Alte mich an einem Arm und riß mich mit Gewalt an sich. Ich schrie, sie sollten mir helfen, der Alte wollte mich in seinen schrecklichen Kahn ziehen und unter Deck werfen. Kaum hatte ich das letzte Wort gesagt, so sank ich in eine tiefe Ohnmacht, und mir war's, wie wenn er mich wirklich in den Kahn würfe.

In dieser Ohnmacht soll ich mich herumgeworfen und böse Worte gegen Herrn Giovanni Gaddi ausgestoßen haben: er komme nicht aus Mitleid zu mir, sondern um mich zu bestehlen, und viel anderes häßliches Zeug, worüber Herr Giovanni sich sehr betrübt haben soll. Dann bin ich, so hat man mir erzählt, länger als eine Stunde wie ein Toter dagelegen. Sie glaubten, ich werde schon kalt, ließen mich für tot liegen und gingen nach Hause. Sie erzählten es dem Mattio Franzesi, und dieser schrieb nach Florenz[7] an meinen lieben Freund Benedetto Varchi, um die und die Stunde in der Nacht habe man mich sterben sehen. Mein Freund, der treffliche Dichter Benedetto, glaubte es und machte auf meinen vermeinten Tod ein herrliches Sonett, das ich an seinem Ort mitteilen werde.

Mehr als drei lange Stunden vergingen, bis ich wieder zu mir kam; und als nun mein lieber Felice sah, daß alle fünf Arzneien des Meisters Francesco von Norcia nicht anschlugen, da lief er nach dessen Hause und klopfte so lange, bis er erwachte und aufstand. Weinend bat er ihn, er möge doch mitkommen, denn er glaube, ich sei schon tot. Da sagte Meister Francesco, der ein hitziger Mann war, zu ihm: »Junge, wozu soll ich denn mitkommen? Wenn er tot ist, so bedaure ich das mehr als du. Glaubst du, ich könne ihm meine Arznei in den Hintern blasen und ihn so wieder lebendig machen?«

---

7   Von Franzesi sind elf Briefe erhalten; in sechs wird Benvenuto erwähnt.

Als er aber den armen Jungen weinend davongehen sah, rief er ihn zurück und gab ihm ein gewisses Öl, um mir damit die Pulse und die Herzgrube einzureiben; außerdem sollte man mir die kleinen Finger und die kleinen Zehen recht fest zusammendrücken, und wenn ich wieder zu mir käme, sollte man ihn sofort rufen. Felice ging und tat alles, was Meister Francesco ihm gesagt hatte; als aber schon fast heller Tag war, da glaubten sie, nun sei keine Hoffnung mehr, und befahlen mich zu waschen und mir das Totenhemd anzuziehen. Plötzlich kam ich wieder zu mir und rief dem Felice, er solle schnell, schnell den lästigen Alten fortjagen. Felice wollte zum Meister Francesco schicken; ich aber sagte ihm, er solle das nicht tun, sondern zu mir kommen, denn vor ihm habe der Alte Furcht und werde gleich fortgehen. Felice trat zu mir, ich faßte ihn an und es war mir, wie wenn der Alte wütend sich entfernte; darum bat ich den Jüngling, er solle immer bei mir bleiben.

Nun erschien auch Meister Francesco, der sagte, er wolle mich unter allen Umständen durchbringen; seiner Lebtage habe er an einem jungen Manne nicht so viel Lebenskraft gefunden. Er setzte sich hin um zu schreiben und verordnete mir Kräuter, Waschungen, Salben, Pflaster und viele andere köstliche Dinge. Unterdessen brachte er mich mit mehr als zwanzig Blutegeln am Hintern wieder völlig zum Bewußtsein; aber ich war voller Wunden, zerschunden und fühlte mich wie gerädert. Viele von meinen Freunden kamen, das Wunder vom auferstandenen Toten zu sehen; es kamen auch Männer von großer Bedeutung in nicht geringer Zahl. In deren Gegenwart sagte ich, mein bißchen Gold und Geld – es mochte alles in allem an Gold, Silber, Juwelen und barem Gelde achthundert Goldgulden sein – solle meine arme Schwester in Florenz, Frau Liperata genannt, erhalten; alle meine anderen Sachen, meine Waffen und sonstiges, sollten meinem lieben Felice gehören und fünfzig Goldukaten obendrein, damit er sich kleiden könne. Da warf sich Felice mir um den Hals und rief: er wolle nichts, als daß ich am Leben bleibe! Ich sagte zu ihm: »Wenn du willst, daß ich am Leben bleibe, so halte mich umfangen und jage den Alten fort, denn vor dir hat er Furcht.« Über diese Worte erschraken einige von den Anwesenden, denn sie erkannten, daß ich nicht im Fieberwahn sprach, sondern bei Besinnung und Vernunft war.

So ging es mit meiner schweren Krankheit; nur ganz langsam wurde es allmählich besser mit mir; der trefflichste Meister Francesco kam jeden Tag vier- oder fünfmal. Herr Giovanni Gaddi aber hatte sich meiner Worte geschämt und ließ sich nicht wieder sehen. Mein Schwager, der Mann meiner vorhin erwähnten Schwester, kam von Florenz wegen der Erbschaft; da er aber ein wackerer Mann war, so freute er sich herzlich, mich am Leben zu finden. Es war für mich eine wahre Labsal ihn zu sehen. Er begrüßte mich auf das liebreichste und sagte mir, er sei nur gekommen, um mich selber zu pflegen. Das tat er auch mehrere Tage. Dann ließ ich ihn nach Hause reisen, da ich fast sichere Hoffnung auf Genesung hatte. Nun gab er mir das Sonett[8] des Herrn Benedetto Varchi. Dieses lautete:

> Wer wird uns trösten, Freund? Wer unterdrückt
> Der Klagen Flut bei so gerechtem Leide?
> Ach, ist es wahr? Ward unsers Lebens Weide
> So grausam in der Blüte weggepflückt?
> Der edle Geist, mit Gaben ausgeschmückt,
> Die nie die Welt vereint gesehn, vom Neide
> Bewundert, seiner Zeitgenossen Freude,
> Hat sich so früh der niedern Erd' entrückt?
> O liebt man in den seligen Gefilden
> Noch Sterbliches, so blick auf deinen Freund,
> Der nur sein eigenes Los, nicht dich beweint!
> Wie du den ew'gen Schöpfer abzubilden
> Hienieden unternahmst mit weiser Hand,
> So wird von dir sein Antlitz dort erkannt.

Ich war so schwach geworden, daß es unmöglich schien, ich könnte der Krankheit Herr werden. Der wackere Meister Francesco von Norcia mühte sich mehr denn je und brachte mir jeden Tag neue Arzneien, durch die er das arme, verstimmte Instrument wieder herrichten wollte. Aber trotz allen diesen außerordentlichen Bemühungen schien es nicht möglich zu sein, des hartnäckigen Leidens Herr zu werden, so daß alle Ärzte fast verzweifelten und nicht mehr wußten, was sie tun sollten. Obwohl ich an einem unbeschreiblichen Durst litt, hatte ich mich ihrer Vorschrift gemäß viele Tage lang des Trinkens enthalten. Mein Felice, dem es eine hohe Aufgabe dünkte, mich durchzubringen, wich nicht von meiner Seite; jener Alte quälte mich nicht mehr so sehr, doch besuchte er mich noch zuweilen im Schlaf.

Eines Tages war Felice ausgegangen; zu meiner Pflege waren mein Lehrbursche bei mir und eine Magd namens Beatrice. Ich fragte den Jungen, was denn aus meinem Gesellen Cencio geworden sei, und was es bedeute, daß ich ihn niemals bei mir gesehen habe? Der Bursche sagte mir, Cencio sei noch kränker gewesen als ich und liege im Sterben.

---

8 Das Sonett ist an Mattio Franzesi gerichtet. Ich gebe es in der Übersetzung der Goetheschen Fassung. Es ist, wie Goethe im ›Anhang zur Lebensbeschreibung‹ mitteilt: »durch Gefälligkeit eines Kunstfreundes übersetzt«. Wer dieser Kunstfreund war, ist unbekannt geblieben.

Felice hatte ihnen verboten, mir etwas davon zu sagen. Seine Worte machten mir den größten Schmerz; ich rief die Magd Beatrice, die aus Pistoia war, und bat sie, mir ein großes Kühlgefäß von Kristall, das dicht bei meinem Bette stand, voll von klarem, kaltem Wasser zu bringen. Schnell lief das Weib hin und brachte mir das volle Gefäß. Ich befahl ihr, sie solle es mir an den Mund halten und mich nach Herzenslust trinken lassen; ich würde ihr ein Hochzeitskleid schenken. Die Magd, die mir etliche Sächelchen von einigem Wert gestohlen hatte, fürchtete, ich möchte den Diebstahl ausfindig machen, und hätte es darum gern gesehen, wenn ich gestorben wäre. Darum ließ sie mich zweimal trinken, soviel ich konnte. Ich trank wohl gut einen Krug; hierauf deckte ich mich zu, fing an zu schwitzen und schlief ein.

Als ich ungefähr eine Stunde geschlafen haben mochte, kam Felice nach Hause und fragte den Knaben, was ich mache. Der Junge antwortete: »Das weiß ich nicht; Beatrice hat ihm das Kühlgefäß voll Wasser gegeben, und er hat alles ausgetrunken. Nun weiß ich nicht, ob er noch lebt oder tot ist.«

Da soll der arme Felice vor Kummer beinahe umgefallen sein; dann aber nahm er einen bösen Knüppel und verprügelte aus Leibeskräften die Magd. »Du Schandweib!« rief er, »du hast ihn mir umgebracht!« Während Felice prügelte und die Magd brüllte, hatte ich einen Traum: es war mir, als ob der Alte mit Stricken in der Hand gekommen wäre; er hätte befohlen, mich zu fesseln, Felice aber hätte ihn mit einer Axt überwältigt; da wäre der Alte geflohen und hätte gerufen: »Laß mich gehen! Ich komme nun eine ganze Weile nicht wieder.«

Unterdessen war Beatrice mit lautem Geschrei in meine Kammer gelaufen; ich erwachte davon und sagte zu Felice: »Laß sie gehen! Wollte sie mir auch Übels tun, so hat sie mir vielleicht soviel Guts getan, wie du mit aller deiner Mühe nicht gekonnt hast. Hilf mir nun schnell mich umkleiden, nachdem ich so stark geschwitzt habe.«

Da faßte Felice wieder Mut, er rieb mich ab und sprach mir Trost zu; ich fühlte eine große Besserung und faßte Hoffnung auf Genesung. Meister Francesco kam. Er sah, wie ich weit besser geworden war, wie die Magd weinte, wie der Lehrbursche hin und her lief, wie Felice lachte. Der Wirrwarr brachte den Arzt auf den Gedanken, es müsse irgend etwas Außerordentliches vorgefallen sein, wodurch sich mein Befinden plötzlich so gebessert habe. Unterdessen war auch der andere Arzt, Meister Bernardino, angekommen – jener, der mich anfangs nicht zur Ader lassen wollte. Zu ihm sagte der treffliche Meister Francesco: »Seht die Macht der Natur, sie kennt ihre Bedürfnisse und die Ärzte verstehen nichts!« Sogleich antwortete ihm das andere Gehirnchen: »Hätte er noch einen Krug getrunken, so wäre er gleich ganz genesen.« Der alte und weise Meister Francesco aber sprach: »Futsch wäre er gewesen, wie ich wollte, daß Ihr es wäret!«

Dann fragte er mich, ob ich noch mehr hätte trinken können; ich sagte: nein, mein Durst sei völlig gelöscht. Da wandte er sich zu Meister Bernardino und sprach: »Seht Ihr, wie genau die Natur genommen hat, was sie brauchte, nicht mehr und nicht weniger? Dasselbe heischte sie auch damals, als der arme junge Mann von Euch verlangte, ihm zur Ader zu lassen. Wenn Ihr wußtet, daß er gesund werden konnte, indem er zwei Krüge Wasser trank, warum habt Ihr es nicht gleich gesagt? Ihr hättet Euch jetzt damit rühmen können.« Diese Worte ärgerten den Pflasterkasten; er ging weg und kam niemals wieder. Meister Francesco befahl nun, mich aus meiner Kammer fortzuschaffen und auf einen von den römischen Hügeln zu bringen.

Als der Kardinal Cornaro von meiner Besserung vernahm, ließ er mich in ein Haus bringen, das er auf Monte Cavallo besaß; am selben Abend noch wurde ich mit aller Sorgfalt in einem Tragstuhl, wohl zugedeckt, dorthin gebracht. Kaum war ich angekommen, so begann ich mich zu erbrechen und es ging mir ein haariger Wurm, eine Viertel Elle lang, aus dem Leibe. Die Haare waren lang, und der Wurm war scheußlich anzusehen, in verschiedenen Farben, grün und rot gefleckt. Ich verwahrte ihn für den Arzt auf; der sagte, so etwas habe er noch nie gesehen. Dann sagte er zu Felice: »Sorge jetzt für deinen Benvenuto; er ist genesen. Nun aber laß ihm keine Unordnung mehr zu; denn hat ihn auch die eine durchgebracht, so könnte eine zweite ihn dir umbringen. Seine Schwäche war ja so groß, daß die letzte Ölung zu spät gekommen wäre; jetzt aber weiß ich, daß er mit ein wenig Geduld bald wieder so weit sein wird, schöne Werke schaffen zu können.«

Und zu mir sagte er: »Mein Benvenuto, sei vernünftig und mach keine Torheiten! Da du nun genesen bist, so möchte ich von deiner Hand eine Mutter Gottes gemacht haben, die ich dir zuliebe immer anbeten will.« Die versprach ich ihm; dann fragte ich, ob es nicht gut wäre, wenn ich mich nach Florenz bringen ließe. Er antwortete mir, erst solle ich ein bißchen stärker sein; man werde sehen, was die Natur mache.

ACHTZEHNTES KAPITEL
1535 – 1537

*Benvenuto reist nach seiner Genesung nach Florenz mit Felice,
um die vaterländische Luft zu genießen. Er findet
Herzog Alexander durch den Einfluß seiner Feinde sehr gegen sich eingenommen.
Er kehrt nach Rom zurück und hält sich fleißig an sein Geschäft.
Feuriges Luftzeichen, als er zur Nachtzeit von der Jagd nach Hause kehrt.
Seine Meinung darüber. Nachricht von der Ermordung
des Herzogs Alexander, welchem Cosimo de' Medici nachfolgt.
Der Papst vernimmt, daß Karl V. nach seinem
glücklichen Zuge gegen Tunis nach Rom kommen werde;
schickt nach Benvenuto, ein kostbares Werk
zum Geschenke für Seine Kaiserliche Majestät zu bestellen. Kaiser Karl V.
hält einen prächtigen Einzug in Rom.
Schöner Diamant, den dieser Fürst dem Papste schenkt.
Herr Durante und Benvenuto werden von
Seiner Heiligkeit befehligt, die Geschenke dem Kaiser zu bringen.
Diese waren zwei türkische Pferde und ein Gebetbuch
mit einem goldenen Deckel. Benvenuto hält eine Rede an den Kaiser,
der sich mit ihm freundlich bespricht.*

NACH ACHT Tagen hatte die Besserung so geringe Fortschritte gemacht, daß ich meines Lebens beinahe überdrüssig war, denn die große Mühsal hatte nun schon länger als fünfzig Tage gedauert. Endlich entschloß ich mich, machte mich reisefertig, und mein lieber Felice und ich ließen uns in einer Doppelsänfte nach Florenz tragen. Als ich in das Haus meiner Schwester kam[1], empfing sie mich mit Lachen und Weinen zugleich, weil ich nicht vorher geschrieben hatte.

An demselben Tage suchten viele Freunde mich auf, unter anderen Pier Landi, der beste und liebste Freund, den ich je auf der Welt gehabt hatte. Am nächsten Tag kam ein gewisser Niccolò von Monte Aguto, ebenfalls ein sehr guter Freund von mir. Er hatte den Herzog sagen hören: »Benvenuto hätte besser getan zu sterben; denn er hat seinen Hals in die Schlinge gesteckt; ich werde ihm niemals verzeihen.« Deshalb kam nun Niccolò zu mir und sagte

---

[1] Aus einem Brief des Varchi an Bembo geht hervor, daß Benvenuto am 9. November 1535 in Florenz eintraf.

voller Verzweiflung: »Oh weh, mein lieber Benvenuto! Warum bist du denn nur hierhergekommen? Wußtest du denn nicht, was du dem Herzog angetan hast? Ich hörte, wie er fluchte und sagte, dein Kopf stecke in der Schlinge.«

Ich antwortete ihm: »Niccolò, erinnert Seine Durchlaucht daran, daß auch Papst Klemens schon einmal so großes Unrecht gegen mich begehen wollte! Er mag mich beobachten lassen, aber er soll mir nur Zeit gönnen, daß ich gesund werde; denn ich werde Seiner Durchlaucht beweisen, daß ich ihm der treueste Diener gewesen bin, den er zeitlebens gehabt hat. Irgendein Feind wird mir aus Neid so schnöden Dienst erwiesen haben; darum möge der Herzog meine Genesung abwarten; sobald ich kann, werde ich ihm solche Rechenschaft ablegen, daß er sich verwundern soll.«

Diesen schnöden Dienst verdankte ich dem Maler Giorgetto Vassellario[2] aus Arezzo; vielleicht sollte dies sein Dank sein für viele Wohltaten, die ich ihm erwiesen hatte. Ich hatte ihn in Rom bewirtet und ihm den Lebensunterhalt gegeben; dafür hatte er in meinem Hause das Oberste zuunterst gekehrt. Er hatte nämlich einen gewissen trockenen Aussatz, und darum waren seine Hände daran gewöhnt, fortwährend zu kratzen. Nun schlief er bei einem wackeren Gesellen, den ich damals hatte, namens Manno[3], und im Glauben, sich zu kratzen, hatte er mit seinen schmutzigen Pfoten, von denen er niemals die Nägel abschnitt, diesem Manno das Bein zerschunden. Infolgedessen kündigte Manno mir den Dienst und schwor, er wolle den Giorgetto totschlagen; ich aber versöhnte sie miteinander. Später brachte ich diesen Giorgio mit dem Kardinal de' Medici zusammen; überhaupt half ich ihm zu jeder Zeit. Zum Lohn dafür hatte er zum Herzog Lessandro gesagt, ich habe Übles von Seiner Durchlaucht geredet und habe mich gerühmt, ich wolle mit den verbannten Feinden Seiner Durchlaucht kommen und der erste sein, der die Mauern von Florenz ersteige. Wie ich später erfuhr, hatte der edle Ottaviano de' Medici ihm dies eingegeben, um sich dafür wegen des Streites zu rächen, den er über die Münze und über meine Abreise von Florenz mit dem Herzog gehabt hatte. Da ich an dieser Nachrede unschuldig war, so hatte ich nicht die geringste Furcht. Der treffliche Meister Francesco von Monte Varchi machte mich mit

---

2   Diese eigentümliche Schreibweise gibt Benvenuto dem Namen des Giorgio Vasari (1511 bis 1574), Verfassers einer Kunstgeschichte der italienischen Renaissance in einzelnen Biographien: ›Le vite de' più eccellenti architetti, pittori et scultori italiani, da Cimabue insino a' tempi nostri‹ (Lebensgeschichte der hervorragendsten italienischen Architekten, Maler und Bildhauer von Cimabue bis in unsere Zeit). Merkwürdigerweise spricht er von Cellini immer mit hohem Lobe; er behauptet, dessen Vita gelesen zu haben, was aber Baldinucci wohl mit Recht bezweifelt; denn sonst würde Vasari gewiß versucht haben, sich an Benvenuto zu rächen, da es ihm auf ein paar Verunglimpfungen mehr oder weniger durchaus nicht ankam.

3   Alemanno Sbarri di Bastiano, Goldschmied aus Florenz. Von ihm stammt die berühmte Cassetta Farnese (Neapel, Museo Nazionale).

seiner kunstreichen Pflege gesund. Mein teurer Freund Lucca Martini[4], der den größten Teil des Tages bei mir verweilte, hatte mir den Arzt zugeführt.

Unterdessen hatte ich meinen getreuen Felice nach Rom zurückgeschickt, um sich meiner dortigen Geschäfte anzunehmen. Nach zwei Wochen etwa konnte ich endlich mein Haupt vom Kopfkissen erheben. Obwohl ich noch nicht auf den Füßen stehen konnte, ließ ich mich nach dem Palazzo der Medici auf die kleine Terrasse tragen. Dort blieb ich sitzen, um zu warten, bis der Herzog vorbeikäme. Da begrüßten mich viele von meinen Freunden, die ich bei Hofe hatte; sie verwunderten sich sehr, daß ich mich trotz meinem kranken Zustande solcher Mühsal aussetze und mich zu Hofe tragen lasse; sie meinten, ich hätte doch meine Heilung abwarten und dann erst den Herzog aufsuchen sollen. Viele standen um mich herum und alle staunten mich an wie ein Wundertier; nicht sowohl, weil sie von meinem Tode gehört hatten, sondern vielmehr, weil ich wirklich wie ein Toter aussah. Da sprach ich vor allen diesen Herren: »Ein nichtswürdiger Schuft hat mich bei meinem Herzog verleumdet, ich hätte schlecht von Seiner Durchlaucht gesprochen und mich gerühmt, ich wollte der erste sein, der ihre Mauern erstiege. Darum kann ich weder leben noch sterben, bis ich mich von dieser Schande gereinigt und bis ich erfahren habe, wer der freche Schurke ist, der dieses falsche Zeugnis abgegeben hat.«

Eine große Menge von Edelleuten hörten diese Worte; sie bekundeten die größte Teilnahme, und der eine sagte dieses, der andere jenes. Ich aber sagte, ich wolle nicht von hinnen gehen, bevor ich nicht wisse, wer mich verklagt habe. Da trat unter alle diese Edelleute Meister Agostino, der Schneider des Herzogs, und sprach: »Wenn du nichts anderes wissen willst, das sollst du sofort erfahren.« In diesem Augenblick ging gerade der Maler Giorgio vorbei und Meister Agostino fuhr fort: »Der da hat dich verklagt; frage selber, ob es wahr ist oder nicht.«

Ob ich mich gleich nicht bewegen konnte, fragte ich hitzig den Giorgio, ob dies wahr sei. Er antwortete: nein, es sei nicht wahr; er habe niemals so etwas gesagt. Da rief Meister Agostino: »Oh, du Galgenstrick, weißt du nicht, daß ich es ganz genau weiß?«

Giorgio ging schnell weg und sagte, er sei es nicht gewesen. Nach einem Weilchen kam der Herzog vorbei; ich ließ mich aufheben und unterstützen, und Seine Durchlaucht blieb stehen. Ich sagte ihm, ich sei in diesem Zustand nur gekommen, um mich zu rechtfertigen. Der Herzog sah mich an und wunderte sich, daß ich noch am Leben war; dann sagte er mir, ich solle rechtlich und brav sein und an meine Gesundheit denken.

---

4 Ein guter Schriftsteller und Freund der besten Dichter, Gelehrten und Künstler seiner Zeit.

Ich kehrte nach Hause zurück. Da suchte mich Niccolò von Monte Aguto auf und sagte mir, ich habe eine der schlimmsten Gefahren der Welt überstanden; niemals habe er geglaubt, ich werde ihr entrinnen, er habe mein Unglück mit unauslöschlicher Tinte geschrieben gesehen; ich solle nur sehen, daß ich schnell gesund werde und mich dann mit Gott davonmachen, denn das Unglück drohe mir von einem Ort und von einem Mann, der mir leicht Böses antun könne. Darum solle ich mich in acht nehmen. Dann fuhr er fort: »Womit hast du denn nur den Erzhalunken, den Ottaviano geärgert?«

Ich antwortete ihm, ich hätte ihm niemals etwas zuleide getan, er dagegen hätte mir schon manchen Verdruß gemacht; darauf erzählte ich ihm die ganze Geschichte von der Münze, und er sagte zu mir: »Geh mit Gott, so schnell du kannst, und sei nur getrost, du wirst dich früher als du glaubst gerächt sehen.«

Ich lebte meiner Gesundheit und gab dem Pietro Pagolo in verschiedenen Fällen guten Rat wegen der Münzstempel; dann kehrte ich mit Gott nach Rom zurück, ohne dem Herzog oder sonst jemand ein Wort davon zu sagen.

Nachdem ich Rom mit großer Freude begrüßt hatte, begann ich an der Schaumünze des Herzogs zu arbeiten; in wenigen Tagen hatte ich schon den Kopf in Stahl gegraben, und es war das schönste Werk, das ich jemals in dieser Art gemacht hatte. Nun besuchte mich jeden Tag wenigstens einmal ein gewisser alberner Tropf namens Francesco Soderini[5]. So oft er meine Arbeit sah, rief er aus: »Oh du böser Mensch! So willst du uns doch den rasenden Tyrannen unsterblich machen! Niemals hast du ein so schönes Werk vollbracht, und daraus sieht man, daß du im Herzen unser Feind und ihr Freund bist, obgleich der Papst und er dich zweimal ungerechterweise wollten hängen lassen. Jener war der Vater, dieser ist der Sohn: nimm dich nun vor dem Heiligen Geist in acht!« Man glaubte nämlich bestimmt, Herzog Lessandro sei der Sohn des Papstes Klemens[6]. Herr Francesco sagte auch mehrere Male mit einem Schwur: wenn er könnte, würde er mir die Stahlplatte der Schaumünze stehlen. Ich antwortete ihm, es sei gut, daß er mir das gesagt habe, denn nun würde ich sie so verwahren, daß er sie niemals wieder zu Gesicht bekommen solle. Nach Florenz schrieb ich, man möchte dem Lorenzino sagen, er solle mir doch seinen Vorschlag für die Rückseite der Schaumünze schicken. Niccolò von

---

5 Als Gegner der Medici seit 1530 aus Florenz verbannt. Benvenutos Urteil über ihn bestätigt folgende Stelle aus einem Briefe von Busini an Varchi, geschrieben am 27. April 1551: »Kurz nachher starb der alberne Tropf, Messer Francesco Soderini; das beste, was er je tat, war, daß er dem Messer Tommaso 1000 Goldgulden jährlicher Einkünfte hinterließ.«
6 Dies war allerdings damals die herrschende Ansicht; doch behaupteten auch einige Historiker, er sei ein natürlicher Sohn des Herzogs Lorenzo von Urbino.

Monte Aguto, dem ich dies geschrieben hatte, antwortete mir, er habe den trübseligen, närrischen Philosophen, den Lorenzino[7], gefragt und dieser habe ihm gesagt, er denke Tag und Nacht an nichts anderes und werde die Rückseite liefern, sobald er nur könne. Niccolò schrieb mir jedoch, ich möge nur keine Hoffnung auf diese Rückseite setzen, sondern eine von meiner eigenen Erfindung anfertigen und die Münze, sobald sie fertig sei, freien Mutes dem Herzog überbringen. Das werde mein Vorteil sein. So machte ich denn eine Zeichnung zu der Rückseite, wie sie mir gut dünkte, und arbeitete daran so emsig, wie ich nur konnte.

Da ich jedoch von meiner schrecklichen Krankheit noch nicht ganz genesen war, so machte ich mir oft das Vergnügen, mit meiner Flinte auf die Jagd zu gehen. Ich nahm immer meinen lieben Felice mit, der von meiner Kunst nichts verstand; da wir aber Tag und Nacht beisammen waren, so glaubte ein jeder, er sei ein ausgezeichneter Goldschmied. Er war sehr zum Scherzen aufgelegt, und wir lachten tausendmal miteinander über den großen Ruf, den er sich erworben hatte; und mit einer scherzhaften Anspielung auf seinen Namen sagte er zu mir: »Ich heiße Felice Guadagni; ich würde mich Guadagnipoco nennen, wenn ich nicht mit Eurer Hilfe einen so großen Ruf erlangt hätte, daß ich mich Guadagniassai nennen könnte.« Ich antwortete ihm: es gebe zwei Arten zu gewinnen, die eine für sich selber, die zweite für andere; an ihm habe ich mehr die zweite als die erste Art zu loben, denn er habe mir das Leben gewonnen.

Hierüber unterhielten wir uns öfters und unter anderem auch am Epiphanientage. Da waren wir zusammen in der Nähe der Magliana[8], als schon der Tag sich seinem Ende näherte; ich hatte mit meiner Büchse eine gute Menge Enten und Gänse erlegt; darum entschloß ich mich, nicht mehr zu schießen, und wir ritten nach Rom zurück. Da ich meinen Hund Barucco nicht mehr bei mir sah, wandte ich mich um und sah, daß der trefflich abgerichtete Hund vor einigen Gänsen stand, die sich in einen Wassergraben niedergetan hatten. Ich kehrte um, lud meine gute Büchse, schoß trotz der großen Entfernung auf sie, und traf zwei mit einer einzigen Kugel. Ich schoß nämlich stets nur mit einer einzigen Kugel, oft auf zweihundert Ellen, und traf fast jedesmal; mit Schrot kann man auf so weite Entfernungen nicht schießen. Ich traf die beiden Gänse; die eine war beinahe tot und die andere flügellahm. Diese verfolgte mein Hund und brachte sie mir. Die andere tauchte unter, und als ich dies sah, ging

---

7 Auch Herzog Alessandro nannte ihn »den Philosophen«, weil er so viel studierte und immer so schweigsam war. 1534 schlug er in Rom, offenbar in einem Wahnsinnsanfall, mehreren antiken Statuen die Köpfe ab. Er wurde deshalb, da Papst Klemens seine Hand nicht mehr über ihn hielt, von den römischen Stadtbehörden für vogelfrei erklärt, und es wurde ein Preis auf seinen Kopf gesetzt.
8 Am Tiber gelegenes päpstliches Jagdschloß nicht weit von Rom; Lieblingsaufenthalt Leos des Zehnten.

ich in den Graben, weil ich dachte, meine Stiefel wären hoch genug. Ich rutschte jedoch aus, weil das Erdreich unter mir wich. Die Gans bekam ich, aber der rechte Stiefel lief ganz voll Wasser. Ich hob den Fuß hoch, ließ das Wasser herauslaufen, stieg wieder zu Pferde und wir kehrten eilends nach Rom zurück; aber bei der großen Kälte fühlte ich mein Bein erstarren, so daß ich zu Felice sagte: »Wir müssen etwas für mein Bein tun, denn ich kann es vor Frost gar nicht mehr aushalten.« Der gute Felice sagte kein Wort, stieg vom Pferde, sammelte Disteln und Reisig und fing an, Feuer zu machen. Während ich darauf wartete, hielt ich meine Hände in die Brustfedern der Gänse und verspürte eine große Wärme. Da sagte ich Felice, er brauche kein Feuer zu machen, sondern füllte meinen Stiefel mit den Gänsefedern an und fühlte mich sogleich so behaglich, daß ich wie neu belebt war.

Wir stiegen wieder auf und ritten eilends auf Rom zu. Es war bereits Nacht geworden. Auf einer Anhöhe angekommen, blickten wir nach der Richtung von Florenz und riefen beide wie aus einem Munde voller Erstaunen: »Gott im Himmel! Was ist denn das für ein ungeheures Feuerzeichen, das man über Florenz sieht?«

Es war wie ein großer Feuerbalken, der mit unglaublichem Funkeln einen starken Glanz verbreitete. Ich sagte zu Felice: »Gewiß werden wir morgen hören, daß sich in Florenz irgend etwas Großes zugetragen hat.«

Es war schwarze Finsternis, als wir nach Rom hineinkamen. Dicht bei den Bänken und bei unserem Hause stürzte mein Gaul, der ein sehr schneller Paßtraber war, über einen Haufen von Schutt und zerbrochenen Ziegeln, der am Tage mitten auf die Straße geschüttet war. Bei dem schnellen Lauf hatte weder mein Pferd noch ich diesen Haufen gesehen. Ich flog über den Hals meines Pferdes und schoß einen Purzelbaum; aber ich steckte den Kopf zwischen die Beine und kam mit Gottes Hilfe ganz unversehrt davon. Auf den großen Lärm kamen die Nachbarn mit Lichtern heraus; ich aber stieg nicht wieder auf, sondern lief lachend nach Hause, froh, daß ich dieser Gefahr entronnen war und nicht den Hals gebrochen hatte.

In meinem Hause fand ich mehrere von meinen Freunden, mit denen ich zu Abend speiste. Als ich ihnen nun von den Jagdabenteuern erzählte und von dem teufelsmäßigen Feuerbalken, den wir gesehen hatten, da sagten sie: »Ei herrjeh, was wird das bedeuten?« Ich sagte: »Es wird wohl in Florenz irgend etwas Neues geschehen sein.« So speisten wir fröhlich miteinander.

Am anderen Tage kam spät abends die Nachricht vom Tode des Herzogs Lessandro [9] nach Rom. Da kamen viele Bekannte zu mir und sagten: »Du hast

---

9 Alessandro de' Medici wurde in der Nacht vom 5. zum 6. Januar 1537 von Lorenzo, dem er unbedingt vertraute, hinterlistig ermordet. Lorenzo irrte dann in der Türkei und Frankreich herum und ging später nach

recht gehabt, als du sagtest, es müsse in Florenz irgend etwas Großes geschehen sein.« Da kam auf seinem dürren Klepper mit Bocksprüngen Herr Francesco Soderini herbeigehüpft, lachte auf der Straße laut wie ein Narr und rief: »Das ist die Rückseite zur Schaumünze für den schurkischen Tyrannen, die dir dein Lorenzino de' Medici versprochen hatte! Du aber wolltest uns die Herzöge unsterblich machen; wir wollen keine Herzöge mehr!« Und er schwätzte auf mich ein, wie wenn ich der Oberste von den Sieben gewesen wäre, die den Herzog zu wählen haben.

Nun kam auch ein gewisser Baccio Bettini dazu; der hatte einen dicken Kopf wie ein Korb. Der schwätzte auch von den Herzögen und sagte: »Nun haben wir sie doch entherzogt! Wir wollen keine Herzöge mehr, und du wolltest sie uns unsterblich machen!«

Diese und andere täppische Reden wurden mir schließlich lästig und ich sagte zu ihnen: »Ihr Dummköpfe! Ich bin ein armer Goldschmied, ich diene dem, der mich bezahlt, und ihr schwätzt auf mich los, wie wenn ich ein Parteiführer wäre. Von eurer ehemaligen Unersättlichkeit, euren Narrheiten und dummen Tölpeleien will ich nicht sprechen; aber eins sage ich euch, und mögt ihr noch so albern lachen: bevor zwei oder höchstens drei Tage vergehen, werdet ihr einen anderen Herzog haben, der vielleicht viel schlechter sein wird als der vorige.«

Am Tage darauf kam der Bettini wieder in meine Werkstatt und sagte: »Wir brauchen kein Geld mehr für Kuriere auszugeben, denn du weißt die Ereignisse, bevor sie eintreten; was ist das für ein Geist, der dir das sagt?«

Er erzählte mir, daß Cosimo de' Medici[10], der Sohn des Herrn Giovanni, zum Herzog erhoben worden sei, aber nur unter gewissen Bedingungen, die ihn abhalten würden, nach seiner Laune umherzuflattern. Da mußte nun ich über sie lachen, und ich sprach: »Diese Leute da in Florenz haben einen Jüngling auf ein herrliches Roß gesetzt, haben ihm Sporen angeschnallt und ihm die Zügel in die Hand gegeben, und haben ihn auf das schönste Feld geführt, wo Blumen und Früchte und viele köstliche Dinge sind; dann haben sie ihm gesagt, er dürfe gewisse Grenzen nicht überschreiten. Nun sagt mir bitte: Wer könnte ihn abhalten, wenn er Lust bekäme es doch zu tun? Gesetze kann man keinem geben, der als Herr über den Gesetzen steht.« Da ließen sie mich in Ruhe und belästigten mich nicht mehr.

Venedig; dort wurde er am 26. Februar 1548, im Alter von 32 Jahren, von zwei Soldaten ermordet. Der eine seiner Mörder hatte in der Leibgarde des Herzogs Alessandro gedient.

10 Cosimo wurde am 9. Januar 1537 zum Herzog erwählt. Er war kaum siebzehn Jahre alt. Benvenutos Prophezeiung (die allerdings mehr als zwanzig Jahre später erst aufgezeichnet wurde) traf buchstäblich ein: Cosimo regierte von Anfang an als absoluter Despot.

Ich arbeitete nun wieder in meiner Werkstatt und verfertigte etliche Sachen, aber keine von großer Bedeutung; denn ich bemühte mich vorzüglich meine Gesundheit wiederherzustellen, da ich mich von der überstandenen großen Krankheit doch noch nicht ganz genesen fühlte.

Unterdessen[11] kam der Kaiser siegreich von seinem Zuge gegen Tunis zurück. Der Papst ließ mich holen und beriet sich mit mir, was für ein würdiges Geschenk er nach meiner Meinung dem Kaiser darbieten solle. Ich sagte ihm, ich sei der Ansicht, daß es am schicklichsten sein werde, Seiner Majestät ein goldenes Kreuz mit einem Christusbilde zu schenken; zu einem solchen habe ich die Zierate gewissermaßen schon fertig; es werde ein sehr angemessenes Geschenk sein und Seiner Heiligkeit und mir die größte Ehre machen. Ich hatte nämlich drei goldene runde Figürchen von Spannengröße bereits fertig; es waren jene Figuren, die ich für den Kelch des Papstes Klemens gemacht hatte, und sie stellten Glaube, Liebe, Hoffnung dar. Alles übrige, was zum Fuße des Kreuzes gehörte, nebst dem Christusbilde und den allerschönsten Zieraten, fügte ich aus Wachs hinzu; hierauf brachte ich die Arbeit dem Papst, der davon sehr befriedigt war. Ich vereinbarte mit Seiner Heiligkeit, wie das Werk ausgeführt werden und wieviel ich ungefähr dafür erhalten sollte. Dies geschah eines Abends, vier Stunden nach Sonnenuntergang, und der Papst hatte dem Herrn Latino Juvinale Auftrag gegeben, mir am nächsten Morgen das Geld auszahlen zu lassen. Dem Herrn Latino aber, der eine gewaltige Narrenader im Leibe hatte, dünkte es gut, dem Papst eine neue Erfindung vorzulegen, und zwar eine von ihm selber. Dadurch zerstörte er alles, was der Papst angeordnet hatte.

Als ich mir am Morgen das Geld holen wollte, sagte er mir mit seiner viehdummen Anmaßung: »Ideen zu haben ist unsere Sache; die Ausführung mögt Ihr übernehmen. Wir haben am Abend, bevor ich den Papst verließ, etwas viel Besseres ausgedacht.«

Ich ließ ihn nach diesen Worten gar nicht weiterreden, sondern rief: »Weder Ihr noch der Papst könnt jemals etwas Besseres ausdenken als eine Arbeit, die unsern Herrn Christus selber darstellt. Aber rückt nur heraus mit Eurem Höflingsgeschwätz.«

Er erwiderte mir kein Wort, ging zornig hinweg und versuchte die Arbeit einem anderen Goldschmied zu verschaffen; dies wollte aber der Papst nicht. Er ließ mich sofort holen und sagte mir, ich hätte vollkommen recht, aber er

---

11 Benvenuto hat den Ereignissen vorgegriffen, indem er im Anschluß an die Geschichte von der ihm von Lorenzino im Jahre 1535 versprochenen Rückseite der Medaille gleich die Ermordung des Herzogs Alessandro erzählt. Er kehrt jetzt zu seiner Lebensschilderung zurück; Karl der Fünfte landete auf der Rückfahrt von Tunis am 30. November 1535 in Neapel. In Rom zog er am 5. April 1536 mit 6000 Mann ein; er blieb dort als gefeierter Gast bis zum 18. April.

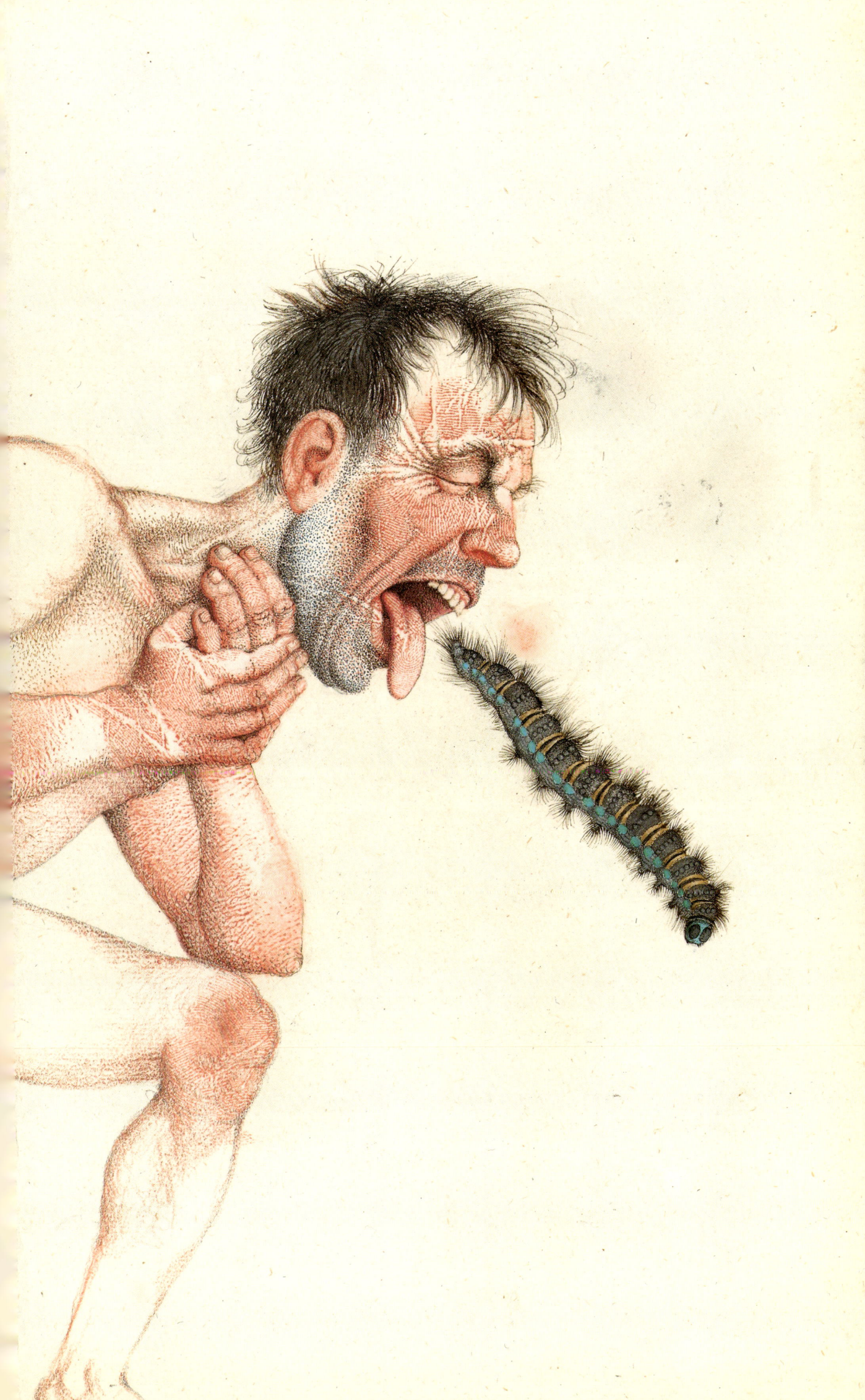

da war der Wurm drin

wollte lieber ein Gebetbuch mit herrlichen Miniaturen schenken[12], für dessen Ausmalung Kardinal de' Medici mehr als zweitausend Goldgulden bezahlt habe; dies sei gerade das richtige Geschenk für die Kaiserin; für den Kaiser könne man dann das von mir vorgeschlagene Geschenk anfertigen, das Seiner Majestät wirklich würdig sei; anders könnten wir es nicht machen, weil wir so wenig Zeit hätten, denn der Kaiser würde schon in anderhalb Monaten in Rom erwartet. Das Buch sollte einen Deckel von massivem Golde erhalten; es sollte reich gearbeitet und mit vielen Edelsteinen geschmückt sein, die etwa sechstausend Goldgulden wert sein mochten. Ich erhielt die Juwelen und das Gold und machte mich sofort an die Arbeit. Ich betrieb diese auf das fleißigste, und schon nach wenigen Tagen erschien das Werk von solcher Schönheit, daß der Papst sich verwunderte und mir die höchsten Huldbeweise gab; vor allem sicherte er mir ausdrücklich zu, daß die Bestie, der Juvinale, mir nicht hineinreden solle.

Als ich mit dieser Arbeit beinahe fertig war, traf der Kaiser ein. Man hatte ihm viele herrliche Ehrenbogen errichtet, und er zog mit wunderbarem Pomp in Rom ein. Dies zu beschreiben überlasse ich jedoch anderen, denn ich will nichts weiter berichten als was mich selber angeht. Gleich bei seiner Ankunft schenkte er dem Papst einen Diamanten, den er für zwölftausend Goldgulden gekauft hatte. Der Papst ließ mich holen und gab mir diesen Diamanten, um ihn in einen Ring nach dem Maße des Fingers Seiner Heiligkeit zu fassen; doch verlangte er, daß ich vorher ihm das Büchlein brächte, so wie es eben wäre.

Ich brachte es ihm, und er war damit sehr zufrieden; sodann beriet er sich mit mir, welche triftige Entschuldigung wegen des unfertigen Zustandes dieses Werkes wir dem Kaiser vorbringen könnten. Ich antwortete, die triftigste Entschuldigung sei meine Krankheit, an die Seine Majestät ganz gewiß glauben werde, wenn er mich so abgemagert und bleich sehe. Der Papst sagte: das sei ganz recht; ich sollte aber, wenn ich dem Kaiser das Buch überreichte, hinzusetzen, Seine Heiligkeit mache dem Kaiser ein Geschenk mit mir selber. Er sagte mir, wie ich mich dabei zu benehmen und was ich zu sprechen hätte. Ich wiederholte diese Worte sofort und fragte den Papst, ob es ihm recht sei, wenn ich mich so ausdrücke. Er antwortete mir: »Es ist sogar ganz ausgezeichnet, wenn du nur auch den Mut hättest, zum Kaiser so zu sprechen wie du jetzt zu mir sprichst.«

Hierauf erwiderte ich: es gehöre viel weniger Mut dazu, mit einem Kaiser, als mit Seiner Heiligkeit zu sprechen; denn der Kaiser gehe gekleidet wie ich

---

12 Cellini beschreibt es und den Kruzifixus ausführlich im achten Kapitel seiner ›Goldschmiedekunst‹. Dort erzählt er auch, daß Kardinal Ippolito das Miniaturenbuch hatte anfertigen lassen, um es der Fürstin Giulia Gonzaga zu schenken.

selber und ich würde mit einem Menschen zu sprechen glauben, der genau so erschaffen wäre wie ich selbst. Etwas anderes aber sei es, wenn ich mit Seiner Heiligkeit spreche: denn sie erscheine mir als eine viel gewaltigere Gottheit, nicht nur wegen des geistlichen Schmuckes, der sie gleichsam wie ein Heiligenschein umstrahlte, sondern auch wegen des schönen Alters des Heiligen Vaters; dies alles schüchtere mich viel mehr ein als die Würde des Kaisers. Darauf sagte der Papst mir: »Geh, mein Benvenuto! Du bist ein wackerer Mann; mach uns Ehre, es soll dein Schade nicht sein.«

Der Papst befahl auch, dem Kaiser zwei türkische Pferde zuzuführen, die einst dem Papst Klemens gehört hatten und die schönsten waren, die man jemals in der Christenheit gesehen hatte. Diese beiden Pferde übergab der Papst seinem Kämmerer, Herrn Durante[13]: er solle sie in die untere Galerie des Palastes führen und sie dort dem Kaiser mit einigen Worten, die er ihm vorsagte, zum Geschenk machen. Wir gingen zusammen hinunter und traten vor den Kaiser. Die beiden Pferde wurden hereingeführt und schritten so majestätisch und geschickt durch die Säle, daß der Kaiser und alle anderen sich wunderten. Da trat nun Herr Durante vor, aber er benahm sich so täppisch und verwickelte sich mit seiner brescianischen Sprechweise die Zunge dergestalt im Munde, daß es greulich anzuhören war, und daß der Kaiser kaum sein Lachen verhalten konnte.

Unterdessen hatte ich meine Arbeit enthüllt, und als ich nun sah, daß der Kaiser mit freundlichster Miene seine Blicke zu mir wandte, trat ich schnell vor und sprach: »Geheiligte Majestät! Unser Allerheiligster Vater Paul sendet dieses Gebetbuch Eurer Majestät. Geschrieben und gemalt ist es von der Hand des größten Meisters, der jemals diese Kunst geübt hat. Der reiche Deckel von Gold und Edelsteinen ist meiner Krankheit wegen in diesem unvollkommenen Zustande; darum übergibt Seine Heiligkeit zugleich mit dem Buch auch mich, damit ich es bei Eurer Majestät vollende und außerdem Ihnen diene, solange ich lebe, und Ihnen außerdem alles andere schaffe, was Sie wünschen.«

Der Kaiser antwortete: »Das Buch ist mir angenehm und angenehm seid auch Ihr mir; aber ich wünsche, daß Ihr es in Rom mir fertig macht. Sobald es fertig ist und Ihr genesen seid, so kommt zu mir und bringt es mir!«

Indem er nun weiter mit mir sprach, nannte er mich bei Namen, worüber ich mich verwunderte; denn von meinem Namen war bisher nicht die Rede gewesen. Er sagte mir, er habe den Knopf an dem Meßgewande des Papstes Klemens gesehen und die vielen herrlichen Figuren, die ich darauf gebildet. So

---

13 Durante Duranti di Brescia, Erster Kämmerer des Papstes. Paul der Dritte machte ihn 1544 zum Kardinal; er starb 1557 in seinem Bistum Brescia.

sprachen wir eine volle halbe Stunde von allerlei trefflichen und angenehmen Dingen, so daß mir dünken wollte, ich hätte meine Aufgabe mit weit größeren Ehren erfüllt als ich selber gedacht. Als nun eine Pause im Gespräch eintrat, machte ich meine Verbeugung und ging.

Wie mehrere Anwesende gehört haben, sagte hierauf der Kaiser: »Man bringe sogleich dem Benvenuto fünfhundert Goldgulden als Geschenk!« Der Edelmann, der mit dem Gelde heraufkam, fragte, wer der Diener des Papstes sei, der mit dem Kaiser gesprochen habe. Da trat Herr Durante vor und stahl mir so meine fünfhundert Goldgulden. Ich beklagte mich darüber beim Papst, der mir sagte, ich solle nur getrost sein; er wisse, wie gut ich mich bei dem Gespräch mit dem Kaiser benommen habe, und von jenem Gelde solle mir mein Teil ganz gewiß nicht fehlen.

NEUNZEHNTES KAPITEL
1537

Dem Autor wird aufgegeben, den Diamanten zu fassen, den der Kaiser dem Papste geschenkt hatte. Herr Latino Juvenale erfindet einige Geschichten, um Seine Heiligkeit gegen Benvenuto einzunehmen, der, als er sich vernachlässigt hält, den Entschluß faßt, nach Frankreich zu gehen. Wunderbare Geschichten seines Knaben Ascanio.

ICH KEHRTE in meine Werkstatt zurück und begann mit großem Fleiß an dem Diamantenring zu arbeiten; nun wurden mir vom Papst die vier ersten Juweliere von Rom zugeschickt, denn man hatte ihm gesagt, der Diamant sei vom ersten Juwelier der Welt, Meister Miliano Targhetta in Venedig, gefaßt worden, und da der Diamant ein wenig zart sei, so sei die Arbeit zu schwierig, als daß ein einzelner sie ohne Beratung mit anderen Meistern ausführen könnte. Ich empfing die Juweliere freundlich. Unter ihnen war ein Mailänder, Gaio genannt, das eingebildetste Biest von der Welt[1]. Je weniger er verstand, desto mehr glaubte er zu verstehen; die anderen waren recht bescheidene und

---

1 Giovanni Pietro da Marliano, genannt Gajo. Aus vielen Zeugnissen geht hervor, daß Gajo ein ganz ausgezeichneter Goldschmied und Juwelier war.

wackere Männer. Nun fing denn der Gaio vor allen andern zu reden an und sagte: »Behalte nur ja Milianos Folie, denn vor der mußt du, Benvenuto, die Mütze abziehen. Die Anfertigung der Folie für einen Diamanten ist die schönste und schwierigste Aufgabe in der ganzen Juwelierkunst. Miliano ist der größte Juwelier, den die Welt je gesehen hat, und dies ist der gefährlichste Diamant.«

Ich antwortete ihm, um so größer sei für mich der Ruhm, in einem so erhabenen Beruf mit einem so trefflichen Meister zu wetteifern. Sodann wandte ich mich zu den anderen Juwelieren und sagte: »Seht! Hier nehme ich Milianos Folie unversehrt aus dem Ring. Ich will versuchen, ob es mir gelingt, eine bessere als diese zu schaffen; sollte ich das nicht können, so wollen wir dieselbe Folie wieder unterlegen.« Das Biest von Gaio sagte: wenn ich sie ebenso gut machte, so wollte er gern vor mir die Mütze abziehen. Drauf ich: »Und wenn ich sie besser mache, so verdient sie doch, daß du zweimal die Mütze abnimmst?« – »Jawohl.«

Sofort begann ich, an meiner Folie zu arbeiten. Wie diese zubereitet werden, will ich an anderer Stelle erörtern[2]; genug, ich begann mit größtem Eifer an der Folie zu schaffen. Ganz gewiß war dies der gefährlichste Diamant, den ich je vorher oder nachher in Händen gehabt habe, und Milianos Folie war wirklich meisterhaft gearbeitet. Trotzdem verlor ich nicht den Mut. Ich schärfte die Werkzeuge meines Verstandes und mühte mich solange, bis ich die Arbeit des anderen nicht nur erreichte, sondern sogar weit übertraf. Als ich nun sah, daß ich jenen Meister besiegt hatte, ging ich darauf aus, mich selber zu übertreffen. Indem ich ganz neue Methoden anwandte, bereitete ich eine Folie, die noch viel besser war als die erste.

Hierauf ließ ich die Juweliere rufen, gab dem Diamanten die Folie des Miliano, putzte ihn hierauf und versah ihn mit der meinigen. Ich zeigte ihn den Juwelieren und der geschickteste von ihnen, Raffaello del Moro, nahm den Diamanten in die Hand und sagte zu Gaio: »Benvenuto hat Milianos Folie übertroffen!«

Da sprach ich: »Da ich den Miliano übertroffen habe, so laßt uns mal sehen, ob ich mich selber habe übertreffen können.« Zugleich bat ich sie, einen Augenblick zu warten, ging in meinen Alkoven und gab, sobald ich allein war, dem Diamanten die neue Folie. Als ich ihnen nun den Ring brachte, rief Gaio sofort: »Das ist das Wunderbarste, was ich meiner Lebtage je gesehen habe! Jetzt ist der Diamant mehr als achtzehntausend Goldgulden wert, während wir ihn kaum auf zwölftausend geschätzt hatten.«

---

2 Dies ist im 8. und 9. Kapitel seiner ›Goldschmiedekunst‹ sehr ausführlich geschehen.

Da wandten sich die anderen Juweliere zu Gaio und sagten: »Benvenuto ist der Stolz unserer Kunst; vor seinen Folien und vor ihm müssen wir mit Recht die Mütze abziehen.« Sprach Gaio: »Sofort will ich zum Papst gehen und es ihm melden; Benvenuto soll tausend Goldgulden für die Fassung dieses Diamanten haben.«

Er lief zum Papst und erzählte ihm alles; infolgedessen schickte Seine Heiligkeit an demselben Tage noch dreimal zu mir, und ließ nachsehen, ob der Ring noch nicht fertig sei.

Eine Stunde vor Nacht brachte ich den Ring in den Palast, und da für mich die Tür nicht verschlossen war, so hob ich bescheiden den Vorhang in die Höhe und sah den Papst mit dem Marchese del Guasto[3], der ihn offenbar zu etwas drängen wollte, was er nicht gerne tun wollte; denn ich hörte, wie er zum Marchese sagte: »Ich wiederhole Euch, ich tue es nicht, ich habe die Pflicht, neutral zu bleiben[4]; ein anderer Standpunkt ziemt sich nicht für mich.«

Ich zog mich schnell zurück, aber der Papst selber rief mich heran. Da trat ich denn, meinen schönen Diamanten in der Hand, schnell näher; der Papst zog mich beiseite, und der Marchese entfernte sich von uns. Während nun der Papst den Diamanten betrachtete, sagte er zu mir: »Benvenuto, sprich mit mir irgend etwas, das nach einer wichtigen Sache aussieht, und höre nicht auf, solange der Marchese hier im Zimmer ist.« Er fing nun an auf und ab zu gehen, und da ich neben ihm gehen durfte, so gefiel mir dies und ich erzählte dem Papst, wie ich es angefangen hätte, die Folie für den Diamanten zu finden.

Der Marchese stand unterdessen beiseite, an einen gewirkten Wandteppich gelehnt, und trat bald auf den einen Fuß, bald auf den anderen. Nun hatte ich aber ein so bedeutendes Gesprächsthema, daß ich drei volle Stunden hätte sprechen können, um alles richtig zu sagen. Der Papst fand so großes Vergnügen daran, daß er ganz den Verdruß vergaß, den die Gegenwart des Marchese ihm verursacht hatte. Ich hatte in meinen Vortrag den Teil von Philosophie gemischt, der meinem Berufe angemessen war, und hatte so nahezu eine Stunde gesprochen. Endlich wurde dies dem Marchese langweilig und er ging halb erzürnt hinaus. Da überhäufte mich der Papst mit den allervertraulichsten Freundlichkeiten und sagte zu mir: »Warte nur, mein Benvenuto; ich will dich ganz anders für deine treffliche Kunst belohnen als mit den tausend Goldgulden, die du für deine Arbeit verdienst, wie mir Gaio gesagt hat.«

---

3   Alfonso d'Avalos, Marchese del Vasto, berühmter Feldherr, kaiserlicher Generalleutnant im Feldzug gegen Tunis und später Statthalter des Herzogtums Mailand. Er starb, erst 42 Jahre alt, 1546.
4   Dies bezieht sich auf den bevorstehenden Wiederausbruch des Krieges zwischen dem Kaiser und Franz dem Ersten.

Als ich nun gegangen war, lobte der Papst mich in Gegenwart seiner Vertrauten, unter denen auch jener Latino Juvinale war, von dem ich vorhin gesprochen habe. Dieser war mein Feind geworden und wandte allen Eifer an, mir Verdruß zu machen. Als er nun sah, daß der Papst so herzlich und anerkennend von mir sprach, da sagte er: »Ohne allen Zweifel ist Benvenuto ein Mann von wunderbarem Geiste. Wenn aber nun auch jedermann sich von Natur dazu neigt, von seinen Landsleuten besser zu denken als von anderen, so sollte er doch auch wissen, wie man von einem Papst zu sprechen hat. Aber da hat er sichs nicht verhalten können, zu sagen: Papst Klemens sei der trefflichste Fürst aller Zeiten gewesen und auch der klügste, nur habe er leider kein Glück gehabt. Bei Eurer Heiligkeit, sagt er, sei es gerade umgekehrt: Eure dreifache Krone sitze Euch jämmerlich auf dem Kopf, Ihr seiet weiter nichts als eine angekleidete Strohpuppe; an Euch sei weiter nichts dran, als daß Ihr Glück habet.«

Er brachte diese Worte so geschickt vor und verlieh ihnen einen solchen Nachdruck, daß der Papst sie glaubte. Ich hatte sie nicht nur niemals in meinem Leben gesagt, sondern nicht einmal daran gedacht. Hätte der Papst es mit Ehren tun können, so würde er mir großen Verdruß bereitet haben; als sehr kluger Mann tat er jedoch, wie wenn er nur darüber lachte. Es blieb aber ein so starker Haß in ihm gegen mich zurück, daß ich es sehr bald bemerkte; denn ich hatte keinen freien Eintritt mehr in seine Gemächer, sondern begegnete oftmals großen Schwierigkeiten. Da ich nun schon so viele Jahre bei Hofe verkehrt hatte, so dachte ich mir wohl, daß irgend jemand mir einen schlechten Streich gespielt habe. Ich erkundigte mich in geschickter Weise und erfuhr alles ganz genau, nur nicht, wer es gewesen war. Ich konnte mir nicht denken, wer so etwas hätte tun können; hätte ich es aber erfahren, so würde ich ihm die Rache mit dem Kohlenmaß zugemessen haben.

Ich bemühte mich, meinen Buchdeckel bald zu vollenden; als ich ihn nun fertig hatte, trug ich ihn zum Papst, der sich wirklich kaum enthalten konnte, mir hohes Lob zu zollen. Hierauf bat ich ihn, er möchte mich nun auch zum Kaiser schicken, um diesem die Arbeit zu bringen, wie er es mir versprochen hätte. Der Papst antwortete mir: er würde tun, was ihm gut dünkte, und ich hätte nur meine Pflicht getan. Zugleich gab er Auftrag, mich gut zu bezahlen. Ich verdiente für diese Werke, an denen ich mehr als zwei Monate gearbeitet hatte, fünfhundert Goldgulden; für den Diamanten bezahlte man mir nur hundertundfünfzig Goldgulden, den ganzen Rest erhielt ich für die Anfertigung des Buchdeckels, für die ich mehr als tausend hätte bekommen müssen, denn es war eine Arbeit mit viel Figuren und Blätterwerk, Schmelz und Juwelen.

Ich nahm, was ich bekommen konnte, und beschloß mit Gott, Rom zu verlassen. Der Papst schickte einen seiner Nepoten, Herrn Sforza, mit dem Büchlein zum Kaiser[5]. Es gefiel ihm sehr und er fragte sofort nach mir. Der junge Herr Sforza[6], der seine Lektion schon gelernt hatte, sagte, ich sei nicht gekommen, weil ich noch krank sei. Dies alles wurde mir wiedererzählt.

Unterdessen traf ich meine Anstalten, nach Frankreich zu reisen; ich wollte allein reisen, doch konnte ich dies nicht wegen eines Jünglings namens Ascanio, der in meinen Diensten stand. Er war noch ganz jung und der allerbeste Diener von der Welt. Bevor ich ihn nahm, war er bei einem spanischen Goldschmied, Meister Francesco[7], gewesen. Da ich nicht gerne mit dem Spanier in Streit kommen wollte, sagte ich dem Ascanio: »Ich will dich nicht, denn ich möchte keinen Verdruß mit deinem Meister haben.« Er drängte aber so sehr, daß sein Meister selber mir einen Zettel schrieb, ich möchte den Jungen nur nach meinem Belieben nehmen.

Er war nun schon viele Monate bei mir gewesen, und weil er anfangs mager und ausgedörrt aussah, so nannten wir ihn unser *Altchen*; und mir dünkte, er sei wirklich ein *Alter*. Denn er war ein ausgezeichneter Diener und so verständig, daß man kaum glauben mochte, wie ein Junge von dreizehn Jahren so viel Verstand haben könnte; für so alt gab er sich nämlich aus.

In einigen Monaten erholte sich der Knabe von seiner Kränklichkeit, nahm an Körper zu und wurde der schönste Jüngling von ganz Rom; und er war nicht nur ein ausgezeichneter Diener, sondern lernte auch die Kunst auf das trefflichste. Darum liebte ich ihn innig wie einen eigenen Sohn und hielt ihn auch so in Kleidung. Als er sich nun wieder gesund sah, meinte er, es sei für ihn ein großes Glück gewesen, daß er in meine Hände gekommen sei. Oft ging er zu seinem früheren Meister und dankte ihm für das große Glück, wozu er ihm verholfen habe. Nun hatte dieser Meister eine schöne junge Frau; die sagte zu ihm: »Wie hast dus nur angefangen, daß du so schön geworden bist?« Ascanio antwortete ihr: »Madonna Francesca, mein Meister hat mich so schön und so gut gemacht.«

Das giftige Weib ärgerte sich über Ascanios Worte, und wie sie denn im Rufe stand, eine unzüchtige Frau zu sein, so mochte sie wohl in ihren Liebkosungen

---

5 Das kostbare Buch befindet sich weder in Rom noch in Wien, noch in Madrid. Nach einigen Quellen soll der Buchdeckel jetzt im Kensingtonmuseum in London sein, nach anderen im Museum des herzoglichen Schlosses in Gotha. Es ist jedoch sehr unwahrscheinlich, daß die dort vorhandenen Buchdeckel von Cellini sind.
6 Sforza Sforza, Sohn des Grafen Bosio di Santa Fiora, war damals erst 16 Jahre alt; er wurde Generalkapitän der italienischen und spanischen Reiterei im Heere Karls des Fünften.
7 Wahrscheinlich Francesco Valentini (d. h.: aus Valenzia). Er war einer von den vier oder fünf, die sich rühmten, im Jahre 1527 bei der Verteidigung von Rom den Konnetabel von Bourbon erschossen zu haben. Vielleicht hatte es dieserhalb schon Händel zwischen ihm und Benvenuto gegeben.

des Knaben etwas weiter gehen als die Ehrbarkeit erlaubt. Ich merkte, daß der Knabe viel öfter als früher seine Meisterin besuchte.

Nun begab es sich, daß er eines Tages einen Lehrburschen in meiner Werkstatt geschlagen hatte. Als ich nach Hause kam, beklagte der Knabe sich weinend darüber und sagte mir, Ascanio habe ihn ohne jeden Grund geschlagen. Da sagte ich zu diesem: »Ob mit oder ohne Grund – laß dirs niemals wieder einfallen, in meinem Haus jemanden zu schlagen; sonst sollst du spüren, wie ich schlagen kann.« Er gab mir eine ungezogene Antwort; da fiel ich aber sofort über ihn her und gab ihm mit Fäusten und Füßen solche Schläge, wie er sie nie vorher bekommen hatte. Kaum hatte er sich aus meinen Händen befreit, so rannte er ohne Mantel und ohne Mütze hinaus. Zwei Tage lang wußte ich nicht, wo er war; übrigens suchte ich ihn auch nicht. Am dritten Tage aber kam ein spanischer Edelmann namens Don Diego zu mir. Er war der gütigste Mensch, den ich je gekannt hatte. Ich hatte für ihn einige Sachen gearbeitet und arbeitete noch an anderen Aufträgen; infolgedessen war er ein recht guter Freund von mir. Er sagte mir, Ascanio sei wieder zu seinem alten Meister gegangen, und ich möchte doch so gut sein, ihm Mütze und Mantel zu geben, die ich ihm geschenkt hätte. Hierauf erwiderte ich, Francesco habe nicht recht gehandelt, sondern sich ungezogen benommen; denn wenn er mir sofort gesagt hätte, Ascanio sei zu ihm gegangen und halte sich in seinem Hause auf, so würde ich diesem gerne den Abschied gegeben haben. Da er ihn aber zwei Tage in seinem Hause gehalten habe, ohne mir etwas davon zu sagen, so wolle ich nicht gestatten, daß er bei ihm bleibe; er solle sich nur in acht nehmen, daß ich ihn nicht mal in seinem Hause erblicke. Don Diego hinterbrachte dies alles; Meister Francesco aber lachte nur darüber.

Am nächsten Morgen sah ich Ascanio, wie er an der Seite seines Meisters einige Kinkerlitzchen aus Draht arbeitete. Als ich vorbeikam, grüßte Ascanio mich; sein Meister aber lachte mich beinahe aus und ließ mir durch den Edelmann Don Diego sagen, ich möchte doch so gut sein, dem Ascanio die geschenkten Kleider zu schicken; wenn ich das aber nicht wollte, so wäre ihm das auch einerlei: dem Ascanio würde es an Kleidern nicht fehlen. Hierauf antwortete ich dem Edelmann: »Don Diego, ich habe Euch bei allen Gelegenheiten als einen so gütigen und rechtlichen Mann befunden wie es keinen zweiten gibt; dieser Francesco aber ist gerade das Gegenteil von Euch, denn er ist ein unanständiger Flegel. Sagt ihm von mir: wenn er mir nicht vor dem Abendläuten den Ascanio in meine Werkstätte zurückgeführt hat, schlag ich ihn ohne weiteres tot. Und sagt dem Ascanio: wenn er nicht bis zu der genannten Stunde seinen Meister verläßt, so soll es ihm nicht viel besser gehen.«

Vasari beschreibt Cellini

Don Diego antwortete nichts, aber er richtete dem Meister Francesco alles aus und jagte ihm eine solche Angst ein, daß er nicht wußte, was er tun sollte. Unterdessen hatte Ascanio seinen Vater aufgesucht, der aus seiner Heimat Tagliacozzo nach Rom gekommen war. Als er den Handel erfuhr, riet auch er dem Francesco, er solle mir den Ascanio zurückschicken. Da sagte denn der Meister: »So geh denn nur, Ascanio! Dein Vater kann mit dir gehen.«

Da sprach aber Don Diego: »Francesco, ich sehe, das wird einen großen Lärm geben. Du weißt besser als ich, wie Benvenuto ist. Du mußt den Knaben selber hinbringen; du kannst dies auch in aller Sicherheit tun, denn ich werde mit dir gehen.«

Ich hatte mich unterdessen bewaffnet, ging in meiner Werkstatt auf und ab und wartete auf den Schlag der Abendglocke, völlig entschlossen, die schrecklichste Tat meines Lebens zu begehen. Da kamen Don Diego, Francesco, Ascanio und dessen Vater, den ich nicht kannte. Ich sah sie alle mit einem fürchterlichen Blick an, und als auch Ascanio eingetreten war, da sagte Francesco, der ganz leichenblaß war: »Seht, Ascanio ist wieder hier; ich hatte ihn bei mir im Hause, weil ich nicht dachte, daß dies Euch kränken würde.«

Ascanio aber sagte ehrfurchtsvoll: »Oh Meister, verzeiht mir! Ich bin bereit, alles zu tun, was Ihr mir befehlt.« Darauf versetzte ich: »Bist du gekommen, deine versprochene Zeit bei mir auszuhalten?« – »Ja«, antwortete er; »ich will niemals wieder von Euch gehen.«

Nun wandte ich mich zu dem Lehrburschen, den er geschlagen hatte, und befahl ihm, dem Ascanio sein Kleiderbündel zu geben. Dann sagte ich zu diesem: »Da hast du alle Kleider, die ich dir geschenkt hatte; nimm zugleich deine Freiheit und geh, wohin du willst.«

Don Diego war sehr verwundert, denn er hatte etwas ganz anderes erwartet. Nun baten mich Ascanio und sein Vater, ich möchte ihm doch verzeihen und ihn wieder annehmen. Ich fragte, wer der Fürsprecher sei; er sagte mir, es sei sein Vater, und nach vielen Bitten sagte ich endlich zu dem Mann: »Nun denn, da Ihr sein Vater seid, so nehme ich ihn um Euretwillen wieder an.«

ZWANZIGSTES KAPITEL
1537

*Benvenuto zieht mit Ascanio nach Frankreich und kommt über Florenz,
Bologna und Venedig nach Padua, wo er sich einige Zeit
bei dem nachherigen Kardinal Bembo aufhält. Betragen dieses Herrn
gegen Benvenuto. Dieser setzt bald seine Reise fort,
indem er durch die Schweiz geht. Mit großer Lebensgefahr schifft er
über den Wallenstädter See. Er besucht Genf
auf seinem Wege nach Lyon, und nachdem er sich vier Tage in gedachter Stadt
befunden, gelangt er glücklich nach Paris.*

WIE ICH vorhin sagte, hatte ich mich entschlossen, nach Frankreich zu reisen. Denn da ich sah, daß ich beim Papst nicht mehr in derselben Achtung stand wie früher, und daß durch die bösen Zungen das frühere Dienstverhältnis getrübt worden war, so fürchtete ich, man könnte es noch schlimmer mit mir machen. Darum hatte ich mich entschlossen ein anderes Land aufzusuchen, um zu sehen, ob ich besseres Glück finden könnte, und so wollte ich mich gern mit Gottes Hilfe allein auf den Weg machen.

Eines Abends entschloß ich mich, am nächsten Morgen abzureisen und sagte meinem treuen Felice, er möge sich aller meiner Habe nach freiem Belieben bis zu meiner Rückkehr bedienen, und wenn ich nicht zurückkehrte, so sollte alles ihm gehören. Ich hatte auch einen Gesellen aus Perugia[1], der mir geholfen hatte, jene Arbeiten für den Papst zu vollenden; diesen entließ ich, nachdem ich ihn für seine Mühe bezahlt hatte. Er aber bat mich, ich möchte ihn mit mir reisen lassen, er würde die Kosten selber bezahlen. Nun war er allerdings der beste von allen meinen italienischen Gesellen, um mir zu helfen, falls es mir glücken sollte, beim König von Frankreich Arbeit zu finden; jedenfalls hatte ich unter meinen Bekannten niemanden, der mir besser hätte helfen können. Er bat mich so sehr, daß ich schließlich mich bereit erklärte, ihn unter den von ihm selber vorgeschlagenen Bedingungen mitzunehmen.

Ascanio, der bei diesem Gespräch zugegen war, sagte halb weinend zu mir: »Ihr habt mich nun einmal wieder genommen; damals sagte ich Euch, ich wolle mein Leben lang bei Euch bleiben, und das gedenk ich auch zu tun.«

---

1 Er hieß Girolamo Pascucci und war der Denunziant, der später Benvenuto in den Kerker der Engelsburg brachte.

Ich sagte ihm, ich wolle ihn durchaus nicht mitnehmen; der arme Junge erklärte aber, dann würde er zu Fuß hinter mir herlaufen. Als ich ihn so fest entschlossen sah, nahm ich auch für ihn ein Pferd und ließ diesem einen Mantelsack hinten aufbinden; infolgedessen nahm ich viel mehr Schmucksachen mit als ich beabsichtigt hatte.

So reiste ich denn[2] von Rom nach Florenz, von Florenz nach Bologna, von Bologna nach Venedig und von Venedig nach Padua. Dort holte mich aus dem Gasthof mein lieber Freund Albertaccio del Bene in sein Haus. Am nächsten Tag ging ich, Herrn Pietro Bembo die Hand zu küssen, der damals noch nicht Kardinal war[3]. Herr Pietro empfing mich auf die allerfreundlichste Weise; dann wandte er sich zu Albertaccio und sagte: »Benvenuto soll mit allen seinen Leuten bei mir wohnen, und wenn er mehr als hundert hätte; entschließt Euch nur und gestattet, daß Benvenuto bei mir wohne; denn ich gebe ihn Euch nicht heraus.« So blieb ich denn und erfreute mich des Umgangs mit diesem trefflichsten Herrn.

Er hatte mir ein Zimmer bereiten lassen, das für einen Kardinal zu ehrenvoll gewesen wäre, und bei Tisch mußte ich beständig an Seiner Gnaden Seite sitzen. Dann bezeigte er im Gespräch auf das freundlichste seinen Wunsch, von mir abgebildet zu sein. Dies war auch mein eigener, sehnlichster Wunsch, und so bereitete ich mir in einem Schächtelchen das weißeste Modellierwachs und begann sofort die Arbeit. Am ersten Tage arbeitete ich zwei Stunden hintereinander und bosselte seinen geistreichen Kopf mit so guter Art heraus, daß Seine Gnaden ganz erstaunt darüber waren, denn er war zwar übergroß in seiner Wissenschaft und ein Dichter wunderbarer Art, aber von meiner Kunst verstand er ganz und gar nichts; darum glaubte er, ich sei mit meiner Arbeit schon fertig, als ich sie kaum erst begonnen hatte. Ich konnte ihm nicht begreiflich machen, daß ich noch vieler Zeit bedürfen würde, um meine Sache gut zu machen.

Endlich entschloß ich mich sein Bildnis so gut zu machen wie ich es nur vermöchte, und die erforderliche Zeit darauf zu verwenden. Da er nun den Bart nach venezianischer Sitte kurzgeschnitten trug, so machte es mir große Mühe, seinen Kopf so herauszubringen, daß er meinen eigenen Ansprüchen genügte. Schließlich kam ich damit zustande, und es dünkte mir das schönste Werk zu sein, das ich jemals in meiner Kunst geschaffen hätte. Er aber war ganz verwirrt, denn er hatte gedacht, ich könnte das Wachsmodell in zwei Stunden und den Stahlstempel in zehn Stunden machen. Als er nun sah, daß ich die Wachsarbeit nicht in zweihundert Stunden fertig brachte und gar noch Urlaub

---

2 Am 2. April 1537.
3 Pietro Bembo (1470 bis 1547), als Gräzist, Historiker und Dichter berühmt, Kardinal seit 1538.

verlangte, um nach Frankreich zu reisen, da wurde er unruhig und bat mich nur noch, ich möchte doch wenigstens für die Rückseite der Schaumünze einen Pegasus inmitten eines Myrtenkranzes abbilden. Dies tat ich in etwa drei Stunden und brachte etwas recht Anmutiges zustande. Er war sehr befriedigt und sagte: »Das Pferd scheint mir zehnmal so schwer zu sein als das Köpfchen, mit dem Ihr Euch so sehr gequält habt; ich begreife nicht, was daran so schwierig sein kann.«

Dann bat er mich, ich möchte doch noch den Stempel in Stahl schneiden. »Bitte, tut es doch«, rief er aus, »wenn Ihr nur wollt, macht Ihr es ganz geschwind.« Ich versprach ihm, ich wolle es tun; hier aber könne ich es nicht machen. Sobald ich eine Werkstatt einrichten würde, sollte die Arbeit unbedingt fertig werden[4].

Während ich an dieser Schaumünze arbeitete, hatte ich auch um drei Pferde gehandelt, die ich für meine Reise nach Frankreich brauchte; er aber ließ mich im geheimen beobachten, was er leicht tun konnte, da er in Padua im höchsten Ansehen stand. Als ich nun die Pferde bezahlen wollte, die ich für fünfzig Dukaten erstanden hatte, sagte ihr Besitzer zu mir: »Trefflicher Künstler, ich schenke Euch die drei Pferde.« Ich antwortete ihm: »Nicht du schenkst sie mir; und von dem, der sie mir schenkt, will ich sie nicht, denn ich habe ihm nichts leisten können.«

Der gute Mann sagte darauf zu mir: wenn ich diese Pferde nicht nähme, so würde ich in Padua überhaupt keine anderen finden und müßte eben zu Fuß gehen. Da ging ich nun zu dem freigebigen Herrn Pietro; der tat, wie wenn er von gar nichts wüßte und sagte mir auf das freundlichste, ich sollte doch in Padua noch länger bleiben. Dies wollte ich nun nicht, und da ich durchaus weiterreisen mußte, so blieb mir nichts anderes übrig als diese drei Pferde anzunehmen. So reiste ich denn weiter.

Ich reiste über Land durch Graubünden; denn alle anderen Wege waren infolge des Krieges unsicher[5]. Über die Albula und Bernina kamen wir am achten Mai im tiefsten Schnee hinüber. Wir kamen nur mit größter Lebensgefahr über diese beiden Berge. Jenseits der Berge blieben wir in einem Ort, den man Wallenstadt nennt, wenn ich mich recht erinnere; dort nahmen wir Herberge. In der Nacht kam ein Kurier aus Florenz an, der sich Busbacca[6]

---

4 Von Bembo sind mehrere gute Medaillen erhalten; doch trifft auf keine die genaue Beschreibung zu, die Benvenuto selber von seinem Werke gibt.
5 In Piemont tobte der Kampf zwischen den Kaiserlichen und Franzosen.
6 Diesen Busbacca erwähnt Benvenuto auch in seinem Tagebuch am 15. Januar 1560. Einige italienische Kritiker haben angenommen, Busbacca sei ein Spitzname gewesen, etwa abgeleitet von Busbo, Gauner. Viel näher liegt wohl die Annahme, daß der Mann ein Deutscher war und Butzbach oder so ähnlich hieß.

nannte. Ich hatte ihn als einen tüchtigen und angesehenen Mann loben hören und wußte nicht, daß er durch seine Schelmenstreiche heruntergekommen war. Als er mich in dem Gasthof sah, redete er mich mit meinem Namen an, sagte mir, er gehe in wichtigen Angelegenheiten nach Lyon, und bat mich, ich möchte ihm doch das Reisegeld leihen. Ich erwiderte ihm, ich hätte kein Geld zum Ausleihen; wenn er aber mit mir kommen wollte, würde ich für ihn die Kosten bis Lyon bestreiten. Der Spitzbube weinte, log das Blaue vom Himmel herunter und sagte zu mir: wenn in wichtigen vaterländischen Angelegenheiten einem armen Teufel von Kurier das Geld ausgegangen sei, so sei ein Mann wie ich verpflichtet, ihm zu helfen. Er habe wichtige Aufträge von Herrn Filippo Strozzi zu bestellen. Er zeigte mir ein ledernes Becherfutteral und sagte mir ins Ohr, in diesem Becher seien Edelsteine im Werte von vielen Tausenden von Dukaten, dazu auch wichtigste Briefe von diesem Herrn Filippo.

Ich antwortete ihm: er solle sich die Juwelen von mir in seine Kleider einnähen lassen; dort würden sie weniger in Gefahr sein, als wenn er sie in dem Becher herumtrüge; den Becher aber, der ungefähr zehn Goldgulden wert sei, möge er mir lassen, ich werde ihm dafür mit fünfundzwanzig Goldgulden aushelfen.

Der Kurier erwiderte: so werde er denn mit mir reisen; denn mir den Becher zu überlassen, erlaube ihm seine Ehre nicht. Hierbei bliebs denn. Am Morgen reisten wir ab und kamen an einen See, der sich von Wallenstadt nach Weesen erstreckt und fünfzehn Miglien lang ist. Als ich im Hafen die Kähne sah, erschrak ich; denn sie sind von Tannenholz, durchaus nicht groß, noch weniger stark, schlecht gezimmert und überhaupt nicht verpicht. Hätte ich nicht vier deutsche Edelleute mit ihren vier Pferden einen anderen ähnlichen Kahn besteigen sehen, so hätte ich mein Schiff überhaupt nicht betreten, sondern wäre schnellstens umgekehrt. Ich dachte, als ich diese blödsinnigen Reisenden sah, in deutschen Gewässern möchte man wohl weniger leicht ertrinken als in unseren italienischen. Meine beiden jungen Leute aber sagten zu mir: »Benvenuto, mit vier Pferden auf das Wasser zu gehen, das ist eine gefährliche Sache!«

Ich antwortete ihnen: »Seht ihr denn nicht, ihr Feiglinge, daß jene vier Edelleute vor euch sich eingeschifft haben und lachend davonfuhren? Wenn dieses Wasser Wein wäre, so würde ich sagen, sie reisen so lustig, um sich darin zu ersäufen; da es aber Wasser ist, so weiß ich wohl, daß sie keine Lust hätten zu ertrinken, wie übrigens auch wir nicht.«

Der See ist fünfzehn Miglien lang und ungefähr drei Miglien breit; auf der einen Seite liegt ein sehr hohes, schluchtenreiches Gebirge, das andere Ufer ist eben und grün bewachsen. Als wir ungefähr vier Miglien zurückgelegt hatten, begann der See stürmisch zu werden; da riefen die Ruderer uns um Beistand an und verlangten, wir sollten ihnen rudern helfen; dies taten wir auch eine Zeitlang. Ich bedeutete ihnen, sie sollten uns nach dem anderen Ufer fahren; sie aber antworteten: »Das ist unmöglich; dort ist nicht Wasser genug, um das Schiff zu tragen; es sind dort einige Untiefen, in denen das Schiff sofort scheitern würde; dann würden wir alle ertrinken.« Zugleich forderten sie uns wieder auf, ihnen zu helfen. Die Bootsleute riefen einander zu und verlangten Hilfe.

Ich hatte ein kluges Pferd; als ich nun die Ratlosigkeit der Schiffer sah, legte ich meinem Pferde den Zügel um den Hals und faßte die Halfter mit der linken Hand. Das Pferd, das recht verständig war, wie ja solche Tiere es manchmal sind, schien zu verstehen, was ich wollte. Ich hatte seinen Kopf den frischen Wiesen zugekehrt und wollte, daß es hinüberschwämme und mich mit hinüberbrächte. In demselben Augenblick rührte der See eine große Welle auf, die über das Schiff hinwegschlug. Ascanio schrie: »Barmherzigkeit! Lieber Vater, helft mir!« Er klammerte sich an mich an, ich aber legte die Hand an meinen Dolch und sagte: sie sollten nur tun, was ich ihnen gezeigt hätte; die Pferde würden so gewiß ihr eigenes Leben retten, wie ich davonzukommen hoffte; wer sich mir an den Hals hängte, den würde ich totstechen. In dieser Todesgefahr fuhren wir mehrere Miglien weiter.

Als wir über den halben See waren, kamen wir an ein Stückchen flachen Ufers, wo wir uns ausruhen konnten; ich sah dort die vier deutschen Edelleute, welche ausgestiegen waren. Als wir nun ebenfalls aussteigen wollten, widersetzte sich der Schiffer. Da sagte ich zu meinen jungen Leuten: »Nun ist es Zeit, zu zeigen, was an uns ist! Heraus mit den Degen! Wir wollen sie mit Gewalt zwingen, uns an Land zu setzen!«

Wir brachten sie endlich mit großer Schwierigkeit dahin, denn sie wollten es durchaus nicht tun. Als wir nun aber am Lande waren, mußten wir zwei Miglien weit auf den Berg hinaufreiten; das war schwerer als wenn wir eine Sprossenleiter hätten hinaufsteigen sollen. Ich war am ganzen Leibe gepanzert, hatte große Stiefel an und trug eine Büchse in der Hand; dazu regnete es, was Gott nur schicken konnte. Die verteufelten deutschen Edelleute kamen mit ihren Pferden ganz leicht hinauf; die unsrigen aber taugten nicht dazu und kamen vor Erschöpfung beinahe um, als wir sie diesen beschwerlichen Berg hinaufsteigen ließen.

Als wir ein Stückchen hinauf waren, strauchelte Ascanios Pferd, ein ausgezeichneter Ungar. Dicht hinter ihm ging der Kurier Busbacca, dem Ascanio seinen Spieß zu tragen gegeben hatte. Als nun das Pferd sich überschlug, da konnte der Schurke nicht schnell genug ausweichen und durchstach dem Tiere mit der Lanzenspitze den Hals. Und als mein anderer Geselle ihm zu Hilfe kommen wollte, da strauchelte auch dessen Pferd, ein Rappe, gegen den See zu; kaum konnte er sich an einer ganz dünnen Weinranke festhalten. Auf dem Pferde waren ein paar Mantelsäcke, und in diesen befand sich all mein Geld, und was ich sonst von Wert hatte. Ich rief dem Jüngling zu, er solle sein Leben retten und das Pferd zum Teufel gehen lassen. Der Abgrund war mehr als dreihundert Ellen tief und ging bis zum See hinunter, denn die Felsen hingen über. Genau unter dieser Stelle hatten unsere Schiffer Halt gemacht; wenn das Pferd stürzte, mußte es ihnen auf den Rücken fallen.

Ich war allen voraus; wir sahen das Pferd straucheln und sich abarbeiten und es sah aus, wie wenn es ganz bestimmt verloren sein müßte. Ich sagte zu meinen Knaben: »Kümmert euch um nichts; wir wollen sehen, daß wir uns retten, und wollen Gott für alles dankbar sein; es tut mir nur um den armen Busbacca leid; er hat seinen Becher mit den Juwelen, welche mehrere tausend Dukaten wert sind, dem Pferde an den Sattel gebunden, weil er glaubte, gerade da seien sie am sichersten; mein Geld beträgt nur ein paar hundert Goldgulden und ich mache mir nichts daraus, wenn ich nur Gottes Gnade habe.«

Da sagte der Busbacca: »Um das meinige tut es mir nicht leid, wohl aber um das Eurige.« – »Warum tut es dir denn um mein Bißchen leid, und nicht um dein Viel?« – »Nun, so will ich es denn in Gottes Namen sagen; unter solchen Umständen, und so wie wir miteinander stehen, muß ich wohl die Wahrheit sagen: ich weiß, Eure Goldgulden sind Goldgulden, echte vollwichtige Goldgulden; mein Becherfutteral aber, worin so viele Juwelen sein sollten, enthält nur Kaviar.«

Als ich dies hörte, mußte ich lachen, auch meine Gesellen lachten, er aber weinte. Das Pferd half sich selber, als es seiner Last los war; so erholten wir uns lachend von unserem Schreck und ritten weiter den Berg hinauf. Die vier deutschen Edelleute, die vor uns auf den Gipfel des steilen Berges gelangt waren, schickten uns mehrere Leute zu Hilfe. So erreichten wir denn glücklich, wenn auch durchnäßt, müde und hungrig, das einsame Wirtshaus. Wir wurden auf das freundlichste empfangen: wir trockneten uns, ruhten aus und stillten unseren Hunger. Das verwundete Pferd wurde mit gewissen Kräutern behandelt. Man zeigte uns dieses Kraut, das reichlich an allen Hecken wuchs, und sagte uns: wenn wir die Wunde immer mit diesen Kräutern vollgestopft hielten, würde das Pferd nicht nur geheilt werden, sondern uns schon vorher dienen, wie wenn es ganz unversehrt wäre. Wir taten dies, und nachdem wir uns erfrischt und erquickt hatten, dankten wir den Edelleuten und reisten weiter. So zogen wir unseres Weges und priesen Gott, daß er uns aus dieser großen Gefahr errettet habe.

Wir kamen in ein Städtchen jenseits von Weesen; dort ruhten wir die Nacht und hörten jede Stunde einen Wächter, der recht schön sang; weil aber alle

Häuser in der Stadt von Tannenholz sind, so sang der Wächter nichts anderes, als daß man das Feuer bewahren solle. Busbacca war noch vom Tage her voller Angst und jedesmal, wenn der Wächter die Stunde sang, schrie Busbacca im Traum auf und rief: »Oh, du lieber Gott, ich ersaufe!« Außerdem hatte er sich auf den ausgestandenen Schreck hin betrunken, indem er es mit allen anwesenden Deutschen im Trinken aufnehmen wollte. So rief er nun abwechselnd: »Ich brenne!« und »Ich ersaufe!« Manchmal wieder glaubte er, er sei mit dem Kaviar am Halse in der Hölle und werde von den Teufeln gepeinigt. Die Nacht war so lustig, daß unsere Not in Lachen verkehrt war.

Als wir am Morgen aufstanden, war das allerschönste Wetter. Zu Mittag speisten wir in einem fröhlichen Städtchen, Lachen genannt, wo wir ausgezeichnet bewirtet wurden. Dort nahmen wir Führer, die nach einer Stadt namens Zürich zurückkehrten. Der Bote, der uns führte, ritt über einen Damm, der durch einen See führte. Eine andere Straße war nicht vorhanden; da nun obendrein dieser Damm unter Wasser stand, so strauchelte der dumme Führer und stürzte mitsamt seinem Pferde ins Wasser. Da ich unmittelbar hinter dem Führer ritt, so hielt ich mein Pferd an und sah den Kerl aus dem Wasser wieder auftauchen. Wie wenn gar nichts geschehen wäre, fing er wieder an zu singen, und winkte mir, ich solle weiterreiten. Ich aber warf mich nach rechts und brach durch einige Zäune hindurch; meine beiden jungen Gesellen und Busbacca folgten mir. Der Führer rief mir auf deutsch zu: wenn die Leute mich sähen, würden sie mich totschlagen. Wir aber ritten weiter und entkamen auch aus dieser Gefahr.

So kamen wir nach Zürich, einer wundervollen Stadt, sauber wie ein Edelstein. Dort ruhten wir einen ganzen Tag; am anderen Morgen aber brachen wir bei guter Zeit auf und kamen in eine andere schöne Stadt, Solothurn genannt. Von dort reisten wir lachend und singend nach Lausanne, von Lausanne nach Genf, von Genf nach Lyon. In Lyon ruhte ich vier Tage aus und ergötzte mich sehr mit einigen Freunden; auch erhielt ich dort meine Auslagen, die ich für Busbacca gemacht hatte[7]. Nach Ablauf dieser vier Tage machte ich mich auf den Weg nach Paris. Es war eine fröhliche Reise, abgesehen davon, daß uns in der Gegend von La Palice eine Bande von Abenteurern anfiel, die uns ermorden wollte; aber wir erwehrten uns ihrer mit nicht geringer Tapferkeit. Von da ritten wir ohne jeden Unfall nach Paris und kamen immer lachend und singend an den sicheren Ort.

---

7 Er erhielt das Geld von Federigo Strozzi, genannt Piccio, dessen Geliebte eine von Busbaccas Töchtern war. Außerdem hatte Benvenuto ihm auch noch eine Rüstung geliehen, die er auf 200 Goldgulden schätzte. Busbacca verlor diese Rüstung im Würfelspiel und Benvenuto bekam das Geld dafür niemals zurück.

EINUNDZWANZIGSTES KAPITEL
1537–1538

Undankbares Betragen Rossos, des Malers. Benvenuto wird dem König Franz dem Ersten zu Fontainebleau vorgestellt und sehr gnädig empfangen. Der König verlangt, ihn in seine Dienste zu nehmen; er aber, da ihn eine schnelle Krankheit heimsucht, mißfällt sich in Frankreich und kehrt nach Italien zurück. Große Gefälligkeit des Kardinals von Ferrara gegen Benvenuto. Was ihm auf dem Wege zwischen Lyon und Ferrara begegnet. Der Herzog nimmt ihn freundlich auf. Er kommt nach Rom zurück, wo er seinen treuen Diener Felice wiederfindet. Merkwürdiger Brief des Kardinals von Ferrara über das Betragen des Kardinals Gaddi. Er wird fälschlich von einem Gesellen angeklagt, als wenn er einen großen Schatz von Edelsteinen besitze, den er damals entwandt, als ihm der im Kastell belagerte Papst die Krone auszubrechen gegeben. Er wird gefangengenommen und auf die Engelsburg gebracht.

NACHDEM ICH mich in Paris ein wenig ausgeruht hatte, suchte ich den Maler Rosso[1] auf, der in Diensten des Königs stand. Von diesem Rosso glaubte ich, er sei mein allerbester Freund, denn ich hatte ihm in Rom die größten Gefälligkeiten erwiesen, die ein Mensch einem anderen erweisen kann. Da diese Gefälligkeiten sich mit kurzen Worten erzählen lassen, so will ich nicht verfehlen, sie zu beschreiben und dadurch zu zeigen, wie frech doch die Undankbarkeit ist. Als er in Rom war, hatte er mit seiner bösen Zunge so schlecht über die Werke des Raffaello von Urbino gesprochen, daß dessen Schüler fest entschlossen waren, ihn totzuschlagen; davor bewahrte ich ihn, indem ich Tag und Nacht mit der größten Mühsal über ihm wachte. Dann hatte er auch den ausgezeichneten Baumeister Herrn Antonio von San Gallo[2] verleumdet, der ihm dafür eine Arbeit abnehmen ließ, die Herr Agnolo von Cesi[3] ihm aufgetragen hatte. Meister Antonio verfolgte ihn auch später noch mit seiner Feindschaft, so daß Rosso beinahe Hungers gestorben wäre. Darum lieh ich ihm oftmals zehn Goldgulden, die ich niemals wieder erhalten

---

1 Vergleiche die Anmerkung zum fünften Kapitel.
2 Antonio Cordiani, genannt Antonio da Sangallo d.J. (1485–1546), einer der Baumeister der Peterskirche in Rom.
3 Auch von Vasari als Freund und Gönner der Künstler erwähnt.

habe. Da ich nun wußte, daß er im Dienste des Königs stand, suchte ich ihn also auf; zwar glaubte ich nicht, daß er mir mein Geld wiedergeben würde, wohl aber nahm ich an, er würde mir mit seiner Gunst behilflich sein, daß ich in den Dienst des großen Königs käme. Als er mich aber sah, wurde er sogleich verlegen und sagte mir: »Benvenuto, du hast das viele Geld für die große Reise vergebens angewendet; denn in gegenwärtiger Zeit denkt man an Krieg, und nicht an Possen, wie wir sie machen können.«

Ich antwortete ihm, ich habe soviel Geld mitgebracht, um nach Rom auf die gleiche Weise zurückkehren zu können, wie ich nach Paris gekommen sei; dies sei doch nicht der rechte Lohn für die Mühen, die ich um seinetwillen ausgestanden habe; fast fange ich an zu glauben, es sei wahr, was mir Meister Antonio von San Gallo über ihn gesagt habe.

Nun wurde er sich seiner Schnödigkeit bewußt und wollte die Sache als einen Scherz hinstellen. Als ich ihm nun gar eine Anweisung über fünfhundert Goldgulden auf Ricciardo del Bene zeigte, da schämte der Bösewicht sich und wollte mich fast mit Gewalt zurückhalten.

Ich aber lachte ihn aus und entfernte mich mit einem Maler, der bei dem Gespräch zugegen gewesen war. Er hieß Sguazella und war ebenfalls ein Florentiner; ich wohnte in seinem Hause mit drei Pferden und drei Dienern für soundsoviel wöchentlich. Er verköstigte mich sehr gut und ich bezahlte ihn noch besser.

Ich versuchte nun mit dem König zu sprechen und wurde durch seinen Schatzmeister, einen gewissen Herrn Giuliano Buonaccorsi, ihm vorgestellt. Ich schob diese Vorstellung ziemlich lange hinaus, weil ich nicht wußte, daß Rosso allen Fleiß aufbot, mich nicht vor den König gelangen zu lassen. Als aber Herr Giuliano dies bemerkte, nahm er mich sofort mit sich nach Fontainebleau und führte mich vor den König, der sich eine volle Stunde lang auf die leutseligste Art mit mir unterhielt. Da nun der König im Begriff stand nach Lyon zu reisen[4], befahl er dem Herrn Giuliano, mich mitzunehmen; unterwegs könnten wir über einige schöne Werke sprechen, die Seine Majestät machen zu lassen gedächte. So reiste ich denn im Gefolge des Königs mit nach Lyon; unterwegs verkehrte ich sehr viel mit dem Kardinal Ferrara[5], der damals noch nicht den Hut erhalten hatte. Mit diesem Kardinal führte ich jeden Abend lange Gespräche. Seine Gnaden sagte mir, ich solle in seiner Abtei in Lyon bleiben und dort gemächlich leben, bis der König aus dem Kriege zurückkomme; er

---

4 Nach Tassi reiste er am 6. Oktober 1537 ab.
5 Ippolito von Este, Sohn des Herzogs Alfonso von Ferrara; er wurde im Jahre 1539 von Paul dem Dritten zum Kardinal gemacht. Er ließ die Villa Este in Tivoli erbauen und war ein Freund der Wissenschaft und Kunst. Er starb im Dezember 1572.

selber gehe nach Grenoble, und in seiner Abtei in Lyon werde ich alle Bequemlichkeit finden. Als wir aber in Lyon ankamen, wurde ich krank und mein junger Ascanio hatte das viertägige Fieber. Dadurch wurden mir die Franzosen und ihr Hof aufs äußerste zuwider und ich konnte es kaum erwarten, wieder nach Rom zurückzukehren. Als nun der Kardinal sah, daß ich durchaus wieder nach Rom wollte, gab er mir Geld, um ihm dort ein Becken und einen Pokal von Silber zu machen.

So ritten wir nun auf trefflichen Pferden nach Rom zurück. Wir nahmen den Weg über den Simplon, wo wir mit einigen Franzosen zusammentrafen, mit denen wir eine Zeitlang reisten. Ascanio hatte sein viertägiges und ich hatte ein schleichendes Fieber, das mich nicht einen Augenblick verlassen zu wollen schien. Mein Magen war so schwach, daß ich glaube, ich habe vier Monate lang nicht einmal ein ganzes Brot in der Woche gegessen. Ich sehnte mich nach Italien zu kommen; denn ich wollte in der Heimat sterben und nicht in Frankreich.

Als wir das Simplongebirge überstiegen hatten, kamen wir an einen Fluß[6] dicht bei einem Orte, der Indevedro hieß; er war breit und sehr tief, und über ihn führte ein langer, schmaler Steg ohne Geländer. Am Morgen war ein dichter Reif gefallen. Als ich nun, da ich voranritt, zuerst an die Brücke kam, erkannte ich die große Gefahr und befahl meinen Gesellen und Dienern abzusteigen und die Pferde am Zügel zu führen. So kam ich denn glücklich über die Brücke und ritt mit einer der Franzosen, der ein Edelmann war, plaudernd meines Weges weiter. Der andere, ein Notar, war ein wenig zurückgeblieben und spottete über den Edelmann und mich, daß wir uns ohne jeden Grund aus bloßer Furcht die Mühe gemacht hätten zu Fuß zu gehen. Ich kehrte mich um, und da ich ihn mitten auf der Brücke sah, so bat ich ihn langsam zu reiten, denn er sei an einer gefährlichen Stelle. Er konnte aber seine französische Art nicht verleugnen und antwortete mir auf französisch, ich sei ein Mann von geringem Mute, und es sei überhaupt keine Gefahr vorhanden. Indem er dieses Wort sprach, wollte er seinen Gaul ein wenig anspornen; das Pferd aber strauchelte, fiel von der Brücke herunter neben eine große Klippe im Wasser und streckte alle viere in die Luft. Da aber Gott oftmals Mitleid mit den Narren hat, so geriet diese Bestie mit der andern Bestie, dem Gaul, in eine tiefe Stelle, wo das Wasser über ihnen zusammenschlug. Als ich dies sah, lief ich eilends herzu und kletterte mit großer Mühe auf jenen Felsen, beugte mich über das Wasser und erfaßte einen Zipfel des Oberrockes, den der Mann anhatte. An diesem Zipfel

---

6 Unterhalb des Simplonpasses beginnt auf italienischem Gebiet das Valdivedra-Tal, durch welches der Fluß Diveria fließt. Eine Ortschaft Indevedro ist unbekannt.

zog ich ihn heraus, als er schon ganz unter Wasser gewesen war. Er hatte schon viel Wasser geschluckt und es fehlte wenig, so wäre er ertrunken. Als ich ihn außer Gefahr sah, sprach ich ihm meine Freude aus, ihm das Leben gerettet zu haben. Er aber antwortete mir auf französisch: das wäre garnichts; die Hauptsachen wären seine Schriften, die siebzig Goldgulden wert wären. Das sagte er mir in hellem Zorn, ganz durchweicht, sprudelnd und triefend. Da wandte ich mich zu den Führern, die wir bei uns hatten, und befahl ihnen dem Biest zu helfen; ich wolle sie bezahlen. Einer von ihnen bemühte sich eifrig und geschickt und fischte ihm seine Schriften wieder auf, so daß er nichts verlor, der andere Führer aber weigerte sich, auch nur das geringste zu tun, um ihm zu helfen. Als wir nun in dem genannten Orte Indevedro angekommen waren, gab ich aus der gemeinsamen Reisekasse, die ich verwaltete, nach dem Essen dem Führer, der ihm die Papiere aus dem Wasser gefischt hatte, einiges Geld; da sagte mir der Franzose, dieses Geld solle ich nur aus meiner eigenen Tasche geben, denn er beabsichtige nichts weiter zu geben, als was mit dem Führer für seine Dienste vereinbart worden sei. Darauf sagte ich ihm viele harte Worte. Nun trat auch noch der andere Führer vor, der gar nichts getan hatte, und wollte ebenfalls belohnt sein. Als ich nun sagte: »Nur jener verdient den Lohn, der das Kreuz getragen hat!« – da antwortete er mir, er wolle mir bald ein Kreuz zeigen, worüber ich weinen solle. Ich sagte ihm, ich wolle ihm zu seinem Kreuz eine Kerze anzünden, wobei er, wie ich hoffe, zuerst weinen werde. Jener Ort liegt auf der Grenze zwischen dem Venezianischen und Deutschland; er lief, um Leute zu holen, und kam mit ihnen zurück, einen großen Spieß in der Hand.

Ich saß auf meinem guten Pferde und spannte den Hahn meiner Büchse; dann wandte ich mich zu seinen Begleitern und sprach: »Diesen schieße ich zuerst tot, euch aber fordere ich auf, euere Pflicht zu tun; denn jene sind Straßenräuber, die diesen nichtigen Anlaß nur benutzen, um uns zu ermorden.«

Der Wirt, bei dem wir gespeist hatten, rief einen von ihren Anführern an, einen alten Mann, und bat ihn, er möchte doch ein solches Unheil abwenden: »Der Herr ist doch ein höchst tapferer junger Mann!« sagte er; »ihr mögt ihn vielleicht in Stücke hauen, vorher aber wird er viele von euch umbringen; vielleicht entrinnt er gar euren Händen, nachdem er euch viel Schaden angerichtet hat.«

So wurde die Sache beigelegt und ihr alter Anführer sagte zu mir: »Gehe in Frieden! Du würdest im Handgemenge gar nichts ausrichten, und wenn du hundert Leute bei dir hättest!«

Ich wußte wohl, daß er recht hatte, und hatte bereits mein Leben verloren gegeben; da ich aber keine weiteren Schimpfworte hörte, so schüttelte ich den Kopf und sprach: »Ich würde mein möglichstes getan haben, um euch zu zeigen, daß ich lebendig und ein Mann bin.«

So reisten wir weiter; am Abend aber in der ersten Herberge zählten wir unsere Kasse und ich trennte mich von jenem französischen Biest; von dem anderen aber, dem Edelmann, schied ich in aller Freundschaft. So kam ich mit meinen drei Pferden allein nach Ferrara. Sobald ich abgestiegen war, ging ich an den Hof des Herzogs, um Seiner Durchlaucht aufzuwarten; denn ich gedachte den anderen Morgen Santa Maria in Loreto aufzusuchen. Nachdem ich bis zwei Uhr nach Sonnenuntergang gewartet hatte, erschien der Herzog; ich küßte ihm die Hand; er nahm mich auf das freundlichste auf und befahl, man solle mir auch Wasser zum Händewaschen reichen. Hierauf antwortete ich ihm scherzend: »Durchlauchtigster Herr, seit mehr als vier Monaten habe ich so wenig gegessen, daß man nicht glauben möchte, ein Mensch könnte davon leben; darum weiß ich, daß auch die königlichen Speisen Eurer Tafel mich nicht stärken könnten. Gestatten Euer Durchlaucht mir daher, mich nur mit Euch zu unterhalten, während Ihr speiset; daran würden wir alle beide mehr Vergnügen haben als wenn ich mitäße.«

So fingen wir denn ein Gespräch an, das bis fünf Uhr dauerte; dann beurlaubte ich mich, ging in meine Herberge und fand dort ein herrliches Mahl gerüstet; denn der Herzog hatte mir seine eigenen Gerichte gesandt, dazu viel guten Wein. Da ich nun um mehr als zwei Stunden meine gewöhnliche Tischzeit übergangen hatte, so aß ich mit größtem Appetit, und es war das erstemal, daß ich seit vier Monaten hatte essen können.

Am Morgen reiste ich zur Mutter Gottes nach Loreto, und nachdem ich dort meine Andacht verrichtet hatte, reiste ich nach Rom weiter[7]. Dort fand ich meinen getreuen Felice; ich überließ ihm meine Werkstatt mit allen Geräten und Zieraten[8]. Ich selber aber eröffnete eine andere, viel größere und geräumigere neben dem Kräutergewölbe des Meisters Sugherello.

Und da ich dachte, der große König Franz werde sich meiner nicht mehr erinnern, übernahm ich viele Aufträge für verschiedene Herrn und arbeitete außerdem an dem Pokal und dem Becken, die bei mir vom Kardinal von Ferrara bestellt worden waren. Ich hielt viele Gesellen und machte viele große Arbeiten in Gold und Silber.

---

[7] Wie aus einem Brief Mattio Franzesis an Varchi hervorgeht, kam Benvenuto am Sonntag, dem 16. Dezember 1537 in Rom an.

[8] Diese Werkstatt verwaltete Felice Guadagni getreulich bis zu seinem Tode. Denn in seinem Testament vom 31. August 1543 – während Benvenuto zum zweitenmal in Paris war – bestimmte er ausdrücklich, daß seine Erbin dem Meister Cellini die diesem gehörenden Geräte zurückzuerstatten hätte.

Nun hatte ich mit einem meiner Gesellen, einem Peruginer, einen Vertrag abgeschlossen, wonach er alles, was er für seine Kleidung und vieles andere brauchte, mir auf Rechnung schrieb. Hierfür und für die Reisekosten war er mir ungefähr siebzig Goldgulden schuldig. Wir hatten abgemacht, ich solle ihm jeden Monat drei Goldgulden abziehen; denn ich ließ ihn monatlich mehr als acht Goldgulden verdienen. Nach zwei Monaten blieb der Schuft einfach aus meiner Werkstatt fort, obgleich ich viele Arbeit auf dem Halse hatte, und sagte zu mir, er wolle mir nichts weiter zahlen. Ich hatte die Absicht, ihm einen Arm abzuhauen und hätte dies auch ganz gewiß getan; aber meine Freunde sagten mir, ich solle mich lieber an die Gerechtigkeit wenden; denn wenn ich solche Gewalttat verübte, könnte ich wohl mein Geld und vielleicht gar noch Rom obendrein verlieren; denn von Schlägen stände nichts im Vertrage, aber auf seine eigenhändige Verschreibung hin, die ich besäße, könnte ich ihn sofort verhaften lassen.

Ich folgte diesem Rat, beschloß jedoch den Handel großmütiger abzumachen. Ich klagte meine Forderung bei dem Kammerauditor ein und gewann den Prozeß; hierauf wartete ich noch etliche Monate, dann aber ließ ich den Mann ins Gefängnis setzen.

Meine Werkstatt war von den bedeutendsten Arbeiten überfüllt; unter anderen verfertigte ich den ganzen Schmuck von Gold und Edelsteinen für die Gemahlin des Herrn Girolamo Orsino, Vaters des Herrn Paolo, der gegenwärtig Schwiegersohn unseres Herzogs Cosimo ist[9]. Die Arbeiten waren der Vollendung ganz nahe und außerdem standen mir andere Arbeiten wichtigster Art in Aussicht. Ich hatte acht Gesellen und arbeitete mit diesen Tag und Nacht um Ehre und Gewinn.

Während ich so tatkräftig meine Geschäfte betrieb, erhielt ich einen Brief, den der Kardinal von Ferrara mir durch Eilboten schickte. Dieser Brief lautete folgendermaßen:

»Benvenuto, lieber Freund! In diesen letzten Tagen hat sich der große allerchristliche König Deiner erinnert und gesagt, er möchte Dich gerne in seinem Dienst haben. Ich antwortete ihm hierauf, Du habest mir versprochen, daß Du sofort kommen wolltest, wenn ich Dich für den Dienst Seiner Majestät verlangte. Hierauf antwortete Seine Majestät: ›Man schicke ihm die Mittel, um bequem hierherreisen zu können, wie es einem Manne seinesgleichen ansteht.‹ Zugleich befahl er seinem Admiral, er solle mir aus dem königlichen Sparschatz tausend Goldgulden auszahlen lassen. Bei diesem Gespräch war auch der Kardinal de' Gaddi zugegen; dieser trat sogleich vor und sagte Seiner Maje-

---

9 Seine Gemahlin Isabella, die Tochter des Herzogs Cosimo, ermordete dieser Paolo 1576 aus Eifersucht.

stät, ein solcher Befehl sei unnötig, denn er habe Dir bereits genügend Geld gesandt und Du seiest schon auf dem Wege. Sollte nun, wie ich glauben möchte, das Gegenteil von dem, was der Kardinal Gaddi gesagt hat, wahr sein, so antworte mir sofort nach Empfang dieses Briefes, damit ich den Faden wieder anknüpfe und Dir die Gelder geben lassen kann, die der großmütige König Dir versprochen hat.«

Nun merke die Welt und wer in ihr lebt, welches Unglück ungünstige Gestirne über uns Menschen bringen können! Ich hatte in meinem Leben nicht zweimal mit dem Trottel, dem Kardinälchen de' Gaddi, gesprochen; er beabsichtigte auch mit seiner Prahlerei keineswegs mir Schaden zu tun, sondern es war nur seine Unbesonnenheit und Ungeschicklichkeit: es sollte so aussehen, wie wenn auch er sich ebensogut wie der Kardinal von Ferrara um die wackeren Künstler bekümmerte, die der König in seinen Dienst zu ziehen wünschte. Einfältigerweise aber gab er mir nicht einmal Nachricht davon; denn gewiß würde ich, um das dumme Püppchen nicht bloßzustellen, irgendeine Ausrede gefunden haben, um die törichte Prahlerei eines Landsmannes wieder gut zu machen.

Dem Hochwürdigen Kardinal von Ferrara antwortete ich sofort nach Empfang seines Briefes: vom Kardinal de' Gaddi hätte ich überhaupt nichts gehört; wenn er aber auch versucht haben sollte, mich zu bereden, so würde ich gewiß ohne Vorwissen Seiner Hochwürdigsten Gnaden Italien nicht verlassen haben, besonders da ich in Rom mehr zu tun hätte denn je zuvor; indessen würde ich auf ein Wort Seiner Allerchristlichsten Majestät, wenn es mir durch einen so hohen Herrn wie Seine Hochwürdigsten Gnaden zukäme, mich sofort auf den Weg machen und alles andere beiseite werfen.

Kurz nach der Absendung meines Briefes ersann der Verräter, mein Geselle von Perugia, eine Bosheit, die ihm sogleich sehr gut gelang, weil er die Habsucht des Papstes Paul Farnese, oder vielmehr die seines Bastards, zu erregen wußte, der damals eben zum Herzog von Castro ernannt worden war. Der Geselle teilte einem der Geheimschreiber des Herrn Pierluigi mit, er sei mehrere Jahre bei mir Geselle gewesen, kenne alle meine Geschäfte und könne daher dem Herrn Pierluigi verbürgen, daß ich ein Vermögen von mehr als achtzigtausend Dukaten besitze, wovon der größte Teil in Juwelen bestehe, die eigentlich der Kirche gehörten. Ich hätte sie bei der Plünderung Roms in der Engelsburg gestohlen. Man solle mich nur schnell und in aller Stille gefangensetzen.

Nun hatte ich eines Morgens schon vor Tage mehr als drei Stunden an dem vorhin erwähnten Brautschmuck gearbeitet; als meine Werkstatt geöffnet und ausgefegt wurde, warf ich meinen Mantel über, um mir ein bißchen Bewegung zu machen. Ich ging die Strada Julia hinunter und als ich um die Ecke nach der Chiavica umbog, kam der Bargello Crespino mit seiner ganzen Häscherei[10] mir entgegen und sprach zu mir: »Du bist ein Gefangener des Papstes.« Ich antwortete ihm: »Crespino, du hast dich in meiner Person geirrt.«

»Nein, du bist der treffliche Künstler Benvenuto; ich kenne dich sehr gut. Ich habe dich in die Engelsburg zu führen, wohin vornehme Herrn und treffliche Künstler gleich dir zu kommen pflegen.«

Als nun vier von seinen Gefreiten sich auf mich warfen und mir mit Gewalt einen Dolch von der Seite und einige Ringe vom Finger reißen wollten, da rief Crespino ihnen zu: »Keiner von euch rühre ihn an! Tut eure Schuldigkeit und laßt ihn mir nicht entfliehen; damit aber ist es genug.«

Hierauf wandte er sich zu mir und verlangte mit höflichen Worten meine Waffen. Als ich sie ihm gab, dachte ich daran, daß ich genau an derselben Stelle den Pompeo ermordet hatte. Sie führten mich in die Burg und setzten mich in ein Zimmer oben auf dem Turm gefangen. Dies war das erstemal, daß ich das Gefängnis zu schmecken bekam. Ich war damals siebenunddreißig Jahre[11] alt.

---

10 Der Bargello, Crespino de' Boni, hatte bei dieser Gefangennahme nicht weniger als 50 Fußknechte und 20 Reiter bei sich. Die Verhaftung fand wahrscheinlich am 16. Oktober 1538 statt.
11 Soll heißen: achtunddreißig Jahre.

ZWEIUNDZWANZIGSTES KAPITEL
1538

*Herr Pier Luigi, des Papstes natürlicher Sohn, in Hoffnung, gedachten
Schatz zu erhalten, überredet seinen Vater,
mit der äußersten Strenge gegen Benvenuto zu verfahren.
Er wird von dem Gouverneur und anderen obrigkeitlichen Personen verhört.
Treffliche Rede zur Verteidigung seiner Unschuld.
Pier Luigi tut alles mögliche, ihn zu verderben, indessen der König
von Frankreich sich für ihn verwendet.
Freundliches Betragen des Burgvogtes gegen ihn. Geschichte des Mönchs
Pallavicini. Benvenuto macht Anstalten zur Flucht.
Der Papst, ungehalten über das Fürwort des Königs von Frankreich, beschließt,
Benvenuto in lebenslänglichem Gefängnis zu halten.
Streit zwischen Benvenuto und Ascanio.*

Herr Pier Luigi, der Sohn des Papstes, bedachte die große Summe Geldes, wegen deren Entwendung ich angeklagt war, und bat sofort seinen päpstlichen Vater um Gnade für mich, unter der Bedingung, daß ich ihnen jenes Geld zum Geschenk machte. Dies bewilligte der Papst ihm gern, und sagte ihm außerdem, er wolle ihm helfen, das Geld zu erlangen. Infolgedessen hielt man mich acht volle Tage im Gefängnis; dann erst holte man mich zum Verhör, da die Sache nun doch einmal zu Ende gebracht werden mußte. So wurde ich denn in einen der stattlichsten Säle der Engelsburg geführt; die Untersuchungsrichter waren der Statthalter von Rom, Herr Benedetto Conversini von Pistoia, der spätere Bischof von Jesi, außerdem der Päpstliche Fiskal, dessen Name mir nicht mehr in Erinnerung ist[1]; der dritte war der Malefizrichter, Herr Benedetto von Cagli. Diese drei begannen mich zu befragen, zuerst mit freundlichen, dann aber mit harten und erschrecklichen Worten, nachdem ich ihnen gesagt hatte: »Meine Herrn, seit länger als einer halben Stunde sprecht ihr mir von allerlei Fabeln und stellt mir Fragen, die ich nur als leeres Geschwätz bezeichnen kann, darum bitte ich euch, mir zu sagen, was ihr von mir wollt: ich möchte eure Gründe hören, nicht aber Fabeln und Geschwätz.«

Auf diese Worte erwiderte der Statthalter, der aus Pistoia[2] war und seine wütende Natur nicht mehr bändigen konnte: »Du sprichst sehr zuversichtlich,

---

1 Es war der im zwölften Kapitel bereits erwähnte Benedetto Valenti.
2 Infolgedessen natürlich jedem Florentiner feindlich gesonnen.

oder vielmehr allzu kühn! Ich aber will deinen stolzen Sinn mit den Worten, die du von mir hören wirst, demütiger machen als ein Hündchen; diese Worte werden weder Geschwätz noch Fabeln sein, wie du sagst, sondern eine Vorbringung von Gründen, deren gründliche Widerlegung dir wohl Mühe machen wird.«

Und nun fing er an: »Wir wissen des bestimmtesten, daß du zur Zeit der Plünderung unserer unglücklichen Stadt Rom hier anwesend warst und zwar, daß du dich hier in der Engelsburg befandest und als Bombardier dientest. Da du nun von Beruf Goldschmied und Juwelier bist, so ließ Papst Klemens dich im geheimen kommen, weil er dich von früher her bereits kannte und weil ein anderer Meister deines Berufes nicht da war. Er ließ dich alle Edelsteine aus seinen Kronen, Bischofsmützen und Ringen ausbrechen und ging in seinem Vertrauen so weit, daß du ihm diese Steine in seine Kleider einnähen mußtest. Bei dieser Gelegenheit behieltest du ohne Wissen Seiner Heiligkeit Juwelen im Werte von achtzigtausend Goldgulden für dich. Dies hat uns einer deiner Gesellen gesagt, dem gegenüber du dich im Vertrauen dieser Tat gerühmt hast. Nun aber sagen wir dir frei heraus: schaffe die Juwelen oder deren Wert herbei; dann werden wir dich frei von dannen gehen lassen.«

Als ich diese Worte hörte, konnte ich mich eines lauten Gelächters nicht enthalten; als ich aber eine Zeitlang gelacht hatte, sagte ich: »Ich danke dem erhabenen Gott vielmals, daß ich das erstemal, daß es Seiner göttlichen Majestät gefallen hat mich ins Gefängnis werfen zu lassen, so glücklich bin, nicht wegen irgendeiner geringen Sache eingesperrt zu werden, wie es den meisten jungen Leuten geschieht. Wenn auch alles, was Ihr sagt, wahr wäre, so würde ich doch durchaus nicht in Gefahr sein, am Leibe gestraft zu werden: denn zu jener Zeit hatten die Gesetze alle Macht verloren; daher könnte ich mich entschuldigen und sagen, ich hätte als Beauftragter diesen Schatz für die Hochheilige Apostolische Kirche aufgehoben, um ihn zu seiner Zeit einem guten Papste zurückzuerstatten oder auch demjenigen, der ihn mir abfordern ließe, wenn die Sache sich so verhielte. Dieses Verlangen habt Ihr ja nun gestellt.«

Kaum hatte ich das gesagt, so ließ der wütende Statthalter aus Pistoia mich nicht weiter reden, und ich konnte meine Gründe nicht vorbringen; denn er rief in hellem Zorn: »Schmücke die Geschichte aus wie du willst, Benvenuto! Uns genügt es, das Unsere wiedergefunden zu haben. Mache nur geschwind, wenn du nicht willst, daß wir anders als mit Worten gegen dich vorgehen!«

Zugleich erhoben sie sich, um fortzugehen; ich aber sagte zu ihnen: »Meine Herren, mein Verhör ist noch nicht beendigt; daher führt erst die Untersuchung zu Ende, und dann mögt Ihr gehen, wohin es Euch gefällt!«

Sogleich setzten sie sich wieder hin; sie waren aber sehr erzürnt und taten, wie wenn sie nichts mehr hören wollten, was ich ihnen zu sagen hätte; anderseits aber waren sie anscheinend auch erfreut, wie wenn sie glaubten, alles bereits gefunden zu haben, was sie zu wissen verlangten. Ich sprach nun folgendes zu ihnen: »Wisset, Ihr Herrn, es sind jetzt ungefähr zwanzig Jahre, daß ich in Rom wohne, und man hat mich weder hier noch anderswo jemals ins Gefängnis geworfen.«

Hierauf erwiderte der Büttel von Statthalter: »Du hast hier doch Menschen ermordet!«

Ich versetzte ihm: »Das sagt Ihr, nicht ich. Wenn einer käme, Euch umzubringen, so würdet selbst Ihr, ein Priester, Euch verteidigen, und wenn Ihr ihn erschlüget, so würden die heiligen Gesetze Euch dies erlauben. So laßt mich nun meine Gründe vorbringen, wenn Ihr dem Papst die Sache berichten und über mich ein gerechtes Urteil zu fällen gedenkt. Wie ich bereits sagte, sind es bald zwanzig Jahre, daß ich das wunderbare Rom bewohne. Ich habe hier die größten Arbeiten in meiner Kunst vollendet; und da ich weiß, daß Rom der Wohnsitz Christi ist, so hätte ich mich ganz sicher hierauf verlassen; denn wenn ein weltlicher Fürst gegen mich Gewalt hätte anwenden wollen, so hätte ich zu diesem Heiligen Stuhle und zum Statthalter meine Zuflucht genommen, um mein Recht zu verteidigen. Weh mir! Wohin soll ich jetzt gehen? Welcher Fürst wird mich gegen so schnöde Gewalttat beschützen? Hättet Ihr nicht, bevor Ihr mich gefangen nahmt, ausfindig machen sollen, wo ich diese achtzigtausend Dukaten verwahrte? Hättet Ihr nicht das Verzeichnis der Juwelen durchsehen müssen, das seit fünfhundert Jahren auf das sorgfältigste von der Apostolischen Kammer geführt wird? Wenn Ihr dann gefunden hättet, daß etwas fehlt, so hättet Ihr alle meine Bücher und auch mich selber in Gewahrsam nehmen sollen. Ich will Euch sagen: die Bücher, in denen alle Juwelen des Papstes und seiner Kronen aufgezeichnet stehen, sind vollständig vorhanden, und Ihr werdet finden, daß von dem, was Papst Klemens besaß, nichts fehlt, ohne daß es sorgsam aufgezeichnet wäre. Nur eins wäre vielleicht möglich: als der unglückliche Papst Klemens sich mit den Räubern, den Kaiserlichen, vergleichen wollte, die ihm Rom geraubt und die Kirche geschändet hatten, da kam zu diesen Verhandlungen ein gewisser Cesare Iscatinaro[3]; so hieß er, wenn ich mich recht erinnere. Als er den Vertrag mit dem vergewaltigten Papst beinahe abgeschlossen hatte, wollte dieser dem Abgeordneten durchaus eine Freundlichkeit erweisen und ließ einen Diamantring, der ungefähr viertau-

---

3 Nicht Cesare, sondern Giovanni Bartolomeo Gattinara, Vizekönig von Neapel. Nach vielen Verhandlungen schloß er mit dem Abbate di Nogera den Vertrag vom 6. Juni 1527.

send Goldgulden wert sein mochte, von seinem Finger gleiten. Als nun Iscatinaro sich bückte, um ihn aufzuheben, sagte der Papst ihm, er möchte den Ring zum Andenken an ihn behalten. Ich war bei dieser Gelegenheit anwesend, und wenn etwa dieser Diamant fehlen sollte, so habe ich Euch hiermit erklärt, wohin er gekommen ist; ich glaube aber ganz bestimmt, Ihr werdet auch dieses aufgeschrieben finden. – Schämt Ihr Euch nicht, einen Mann wie mich so schnöde zu behandeln, der für den apostolischen Stuhl so viele rühmliche Taten vollbracht hat? Wäre ich nicht gewesen, so drangen die Kaiserlichen an jenem Morgen, als sie den Borgo einnahmen, ohne jedes Hindernis in die Burg ein. Obwohl ich nicht dafür besoldet wurde, nahm ich mich wacker der Geschütze an, die von den Feuerwerkern und Kanonieren im Stich gelassen worden waren. Auch einem Freunde, dem Bildhauer Raffaello von Monte Lupo, flößte ich neuen Mut ein: auch er hatte die Geschütze verlassen, hatte sich voller Angst in eine Ecke gedrückt und tat nichts. Ich rüttelte ihn auf und wir beiden allein töteten so viele Feinde, daß die Soldaten einen anderen Weg einschlugen. Ich war es auch, der auf den Scatinaro schoß[4], als ich ihn ohne Ehrerbietung, sondern mit seiner lutherischen und ketzerischen Frechheit zum Papste Klemens sprechen sah. Infolgedessen ließ der Papst in der Engelsburg nachfragen, um den Schützen aufzuhängen. Ich war es ferner, der den Fürsten von Oranien mit einem Büchsenschuß am Kopfe traf; das war bei den Laufgräben hier unter der Burg. Später habe ich für die heilige Kirche so viele Schmuckstücke von Silber, Gold und Juwelen verfertigt, habe so viele schöne und hochgeschätzte Medaillen und Münzen für sie geschlagen; und dies soll nun die freche pfäffische Belohnung sein, die man einem Manne zudenkt, der so treu und eifrig und voller Liebe der Kirche gedient hat? Geht nur und hinterbringt alle meine Worte dem Papst! Sagt ihm, seine Kleinodien seien alle da; von der Kirche hätte ich niemals etwas anderes erhalten als einige Wunden und Steinwürfe bei Gelegenheit jener Plünderung. Ich hatte niemals auf etwas anderes gerechnet als auf eine kleine Belohnung, die Papst Paul mir versprochen hatte. Nun aber bin ich über Seine Heiligkeit und über Euch, des Papstes Diener, völlig im klaren.«

Voll Staunen hörten sie diese Worte an; sahen einander ins Gesicht und gingen in größter Verwunderung hinaus. Sie begaben sich alle drei zum Papst und hinterbrachten ihm alles, was ich gesagt hatte. Der Papst schämte sich und befahl sofort, man solle alle Rechnungen über die Juwelen durchsehen. Obgleich sie nun sahen, daß nichts fehlte, ließen sie mich doch in der Burg sitzen,

---

[4] Daß auf ihn geschossen wurde, bestätigt der hier genannte Raffaello von Monte Lupo in seiner Autobiographie. Er nennt aber den Schützen nicht. Gattinara wurde am Arm verwundet.

ohne mir noch ein Wort zu sagen. Herr Pier Luigi war sich ebenfalls seines Unrechtes bewußt und betrieb mit allem Eifer meinen Tod.

Von diesen Vorgängen erfuhr in kürzester Frist König Franz ganz genau, wie der Papst mich so ungerechterweise im Gefängnis halte. Er hatte dem Papst einen seiner Kavaliere, Herrn von Montluc[5], als Botschafter zugesandt und schrieb an ihn, er solle vom Papst meine Auslieferung verlangen, da ich in Diensten des Königs von Frankreich stehe. Der Papst war sonst ein kluger und wackerer Mann; in dieser meiner Angelegenheit aber betrug er sich ungeschickt und töricht, denn er antwortete dem königlichen Botschafter: Seine Majestät möge sich nur nicht um mich kümmern; ich sei ein sehr gewalttätiger Mann, der sofort zu den Waffen greife; er halte mich wegen mehrerer Mordtaten und anderer teufelsmäßiger Streiche im Gefängnis, worin Seine Majestät mich nur lassen möge.

Der König ließ darauf erwidern: in seinem Reiche walte volle Gerechtigkeit; so hoch Seine Majestät treffliche Künstler schätze und begünstige, so streng bestrafe sie im Gegenteil die Übeltäter. Da Seine Heiligkeit mich habe gehen lassen und auf meine Dienste verzichtet habe, sei ich nach Frankreich gekommen und er habe mich gern in seinen Dienst genommen; darum verlange er mich nun als seinen Bediensteten heraus.

Dies alles bereitete mir sehr großen Verdruß und Schaden, obgleich sicherlich ein Mann meinesgleichen keine höhere Gunst von einem Fürsten erwarten konnte. Der Papst wurde aus Eifersucht so wütend und fürchtete so sehr, ich möchte die mir widerfahrene schurkische Behandlung bekanntgeben, daß er auf alle Mittel dachte, wie er mich könnte sterben lassen, ohne damit seiner Ehre zu nahe zu treten.

Der Burgvogt von Sant' Agnolo war ein Florentiner wie ich; er hieß Herr Giorgio und war ein Ritter aus dem Geschlecht der Ugolini. Der wackere Mann war über alle Maßen freundlich gegen mich und ließ mich auf mein bloßes Wort hin frei in der Burg umhergehen. Er wußte, wie schnödes Unrecht mir geschehen war, und als ich ihm Sicherheit bestellen wollte, um im Bereich der Burg umhergehen zu dürfen, sagte er mir, Sicherheit dürfe er nicht annehmen, denn der Papst messe meiner Person einen zu hohen Wert bei; dagegen wolle er ohne weiteres meinem Worte trauen, da er von jedem höre, daß ich ein Ehrenmann sei.

Ich gab ihm mein Ehrenwort, und er gestattete mir, allerlei zu arbeiten. Ich

---

5 Jean de Montluc, ein Bruder des berühmten Marschalls, war ein Günstling der Königin Marguerite von Navarra, auf deren Empfehlung König Franz der Erste ihn in seine Dienste nahm. Er wurde 1553 Bischof von Valence und ging dann als Gesandter nach Warschau, wo er mit Erfolg die Wahl Henris von Anjou zum König von Polen betrieb.

dachte, die Entrüstung des Papstes müsse doch einmal ein Ende nehmen, teils wegen meiner Unschuld, teils wegen der Verwendung des Königs von Frankreich. Darum schloß ich auch meine Werkstatt nicht, und mein Geselle Ascanio kam in die Engelsburg und brachte mir einige Arbeiten, die ich fertig machen wollte. Obwohl ich wenig arbeiten konnte, weil ich mich so gegen alles Recht eingekerkert sah, so machte ich doch eine Tugend aus der Not und ertrug mein schlimmes Geschick so heiter wie ich nur konnte.

Alle Wächter und viele Soldaten von der Engelsburg waren meine guten Freunde geworden. Zuweilen kam der Papst in die Burg, um dort zu speisen; bei solchen Anlässen wurde die Festung nicht bewacht, sondern stand offen wie ein gewöhnlicher Palast. Darum wurden, wenn der Papst in der Engelsburg war, alle Gefängnisse sehr sorgfältig geschlossen gehalten; gegen mich aber verfuhr man nicht so, sondern ich ging zu jeder Zeit frei in der ganzen Burg herum. Viele von den Soldaten rieten mir oftmals, ich solle doch entfliehen; sie würden mir sogar behilflich gewesen sein, denn sie wußten, wie großes Unrecht mir geschehen war. Ich antwortete ihnen, ich hätte dem Burgvogt mein Ehrenwort gegeben; er wäre ein wackerer Mann und hätte mir große Freundlichkeiten erwiesen. Unter den Soldaten war auch einer, der ein tapferer und kluger Geselle war; der sagte zu mir: »Mein Benvenuto, ein Gefangener ist nicht verpflichtet, sein Wort zu halten; er ist überhaupt zu nichts verpflichtet. Tu, was ich dir sage: entfliehe diesem Schurken von Papst und seinem Sohn, dem Bankert; sonst werden sie dir sicherlich das Leben nehmen.«

Ich war aber entschlossen, lieber das Leben zu verlieren, als dem wackeren Burgvogt mein Wort zu brechen; darum ertrug ich das unsägliche Leiden.

Mit mir zusammen saß ein Mönch aus dem Hause Pallavicina[6], ein großer Prediger, der als Lutheraner gefangengesetzt worden war. Er war ein guter Haftgenosse, aber als Mönch war er der größte Schurke, den die Welt je gesehen hat, und jedem Laster ergeben. Ich bewunderte seine trefflichen Eigenschaften und verabscheute aufrichtig seine häßlichen Laster, die ich ihm offen zum Vorwurf machte. Der Mönch sprach mir unaufhörlich davon, daß ich doch als Gefangener nicht verpflichtet sei, dem Burgvogt mein Wort zu halten. Ich antwortete ihm: als Mönch möchte er recht haben, aber als Mensch hätte er nicht recht. Ein Mann, der kein Mönch sei, müsse unter allen Umständen, in denen er sich befinde, sein Wort halten. Ich, der ich ein Mann und kein Mönch sei, werde niemals an meinem Worte deuteln oder gar es brechen. Als nun der Mönch sah, daß er mir mit allen scharfsinnigen und geschickt vorgebrachten

---

6 Er saß gleichzeitig mit Benvenuto gefangen und verbrachte 7 Monate und 18 Tage in dieser Haft. Im Jahre 1540 wurde er abermals gefangengesetzt.

Gründen nicht beikommen konnte, versuchte er es auf eine andere Art. Viele Tage lang sprach er nicht mehr von meiner Flucht, sondern las mir die Predigten des Bruders Jerolimo Savonarola vor und legte sie so wunderbar aus, daß diese Auslegung noch schöner war als die Predigten. Hierdurch hatte er mich völlig bezaubert, so daß ich alles auf der Welt für ihn getan haben würde; nur mein Wort hätte ich freilich nicht gebrochen. Als nun der Mönch sah, daß er mich mit seinen Gaben völlig geblendet hatte, fing er es wieder auf eine andere Art an: er fragte mich auf geschickte Art, wie ich es wohl anfangen würde, mein Gefängnis zu öffnen und zu entfliehen, falls man mich nicht mehr frei umhergehen ließe, sondern mich in meinem Gefängnisse einschlösse. Ich wollte dem klugen Mönch zeigen, daß auch ich etwas verstände und antwortete ihm daher, ich würde ganz gewiß auch das schwierigste Schloß öffnen, geschweige denn ein Gefängnisschloß; das sei für mich nur ein Quark. Um mir mein Geheimnis zu entlocken, sagte der Mönch zu mir: »Mancher, der für einen kunstreichen Mann gilt, rühmt sich mit allerlei Fertigkeiten; wenn er sie aber anwenden soll, so sieht es böse aus. Was Ihr da sagt, scheint mir weit von der Wahrheit entfernt zu sein; ich glaube vielmehr, Ihr würdet mit geringen Ehren bestehen, wenn Ihr wirklich handeln müßtet.«

Diese Worte des Teufelsmönchs stachelten mich an und ich antwortete ihm, ich verspräche immer viel weniger als ich in Wirklichkeit leisten könnte; was ich von den Schlüsseln gesagt hätte, wäre das allergeringste. Ich würde ihn mit wenigen Worten überzeugen, daß alles wahr wäre, was ich gesagt hätte. Darauf zeigte ich ihm unbedachterweise mit großer Leichtigkeit alles, was ich behauptet hatte. Der Mönch tat, wie wenn er sich nichts daraus machte, aber als ein geschickter Mensch lernte er mir sogleich alle meine Künste ab.

Wie ich bereits sagte, ließ der wackere Burgvogt mich tagsüber im ganzen Kastell frei umhergehen; nicht einmal bei Nacht schloß er mich ein, wie alle übrigen Gefangenen. Außerdem ließ er mich in Gold, Silber oder Wachs arbeiten, was ich wollte. So hatte ich mich auch etliche Wochen mit einem Becher für den Kardinal Ferrara beschäftigt. Aber ich wurde des Gefängnislebens überdrüssig, und die Arbeit war mir eine Last. So arbeitete ich denn nur, um meinen Verdruß zu zerstreuen, an einigen kleinen Wachsfiguren. Von diesem Wachs stahl der Mönch mir ein Stück und fertigte damit die Schlüssel an, deren Bereitung ich ihn unbedachterweise gelehrt hatte. Als Genossen und Helfer bei dieser Arbeit nahm er einen Schreiber des Burgvogtes an; er hieß Luigi und war von Padua. Als aber dieser die Schlüssel bestellte, zeigte der Schlosser ihn an. Der Burgvogt war zuweilen in mein Zimmer gekommen, um mir bei der Arbeit zuzusehen; so erkannte er sofort jenes Wachs als das meinige und sagte: »Zwar hat man dem armen Mann, dem Benvenuto, das größte

Unrecht angetan; trotzdem aber durfte er nicht so gegen mich handeln, der ich ihm jegliche Gefälligkeit erwiesen habe. Von nun an werde ich ihn im engsten Gewahrsam halten und ihm nicht die geringste Gunst mehr gewähren.«

So ließ er mich denn zu meinem größten Verdruß einschließen; besonders aber ärgerten mich die Worte, die mir von einigen ihm sehr ergebenen Dienern gesagt wurden, die mir sonst über alle Maßen wohl wollten und mir immer alles Gute berichteten, das der Burgvogt für mich tat. Nun aber schalten sie mich einen undankbaren, eitlen und treulosen Menschen. Als nun einer von diesen Leuten auf ungezogene Art mir solche Beleidigungen sagte, gab ich ihm im Gefühl meiner Unschuld eine heftige Antwort. Ich sagte ihm, ich hätte niemals mein Wort gebrochen, denn für mein Wort würde ich mit Gefahr meines Lebens einstehen, und wenn er oder ein anderer mir noch mehr solcher ungerechten Vorwürfe machen würde, so würde ich einen jeden von ihnen einen frechen Lügner heißen.

Diese Beleidigung war ihm zu viel; er lief in das Zimmer des Burgvogtes und brachte mir das Wachs, worin der Schlüssel abgedrückt war. Als ich dieses Wachs sah, rief ich sofort, wir hätten alle beide recht; er möchte mir eine Unterredung mit dem Herrn Burgvogt verschaffen; ich würde diesem genau erzählen, wie der Fall sich verhielte. Die Sache wäre von größerer Wichtigkeit als sie dächten. Der Burgvogt ließ mich sofort holen und ich erzählte ihm alles Vorgefallene; er ließ den Mönch in engen Verhaft setzen und dieser zeigte den Schreiber an, der beinahe an den Galgen gekommen wäre. Der Burgvogt unterdrückte jedoch die Sache, die bereits dem Papste zu Ohren gekommen war; so rettete er seinen Schreiber vor dem Galgen, mir aber gab er die Freiheit zurück, die ich vordem gehabt hatte.

Als ich nun sah, wie streng man bei diesem Falle verfuhr, da fing ich doch auch an, an mich selber zu denken, und sagte zu mir: »Wenn es nun wieder einmal einen solchen Lärm gäbe und der Mann sein Vertrauen zu mir verlöre, so würde auch ich ihm nicht mehr verpflichtet sein; wenn ich dann ein wenig meinen Geist anstrengen wollte, so würde es mir sicherlich besser glücken als dem schlechten Kerl, dem Mönch.«

Infolgedessen begann ich mir neue, feste Bettücher bringen zu lassen; die schmutzigen aber schickte ich nicht zurück. Als meine Diener mich danach fragten, sagte ich ihnen, sie sollten nur ruhig sein; ich hätte die Bettücher einigen armen Soldaten geschenkt; wenn es aber bekannt würde, so liefen die armen Teufel Gefahr, auf die Galeere zu kommen. Meine jungen Gesellen und Diener, besonders Felice, hielten die Sache mit den Bettüchern auf das beste geheim. Ich leerte nun einen Strohsack aus und verbrannte das Stroh, denn in meinem Gefängnis war ein Kamin, so daß ich Feuer machen konnte. Dann begann ich aus den Bettüchern Binden anzufertigen, die eine Drittelelle breit waren. Als ich nun so viele Binden gemacht hatte als ich nötig zu haben glaubte, um von dem hohen Turme der Engelsburg mich herabzulassen, sagte ich meinen Dienern, ich hätte nun genug Bettücher verschenkt, sie könnten mir nun wieder feine Laken bringen und ich würde ihnen die schmutzigen fortan wieder zurückgeben. Bald dachten sie nicht mehr an diese Sache.

Die Kardinäle Santiquattro[7] und Cornaro befahlen meinen Gesellen und Dienern, meine Werkstatt zu schließen, indem sie mir frei heraus sagen ließen, der Papst wolle nichts von meiner Freilassung hören; die Verwendung des Königs habe mir viel mehr geschadet als genützt; denn die letzten Worte des Herrn von Montluc, die er im Auftrag des Königs dem Papste überbracht habe, seien gewesen: er solle mich den gewöhnlichen Hofrichtern übergeben; wenn ich gefehlt habe, könne er mich strafen; wenn ich aber nicht gefehlt habe, so verlange die Vernunft, daß er mich gehen lasse. Diese Worte hätten den Papst so sehr geärgert, daß er sich vorgenommen hätte, mich überhaupt nicht wieder freizulassen. Der Burgvogt allerdings half mir soviel er nur konnte.

Als meine Feinde sahen, daß meine Werkstatt geschlossen war, beschimpften und beleidigten sie jeden Tag meine Diener und Freunde, die mich im Gefängnis aufsuchten. Eines Tages begab es sich nun, daß Ascanio, der täglich zweimal zu mir kam, mich bat, ich möchte ihm aus einem blauen Samtrock, den ich nicht mehr trüge, eine Jacke machen lassen. Ich hatte den Rock nur ein einziges Mal getragen, als ich eine Prozession mitmachte; darum sagte ich ihm, es sei jetzt weder die Zeit noch der Ort, solche Kleider zu tragen. Daß ich ihm den elenden Rock nicht gab, nahm der Jüngling mir so übel, daß er mir sagte, er wolle nach Tagliacozzo zu seinen Angehörigen gehen. Ich brauste auf und sagte ihm, er mache mir ein Vergnügen, wenn er sich zum Teufel scheren wolle; zugleich tat er einen Schwur, er wolle mich niemals wiedersehen. Als wir dies miteinander sprachen, gingen wir gerade um den großen Turm herum. Zufällig ging auch gerade der Burgvogt spazieren; in dem Augenblick, wo wir uns begegneten, sagte Ascanio: »So gehe ich denn. Leb wohl auf ewig!« Ich antwortete: »Das ist mir recht und ist mein voller Ernst. Ich werde den Wachen Auftrag geben, daß sie dich nicht mehr einlassen!«

Zugleich wandte ich mich an den Vogt und bat ihn dringlich, er möchte den Wachen Auftrag geben, daß sie Ascanio nicht mehr eintreten ließen. »Dieser Flegel«, sagte ich zu Seiner Gnaden, »macht mein großes Leiden noch ärger; darum bitte ich Euch, mein werter Herr, laßt ihn nicht mehr in die Burg hinein.«

---

7 Jedenfalls Antonio Pucci, aus der Florentiner Familie. Seinen Kardinalstitel hatte er von der Kirche bei Santi Quattro Coronati in Rom.

Dem Burgvogt tat es herzlich leid, denn er wußte, daß der Junge außerordentlich geschickt war; außerdem war er so herrlich schön, daß ein jeder, der ihn auch nur ein einziges Mal sah, ihn innig lieb gewann.

Der Knabe ging weinend hinaus. Er hatte einen kleinen krummen Säbel bei sich, den er zuweilen heimlich unter den Kleidern trug. Als er nun mit so verweintem Gesicht aus der Burg heraus kam, begegneten ihm zwei von meinen ärgsten Feinden; der eine war der mehrerwähnte Jeronimo aus Perugia, der andere war ein gewisser Michele[8]; beide waren Goldschmiede. Michele, ein Freund des Halunken von Perugia und ein Feind meines Ascanio, sagte zu diesem: »Was bedeutet denn das, daß Ascanio weint? Ist ihm vielleicht der Vater gestorben? Ich meine den Vater in der Burg.«

Ascanio erwiderte ihm: »Er lebt, du aber sollst des Todes sein!« Er holte aus und versetzte ihm mit dem krummen Säbel zwei Hiebe auf den Kopf. Mit dem ersten streckte er ihn zu Boden und mit dem zweiten schlug er ihm zugleich drei Finger der rechten Hand ab und traf außerdem noch den Kopf. Der Mann blieb für tot liegen.

Die Sache wurde sofort dem Papst berichtet und dieser rief in großem Zorn: »Da denn der König doch wünscht, daß Benvenuto gerichtet wird, so gebt ihm drei Tage Zeit, um seine Verteidigung vorzubringen.«

Alsbald kamen sie zu mir und richteten aus, was der Papst ihnen aufgetragen hatte. Der wackere Burgvogt aber ging sofort zum Papst und wies nach, daß ich von dieser Sache nichts wissen könne, daß ich vielmehr den Jungen fortgejagt habe. Er verteidigte mich so trefflich, daß er mein Leben vor der grimmigen Wut des Papstes bewahrte. Ascanio entfloh nach Tagliacozzo zu seinen Leuten und bat mich von dort aus brieflich tausendmal um Verzeihung: er wisse, daß er unrecht getan habe, mir in meinem großen Leiden noch Verdruß zu machen; wenn aber Gott mir die Gnade erzeigen und mich aus meinem Gefängnisse herauskommen lassen wolle, so werde er mich niemals mehr verlassen.

Ich antwortete ihm, er solle nur fleißig lernen; wenn Gott mir die Freiheit gebe, werde ich ihn ganz gewiß zu mir rufen.

---

8 Höchstwahrscheinlich der im neunten Kapitel erwähnte Michele Nardini aus Rom.

DREIUNDZWANZIGSTES KAPITEL
1538

Seltsame kranke Phantasie des Burgvogtes, wodurch sein Betragen gegen Benvenuto geändert wird. Dieser wird enger als jemals eingeschlossen und mit großer Strenge behandelt. Er entflieht; Kardinal Cornaro nimmt ihn auf und verbirgt ihn eine Zeitlang.

Den Burgvogt befiel jedes Jahr eine gewisse Krankheit, die ihm ganz und gar den Kopf verrückte; wenn sie im Anzuge war, begann er allerlei törichtes Zeug zu schwatzen; seine Vorstellungen aber waren jedes Jahr verschiedene: einmal glaubte er ein Ölkrug zu sein; ein anderes Mal hielt er sich für einen Frosch und dann hüpfte er auch wie ein solcher; dann wieder glaubte er gestorben zu sein und meinte, man müsse ihn begraben. Und so hatte er jedes Jahr eine neue Grille. In diesem Jahr nun stellte er sich vor, er sei eine Fledermaus, und wenn er spazieren ging, zischte er zuweilen leise, wie die Fledermäuse tun, und bewegte dabei die Hände und den Leib, wie wenn er fliegen wollte. Seine Ärzte, die ihn bereits kannten, und seine alten Diener suchten ihm alle erdenkliche Unterhaltung zu verschaffen; und weil sie glaubten, es mache ihm viel Vergnügen mich erzählen zu hören, so holten sie mich alle Augenblicke zu ihm. So hielt mich nun der arme Mann zuweilen vier bis fünf Stunden fest, und während dieser Zeit mußte ich unaufhörlich reden. Ich mußte ihm bei Tisch gegenübersitzen und essen, und wenn ich nicht sprach, so redete er. Indessen aß ich recht gut bei diesen Gesprächen, der arme Mann aber aß gar nicht; und da er auch nicht schlafen konnte, behielt er mich so lange bei sich, bis ich es vor Müdigkeit nicht mehr aushalten konnte. Wenn ich ihn ansah, bemerkte ich, daß seine Augen falsch gerichtet waren. Das eine blickte hierhin, das andere dorthin. Eines Tages fragte er mich, ob ich niemals Lust bekommen hätte zu fliegen; ich antwortete ihm, gerade jene Dinge, die für den Menschen am schwierigsten wären, hätte ich am liebsten zu vollbringen gewünscht; was nun das Fliegen anbelange, so habe mir Gott von Jugend auf einen Körper gegeben, der zum Laufen und Springen ungewöhnlich geeignet sei, und mit meiner Begabung für Handfertigkeiten getraue ich mich wohl sicher fliegen zu können. Nun fragte er mich, wie ich das anfangen würde. Ich antwortete ihm: unter den fliegenden Geschöpfen fände ich nur die Fledermaus, deren natürliche Anlagen ich mit meiner Kunst nachahmen könnte. Als der arme Mann das Wort Fledermaus hörte, da wachte seine diesjährige Krankheit mit neuer Kraft in ihm auf und er rief laut aus: »Recht hat er! Recht hat er! Die Fledermaus ist es, die Fledermaus! Nicht wahr, Benvenuto, wenn man dir die nötigen Hilfsmittel gäbe, so würdest du dich auch getrauen zu fliegen.«

Ich antwortete ihm: er solle mir nur Erlaubnis geben, dann traue ich mir schon zu, auf die Wiesen zu fliegen; ich würde mir dazu ein paar Flügel von einer gewachsten Leinwand machen. Da sagte er: »Auch ich traue dir das zu. Nun hat aber der Papst mir befohlen, dich so sorgfältig zu behüten wie meinen Augapfel; ich weiß wohl, du bist ein schlauer Teufel und könntest mir entfliehen; darum will ich dich mit hundert Schlüsseln verschließen lassen, damit du mir nicht wegläufst.«

Da fing ich an ihn zu bitten. Ich erinnerte ihn daran, daß ich ja hätte fliehen können, daß ich aber mein Wort, das ich ihm gegeben, niemals gebrochen haben würde; darum bitte ich ihn um Gottes willen und in Erinnerung an alle Gefälligkeiten, die er mir bereits erzeigt habe, er solle doch mein arges Leiden nicht noch verschlimmern. Während ich noch sprach, befahl er bereits ausdrücklich, man solle mich fesseln und mich in meinem Gefängnis sicher verschließen. Als ich nun sah, daß nichts dabei zu machen war, erklärte ich ihm vor allen seinen Leuten: »So verschließet mich nur gut und bewachet mich. Denn nun werde ich auf alle Weise zu entfliehen trachten.« Sie führten mich hinweg und schlossen mich sorgfältig ein.

Nun begann ich darüber nachzudenken, wie ich es anfangen sollte, um zu fliehen. Sobald ich mich eingeschlossen sah, untersuchte ich die Lage meines Gefängnisses; und nachdem ich ein sicheres Mittel zur Flucht gefunden zu haben glaubte, dachte ich nur noch darüber nach, wie ich von der gewaltigen Höhe des Turmes herunterkommen könnte. Ich nahm meine neuen Bettücher, die ich, wie ich bereits erzählte, zerschnitten und zusammengenäht hatte, und berechnete nun, welche Länge ich brauchte, um auf die Erde zu kommen. Nachdem ich gefunden hatte, wieviel ich nötig hatte, brachte ich alles in Ordnung und holte dann eine Zange hervor, die ich einem von den Wächtern der Burg, einem Savoyarden, fortgenommen hatte. Er sorgte für die Wasserkufen und Brunnen und machte auch gern allerlei Tischlerarbeiten; dazu brauchte er mehrere Zangen, und unter diesen war auch eine besonders große und starke. Ich dachte, ich würde sie brauchen können, nahm sie ihm weg und versteckte sie in meinem Strohsack. Als es nun Zeit war, mich dieser Zange zu bedienen, griff ich mit ihr die Nägel an, die die Türbeschläge festhielten; weil aber die Tür doppelt war, so war das umgeschlagene Ende der Nägel nicht zu sehen; es kostete mir daher die größte Mühe einen herauszuziehen, schließlich aber gelang es mir doch. Als ich nun diesen ersten Nagel herausgezogen hatte, überlegte ich mir, wie ich es anzufangen hätte, damit man es nicht sähe. Ich vermischte Feilspäne von rostigem Eisen mit Wachs, das dadurch genau die

Farbe der von mir herausgezogenen Nägelköpfe erhielt. Ich setzte nun solche Nagelköpfe aus Wachs auf die Türbänder auf und ersetzte auf diese Weise jeden Nagel, sobald ich ihn herausgezogen hatte. Die Bänder ließ ich nur oben und unten mit einigen von den herausgezogenen Nägeln befestigt. Ich hatte diese wieder hineingesteckt, aber sie waren gekürzt, so daß sie nur gerade festhielten und sich leicht entfernen ließen. Ich vollbrachte diese Arbeit unter den größten Schwierigkeiten; denn der Burgvogt träumte jede Nacht, ich sei entflohen und ließ darum von Stunde zu Stunde nachsehen, ob ich noch in meinem Gefängnis wäre. Der Mann, der immer nach mir sah, betrug sich wie ein rechter Sbirre; er hieß Bozza. Er hatte immer noch einen anderen bei sich, der Giovanni hieß und Pedignone zubenannt wurde; dieser war Soldat, der Bozza aber war Gefängnisknecht. Dieser Giovanni kam niemals an mein Gefängnis, ohne mir Schimpfworte zu sagen. Er war aus Prato, wo er bei einem Apotheker gedient hatte. Er untersuchte jeden Abend sorgfältig die Türbänder und das ganze Gefängnis. Ich sagte zu ihm: »Bewacht mich nur gut; denn ich gedenke auf alle Weise zu entfliehen.« Wegen solcher Worte wurde er mein grimmiger Feind; darum verbarg ich mit größter Sorgfalt all mein Eisenwerk, nämlich die Zange, einen ziemlich großen Dolch und noch andere dergleichen Dinge, in meinem Strohsack; in diesem verwahrte ich auch die Binden, die ich gemacht hatte. Sobald es Tag wurde, fegte ich selber aus; ich bin schon von Natur ein Freund der Reinlichkeit, zu jener Zeit aber war ich ganz besonders reinlich. Sobald ich ausgefegt hatte, machte ich mein Bett aufs sauberste und schmückte es mit vielen Blumen, die ich mir beinahe jeden Morgen von jenem Savoyarden bringen ließ, der die Brunnen und Wasserkufen besorgte und auch Tischlerarbeiten machte und dem ich die Zange gestohlen hatte, mit der ich die Nägel aus den Türbeschlägen entfernt hatte.

Wenn nun Bozza und Pedignone kamen, sagte ich ihnen immer, sie sollten mir von meinem Bette wegbleiben, damit sie es mir nicht beschmutzten und in Unordnung brächten; und wenn sie, um mich zu ärgern, manchmal das Bett ganz leise berührten, rief ich ihnen zu: »Ah, ihr schmutzigen Halunken! Paßt auf, ich reiße einem von euch den Degen von der Seite; und da sollt ihr euer blaues Wunder erleben. Bildet ihr euch ein, daß Leute wie ihr mein Bett anrühren dürfen? Ich mache mir nichts aus meinem Leben; verlaßt euch darauf, ihr seid des Todes! Darum laßt mich allein mit meinem Unglück und mit meiner Qual! Wollt ihr meine Not noch ärger machen? Laßt das bleiben, sonst sollt ihr sehen, wozu ein Mensch in seiner Verzweiflung imstande ist!«

Sie sagten diese Worte dem Burgvogt wieder, und dieser verbot ihnen ausdrücklich, jemals mein Bett anzurühren; sie sollten ohne Degen zu mir kommen und mich im übrigen auf das beste bedienen. So hatte ich denn mein

Bett gesichert, und dies schien mir die Hauptsache zu sein; denn mein ganzer Plan hing davon ab.

An einem Feiertagsabend war der Schloßvogt besonders krank; sein Leiden hatte sich verschlimmert und er behauptete fortwährend, er sei eine Fledermaus; wenn sie hören sollten, daß Benvenuto fortgeflogen wäre, so sollten sie ihn nur ruhig gehen lassen; er würde mich schon wieder einholen, denn bei Nacht flöge er gewiß viel besser als ich. »Denn«, so sagte er, »Benvenuto ist nur eine künstliche Fledermaus, ich aber bin eine echte; er ist mir zur Überwachung übergeben worden, darum laßt mich nur machen, ich will seiner schon wieder habhaft werden.«

Nachdem seine Krankheit mehrere Nächte gedauert hatte, waren alle seine Diener des Geredes müde; ich erfuhr dies alles auf verschiedenen Wegen, besonders aber durch jenen Savoyarden, der mich gern hatte. An jenem Sonntagabend beschloß ich nun, unter allen Umständen die Flucht zu versuchen. Ich betete mit heißer Inbrunst zu Gott und flehte Seine Göttliche Majestät an, mich zu beschützen und mir bei meinem gefahrvollem Unternehmen beizustehen. Dann ging ich an das Werk und arbeitete die ganze Nacht hindurch. Zwei Stunden vor Tagesanbruch entfernte ich mit größter Mühe die Türbänder; denn der hölzerne Türflügel und der Riegel hinderten mich, die Tür zu öffnen, so daß ich schließlich das Holz zertrümmern mußte. Endlich gelang es mir aber doch, sie zu öffnen. Ich nahm die Binden auf den Rücken, die ich auf zwei Hölzer nach Art der Hanfspindeln aufgewickelt hatte. Ich ging hinaus und wandte mich nach der rechten Seite des Turmes. Nachdem ich von innen zwei Dachziegel abgehoben hatte, schwang ich mich schnell und mit leichter Mühe auf das Dach hinauf. Ich hatte eine weiße Jacke an, dazu weiße Hosen und Halbstiefel; in einen von diesen hatte ich meinen langen Dolch gesteckt. Nun nahm ich das Ende von meiner Binde und befestigte es an einem alten Ziegel, der in den Turm eingemauert war und etwa vier Zoll breit über die Mauer hinausragte. An dem einen Ende meiner Binde hatte ich eine Schleife gemacht; nachdem ich diese an dem Ziegel befestigt hatte, wandte ich mich an Gott und sprach: »Lieber Herrgott, hilf mir nun; denn ich habe recht, wie du weißt, und darum will ich mir selber helfen.«

Nun ließ ich mich langsam hinunter, indem ich mich mit der Kraft meiner Arme festhielt, bis ich endlich auf die Erde gelangte. Der Mond schien nicht, aber es war eine schöne Sternennacht. Als ich unten war, betrachtete ich die große Höhe, von der ich so kühn heruntergestiegen war; dann ging ich fröhlich von dannen, denn ich glaubte, nun wäre ich frei. Dies war aber nicht der Fall; denn gerade an dieser Seite hatte der Schloßvogt zwei ziemlich hohe Mauern aufführen lassen, hinter denen er seinen Stall und seinen Hühnerhof hatte; die

Türen waren von außen mit dicken Riegeln verschlossen. Als ich nun zu meiner großen Betrübnis sah, daß ich nicht hinaus konnte, ging ich eine Weile auf und ab, um nachzudenken. Dabei stieß ich zufällig mit dem Fuß an eine große Stange, die mit Stroh bedeckt war. Diese lehnte ich mit großer Mühe gegen die Mauer an, so daß ihre Spitze die Höhe der Mauer berührte; dann kletterte ich hinauf. Da aber die Mauer sehr scharf war, hatte ich nicht die Kraft, die Stange hinüberzuziehen. Darum entschloß ich mich, das Ende meiner anderen Binde an der Stange zu befestigen; die erste von den beiden Binden hatte ich am Burgturm hängen lassen. Nachdem ich die Binde an der Latte befestigt hatte, ließ ich mich mit großer Mühe von der Mauer herab. Ich war sehr ermüdet und hatte mir außerdem die Hände inwendig aufgeschunden, so daß sie bluteten. Darum ruhte ich mich eine Weile aus, nachdem ich die Hände mit meinem eigenen Wasser gewaschen hatte. Als ich nun wieder kräftig genug zu sein glaubte, stieg ich auf die äußerste Mauer nach der Wiesenseite hinauf. Ich legte meinen Packen mit den Binden zurecht und wollte diesen um einen Zacken der Mauerzinne schlingen, um von dieser geringeren Höhe herabzusteigen, wie ich bereits von der größeren Höhe herabgestiegen war. Kaum hatte ich meine Binde zurecht gelegt, so bemerkte mich eine Schildwache. In dieser Gefahr, mein Leben zu verlieren und meinen Zweck vereitelt zu sehen, beschloß ich die Schildwache anzugreifen; als aber der Mann meine Entschlossenheit bemerkte und sah, daß ich mit bewaffneter Hand ihm entgegenging, beschleunigte er seinen Schritt und ließ mir die Bahn frei. Schnell ging ich zu meinen Binden zurück; ich sah noch eine andere Schildwache, die aber tat, wie wenn sie mich nicht bemerkte. Ich befestigte meine Binde an der Zinne und ließ mich hinunter. Ob ich nun wirklich glaubte, schon dicht bei der Erde zu sein, und deshalb meine Hände öffnete, um das letzte Stück hinunterzuspringen, oder ob meine Hände müde waren und die Anstrengung nicht mehr aushalten konnten, das weiß ich nicht mehr: genug, ich stürzte, schlug auf den Hinterkopf auf und blieb länger als anderthalb Stunden ohnmächtig liegen; wenigstens glaube ich, daß es so lange dauerte.

Beim Morgengrauen brachte das kühle Lüftchen, das eine Stunde vor Sonnenaufgang zu wehen pflegt, mich wieder etwas zu mir; aber ich hatte noch immer meine Besinnung nicht ganz wieder, denn es kam mir vor, als hätte man mir den Kopf abgeschlagen und ich befände mich im Fegefeuer. Noch vor Tage aber kamen mir die Kräfte wieder; ich bemerkte, daß ich außerhalb der Burg war und plötzlich erinnerte ich mich aller einzelnen Vorgänge. Am heftigsten fühlte ich die Verletzung an meinem Kopf, und als ich ihn mit meinen Händen befühlte, wurden diese ganz blutig. Hierauf untersuchte ich mich genau und glaubte, keine bedeutende Verletzung davongetragen zu haben; als ich jedoch mich von der Erde erheben wollte, fand ich, daß ich das rechte Bein drei Finger breit über dem Knöchel gebrochen hatte. Darüber erschrak ich sehr. Ich zog meinen Dolch mitsamt der Scheide aus dem Stiefel; das Ortband hatte einen ziemlich dicken Knopf an der Spitze, und da nun infolgedessen der Fuß sich nicht biegen konnte, so zerbrach der Knochen an dieser Stelle. Ich warf die Scheide des Dolches fort und schnitt mit der Klinge ein Stück von der noch übrig gebliebenen Binde ab; hiermit band ich den Fuß zusammen, so gut ich konnte. Dann kroch ich auf allen vieren mit dem Dolch in der Hand nach dem Tor. Ich gelangte glücklich hin, fand es aber verschlossen. Ich sah jedoch gerade unter dem Tor einen großen Stein, der mir nicht allzu fest zu sein schien; daher legte ich die Hand an, und als ich den Stein sich bewegen und meiner Hand nachgeben fühlte, zog ich ihn mit leichter Mühe heraus und schlüpfte durch das Loch hinein.

Von der Stelle, wo ich stürzte, bis zu dem Tore war eine Entfernung von mehr als fünfhundert Schritten. Kaum war ich in die Stadt hineingekrochen, als einige große Hunde sich auf mich stürzten und mich übel bissen. Da sie nun immer wieder kamen und mich belästigten, so stach ich mit meinem Dolch unter sie und traf einen von ihnen so tüchtig, daß er laut aufheulte und davonlief. Nach Hundeart liefen die anderen ihm nach. Ich aber bemühte mich nun, auf allen vieren die Kirche von Trastevere zu erreichen. Aber an der Ecke, wo die Straße nach Sant' Agnolo umbiegt, wandte ich mich nach der Peterskirche zu. Ich war mir wohl der Gefahr bewußt, in der ich schwebte, weil es schon hell um mich her wurde; als ich nun einem Wasserträger begegnete, der seinen mit vollen Krügen beladenen Esel vor sich her trieb, rief ich ihn zu mir und bat ihn, mich aufzuheben und mich die Treppe der Peterskirche hinaufzutragen. »Ich bin ein armer Mann«, sagte ich zu ihm, »und bin bei einer Liebesgeschichte verunglückt: als ich aus einem Fenster steigen wollte, stürzte ich und brach mir ein Bein. Da nun das Haus, wo dies geschah, einem vornehmen Herrn gehört, so bin ich in Gefahr, in Stücke gehauen zu werden. Darum bitte ich dich, mich schnell fortzutragen; ich werde dir einen Goldgulden geben.«

Zugleich griff ich in meine Börse, worin ich eine Anzahl Goldgulden hatte. Er nahm mich sofort bereitwillig auf den Rücken und trug mich die ganze Treppe der Peterskirche hinauf. Dort befahl ich ihm, mich liegen zu lassen, und sagte ihm, er solle nur zu seinem Esel zurücklaufen. Hierauf kroch ich unverzüglich weiter in der Richtung auf das Haus der Herzogin, Gemahlin des Herzogs Ottavio[1]. Sie war eine natürliche Tochter des Kaisers und früher die

---

[1] Um diese Margherita, die Witwe des ermordeten Alessandro, hatte Cosimo von Medici sich beworben. Der Kaiser gab sie jedoch dem damals erst fünfzehnjährigen Ottavio Farnese, einem Neffen Pauls des Dritten, zur Gattin.

der Traum vom Fliegen

Gemahlin des Herzogs Lessandro von Florenz gewesen. Ich wußte bestimmt, daß bei der hohen Fürstin viele von meinen Freunden sich befanden, die mit ihr von Florenz gekommen waren; auch hatte sie mir schon durch Vermittlung des Schloßvogtes einige Gunst erwiesen. Als die Herzogin ihren Einzug in Rom hielt[2], wurde durch mich ein Schaden von mehr als tausend Goldgulden verhindert, den sonst ein starker Regen angerichtet haben würde. Hierüber war der Burgvogt in Verzweiflung; ich aber sprach ihm Mut ein und riet ihm mehrere große Geschütze nach der Gegend zu richten, wo die dichtesten Wolken wären. Der Regen strömte bereits hernieder; als ich aber die Geschütze abzufeuern begann, da hörte der Regen auf, und viermal zeigte sich die Sonne. So war ich allein Ursache, daß das Fest aufs beste vonstatten ging. Der Schloßvogt hatte dieses dem Papst berichtet, um mir einen Gefallen zu erweisen. Als nun die Herzogin es hörte, sagte sie: »Dieser Benvenuto ist einer von den trefflichen Künstlern, die bei meinem seligen Gemahl, dem Herzog Lessandro in Diensten waren, und denen ich dies gerne gedenken will, sobald sich eine Gelegenheit bietet.« Sie hatte auch mit ihrem Gemahl, dem Herzog Ottavio, über mich gesprochen. Aus diesen Gründen kroch ich gerade auf dieses Haus Ihrer Durchlaucht los, nämlich auf den schönen Palazzo im alten Borgo. Dort wäre ich in Sicherheit gewesen, und der Papst hätte mich nicht angerührt. Aber was ich bis dahin getan hatte, war wohl zu wunderbar für einen sterblichen Menschen gewesen, und darum wollte wohl Gott nicht, daß ich so hohen Ruhm erlangen sollte, sondern hielt es für besser, mich noch härter zu züchtigen als vorher. Denn als ich auf allen vieren die Rampe entlang kroch, erkannte mich plötzlich ein Bedienter des Kardinals Cornaro, der im päpstlichen Palaste selber wohnte. Der Diener lief in das Zimmer des Kardinals, weckte ihn und rief: »Hochwürdigster Herr! Dort unten ist Euer Benvenuto; er ist aus der Engelsburg entflohen und kriecht ganz blutig auf allen vieren.«

Der Kardinal sagte sofort: »Lauft schnell hin und tragt ihn mir in dieses Zimmer!«

Als ich nun zu ihm hineingetragen wurde, sagte er mir, ich solle nur getrost sein; er ließ sofort die ersten Ärzte von Rom holen, und diese nahmen mich in Behandlung. Unter ihnen war auch der ausgezeichnete Wundarzt Meister Iacomo von Perugia. Dieser richtete mir aufs beste den Fuß ein, verband mich und schlug mir selber die Ader. Da nun die Blutgefäße übermäßig angefüllt waren, er auch die Öffnung ein wenig groß gemacht hatte, so schoß das Blut mit solcher Gewalt ihm ins Gesicht, daß er ganz davon überströmt war und für

---

2 Am 3. November 1538; Benvenuto befand sich seit 18 Tagen in Haft.

den Augenblick die Behandlung einstellen mußte. Dies erschien ihm als ein böses Anzeichen, und er behandelte mich nur mit großem Widerwillen; mehrere Male wollte er mich sogar verlassen, weil er bedachte, daß auch ihm wegen meiner Behandlung nicht geringe Strafe drohen könnte. Der Kardinal ließ mich in ein geheimes Zimmer bringen und ging sofort zu Hofe, um mich vom Papste loszubitten.

VIERUNDZWANZIGSTES KAPITEL
1538 – 1539

Allgemeines Erstaunen über Benvenutos Entkommen. Geschichte einer ähnlichen Flucht Pauls des Dritten in seiner Jugend aus dem Kastell. Pier Luigi tut sein möglichstes, um seinen Vater abzuhalten, daß er Benvenuto nicht die Freiheit schenke. Kardinal Cornaro verlangt eine Gefälligkeit vom Papst und muß dagegen Benvenuto ausliefern. Er wird zum zweitenmal in die Engelsburg gebracht und von dem verrückten Burgvogt mit äußerster Strenge behandelt.

UNTERDESSEN HATTE sich in Rom ein gewaltiger Lärm erhoben. Schon hatte man die Binden gesehen, die vom großen Turm der Burg herabhingen und ganz Rom lief herzu, um dieses unglaubliche Ding zu betrachten. Der Burgvogt hatte den heftigsten Anfall seiner Verrücktheit: er wollte sich mit Gewalt von seinen Dienern losreißen und ebenfalls vom Turm herabfliegen; denn niemand, so sagte er, könne mich einholen, wenn er mir nicht nachfliege. Unterdessen hatte Herr Roberto Pucci, der Vater des Herrn Pandolfo, von der großen Begebenheit vernommen und ging selber, um sie anzusehen. Hierauf ging er in den Palast, wo er dem Kardinal Cornaro begegnete, der ihm den ganzen Zusammenhang erzählte und ihm sagte, daß ich mich in seinem Zimmer befände und bereits in ärztlicher Behandlung wäre. Diese beiden wackeren Männer gingen nun zum Papst, um sich ihm zu Füßen zu werfen; er aber ließ sie nicht zu Worte kommen, sondern sagte: »Ich weiß schon, was ihr von mir wollt.« Herr Roberto Pucci sagte: »Allerheiligster Vater, wir bitten um Gnade für den armen Mann, der wegen seiner Kunstfertigkeit einige Nachsicht verdient und der außerdem so herrliche Tapferkeit und so großen Verstand gezeigt hat, daß es übermenschlich erscheint. Wir wissen nicht, um welcher Verbrechen willen Eure Heiligkeit ihn so lange in Haft gehalten hat; sollten diese Vergehungen allzu maßlos sein, so würde Eure Heiligkeit in ihrer Frömmigkeit und Weisheit nach Gefallen verfahren; sind es aber läßliche Vergehen, so bitten wir, um unseretwillen ihn zu begnadigen.«

Der Papst schämte sich und antwortete: »Ich habe ihn auf Verlangen einiger meiner Angehörigen in Haft gehalten, weil er ein wenig gar zu kühn ist; ich kenne aber recht wohl seine Kunstfertigkeit und will ihn deshalb bei uns behalten; ich habe bereits befohlen, ihm soviel Gutes zu erweisen, daß er keinen Anlaß hat, wieder nach Frankreich zu gehen. Die großen Leiden, die er ausgestanden hat, betrüben mich recht sehr; sagt ihm nur, er solle zusehen, daß er gesund werde; sobald er von seinen Wunden genesen ist, werden wir ihn wieder in seinen früheren Stand einsetzen.«

Die beiden guten Leute kamen zu mir und brachten mir die fröhliche Nachricht vom Papst. Unterdessen kam jung und alt vom römischen Adel und besuchte mich. Der Schloßvogt ließ sich in seinem verwirrten Zustand zum Papst tragen; sowie er vor Seine Heiligkeit trat, erhob er ein lautes Geschrei, ihm geschehe das größte Unrecht, wenn ich nicht wieder ins Gefängnis gesetzt werde. »Er ist geflohen«, rief er aus, »obwohl er mir sein Wort gegeben hat. Weh mir, er ist mir fortgeflogen und versprach mir doch, er wolle nicht fortfliegen!«

Lachend sagte der Papst: »Geht nur, geht! Ganz gewiß sollt Ihr ihn wieder haben.« Der Burgvogt aber fuhr fort: »Schickt nur den Statthalter zu ihm und laßt ihn vernehmen, wer ihm zur Flucht verholfen hat; denn wenn es einer von meinen Leuten war, so laß ich ihn an derselben Zinne aufhängen, von der Benvenuto sich heruntergelassen hat.«

Als der Burgvogt sich entfernt hatte, rief der Papst den Statthalter heran und sagte lächelnd zu ihm: »Er ist ein wackerer Mann, und die Sache ist wirklich wunderbar; doch als ich jung war, bin auch ich von eben diesem Orte entflohen.«

Hiermit sagte der Papst nun freilich die Wahrheit; denn er war in der Engelsburg gefangen gewesen, weil er als Schreiber der päpstlichen Kanzlei ein Breve gefälscht hatte. Papst Alexander[1] hatte ihn lange Zeit im Gefängnis gehalten; weil die Sache gar zu arg war, hatte er sogar beschlossen, ihm den Kopf abschlagen zu lassen. Da er jedoch bis nach dem Fronleichnamstag damit warten wollte, erfuhr Farnese alles, ließ den Pietro Chiavelluzzi mit mehreren Pferden kommen und bestach einige Burgwächter mit Geld; als nun am

---

[1] Nicht Papst Alexander der Sechste, sondern Innozenz der Achte hatte ihn in die Engelsburg setzen lassen. Bei der Flucht half ihm sein Verwandter Pietro Marganio; Chiavelluzzi war wahrscheinlich dessen Beiname.

Fronleichnamstage der Papst in der Prozession ging, wurde Farnese in einem Korbe mittels eines Strickes zur Erde heruntergelassen. Damals hatte die Burg noch nicht ihre äußeren Mauern, sondern nur den großen Turm; darum war die Flucht für ihn nicht so schwierig wie für mich; außerdem saß er mit Recht gefangen, ich aber zu Unrecht. Genug, er wollte gegen den Statthalter sich rühmen, daß auch er in seiner Jugend mutig und beherzt gewesen sei; dabei merkte er gar nicht, daß er zu gleicher Zeit seine arge Schelmerei verriet. Schließlich sagte er zu dem Statthalter: »Geht zu ihm und sagt dem Benvenuto, er solle frei heraus sagen, wer ihm geholfen habe; mag es gewesen sein, wer es will, genug, ihm ist verziehen; versprecht ihm dieses frei und offen!«

Der Statthalter, der zwei Tage vorher Bischof von Jesi geworden war, kam zu mir und sagte: »Mein Benvenuto, wenngleich mein Amt die Menschen erschreckt, so komme ich doch jetzt, dich zu beruhigen. In besonderem Auftrage Seiner Heiligkeit verspreche ich dir die Freiheit; der Papst hat mir gesagt, auch er sei einst entflohen, aber er habe dabei viele Helfer und Teilnehmer gehabt, sonst hätte er es nicht vollbringen können. Ich schwöre dir bei meinem Bischofseide, den ich erst vor zwei Tagen abgelegt habe, daß der Papst dir Freiheit und Vergebung schenkt und daß er deine großen Leiden recht bedauert. Aber sieh nur zu, daß du gesund wirst, und nimm alles zum Besten; auch dieses Gefängnis, in das du freilich ohne alle Schuld gekommen bist, wird dir auf ewig zum Heil gereichen; denn du wirst fortan vor Armut sicher sein und nicht nötig haben, nach Frankreich zurückzukehren und bald hier, bald dort dich um deinen Lebensunterhalt abzumühen. Darum sage mir frei und offen, wie die Sache sich verhält und wer dir geholfen hat; dann sei getrost und ruhe dich aus und werde gesund.«

Da fing ich an und erzählte ihm die ganze Geschichte, genau so wie sie gewesen war, und gab ihm die genauesten Beschreibungen, sogar von dem Wasserhändler, der mich auf seinem Rücken getragen hatte. Als nun der Statthalter alles gehört hatte, sagte er: »Wahrlich, solche Tat ist zu groß für einen einzelnen Mann; sie würde einem anderen Helden, als du bist, zum höchsten Ruhm gereichen.« Dann ließ er mich ihm meine Hand reichen und sagte: »Sei guten Mutes und getrost! Bei diesem Handschlag sage ich dir: Du bist frei und du wirst glücklich sein, solange du lebst.«

Als er fort war, kamen viele große Edelleute und Herren herein, die schon gewartet hatten. Die Besucher waren so zahlreich, weil jeder zum anderen sagte: »Wir wollen uns doch den Mann ansehen, der Wunder wirkt.« Sie blieben lange bei mir; einige boten mir ihre Hilfe an, andere brachten mir Geschenke.

Unterdessen war der Statthalter zum Papst gegangen und erzählte ihm alles, was ich ihm gesagt hatte; zufällig war auch des Papstes Sohn, Herr Pier Luigi, zugegen. Sie alle verwunderten sich auf das höchste; der Papst aber sagte: »Wahrlich, was er getan hat, das ist übermenschlich groß.«

Herr Pier Luigi ergriff das Wort und sagte: »Allerheiligster Vater, wenn Ihr ihn in Freiheit setzt, werdet Ihr noch größeres von ihm erleben; denn er ist ein Mann von allzu kühnem Mute. Ich will Euch eine andere Geschichte erzählen, die Ihr noch nicht kennt: Bevor er gefangengesetzt wurde, hatte Euer Benvenuto mit einem Edelmann des Kardinals Santa Fiore einen Wortstreit über eine Kleinigkeit, die der Edelmann dem Benvenuto gegeben hatte; er führte eine so kühne und heftige Sprache, wie wenn er ihn herausfordern wollte. Der Edelmann beklagte sich beim Kardinal Santa Fiore und dieser sagte: Wenn Benvenuto es zu Tätlichkeiten kommen ließe, so würde er ihm seine Narrheit schon austreiben. Als Benvenuto dieses hörte, hielt er stets seinen Stutzen bereit, womit er jedesmal einen Pfennig trifft. Als nun eines Tages der Kardinal sich am Fenster zeigte, nahm Benvenuto in seiner Werkstatt, die unter dem Palast des Kardinals liegt, seine Büchse zur Hand, um nach dem Kardinal zu schießen. Dieser wurde aber gewarnt und trat sofort zurück. Benvenuto wollte der Sache einen anderen Anstrich geben und schoß nach einer Feldtaube, die in einem Loch unter dem Dache des Palastes nistete, und schoß ihr den Kopf weg, was kaum zu glauben ist. Möge nun Eure Heiligkeit alles mit ihm tun, was Euch beliebt; ich will mir jedenfalls nicht den Vorwurf machen, Euch dieses nicht gesagt zu haben. Da er glaubt, zu Unrecht gefangengesetzt worden zu sein, so könnte er auch einmal Lust bekommen, auf Eure Heiligkeit zu schießen. Er hat ein gar zu wildes selbstbewußtes Gemüt. Als er den Pompeo ermordete, gab er ihm inmitten von zehn Männern, die ihn bewachten, zwei Dolchstiche in die Kehle und ging selber unversehrt von dannen, zur nicht geringen Schande jener Begleiter des Pompeo, die doch sonst wackere und zuverlässige Leute waren.«

Bei diesem Gespräch war auch jener Edelmann des Kardinals Santa Fiore zugegen, mit dem ich den Streit gehabt hatte; er bestätigte dem Papste alles, was sein Sohn ihm gesagt hatte. Der Papst war verdrießlich und sagte kein Wort. Nun will ich aber den Sachverhalt dieses Vorfalles ganz genau und getreulich erzählen: Jener Edelmann kam eines Tages zu mir und brachte mir einen kleinen goldenen Ring, der ganz von Quecksilber verunreinigt war. Er sagte zu mir: »Mach mir diesen Ring wieder sauber, und zwar recht schnell!«

Ich hatte viele wichtige Arbeiten in Gold und Edelsteinen zu machen, und als ich nun einen Mann, den ich nie zuvor gesehen oder gesprochen hatte, so selbstbewußt mir seine Befehle geben hörte, sagte ich ihm, ich hätte in dem Augenblick das Putzmittel nicht zur Hand, er möchte zu einem anderen gehen.

Hierauf sagte er ohne den geringsten Anlaß zu mir, ich sei ein Esel. Hierauf antwortete ich: das sei nicht wahr; ich sei in jedem Betracht ein ganz anderer Mann als er; aber wenn er mich stochern wollte, so würde ich ihm Tritte geben, ärger als ein Esel. Dies berichtete er dem Kardinal und malte ihm eine wahre Hölle. Zwei Tage später schoß ich nach einer wilden Taube, die ganz hoch oben am Palast in einem Loch nistete; nach derselben Taube hatte ich den Goldschmied Giovan Francesco della Tacca aus Mailand schon oftmals schießen sehen, er hatte sie aber niemals getroffen. An jenem Tage zeigte die Taube kaum ihren Kopf, denn sie war mißtrauisch geworden, weil man bereits mehrere Male auf sie geschossen hatte. Giovan Francesco und ich waren Nebenbuhler auf der Jagd mit der Büchse, einige mir befreundete Edelleute, die in meiner Werkstatt waren, zeigten mir die Taube und sagten: »Sieh doch mal da oben die Taube, auf die Giovan Francesco della Tacca schon so oft geschossen hat; das arme Tier hat Angst, darum zeigt es kaum den Kopf.« Ich sah hinauf und sagte: »Das Stückchen Kopf würde mir genügen, um sie zu erlegen, wenn sie nur so lange warten wollte, bis ich meine Büchse angelegt habe.« Da sagten die Edelleute, selbst der Erfinder der Büchse würde die Taube nicht treffen. Ich aber versetzte: »Wetten wir einen Becher griechischen Weines, vom guten des Wirtes Palombo! Wenn sie so lange wartet, bis ich meinen wunderbaren Broccardo[2] – so nannte ich meinen Stutzen – angelegt habe, so will ich das Stückchen Kopf treffen, das sie mir zeigt.«

Sofort legte ich freihändig an, ohne die Büchse aufzustützen, und tat den versprochenen Schuß; dabei dachte ich weder an den Kardinal noch an irgendeinen anderen; ich hielt im Gegenteil den Kardinal für meinen großen Gönner. Daraus kann nun die Welt sehen, was für seltsame Wege das Glück nimmt, wenn es jemanden zugrunde richten will.

Der Papst war ärgerlich und verdrießlich und dachte über die Worte seines Sohnes nach. Zwei Tage darauf bat Kardinal Cornaro den Papst um ein Bistum für einen seiner Edelleute, den Herrn Andrea Centano[3]. Der Papst hatte ihm wirklich ein Bistum versprochen; und als nun ein solches frei war, erinnerte der Kardinal den Papst an sein Versprechen, und dieser gab es zu und sagte ihm auch, er wolle es ihm geben; dafür verlange er aber eine Gefälligkeit von Seiner Eminenz, nämlich daß er ihm den Benvenuto ausliefere. Hierauf erwiderte der Kardinal: »Da doch Eure Heiligkeit ihm verziehen und die Freiheit geschenkt haben, was wird die Welt von Eurer Heiligkeit und mir sagen?«

---

2 Broccardo, abgeleitet von imboccare = ins Schwarze treffen.
3 Den eifrigsten Bemühungen der sehr gewissenhaften italienischen Celliniforscher ist es nicht gelungen, etwas über diesen Centano zu ermitteln. Jedenfalls hat er kein Bistum in Italien erhalten, da er sonst von Ughelli erwähnt worden wäre.

Der Papst erwiderte: »Wenn Ihr das Bistum wollt, so will ich den Benvenuto; da mag jeder sagen, was er will.«

Der gute Kardinal sagte, der Papst möchte ihm das Bistum geben, im übrigen aber sich die Sache doch noch überlegen und dann tun, was er wolle. Darauf antwortete der Papst, der sich doch einigermaßen seines schändlichen Wortbruchs schämte: »Ich will Benvenuto holen lassen, und damit ich doch eine kleine Genugtuung erhalte, so will ich ihn unten in einem Zimmer des geheimen Gartens unterbringen. Dort kann er in aller Gemächlichkeit genesen; es soll ihm nicht verboten werden, die Besuche aller seiner Freunde zu empfangen; ja, ich will sogar für seinen Unterhalt sorgen, bis ihm die Grillen wieder aus dem Kopfe sind.«

Der Kardinal kam nach Hause und ließ mir sofort durch den Bewerber um das Bistum sagen, der Papst wolle mich wieder in seiner Gewalt haben; er wolle mich aber in einem unteren Zimmer des geheimen Gartens halten, wo ich von allen besucht werden könne, genau wie in seinem Hause. Ich bat nun den Herrn Andrea, er möchte doch so freundlich sein, dem Kardinal zu sagen, daß er mich nicht dem Papste ausliefern, sondern mich nur gewähren lassen solle; ich würde mich in eine Matratze wickeln lassen und nach einem sicheren Orte außerhalb Roms bringen lassen. Wenn er mich dem Papste ausliefere, so spreche er damit mein Todesurteil.

Hätte der Kardinal meine Worte gehört, so möchte er meine Bitte wohl erfüllt haben. Aber Herr Andrea, der das Bistum bekommen sollte, zeigte meinen Plan sofort an. Unverzüglich ließ der Papst mich holen und mich, wie er gesagt hatte, in einem unteren Zimmer seines geheimen Gartens unterbringen. Der Kardinal ließ mir sagen, ich möchte nichts von den Speisen essen, die der Papst mir schicken würde; er selber werde mir mein Essen schicken; er habe nicht anders handeln können, ich möge aber nur guten Mutes sein, denn er werde mir seine Hilfe leihen und ich würde bald frei sein.

Ich erhielt jeden Tag viele Besuche und zahlreiche vornehme Herren machten mir die größten Anerbietungen. Das Essen schickte mir der Papst; ich rührte es jedoch nicht an, sondern aß von den Speisen, die mir der Kardinal Cornaro schickte. So lebte ich also.

Unter meinen Freunden war auch ein junger Grieche von fünfundzwanzig Jahren; er war ein ausgelassener Jüngling und wußte den Degen besser zu führen als irgendeiner in Rom; allerdings war er feige, sonst aber ein wackerer, treuer Geselle und sehr leichtgläubig. Er hatte gehört, daß der Papst gesagt hätte, er wolle mich für meine Leiden entschädigen. Dies war allerdings richtig, denn der Papst hatte anfangs so gesprochen; später aber redete er ganz anders. Diesem jungen Griechen vertraute ich mich nun an und sagte zu ihm: »Liebster Bruder, jene wollen mich ermorden, darum ist es Zeit mir beizustehen. Sie denken, ich merke es nicht und erweisen mir darum so außerordentliche Gunst, aber sie tun alles nur aus Verräterei!«

Der wackere Jüngling antwortete mir: »Mein Benvenuto, in ganz Rom sagt man, der Papst habe dir eine Stelle mit fünfhundert Goldgulden Einkommen gegeben. Darum bitte ich dich, laß doch nicht durch deinen Verdacht dir einen solchen Vorteil entgehen!«

Ich bat ihn mit gekreuzten Armen, er möchte mir doch forthelfen; ich wisse recht wohl, daß ein Papst mir viel Gutes tun könne; aber ich wisse noch besser, daß dieser Papst im geheimen nur daran dächte, wie er mir recht viel Leid antun könnte, ohne daß es seiner Ehre etwas schadete. Darum möchte er doch keine Zeit verlieren und mir das Leben retten; wenn er mich fortschaffte, wozu ich ihm die Mittel angeben würde, so würde ich ihm mein Leben lang dankbar sein und würde nötigenfalls auch für ihn mein Leben hingeben. Der arme Jüngling aber rief weinend: »Oh, mein lieber Bruder, willst du dich denn zugrunde richten, so kann ich mich deinem Befehle nicht entziehen; so sage mir denn, wie es geschehen soll; ich werde alles tun, was du verlangst, wenn es auch gegen meinen eigenen Willen ist.«

So waren wir denn entschlossen; ich hatte ihm alles gesagt und es wäre sehr leicht so gegangen. Als ich nun glaubte, er werde alles so ausführen wie ich es angeordnet hatte, da kam er zu mir und sagte mir, er wolle zu meinem eigenen Besten ungehorsam sein; er wisse wohl, was er von Leuten gehört habe, die in der Umgebung des Papstes seien und denen es genau bekannt sei, wie es um meine Sache stehe.

Da ich auf andere Weise mir nicht zu helfen wußte, so war ich unglücklich und verzweifelt. Dies geschah am Fronleichnamstage des Jahres Eintausendfünfhundertneununddreißig.

Über diesem Wortwechsel war der ganze Tag vergangen, und zum Nachtmahl erhielt ich aus der Küche des Papstes reichliches Essen, und auch aus der Küche des Kardinals Cornaro erhielt ich treffliche Speisen. Da nun mehrere Freunde zu mir kamen, ließ ich sie zum Essen bei mir bleiben, hielt mein eingeschientes Bein auf dem Bett, und speiste fröhlich mit ihnen. Sie blieben bis um ein Uhr in der Nacht bei mir; dann brachten mich meine beiden Diener zu Bett und legten sich selber ins Vorzimmer. Nun hatte ich einen langhaarigen Hund, der so schwarz war wie ein Mohr; er diente mir trefflich auf der Jagd und wich niemals einen Schritt von mir. Er lag unter meinem Bette, und ich rief in dieser Nacht wohl dreimal meine Diener, sie sollten ihn hervorholen, denn der Hund heulte ganz erbärmlich. Als aber die Diener kamen, stürzte der Hund sich auf sie und wollte sie beißen. Sie waren ganz entsetzt und fürchte-

der Schuß auf die Taube

ten, der Hund sei toll, weil er beständig heulte. So ging es bis vier Uhr in der Nacht. Mit dem Schlage der vierten Stunde trat der Bargello mit vielen Leuten in mein Zimmer; da sprang der Hund hervor und warf sich wütend auf sie, zerriß ihnen Mäntel und Hosen und jagte ihnen eine solche Furcht ein, daß sie ihn ebenfalls für toll hielten. Da sagte der Bargello als ein erfahrener Mann: »Gute Hunde haben es an sich, daß sie immer das Unglück, das ihrem Herrn zustoßen soll, ahnen und voraussagen. Nehmt zwei Stöcke und wehrt den Hund ab; ihr anderen aber bindet Benvenuto auf diesen Stuhl und tragt ihn an den euch bekannten Ort.« Dies geschah, wie ich bereits sagte, in der Nacht nach dem Fronleichnamstag vier Uhr nach Sonnenuntergang. Sie trugen mich geknebelt und vermummt, und vier von ihnen gingen voraus und scheuchten die wenigen Menschen beiseite, die noch auf der Straße waren. So trugen sie mich nach Torre di Nona und brachten mich in das Gefängnis für die zum Tode Verurteilten. Sie legten mich auf eine dünne Matratze und ließen mir einen Wächter zurück, der die ganze Nacht über mein Unglück jammerte und fortwährend rief: »Oh weh, armer Benvenuto! Was hast du diesen Leuten getan?«

Da begriff ich wohl, was mir bevorstand, teils weil man mich an diesen Ort gebracht hatte, teils weil der Mann fortwährend jammerte. Einen Teil der Nacht quälte mich der Gedanke, warum es wohl Gott gefallen möge mir solche Buße aufzuerlegen; da ich keine Antwort fand, war ich in großer Unruhe. Der Wächter suchte mich zu trösten, so gut er konnte; ich aber bat ihn, er möchte um Gottes willen mir nichts sagen und nicht mit mir sprechen, ich selber würde schneller und besser mich entschließen können. Dies versprach er mir.

Nun wandte ich mein ganzes Herz zu Gott und bat ihn inbrünstig, er möchte mich gnädigst in sein Reich aufnehmen; wohl hätte ich mich über mein Schicksal zu beklagen, denn ich wäre der Meinung, daß meine Flucht nach den Gesetzen der Menschen sehr unschuldig gewesen wäre. Wenn ich auch Menschen erschlagen hätte, so hätte mich doch sein Statthalter aus meinem Vaterland zurückgerufen und hätte mir kraft des Gesetzes und seiner eigenen Machtvollkommenheit verziehen. Was ich getan hätte, wäre in Verteidigung des Leibes geschehen, den Seine göttliche Majestät selber mir verliehen habe. Darum sähe ich nicht ein, wie ich nach den Gesetzen unserer Welt des Todes schuldig wäre; vielmehr schiene mir, es ginge mir wie gewissen unglücklichen Leuten, denen auf der Straße ein Dachstein auf den Kopf fiele und sie totschlüge. Daran wäre nun freilich die Macht der Gestirne zu erkennen, die allerdings nicht etwa sich verbänden, um uns Gutes oder Böses anzutun, aber wir wären eben doch ihrer Zusammenstellung unterworfen. Gewiß wollte ich anerkennen, daß ich einen freien Willen hätte, und wenn ich meinen Glauben stets fromm geübt hätte, so würden ganz gewiß die Engel des Himmels mich aus dem Gefängnis heraustragen und mich vor jedem Leide bewahren; da ich mich aber nicht für würdig hielte von Gott eine solche Gnade zu erlangen, so müßten wohl die Himmelskörper ihren bösen Einfluß auf mich üben. Nachdem ich hierüber eine Weile nachgedacht hatte, beruhigte ich mich und schlief dann sofort ein.

Als der Tag graute, rüttelte der Wächter mich auf und sagte: »Unglücklicher guter Mann, es ist nicht mehr Zeit zu schlafen, denn schon ist einer gekommen, der dir eine böse Nachricht bringen soll.«

Ich antwortete ihm: »Je schneller ich aus dem irdischen Kerker befreit werde, desto lieber soll es mir sein, um so mehr, da ich sicher bin, daß meine Seele gerettet ist und daß ich unschuldig sterbe. Christus, unser herrlicher und göttlicher Erlöser, gesellt mich zu seinen Jüngern und Freunden, die wie er unschuldig den Tod erleiden mußten. Da auch ich nun unschuldig sterben muß, so sage ich Gott meinen frommen Dank dafür. Aber warum kommt der Mann nicht herein, der mir das Urteil zu verkünden hat?« Der Wächter sagte: »Dein Schicksal schmerzt ihn zu sehr und er weint.«

Nun rief ich ihn bei Namen – er hieß Herr Benedetto da Cagli – und sagte zu ihm: »Tretet näher, mein Herr Benedetto! Ich bin jetzt vollkommen gefaßt und entschlossen. Es ist für mich höherer Ruhm, daß ich unschuldig sterbe, als wenn ich mit Recht zum Tode verurteilt würde. Ich bitte Euch, tretet näher und ruft mir einen Priester, mit dem ich vier Worte reden kann. Eigentlich zwar ist es nicht nötig, denn meine heilige Beichte habe ich bereits meinem Herrgott abgelegt; aber ich möchte doch beobachten, was uns unsere heilige Mutter, die Kirche, befohlen hat, der ich von Herzen das schändliche Unrecht verzeihe, das sie mir antut [4]. So kommt denn nun, mein Herr Benedetto, und vollziehet Euer Amt, ehe ich etwa wieder kleinmütig werde.«

Als ich dies gesagt hatte, befahl der wackere Mann dem Wächter, die Tür zu schließen, denn ohne ihn könne das Urteil nicht vollzogen werden. Dann eilte er zur Gattin des Herrn Pier Luigi [5], die bei der vorhin erwähnten Herzogin war. Er trat vor sie und sagte: »Durchlauchtigste Herrin, ich bitte Euch um Gottes willen, seid so gütig und lasset dem Papst sagen, er möge einen anderen schicken, um Benvenuto sein Urteil zu verkünden und mein Amt zu verrichten, denn ich entsage demselben hiermit und will es niemals wieder ausüben.« Mit einem tiefen schmerzlichen Seufzer entfernte er sich. Die Herzogin, die zugegen war, verzog das Gesicht und sagte: »Das also ist die schöne Gerechtig-

---

4 Benvenuto setzt hier also die ›Heilige Mutter Kirche‹ gleichbedeutend mit ihrem sichtbaren Oberhaupt, dem Papst.
5 Girolama, die Tochter des Lodovico Orsini, bekannt als eine tugendhafte und edle Dame.

keit, die der Statthalter Gottes in Rom ausübt! Mein seliger Gemahl, der Herzog, hielt große Stücke auf diesen Mann wegen seiner Kunstfertigkeit und wegen seiner guten Denkart; gegen seinen Wunsch kehrte jener nach Rom zurück; viel lieber hätte er ihn bei sich behalten!« Und so ging sie mit vielen verdrießlichen Worten hinweg. Die Gemahlin des Herrn Pier Luigi – Signora Jerolima – ging zum Papst, warf sich in Gegenwart mehrerer Kardinäle vor ihm auf die Knie und sprach so eindringlich, daß der Papst errötete und zu ihr sagte: »Um Euretwillen mag es ihm hingehen; übrigens haben wir niemals böse Gesinnung gegen ihn gehabt.« So sprach der Papst, weil die Kardinäle dabei waren, die die Worte der herrlichen tapferen Frau gehört hatten.

Ich aber fühlte mich in bitterer Not. Immerzu schlug mir das Herz, aber auch die Männer, die für den bösen Dienst bestimmt waren, fühlten Unbehagen, als es immer später wurde. Endlich war es Zeit zum Mittagessen; da ging ein jeder seinen anderen Geschäften nach und auch mir brachte man zu essen. Hierüber verwunderte ich mich und rief: »Ihr habt in Wahrheit mehr vermocht als der böse Einfluß der himmlischen Gestirne! So bitte ich nun Gott, er möge mich in seiner Gnade aus dieser Not erretten.« Ich fing an zu essen, und wie ich mich vorhin in mein großes Unglück ergeben hatte, so schöpfte ich jetzt wieder Hoffnung auf ein großes Glück. Ich speiste mit herzhafter Lust und sah und hörte nichts weiter bis zur ersten Stunde nach Sonnenuntergang. Da kam der Bargello mit vielen Leuten, setzte mich wieder auf den Stuhl, worauf er mich am Abend vorher nach diesem Ort gebracht hatte, und sagte mir mit vielen freundlichen Worten, ich solle nur unbesorgt sein. Seinen Sbirren aber befahl er, sie sollten sich wohl in acht nehmen und nicht an mein gebrochenes Bein stoßen. Sie gehorchten ihm und trugen mich in die Engelsburg, aus der ich entflohen war; in der Höhe des Turmes, wo ein Höfchen ist, verweilten sie einen Augenblick mit mir.

FÜNFUNDZWANZIGSTES KAPITEL
1539

*Erzählung der grausamen Mißhandlung, die er während
seiner Gefangenschaft erduldet.
Große Ergebung in sein trauriges Schicksal.
Wunderbare Vision, die eine baldige Befreiung verkündet.
Er schreibt ein Sonett auf sein Elend,
wodurch das Herz des Burgvogtes erweicht wird.
Der Burgvogt stirbt. Durante versucht
Benvenuto zu vergiften.
Dieser entkommt dem Tode durch den Geiz
eines armen Juweliers.*

AN DIESEN Ort, wo wir warteten, ließ sich nun auch der Schloßvogt tragen, krank und elend wie er war, und sagte: »Hab ich dich also wieder?« »Ja«, antwortete ich, »aber bin ich Euch nicht entkommen, wie ich gesagt hatte? Und wäre ich nicht, der ich unter päpstlichem Worte stand, um ein Bistum zwischen einem venezianischen Kardinal und einem römischen Farnese verhandelt worden, die beide den heiligen Gesetzen das Gesicht zerkratzt haben, so hättest du mich niemals wieder bekommen. Da nun aber jene solches Unrecht begangen haben, so tue nun auch du das schlimmste, das du kannst; ich kümmere mich um nichts mehr auf dieser Welt.«

Da begann der arme Mann gewaltig zu schreien und rief: »Oh weh! Oh weh mir! Der kümmert sich weder um Leben noch um Sterben und ist noch kühner als da er gesund war! Bringt ihn unter den Garten und sprecht mir niemals mehr von ihm; der Mann ist schuld an meinem Tode!«

Man brachte mich in ein ganz dunkles Zimmer unter dem Garten; das Wasser lief an den Wänden herunter und das Zimmer war voll von Taranteln und giftigem Gewürm. Man warf mir eine schlechte Matratze von Werg auf die Erde, gab mir für den Abend nichts zu essen und verschloß mich hinter vier Türen. So blieb ich bis zur neunzehnten Stunde des nächsten Tages. Dann brachte man mir etwas zu essen und ich verlangte von den Leuten, sie sollten mir einige von meinen Büchern zu lesen bringen. Keiner von ihnen sprach ein Wort mit mir, aber sie berichteten es dem Schloßvogt, der sie gefragt hatte, was ich denn sagte. Am anderen Morgen wurde mir von meinen Büchern die Italienische Bibel und die Chronik des Giovan Villani gebracht. Als ich noch mehr Bücher verlangte, antworteten sie mir, andere bekäme ich nicht, diese beiden wären schon zu viel für mich. So lebte ich Unglücklicher auf meiner ganz verfaulten Matratze, denn diese war in drei Tagen völlig feucht. Weil mein Bein gebrochen war, konnte ich mich niemals bewegen, und wenn ich das Bett verlassen wollte, um meine Notdurft zu verrichten, kroch ich mit großen Schmerzen auf allen vieren, damit ich nicht meine Schlafstelle besudeln mußte. Anderthalb Stunden lang hatte ich am Tage einen schwachen Lichtschein, der durch ein ganz kleines Loch in meine unselige Höhle drang. Nur diese kurze Zeit las ich, und den übrigen Teil des Tages und der Nacht lag ich geduldig im Dunkeln und dachte beständig an Gott und unsere menschliche Gerechtigkeit. Es schien mir gewiß zu sein, daß ich binnen wenigen Tagen mein unglückliches Leben auf diese Weise endigen würde. Trotzdem tröstete ich mich so gut ich konnte, indem ich bedachte, wieviel trauriger es für mich gewesen wäre, mein Leben unter dem schrecklichen Henkersbeil zu endigen, während ich jetzt gleichsam im Traume aus der Welt scheiden würde. Dies erschien mir als ein weit angenehmeres Los, denn ich fühlte, wie meine Kräfte ganz allmählich erloschen, bis schließlich meine gute Natur sich an dieses Fegfeuer gewöhnte. Als ich nun fühlte, daß ich mich dem Elend anpaßte, da faßte ich Mut und beschloß, das entsetzliche Elend noch so lange zu ertragen wie meine Kräfte hinreichen würden.

Ich begann die Bibel von Anfang an zu lesen, las sie mit frohem Sinn und stellte meine Betrachtungen darüber an und hatte meine Freude an ihr, daß ich nichts anderes hätte tun mögen als nur immer lesen; sowie mir aber das Licht fehlte, fiel all mein Verdruß mich wieder an und quälte mich so sehr, daß ich oft entschlossen war, mir selber das Leben zu nehmen. Da sie mir aber kein Messer überließen, so war es schwierig, diesen Vorsatz auszuführen. Eines Tages aber hatte ich einen großen Balken, der in meinem Kerker lag, aufgerichtet und wie eine Falle unterstützt. Ich wollte ihn auf meinen Kopf herabfallen lassen, und er würde mich gewiß auf den ersten Schlag zerschmettert haben. Als ich nun das ganze Gerüst aufgerichtet hatte und eben mit der Hand hingreifen wollte, um abzudrücken, da wurde ich wie von unsichtbarer Gewalt ergriffen und vier Ellen weit fortgeschleudert, daß ich vor Schreck wie tot liegen blieb. So lag ich vom Morgengrauen bis zur neunzehnten Stunde, da sie mir das Essen brachten.

Sie mußten mehrere Male hin und hergegangen sein, ehe ich sie bemerkte; denn gerade als ich aufwachte, trat der Hauptmann Sandrino Monaldi[1] ein und ich hörte ihn sagen: »Oh, der unglückliche Mann! Welches Ende hat dieser seltene Künstler genommen!« Als ich diese Worte hörte, schlug ich die Augen

---

[1] Alessandro Monaldi, genannt Sandrino; er war als Gegner der Medici seit 1530 aus Florenz verbannt.

auf; da sah ich Priester in ihren Chorhemden. Sie riefen: »Ihr sagtet ja doch, er sei tot!« Da sagte Bozza: »Ich fand ihn tot, und darum sagte ich es.«

Sofort hoben sie mich von der Stelle auf, wo ich lag, nahmen die Matratze weg, die ganz verfault und wie Nudeln geworden war, warfen sie aus dem Zimmer und erzählten den ganzen Vorfall dem Schloßvogt, der mir eine andere Matratze geben ließ.

Da ich nun überdachte, was es wohl gewesen sein könnte, das mich von meinem Vorsatz abgehalten hatte, so kam ich zu der Meinung, es sei eine göttliche Macht gewesen, die mein Leben beschützt habe. Die Nacht darauf erschien mir im Traum eine wundersame Gestalt, ein herrlich schöner Jüngling. Der sagte scheltend zu mir: »Weißt du, wer dir deinen Leib gegeben hat, den du vor der Zeit vernichten wolltest?« Mir wars, wie wenn ich ihm antwortete, ich wisse wohl, daß ich alles nur Gott, dem Herrn der Natur, schuldig sei.

Da sprach er: »So verachtest du also sein Werk, indem du es zerstören willst? Laß dich von ihm führen und verliere niemals die Hoffnung auf seine Hilfe!« Er sagte noch viele andere herrliche Worte, von denen ich nicht den tausendsten Teil behalten habe. Ich erkannte, daß der Engel mir die Wahrheit gesagt hatte. Nun sah ich mich in meinem Gefängnis um und erblickte ein Stück verwitterten Ziegels. Ich zerbrach ihn, rieb die Stücke gegeneinander und machte eine Art Brei daraus. Dann kroch ich auf allen vieren zum Pfosten meiner Gefängnistür und arbeitete mit den Zähnen so lange, bis ich einen kleinen Splitter abgelöst hatte. Hierauf wartete ich, bis mein Gefängnis hell wurde, was von zwanzig Uhr bis einundzwanzigeinhalb geschah. Da begann ich, so gut ich konnte, auf die weißen Blätter in meinem Bibelbuch zu schreiben, und schalt meine Lebenskräfte, daß sie nicht mehr in diesem Leben bleiben wollten; sie antworteten meinem Leibe: sie müßten zu großes Elend leiden; der Leib aber machte ihnen Hoffnung auf künftiges Glück, und so schrieb ich ein Gespräch in Versen nieder:

»Betrübte Lebensgeister mein –
Grausame, oh, warum reut's euch des Lebens?«

»Dir zürnt der Himmel; alles ist vergebens!
Was wird aus uns? Wer wird uns Hilfe bringen?
Laß uns zu bessrem Leben uns entschwingen!«

»Nicht doch! Oh, geht noch nicht, noch nicht von hinnen!
Ihr möget wohl noch größres Glück gewinnen,
Als je der Himmel euch bis jetzt beschert.«

»So wollen wir denn noch ein Stündchen weilen.
Ach, möge Gott uns seine Huld erteilen,
Und mög' es nicht zu unserm Unheil sein!«

Nachdem ich mich durch mich selbst gestärkt hatte, gewann ich neue Kraft und fuhr fort, meine Bibel zu lesen. Ich hatte meine Augen dermaßen an die Dunkelheit gewöhnt, daß ich drei Stunden lesen konnte, während ich früher nur anderthalb Stunden gelesen hatte. Ich erkannte mit Erstaunen die Kraft des göttlichen Einflusses auf die einfältigen Menschen, die mit solcher Inbrunst glaubten, daß Gott ihnen alles bewilligen würde, was sie sich ausgedacht hatten; so hoffte auch ich auf Gottes Hilfe, nicht nur wegen seiner göttlichen Barmherzigkeit, sondern auch wegen meiner Unschuld. Bald im Gebet, bald im Gespräch, erhob ich beständig meine Gedanken zu Gott und fühlte ein so inniges Vergnügen von diesen Gedanken an Gott, daß ich mich nicht mehr irgendeines Ungemachs erinnerte, das ich je gehabt haben mochte. Ich sang vielmehr den ganzen Tag Psalmen und viele andere eigene Gedichte, die alle an Gott gerichtet waren. Großes Ungemach bereiteten mir nur meine Nägel, die immer länger wuchsen; denn ich konnte mich nicht anrühren, ohne daß sie mich verwundeten, und konnte mich nicht ankleiden, ohne daß sie entweder innen oder außen sich anhakten und mir große Schmerzen verursachten. Auch starben mir die Zähne im Munde ab; die lebenden Zähne stießen die abgestorbenen aus, so daß diese allmählich die Kinnlade durchbohrten und die Spitzen der Wurzeln herausragten. Wenn ich dies bemerkte, zog ich sie wie aus einer Scheide heraus, ohne jeden Schmerz und ohne Blutverlust. So hatte ich schon viele verloren. Doch mit diesen neuen Leiden söhnte ich mich aus: bald sang ich, bald betete ich, bald schrieb ich mit dem Mörtelbrei. Ich begann auch ein Gedicht zum Lob des Gefängnisses und erzählte darin alles, was ich im Kerker erlebt hatte. Ich werde dieses Gedicht an seinem Orte mitteilen.

Der gute Schloßvogt schickte oft im geheimen Lauscher, um zu hören, was ich machte. Am letzten Tage des Juli war ich recht froh und dachte an das große Fest, das man in Rom am ersten August zu feiern pflegt. Ich sagte zu mir: »Alle diese Jahre habe ich das fröhliche Fest mit der vergänglichen Welt gefeiert. Dieses Jahr will ich es einmal mit der Gottheit des Herrn zubringen. Oh, wieviel mehr werde ich mich diesmal daran erfreuen als in den vergangenen Jahren!«

Die Leute des Schloßvogts hörten diese Worte und sagten ihm alles wieder; da geriet er in grimmigen Ärger und rief: »Bei Gott! Dieser, der in solchem Elend lebt, triumphiert, und ich, der ich von allen Bequemlichkeiten umgeben bin, zehre mich ab und sterbe, nur um seinetwillen! Geht schnell hin und werft ihn in die unterirdische Höhle, wo der Prediger Foiano² verhungern mußte! Wenn er sich in solchem Kerker sieht, wird ihm wohl das Lachen vergehen!«

Sogleich kam der Hauptmann Sandrino Monaldi mit ungefähr zwanzig Knechten des Burgvogtes in mein Gefängnis; sie fanden mich auf meinen Knien liegend und ich kehrte mich nicht nach ihnen um, sondern betete zu einem von Engeln umgebenen Gottvater und zu einem auferstandenen siegreichen Christus, die ich mit einem Stückchen Kohle an die Wand gezeichnet hatte³. Die Kohle hatte ich in einem Schutthaufen gefunden.

Nachdem ich vier Monate lang rücklings auf meinem Bette mit dem gebrochenen Bein gelegen und so oft geträumt hatte, die Engel kämen, mich zu heilen, war ich nun so gesund geworden, wie wenn ich das Bein niemals gebrochen hätte.

Sie kamen zu mir in Waffen und Rüstung, wie wenn sie fürchteten, ich sei ein giftiger Drache. Der Hauptmann aber sagte zu mir: »Du hörst doch, daß wir unserer viele sind, und wir kommen doch mit großem Geräusch zu dir hinein. Warum wendest du dich nicht zu uns um?«

Als ich diese Worte vernahm, dachte ich mir sogleich das Schlimmste, was mir geschehen konnte; und da ich mit Leiden vertraut war, so blieb ich standhaft und sagte zu ihnen: »Zu diesem Gott, der meine Stütze ist, zu dem Gott der himmlischen Höhen habe ich meine Seele und meine Gedanken und alle meine Lebensgeister gewandt; euch aber habe ich zugekehrt, was euch gehört. Denn was gut an mir ist, seid ihr nicht wert zu sehen oder anzurühren; mit dem, was euer ist, macht nur, was ihr könnt!«

Diese Worte erschreckten den Hauptmann, weil er nicht wußte, was ich beginnen würde, und er sagte zu vier von den mutigsten, sie sollten ihre Waffen ablegen. Nachdem sie dies getan hatten, fuhr er fort: »Nun werft euch schnell auf ihn und packt ihn. Und wenn er der Teufel wäre, brauchen wir, die wir so zahlreich sind, uns doch nicht vor ihm zu fürchten! Haltet ihn nur fest, damit er nicht entwischt!«

So wurde ich von ihnen überwältigt und übel behandelt. Ich dachte mir viel Schlimmeres, als was mir wirklich bevorstand, und darum hob ich die Augen zu Christus auf und sagte: »Gerechter Gott, der du am hohen Galgen alle unsere Schulden bezahlt hast, warum soll meine Unschuld für Schulden büßen, die ich nicht kenne? Doch dein Wille geschehe!«

---

2 Fra Benedetto Tiezzi aus Foiano, Predigermönch im Kloster Santa Maria Novella in Florenz, hatte gegen die Medici gepredigt und die Bürger zur Verteidigung der Republik aufgerufen. Durch Malatestas Verrat geriet er in die Hände des Papstes Klemens des Siebenten, der ihn in der Engelsburg verhungern ließ.
3 An der Wand des von Cellini bewohnten Gefängnisses zeigt man noch ein Fragment von einer Christusgestalt; es ist aber sicherlich nicht von Benvenuto.

Nun trugen jene mich beim Scheine einer Fackel fort; ich glaubte, sie wollten mich in die Fallklappe des Sammalo[4] stürzen; so heißt ein fürchterlicher Ort, der viele Lebende schon verschlungen hat; denn sie fallen bis in die Tiefe der Burg in einen Brunnen herab. Doch dies war mir nicht beschieden. Darum glaubte ich recht gut davongekommen zu sein, als sie mich in die scheußliche Höhle warfen, wo Foiano Hungers gestorben war. Dort ließen sie mich, ohne mir weiter Leides zu tun. Ich aber stimmte ein *De profundis,* ein *Miserere* und ein *In te Domine speravi* an. So feierte ich diesen ganzen ersten August und mein Herz jauchzte voll Hoffnung und Glauben. Am zweiten Tage zogen sie mich aus diesem Loch heraus und brachten mich wieder in jenes Gefängnis, wo ich die Bilder Gottes gezeichnet hatte, und als ich diese wieder sah, weinte ich vor ihnen in süßer Freude. Von nun an wollte der Burgvogt jeden Tag wissen, was ich täte und was ich sagte. Der Papst hatte den ganzen Hergang vernommen und hatte auch gehört, daß die Ärzte den Burgvogt aufgegeben hatten. Da sagte er: »Bevor mein Burgvogt stirbt, soll er noch auf seine Art den Benvenuto aus dem Leben schaffen, denn der ist schuld an seinem Tode, und er soll nicht ungerächt sterben.« Als der Burgvogt diese Worte aus dem Munde des Herzogs Pier Luigi hörte, sprach er zu diesem: »So schenkt also der Papst mir den Benvenuto und wünscht, daß ich meine Rache an ihm nehme? Er braucht sich um nichts mehr zu bekümmern und soll mich nur gewähren lassen.«

So schlimm nun das Herz des Papstes mir gesinnt war, noch übler und grimmiger dachte in diesem Augenblick der Schloßvogt von mir. Aber in demselben Augenblick kam jenes Unsichtbare, das mich bereits vom Selbstmord abgehalten hatte, wieder unsichtbar zu mir, stieß mich an, daß ich mich aufrichtete, und rief mit deutlicher Stimme mir zu: »Wehe, mein Benvenuto! Schnell, schnell! Wende dich mit deinen gewohnten Gebeten zu Gott und schreie zu ihm, so laut du kannst!«

Ich erschrak, warf mich auf die Knie und sagte laut viele von meinen Gebeten her; hierauf sang ich den Psalm: *Qui habitat in ajutorium*[5]. Dann sprach ich eine Weile mit Gott, und auf einmal sagte dieselbe Stimme hell und klar zu mir: »Ruhe nun und fürchte dich nicht mehr!«

Dies aber geschah mir, weil der Burgvogt, der den abscheulichen Auftrag, mich zu töten, bereits gegeben hatte, ihn plötzlich wieder zurücknahm und zu seinen Leuten sagte: »Ist das nicht Benvenuto, den ich verteidigt habe, von dem

---

4 In diesen Kerker wurden die Unglücklichen, die nicht zu sofortigem Tode bestimmt waren, an Stricken herabgelassen. So starb darin der Erzbischof von Cosenza, Florido, der Fälschung apostolischer Schriften beschuldigt. Dieser Kerker Sammalo (den Burckhard Sammaracho nennt) hieß in Wirklichkeit San Marocco.
5 Richtig: in adjutorio. Anfang des 91. Psalms: ›Wer unter dem Schirm des Höchsten sitzt ...‹

ich ganz gewiß weiß, daß er so sehr unschuldig ist und daß ihm all sein Leiden zu Unrecht widerfährt? Wie soll Gott jemals Mitleid mit mir und meinen Sünden haben, wenn ich nicht selbst denen verzeihe, die mich aufs äußerste beleidigt haben? Wie könnte ich aber einen unschuldigen wackeren Mann verfolgen, der mir Dienst und Ehre erwiesen hat? Bei Gott, anstatt ihn zum Tode zu bringen, schenk ich ihm Leben und Freiheit, und in meinem letzten Willen werde ich verfügen, daß niemand von ihm eine Bezahlung der Kosten verlangen soll, denn er hätte sonst eine große Zeche zu bezahlen.« Dieses hörte der Papst und war darüber sehr ergrimmt.

Unterdessen betete ich wie gewöhnlich und schrieb an meinem Gedichte fort, und jede Nacht hatte ich fröhlichere und lieblichere Träume, wie kein Mensch sie sich vorstellen kann. Mir war immer, wie wenn ich mich sichtlich bei jenem Unsichtbaren befände, den ich damals vernommen hatte und noch oft vernahm. Ich tat nur eine einzige Bitte, aber mit aller Inbrunst: daß nämlich die Engel mich an einen Ort führen möchten, wo ich die Sonne sehen könnte; dies wäre mein sehnlichster Wunsch, und wenn ich sie nur ein einziges Mal sehen könnte, wollte ich zufrieden sterben. Alles Ungemach meines Kerkers war mir freundlich und vertraut geworden und störte mich nicht mehr. Anfangs erwarteten die Freunde des Burgvogts, er werde mich, wie er gesagt, an jener Zinne aufhängen lassen, von der ich mich herabgelassen hatte. Als sie aber sahen, daß er seinen Entschluß geändert hatte, da verdroß es sie sehr und sie suchten mich auf alle Weise zu erschrecken und mir Furcht einzujagen, daß ich das Leben verlieren müßte. Ich aber hatte mich an all dieses Leid gewöhnt und fürchtete nichts mehr. Mich bewegte nur noch der Wunsch, die Sonnenscheibe zu sehen.

Hierauf waren alle meine langen Gebete gerichtet, in denen ich immer voller Inbrunst Christus anrief: »Oh wahrhaftiger Sohn Gottes! Ich bitte dich bei deiner Geburt, bei deinem Kreuzestode und bei deiner herrlichen Auferstehung, du wollest mich würdig erachten, die Sonne zu sehen, sie wenigstens im Traume zu sehen, wenn es auf andere Weise nicht möglich ist. Aber wenn du mich würdigst, daß ich sie mit meinen leibhaftigen Augen erblicken kann, so verspreche ich dir, zu deinem heiligen Grabe zu wallen!«

Diesen Vorsatz faßte ich und tat unter großen Gebeten das Gelübde am zweiten Oktober des Jahres eintausendfünfhundertdreißigneun.

Am nächsten Morgen, dem dritten Oktober, war ich bei Tagesanbruch, ungefähr eine Stunde vor Sonnenaufgang, erwacht. Ich war von meinem elenden Schragen aufgestanden und hatte mir einen zerlumpten Rock übergezogen, denn es begann kalt zu werden. Und wie ich nun so dastand, betete ich mit einer Inbrunst, wie ich es bis dahin niemals getan hatte; ich flehte in meinem

Gebete Christus an, er möchte mir doch wenigstens die Gnade erweisen, durch göttliche Eingebungen mich wissen zu lassen, um welche Schuld ich so schwer zu büßen hätte; denn da Seine göttliche Majestät mich nicht einmal für würdig hielte, die Sonne auch nur im Traume zu sehen, so bäte ich ihn bei all Seiner Kraft und Herrlichkeit, daß ich doch wenigstens die Ursache meines Leidens erfahren dürfte.

Kaum hatte ich diese Worte gesagt, als ich von dem Unsichtbaren wie von einem Wirbelwind ergriffen und fortgetragen wurde. Er führte mich in ein Zimmer, wo der Unsichtbare sich mir sichtbar in menschlicher Gestalt zeigte und zwar als ein Jüngling, dem eben der Bart sprießt, mit einem herrlich schönen Gesicht, aber ernst, nicht wollüstig. Er streckte den Finger aus und sagte zu mir: »Die vielen Menschen, die du siehst, sind alle, die bis jetzt geboren und gestorben sind.« Ich fragte ihn, warum er mich hierher führe, und er antwortete: »Komm nur mit mir, du wirst es gleich sehen.« Ich hielt in der Hand einen Dolch und trug auf dem Leibe ein Panzerhemd; so führte er mich durch diesen großen Saal und zeigte mir die unzähligen Tausende, die auf und ab wallten. Er führte mich immer vorwärts und ging endlich mit mir durch eine kleine Tür nach einer Art enger Straße hinaus, und als er mich aus dem Saale hinter sich her auf dieses Gäßchen zog, fand ich mich entwaffnet und stand in einem weißen Hemde mit bloßem Kopfe da, zur rechten Seite meines Gefährten. Als ich dies sah, verwunderte ich mich, denn ich kannte die Straße nicht; als ich aber die Augen aufhob, sah ich den Widerschein der Sonne auf einer Mauerwand über meinem Haupte; es war, wie wenn ich vor einem großen Gebäude stände. Da fragte ich: »Oh, mein Freund, was habe ich zu tun, um mich so hoch in die Höhe zu heben, daß ich die Scheibe der Sonne selbst sehen kann?« Da zeigte er mir einige Stufen, die zu meiner Rechten waren, und sagte zu mir: »Geh nur allein da hinauf.«

Ich entfernte mich ein wenig von ihm und stieg rücklings mit den Absätzen einige Stufen hinauf, bis ich allmählich die Nähe der Sonne gewahrte. Nun stieg ich eilends weiter und gelangte auf diese Art so hoch, daß ich die ganze Sonnenscheibe entdeckte. Die Gewalt ihrer Strahlen zwang mich, wie gewöhnlich, die Augen zu schließen; bald aber wurde ich meines Irrtums gewahr, öffnete die Augen, sah unverwandt in die Sonne hinein und sprach: »Oh, meine Sonne, nach der ich mich so sehr gesehnt habe! Nun will ich niemals wieder etwas anderes sehen, wenn auch deine Strahlen mich blind machen sollten.«

So blieb ich unverwandten Blickes stehen und als ich ein Weilchen hingesehen hatte, bemerkte ich, daß die ganze Gewalt der hellen Strahlen sich auf die linke Seite der Sonne warf. So blieb die Sonne ganz rein und klar ohne ihre Strahlen; dies sah ich mit dem innigsten Vergnügen, und es schien mir die wunderbarste Sache von der Welt, daß die Strahlen sich auf diese Weise hinweggewendet hatten. Da erkannte ich die göttliche Gnade, die mir an diesem Morgen von Gott erzeigt wurde, und ich rief mit lauter Stimme: »Oh, wie wunderbar ist deine Kraft! Wie herrlich deine Macht! Wieviel größere Gnade erweisest du mir als ich je erwartet habe!«

Mir erschien diese Sonne ohne ihre Strahlen durchaus wie ein Bad von reinstem geschmolzenem Golde. Während ich nun diesem herrlichen Anblick mich hingab, sah ich, wie die Mitte der Sonne sich aufblähte, wie sie in die Höhe wuchs und wie plötzlich ein Christus am Kreuze aus demselben Stoffe, woraus die Sonne bestand, sich bildete. Er war so schön, so wundergütig anzuschaun, daß der menschliche Geist ihn nicht den tausendsten Teil so herrlich hätte ersinnen können. Indes ich ihn betrachtete, rief ich laut: »Wunder, Wunder! Oh Gott; o gnädiger, unendlich gütiger Gott, welches Anblickes würdigst du mich heute morgen!« Während ich nun unverwandt hinsah und diese Worte sprach, bewegte Christus sich nach derselben Seite, wohin die Strahlen verschwunden waren; die Mitte der Sonne schwoll abermals an, wuchs eine Weile fort und wandelte sich plötzlich zur allerschönsten Madonna, die in erhabener Höhe, ihren Sohn auf dem Arm, in der lieblichsten Stellung lächelnd dasaß, und zu ihren beiden Seiten standen zwei Engel von einer Schönheit, wie die Einbildungskraft sie sich nicht vorstellen kann. Ferner sah ich in dieser Sonne auf der rechten Seite eine Gestalt, nach der Art eines Priesters gekleidet, die mir den Rücken zuwandte und nach der Mutter Gottes und dem Christuskind hinblickte. Dies alles sah ich wirklich, klar und lebendig und dankte ohn Unterlaß der göttlichen Glorie mit lauter Stimme.

Als ich dieses Wunderbare etwa den achten Teil einer Stunde vor Augen gehabt hatte, entschwand es meinen Blicken, und ich wurde auf mein elendes Bett zurückgetragen. Da rief ich sogleich mit lauter Stimme: »Die Kraft Gottes hat mich gewürdigt, mir seine ganze Herrlichkeit zu zeigen, wie sie vielleicht niemals eines Menschen Auge gesehen hat. Darum weiß ich, daß ich frei und glücklich bin und Gottes Gnade habe; ihr anderen Halunken aber werdet Halunken bleiben, werdet unglücklich sein und Gottes Ungnade erleiden. Wisset, nun bin ich sicher: am Allerheiligentage, an dem ich genau am ersten November im Jahre eintausendfünfhundert zur Welt kam, werdet ihr mich um vier Uhr in der Nacht aus meinem finsteren Kerker herausholen müssen. Ihr mögt es wollen oder nicht, ihr müßt es tun, denn ich habe es mit meinen eigenen Augen am Throne Gottes gesehen. Der Priester, der sich zu Gott wandte und mir den Rücken zeigte, war der heilige Petrus; er bat für mich, weil er sich schämte, daß in seinem Hause einem Christenmenschen so scheußliches Unrecht angetan wird. Sagt es nur, wem ihr wollt! Niemand hat jetzt noch

Gewalt, mir Übels anzutun. Sagt nur eurem Herrn, der mich immer noch gefangen hält, er solle mir Wachs oder Papier geben lassen, damit ich Gottes Glorie nachbilden kann, wie sie sich mir gezeigt hat. Damit werde ich ihm klarmachen, was ihm etwa noch zweifelhaft sein könnte.«

Der Schloßvogt, den die Ärzte schon aufgegeben hatten, war doch wieder ganz gesunden Geistes geworden und die Launen seiner alljährlich wiederkehrenden Narrheit hatten ihn ganz und gar verlassen. Da er nun allein noch um seine Seele besorgt war, peinigte ihn sein Gewissen und ihm dünkte, das größte Unrecht sei mir geschehen und geschehe mir noch. Darum ließ er dem Papst berichten, was für erstaunliche Dinge ich spreche. Der Papst, der weder an Gott noch an sonst was glaubte, ließ ihm sagen, ich sei verrückt und er solle nur für seine eigene Gesundheit sorgen. Als der Schloßvogt diese Antwort hörte, ließ er mir sagen, ich sollte getrost sein, schickte mir Schreibzeug, Wachs und einige Bossierstäbchen zur Bearbeitung des Wachses nebst vielen freundlichen Worten, die mir einer der Knechte, der mich gerne hatte, sofort berichtete. Dieser war ganz das Gegenteil von den andern sieben Halunken, die mich am liebsten tot gesehen hätten. Ich nahm das Papier und das Wachs und begann zu arbeiten, und bei der Arbeit dichtete ich folgendes Sonett[6], das ich aufschrieb und an den Schloßvogt richtete:

> S' i' potessi, signor, mostrarvi il vero
> Del lume eterno, in questa bassa vita,
> Qual' ho da Dio, in voi vie più gradita
> Saria mia fede che d' ogni alto impero.
>
> Ahi! se 'l credessi il gran Pastor del clero,
> Che Dio s' è mostro in sua gloria infinita,
> Qual mai vide alma, prima che partita
> Da questo basso regno aspro e sincero[7]:
>
> Le porte di Justizia sacre e sante
> Sbarrar vedresti, e 'l tristo empio furore
> Cader legato e al Ciel mandar le voce.
>
> S' i' avessi luce, ahi lasso! almen le piante
> Sculpir del Ciel potessi il gran valore!
> Non saria il mio gran mal sì greve croce.

---

6 Die deutsche Übersetzung ist ebenfalls von jenem ungenannten Freunde Goethes.
7 Die italienischen Kritiker vermuten hier wohl mit Recht einen Fehler des Schreibers, dem Benvenuto diktierte; dem Sinne nach müßte es *insincero* heißen.

Um vor die Seele dir, mein Herr, zu bringen,
Welch Wunder diese Tage Gott mir schickte,
Welch herrliches Gesicht mich hoch entzückte,
Wünscht' ich die Kraft, ein himmlisch Lied zu singen.

O möchte nur zum Heiligen Vater dringen,
Wie mich die Macht der Gottheit selbst beglückte,
Aus meiner dumpfen Wohnung mich entrückte!
Er würde meine große Not bezwingen.

Die Tore sprängen auf, ich könnte gehen,
Und Haß und Wut entflöh'n, die grimmig wilden,
Sie könnten künftig meinen Weg nicht hindern.

Ach, laß mich nur das Licht des Tages sehen,
Mit meiner Hand die Wunder nachzubilden!
Schon würden meine Schmerzen sich vermindern.

Am andern Tag brachte jener freundliche Diener mir mein Essen; ihm gab ich das Sonett, das er heimlich, ohne daß die andern mir böse gesinnten Diener es bemerkten, dem Burgvogt brachte. Dieser hätte mich gerne gehen lassen, denn er glaubte, das Unrecht, das man mir angetan habe, sei hauptsächlich die Ursache seines Todes. Er nahm das Sonett, las es mehr als einmal und sagte: »Dies sind nicht die Worte und Gedanken eines Wahnsinnigen, sondern eines guten und rechtlichen Mannes.« Sofort befahl er seinem Schreiber, das Gedicht dem Papst zu bringen, es in seine eigenen Hände zu legen und ihn zu bitten, er möge mich gehen lassen. Während nun der Schreiber das Sonett zum Papst brachte, schickte der Burgvogt mir Licht für den Tag und die Nacht und alle Bequemlichkeiten, die man an solchem Ort nur wünschen kann; so begann sich denn endlich das Ungemach meines Lebens zu verbessern, das wirklich schon auf das Höchste gestiegen war.

Der Papst las das Gedicht mehrere Male und ließ dem Schloßvogt sagen, er werde bald etwas tun, das ihm lieb sein werde. Und gewiß hätte der Papst mich gerne gehen lassen, aber sein Sohn, Herr Pier Luigi, hielt mich mit Gewalt, selbst gegen den Willen des Papstes, gefangen.

Unterdessen hatte ich das wunderbare Mirakel gezeichnet und in Wachs gebildet. Nun aber nahte sich der Tod dem Burgvogt, und am Morgen des Allerheiligentages schickte er seinen Neffen Piero Ugolini zu mir, um mir einige Juwelen zu zeigen. Als ich sie sah, rief ich sofort: »Dies ist das Wahrzeichen meiner Befreiung!« Der Jüngling, der sehr beschränkten Geistes war, sagte zu mir: »Daran denke ich nicht, Benvenuto.«

Ich antwortete ihm: »Trage deine Juwelen weg; ich befinde mich hier in dieser dunklen Höhle, wo ich nur so wenig Licht habe, daß ich die Güte der Juwelen nicht unterscheiden kann; aber ich werde gar bald aus diesem Kerker herauskommen, denn es wird nicht einmal der Tag vergehen, so werdet Ihr selber kommen und mich holen; dieses soll und muß geschehen, möget Ihr wollen oder nicht.«

Er ging darauf fort und ließ mich wieder einschließen; als aber zwei Stunden nach der Uhr vergangen waren, da kam er ohne Bewaffnete wieder, mit zwei Knaben, die mich stützen sollten, und führte mich in jene geräumigen Zimmer, die ich vorher, nämlich im Jahre 1538, gehabt hatte und gab mir alle Bequemlichkeiten, die ich verlangte.

Wenige Tage darauf erlag der Vogt, der mich in Freiheit glaubte, seinem schweren Leiden und schied aus dem zeitlichen Leben. An seine Stelle kam Herr Antonio Ugolini, sein Bruder, der dem früheren Burgvogt eingeredet hatte, er habe mich gehen lassen. Soviel ich gehört habe, hatte dieser Herr Antonio Befehl vom Papste, mich in dem weiten Gefängnis zu halten, bis er ihm sagen würde, was mit mir geschehen sollte.

Der früher erwähnte Herr Durante aus Brescia hatte sich mit jenem Soldaten, dem früheren Apothekerknecht von Prato, verabredet, er solle mir in meinen Speisen einen tödlichen Saft beibringen, der aber nicht sofort, sondern erst in vier oder fünf Monaten wirke. Nun dachten sie sich aus, mir einen gestoßenen Diamanten unter das Essen zu mischen; dieser ist an und für sich durchaus kein Gift, aber er behält wegen seiner unschätzbaren Härte die allerschärfsten Kanten und wird nicht wie andere Steine, wenn man sie stößt, gewissermaßen rundlich. Wenn nun dieser spitzige Diamantenstaub mit den Speisen in den Magen kommt, so gerät er bei der Verdauung mit in Bewegung und hängt sich an die Häute des Magens und der Gedärme. Wenn dann andere Speisen darauf drücken, so durchbohrt er nach und nach im Laufe einer geraumen Zeit diese Eingeweide und man stirbt daran, während andere Arten von Stein oder Glas, die mit der Speise vermischt sind, keine Gewalt haben sich anzuhängen und mit dem Essen wieder fortgehen.

Darum gab nun Herr Durante einen Diamanten von einigem Werte einem der Wächter. Man sagte später, ein Goldschmied namens Lione von Arezzo[8],

---

8 Leone Leoni (1509 bis 1590), ein angesehener Bildhauer und Goldschmied, der später in den Dienst des Kaisers Karl trat, von dem er hoch in Ehren gehalten und auch zum Ritter geschlagen wurde. Er war von ähnlich hitzigem Temperament wie Cellini. 1540 wurde er wegen Verwundung eines Deutschen zum Verlust der rechten Hand verurteilt; der Papst begnadigte ihn zur Galeere, von der er erst 1545 auf Verwendung des Andrea Doria befreit wurde. Er starb 1590 in Mailand. Seine Armut zur Zeit von Cellinis Haft geht aus mehreren erhalten gebliebenen Dokumenten hervor.

ein großer Feind von mir, habe den Auftrag erhalten, diesen Diamanten zu zerpulvern. Da nun Lione sehr arm und der Diamant immerhin manche zehn Goldgulden wert sein mochte, so gab er dem Wärter ein anderes Pulver und sagte ihm, es sei von dem Diamanten, der für mich bestimmt sei. Sie taten das Pulver an demselben Mittag an alle meine Speisen: an den Salat, an das Voressen und an die Suppe. Es war ein Freitag und ich machte mich mit gutem Appetit über mein Essen her, weil ich am Abend vorher gefastet hatte. Allerdings fühlte ich die Speisen unter meinen Zähnen knirschen, aber ich dachte nicht an solche Schurkenstücke. Als ich nun mit dem Essen fertig war, fiel mein Auge auf ein Restchen von dem Salat, der in der Schüssel übrig geblieben war, und ich bemerkte einige ganz feine Splitterchen. Sofort nahm ich sie und ging damit an das helle Fenster. Während ich sie betrachtete, erinnerte ich mich, daß die Speisen so außerordentlich geknirscht hatten. Soviel meine Augen es beurteilen konnten, glaubte ich ganz bestimmt, es sei gestoßener Diamant. Da fügte ich mich mit festem Sinn in die Notwendigkeit des Todes und überließ mich mutig und inbrünstig dem heiligen Gebet; denn ich glaubte bestimmt dem Tode geweiht zu sein und wandte mich darum mit heißem Gebet zu Gott und dankte ihm für solchen leichten Tod. Denn da doch einmal meine Sterne es mir so bestimmt hatten, so glaubte ich auf wohlfeile Art davonzukommen, wenn ich so bequem aus dem Leben schiede; so war ich denn zufrieden und segnete die Welt und die Zeit, die ich auf ihr gelebt hatte. Dann aber wandte ich meine Gedanken zu dem besseren Reich, das ich durch Gottes Gnade ganz gewiß erlangt zu haben hoffte; und während ich mich diesem Gedanken hingab, rieb ich einige ganz feine Körnchen von dem vermeintlichen Diamanten zwischen meinen Fingern.

Da nun aber die Hoffnung niemals stirbt, so regte sich auch in mir nach einer Weile eine leise Hoffnung; darum legte ich die Körnchen auf eine eiserne Fensterstange meines Gefängnisses, drückte mit der flachen Klinge eines Messerchens recht stark darauf und fühlte, wie der Stein sich zerrieb. Als ich nun genau zusah, bemerkte ich, daß es sich wirklich so verhielt. Sofort erfüllte mich wieder neue Hoffnung und ich sagte: »Dies ist kein Diamant von meinem Feinde Durante, sondern ein schwacher, schlechter Stein, der mir durchaus kein Leid zufügen kann.« Und wie ich mich vorher entschlossen hatte, ruhig zu sein und in Frieden dieses Todes zu sterben, so machte ich nun neue Pläne. Vor allen Dingen aber dankte ich Gott und segnete die Armut, die zwar oftmals Menschen den Tod bringt, mir aber in diesem Falle das Leben gerettet hatte. Denn mein Feind, Herr Durante oder wer es sonst gewesen sein mochte, hatte dem Lione einen Diamanten im Werte von mehr als hundert Goldgulden gegeben, um ihn zu Pulver für mich zu zerreiben. Er aber hatte ihn seiner Armut wegen für sich behalten und einen geringen Beryll im Werte von zwei Carlinen zerstoßen; vielleicht glaubte er, weil es auch ein Stein sei, werde er dieselbe Wirkung tun wie ein Diamant.

Zu jener Zeit war der Bischof von Pavia, Monsignore de' Rossi von Parma, der Bruder des Grafen San Secondo, ebenfalls Gefangener in der Burg wegen gewisser Unruhen, die er in Pavia gestiftet hatte[9]. Da er mit mir sehr befreundet war, so rief ich ihm aus dem Fenster meines Gefängnisses zu, die Spitzbuben hätten mir einen zerstoßenen Diamanten gegeben, um mich zu töten. Ich ließ ihm durch seinen Diener etwas von dem übrig gebliebenen Pulver zeigen, sagte ihm aber nicht, daß ich bereits gesehen hatte, daß es kein Diamant war, sondern erklärte ihm im Gegenteil, ich wäre gewiß, daß sie mich vergiftet hätten, weil der brave Schloßvogt gestorben wäre. Ich bat ihn, er möchte mir, so lange ich noch lebte, täglich eins von seinen Broten geben, denn ich wollte nicht mehr essen, was von jenen käme. Er versprach mir auch, mir sein Essen zu schicken.

Herr Antonio, der gewiß von der Sache nichts wußte, machte großen Lärm und verlangte den zerstoßenen Stein zu sehen, den auch er für Diamant hielt; da er jedoch glaubte, daß der Anschlag vom Papst ausginge, so stellte er die Sache, nachdem er sie untersucht hatte, als einen unbedeutenden Zufall hin.

Ich aß nun von den Speisen, die mir der Bischof schickte und arbeitete beständig an meinem Gedicht über das Gefängnis, indem ich täglich Punkt für Punkt alle neuen Begebenheiten hinzusetzte, die sich zutrugen. Auch Herr Antonio schickte mir mein Essen durch jenen Apothekerknecht Giovanni, der früher in Prato gewesen und nun hier Soldat war. Dieser, der mein größter Feind war, hatte mir eben jenen zerstoßenen Diamanten gebracht. Ich sagte ihm nun, ich wolle von dem, was er mir bringe, nichts mehr essen, wenn er es mir nicht vorkoste. Er antwortete mir darauf, einen Vorkoster habe wohl der Papst. Darauf versetzte ich: da vornehme Leute dem Papst vorkosten müssen, so sei auch er, ein Soldat, Apothekerknecht und Bauer von Prato verpflichtet, einem Florentiner meinesgleichen vorzukosten. Hierauf schimpfte er und ich schimpfte wieder. Herr Antonio schämte sich einigermaßen des Vorgegangenen und da er außerdem Lust hatte, mich die ganze Kost bezahlen zu lassen, die der gute gestorbene Schloßvogt mir bereits geschenkt hatte, so wählte er unter seinen Dienern einen andern, der mir wohlgesinnt war, und schickte mir durch diesen mein Essen. Der neue Diener kostete ohne Widerreden in fröhlicher

---

9 Er war verdächtig, an der Ermordung des Grafen Alessandro Langosco Fracassa mitschuldig zu sein. Er wurde erst 1544 freigelassen und mußte in die Verbannung, doch gab im Jahre 1550 Papst Julius der Dritte ihm sein Bistum zurück und machte ihn zum Statthalter von Rom. Er starb 1564 in Prato. Benvenuto stand auch noch später mit ihm in Kontakt.

Weise alle meine Speisen vor und sagte mir oftmals, der Papst werde beständig von Herrn von Montluc angegangen, der im Auftrage des Königs unablässig meine Auslieferung verlange. Der Papst habe jedoch wenig Lust mich herauszugeben. Sogar der Kardinal Farnese, der sonst mein großer Gönner und Freund gewesen war, sollte gesagt haben, ich möchte nur nicht darauf rechnen, binnen kurzer Zeit aus meinem Gefängnis herauszukommen. Hierauf erwiderte ich, ich würde ihnen allen zum Trotz dennoch das Gefängnis verlassen. Der wackere Jüngling bat mich, ich möchte doch still sein, damit man nicht so etwas höre, denn es werde mir großen Schaden tun. Da ich solches Vertrauen zu Gott habe, so möge ich doch stille sein und auf seine Gnade warten. Ich antwortete ihm: »Die Kraft Gottes hat keine Furcht vor der Böswilligkeit der Ungerechten.«

SECHSUNDZWANZIGSTES KAPITEL
1539

*Der Kardinal von Ferrara kommt von Frankreich nach Rom zurück.
Als er sich mit dem Papst bei Tafel unterhält, weiß er die Freiheit Benvenutos zu erbitten.
Benvenutos Gedicht auf das Gefängnis.*

SEITDEM WAREN wenige Tage vergangen, da erschien zu Rom der Kardinal von Ferrara. Als er dem Papst seine Aufwartung machte, behielt ihn dieser bis zur Stunde des Abendessens bei sich. Der Papst, der ein sehr kluger Mann war, wollte nämlich in aller Bequemlichkeit mit dem Kardinal über die Franzosengeschichten sprechen und er wußte, daß man beim Speisen über Dinge spricht, von denen man sich sonst nicht unterhält. Nun erzählte der Kardinal ausführlich von der großmütigen und freigebigen Art des Königs, mit dessen Geschmack er genau vertraut war. Dies gefiel dem Papst über alle Maßen, der sich bei dieser Gelegenheit, wie er es jede Woche einmal zu tun pflegte, recht tüchtig betrank, was er sehr gerne tat, da er sofort alles wieder von sich gab.

Als nun der Kardinal die gute Laune des Papstes bemerkte, von der er die Gewährung einer Gnade wohl erhoffen durfte, so verlangte er im Namen des Königs auf das dringlichste meine Auslieferung, indem er dem Papst klarmachte, daß dies der sehnliche Wunsch des Königs sei. Da nun der Papst fühlte, daß er nahe daran war sich zu übergeben, und der reichlich genossene Wein auch sonst seine Wirkung geübt hatte, so sagte er mit lautem Lachen dem Kardinal: »Auf der Stelle sollt Ihr ihn mit nach Hause nehmen!« Er erteilte seine ausdrücklichen Befehle und stand vom Tisch auf. Der Kardinal aber ließ mich sofort holen, bevor Herr Pier Luigi es erfuhr, der mich unter keinen Umständen aus dem Gefängnis würde herausgelassen haben.

Der Bote des Papstes kam mit zwei vornehmen Edelleuten des Kardinals von Ferrara; kurz nach vier Uhr in der Nacht holten sie mich aus meinem Kerker hervor und führten mich vor den Kardinal, der mich über alle Maßen freundlich empfing. Ich erhielt eine schöne Wohnung und alles, was mein Herz sonst begehren mochte.

Herr Antonio, der Bruder und Nachfolger des Schloßvogtes, verlangte, ich solle alle Kosten nebst Trinkgeldern für den Bargello und dergleichen Leute bezahlen, und wollte nichts von dem wissen, was der frühere Schloßvogt in bezug auf mich angeordnet hatte. Dies kostete mich denn noch manche zehn Goldgulden.

Der Kardinal aber sagte mir, ich solle mich nur gut in acht nehmen, wenn mir mein Leben lieb sei, denn wenn er mich nicht am selbigen Abend aus dem Kerker herausgeholt hätte, so würde ich diesen niemals verlassen haben; er hätte bereits gehört, daß es dem Papst sehr leid täte, mich losgelassen zu haben.

Nun muß ich aber noch einmal umkehren, damit verschiedene Dinge deutlich werden, die ich in meinem Gedicht behandle.

Als ich mich einige Tage in der Wohnung des Kardinals Cornaro und nachher im geheimen Garten des Papstes aufhielt, kam unter anderen lieben Freunden auch ein Kassierer des Herrn Bindo Altoviti zu mir; er hieß Bernardo Galuzzi, und ich hatte ihm etliche hundert Goldgulden anvertraut. Dieser kam also in den geheimen Garten und wollte mir alles zurückgeben; ich aber sagte ihm, ich wüßte mein Eigentum keinem Menschen besser anzuvertrauen als einem so lieben Freunde, und es gäbe auch keinen Ort, wo es nach meiner Meinung sicherer wäre. Mein Freund sträubte sich, wollte das Geld nicht behalten und ich mußte ihn beinahe zwingen, es für mich aufzubewahren. Als ich nun endlich aus der Burg frei kam, fand ich, daß dieser arme Jüngling Bernardo Galuzzi zugrunde gerichtet war, und so verlor ich mein Geld.

Ferner hatte ich im Kerker einen schrecklichen Traum: es war mir, wie wenn jemand mit einer Rohrfeder mir Worte von der größten Bedeutung auf die Stirn schriebe und mir dreimal sagte, ich solle schweigen und keinem anderen Menschen etwas davon sagen. Als ich erwachte, fand ich meine Stirn besudelt.

Solcher Dinge erwähne ich sehr viele in meinem Gedicht über das Gefängnis. So wurde mir auch gesagt, ohne daß ich wußte, wer es sagte, was in der Folge dem Herrn Pier Luigi begegnete. Alles war so deutlich und so genau, daß ich selber nicht anders geglaubt habe, als daß ein Engel vom Himmel es mir offenbart haben muß.

Außerdem geschah mir noch etwas, was ich nicht unerwähnt lassen darf, denn so Gewaltiges ist niemals einem anderen Menschen widerfahren: ein Zeichen, daß Gottes Allmacht selber mich losgesprochen und mich für würdig erkannt hat, mir seine Geheimnisse zu offenbaren. Denn seit der Zeit, daß ich dies gesehen habe, ist mir ein wunderbarer Schein um mein Haupt geblieben, den jedermann gesehen hat, welchem ich ihn zu zeigen für gut befand; dies waren allerdings nur sehr wenige.

Diesen Schein sieht man des Morgens über meinem Schatten von Sonnenaufgang an noch zwei Stunden lang. Am besten sieht man ihn, wenn ein leichter Tau auf dem Grase liegt; man sieht ihn aber auch abends bei Sonnenuntergang. Ich bemerkte ihn in Paris in Frankreich, weil die Luft in jener Gegend viel reiner von Nebeln ist; darum sah man ihn viel besser als in Italien, wo die Nebel häufiger sind. Dessenungeachtet aber seh ich ihn überall und kann ihn auch anderen zeigen, nur nicht so gut wie in jener Gegend.

Nun will ich noch mein Gedicht hersetzen, das ich im Gefängnis zum Lobe des Kerkers schrieb[1]; hierauf werde ich mich wieder dem Guten und Bösen zuwenden, das mir von Zeit zu Zeit zustieß und das mir in meinem Leben noch zustoßen wird.

Gedicht an Luca Martini:

Chi vuol saper quant' è il valor di Dio,
E quant' un uomo a quel ben si assomiglia,
Convien che stie 'n prigione, al parer mio.

Sie carco di pensieri e di famiglia,
E qualche doglia per la sua persona,
E lunge esser venuto mille miglia.

---

[1] Goethe war im Zweifel, ob er das umfangreiche Gedicht übersetzen solle oder nicht, er fragte Schiller und A. W. Schlegel um Rat, und ihre Antworten bestimmten ihn, die Arbeit zu unterlassen. Die Gründe, die er in seinem Anhang zur Lebensbeschreibung angibt, erscheinen auch mir als stichhaltig: »Ein langes sogenanntes Capitolo in Terzinen zu Lobe des Kerkers... verdient im Original gelesen zu werden, ob es gleich die auf eine Übersetzung zu verwendende Mühe nicht zu lohnen schien. Es enthält die Umstände seiner Gefangenschaft, welche dem Leser schon bekannt geworden sind, auf eine bizarre Weise dargestellt, ohne daß dadurch eine neue Ansicht des Charakters oder der Begebenheiten entstehen kann.«

Or se tu vuoi poter far cosa buona,
Sie preso a torto; e poi istarvi assai,
E non avere aiuto da persona.

Ancor ti rubin quel po' che tu hai
Pericol della vita; e bistrattato,
Senza speranza di salute mai.

E sforzinti gittare al disperato,
Rompere il carcer, saltare il Castello:
Poi sie rimesso in più cattivo lato.

Ascolta, Luca, or che ne viene il bello:
Aver rotto una gamba, esser giuntato,
La prigion molle, e non aver mantello.

Nè mai da nissun ti sie parlato,
E ti porti il mangiar con trista nuova
Un soldato, spezial, villan da Prato.

Or senti ben dove la gloria prova:
Non v'esser da seder, se non sul cesso;
Pur sempre desto a far qualcosa nuova.

Al servitor comandamento spresso
Che non ti oda parlar, nè dieti nulla;
E la porta apra un picciol picciol fesso.

Or quest'è dove un bel cervel trastulla:
Nè carta, penna, inchiostro, ferro o fuoco,
E pien di bei pensier fin dalla culla.

La gran pietà (chè se n'è detto poco!)
Ma per ognuna immaginane cento,
Che a tutte ho riservato parte e loco.

Or, per tornar al nostro primo entento,
E dir lode, che merta la prigione,
Non basteria del Ciel chiunche v'è drento.

Qua non si mette mai buone persone,
Se non vien da ministri, o mal governo,
Invidie, isdegno, o per qualche quistione.

Per dir il ver di quel ch'io ne discerno,
Qua si cognosce e sempre Iddio si chiama,
Sentendo ognor le pene dello Inferno.

Sie triste un quant'e' può al mondo in fama,
E stie 'n prigione in circa a dua mal'anni,
E, n'esce santo e savio, ed ognun l'ama.

Qua s'affinisce l'alma e l' corpo, e' panni;
Ed ogni omaccio grosso si assottiglia;
E vedesi del Ciel fino agli scanni.

Ti vo' contar una gran maraviglia:
Venendomi di scrivere un capriccio,
Che cose in un bisogno un uomo piglia:

Vo per la stanza, e' cigli e 'l capo arriccio;
Poi mi dirizzo a un taglio della porta,
E co' denti un pezzuol di legno spiccio:

E presi un pezzo di matton per sorta,
E rotto in polver ne ridussi un poco;
Poi ne feci un savor coll'acqua morta.

Allora allor della Poesia il fuoco
M'entrò nel corpo, e credo per la via
Ond'esce il pan; chè non v'era altro loco.

Per tornare a mia prima fantasia,
Convien, chi vuol saper che cosa è 'l bene,
Prima che sappia il mal, che Dio gli dia.

D' ogn' arte la prigion sa fare e tiene;
Se tu volessi ben dello speziale,
Ti fa sudare il sangue per le vene.

Poi l'ha in sè un certo naturale,
Ti fa loquente, animoso e audace,
Carco di bei pensieri in bene e in male.

Buon per colui che lungo tempo iace
'n una scura prigion, e po' alfin n'esca:
Sa ragionar di guerra, triegua e pace.

Gli è forza che ogni cosa gli riesca;
Chè quella fa l'uom sì di virtù pieno,
Che 'l cervel non gli fa poi la moresca.

Tu mi protesti dir: Quelli anni hai meno:
E' non è 'l ver, chè la t'insegna un modo
Ch' empier te ne puo' poi 'l petto e seno.

In quanto a me, per quanto io so la lodo;
Ma vorrei ben ch' e' s'usassi una legge:
Chi più la merta non andassi in frodo.

Ogni uom ch'è dato in cura al pover gregge,
Addottorar vorries' in la prigione,
Perchè sapria ben poi come si regge:

Faria le cose come le persone
E non s'usciria mai del seminato,
Nè si vedria sì gran confusïone.

In questo tempo ch'io ci sono stato,
Io ci ho veduti frati, preti e gente,
E starci men, chi più l'ha meritato.

Se tu sapessi il gran duol che si sente,
Se innanzi a te se ne va un di loro!
Quasichè d'esser nato l'uom si pente.

Non vo' dir più: son diventato d'oro,
Qual non si spende così facilmente,
Nè se ne faria troppo buon lavoro.

E' m'è venuto un' altra cosa a mente.
Ch'io non t'ho detto, Luca: ov'io lo scrissi,
Fu in su 'n un libro d'un nostro parente.

Che in sulle margin per lo lungo missi
Questo gran duol, che m'ha le membra istorte,
E che il savor, non correva, ti dissi;

Che a far un O bisognava tre volte
n'tigner lo stecco; che altro duol non stimo
Sia nello Inferno fra l'anime avvolte.

Or poi che a torto qui non sono 'l primo,
Di questo taccio; e torno alla prigione,
Dove il cervello e 'l cuor pel duol mi limo.

Io più la lodo che l'altre persone;
E volendo far dotto un che non sa,
Sanza essa non si può far cose buone.

Oh fusse, comme io lessi poco fa,
Un che dicessi, come alla Piscina:
Piglia i tuoi panni, Benvenuto, e va!

Canteria 'l Credo e la Salveregina,
Il Pater nostro, e poi daria la mancia
A ciechi, pover, zoppi ogni mattina.

Oh quante volte m'han fatto la guancia
Pallida e smorta questi gigli, a tale
Ch'io non vo' più nè Firenze nè Francia!

E se m'avvien ch'io vada allo spedale,
E dipinto vi sia la Nunzïata,
Fuggirò, ch'io parrò uno animale.

Non dico già per lei degna e sagrata,
Nè de' suoi gigli gloriosi e santi,
Che hanno il cielo e la terra inluminata:

Ma, perchè ognor ne veggo su pe' canti
Di quei che hanno le lor foglie a uncini,
Arò paur che non sien di quei tanti.

Oh quanti come me vanno tapini,
Qual nati, qual serviti a questa impresa,
Spirti chiari, leggiadri, alti e divini!

Viddi cader la mortifer impresa
Dal Ciel veloce, fra la gente vana,
Poi nella pietra nuova lampa accesa;

Del Castel prima romper la campagna,
Che io n'uscissi; e me l'aveva detto
Colui che in Cielo e in terra il vero spiana:

Di bruno, appresso a questo, un cataletto
Di gigli rotti ornato; pianti e croce,
E molti afflitti per dolor nel letto.

Viddi colei che l'alme affligge e cuoce,
Che spaventava or questo, or quel: poi disse:
Portar ne vo' nel sen chiunche a te nuoce.

Quel degno poi nella mia fronte scrisse
Col calamo di Pietro a me parole,
E ch' io tacessi ben tre volte disse.

Vidi colui che caccia e affrena il sole,
Vestito d'esso in mezzo alla sua corte,
Qual occhio mortal mai veder non suole:

Cantava un passer solitario forte
Sopra la rocca; ond'io, per certo, dissi,
Quel mi predice vita, e a voi morte.

E le mie gran ragion cantai e scrissi,
Chiedendo solo a Dio perdon, soccorso,
Chè sentia spegner gli occhi a morte fissi.

Non fu mai lupo, leon, tigre, e orso
Più setoso di quel, del sangue umano;
Nè vipra mai più venenoso morso:

Quest'era un crudel ladro capitano,
'l maggior ribaldo, con certi altri tristi;
Ma perchè ognun nol sappia il dirò piano.

Se avete birri affamati mai visti,
Ch'entrino a pegnorar un poveretto,
Gittar per terra Nostre Donne e Cristi;

Il dì d'agosto vennon per dispetto
A tramutarmi una più trista tomba:
Novembre, ciascun sperso e maladetto.

Ave' agli orecchi una tal vera tromba,
Che 'l tutto mi diceva, ed io a loro,
Sanza pensar, perchè 'l dolor si sgombra.

E quando privi di speranza foro,
Mi detton per uccidermi un diamante
Pesto, a mangiare, e non legato in oro.

Chiesi credenza a quel villan furfante,
Che 'l cibo mi portava; e da me dissi:
Non fu quel già 'l nimico mio Durante.

Ma prima i mie' pensieri a Dio remissi,
Pregandol, perdonassi 'l mio peccato;
E miserere lacrimando dissi.

Dal gran dolore alquanto un po' quietato,
Rendendo volentieri a Dio quest'alma,
Contento a miglior regno e d'altro stato,

Scender dal Ciel con glorïosa palma
Un Angel vidi; e poi con lieto volto
Promisse al viver mio più lunga salma,

Dicendo a me: per Dio, prima fie tolto
Ogni avversario tuo con aspra guerra,
Restando tu filice, lieto e sciolto,

In grazia a quel ch'è Padre in Cielo e in Terra.

SIEBENUNDZWANZIGSTES KAPITEL
1539 – 1540

*Benvenuto besucht nach seiner Befreiung den Ascanio zu Tagliacozzo.
Er kehrt nach Rom zurück und beendet einen schönen Becher
für den Kardinal von Ferrara. Modell zu einem Salzfaß mit Figuren.
Er verbindet sich zu den Diensten des Königs
von Frankreich, Franz I., und reist mit dem Kardinal von Ferrara
nach Paris. Böses Abenteuer mit dem Postmeister von Siena.
Benvenuto kommt nach Florenz, wo er vier Tage bei seiner Schwester bleibt.
Er kommt nach Ferrara, wo ihn der Herzog sehr wohl aufnimmt
und sein Profil von ihm bossieren läßt. Das Klima
ist ihm schädlich, und er wird krank. Er speist junge Pfauen
und stellt dadurch seine Gesundheit wieder her.*

So LEBTE ich nun im Palast des Kardinals von Ferrara, von jedermann gern gesehen und von noch viel mehr Leuten besucht als früher; denn alle verwunderten sich, daß ich so unermeßliches Unglück überstanden hatte und lebend daraus hervorgegangen war. Indessen ich nun wieder ein wenig zu Atem zu kommen und mich auf meine Kunst zu besinnen bemüht war, machte es mir das größte Vergnügen, mein Gedicht über das Gefängnis auszuarbeiten. Um besser wieder zu Kräften zu kommen, faßte ich eines Tages den Entschluß, einmal wieder frische Luft zu schöpfen, und so machte ich mich mit Urlaub meines guten Kardinals und mit seinem Pferde in Gesellschaft zweier junger Römer auf den Weg. Der eine von diesen war ein Geselle meiner Zunft, der andere war sein Freund, gehörte aber nicht unserm Handwerk an, sondern wollte mir nur Gesellschaft leisten. Ich ritt nach Tagliacozzo, wo ich meinen Lehrling Ascanio zu besuchen gedachte; ich fand ihn auch dort mit seinem Vater und seiner Stiefmutter, seinen Brüdern und Schwestern. Ich wurde von ihnen zwei Tage lang auf unbeschreibliche Weise bewirtet; hierauf reiste ich nach Rom zurück und nahm Ascanio mit mir. Unterwegs begannen wir von der Kunst zu sprechen, und dadurch erwachte in mir eine brennende Begierde, schnell nach Rom zu kommen, um wieder an meine Arbeit zu gehen[1]. Sofort nach meiner Ankunft machte ich mich denn auch an die Arbeit und nahm wieder ein silbernes Becken vor, das ich vor meiner Einkerkerung für den Kardinal begonnen hatte; hieran ließ ich meinen Gesellen Pagolo arbeiten. Zusammen mit diesem Becken hatte ich auch ein sehr schönes Becherchen begonnen; dieses war mir jedoch mit vielen anderen Sachen von großem Werte gestohlen worden. Ich begann aber auch wieder an diesem Becher zu arbeiten, der mit runden und mit halb erhabenen Figuren geschmückt war; in gleicher Weise hatte ich auf dem Becken runde Figuren und Fische von halberhabener Arbeit dargestellt. Ein jeder, der diese Sachen sah, war verwundert über die Kraft des Entwurfes und der Erfindung, nicht minder auch über die Sauberkeit, womit die jungen Leute an diesen Werken schufen.

Der Kardinal kam jeden Tag wenigstens zweimal mit den Herren Luigi Alamanni und Gabriele Cesano[2] zu mir und wir verbrachten jedesmal einige fröhliche Stunden. Obgleich ich viel zu tun hatte, überhäufte er mich mit neuen Arbeiten. Er übertrug mir die Anfertigung seines bischöflichen Siegels, das die Größe der Hand eines zwölfjährigen Knaben hatte. Es waren darauf zwei Geschichten eingegraben: auf der einen Seite, wie Sankt Johannes in der Wüste predigt, auf der anderen, wie Sankt Ambrosius die Arianer verjagt; er war zu Pferde dargestellt und trug eine Geißel in der Hand, und er war so kühn und gut gezeichnet und so sauber ausgeführt, daß jedermann sagte, ich hätte den großen Lautizio[3] übertroffen, der ausschließlich Arbeiten dieser Art machte. Der Kardinal aber verglich voll Stolz sein Siegel mit den anderen Siegeln der römischen Kardinäle, die fast alle jener Lautizio gemacht hatte.

Außer diesen Arbeiten bestellte der Kardinal bei mir auch noch ein Modell zu einem Salzfaß, das sich nach seinem Wunsche von der gewöhnlichen Art entfernen sollte. Herr Luigi Alamanni machte über dieses Salzfaß viele trefflliche Bemerkungen und auch Herr Gabriello Cesano sagte sehr schöne Sachen

---

1 Cellini arbeitete im Palazzo des Kardinals Gonzaga, wo damals auch Kardinal Ippolito von Este wohnte. Die Ausgabenbücher des Kardinals sind erhalten. Dort ist nachzulesen, daß die Werkstatt für B. im Januar 1540 eingerichtet wurde. Aus dem Buch geht ferner hervor, daß B. für seinen Beschützer (außer vielen Kleinigkeiten) vier silberne Leuchter und einen Kelch anfertigte; am 6. Februar verkaufte er an ihn für 20 Goldgulden eine Bronzebüste des Kaisers Vitellius. Auch die Gehilfen, Pagolo aus Rom und Ascanio aus Tagliacozzo, sind erwähnt; Pagolo erhielt monatlich 4, Ascanio 3 Goldgulden; außerdem erhielt jeder als Geschenk Wams und Mantel im Werte von 24 Goldgulden.
2 Gabriello Maria de Cesano, Jurist, gelehrter Humanist und Kenner der Literatur. Zur Belohnung für seine vielfachen Dienste, besonders auf diplomatischem Gebiet, und auf die Bitten der französischen Königin Katharina von Medici machte Paul der Vierte ihn 1556 zum Bischof von Saluzzo. Er starb, 78 Jahre alt, 1568.
3 Im fünften Kapitel erwähnt.

darüber. Der Kardinal hörte ihm sehr gnädig zu und war außerordentlich zufrieden mit den Zeichnungen, die diese beiden großen Künstler mit Worten gemacht hatten; dann aber wandte er sich zu mir und sagte: »Mein Benvenuto, der Entwurf des Herrn Luigi und der des Herrn Gabriello gefallen mir so sehr, daß ich nicht weiß, für welchen von den beiden ich mich entscheiden soll; darum überlasse ich es dir, der du ja die Arbeit auszuführen hast.«

Da sprach ich: »Ihr Herren, ihr wisset, von welcher großen Bedeutung die Söhne von Königen und Kaisern sind und in welchem wunderbaren göttlichen Glanze sie strahlen. Trotzdem aber, wenn ihr einen armen geringen Schäfer fragt, wen er mehr und inniger liebe, diese Königskinder oder seine eigenen, so wird er gewiß sagen, er liebe seine eigenen Kinder mehr. So habe auch ich eine innige Liebe zu meinen Kindern, die ich in meiner Kunst erzeuge. Darum, mein ehrwürdigster Herr und Gebieter, will ich Euch zuerst ein Werk von meiner eigenen Erfindung zeigen; denn manche Dinge sind schön zu sagen, die nachher, wenn man sie ausführt, nicht eben gut geraten.« Sodann wandte ich mich zu den beiden trefflichen Männern und sagte: »Ihr habt gesprochen und ich will schaffen.«

Da lachte Herr Luigi Alamanni und sagte mit größter Freundlichkeit viele treffliche Worte zu meinem Lobe. Dies schickte sich auch recht wohl für ihn, denn er war schön anzusehen, wohl gebaut von Körper und hatte einen lieblichen Klang der Stimme. Herr Gabriello Cesano aber war ganz das Gegenteil: häßlich und unangenehm, und so wie er aussah, sprach er auch.

Herr Luigi hatte in Worten ausgemalt, ich sollte eine Venus mit Cupido darstellen mit vielen galanten Zutaten, die trefflich dazu paßten. Herr Gabriello hatte vorgeschlagen, ich solle eine Amphitrite, die Gemahlin des Neptun, darstellen mit Tritonen und vielen anderen Dingen, die sich sehr schön sagen, aber sehr schlecht machen ließen. Ich machte einen eirunden Untersatz, mehr als eine halbe Elle breit und zweidrittel Ellen lang; hierauf stellte ich dar, wie das Meer seine Arme in die Erde hineinstreckt: ich schuf zwei Figuren von guter Spannenlänge, die mit verschränkten Beinen dasaßen, so wie das Meer lange Buchten in das Land hineinschickt. Das Meer war als Mann gebildet und ich hatte ihm in die Hand ein sehr reich gearbeitetes Schiff gegeben, das bequem eine große Menge Salz fassen konnte; darunter hatte ich vier Seepferde angebracht und in die Rechte hatte ich dem Meeresgott seinen Dreizack gegeben. Die Erde hatte ich als Weib dargestellt, so schön und anmutig, wie ich nur wußte; neben sie hatte ich einen reich verzierten Tempel auf den Boden gestellt, um den Pfeffer aufzunehmen. Auf diesen Tempel stützte sie sich mit der einen Hand und in der andern hielt sie ein Füllhorn, das ich mit allen Schönheiten geschmückt hatte, die ich ersinnen konnte. Auf der Seite der Erde hatte ich unterhalb der Göttin die schönsten Tiere dargestellt, die die Erde hervorbringt; auf der Seite des Meeres aber hatte ich die schönsten Arten von Fischen und Muscheln abgebildet, soviel es nur der beschränkte Raum zuließ. Den ganzen übrigen Teil des Untersatzes bedeckte ich mit den reichsten Zieraten.

Als nun nach einer Weile der Kardinal mit den beiden gelehrten Männern zu mir kam, holte ich das Wachsmodell hervor, bei dessen Anblick Gabriello Cesano mit großem Lärm sofort ausrief: »Dies ist ein Werk, zu dessen Vollendung das Leben von zehn Männern nicht ausreicht! Ihr, ehrwürdigster Herr, möchtet es doch noch sehen; aber bei Lebzeiten werdet Ihr es gewiß nicht bekommen. Benvenuto hat Euch Kinder seiner Kunst zeigen wollen, aber er will sie Euch nicht geben; wir gaben Dinge an, die man machen kann, er aber zeigt Entwürfe, die man nicht ausführen kann.«

Herr Luigi Alamanni stellte sich auf meine Seite; der Kardinal aber sagte, auf ein so großes Unternehmen wolle er sich nicht einlassen. Da wandte ich mich zu ihm und sagte: »Hochehrwürdigster gnädigster Herr und Ihr, meine trefflichen Meister, ich sage Euch: dieses Werk hoffe ich zuversichtlich für den zu vollenden, der es bestellen wird; ihr alle werdet es vollendet sehen und es soll noch hundertmal reicher sein als dieses Modell; ja, ich hoffe, es wird uns noch reichlich Zeit übrigbleiben, viel größere Werke auszuführen als dieses.«

Der Kardinal sagte etwas empfindlich: »Wenn du es nicht für den König machst, zu dem ich dich führe, so glaube ich nicht, daß du es für einen anderen vollenden kannst.« Zugleich zeigte er mir einen Brief und las mir die Stelle vor, worin der König schrieb: er solle bald zurückkehren und Benvenuto mitbringen. Da hob ich die Hände zum Himmel empor und rief: »Oh, wann wird doch dieses *Bald* kommen?«

Der Kardinal erwiderte, ich solle binnen zehn Tagen meine römischen Angelegenheiten in Ordnung bringen.

Als nun die Zeit der Abreise herangekommen war, schenkte er mir ein schönes und gutes Pferd, das er Tornon nannte, weil der Kardinal Tornon[4] es ihm geschenkt hatte. Auch meine Schüler Pagolo und Ascanio wurden mit Reisepferden versehen. Der Kardinal teilte sein zahlreiches Gefolge: den einen, edleren Teil, nahm er mit sich und reiste durch die Romagna, um die Mutter Gottes von Loreto zu besuchen und dann nach Ferrara in sein Haus zu gehen; den anderen Teil schickte er über Florenz. Dies war der größere Teil mit der Auslese seiner Berittenen. Zu mir sagte er: wenn ich sicher reisen wollte,

---

4 François de Tournon, französischer Staatsminister. Er war unermeßlich reich und berühmt wegen seiner Freigebigkeit.

möchte ich mich ihm anschließen, denn wenn ich das nicht täte, geschähe es auf Kosten meines Lebens. Ich versprach Seiner Gnaden, mit ihm zu reisen; da aber unser Schicksal vom Himmel abhängt, so gefiel es Gott, daß mir meine leibliche Schwester einfiel, die um meines Leidens willen selber manchen Verdruß gehabt hatte. Auch erinnerte ich mich meiner Basen, die in einem Nonnenkloster zu Viterbo lebten; die eine war Äbtissin, die andere Schaffnerin, so daß sie das reiche Kloster gemeinsam beherrschten; auch sie hatten große Leiden um meinetwillen ausgestanden und hatten so eifrig für mich gebetet, daß ich fest überzeugt war, durch die Gebete dieser guten Jüngferlein die Gnade Gottes und mein Heil erlangt zu haben. Aus allen diesen Gründen beschloß ich, über Florenz zu reisen; obwohl ich auf Kosten des Kardinals oder auch mit seinem Gefolge die Reise ebenfalls hätte umsonst machen können, so beschloß ich doch, allein zu reisen; mich begleitete ein ausgezeichneter Uhrmacher, Meister Cherubino, ein sehr guter Freund von mir. Wir trafen uns zufällig und machten mit großem Vergnügen die Reise zusammen. Ich war nämlich am Montag der heiligen Woche mit nur zwei Begleitern von Rom abgeritten, weil ich überall gesagt hatte, ich würde mit dem Kardinal reisen und deshalb glaubte, es würde keiner meiner Feinde daran denken, mir aufzulauern. In Monterosi traf ich den genannten Freund. Dort wäre es mir nun beinahe übel ergangen, denn es war ein Haufen wohlbewaffneter Männer vor uns her geschickt worden, um Händel mit mir anzufangen. Als wir bei Tische saßen, schickten diese Leute sich an mich anzugreifen, weil ihnen gemeldet worden war, daß ich nicht mit dem Troß des Kardinals reiste. Gott aber fügte es, daß gerade in diesem Augenblick die Leute des Kardinals ankamen; mit ihnen reiste ich in aller Sicherheit bis Viterbo. Von da an fürchtete ich keine Gefahr mehr und ritt deshalb immer einige Meilen ihnen voraus; übrigens behandelten die besseren Leute vom Kardinal mich mit großer Achtung. So kam ich mit Gottes Hilfe heil und gesund nach Viterbo, wo meine Basen und das ganze Kloster mich mit vielen Freundlichkeiten empfingen. Von Viterbo reiste ich nun mit den Leuten des Kardinals weiter, indem ich ihnen bald voraus war, bald hinter ihnen her ritt. Am grünen Donnerstag kamen wir um zweiundzwanzig Uhr auf der letzten Poststelle vor Siena an. Nun waren dort einige Postpferde, die nach Siena zurückgebracht werden sollten, und die Postknechte warteten auf Reisende, die für eine Kleinigkeit auf diesen Pferden nach der Stadt zurückzureiten Lust hätten. Als ich dies erfuhr, stieg ich von meinem Tornon ab, legte mein Sattelkissen und meine Steigbügel auf eine von diesen Stuten und gab einem dieser Postknechte einen Giulio. Nachdem ich mein eigenes Pferd meinen jungen Leuten übergeben hatte, um es mir nachzuführen, machte ich mich sofort auf den Weg, um eine halbe Stunde früher in Siena anzukommen, weil ich dort einen Freund besuchen wollte, und außerdem einige Geschäfte zu erledigen hatte. Ich kam auch schnell genug an, doch hatte ich die Stute keineswegs abgehetzt. In Siena nahm ich in der Herberge ein gutes Quartier und bestellte Unterkunft und Verpflegung für fünf Leute; das Pferd schickte ich durch den Knecht des Gasthofes nach dem Posthause, das vor dem Tore Camollia lag; ich hatte aber vergessen meine Steigbügel und mein Sattelkissen von der Stute herunterzunehmen. Wir brachten den Abend des grünen Donnerstags sehr fröhlich zu; am Morgen des Karfreitags aber fielen mir meine Steigbügel und mein Sattelkissen wieder ein. Ich schickte danach, aber der Postmeister sagte, er gäbe sie nicht heraus, denn ich hätte sein Pferd zuschanden geritten. Es wurde noch mehrere Male hin- und hergeschickt und der Mann sagte immerzu mit unerträglich frechen Worten, er gebe meine Sachen nicht heraus. Mein Wirt aber sagte zu mir: »Seid froh, wenn er Euch nichts anderes antut, als daß er das Kissen und die Steigbügel zurückbehält; denn er ist der gewalttätigste Mensch der ganzen Stadt und hat außerdem zwei Söhne; die sind sehr tapfere Soldaten und ebenso gewalttätig wie er. Darum rate ich Euch: kauft Euch, was Ihr braucht, reitet weiter und sagt kein Wort.«

Ich kaufte ein Paar neue Steigbügel; doch hoffte ich mit einigen freundlichen Worten mein gutes Kissen herausbekommen zu können; und da ich sehr gut beritten und mit Panzerhemd und Armschienen ausgerüstet war, auch eine ausgezeichnete Büchse vor mir auf dem Sattel hatte, so machte die angebliche große Gewalttätigkeit des verrückten Kerls mir keine große Angst, zumal da ich meine jungen Leute daran gewöhnt hatte, Panzerhemd und Armschienen zu tragen.

Besonders setzte ich großes Vertrauen auf meinen jungen Römer, der während unseres Aufenthaltes in Rom fast niemals aus der Rüstung herausgekommen war, so jung er auch war. Außerdem war es Karfreitag, und da dachte ich, auch die Verrücktheit der verrückten Kerle könnte wohl einmal Feiertag machen.

Vor dem Tore Camollia erkannte ich sofort den Postmeister an den Zeichen, die man mir angegeben hatte; er war nämlich auf dem linken Auge blind. Ich ritt auf ihn zu, indem ich meine jungen Leute und alle meine Begleiter zurückließ und sagte freundlich zu ihm: »Postmeister, wenn ich Euch versichere, daß ich Euer Pferd nicht zuschanden geritten habe, warum wollt Ihr mir denn nicht mein Kissen und meine Steigbügel herausgeben?«

Als er mir nun hierauf wirklich so grob und wild antwortete, wie man es mir vorausgesagt hatte, entgegnete ich ihm: »Was? Seid Ihr nicht ein Christ? Wollt Ihr Euch und mir den heiligen Feiertag auf so ärgerliche Weise verderben?«

Er sagte, ihm sei es ganz einerlei, ob Gottes oder des Teufels Feiertag sei, und

Papa e figlio e spirito

wenn ich nicht machte, daß ich fortkäme, würde er mich mit seinem langen Spieß trotz meinem Schießgewehr vom Pferde stechen.

In dem Augenblick, da ich diese Worte sagte, trat ein alter senesischer Edelmann in seinen Sonntagskleidern herzu; er hatte eben seine Andacht verrichtet, wie man dies an jenem Feiertage zu tun pflegt, und da er nun von ferne alle meine Reden mitangehört hatte, so kam er eifrig herbei, ergriff meine Partei und schalt den Postmeister; auch dessen beiden Söhnen sagte er, sie täten nicht ihre Schuldigkeit gegen die durchreisenden Fremden und brächten durch ihr gotteslästerliches Fluchen die Stadt Siena in Verruf. Die beiden jungen Söhne sagten nichts, schüttelten den Kopf und gingen ins Haus hinein. Der wütende Vater aber ergrimmte über die Worte des ehrenwerten Edelmannes noch mehr, fällte unter ungeheuerlichen Flüchen seinen Spieß und schwor, er wolle mich ganz gewiß totschlagen. Als ich seinen grimmigen Entschluß sah, senkte ich die Mündung meiner Büchse ein wenig, um ihn zurückzuhalten. Trotzdem aber drang er wütend auf mich ein. Obwohl ich nun das Recht gehabt hätte, mein Leben zu verteidigen, hatte ich die Büchse noch nicht auf ihn gerichtet, sondern hielt noch immer die Mündung hoch. Plötzlich aber ging der Schuß von selber los; die Kugel fuhr gegen den Torbogen, prallte zurück und traf den Mann in die Gurgel, daß er tot zu Boden fiel. Schnell liefen nun die beiden Söhne herzu; der eine ergriff eine Partisane, der andere den großen Spieß seines Vaters. Hiermit warfen sie sich auf meine jungen Leute, und der Sohn mit dem Spieß traf zuerst meinen Pagolo oberhalb der linken Brustwarze; der andere rannte einen Mailänder an, der sich unserer Gesellschaft angeschlossen hatte und ein rechtes Narrengesicht hatte. Er hätte dem Handel ausweichen können, wenn er einfach gesagt hätte, daß er nicht zu mir gehörte; dies tat er aber nicht, sondern wehrte vielmehr die Stöße der Partisane mit einem Stöckchen ab, das er in der Hand hielt; mit diesem konnte er freilich nicht gut parieren und so erhielt er einen kleinen Stoß an seinem Munde. Meister Cherubino trug Priesterkleider; denn obwohl er nur, wie gesagt, ein trefflicher Uhrmacher war, hatte er vom Papst gute Pfründen mit reichlichen Einkünften erhalten. Ascanio war sehr gut bewaffnet und dachte daher nicht daran, die Flucht zu ergreifen, wie der Mailänder es getan hatte. So blieben denn diese beiden unbehelligt. Ich hatte unterdessen meinem Pferde die Sporen gegeben und in vollem Galopp meine Büchse geladen; sofort kehrte ich wieder um, denn nun gedachte ich Ernst zu machen, während ich bisher die Sache als Spaß betrachtet hatte. Ich glaubte, meine jungen Leute wären totgeschlagen, und ritt darum zurück mit dem festen Entschluß, sie zu rächen, und wenn ich selber sterben sollte. Ich war jedoch erst eine kurze Strecke geritten, da kamen sie mir entgegen. Ich fragte sie, ob sie Schaden genommen hätten, und Ascanio antwortete mir, Pagolo sei von einem Hellebardenstoß tödlich getroffen. Da rief ich: »Oh Pagolo, lieber Junge, ist denn der Speer durch das Panzerhemd gedrungen?«

»Oh nein!« antwortete er; »das Panzerhemd hatte ich heute morgen in den Mantelsack gesteckt.«

»Ach so! Man trägt also in Rom das Panzerhemd, um sich vor den schönen Damen zu zeigen, und am gefährlichen Ort, wo mans nötig hätte, da hat mans im Mantelsack! Es geschieht dir ganz recht, daß du verwundet bist; aber um deinetwillen gehe nun auch ich in den Tod.«

Kaum hatte ich dies gesagt, so sprengte ich davon. Ascanio aber und Pagolo ritten mir nach und baten mich, ich möchte doch um Gottes willen mein und ihr Leben retten, denn ich ginge ganz gewiß in den sicheren Tod. Unterdessen traf ich auch den Meister Cherubino mit dem verwundeten Mailänder. Cherubino schalt mich wegen meiner Wut aus: niemandem sei etwas zuleide geschehen, und Pagolos Wunde sei nur oberflächlich; der alte Postmeister liege tot auf der Erde; die Söhne und andere Leute, die sie herbeigerufen, seien jetzt bewaffnet und würden uns ganz gewiß in Stücke hauen. Das erstemal seien wir glücklich davongekommen, aber das zweitemal werde uns das Glück wohl nicht so hold sein.

Ich antwortete ihm: »Wenn es Euch recht ist, so soll es auch mir recht sein. Pagolo und Ascanio, gebt euren Pferden die Sporen, wir wollen ohne anzuhalten nach Staggia galoppieren; dort sind wir in Sicherheit.«

Der verwundete Mailänder sagte: »Hole die Pest die Sünden; dies Unheil ist mir nur deshalb widerfahren, weil ich gestern die Sünde beging, ein bißchen Fleischbrühe zu essen; anderes war nämlich nicht da.«

Trotz unserer großen Sorge mußten wir doch ein bißchen über den dummen Kerl und sein törichtes Geplapper lachen. Wir gaben unseren Pferden die Sporen und ließen Herrn Cherubino und den Mailänder nach ihrer Gemächlichkeit nachreiten.

Unterdessen liefen die Söhne des Erschossenen zum Herzog von Amalfi[5] und baten ihn, er möchte ihnen einige Reiter mitgeben, um uns zu verfolgen und festzunehmen. Der Herzog aber wußte, daß wir zu den Leuten des Kardinals Ferrara gehörten, und verweigerte ihnen daher Pferde sowohl wie die Erlaubnis, uns zu verfolgen. Unterdessen kamen wir in Staggia an, wo wir in Sicherheit waren. Wir gingen zu dem besten Arzt, der am Orte zu haben war. Er untersuchte meinen Pagolo und stellte fest, daß die Wunde nur eben durch die

---

[5] Mit dem Herzogtum Amalfi hatte Kaiser Karl Alfonso Piccolomini belehnt, den zeitgenössische Gerichtsschreiber »gleichsam den Schatten seiner Majestät« nennen. Er war Statthalter (dem Namen nach Befehlshaber der »verbündeten« kaiserlichen Truppen) in dem nur noch zum Schein freien Siena, seiner Vaterstadt, erlaubte sich aber so viele Ungerechtigkeiten, daß er 1541 abberufen wurde.

Haut ging und daß der Stoß weiter keinen Schaden angerichtet hatte. So bestellten wir denn ein Mittagessen. In der Zwischenzeit traf auch Meister Cherubino mit dem närrischen Mailänder ein, der beständig seine Sünden zum Henker wünschte und fortwährend sagte, er wäre exkommuniziert, weil er an diesem verflixten Morgen nicht ein einziges Paternoster hätte beten können. Er war von Natur häßlich und hatte einen ungeheuer großen Mund, der durch die Wunde noch um drei Finger größer geworden war; und wie er nun in seiner komischen Sprache so töricht redete, mußten wir über seine Worte so sehr lachen, daß wir all unser Leid vergaßen. Der Arzt wollte ihm das Loch am Munde zunähen; als er aber drei Stiche gemacht hatte, sagte jener: er solle doch einen Augenblick aufhören, denn er möchte nicht, daß er ihm zum Schabernack den ganzen Mund zunähe. Zugleich nahm er einen Löffel und sagte: es müsse so viel offen bleiben, daß der Löffel hinein könnte, denn er wollte gesund und lebendig zu seinen Leuten kommen. Dies sagte er mit solchen Grimassen, daß wir unser böses Geschick vergaßen und gar nicht wieder aufhörten zu lachen. Unter fortwährendem Gelächter kamen wir in Florenz an.

Wir stiegen vor dem Hause meiner guten Schwester ab und wurden von ihr und meinem Schwager auf das allerfreundlichste aufgenommen. Meister Cherubino und der Mailänder gingen ihren Geschäften nach. Wir blieben vier Tage lang in Florenz; während dieser Zeit wurde Pagolo geheilt. Es war aber ganz merkwürdig: wir mußten fortwährend von dem dummen Mailänder sprechen und ebenso herzlich über ihn lachen wie die Unfälle, die wir gehabt hatten, uns traurig machten, so daß wir alle Augenblicke lachten und zugleich weinten.

Nachdem Pagolo von seinen leichten Wunden geheilt war, ritten wir nach Ferrara weiter, und dort warteten wir auf unseren Kardinal, der noch nicht angekommen war; er hatte aber alle unsere Abenteuer gehört und schalt mich, als er mich sah, mit den Worten: »Ich bitte nur Gott um die Gnade, daß ich dich lebendig zu dem König bringen möge, wie ich es ihm versprochen habe.«

Der Kardinal wies mir in Ferrara einen sehr schönen Palazzo, Belfiore genannt, zur Wohnung an. Er lag nahe an der Stadtmauer. Er übergab mir Arbeiten, die ich dort fertig machen sollte; hierauf traf er Anstalten, ohne mich nach Frankreich zu reisen. Als er nun sah, daß ich hierüber sehr verdrießlich war, sagte er zu mir: »Benvenuto, alles was ich tue, geschieht zu deinem Besten. Bevor du aus Italien fortgehst, sollst du genau erfahren, was du in Frankreich zu tun bekommen wirst. Unterdessen arbeite nur recht fleißig an meinem Becken und an meinem Pokal; ich werde meinem Schaffner Auftrag erteilen, daß er dir geben soll, was du brauchst[6].«

---

6 Wie aus den erhaltenen Rechnungsbüchern hervorgeht, ist dies geschehen.

So reiste er denn ab; ich aber blieb sehr mißvergnügt zurück und hatte oftmals Lust, in Gottes Namen davon zu gehen; nur der Gedanke hielt mich zurück, daß er mich aus der Gewalt des Papstes Paul befreit hatte; denn im übrigen bereitete der Aufenthalt in Ferrara mir nur Verdruß und Schaden. Darum hüllte ich mich nur in jene Dankbarkeit, die ich für die empfangene Wohltat schuldete, und entschloß mich, Geduld zu haben und zu warten, wie es ausgehen würde. So ging ich denn mit meinen beiden Gesellen an die Arbeit und brachte den Pokal und das Becken der Vollendung nahe.

Nun lag aber unsere Wohnung in ungesunder Luft, und als es gegen den Sommer ging, wurden wir alle unpäßlich. Trotzdem blieben wir in dem Hause, weil ein sehr großer Garten dabei war; denn es war fast eine Geviertmeile Landes mit Bäumen bestanden, wo sich viele Pfauen aufhielten, die dort wie wilde Vögel im Freien nisteten. Da machte ich denn nun meinen Stutzen zurecht und lud ihn mit einem Pulver, das keinen Knall gab. Dann ging ich auf die Pirsch nach jungen Pfauen und schoß jeden zweiten Tag einen, der uns reichliche Nahrung ab. Diese Speise übte so treffliche Wirkung, daß unsere ganze Krankheit sich verlor. So arbeiteten wir mehrere Monate mit großer Lust an dem Pokal und dem Becher; denn dies waren Werke, die viel Zeit erforderten.

Zu jener Zeit hatte der Herzog von Ferrara mit dem römischen Papste Paul einige alte Streithändel um Modena und andere Städte beigelegt. Da das Recht auf seiten der Kirche war, kaufte der Herzog vom Papste den Frieden um Gold. Er mußte eine schwere Summe bezahlen, ich glaube, es waren mehr als dreihunderttausend Kammerdukaten[7]. Der Herzog hatte damals einen alten Schatzmeister, den er von seinem Vater, dem Herzog Alfonso, überkommen hatte; er hieß Herr Girolamo Gigliolo. Dieser alte Mann konnte das Unglück nicht ertragen, daß so viel Geld zum Papst gehen sollte; er lief durch alle Straßen und schrie: Der Vater, Herzog Alfonso, hätte mit jenem Gelde lieber Rom eingenommen als daß er es dem Papst geschenkt hätte; es sei nicht in der Ordnung und er werde das Geld durchaus nicht auszahlen. Schließlich mußte ihn der Herzog zwingen, die Dukaten dennoch auszuzahlen; davon bekam der arme Mann einen so schlimmen Durchfall, daß er dem Tode nahe war.

Während seiner Krankheit ließ mich der Herzog rufen und befahl mir, sein Bildnis zu machen; ich tat dies und arbeitete den Kopf auf einem runden schwarzen Stein von der Größe eines Eßtellers. Dem Herzog gefiel meine Arbeit wie auch meine Unterhaltung; deshalb saß er mir öfters mindestens vier

---

[7] Herzog Ercole der Zweite bezahlte 180 000 Dukaten in Gold. Der Vertrag wurde 1539 von seinem Bruder, Francesco von Este, in Rom abgeschlossen. Die Estes erhielten Modena zurück, das ihnen vom Papst Julius dem Zweiten entrissen worden war, und wurden im Besitz von Reggio bestätigt, das sie selber schon 1527 mit Hilfe Karls des Fünften zurückerobert hatten.

bis fünf Stunden und ließ mich zuweilen an seiner Tafel speisen. In Zeit von acht Tagen war ich mit seinem Kopf fertig; hierauf ließ er mich auch die Rückseite machen, worauf eine weibliche Gestalt als Friedensgöttin mit einer Fackel in der Hand ein Bündel Waffen verbrannte. Ich bildete dieses Weib in freudiger Stellung und anmutigster Haltung, von leichten Gewändern bekleidet; zu ihren Füßen lag die Wut, traurig und schmerzlich und mit vielen Ketten gefesselt.

Ich verwandte auf dieses Werk große Sorgfalt, und es trug mir viele Ehre ein. Der Herzog wußte gar nicht, wie er mir seine Befriedigung ausdrücken sollte, und gab mir selber die Inschrift für die Kopf- und für die Kehrseite an. Die Worte auf dieser letzteren lauteten: *Pretiosa in conspectu Domini.* (Kostbar vor den Augen des Herrn.) Dies sollte bedeuten, daß er den Frieden um teures Geld erkauft hatte.

ACHTUNDZWANZIGSTES KAPITEL
1540

Mißverständnisse zwischen Benvenuto und des Herzogs Dienern, von manchen Umständen begleitet. Nach vielen Schwierigkeiten und erneutem Aufschub reist er weiter und kommt glücklich nach Lyon, von wo er sich nach Fontainebleau begibt, wo der Hof sich eben aufhält. Benvenuto wird von dem König in Frankreich sehr gnädig empfangen. Gemütsart dieses wohldenkenden Monarchen. Benvenuto begleitet den König ins Dauphiné. Der Kardinal verlangt von Benvenuto, er solle sich für ein geringes Gehalt verbinden. Benvenuto, darüber sehr verdrießlich, entschließt sich aus dem Stegreif, eine Pilgrimschaft nach Jerusalem anzutreten. Man setzt ihm nach und bringt ihn zum König zurück.

WÄHREND ICH nun an der Rückseite dieser Schaumünze arbeitete, hatte der Kardinal mir geschrieben, ich möge mich zur Abreise fertig machen, denn der König habe nach mir verlangt; er selber werde in seinem nächsten Brief Anweisungen geben, daß ich alles erhalten solle, was er mir versprochen habe. So ließ ich denn mein Becken und meinen Pokal sorgsam in eine Kiste packen; dem Herzog hatte ich diese Arbeiten auch bereits gezeigt. Die Geschäfte des Kardinals besorgte ein Edelmann von Ferrara, der sich Herr Alberto Bendidio benamste. Er war wegen einer Krankheit zwölf Jahre lang zu Hause geblieben, ohne jemals auszugehen. Eines Tages nun ließ er mit großer Eile zu mir schicken und mir sagen, ich müßte sofort so schnell wie ein Postreiter nach Frankreich zum König reisen; dieser hätte, im Glauben, daß ich bereits in Frankreich wäre, dringend nach mir verlangt. Der Kardinal hätte zu seiner Entschuldigung gesagt, ich hielte mich wegen einer Unpäßlichkeit in seiner Abtei in Lyon auf; er würde jedoch veranlassen, daß ich schnell vor Seiner Majestät erschiene; darum wäre nun Eile nötig und ich müßte Postpferde nehmen. Dieser Herr Alberto war ein sehr wackerer Ehrenmann, aber stolz, und seine Krankheit machte nun gar seinen Stolz unerträglich; sonst hätte er mir wohl nicht sagen lassen, ich müßte mich geschwind bereit machen und Postpferde nehmen. Ich antwortete ihm: meine Arbeit mache sich nicht auf der Post, und wenn ich nun einmal gehen müsse, so wolle ich in bequemen Tagereisen mich hinbegeben und meine Gesellen Ascanio und Pagolo mitnehmen, die von Rom mit mir gekommen seien; außerdem verlange ich einen berittenen Diener zu meiner Aufwartung und genügendes Reisegeld. Der kranke alte Mann antwortete mir mit hochmütigen Worten: Selbst die Söhne des Herzogs reisten ja nicht anders. Ich versetzte ihm sofort: Die Söhne meiner Kunst reisten so, wie ich gesagt hätte; wie Herzogssöhne reisten, das wüßte ich nicht, denn ich wäre niemals einer gewesen; und wenn er in meiner Gegenwart sich so eigentümlicher Worte bediente, so würde ich überhaupt nicht reisen, und wenn er noch einmal solche grobe Worte sagte, so würde ich mich kurz entschließen und mich ganz gewiß nicht länger mit den Ferraresen herumschlagen. Damit wandte ich ihm den Rücken und ging hinaus. Ich brummte und er schalt hinter mir her. Hierauf ging ich zum Herzog und brachte ihm die fertige Schaumünze; dieser bezeigte mir die ehrenvollsten Freundlichkeiten und befahl seinem Schatzmeister, Herrn Girolamo Giliolo, er solle mir für meine Mühe einen Diamantring im Werte von zweihundert Goldgulden heraussuchen und ihn mir durch seinen Kammerdiener Fiaschino schicken. Am selben Abend, eine Stunde nach Sonnenuntergang, brachte Fiaschino mir einen Ring mit einem Diamanten, der nach viel aussah, und sagte mir im Auftrag seines Herzogs: die einzige Künstlerhand, die für Seine Durchlaucht so trefflich gearbeitet habe, möge sich mit diesem Diamanten schmücken.

Als es Tag geworden war, sah ich mir den Ring an und fand, daß es ein dünner schlechter Diamant war, der etwa zehn Goldgulden wert sein mochte. Es gefiel mir nicht, daß die herrlichen Worte, die der Herzog mir hatte sagen lassen, mit einer so geringen Belohnung sollten verbunden sein, und daß der Herzog denken könnte, er habe mich reichlich zufriedengestellt. Auch dachte ich mir wohl, der spitzbübische Schatzmeister werde mir den Streich gespielt haben; darum gab ich den Ring einem Freunde, mit dem Auftrag, ihn auf irgendeine Weise dem Kammerdiener Fiaschino wieder zuzustellen. Mein Freund Bernardo Saliti richtete diesen Auftrag aufs beste aus. Da aber kam Fiaschino zu mir gelaufen und sagte mir mit großem Wortschwall: wenn der Herzog erführe, daß ich ein Geschenk, das er mir in seiner Güte gegeben, auf solche Weise zurückschickte, so würde er es sehr übelnehmen und es könnte mich vielleicht gereuen. Ich antwortete ihm: der Ring, den Seine Durchlaucht mir geschenkt habe, sei etwa zehn Goldgulden wert, die Arbeit aber, die ich für ihn gemacht habe, gelte wohl zweihundert Goldgulden. Um aber Seiner Durchlaucht zu zeigen, daß ich ihre Freundlichkeit zu schätzen wisse, bitte ich nur, mir einen Krampfring zu schenken, wie sie von England kommen und ungefähr einen Carlino kosten; diesen würde ich mein Leben lang aufbewahren zum Andenken an Seine Durchlaucht und an die ehrenden Worte, die der Herzog mir hätte sagen lassen; der Ruhm Seiner Durchlaucht wäre mir reichlicher Lohn für meine Arbeit, die mir durch jenen schlechten Edelstein nur verekelt würde.

Über diese Worte ärgerte der Herzog sich so, daß er seinen Schatzmeister rufen ließ und ihm so harte Worte sagte, wie jener sie nie in seinem Leben gehört hatte. Mir aber ließ er befehlen, ich solle bei Strafe seiner Ungnade nicht von Ferrara abreisen, ohne mich bei ihm zu beurlauben; zugleich befahl er seinem Schatzmeister, mir einen Diamanten im Werte von dreihundert Goldgulden zu geben. Der geizige Schatzmeister suchte einen aus, der etwas mehr als sechzig Goldgulden wert sein mochte, sagte aber, der Ring sei mehr als zweihundert wert.

Unterdessen hatte der genannte Herr Alberto zum Guten eingelenkt und mir alles geliefert, was ich verlangt hatte. Ich wollte am selben Tage noch von Ferrara abreisen, aber der eifrige Kämmerer des Herzogs hatte mit Herrn Alberto abgemacht, daß er mir keine Pferde geben solle. Ich hatte ein Maultier mit vielem Gepäck beladen, unter anderem auch mit der Kiste, worin Becken und Kelch für den Kardinal waren. Hierüber kam ein Edelmann von Ferrara zu, der sich Herr Alfonso de' Trotti[1] nannte. Er war schon sehr alt, ein höchst liebenswürdiger Herr und ein großer Freund der schönen Künste; aber er war einer von jenen, die schwer zufriedenzustellen sind und die, wenn sie einmal etwas sehen, was ihnen gefällt, sich dieses in ihrem Gehirn so trefflich ausmalen, daß sie glauben, etwas so Herrliches könnten sie überhaupt niemals wieder

---

[1] Er war ein treuer Diener des Herzogs Alfons des Ersten gewesen, dessen Geschäfte er besorgte.

sehen. Als nun dieser Herr Alfonso eintrat, sagte Herr Alberto zu ihm: »Es tut mir leid, daß Ihr zu spät gekommen seid, denn Kelch und Becken, die wir dem Kardinal nach Frankreich schicken, sind schon eingepackt.« Herr Alfonso sagte, daraus mache er sich nichts, winkte seinen Diener herbei und schickte ihn nach Hause, um einen sehr sauber gearbeiteten Pokal von weißer Erde zu holen, wie man sie in Faenza macht. Während nun der Diener unterwegs war, sagte Herr Alfonso zu Herrn Alberto: »Ich will Euch sagen, warum ich mir nichts mehr daraus mache, solche Gefäße zu sehen: ich habe einmal ein antikes silbernes Gefäß gesehen, das so wunderbar schön war, daß die menschliche Einbildungskraft etwas so Herrliches sich nicht mehr ersinnen kann; darum will ich nun solche Sachen nicht mehr sehen, damit sie mir nicht den wundervollen Eindruck verderben. Dieses Gefäß besaß ein kunstverständiger vornehmer Edelmann, der um einiger Geschäfte willen nach Rom gegangen war und dem man dort heimlich dieses antike Gefäß gezeigt hatte. Durch eine große Menge Goldes bestach er den Mann, in dessen Händen sich das Gefäß befand und brachte es hierher; doch hielt er seinen Besitz sehr geheim, damit der Herzog nicht davon erführe; er befürchtete nämlich, daß er dann das Gefäß sofort verlieren würde.«

Während nun Herr Alfonso diese langen Geschichten erzählte, achtete er nicht auf mich, denn er kannte mich nicht. Das herrliche Modell wurde inzwischen gebracht und mit Prahlen und Prangen ausgepackt. Kaum hatte ich es gesehen, so wandte ich mich zu Herrn Alberto und rief: »Wie glücklich bin ich, daß ich dies gesehen habe!«

Herr Alfonso wurde böse und sagte mit einem Fluch: »Wer bist denn du? Weißt du denn überhaupt, was du sagst?«

Ich antwortete ihm: »Hört mich nur an! Ihr werdet bald sehen, wer von uns beiden besser weiß, was er sagt.« Dann wandte ich mich zu Herrn Alberto, einem ernsthaften und kunstverständigen Mann, und fuhr fort: »Dieses Modell ist nach einem silbernen Becherchen gearbeitet, das soundsoviel wog, und das ich zu der und der Zeit für jenen Marktschreier, den Chirurgus Meister Jacopo von Carpi machte. Er kam damals nach Rom, blieb dort sechs Monate und beschmierte mit einer Salbe viele Dutzende von hohen Herren und armen Edelleuten und gewann damit Tausende von Dukaten. Zu jener Zeit machte ich ihm diesen Becher und noch ein anderes Gefäß; er bezahlte mir beide sehr schlecht[2], und in Rom sind noch die Unglücklichen, die er gesalbt und verpfuscht hat. Mir aber ist es höchste Ehre, daß meine Werke bei Euch reichen Herrn in so hohem Ansehen stehen. Ich will Euch jedoch nur sagen: seit jener

---

2 Im fünften Kapitel hat Cellini jedoch gesagt, er sei »gut« bezahlt worden.

die englische Botschaft

Zeit habe ich mir die größte Mühe gegeben, noch etwas zu lernen, und darum denke ich, das Gefäß, das ich nach Frankreich bringe, soll des Kardinals und des Königs ganz anders würdig sein als dieser Becher Eures Quacksalbers.«

Kaum hatte ich diese Worte gesagt, so wollte Herr Alfonso vor Verlangen nach dem Anblick des Beckens und des Kelches schier vergehen. Ich aber weigerte mich standhaft, sie ihm zu zeigen. Nachdem wir eine Weile darüber gestritten hatten, sagte er, er werde zum Herzog gehen, und Seine Durchlaucht werde ihm schon dazu verhelfen, daß er die Arbeiten zu sehen bekomme. Da rief aber der stolze Herr Alberto Bendidio: »Bevor Ihr von mir fortgeht, Herr Alfonso, sollt Ihr den Kelch sehen; darum braucht Ihr den Herzog nicht zu bemühen.«

Da ging ich hinaus und ließ ihnen meine Arbeit von Ascanio und Pagolo zeigen; wie sie mir nachher sagten, waren die Herren des höchsten Lobes voll gewesen. Herr Alfonso verlangte nun, ich solle in seinem Hause wohnen; darum konnte ich es kaum abwarten, aus Ferrara heraus und ihnen aus den Augen zu kommen.

Was ich in Ferrara Gutes genossen hatte, verdankte ich lediglich dem Umgang mit dem Kardinal Salviati und mit dem Kardinal von Ravenna sowie mit einigen trefflichen Tonkünstlern. Mit anderen hatte ich nicht verkehrt, denn die Ferraresen sind höchst geizige Leute und suchen fremdes Eigentum auf alle nur mögliche Art zu erlangen; so sind sie alle.

Um zweiundzwanzig Uhr erschien der Kämmerer Fiaschino und brachte mir den erwähnten Diamanten, der ungefähr sechzig Goldgulden wert war; zugleich sagte er mir traurigen Gesichtes und mit kurzen Worten, ich möchte den Ring zum Andenken an Seine Durchlaucht tragen. Ich antwortete ihm: »Das will ich tun.« Zugleich schwang ich mich in den Steigbügel und ritt in Gottes Namen davon. Er hinterbrachte mein Benehmen und meine Worte dem Herzog, der darüber in Zorn geriet und die größte Lust hatte, mich wieder zurückholen zu lassen.

Ich ritt an demselben Abend noch mehr als zehn Miglien, immer im Trab, und ich war froh, als ich am nächsten Tage aus dem Gebiet von Ferrara heraus war; denn abgesehen von den jungen Pfauen, die ich gegessen hatte und durch die ich meine Gesundheit wiederherstellte, hatte ich an jenem Ort nichts Angenehmes kennen gelernt. Aus Furcht vor Verfolgung vermieden wir die Stadt Mailand und reisten über den Mont Cenis; so kamen wir gesund und wohlbehalten in Lyon an. Mit Pagolo und Ascanio und einem Diener waren wir zu vieren auf recht guten Pferden. In Lyon hielten wir uns etliche Tage auf und warteten auf den Maultiertreiber, der das Becken und den Pokal und unser anderes Gepäck hatte; wir erhielten Unterkunft in der Abtei, die dem Kardinal gehörte. Sobald der Maultiertreiber angekommen war, packten wir alle unsere Sachen auf einen Karren und ritten nach Paris; wir hatten unterwegs einige Händel, doch waren diese nicht von großer Bedeutung.

Wir fanden den Hof des Königs in Fontainebleau und stellten uns dem Kardinal vor, der uns am selben Abend noch eine gute Wohnung anweisen ließ. Am nächsten Tage traf der Karren ein; wir luden unser Gepäck ab, und ich meldete dem Kardinal, daß es angekommen sei. Er sagte es dem König, der mich sofort zu sehen verlangte. Ich ging mit Becken und Pokal zu Seiner Majestät; als ich vor ihn trat, küßte ich ihm das Knie, er aber hob mich gnädig auf. Ich dankte dem König, daß er mich aus dem Kerker befreit habe, und sagte ihm, gewiß sei es die Pflicht eines so guten einzigen Fürsten, Künstler, die etwas verständen, zu befreien, besonders, wenn sie unschuldig wären wie ich; solche Wohltaten stünden aber auch in Gottes Büchern obenan geschrieben vor allem anderen, was man auf der Welt tun könnte. Der gute König ließ mich ruhig ausreden und mit wenigen Worten, wie sie meiner würdig waren, ihn meiner Dankbarkeit versichern. Hierauf nahm er Kelch und Becken und sagte: »Wahrlich, ich glaube, selbst von den Alten hat man solche Arbeit nie gesehen; wohl erinnere ich mich, die allerbesten Arbeiten von den trefflichsten Meistern aus ganz Italien gesehen zu haben; niemals aber habe ich etwas gesehen, was einen so tiefen Eindruck auf mich gemacht hätte.«

Diese Worte und noch viel ehrenvollere für mich sagte der König auf französisch zum Kardinal von Ferrara. Dann wandte er sich zu mir und sagte italienisch: »Benvenuto, laßt es Euch einige Tage wohl sein, unterhaltet Euch nach Eurer Lust und besorgt Euch gutes Wachs; unterdessen wollen wir daran denken, Euch bequeme Unterkunft zu geben, damit Ihr etwas Schönes arbeiten könnt.«

Der Kardinal von Ferrara bemerkte wohl, daß der König die größte Freude über meine Ankunft hatte, und daß meine wenigen Arbeiten, die er gesehen, ihm die größte Lust erregt hatten, von mir einige große Arbeiten ausführen zu lassen, die ihm im Sinne lagen.

Nun mußten wir aber hinter dem Hofe herziehen, und ich darf wohl sagen: das war eine Qual. Denn zum Troß gehören immer allerwenigstens zwölftausend Pferde; wenn aber in Friedenszeiten das Gefolge vollständig ist, sind es gar achtzehntausend, mindestens aber zwölftausend. So kamen wir nun mit dem Gefolge manchmal an einen Ort, wo kaum zwei Häuser waren; da schlugen wir denn Leinwandzelte auf, wie die Zigeuner, und hatten oftmals von der Witterung zu leiden. So lag ich denn dem Kardinal eifrig an, er möchte den König veranlassen, daß er mir Arbeit gäbe. Der Kardinal sagte mir, es wäre am besten wenn ich wartete, bis der König sich von selber meiner erinnerte; ich sollte mich nur zuweilen vor ihm sehen lassen, wenn er speise. Dies tat ich denn auch, und eines Morgens beim Frühstück rief der König mich wirklich heran, sprach mit mir italienisch und sagte, er habe im Sinne, viele große Werke machen zu lassen und werde mir nächstens Befehl geben, wo ich arbeiten solle; auch werde er mich mit allem Nötigen versehen lassen. Dieses und noch manches andere sagte er mir mit den freundlichsten Worten. Der Kardinal von Ferrara war zugegen, wie er denn fast jeden Morgen mit dem König am kleinen Tisch speiste; so hörte er denn alles mit an, und als der König von Tisch aufstand, sagte der Kardinal – so wurde mir später berichtet – zu meinen Gunsten: »Heiligste Majestät, dieser Benvenuto hat überaus große Lust zu arbeiten, darum möchte man sagen, es sei schade, daß ein solcher Künstler seine Zeit verlieren müsse.« Der König gab ihm recht und befahl ihm, mit mir zu vereinbaren, was ich für meinen Unterhalt verlange. Am selben Abend nach dem Essen ließ der Kardinal mich rufen und sagte mir, Seine Majestät habe beschlossen, daß ich an die Arbeit gehen solle, zuerst aber wolle er meine Besoldung mit mir vereinbart sehen. »Ich dächte«, sagte der Kardinal, »wenn Euch Seine Majestät jährlich dreihundert Goldgulden gibt, so könnt Ihr damit sehr gut auskommen. Alles weitere überlaßt nur mir; denn in diesem großen Reiche bietet sich jeden Tag Gelegenheit, etwas Gutes zu stiften, und ich will Euch immer aufs beste behilflich sein.«

Hierauf erwiderte ich ihm: »Als Ihr, hochwürdigster gnädigster Herr, mich in Ferrara ließet, verspracht Ihr mir, ohne daß ich Euch darum gebeten hätte, mich niemals aus Italien zu berufen, ohne daß ich vorher erfahren sollte, wie ich beim König bestellt sein würde. Anstatt mir nun dieses mitzuteilen, schicktet Ihr, gnädiger Herr, einen besonderen Boten, ich solle mit Postpferden reisen, wie wenn sich meine Kunst auf der Post machen ließe. Hättet Ihr mir damals von dreihundert Goldgulden reden lassen, von denen Ihr mir jetzt sprecht, so hätte ich mich nicht von der Stelle gerührt, ja nicht für sechshundert! Aber ich bin Gott und Euer Hochwürden dankbar, daß Gott durch Euch mir eine so große Wohltat erzeigt hat, wie meine Befreiung aus dem Kerker war. Darum versichere ich Eurer Gnaden: wenn Ihr mir auch das größte Übel zufügtet, so könnte dadurch nicht der tausendste Teil von dem vielen Guten aufgehoben werden, das ich von Euch empfangen habe. Ich danke Euch von ganzem Herzen und nehme meinen Urlaub. Wo immer ich auch sein werde, will ich, so lange ich lebe, zu Gott für Euch beten.« Der Kardinal geriet in großen Zorn und rief: »Geh wohin du willst! Mit Gewalt kann man keine Wohltaten erzeigen.«

Da sagten einige von seinen Hofleuten, so richtige Semmelfresser: »Der dünkt sich ja recht viel zu sein, daß er ein Einkommen von dreihundert Dukaten verschmäht.« Andere aber waren vernünftig und sagten: »Niemals wird der

König einen Mann finden wie diesen, der Kardinal aber will um ihn handeln, wie um eine Fuhre Holz.« Wie mir später erzählt wurde, soll Herr Luigi Alamanni dies gesagt haben. Dies geschah am letzten Oktober im Dauphiné[3], in einem Schloß, dessen Name mir nicht mehr erinnerlich ist. Ich verließ den Kardinal und ritt nach meinem Quartier, das drei Miglien von dem Schloß entfernt lag; ein Sekretär des Kardinals, der mit mir zusammenwohnte, begleitete mich und fragte mich unterwegs fortwährend, was ich denn nun anfangen wollte und was für ein Jahrgeld ich eigentlich erwartet hätte. Ich antwortete ihm darauf immer nur: »Ich weiß, was ich will.«

In meinem Quartier fand ich Pagolo und Ascanio, die dort zurückgeblieben waren; als sie mich in so großer Aufregung sahen, drangen sie in mich ihnen zu sagen, was ich hätte. Da mich die Angst der jungen Leute dauerte, so sagte ich schließlich zu ihnen: »Morgen früh werde ich euch so viel Geld geben, daß ihr bequem nach Hause kommen könnt; ich aber werde ohne euch einer sehr wichtigen Sache nachgehen, die mir schon lange im Sinn liegt.«

Unser Zimmer lag Wand an Wand neben dem des Sekretärs; es ist wohl möglich, daß er dem Kardinal alles geschrieben hat, was ich zu tun gedachte; indessen habe ich niemals etwas Bestimmtes darüber erfahren. Die Nacht konnte ich nicht schlafen; es kam mir vor, wie wenn es tausend Jahre dauerte, bis der Morgen käme, um meinen Entschluß ausführen zu können. Kaum graute der Morgen, so ließ ich die Pferde satteln, zog mich schnell an und schenkte den beiden Jünglingen alle meine Sachen, die ich mitgebracht hatte und noch fünfzig Golddukaten obendrein. Ebensoviel behielt ich für mich und dazu noch den Diamanten, den mir der Herzog geschenkt hatte; ich behielt für mich nicht mehr als zwei Hemden und die nicht allzu guten Reitkleider, die ich auf dem Leibe trug.

Ich konnte mich aber von den beiden Jünglingen gar nicht losmachen, denn sie wollten durchaus mit mir gehen, bis ich sie schließlich mit harten Worten anfuhr und ihnen sagte: »Der eine hat schon einen Bart, dem andern fängt er schon an zu wachsen! Ihr habt von mir meine arme Kunst gelernt, so gut ich sie euch lehren konnte, und seid heutigentags die ersten Goldschmiedegesellen von Italien. Schämt ihr euch denn nicht, daß ihr nicht den Mut habt, von dem Laufstühlchen euch frei zu machen? Soll ich euch denn immerfort schleppen? Das ist doch ein Schimpf und eine Schande! Was würdet ihr nun sagen, wenn ich euch ohne Geld gehen ließe? Macht, daß ihr mir aus den Augen kommt! Gott segne euch tausendmal – lebt wohl!«

---

[3] Cellini muß sich wohl in der Gegend irren, denn Franz der Erste war weder im Jahre 1540 noch 1541 in der Provinz Dauphiné. Am 30. Oktober war der König in Paris.

Damit warf ich mein Pferd herum und ließ sie weinend zurück. Ich ritt eine sehr schöne Straße durch einen Wald und gedachte an diesem Tage wenigstens vierzig Miglien zu machen und einen ganz unbekannten Ort aufzusuchen. Kaum war ich zwei Miglien weit geritten, so war ich schon entschlossen, mich an keinem Orte aufzuhalten, wo ich bekannt wäre. Auch wollte ich nichts anderes mehr arbeiten als einen drei Ellen hohen Christus, wenn möglich, von jener unendlichen Schönheit, die er selber mir gezeigt hatte. Nachdem ich dieses beschlossen hatte, gedachte ich nach dem Heiligen Grabe zu ziehen. Ich glaubte schon so weit entfernt zu sein, daß niemand mich mehr einholen könnte; plötzlich aber hörte ich Pferdegetrappel hinter mir. Dies beunruhigte mich etwas, denn in jener Gegend schwärmten Leute herum, die sich Abenteurer nannten und vor Raub und Mord auf der Straße nicht zurückschreckten. Obwohl man alle Tage eine Menge von ihnen an den Galgen hängt, scheint doch das Übel nicht auszurotten zu sein.

Als aber die Reiter mir näher kamen, erkannte ich, daß es ein Abgeordneter des Königs mit meinem Knaben Ascanio war. Als er mich eingeholt hatte, sagte er: »Im Namen des Königs befehle ich Euch, sofort zu ihm zu kommen.« Ich antwortete ihm: »Du kommst ja vom Kardinal; darum weigere ich mich, mit dir zu gehen.«

Der Mann sagte, wenn ich nicht in Güte folgen wolle, habe er Vollmacht, seinen Leuten zu befehlen, mich wie einen Gefangenen zu fesseln. Da bat mich auch Ascanio, so sehr er nur konnte, und erinnerte mich daran, daß der König, wenn er jemand ins Gefängnis setzte, sich wenigstens fünf Jahre besinne, bevor er ihn wieder loslasse. Das Wort Gefängnis machte mir angst, denn ich dachte an meinen Kerker in Rom; ich erschrak so sehr, daß ich schnell mein Pferd herumwarf, wie der Beauftragte des Königs es verlangte. Der schnatterte fortwährend französisch und war auf der ganzen Reise nicht einen Augenblick still, bis er mich an den Hof gebracht hatte. Bald schalt er mich aus, bald sagte er dieses, bald jenes, so daß ich beinahe am Leben verzagte.

NEUNUNDZWANZIGSTES KAPITEL
1540

*Der König gibt Benvenuto ein schönes Gehalt und weist ihm ein großes
Gebäude in Paris zu seiner Werkstatt an.
Der König bestellt bei ihm lebensgroße Götterstatuen von Silber.
Cellini begibt sich nach der Hauptstadt, findet aber
dort Widerstand, indem er Besitz von seiner Wohnung nehmen will,
welches ihm jedoch zuletzt voll glückt. Indessen er
am Jupiter arbeitet, verfertigt er für Seine Majestät Becken und Becher von Silber,
nicht weniger ein Salzgefäß von Gold, mit mancherlei Figuren
und Zieraten. Der König drückt seine Zufriedenheit auf das großmütigste aus;
Benvenuto verliert aber den Vorteil durch ein sonderbares Betragen
des Kardinals von Ferrara. Der König, begleitet von Madame d'Estampes
und dem ganzen Hof, besucht den Künstler.
Der König läßt ihm eine große Summe Goldes zahlen.
Als er nach Hause geht, wird er von vier
bewaffneten Freibeutern angefallen, die er zurückschlägt.*

ALS WIR nach dem Quartier des Königs gingen, kamen wir bei der Wohnung des Kardinals von Ferrara vorbei. Dieser stand unter der Tür, rief mich an und sagte: »Unser Allerchristlichster König hat Euch aus eigenem Antrieb dieselbe Besoldung ausgesetzt, die er dem Maler Leonardo da Vinci gab, nämlich siebenhundert Goldgulden jährlich; außerdem zahlt er Euch alle Werke, die Ihr für ihn macht, und zu Eurem Antritt schenkt er Euch fünfhundert Goldgulden, die Euch ausgezahlt werden sollen, bevor Ihr von hier fortgeht.«

Ich antwortete dem Kardinal: »Dies sind Anerbietungen, wie sie eines so großen Königs würdig sind!«

Der Beauftragte des König, der nicht gewußt hatte, wer ich war, bat mich vielmals um Verzeihung, als er hörte, was für große Anerbietungen der König mir machte. Pagolo und Ascanio sagten: »Gott hat uns geholfen, wieder in unser ehrenvolles Laufstühlchen zu kommen.«

Am nächsten Tage ging ich zum König, um mich bei ihm zu bedanken. Er trug mir auf, die Modelle für zwölf silberne Statuen zu entwerfen, die als Leuchter um seinen Tisch herum stehen sollten. Es sollten sechs Götter und sechs Göttinnen sein, genau von der Größe Seiner Majestät, die nicht viel weniger als vier Ellen betrug. Nachdem er mir diesen Auftrag gegeben hatte, wandte er sich zum Schatzmeister der Ersparnisse[1] und fragte ihn, ob er mir die fünfhundert Goldgulden ausbezahlt habe. Dieser antwortete, ihm sei nichts gesagt worden. Das nahm der König sehr übel, denn er hatte dem Kardinal aufgetragen, es dem Schatzmeister zu sagen. Ferner befahl er mir nach Paris zu gehen und eine geeignete Wohnung auszusuchen, um die Arbeit zu verfertigen; er werde sie mir sofort anweisen lassen.

Ich nahm die fünfhundert Goldgulden und ging nach Paris in eine Wohnung des Kardinals von Ferrara; da begann ich denn im Namen Gottes zu arbeiten und verfertigte vier kleine Wachsmodelle, jedes zwei Drittel Ellen groß: Jupiter, Juno, Apollo und Vulkan. Unterdessen kam auch der König nach Paris; ich begab mich sofort zu ihm und nahm meine Modelle mit; auch meine beiden jungen Leute, Ascanio und Pagolo, hatte ich bei mir. Als ich nun sah, daß der König mit den Modellen zufrieden war und mir den Auftrag gab, zunächst den Jupiter in der genannten Größe aus Silber anzufertigen, stellte ich Seiner Majestät die beiden Jünglinge vor und sagte ihm, ich hätte sie aus Italien zu Diensten Seiner Majestät mit mir gebracht; denn da ich sie selber aufgezogen hätte, so würden sie mir für diese ersten Arbeiten viel bessere Hilfe leisten als Pariser Gesellen. Hierauf sagte der König, ich solle den beiden Jungen ein Gehalt aussetzen, wie es nach meiner Meinung zu ihrem Unterhalt ausreichend sei. Ich erwiderte, hundert Goldgulden für jeden seien genug; ich würde dafür sorgen, daß sie ihr Gehalt auch wirklich verdienten. Der König war einverstanden.

Ferner sagte ich ihm, ich hätte einen Ort gefunden, der mir sehr geeignet scheine, meine Arbeiten darin zu verfertigen. Das Haus gehörte Seiner Majestät zu eigen und hieß Petit-Nesle[2]; es gehörte damals dem Oberrichter von Paris[3], dem der König es gegeben hatte; da aber jener es nicht benutzte, so konnte der König es mir wohl geben, um es zu seinem Dienste einzurichten.

---

1 Der französische Kronschatz wurde damals »Epargne« (Ersparnis) genannt. Schatzmeister war im Jahre 1540 Guillaume Prudhomme, Herr auf Fontenaye-en-Brie.
2 Das Château de Nesle lag auf dem linken Seineufer; es bedeckte mit seinen Gebäuden und Garten den Raum, den später die Paläste der Herzöge von Nevers und Guénégaud einnahmen; jetzt befinden sich dort das Institut de France und die Münze. Den Namen hatte es von seinem früheren Besitzer, Amaury, Herrn von Nesle in der Picardie, der es 1308 an Philipp den Schönen verkaufte. Der »Turm von Nesle« erlangte eine grausige Berühmtheit durch eine spätere Bewohnerin, Jeanne von Burgund, die ihre Liebhaber in die Seine werfen ließ. Ein Teil des grandiosen Schlosses wurde Petit-Nesle genannt. (Siehe Piganiol de la Force, Déscription historique de la Ville de Paris VIII.)
3 Der König hatte allerdings im Jahre 1522 das Schloß Nesle dem damaligen Universitätsrichter gegeben. Dessen Amt wurde aber 1526 aufgehoben und zum Teil mit dem des Oberrichters von Paris vereinigt. Obwohl nun dieser im Châtelet hauste, betrachtete er sich als Nachfolger auch in der Nutznießung des Schlosses Nesle. Der damalige Oberrichter war ein sehr großer Herr: Jean d'Estouteville, Herr von Villebon, königlicher Rat und Statthalter der Normandie und Picardie. – Das Zögern des königlichen Beamten ist daher begreiflich.

Der König rief sofort: »Dies Haus gehört mir, und ich weiß wohl, daß der Mann, dem ich es angewiesen habe, es nicht bewohnt und sich seiner nicht bedient; so nehmt denn Ihr es für Eure Geschäfte!«

Zugleich befahl er seinem Statthalter, er solle mich in das Schloß Petit-Nesle einführen. Dieser widersetzte sich einen Augenblick und sagte, das könne er nicht tun. Der König aber erwiderte zornig, er wolle sein Eigentum vergeben wie es ihm gefalle; jener bediene sich des Hauses nicht, ich aber sei ein nützlicher Mann, der für ihn arbeite; man solle kein Wort mehr darüber sprechen. Da sagte der Statthalter, man werde wohl ein bißchen Gewalt gebrauchen müssen. Der König antwortete: »Geht nur jetzt, und wenn kleine Gewalt nicht genügt, so wendet große an!«

Jener führte mich nun sofort nach dem Hause, und er mußte wirklich Gewalt anwenden, um mich in Besitz desselben zu setzen; hierauf sagte er mir, ich solle nur recht gut aufpassen, daß ich nicht darin totgeschlagen würde. Ich zog in mein Haus ein, nahm sofort mehrere Diener an und kaufte etliche Rüstungen und Spieße. Mehrere Tage verbrachte ich unter großen Verdrießlichkeiten; denn der frühere Inhaber war ein vornehmer Pariser Edelmann und die übrigen Edelleute waren sämtlich meine Feinde und behandelten mich so beleidigend, daß ich es kaum ertragen konnte. Ich will nicht unerwähnt lassen, daß ich gerade vierzig Jahre alt war, als ich in Seiner Majestät Dienste eintrat, nämlich im Jahre 1540.

Infolge ihrer unerträglichen Beleidigungen ging ich wieder zum König und bat ihn, mich anderswo unterbringen zu lassen; er aber erwiderte: »Wer seid Ihr? Wie heißt Ihr?«

Ich war ganz erschrocken, denn ich wußte nicht, was der König damit sagen wollte; da ich nun stumm blieb, so wiederholte der König in einem fast zornigen Tone noch einmal dieselben Worte. Da erwiderte ich: »Ich heiße Benvenuto.« Sprach der König: »Wenn Ihr der Benvenuto seid, von dem ich gehört habe, so handelt nach Eurer Weise; ich gebe Euch völlige Erlaubnis.«

Ich antwortete dem König, es genüge mir, wenn mir nur seine Gnade erhalten bleibe; übrigens kenne ich keine Gefahr. Der König lächelte ein wenig und sagte: »So geht nur! An meiner Gnade soll es Euch niemals fehlen.« Zugleich befahl er einem seiner Sekretäre, dem Herrn von Villeroy[4], er solle befehlen, daß alles für meine Bedürfnisse hergerichtet werde. Dieser Villeroy war ein sehr großer Freund des Oberrichters, dem das Schloß Petit-Nesle gehört hatte. Das Gebäude war von dreieckiger Form und lehnte sich an die

---

4 Er war seinem Vater 1539 als Sekretär der Finanzen im Amte nachgefolgt. Später wurde er königlicher Rat und Staatssekretär.

Stadtmauer an; es war eine alte Burg von ziemlicher Größe; doch wurde keine Wache darin gehalten. Herr von Villeroy riet mir, ich solle mir etwas anderes suchen und dieses Haus aufgeben; denn der frühere Inhaber sei ein Mann von größtem Einfluß und werde mich gewiß ermorden lassen. Hierauf antwortete ich, ich sei von Italien nach Frankreich gekommen, nur um dem herrlichen König zu dienen: Daß ich einmal sterben müsse, wisse ich ja; ob dies ein bißchen früher oder später sei, daraus mache ich mir gar nichts.

Herr von Villeroy war ein Mann von großem Geist, hervorragend in jeder Beziehung und über alle Maßen reich. Es gab auf der Welt nichts, was er mir nicht hätte zum Verdruß antun mögen, aber er ließ sich dies nicht merken. Er war ein ernster, stattlicher Mann und sprach leise. Er übertrug meine Angelegenheit einem anderen Edelmann, dem Schatzmeister von Languedoc, Herrn von Marmaignes. Das erste, was dieser tat, war, daß er die besten Zimmer des Hauses für sich selber einrichten ließ. Ich sagte ihm, der König habe mir das Haus gegeben, damit ich mich desselben bediene, und ich wolle nicht, daß außer mir und meinen Dienern jemand darin wohne. Der Mann war stolz, kühn und heftig; er sagte mir, er tue, was ihm beliebe; wenn ich mich ihm widersetzen wolle, so renne ich nur mit dem Kopfe gegen die Wand; er habe den Auftrag von Villeroy, daß er tun könne was er wolle. Ich erwiderte ihm, ich hätte Auftrag vom König selber, und weder er noch Villeroy dürften so etwas tun. Der stolze Mann sagte mir in seiner französischen Sprache viele häßliche Worte, worauf ich in meiner Sprache ihm antwortete, er lüge. Vom Zorne fortgerissen, griff er mit der Hand nach seinem kleinen Dolch; ich aber faßte an mein großes Messer, das ich zu meiner Verteidigung stets an der Seite trug, und rief: »Wenn du dich erkühnst, die Waffen zu ziehen, so steche ich dich auf der Stelle tot.«

Er hatte zwei Diener bei sich; bei mir aber waren meine beiden Jünglinge. Marmaignes stand unentschlossen, doch eher zum Bösen geneigt, und murmelte: »So etwas werde ich niemals ertragen.«

Ich sah, daß das Ding eine böse Wendung nahm und sagte kurz entschlossen zu Pagolo und Ascanio: »Sobald ihr mich meinen Dolch ziehen seht, werft euch auf die beiden Diener und stecht sie tot, wenn ihr könnt; diesen da werde ich zuerst erstechen, und dann wollen wir uns mit Gottes Hilfe sofort davonmachen.«

Als Marmaignes mich so entschlossen sprechen hörte, war er froh, daß er überhaupt lebend davonkam. Ich berichtete diese Begebenheit, doch etwas gemildert, schriftlich an den Kardinal von Ferrara, der sie augenblicklich dem König erzählte. Dieser war darüber verdrießlich und gab einem anderen von seinen Kavalieren, dem Vicomte d'Orbec, die Aufsicht über mich. Dieser sorgte mit der allergrößten Liebenswürdigkeit für alle meine Bedürfnisse.

Als ich nun Haus und Werkstatt eingerichtet hatte, so daß ich auf das bequemste meine Arbeit verrichten konnte und dabei sehr stattlich wohnte, begann ich sofort drei Modelle zu arbeiten, in der Größe, wie die Statuen von Silber werden sollten; sie stellten Jupiter, Vulkan und Mars vor. Ich machte sie von Erde, inwendig aufs beste mit eisernen Stäben versehen. Hierauf ging ich zum König, der mir, wenn ich mich recht erinnere, dreihundert Pfund Silber geben ließ, damit ich meine Arbeit beginnen könnte. Während ich nun diese Vorbereitungen traf, beendigte ich den Pokal und das eirunde Becken; diese Arbeit nahm mehrere Monate in Anspruch. Als die Werke fertig waren, ließ ich sie aufs beste vergolden und man konnte wohl sagen, daß es die schönsten Arbeiten waren, die man je in Frankreich gesehen hatte. Ich brachte sie sofort zum Kardinal von Ferrara, der mir vielmals dafür dankte; hierauf aber ging er ohne mich zum König und brachte ihm die Arbeiten zum Geschenk[5]. Der König freute sich sehr und lobte mich über alle Maßen; für das Geschenk gab er dem Kardinal eine Abtei, die im Jahre siebentausend Goldgulden einbrachte.

Er wollte auch mir ein Geschenk machen, woran ihn aber der Kardinal verhinderte, indem er sagte, Seine Majestät gehe zu schnell vor, denn ich habe ja noch keine Arbeit für ihn vollendet. Der freigebige König aber versetzte: »Eben, damit er Werke schaffen kann, will ich ihm Mut machen.«

Von diesen Worten beschämt, sagte der Kardinal: »Sire, ich bitte Euch, laßt mich nur machen; sobald ich die Abtei in Besitz genommen habe, werde ich ihm ein Jahrgeld von wenigstens dreihundert Goldgulden aussetzen.« Dies Geld bekam ich aber niemals; es wäre zu weitläufig, die Spitzbübereien des Kardinals alle aufzählen zu wollen, denn ich habe wichtigere Dinge zu erzählen.

Ich kehrte nach Paris zurück, wo ein jeder sich über die Gunst verwunderte, die der König mir erzeigte; ich erhielt das Silber und begann die Jupiterstatue auszuführen. Ich nahm viele Gesellen an und arbeitete unermüdlich mit dem größten Eifer Tag und Nacht; Jupiter, Vulkan und Mars waren im Tonmodell fertig; die Ausführung des Jupiters in Silber war schon ziemlich weit gediehen, so daß meine Werkstatt sehr reich aussah. Um jene Zeit erschien der König in Paris; ich ging zu ihm und sobald er mich sah, rief er mich fröhlich an: Wenn in meinem Hause etwas Schönes zu sehen wäre, so wollte er hinkommen. Da beschrieb ich alles, was ich gemacht hatte, so daß der König die größte Lust

---

5   Die Arbeiten müssen im Dezember fertig gewesen sein, denn am 12. Dezember 1540 zahlte der Schatzmeister des Hauses Este 74 Goldgulden, um die Gefäße vergolden zu lassen. – Wie aus einem diplomatischen Bericht hervorgeht, trank der König bei einem Bankett am 16. März 1541 zum erstenmal aus dem Pokal, an dem er große Freude hatte.

bekam, mich zu besuchen. Sofort nach dem Essen lud er Madame d'Estampes[6], den Kardinal von Lothringen und andere hohe Herrn sowie seinen Vetter, den König von Navarra[7] und dessen Gemahlin[8], seine Schwester ein; auch kam der Dauphin und die Dauphine, so daß fast der ganze Adel des Hofes sich in Bewegung setzte.

Ich war nach Hause zurückgekehrt und hatte mich an die Arbeit gemacht. Als nun der König vor das Tor meines Schlosses kam und so viele Hämmer pochen hörte, befahl er, ein jeder sollte stille sein; so war in meinem Hause alles an der Arbeit und der König überraschte mich völlig unerwartet. Er trat in meinen Saal und sah zuerst mich, mit einem großen Silberblech in der Hand, das für Jupiters Leib bestimmt war; ein anderer machte den Kopf, ein dritter die Beine, so daß der Lärm außerordentlich stark war. Ich war eben an der Arbeit und ein französischer Knabe, der mir zur Hand ging, hatte mir irgendeine Kleinigkeit nicht recht gemacht; deshalb gab ich ihm einen Fußtritt, der glücklicherweise nur zwischen die Beine traf; er flog aber mehr als vier Ellen weit fort, und da gerade in diesem Augenblick der König eintrat, so hielt der Junge sich an ihm fest. Darüber lachte der König recht herzlich, ich aber war sehr verlegen. Nun begann der König mich nach meiner Arbeit zu fragen und verlangte, ich solle in seiner Gegenwart weiter arbeiten; hierauf sagte er, es wäre ihm viel lieber, wenn ich mich selber nicht so sehr anstrengte; ich sollte doch so viele Leute nehmen wie ich wollte und diese arbeiten lassen; denn es wäre sein Wunsch, daß ich mich gesund erhielte, damit ich ihm desto länger dienen könnte.

Ich antwortete Seiner Majestät, wenn ich nicht arbeitete, würde ich sofort krank werden, auch würden die Werke nicht so ausfallen, wie ich sie für Seine Majestät zu verfertigen wünschte. Der König glaubte, dies sei nur Großsprecherei von mir und keineswegs die Wahrheit, und ließ es mir vom Kardinal von Lothringen noch einmal sagen; diesem aber setzte ich meine Gründe so klar und deutlich auseinander, daß er mich vollkommen begriff; er beruhigte daher den König und sagte ihm, er möchte mich nur, viel oder wenig, ganz nach meinem Belieben arbeiten lassen.

Doch befriedigt von meinen Werken kehrte der König nach seinem Palast zurück. Er überhäufte mich mit solcher Huld, daß es zu weitläufig wäre, alles zu erzählen. Am nächsten Tage ließ er mich rufen, als er bei Tisch saß. Der

---

6 Anne de Pisseleu, die Geliebte des Königs Franz des Ersten, heiratete formell 1536 Herrn Jean de Brosse, wobei ihr der Titel einer Herzogin von Estampes verliehen wurde.
7 Heinrich der Zweite von Navarra lebte fast beständig am Hofe seines Freundes Franz, dessen Gefangenschaft er auch nach der Schlacht bei Pavia teilte.
8 Marguerite d'Angoulême de Valois, Schwester von Franz I.

Kardinal von Ferrara speiste mit ihm. Als ich kam, war der König noch beim zweiten Gang; ich trat herzu und er begann sofort mit mir zu reden und sagte: da er nun das herrliche Becken und den schönen Pokal von meiner Hand hätte, wünschte er zur Ergänzung auch ein schönes Salzfaß; ich möchte ihm eine Zeichnung davon entwerfen, er wünschte sie aber recht bald zu sehen. Ich versetzte: »Eure Majestät werden diese Zeichnung schneller sehen als Sie denken; denn als ich das Becken verfertigte, dachte ich, es müsse auch ein passendes Salzfaß dazu gearbeitet werden; so ist also diese Zeichnung bereits fertig, und wenn es Eurer Majestät gefällt, werde ich sie sofort zeigen.«

Dies hörte der König mit großer Zufriedenheit; er wandte sich zu seinen Gästen, nämlich dem König von Navarra, dem Kardinal von Lothringen und dem Kardinal von Ferrara, und sprach: »Das ist doch wirklich ein Mann, den jeder, der ihn noch nicht kennt, kennen zu lernen wünschen muß und den jeder lieb haben muß.« Dann sagte er zu mir, er würde recht gern die Zeichnung sehen, die ich entworfen hätte. Sofort machte ich mich auf und kam bald zurück, denn ich hatte nur eben die Seine zu passieren. Ich brachte jenes Wachsmodell mit, das ich auf Verlangen des Kardinals von Ferrara bereits in Rom gemacht hatte. Als ich nun das Modell aufdeckte, sagte der König voller Bewunderung: »Dieses Werk ist hundertmal göttlicher als ich je gedacht hätte. Der Mann ist ein Wunder, er sollte niemals müßig gehen.«

Dann wandte er sich mit dem freundlichsten Gesicht zu mir und sagte, das Werk gefalle ihm außerordentlich und er habe den Wunsch, daß ich es für ihn in Gold ausführe. Der Kardinal von Ferrara sah mich an und zwinkerte mir zu, wie wenn er sagen wollte, er kenne das Modell; denn es sei dasselbe, das ich in Rom für ihn gemacht habe. Hierauf sagte ich: »Ich habe von diesem Werk bereits gesagt, daß ich es gewiß ausführen werde, wenn es nur jemand bestellen will.« Der Kardinal erinnerte sich dieser meiner Worte – es kam ihm vor, wie wenn ich mich dadurch rächen wollte, und er sagte daher einigermaßen empfindlich zum König: »Sire, dies ist ein außerordentlich großes Werk; gewiß traue ich es dem Benvenuto zu, nur fürchte ich, wir werden es niemals vollendet sehen; denn diese wackeren Künstler, die so große Pläne haben, fangen gerne an, bedenken aber nicht, wann sie fertig werden können. Wenn ich so große Arbeiten bestellte, so möchte ich doch auch wissen, wann sie fertig werden.« Der König erwiderte: Wenn man so ängstlich an das Ende der Arbeit dächte, würde man niemals anfangen. Er wollte damit sagen, daß solche Arbeiten für Leute mit geringem Mute allerdings nicht paßten. Nun nahm ich das Wort und sprach: »Alle Fürsten, die wie Eure Majestät in Wort und Taten ihren Dienern Mut machen, erleichtern sich und ihnen die größten Unternehmungen, und da Gott mir einen so wunderbaren Herrn gegeben hat, so hoffe ich auch viele große und wundervolle Werke für ihn zu vollenden.« – »Das glaube ich auch«, sagte der König und damit hob er die Tafel auf.

Dann rief er mich in sein Kabinett und fragte mich, wieviel Gold ich für das Salzfaß nötig haben werde. »Tausend Goldgulden«, antwortete ich.

Sofort rief der König seinen Schatzmeister, den Herrn Vicomte d'Orbec, und befahl ihm, mir auf der Stelle tausend alte vollwichtige Goldgulden auszuzahlen. Ich beurlaubte mich von Seiner Majestät und bestellte die beiden Notare, die mir auch das Silber für den Jupiter und viele andere Sachen hatten geben lassen; dann ging ich wieder über die Seine und holte zu Hause ein kleines Körbchen, das mir eine meiner Basen, eine Nonne, auf der Durchreise in Florenz geschenkt hatte. Es war mein Glück, daß ich dieses Körbchen und nicht einen Beutel nahm. Da es noch früh am Tage war, dachte ich, ich könnte das Geschäft sofort erledigen, und da ich auch meine Leute in der Arbeit nicht stören wollte, nahm ich nicht einmal einen Diener mit.

Ich fand den Schatzmeister zu Hause; er hatte bereits das Geld vor sich und suchte die vollwichtigen Stücke aus, wie der König ihm befohlen hatte. Es kam mir aber so vor, wie wenn der spitzbübische Schatzmeister es absichtlich bis drei Stunden nach Sonnenuntergang hinzögerte, ehe er mir das Geld auszahlte.

Da ich nun auch nicht dumm bin, so ließ ich einige von meinen Gesellen rufen, sie sollten kommen und mich begleiten, denn es handelte sich um eine Sache von großer Bedeutung. Als nun aber meine Gesellen nicht kamen, fragte ich den Mann, dem ich den Auftrag gegeben hatte, ob er ihn auch wirklich ausgerichtet hätte. Ein Spitzbube von einem Diener sagte mir, er hätte es getan, sie hätten ihm aber gesagt, sie könnten nicht kommen. Er sei jedoch gerne bereit, mir das Geld zu tragen. Ich antwortete ihm: »Das Geld trage ich selber.«

Unterdessen war der Vertrag ausgefertigt worden. Ich zählte die Goldstücke, legte sie alle in das Körbchen und schob meinen Arm durch die zwei Henkel; weil nun die Henkel zu eng für meinen Arm waren, so war der Korb sehr gut verschlossen und ich trug das Gold sicherer, als wenn es in einem Beutel gewesen wäre. Ich war gut mit Panzerhemd und Armschienen bewaffnet und hatte Degen und Dolch an der Seite. So nahm ich denn schnell den Weg zwischen die Beine. In demselben Augenblick merkte ich, daß einige Diener zusammen flüsterten und schnell das Haus verließen; sie gingen jedoch einen anderen Weg als ich. Ich ging mit schnellen Schritten und kam bald über die Wechselbrücke auf ein Mäuerchen am Flußufer, das mich zu meinem Hause Petit-Nesle führte. Ich war bis an das Augustinerkloster gekommen, an einen sehr gefährlichen Ort; denn obgleich bis zu meinem Schlosse nur noch fünfhundert Schritte waren, lag doch die Wohnung im Innern fast noch einmal so weit entfernt und so würde man, wenn ich gerufen hätte, meine Stimme doch nicht gehört haben. Als ich nun hinter mir vier Männer mit Degen bemerkte, entschloß ich mich im Nu, bedeckte das Körbchen mit meinem Mantel und zog meinen Degen. Ich sah, daß sie eilig auf mich eindrangen, und rief: »Von Soldaten ist nichts anderes zu gewinnen als Mantel und Degen; freiwillig geb ich euch die nicht, und ich hoffe, wenn ihr sie bekommt, so sollt ihr wenig Vorteil davon haben.«

Indem ich nun mutig gegen sie stritt, öffnete ich mehrere Male meine Arme, damit sie denken sollten, ich hätte das Geld nicht bei mir, selbst wenn sie etwa von den Dienern, die mich das Geld in Empfang nehmen sahen, angestiftet worden wären.

Das Gefecht dauerte nur kurze Zeit; sie zogen sich nach und nach zurück und sagten zueinander in ihrer Sprache: »Das ist ein braver Italiener und gewiß nicht der, den wir suchen; sollte er es aber doch sein, so hat er jedenfalls kein Geld bei sich.« Ich sprach italienisch und ging ihnen fortwährend mit Stößen und Stichen hart zu Leibe; da sie nun sahen, daß ich den Degen sehr gut führte, so dachten sie, ich sei wohl eher Soldat als irgend etwas anderes. Sie drängten sich aneinander und entfernten sich allmählich von mir, indem sie in ihrer Sprache untereinander flüsterten. Ich aber sagte fortwährend, doch nicht in prahlerischer Weise: wer Waffe und Jacke von mir haben wolle, dem solle das nicht so leicht werden. Ich fing nun an schneller zu gehen, sie folgten mir mit langsamen Schritten; dadurch vermehrte sich meine Furcht, denn ich glaubte, ich könnte in einen Hinterhalt geraten, so daß sie mich in ihre Mitte bekommen würden.

Als ich nun noch ungefähr hundert Schritte von meinem Hause war, fing ich an zu laufen und schrie so laut ich konnte: »Waffen heraus! Waffen! Man bringt mich um!«

Sofort sprangen vier von meinen jungen Leuten mit Spießen hervor; sie wollten die Räuber verfolgen, die noch zu sehen waren; ich aber hielt sie zurück und sagte: »Die vier Memmen haben nicht einmal einem einzelnen die Beute von tausend Goldgulden abnehmen können, die mir doch beinahe den Arm zerbrochen haben. Laßt mich nur einmal das Geld ablegen, dann will ich euch mit meinem Zweihänderschwert zur Seite stehen, wo ihr nur wollt.« Wir gingen hinein und ich schloß das Geld weg. Meine jungen Leute aber tadelten mich sehr, daß ich mich einer so großen Gefahr ausgesetzt hätte und sagten zu mir: »Ihr traut zu sehr auf Euch selber; darüber werden wir alle noch einmal zu weinen haben.« Hierüber stritten wir noch lange hin und her und unterdessen waren meine Angreifer verschwunden. Wir aber speisten fröhlich und heiter zu Abend und lachten darüber, wie das Glück unaufhörlich bald zum Guten, bald zum Bösen sich wendet; man braucht sich nur nicht darum zu kümmern, so ist es, wie wenn gar nichts gewesen wäre. Man sagt freilich: dies wird dir für ein anderes Mal zur Lehre dienen. Aber das ist nicht richtig, denn was uns begegnet, kommt stets auf eine andere Art, an die wir vorher nicht gedacht haben.

DREISSIGSTES KAPITEL
1540 – 1543

Streit zwischen Benvenuto und einigen französischen Künstlern bei Gelegenheit des Metallgießens. Der Ausgang entscheidet für ihn. Benvenuto wird vom König aus eigener Bewegung naturalisiert und mit dem Schloß, worin er wohnt, Petit-Nesle genannt, beliehen. Der König besucht ihn zum andernmal, begleitet von Madame d'Estampes, und bestellt treffliche Zierate für die Quelle zu Fontainebleau. Auf des Königs Befehl verfertigt er zwei schöne Modelle und zeigt sie Seiner Majestät. Beschreibung dieser Verzierung. Merkwürdige Unterredung mit dem Könige bei dieser Gelegenheit. Madame d'Estampes findet sich beleidigt, daß Benvenuto sich nicht um ihren Einfluß bekümmert. Um sich wieder bei ihr in Gunst zu setzen, will er ihr aufwarten und ihr ein Gefäß von Silber schenken, aber er wird nicht vorgelassen. Er überbringt es dem Kardinal von Lothringen. Benvenuto verwickelt sich selbst in große Verlegenheit, indem er einen Begünstigten der Madame d'Estampes, der im Schlößchen Petit-Nesle eine Wohnung bezogen, hinauswirft. Sie versucht ihm die Gunst des Königs zu entziehen, aber der Dauphin spricht zu seinem Vorteil.

AM NÄCHSTEN Morgen fing ich sogleich an dem großen Salzfaß zu arbeiten an und ließ an diesem und an den anderen Arbeiten mit allem Eifer schaffen. Ich hatte viele Gesellen angenommen, sowohl für die Bildhauerei wie auch für die Goldschmiedekunst. Diese Gesellen waren Italiener, Franzosen und Deutsche und zuweilen hatte ich eine große Menge auf einmal, wenn ich gerade gute finden konnte; ich wechselte aber von Tag zu Tage, denn ich behielt nur die, die etwas verstanden. Diese trieb ich lebhaft an, besonders durch mein Beispiel, da ich von Natur stärker zur Arbeit war als sie. Die beständige Anstrengung bewirkte nun aber, daß manche von ihnen die Arbeit nicht aushalten konnten. Diese glaubten nun neue Kräfte zu gewinnen, indem sie recht viel äßen und tränken. Besonders waren dies einige von den Deutschen, die geschickter waren als die anderen Gesellen. Diese wollten es mir nachtun, aber ihre Natur vertrug es nicht, daß ihr solche Gewalt angetan wurde, so daß sie ihren Fleiß mit dem Leben bezahlen mußten.

Während ich nun an dem silbernen Jupiter weiterarbeitete, bemerkte ich, daß mir noch ziemlich viel Silber übrig blieb und so begann ich ohne Wissen des Königs eine große Vase mit zwei Henkeln, anderthalb Ellen hoch, in Arbeit zu nehmen. Ferner bekam ich Lust, das große Modell, das ich für den silbernen Jupiter gemacht hatte, in Erz zu gießen. Ich begann diese für mich ganz neue Arbeit, dergleichen ich bisher noch niemals gemacht hatte, und beriet mich mit einigen alten Meistern von der Pariser Zunft darüber. Ich beschrieb ihnen, wie wir in Italien bei solchen Arbeiten verfahren; sie antworteten mir jedoch, so hätten sie es niemals gemacht; wenn ich sie aber nach ihrer Weise gewähren lassen wollte, so würden sie mir das Bildnis so schön und sauber gießen wie das Tonmodell. Ich vereinbarte einen Preis mit ihnen, für den sie die Arbeit auf eigene Rechnung übernehmen sollten, und versprach ihnen noch einige Goldgulden mehr, als sie selber gefordert hatten. Sie legten Hand ans Werk; da ich aber sah, daß sie nicht auf dem rechten Wege waren, begann ich schnell ein Brustbild des Julius Cäsar in der Rüstung. Ich arbeitete es viel größer als die Natur, nach einem kleinen Modell, das ich von Rom mitgebracht hatte, der Nachbildung des herrlichen antiken Kopfes. Zugleich begann ich einen weiblichen Kopf von derselben Größe, das Bildnis eines sehr schönen Mädchens, das ich zu meiner fleischlichen Lust bei mir hielt. Ich nannte diesen Kopf Fontainebleau nach jenem Ort, den sich der König zu seiner Ergötzung ausgewählt hatte. Der kleine Ofen zum Schmelzen des Erzes war aufs beste in Ordnung, und nachdem wir unsere Formen zurechtgemacht und gebrannt hatten, nämlich sie den Jupiter und ich meine beiden Köpfe, sagte ich zu den Meistern: »Ich glaube nicht, daß euer Jupiter gerät, denn ihr habt nicht genug Luftröhren von unten angebracht; darum ist nicht genug Luftzug vorhanden und ihr werdet eure Zeit verlieren.« Sie sagten mir, wenn das Werk nicht gelänge, würden sie mir alles Geld zurückgeben, das sie von mir auf Abschlag erhalten hätten und würden mir alle Auslagen ersetzen; ich sollte mich aber nur in acht nehmen: meine schönen Köpfe, die ich auf meine italienische Art gießen wollte, würden mir niemals gelingen.

Bei diesem Wortwechsel waren der Schatzmeister und einige andere Edelleute zugegen, die im Auftrage des Königs mich besucht hatten; sie berichteten dem König alles, was gesprochen und getan wurde. Die beiden Alten, die den

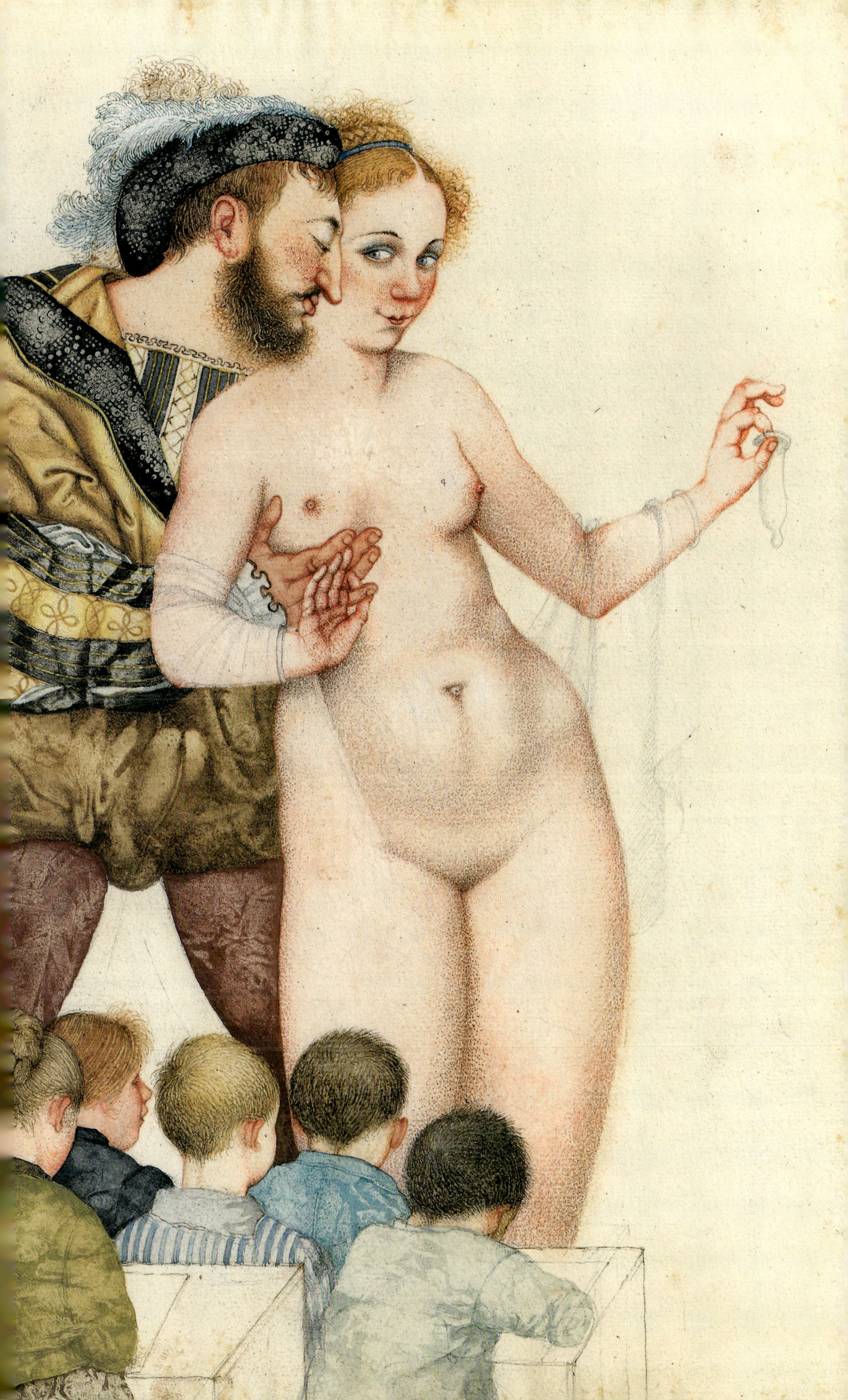

die Schule von Fontainebleau

Jupiter gießen wollten, versuchten den Zeitpunkt des Gusses etwas hinauszuschieben; sie behaupteten, sie suchten die Formen meiner beiden Köpfe zu richten; denn so, wie ich sie machte, könnten sie unmöglich gut herauskommen, und es wäre sehr schade, wenn so schöne Werke zugrunde gingen. Sie ließen dies dem König vorstellen, Seine Majestät aber erwiderte, sie sollten sich nur Mühe geben etwas zu lernen und nicht den Meister lehren wollen. Mit großem Gelächter brachten sie nun ihr Werk in die Grube, ich aber brachte ohne Lachen und ohne mir meinen Verdruß merken zu lassen, meine Formen zu beiden Seiten des Jupiters an. Als nun unser Erz aufs beste geschmolzen war, ließen wir es mit dem größten Vergnügen fließen; die Form des Jupiters füllte sich aufs beste, und zu gleicher Zeit auch die Formen meiner beiden Köpfe. Da waren jene froh und auch ich war zufrieden; denn ich freute mich, daß es mit ihrem Werke anders gekommen war als ich es gedacht hatte, und auch sie bezeigten ihre Freude, daß es mit den meinigen nicht nach ihrer Erwartung ausgegangen wäre. Nun verlangten sie auf ihre lustige französische Art zu trinken und ich ließ ihnen mit Vergnügen einen reichlichen Imbiß vorsetzen; sodann forderten sie das Geld von mir, das sie für die Arbeit zu bekommen hätten und die Belohnung, die ich ihnen außerdem versprochen hätte.

Ich sagte ihnen: »Ihr habt darüber gelacht, aber ich fürchte sehr, ihr werdet noch darüber weinen; denn ich habe mir überdacht, daß in eure Form viel mehr Masse geflossen ist als hinein gehört; darum gebe ich euch bis morgen früh kein Geld mehr.« Meine Worte gaben den armen Leuten zu denken und sie gingen ohne eine Widerrede nach Hause. Am anderen Morgen begannen sie ganz sachte die Arbeit aus der Grube zu nehmen; und weil sie die große Form nicht freilegen konnten, ohne vorher meine beiden Köpfe herauszunehmen, so taten sie dies.

Sie stellten sie auf, so daß man sie gut betrachten konnte, und siehe da, sie waren aufs beste geraten[1]. Hierauf begannen sie den Jupiter bloßzulegen; als sie aber mit ihren vier Gesellen kaum zwei Ellen tiefer gegraben hatten, erhoben sie ein so lautes Geschrei, daß ich es hörte, obgleich mein Zimmer mehr als fünfhundert Schritte entfernt war. Ich glaubte, es sei ein Freudengeschrei, und lief eilig zu ihnen. Als ich sie aber sah, machten sie so betrübte und erschrockene Gesichter, wie man die Hüter des Grabes Christi darzustellen pflegt. Ich warf schnell einen Blick auf meine beiden Köpfe, und als ich sah, daß diese gut geraten waren, empfand ich eine Mischung von Vergnügen und Verdruß. Sie wollten sich bei mir entschuldigen und sagten: »Was werden wir für Unglück haben!«

---

1 Diese beiden Werke sind spurlos verlorengegangen.

Ich antwortete ihnen: »Euer Glück war gut genug, schlecht aber war euer geringes Wissen. Hätte ich gesehen, wie ihr den Kern in die Form brachtet, so hätte ich mit einem einzigen Worte euch belehrt und die Figur wäre aufs beste herausgekommen; davon hätte ich große Ehre und ihr hättet großen Nutzen gehabt. Meine Ehre will ich schon wahren, ihr aber habt nun weder Ehre noch Nutzen gehabt; ein anderes Mal lernt arbeiten und laßt das Lachen und Trällern.«

Sie sagten, ich hätte recht, empfahlen sich aber zugleich meiner Großmut: Denn wenn ich ihnen nicht hülfe und sie die großen Ausgaben und den Verlust zu bestreiten hätten, so müßten sie mitsamt ihren Familien zugrunde gehen. Ich antwortete ihnen: wenn die Schatzmeister des Königs ihnen noch den Rest bezahlen wollten, wozu sie sich im Vertrage verpflichtet hätten, so wollte auch ich ihnen das Versprochene zahlen; denn ich hätte wohl gesehen, daß sie es mit dem besten Willen so gut gemacht hätten wie sie es eben verstanden hätten. Infolgedessen wurden mir die Schatzmeister und die Diener des Königs so wohlgesinnt wie es sich gar nicht beschreiben läßt. Alles wurde dem König geschrieben und dieser befahl mit seiner unvergleichlichen Freigebigkeit, man sollte alles so machen, wie ich es angäbe.

Unterdessen war der treffliche Kriegsheld Piero Strozzi[2] angelangt. Er erinnerte an seinen Naturalisationsbrief, und der König befahl, diesen sofort auszufertigen und sagte: »Laßt zugleich auch einen solchen Brief für Benvenuto, mon ami, ausfertigen, bringt ihm diesen sofort in sein Haus und überreicht ihn in meinem Auftrage ohne alle Kosten.«

Dem großen Piero Strozzi kostete sein Brief viele hundert Dukaten, den meinigen aber brachte mir einer von den ersten Geheimschreibern, Herr Antoine le Maçon. Dieser Edelmann übergab mir den Brief mit außerordentlichen Gnadenbezeigungen von seiten Seiner Majestät und sagte: »Dieses schenkt Euch der König, damit Ihr mit desto größerer Lust ihm dienen möget: es ist ein Naturalisationsbrief.« Er erzählte mir, wie ein solcher Brief Herrn Piero Strozzi nur nach langer Zeit und als besondere Gunst gewährt worden sei, mir aber schicke der König ihn aus eigenem Antriebe zum Geschenk; eine solche Gunst sei im Reiche noch niemals vorgekommen. Ich dankte hierfür dem König auf das allerbeste; dann aber bat ich den Geheimschreiber, er möchte noch so freundlich sein, mir zu sagen, was denn eigentlich ein solcher Naturalisationsbrief bedeute. Der Geheimschreiber war ein trefflich gebildeter und freundli-

---

2   Der älteste Sohn des Filippo Strozzi. Er war ursprünglich dazu bestimmt, Kardinal zu werden, ging aber in französische Kriegsdienste; für seine Erfolge erhielt er zum Lohn die Herrschaften Belleville und Epernay und den Marschallstab. Nach Varchi war er »großmütig, waghalsig und ruhmbegierig, zugleich aber starrköpfig und über alle Maßen stolz«. Er starb, fünfzig Jahre alt, bei der Belagerung von Diedenhofen.

cher Mann und sprach sehr gut italienisch[3]. Zuerst lachte er laut auf, dann aber wurde er wieder ernst und sagte mir auf italienisch, daß ein solcher Naturalisationsbrief eine der höchsten Würden sei, die man einem Fremden verleihen könne; es bedeute noch weit mehr als zum venezianischen Edelmann gemacht zu werden.

Er begab sich zum König zurück und erzählte ihm alles; der lachte nicht wenig und sagte dann: »Nun soll er auch erfahren, warum ich ihm diesen Naturalisationsbrief geschickt habe; geht und macht ihn zum Herrn des Schlosses Petit-Nesle, das er bewohnt; denn es ist mein Eigentum. Was dies bedeutet, wird er viel leichter begreifen als was ein Naturalisationsbrief ist.«

Ein Abgesandter kam zu mir mit diesem Geschenke. Ich wollte mich ihm erkenntlich zeigen, er aber nahm nichts an und sagte, der König habe dies ausdrücklich verboten. Den Naturalisationsbrief und die Bestallung mit dem Schloß nahm ich mit, als ich nach Italien zurückging, und wo ich auch sein und wo ich mein Leben endigen werde, sie sollen immer bei mir bleiben.

Ich wende mich nun wieder zu der begonnenen Geschichte meines Lebens. Ich arbeitete mit großem Fleiß an den erwähnten Werken, nämlich dem bereits begonnenen silbernen Jupiter, dem goldenen Salzfaß, der großen Silbervase und den beiden ehernen Köpfen. Ferner traf ich alle Anstalten, um das Fußgestell für den Jupiter zu gießen; es war aus Erz gearbeitet und sehr reich mit Zieraten ausgestattet, unter denen ich auch in halberhabener Arbeit den Raub des Ganymed darstellte und auf der anderen Seite Leda mit dem Schwan. Ich goß dieses Fußgestell aus Erz und es gelang herrlich. Ein gleiches Gestell machte ich für die Statue der Juno, deren Ausführung ich noch verschieben mußte, bis der König mir das Silber dazu geben würde. Durch meine fleißige Arbeit hatte ich es schon so weit gebracht, daß der silberne Jupiter und das goldene Salzfaß zusammengesetzt waren; die Vase war bereits weit vorgeschritten, die beiden Köpfe von Erz schon geendigt. Außerdem hatte ich verschiedene kleine Werke für den Kardinal von Ferrara gemacht, ferner ein reich gearbeitetes kleines Silbergefäß, das ich der Madame d'Estampes schenken wollte. Auch für viele italienische Herren, Herrn Piero Strozzi, den Grafen dell' Anguillara, den Grafen di Pitigliano, den Grafen della Mirandola und viele andere hatte ich gearbeitet.

Für meinen großen König hatte ich, wie erwähnt, die bestellten Arbeiten aufs beste vorwärts gebracht. Er kehrte zu jener Zeit nach Paris zurück und kam am dritten Tage mit vielen Edelleuten seines Hofes in mein Haus. Er war sehr verwundert, daß ich so viele Werke in Arbeit hatte und daß sie schon so weit

---

[3] Er war der erste, der Boccaccios Decamerone ins Französische übersetzte.

waren. Seine Madame d'Estampes war bei ihm, und sie begannen von Fontainebleau zu sprechen. Sie sagte Seiner Majestät, er müsse mich etwas recht Schönes zum Schmuck seines Lusthauses machen lassen. Da rief der König: »Das ist trefflich gesprochen! Ich will mich auf der Stelle entschließen, es soll dort etwas recht Schönes gemacht werden!« Dann wandte er sich zu mir und fragte mich, was nach meiner Meinung zur Ausschmückung der schönen Quelle gemacht werden könnte. Ich schlug einiges vor, was mir eben so durch den Sinn ging; der König sagte ebenfalls seine Meinung und fügte dann hinzu, er wolle auf zwei oder drei Wochen einen Ausflug nach Saint Germain en Laye machen, einem Lustschloß zwölf Meilen von Paris. Während dieser Zeit solle ich ein Modell für eine schöne Quelle anfertigen und dabei die reichsten Erfindungen anbringen, die ich nur ersinnen könne; denn dieser Ort sei für ihn die größte Erquickung, die er in seinem ganzen Reiche habe; darum befehle und bitte er, daß ich mich bemühen möge, etwas Schönes zu schaffen. Ich versprach es ihm.

Angesichts der vielen Werke, die bei mir in Arbeit waren, sagte der König zu Madame d'Estampes: »Niemals habe ich einen Mann von seiner Kunst gehabt, der mir besser gefallen hätte und der mehr verdiente belohnt zu werden. Darum müssen wir darauf denken, ihn bei uns festzuhalten. Er gibt viel Geld aus, ist ein geselliger Mensch und arbeitet fleißig. Darum müssen wir auch seiner gedenken, besonders, Madame, da er niemals, wenn er zu mir kam, oder ich zu ihm kam, mir etwas abgefordert hat; man sieht wohl, sein Gemüt ist ganz auf die Arbeit gerichtet; darum müssen wir ihm recht bald etwas zugute tun, damit wir ihn nicht verlieren.«

Madame d'Estampes sagte: »Ich will Euch an ihn erinnern.« Hierauf entfernten sie sich; ich aber arbeitete mit großem Eifer an meinen begonnenen Werken und begann außerdem das Modell zu dem Brunnen und brachte es fleißig vorwärts.

Nach anderthalb Monaten kam der König nach Paris zurück. Ich hatte Tag und Nacht gearbeitet und suchte ihn sofort auf. Mein Modell hatte ich bei mir; es war so sauber ausgeführt, daß man alles deutlich verstehen konnte. Schon waren die Kriegsteufeleien zwischen dem Kaiser und ihm wieder angegangen; infolgedessen traf ich ihn in großer Unruhe. Doch sprach ich mit dem Kardinal von Ferrara und sagte diesem, ich hätte gewisse Modelle bei mir, die Seine Majestät bei mir bestellt hätte; ich bat ihn, er möchte doch, wenn er einen günstigen Augenblick sähe, ein Wörtlein von diesen Modellen fallen lassen, damit ich sie zeigen könnte; denn ich glaubte, der König würde viel Vergnügen daran haben. Der Kardinal tat es; er berichtete dem König von den Modellen und dieser kam sofort dahin, wo ich mit meiner Arbeit mich befand. Erstlich hatte ich ein Portal zum Palast von Fontainebleau entworfen, wobei ich mich bemüht hatte, an dem schon vorhandenen Portal so wenig wie möglich zu ändern. Es war nach ihrer schlechten französischen Manier groß und doch zwergenmäßig; es war ein Viereck, das in die Höhe nicht viel größer war als in die Breite und darüber war ein Halbrund, das aber zusammengedrückt war wie ein Korbhenkel; in diesem Halbrund wünschte der König eine Figur zu haben, die die Göttin der schönen Quelle vorstellen sollte. Nun hatte ich zuerst diesem leeren Halbrund ein schönes Verhältnis gegeben, indem ich einen richtigen Halbkreis darüber beschrieb und an den Seiten gefällige Vorsprünge machte. Unterdessen machte ich in Übereinstimmung mit dem oberen Teile einen Sockel und oben ein Gesims, anstatt der zwei Säulen aber, die zur Verbindung der oberen und unteren Verzierungen notwendig erschienen, hatte ich an jeder Seite einen Satyr gemacht. Sie waren mehr als halberhaben gearbeitet; der eine schien mit dem einen Arm das Gebälk über den Säulen zu tragen, während er im anderen Arm einen großen Stab hielt; sein Gesicht war mutig und wild und warf furchtbare Blicke auf die Anschauenden. Die zweite Gestalt hatte eine ähnliche Haltung, war aber am Kopf und an einigen Nebenumständen verschieden; sie hatte in der Hand eine Geißel mit drei Kugeln, die an Ketten befestigt waren. Obgleich ich sie Satyrn nenne, hatten sie doch vom Satyr nichts als ein Paar Hörnchen und ein Bocksgesicht; im übrigen waren sie ganz und gar von menschlicher Gestalt. In dem Halbrund hatte ich ein Weib in schöner Haltung liegend dargestellt; sie hielt mit dem linken Arm den Hals eines Hirsches umschlungen. So hatte es der König befohlen. Auf der einen Seite hatte ich in halberhabener Arbeit Rehe und Wildschweine dargestellt, außerdem in flacherem Relief anderes Wildbret, wie es der schöne Wald, aus dem die Quelle entspringt, hervorbringt; auf der anderen Seite waren Bracken und Windhunde von mancherlei Art.

Dieses ganze Werk hatte ich in ein längliches Viereck eingeschlossen und in jedem Winkel über dem Halbrund hatte ich zwei Siegesgöttinnen in flach erhabener Arbeit abgebildet, die nach dem Brauch der Alten kleine Fackeln in der Hand trugen. Über dem Viereck hatte ich auf besonderen Wunsch des Königs einen Salamander angebracht, dazu viele andere sehr gefällige Zierate, wie sie sich zu diesem Werke schickten, das im ionischen Stil gehalten war[4].

Als der König das Modell sah, machte es ihn sofort ganz heiter und ergötzte ihn nach jenem verdrießlichen Gespräch, das er mehr als zwei Stunden lang

---

4 Der Hirsch war wie der Salamander eines der Embleme des Königs. Von dem ganzen Entwurf wurde nur das Halbrund mit der Figur der Nymphe ausgeführt, jedoch nicht in Fontainebleau aufgestellt. Nach dem Tode Franz des Ersten schenkte Heinrich der Zweite das Werk seiner Geliebten, Diana von Poitiers, die es über dem Tor ihres Schlosses Anet anbringen ließ. Dort blieb es bis 1780; jetzt befindet es sich im Louvre.

geführt hatte. Als ich ihn nun so fröhlich sah, wie ich es mir nur wünschen konnte, deckte ich das andere Modell auf, das er gewiß nicht erwartete, da er in dem ersten schon Arbeit genug gesehen zu haben glaubte. Dieses Modell war mehr als zwei Ellen hoch; es stellte einen Brunnen in Form eines vollkommenen Vierecks dar; rund herum liefen sehr schöne Treppen, die einander durchschnitten, wie man es niemals in Frankreich und sehr selten in Italien gesehen hatte. In der Mitte des Brunnens war ein Fußgestell, das nur um ein weniges über den Brunnentrog hinausragte; auf diesem Fußgestell stand eine nackte Gestalt von hoher Anmut. Sie hielt in der rechten hocherhobenen Hand eine zerbrochene Lanze; die linke lag auf dem Handgriff eines krummen Säbels von schönster Form; die Figur ruhte auf dem linken Fuß, den rechten setzte sie auf einen Helm von der allerreichsten Arbeit. Auf jeder der vier Ecken des Brunnens hatte ich eine aufrechtsitzende Figur dargestellt, eine jede mit den bedeutungsvollsten Merkzeichen.

Der König fragte mich, was denn das für eine schöne Erfindung wäre, die ich ihm gemacht hätte? Alles, was ich am Tore abgebildet, hätte er verstanden, ohne daß er nötig gehabt hätte, mich zu fragen. Was aber dieser Brunnen bedeutete, das verstände er nicht, obgleich er ihm außerordentlich schön erschiene. Er wüßte jedoch, daß ich es nicht wie gewisse Dummköpfe machte, die freilich wohl einmal etwas Anmutiges machen könnten, aber ihren Werken keine Bedeutung zu geben wüßten. Nun nahm ich mich zusammen; denn, da meine Arbeit dem König gefallen hatte, so wollte ich auch, daß ihm meine Rede ebenso gut gefiele: »Wisset, o geheiligte Majestät«, so rief ich, »diese ganze kleine Arbeit, ganz genau nach kleinen Fußmaßen gemessen, wird, wenn sie ausgeführt wird, auch im großen die gleiche angenehme Wirkung ausüben. Die Figur in der Mitte ist vierundfünfzig Fuß hoch« – hier gab der König ein Zeichen großer Überraschung von sich – »sie soll den Kriegsgott Mars darstellen. Die anderen vier Figuren stellen die Künste dar, an denen Eure Majestät sich ergötzt und die Ihr begünstigt. Die zur Rechten ist die Wissenschaft aller Wissenschaften; hier seht Ihr ihre Merkzeichen, an denen man die Philosophie und alle sie begleitenden Eigenschaften erkennt. Diese zweite Figur stellt alle bildenden Künste dar, nämlich Bildhauerei, Malerei und Baukunst. Die dritte ist die Musik, die sich gern zu diesen anderen Wissenschaften gesellt. Die vierte, die so angenehm und gütig aussieht, stellt die Freigebigkeit vor; denn ohne diese kann keine jener wundersamen Gaben, die Gott uns verleiht, sich kundtun. Die große Statue in der Mitte stellt Eure Majestät selber dar. Ihr seid ein Kriegsgott, denn Ihr seid der einzige Tapfere auf der Welt und Eure Tapferkeit wendet Ihr gerecht und fromm zur Verteidigung Eures Ruhmes an.«

Der König hatte kaum soviel Geduld, mich ausreden zu lassen; als ich fertig war, rief er mit lauter Stimme: »Wahrlich, ich habe einen Mann nach meinem Herzen gefunden!« Zugleich rief er die Schatzmeister, die für mich bestellt waren, und sagte ihnen, sie sollten alles beschaffen, was ich nötig hätte, wären die Kosten auch noch so groß; dann schlug er mir mit der Hand auf die Schulter und sagte: »Mon ami« – das heißt: mein Freund –, »ich weiß nicht, wer die größere Freude haben mag: ein Fürst, der einen Mann nach seinem Herzen gefunden hat, oder ein Künstler, der einen Fürsten gefunden hat, der ihm alle Mittel gibt, um seine großen künstlerischen Entwürfe auszuführen.«

Ich antwortete ihm: »Wenn ich es bin, von dem Eure Majestät spricht, so ist mein Glück gewiß das größere.« Er aber versetzte lächelnd: »Sagen wir, es sei gleich.« Ich beurlaubte mich in froher Stimmung und ging wieder an meine Arbeit.

Nun wollte aber mein übles Glück, daß ich nicht darauf aufmerksam gemacht wurde, ich müßte dieselbe Komödie auch mit Madame d'Estampes aufführen; als sie an dem Abend aus dem Munde des Königs selber den ganzen Vorfall erfuhr, stieg ihr eine so giftige Wut auf, daß sie ärgerlich sagte: »Hätte Benvenuto mir seine schönen Arbeiten gezeigt, so hätte er mir wohl Anlaß gegeben, mich zur rechten Zeit seiner zu erinnern.« Der König wollte mich entschuldigen, aber es nützte nichts.

Ich hörte dieses erst zwei Wochen später, als der Hof von einer Reise nach Rouen und Dieppe in der Normandie wieder nach Saint Germain en Laye zurückgekehrt war. Da nahm ich das schöne Gefäßchen, das ich auf Verlangen der Madame d'Estampes gemacht hatte, denn ich dachte, ich könnte ihre Gunst zurückgewinnen, wenn ich es ihr schenkte. So trug ich es zu ihr hin. Ich zeigte ihrer Amme das schöne Gefäß, das ich für die Herrin gemacht hätte, und ließ ihr durch diese sagen, daß ich es ihr schenken wollte. Die Amme war über alle Maßen freundlich zu mir und sagte, sie würde mich der gnädigen Frau melden; diese wäre noch nicht angezogen, aber sobald sie es ihr sagte, würde ich gewiß eingelassen werden. Die Amme sagte ihrer Herrin alles; diese aber antwortete verdrießlich: »Sagt ihm, er solle warten.«

Als ich dies vernahm, hüllte ich mich in Geduld, obwohl dies für mich das allerschwerste ist. Trotzdem aber wartete ich geduldig bis nach ihrer Mahlzeit. Als es aber so spät wurde, machte der Hunger mich so wütend, daß ich es nicht mehr aushalten konnte. Ich wünschte ihr von ganzem Herzen die Pest an den Hals und ging davon, dem Kardinal von Lothringen aufzuwarten. Ihm brachte ich das Gefäß zum Geschenk und bat ihn nur, mich in der Huld des Königs zu erhalten. Er sagte, dies sei nicht nötig; wenn es aber nötig wäre, so wollte er es gerne tun. Hierauf rief er seinen Schatzmeister herbei und sagte ihm etwas ins Ohr. Dieser wartete, bis ich mich dem Kardinal empfahl und sagte dann zu mir: »Benvenuto, kommt mit mir! Ich will Euch einen Becher guten Weines zu trinken geben.«

Ich wußte nicht, was er damit sagen wollte und antwortete ihm: »Ja, bitte, gnädiger Herr Schatzmeister, laßt mir einen einzigen Becher Weines und einen Bissen Brot reichen, denn ich werde fürwahr ohnmächtig: von heute morgen in aller Frühe bis zu dieser Stunde stand ich nüchtern vor der Tür der Madame d'Estampes, um ihr dieses schöne Gefäßchen von vergoldetem Silber zu geben. Ich ließ ihr alles melden, sie aber wollte mich nur quälen und ließ mir immerzu sagen, ich sollte nur warten. Nun kommt der Hunger dazu und ich fühle mich beinahe ohnmächtig werden. So war es Gottes Wille, daß ich das edle Metall und meine Arbeit einem Manne schenken sollte, der ihrer weit mehr würdig ist. Ich bitte Euch nur um ein bißchen zu trinken; denn da ich zu hitzblütig bin, so quält der Hunger mich dermaßen, daß ich beinahe ohnmächtig hinsinken möchte.«

Während ich mit Mühe und Not diese Worte hervorbrachte, war ein ausgezeichneter Wein und ein Frühstück von allerlei guten Sachen erschienen, an denen ich mich herzhaft stärkte. Als nun meine Lebensgeister wiederkehrten, war mein Groll verflogen.

Hierauf reichte der gute Schatzmeister mir hundert Goldgulden, die ich aber durchaus nicht annehmen wollte. Er meldete dies dem Kardinal; der aber fuhr ihn grob an und befahl ihm, er solle mir das Geld mit Gewalt aufdringen oder ihm nicht mehr vor die Augen kommen. Der Schatzmeister kam ganz zornig zu mir und sagte, der Kardinal habe ihn sonst noch nie gescholten; damit wollte er mir das Geld geben; als ich mich aber immer noch ein wenig sträubte, sagte er mir ganz ärgerlich, er würde mich mit Gewalt zur Annahme zwingen. Da nahm ich denn das Geld. Als ich aber zum Kardinal hineingehen und ihm danken wollte, ließ er mir durch einen seiner Schreiber sagen, er sei stets von Herzen gern bereit, mir etwas zuliebe zu tun. An demselben Abend kehrte ich nach Paris zurück. Der König erfuhr alles und neckte Madame d'Estampes damit; sie wurde dadurch nur noch giftiger gegen mich, wodurch ich in große Lebensgefahr geriet, wie ich an seinem Ort erzählen werde.

Schon früher hätte ich der Freundschaft des tüchtigsten, liebenswürdigsten und treuesten Mannes gedenken sollen, den ich auf der Welt je gekannt habe, nämlich des Herrn Guido Guidi[5], des ausgezeichneten Arztes und florentinischen Edelmannes. Die unendlichen Leiden, die mir vom widrigen Geschick in den Weg gelegt wurden, sind schuld, daß ich seiner zu erwähnen unterlassen

---

5 Einer der berühmtesten Ärzte seiner Zeit. Bis 1548 war er in Paris als Leibarzt des Königs Franz. Cosimo rief ihn nach Toskana zurück, wo er in Florenz und Pisa lebte. Er lehrte an der Universität zu Pisa Philosophie und Medizin und starb dort 1569.

die Jagd ist vorbei

habe. Ich dachte, es komme nicht eben viel darauf an und es genüge, wenn ich ihn stets im Herzen trage; da ich nun aber wohl sehe, daß die Beschreibung meines Lebens ohne ihn nicht vollständig sein würde, so bringe ich hier zwischen meinen wichtigeren Erlebnissen auch das vor, was ich von ihm zu sagen habe, damit die Erinnerung an den Trefflichen erhalten bleibe, der mir damals Trost und Hilfe war. Als Herr Guido nach Paris kam, lernte ich ihn kennen, nahm ihn in mein Schloß auf und gab ihm freie Wohnung; so lebten wir mehrere Jahre freundschaftlich beisammen. Ferner kam auch der Bischof von Pavia, Monsignore de' Rossi, der Bruder des Grafen von San Secondo, nach Paris; diesen nahm ich aus dem Gasthofe und brachte ihn in meinem Schloß unter, indem ich auch ihm freie Wohnung gab, wo er mit seinen Dienern und Pferden viele Monate lang gute Unterkunft hatte[6]. Ein anderes Mal beherbergte ich Herrn Luigi Alamanni mit seinen Söhnen mehrere Monate lang. Ich sah es als eine Gnade von Gott an, daß ich so großen und kenntnisreichen Männern gefällig sein konnte. Meine Freundschaft mit Herrn Guido dauerte jahrelang, nämlich solange ich in Paris weilte. Oft priesen wir unser Glück, daß wir im Dienste des großen herrlichen Fürsten in unserer Kunst Fortschritte machen durften. Denn das kann ich in Wahrheit sagen: Was ich bin und was ich an Gutem und Großem geschaffen habe, das verdanke ich alles dem erlauchten König. Darum will ich denn auch den Faden wieder anknüpfen und von ihm und von den vielen großen Werken sprechen, die ich für ihn schuf.

Ich hatte in meinem Schloß auch ein Ballspiel, woraus ich manchen Nutzen zog, indem ich gegen Entgelt das Spiel gestattete. An diesem Ballplatz waren auch einige kleine Wohnungen, die ich an verschiedene Leute vermietet hatte; unter anderen wohnte dort auch ein sehr geschickter Buchdrucker[7], der fast sein ganzes Geschäft in meiner Burg hatte und dort auch Guidos erstes schönes Buch über Medizin druckte. Da ich seine Wohnung für mich verwenden wollte, so schickte ich ihn fort, doch setzte ich dies nicht ohne große Schwierigkeit durch. Auch wohnte dort ein Salpetermacher; als ich nun dessen Kammern für meine braven deutschen Gesellen haben wollte, weigerte er sich auszuziehen. Mehrere Male hatte ich ihm freundlich gesagt, er solle meine Zimmer räumen, weil ich sie zur Wohnung meiner Gesellen brauchte, die im Dienst des Königs ständen. Je bescheidener ich aber sprach, desto stolzer antwortete mir der Kerl; schließlich setzte ich ihm eine letzte Frist von drei Tagen. Er lachte

---

6 Es ist derselbe, der mit ihm in der Engelsburg gefangen saß.
7 Pierre Gautier. Der Titel des Werkes lautet: ›Chirurgia e graeco in latinum conversa, Vido Vidis Florentino interprete, cum nonnullis ejusdem Vidii commentariis. Excudebat Petrus Galterius, Luteciae Parisiorum, pridie cal. maii 1544.‹ Ein schöner Folioband mit Abbildungen, vom Übersetzer und Kommentator König Franz gewidmet.

mich aus und sagte, nach drei Jahren würde er mal anfangen, daran zu denken. Ich wußte nicht, daß der Mann zum Haushalt der Madame d'Estampes gehörte; ich war aber seit meinen Ärgernissen mit jener Dame überhaupt etwas vorsichtiger geworden; sonst hätte ich ihn sofort hinausgejagt. Nun aber beschloß ich, mich drei Tage zu gedulden. Als diese Frist verstrichen war, sagte ich kein Wort mehr, sondern bewaffnete meine deutschen, italienischen und französischen Gesellen, nahm noch die vielen Handlanger hinzu, die ich hatte, riß in kurzer Zeit das ganze Haus nieder und warf seine Sachen aus meinem Kastell hinaus. Dies war freilich etwas strenge, aber ich tat es, weil er zu mir gesagt hatte, es würde wohl kein Italiener so kühn sein, auch nur ein Hälmchen bei ihm anzurühren. Nachdem es nun geschehen war, kam er angelaufen; da sagte ich zu ihm: »Ich bin der allergeringste Italiener und habe dir doch noch nichts angetan, obwohl ich große Lust dazu hätte. Aber ich sage dir: Ich werde handeln, wenn du nur ein einziges Wort sagst!« Außerdem sagte ich ihm noch manches harte Wort. Verdutzt und erschrocken packte der Mann seine Sachen zusammen, so gut er konnte; dann lief er zur Madame d'Estampes und malte ihr eine Hölle vor. Diese meine Hauptfeindin, die um so gefährlicher war, da sie eine außerordentliche Beredsamkeit besaß, schilderte die Begebenheit dem König. Dieser war zweimal – so sagte man mir später – im Begriff, gegen mich zornig zu werden und strenge Verfügungen gegen mich zu erlassen; aber sein Sohn, der Dauphin Heinrich, der jetzige König von Frankreich, hatte von der überaus kühnen Frau einigen Verdruß erlitten [8]. Dieser und die Schwester des Königs Franz, die Königin von Navarra, traten so eifrig für mich ein, daß der König schließlich über die ganze Geschichte lachte; und so entrann ich, dank der Hilfe Gottes, einer großen Gefahr.

---

8 Wegen seiner Geliebten, Diana von Poitiers, auf deren Schönheit Madame d'Estampes eifersüchtig war.

EINUNDDREISSIGSTES KAPITEL
1543

Madame d'Estampes muntert den Maler Primaticcio, sonst Bologna genannt, auf, durch Wetteifer Benvenuto zu quälen. Er wird in einen verdrießlichen Prozeß verwickelt mit einer Person, die er aus Petit-Nesle geworfen. Beschreibung der französischen Gerichtshöfe. Benvenuto, durch diese Verfolgungen und durch Advokatenkniffe aufs Äußerste gebracht, verwundet die Gegenpartei und bringt sie dadurch zum Schweigen. Nachricht von seinen vier Gesellen und seiner Magd Caterina. Ein heuchlerischer Geselle betrügt den Meister und hält's mit Caterina. Der Meister ertappt sie auf der Tat und jagt Caterina mit ihrer Mutter aus dem Hause. Sie verklagen ihn wegen unnatürlicher Befriedigung. Benvenuto wird bange. Nachdem er sich gefaßt und sich kühnlich dargestellt, verficht er seine eigene Sache und wird ehrenvoll entlassen. Offener Bruch zwischen Cellini und Bologna, dem Maler, weil dieser auf Eingeben der Madame d'Estampes verschiedene Entwürfe des Benvenuto auszuführen unternommen. Bologna, durch Benvenutos Drohungen in Furcht gesetzt, gibt die Sache auf. Cellini bemerkt, daß Pagolo und Caterina ihr Verhältnis fortsetzen, und rächt sich auf eine besondere Weise.

MIT EINEM anderen Mann hatte ich einen ähnlichen Handel, doch riß ich diesem nicht das Haus nieder, sondern warf nur alle seine Sachen hinaus. Hierüber erboste Madame d'Estampes sich so, daß sie dem König sagte: »Ich glaube, dieser Teufel wird Euch noch einmal Paris auf den Kopf stellen.« Hierauf antwortete ihr der König erzürnt, ich hätte vollkommen recht, mich gegen dieses Gesindel zu wehren, die mich in seinem Dienst behindern wollten. Die Wut des grausamen Weibes wuchs nun von Stunde zu Stunde, und sie rief einen Maler zu sich, der in jenem Augenblick in Fontainebleau wohnte, wo der König sich fast immer aufhielt. Er war ein Italiener, und zwar aus Bologna; man kannte ihn unter dem Namen Bologna, eigentlich aber hieß er Francesco Primaticcio[1]. Madame d'Estampes sagte zu ihm, er solle den König bitten, ihm die Ausführung des Brunnens zu übertragen, die Seine Majestät eigentlich mir zugedacht habe; sie werde ihm mit ihrem

---

[1] Francesco Primaticcio (1504 bis 1570) war von 1532 an am französischen Hofe, wo er zunächst vier Bilder von Raffael restaurierte und dann hauptsächlich mit der Ausschmückung von Fontainebleau beschäftigt war. Er starb 1570.

ganzen Einfluß beistehen. So wurden sie denn einig. Bologna freute sich über alle Maßen, als ihm dieser Auftrag so sicher versprochen wurde, obgleich er eigentlich von dieser Kunst nichts verstand. Er war nur ein ziemlich guter Zeichner und hatte einige Gesellen an sich gezogen, die bei unserem florentinischen Maler Rosso[2], dem wirklich trefflichen Künstler, in der Schule gewesen waren. Was Bologna Gutes konnte, verdankte er nur der trefflichen Kunst dieses Rosso, der damals bereits tot war. Nun lagen sie Tag und Nacht dem großen König in den Ohren; bald brachte Bologna, bald die Schöne ihre spitzfindigen Gründe vor, besonders aber Madame d'Estampes. Schließlich brachten sie den König hauptsächlich dadurch zum Nachgeben, daß sie und Bologna ihm übereinstimmend sagten: »Wie ist es denn möglich, Geheiligte Majestät, daß Ihr von Benvenuto erwartet, er solle Euch zwölf silberne Statuen anfertigen? Er hat ja noch nicht eine einzige vollendet. Wenn Ihr ihm nun einen so großen neuen Auftrag gebt, so beraubt Ihr Euch natürlich der Möglichkeit, daß die anderen, die Euch doch so sehr am Herzen liegen, jemals ausgeführt werden; denn hundert Männer, und wären sie die allergeschicktesten, könnten nicht alle die großen Werke zu Ende führen, die Euer trefflicher Künstler in Angriff genommen hat. Man sieht ja wohl, daß er den besten Willen hat, etwas zu schaffen, aber gerade dadurch werdet Ihr plötzlich ihn und seine Werke verlieren.«

Durch diese und viele andere ähnliche Worte ließ der König, als sie ihn eines Tages in der richtigen Stimmung trafen, sich bewegen, ihnen alles zu bewilligen, was sie verlangten, obgleich er von Bologna niemals ein Modell oder auch nur eine Zeichnung sich hatte zeigen lassen.

Um jene Zeit hatte der zweite Mieter, den ich aus meinem Kastell hinausgeworfen hatte, in Paris einen Prozeß gegen mich angestrengt, indem er behauptete, ich hätte ihm gelegentlich jener Austreibung eine Menge von seinen Sachen gestohlen. Dieser Rechtsstreit machte mir den größten Verdruß und raubte mir so viele Zeit, daß ich in heller Verzweiflung war und mehrere Male schon beschlossen hatte, auf und davon zu gehen. In Frankreich wird ein Prozeß mit einem Ausländer oder mit einer anderen Person, von der man merkt, daß sie von Prozessen nicht viel versteht, geradezu als ein Kapital angesehen. Sobald sie sehen, daß der Prozeß einigermaßen gut für sie steht, finden sie leicht einen Käufer für denselben; es ist sogar vorgekommen, daß man Prozesse als Mitgift gab, und es gibt Leute, die keinen anderen Beruf haben, als daß sie Prozesse kaufen. Ein anderer Übelstand ist es, daß die Leute aus der Normandie beinahe alle gewerbsmäßig falsches Zeugnis ablegen. Wer nun einen Prozeß kauft, richtet sofort vier oder nach Bedürfnis sechs solche Zeugen ab, und

---

2 Vergleiche die Anmerkung zum fünften Kapitel.

wenn nun der andere diesen Brauch nicht kennt und nicht ebenso viele Gegenzeugen stellt, so ergeht sofort das Urteil gegen ihn. So erging es auch mir; da ich solches Verfahren für schändlich hielt, so erschien ich im großen Gerichtssaal zu Paris, um meine Gründe selber vorzubringen. Da sah ich denn den Richter, als bürgerlichen Stellvertreter des Königs, auf einem hohen Richterstuhl thronen. Er war groß, dick und fett und von strenger Miene. Auf beiden Seiten um ihn herum standen viele Sachwalter und Anwälte, ihrem Range nach zur Rechten und zur Linken aufgestellt; andere traten, immer einer zurzeit, vor diesen Richter und brachten ihre Sache vor. Die Advokaten, die beiseite standen, redeten manchmal alle miteinander; da war ich denn höchst verwundert, daß dieser seltsame Mann, der wie Pluto aussah, bald diesem, bald jenem zuhörte und allen auf das trefflichste antwortete. Und weil es mir immer eine Lust war, alle Arten von Geschicklichkeit zu sehen und zu genießen, so schien mir dieser Mann so wunderbar, daß ich um vieles diesen Anblick nicht hätte hergeben mögen. Da nun dieser Saal, so groß er war, mit Menschen angefüllt war, so wurde sorgfältig darauf geachtet, daß niemand eintrat, der dort nichts zu tun hatte. Die Tür war geschlossen und ein Wächter stand dabei. Wenn nun zuweilen der Wächter Leute vom Eintreten zurückhalten wollte, so störte er mit dem Lärm den merkwürdigen Richter, der dann in seinem Zorn dem Wächter Grobheiten sagte. Mehrere Male trat ich herzu und hörte, was dabei gesprochen wurde, besonders was der Richter sagte: Als zwei Edelleute als Zuschauer eindringen wollten, widersetzte der Türhüter sich ihnen mit aller Macht; da rief der Richter laut: »Still, still! Satan, fort von hier, still!« Diese Worte lauten in der französischen Sprache folgendermaßen: *Phe phe Satan phe phe Satan alé phe*[3]! Ich hatte unterdessen die französische Sprache aufs beste gelernt, und als ich nun diesen Ausspruch hörte, erinnerte ich mich der Worte, die Dante gebraucht, als er mit seinem Meister Virgil in das Höllentor eintritt. Dante war zu seiner Zeit mit dem Maler Giotto in Frankreich gewesen und besonders auch in Paris. Gewiß kann man sagen, daß der Ort, wo man um das Recht streitet, eine Hölle ist, und da auch Dante gut Französisch verstand, so hat er dieses Wort in seinem Gedicht verwandt[4]. Ich habe mich nur gewundert, daß man den Sinn dieser Stelle niemals verstanden hat, darum glaube und

---

[3] Die italienischen Kritiker Tassi und Bianchi sind der Meinung, daß dieses *phe* keinen f-Laut enthalte. Benvenuto habe damit die seinem toskanischen Ohr hart klingende Aussprache eines aspirierten *p* im Worte *paix* wiedergeben wollen. In französischer Schreibweise würde also der Satz lauten: *Paix, paix, Satan! Paix, paix, Satan! Allez, paix!*

[4] Die ersten Verse im siebenten Gesange des Inferno lauten: *Pape Satan, pape Satan, aleppe Cominciò Pluto con la voce chioccia.* Über den Sinn der vielleicht hebräischen Worte herrscht große Meinungsverschiedenheit. Nach einigen bedeuten sie: Hier (*pape*) gebietet (*aleppe*) Satan. Nach anderen: Zeige dich, Satan! Zeige dich, Satan, im Glanz deiner Majestät! Benvenutos Erklärung ist jedenfalls ganz falsch, obschon Dante in Frankreich

behaupte ich denn auch, daß seine Ausleger ihn manches sagen lassen, woran er niemals gedacht hat.

Doch zurück zu meinen Angelegenheiten! Als dank jenen Advokaten mehrere Urteile gegen mich ergingen und ich kein Mittel mehr sah, um mir zu helfen, da nahm ich meine Zuflucht zu einem großen Dolch, den ich besaß; denn ich hatte immer meine Freude daran, schöne Waffen zu haben. Nun machte ich mich zuerst an den ursprünglichen Gegner, der mir den ungerechten Prozeß angehängt hatte, und gab ihm eines Abends, indem ich mich nur hütete ihn zu ermorden, so viele Stiche in Beine und Arme, daß er an beiden Beinen gelähmt wurde. Dann suchte ich den andern auf, der den Prozeß gekauft hatte, und auch diesen traf ich so, daß damit der Rechtsstreit ein Ende hatte. Hierfür dankte ich Gott, wie ich es stets für alles andere tat, denn ich hoffte, nun würde ich doch eine Zeitlang unbelästigt bleiben können.

Sodann sagte ich meinen Hausgesellen, besonders den Italienern, es sollte doch um Gottes willen ein jeder sich an seine Arbeit halten und mir eine Zeitlang recht eifrig helfen, damit ich die begonnenen Werke recht schnell zu Ende brächte; hierauf wollte ich nach Italien zurückkehren, denn die Halunkenstreiche der Franzosen könnte ich nicht ertragen; ich dachte, es könnte doch wohl schlecht gehen, wenn der gute König einmal auf mich erzürnt werden sollte, denn ich hatte zu meiner Verteidigung manches derartiges getan.

Unter diesen Italienern war mir der liebste Ascanio aus Tagliacozzo im Königreich Neapel; ferner Pagolo, ein Römer von sehr geringem Stande, denn man kannte seinen Vater nicht. Diese beiden waren schon in Rom bei mir gewesen und ich hatte sie von dort mitgebracht. Ein anderer Römer, der ebenfalls Pagolo hieß, war von Rom eigens zu mir nach Paris gekommen. Dieser war der Sohn eines armen römischen Edelmannes aus dem Geschlecht der Macaroni; der Jüngling verstand nicht viel von der Kunst, war aber sehr tapfer mit den Waffen. Dann hatte ich noch einen aus Ferrara namens Bartolommeo Chioccia und einen Florentiner, der Pagolo Micceri hieß. Ein Bruder von ihm wurde Gatta genannt; dieser war sehr tüchtig mit der Feder, er hatte jedoch zuviel ausgegeben, als er die Geschäfte des sehr reichen Kaufherrn Tommaso Guadagni führte. Gatta hatte mir die Bücher eingerichtet, worin ich die Rechnungen für den großen allerchristlichsten König und für andere führte. Diese Bücher hatte nun Pagolo Micceri übernommen und führte sie nach der Art und Weise seines Bruders fort; ich gab ihm dafür ein sehr gutes Gehalt. Ich hielt ihn für einen

---

war. Ob er übrigens dort mit seinem Freunde Giotto zusammen war, ist sehr zweifelhaft. Man nahm früher an, daß Giotto im Dom und im päpstlichen Palast in Avignon gemalt habe; es steht aber jetzt fest, daß Simone Martini die Vorhalle des Domes und ein Unbekannter den Palast ausgemalt haben.

sehr braven Jüngling, denn ich sah, daß er fromm war, und hörte ihn beständig Psalmen murmeln; auch hatte er immer den Rosenkranz in der Hand. Darum versprach ich mir nun sehr viel von seiner verstellten Güte. Eines Tages rief ich ihn allein beiseite und sagte ihm: »Pagolo, liebster Bruder! Du siehst, wie gut du es bei mir hast, während du, wie du wohl weißt, anderweitig gar keine Aussichten hättest. Auch bist du ein Florentiner, darum vertraue ich dir ganz besonders, zumal da ich sehe, daß du so fromm die Bräuche unserer Religion beobachtest; denn dies gefällt mir sehr. Darum bitte ich dich nun, du wollest mir beistehen, denn dir vertraue ich wie sonst keinem von den anderen. So bitte ich dich denn nun, du wollest mir besonders auf zwei Dinge achten, um die ich sonst vielen Verdruß haben würde: Erstens, passe gut auf mein Eigentum auf, damit es mir nicht gestohlen werde, und rühre auch selber nichts an; zweitens ist da, wie du weißt, das arme Mädchen, die Caterina, die ich besonders meiner Kunst wegen bei mir habe, denn ohne sie könnte ich nichts vollbringen. Freilich habe ich, da ich ein Mensch bin, mich ihrer auch zu meiner fleischlichen Lust bedient, und es könnte wohl sein, daß sie ein Kind von mir bekäme; nun möchte ich aber für ein Kind von einem anderen kein Geld aufwenden, und noch unerträglicher wäre mir der Schimpf, der mir damit angetan würde. Sollte jemand in meinem Hause sich erkühnen, so etwas zu tun, und sollte ich das bemerken, so glaube ich ganz gewiß, ich würde sie und ihn ermorden. Darum bitte ich dich, lieber Bruder, hilf mir. Und wenn du etwas siehst, so sage es mir sofort, damit ich sie, die Mutter und den Übeltäter an den Galgen schicke. Darum nimm zu allererst dich selbst in acht!«

Der Schelm machte ein Zeichen des Kreuzes, das ihm vom Kopf bis zu den Füßen reichte und sagte: »Oh, gebenedeiter Jesus! Gott bewahre mich, daß ich jemals an so etwas denken sollte! Zu so schlimmen Sachen neige ich ja gar nicht! Auch glaubt doch ja nicht, daß ich nicht wisse, wie viel ich Euch verdanke!« Diese Worte sagte er auf eine so einfache und liebevolle Art, daß ich sie ihm buchstäblich glaubte.

Zwei Tage darauf, an einem Sonntage, hatte Herr Mattio del Nazaro[5], ebenfalls ein Italiener im Dienste des Königs und ein trefflicher Mann in meiner Kunst, mich und einige von meinen Gesellen zur Jause in einen Garten eingeladen. Es dünkte mir gut, nach jenem ärgerlichen Prozeß mich ein wenig zu erholen, darum machte ich mich zurecht und sagte zu Pagolo, er solle mit mir gehen, um sich ein wenig aufzumuntern. Der Jüngling aber antwortete mir: »Wahrlich, es wäre doch ein großer Fehler, das Haus so allein zu lassen! Seht

---

5 Matteo del Nasaro war der Sohn eines Veroneser Schusters und stand in großem Ansehen als ausgezeichneter Gemmenschneider und Medailleur.

doch, wieviel Gold, Silber und Juwelen Ihr darin habt. Und da wir in einer Stadt von Spitzbuben uns befinden, so müssen wir Tag und Nacht auf der Hut sein. Ich will lieber meine Gebete verrichten und dabei das Haus hüten. Geht nur ruhigen Gemütes und laßt es Euch wohl sein! Ein anderes Mal mag ein anderer diesen Dienst tun.«

Sein Rat schien mir gut und ich ging mit dem römischen Pagolo, Ascanio und Chioccia nach diesem Garten. Wir nahmen einen Imbiß ein und verbrachten dort in fröhlicher Laune den größten Teil des Tages. Als es aber gegen Abend ging, befiel mich eine üble Laune und ich gedachte an jene Worte, die der Unglückselige mir mit verstellter Einfalt gesagt hatte. Darum stieg ich zu Pferde und ritt mit zwei von meinen Dienern nach meinem Schloß, wo ich Pagolo und die böse Caterina beinahe auf frischer Tat ertappte; denn als ich ankam, rief die Mutter, die alte französische Kupplerin: »Pagolo und Caterina, der Herr ist da!« Da sie nun beide ganz erschrocken herankamen und voller Verwirrung vor mich traten und ganz betäubt weder wußten, was sie sagen, noch wohin sie sich wenden sollten, so sah ich deutlich, daß sie das Verbrechen gegen mich begangen hatten.

Da überwältigte der Zorn meine Vernunft, ich zog den Degen und war entschlossen, sie alle beide totzustechen. Er floh; sie aber warf sich auf die Knie und flehte den Himmel um alle seine Barmherzigkeiten an. Ich hätte es gerne zuerst mit dem Burschen abgemacht, konnte ihn aber nicht sofort einholen; als ich ihn dann in meiner Gewalt hatte, hatte ich mir überdacht, daß es doch besser wäre, die beiden nur fortzujagen; denn da ich kurz vorher so manches andere verübt hatte, wäre ich diesmal schwerlich mit dem Leben davongekommen. So sagte ich denn nur zu Pagolo: »Hätten meine Augen gesehen, was ich von dir, du Schuft, glauben muß, so wollte ich dir diesen Degen zehnmal durch die Gedärme rennen! Mach, daß du fortkommst und bete dein letztes Paternoster unter dem Galgen!«

Hierauf jagte ich Mutter und Tochter mit Stößen, Fußtritten und Faustschlägen zum Hause hinaus. Sie wollten sich für diesen Schimpf rächen und besprachen sich mit einem normannischen Advokaten, der ihnen riet, das Mädchen sollte sagen, ich hätte mich mit ihr auf italienische Art, das heißt gegen die Natur, wie ein Sodomiter vergnügt. Er sagte: »Wenn der Italiener das hört, wird er sofort erkennen, in wie großer Gefahr er ist und euch zum mindesten etliche hundert Dukaten geben, damit ihr nur nicht davon sprecht; denn die Strafe ist groß, die in Frankreich auf solches Verbrechen gesetzt ist.« Sie waren damit einverstanden und reichten die Klage ein, und ich wurde vorgeladen.

So wurde denn die Plage immer größer, je mehr mich nach Ruhe verlangte.

Da das Glück mich jeden Tag mit neuen Streichen verfolgte, so bedachte ich bei mir, ob ich mit Gott mich davonmachen und Frankreich Frankreich sein lassen sollte, oder ob ich auch diesen Kampf bestehen und abwarten sollte, was Gott mit mir im Sinn hätte. Nachdem ich mich eine lange Weile mit diesem Gedanken geplagt hatte, entschloß ich mich endlich, mich auf den Weg zu machen, um nicht mein böses Glück so lange zu versuchen, bis es mir den Hals bräche. Als ich nun ganz und gar entschlossen war, tat ich das Nötige, um meine Sachen, die ich nicht mitnehmen konnte, an sicheren Ort zu bringen, die kleinen aber so gut wie möglich mir selber und meinen Dienern aufzupacken. Doch tat ich dies mit großem Verdruß. Eines Abends war ich allein in einem Zimmerchen geblieben, wo ich zu zeichnen pflegte; meine Gesellen hatten mir zugeredet, ich solle mich mit Gott davonmachen, und ich hatte ihnen geantwortet, ich wisse wohl, daß sie zum größten Teil recht hätten, aber ich müsse noch einmal ein bißchen mit mir allein zu Rate gehen. Wenn ich nur nicht ins Gefängnis kam und der ersten Wut ein Stückchen aus dem Wege ging, konnte ich mich beim König viel besser entschuldigen, indem ich ihm schriftlich erklärte, daß dieser böse Handel nur aus Neid mir wäre angehängt worden. So war ich denn, wie gesagt, eigentlich schon entschlossen. Als ich aber hinausgehen wollte, packte mich etwas bei der Schulter und drehte mich herum und eine Stimme rief mir lebhaft zu: »Benvenuto, handle nach deiner Art und fürchte dich nicht!« Sofort stieß ich meinen ersten Entschluß um und sagte zu meinen italienischen Gesellen: »Versehet euch mit guten Waffen und kommt mit mir! Gehorchet allem, was ich euch sage, und denkt an nichts anderes. Ich will vor Gericht erscheinen. Wenn ich mich entfernte, so würdet am nächsten Tage ihr alle in Rauch aufgehen. Darum gehorchet mir und kommt mit!« Da riefen alle meine Gesellen einmütig: »Da wir bei ihm sind und sein Brot essen, so müssen wir mit ihm gehen und ihm bei seinem Vorhaben helfen, solange noch Leben in uns ist. Er hat ganz recht: wir hatten nicht daran gedacht, daß seine Feinde uns sofort davonjagen würden, wenn er von hinnen ginge. Wir müssen auch bedenken, wie große und wichtige Werke hier begonnen sind; wir wären nicht imstande, sie ohne ihn zu Ende zu bringen, seine Feinde aber würden sagen, er selber hätte sich nicht zugetraut, die übernommenen Aufträge auszuführen.«

So sprachen sie und brachten noch andere gute Gründe hervor. Der junge Macaroni aus Rom war der erste, der den anderen Mut machte; er rief auch noch verschiedene von den deutschen und französischen Gesellen, die mich lieb hatten. So waren wir alles in allem zehn, und ich machte mich mit meinen Gesellen auf den Weg, fest entschlossen, mich nicht lebendig ins Gefängnis bringen zu lassen. Als ich vor die Strafrichter trat, fand ich Caterina und ihre Mutter, die gerade in dem Augenblick mit ihrem Advokaten lachten. Ich trat ein und fragte mutig nach dem Richter, der aufgeblasen, dick und fett, höher als die anderen auf seinem Sitze thronte. Als nun der Mann mich sah, sagte er mit drohendem Gesicht, aber mit leiser Stimme: »Zwar heißest du Benvenuto, doch wirst du diesmal übel ankommen.«

Als ich dies hörte, rief ich zum zweitenmal: »Fertigt mich schnell ab! Sagt mir, warum ich hierher kommen mußte!«

Nun wandte sich der Richter zu Caterina und sprach: »Caterina, sage jetzt alles, was du mit Benvenuto vorgehabt hast.« Caterina sagte, ich hätte mit ihr auf italienische Art verkehrt. Da sagte der Richter zu mir: »Du hörst, Benvenuto, was Caterina sagt.«

Ich rief: »Sollte ich mit ihr auf italienische Art verkehrt haben, so hätte ich es nur in dem Wunsche getan, von ihr ein Kind zu erhalten, wie auch ihr Franzosen es tut.«

Der Richter versetzte: »Sie will im Gegenteil sagen, du hast dich bei ihr nicht der Öffnung bedient, die zum Kinderzeugen bestimmt ist.«

Hierauf erwiderte ich: »Dieses ist keine italienische Art, sondern es muß im Gegenteil französische Art sein, da sie sie kennt, ich aber nicht. Ich verlange, sie soll genau erzählen, auf welche Art ich mit ihr zu tun gehabt habe.«

Da beschrieb die schändliche Hure klar und deutlich die ekelhafte Weise, deren ich mich nach ihrer Behauptung schuldig gemacht haben sollte. Ich ließ sie dreimal einen Umstand nach dem andern wiederholen; dann rief ich laut: »Herr Richter, der Ihr den Allerchristlichsten König vertretet, ich verlange Gerechtigkeit von Euch, denn ich weiß, daß die Gesetze des Allerchristlichsten Königs wegen dieses Verbrechens die beiden Schuldigen zum Tode verdammen. Jene gesteht das Verbrechen, ich aber kenne es nicht einmal. Die kupplerische Mutter verdient wegen ihrer Kuppelei und wegen ihrer Beihilfe zu jener Schandtat den Scheiterhaufen. Ich verlange Gerechtigkeit von Euch.«

Diese Worte wiederholte ich fortwährend mit lauter Stimme, indem ich immerzu für sie und für ihre Mutter den Feuertod verlangte; ich sagte dem Richter, wenn er sie nicht vor meinen Augen ins Gefängnis führen ließe, würde ich zum König gehen und diesem sagen, welches Unrecht ein Strafrichter, der an seiner Statt dasäße, mir antäte. Als ich nun so laut wurde, wurden jene immer leiser; da schrie ich noch lauter. Das Hürchen und ihre Mutter fingen an zu weinen, ich aber schrie immerzu zum Richter hinauf: »Das Feuer! Das Feuer!«

Als nun diese dicke Memme sah, daß die Sache nicht so ablief, wie er es sich gedacht hatte, begann er mit den süßesten Worten die Schwäche des weiblichen Geschlechtes zu entschuldigen. Da merkte ich, daß ich einen großen Streit siegreich bestanden hatte, und ging brummend und drohend, aber fröhlichen Herzens von dannen. Doch hätte ich gewiß gerne fünfhundert Goldgulden darum gegeben, wenn ich nicht hätte zu erscheinen brauchen. Ich dankte Gott von ganzem Herzen, daß ich dieser Wirrnis entronnen war, und kehrte mit meinen Gesellen nach meinem Schloß zurück.

Wenn das widrige Geschick oder, die Wahrheit zu sagen, unser feindlicher Stern sich einmal vornimmt, einen Menschen zu verfolgen, so fehlt es ihm niemals an neuen Arten des Angriffs. Kaum dachte ich, einem unsäglichen Unheil entronnen zu sein, kaum hoffte ich, mein böser Stern würde mich nun für eine kleine Weile in Ruhe lassen, kaum war ich nach jener entsetzlichen Gefahr ein bißchen zu Atem gekommen, da stürmten plötzlich zu gleicher Zeit zwei neue Gefahren auf mich ein. In Zeit von drei Tagen begegneten mir zwei Fälle, bei denen das Zünglein der Waage zwischen Leben und Tod schwankte.

Ich ging nach Fontainebleau, um mit dem König zu sprechen. Er hatte mir nämlich einen Brief geschrieben, der mir seinen Willen kundgab, daß ich die Münzstempel für sein ganzes Reich anfertigen sollte. Er hatte einige Zeichnungen beigelegt, um mir seine Absichten zu erläutern, doch ließ er mir volle Freiheit, ganz nach meinem Gefallen zu handeln. Darauf hatte ich neue Zeichnungen gemacht, wie sie mir recht schienen und wie die Schönheitsregeln der Kunst sie erforderten.

Als ich nun nach Fontainebleau kam, sagte einer von den Schatzmeistern, die vom König den Auftrag erhalten hatten mir das Nötige zu geben, der edle Herr della Fa, sogleich zu mir: »Benvenuto, der Maler Bologna hat vom König Auftrag erhalten, Euren großen Koloß zu machen; die Aufträge, die der König uns für Euch erteilt hatte, sind alle zurückgezogen und auf ihn überschrieben worden. Dies ist uns sehr übel erschienen und uns hat bedünkt, daß Euer Italiener sich sehr kühn gegen Euch betragen hat, denn Ihr hattet bereits dank Euren Modellen und durch Eure Bemühungen die Bestellung erhalten; er aber nimmt sie Euch nur darum weg, weil er bei Madame d'Estampes in Gunst steht. Er hat nun diesen Auftrag schon seit vielen Monaten, trotzdem aber sieht man gar nicht, daß er an die Arbeit gehen will.«

Ich war darüber sehr erstaunt und sagte: »Wie ist es möglich, daß ich niemals etwas davon erfahren habe?« Er antwortete mir, jener habe die Sache sehr geheimgehalten; er habe sie auch nur mit der größten Schwierigkeit durchgesetzt, weil der König den Auftrag ihm durchaus nicht habe geben wollen; nur durch die Emsigkeit der Madame d'Estampes habe er ihn schließlich doch erhalten.

Als ich mich auf so ungerechte Weise schnöde gekränkt sah, indem mir eine Bestellung weggenommen wurde, die ich durch großen Fleiß mir verdient hatte, beschloß ich auf der Stelle, eine kühne Tat zu wagen, lockerte Degen und Dolch in ihren Scheiden und ging zum Bologna. Ich fand ihn in seinem Arbeitszimmer; er ließ mich hineinrufen und fragte mich mit seiner lombardischen Höflichkeit, was für ein guter Anlaß mich zu ihm führe. Ich antwortete ihm: »Ein ganz ausgezeichnet guter und bedeutender Anlaß.«

Nun befahl er seinen Dienern, sie sollten etwas zu trinken bringen, und sagte: »Bevor wir überhaupt von etwas sprechen, wollen wir miteinander trinken, wie es hier in Frankreich Brauch ist.«

Ich erwiderte ihm: »Herr Francesco, zu dem, was wir miteinander zu reden haben, ist es nicht nötig, daß wir vorher trinken; vielleicht könnten wir es nachher tun.« Hierauf begann ich mit ihm zu reden und sagte: »Jeder, der für einen Ehrenmann gelten will, beträgt sich auf die Art, an der man einen Ehrenmann erkennt; wenn er anders handelt, verdient er den Namen nicht mehr. Ich weiß, daß Euch wohl bekannt war, wie der König bei mir den großen Koloß bestellt hatte, von dem achtzehn Monate lang gesprochen wurde, ohne daß von Euch oder irgendeinem anderen ein Wort dazu gesagt worden wäre. Darum trat ich mit den Ergebnissen meines Fleißes vor den großen König, und da ihm meine Modelle gefielen, so gab er mir das große Werk in Auftrag. Seit vielen Monaten habe ich niemals etwas anderes darüber gehört, und erst heute morgen vernahm ich, daß der Auftrag mir abgenommen und Euch übertragen worden sei; ich hatte ihn mir durch Anstrengung und Arbeit verschafft, Ihr aber entreißt ihn mir nur mit Euren eitlen Worten.« Hierauf antwortete Bologna: »O Benvenuto, jeder sucht seinen Vorteil, so gut er kann. Wenn der König es so will, was wollt Ihr dann dagegen sagen? Ihr würdet nur Eure Zeit verschwenden, denn die Bestellung ist nun einmal an mich ausgefertigt worden und ist mein. Sagt nun, was Ihr wollt; ich werde Euch anhören.«

Ich sagte folgendes: »Hört, Meister Francesco, ich könnte Euch gar vieles sagen und Euch mit vielen wahren und trefflichen Gründen zum Eingeständnis bringen, daß es unter vernünftigen Geschöpfen nicht Brauch ist, so zu handeln und zu reden wie Ihr es tut. Ich will aber mit kurzen Worten sofort zum Schlußpunkt kommen; aber sperrt Eure Ohren auf und hört gut zu, denn die Sache ist wichtig.«

Er wollte von seinem Stuhl aufstehen, denn er sah, daß ich einen roten Kopf bekam und daß meine Züge sich verzerrten; ich aber sagte ihm, es sei noch nicht an der Zeit aufzustehen; er solle sitzen bleiben und mich anhören. Hierauf fing ich von neuem an: »Meister Francesco, Ihr wißt, daß die Arbeit zuerst mein war und daß sie so lange mein war, daß niemand – wie nun einmal der Lauf der Welt ist – mehr dahineinzureden hat. Nun will ich Euch sagen: Es soll mir recht sein, daß Ihr ein Modell macht, und ich werde außer dem von mir bereits angefertigten ein zweites machen. Diese wollen wir dann ganz sachte,

sachte unserem großen König bringen, und wer auf diesem Wege den Ruhm davonträgt, daß er am besten gearbeitet hat, der verdient dann auch mit Recht, der Ausführung des Kolosses gewürdigt zu werden. Trifft es Euch, daß Ihr ihn machen dürft, so will ich das ganze große Unrecht, das Ihr mir angetan habt, vergessen und will Eure Hände segnen, die mehr als die meinigen eines so großen Ruhmes würdig sind. Dabei wollen wir es bleiben lassen und Freunde sein; sonst aber müßten wir Feinde werden. Gott, der immer dem Recht beisteht, wird Euch zeigen, daß Ihr in einem großen Irrtum wart und daß ich mich auf dem rechten Wege befand.«

Hierauf sagte Herr Francesco: »Die Arbeit ist mein, und da sie mir einmal aufgetragen ist, so will ich mein Eigentum nicht erst wieder in Frage stellen.«

Ich antwortete ihm: »Herr Francesco, da Ihr den guten Weg nicht einschlagen wollt, der gerecht und vernünftig ist, so will ich Euch den anderen zeigen, der wie der Eurige häßlich und unangenehm ist. Ich sage Euch: Höre ich jemals, daß Ihr von diesem meinem Werk sprecht, so schlag ich Euch auf der Stelle tot, wie einen Hund. Wir sind hier ja nicht in Rom oder in Bologna oder in Florenz, wo man auf ganz andere Art lebt, aber das sage ich Euch: Erfahre ich jemals, daß Ihr mit dem König oder mit anderen darüber sprecht, so schlag ich Euch ganz bestimmt tot! Überlegt Euch nun, welchen Weg Ihr einschlagen wollt: den ersten, guten, von dem ich vorhin sprach, oder den anderen, bösen, den ich zuletzt erwähnte.«

Der Mann wußte nicht, was er sagen oder tun sollte; ich aber hätte am liebsten auf der Stelle das getan, wovon ich sprach, als noch länger damit gewartet. Bologna sagte bloß noch: »Wenn ich wie ein rechtschaffener Mann handle, so habe ich ganz und gar keine Furcht.«

Hierauf erwiderte ich: »Da habt Ihr recht; wenn Ihr aber das Gegenteil tut, so nehmt Euch nur in acht, denn dann habt Ihr selber schuld.«

Sodann entfernte ich mich und ging zum König. Ich stritt mich mit Seiner Majestät eine ganze Weile über die Münzen herum, denn wir konnten uns nicht darüber einigen, weil seine Räte, die dabei waren, ihn überredeten, man müsse die Münzen auf französische Art schlagen, wie man bis dahin getan habe. Ich antwortete ihnen: Seine Majestät hatte mich aus Italien kommen lassen, damit ich Werke schüfe, die gut aussähen; wenn aber Seine Majestät mir das Gegenteil befehle, so würde ich mir nicht zutrauen, es zu machen. Die Angelegenheit wurde vertagt, um ein anderes Mal besprochen zu werden, und ich kehrte sofort nach Paris zurück.

Kaum war ich abgestiegen, so kam ein guter Mann, einer von jenen, die ihre Lust daran haben, Übles zu sehen, und sagte mir, Pagolo Micceri habe für das Hürchen Caterina und deren Mutter ein Haus gemietet; er sei beständig dort und wenn er von mir spreche, so sage er höhnisch: »Benvenuto hatte den Bock zum Gärtner gemacht; er dachte wohl, der würde seinen Kohl nicht fressen. Nun stolziert er herum und denkt, ich hätte Angst vor ihm; aber ich trage Degen und Dolch an der Seite und werde ihm zeigen, daß auch mein Degen scharf ist. Ich bin ein Florentiner wie er, ein Micceri, aus besserem Hause als seine Cellinis.«

Der Schuft, der mir diese Nachricht brachte, erreichte seinen Zweck, denn ich fühlte auf der Stelle, wie mich ein Fieber überfiel. Ich sage Fieber und meine das nicht etwa bildlich, denn es war wirklich ein Fieber. Meine Leidenschaft war so hitzig, daß ich vielleicht daran gestorben wäre, wenn ich nicht das rechte Mittel dagegen ergriffen hätte, indem ich so handelte wie der Anlaß es verlangte und wie mein Gefühl es wollte. Ich sagte meinem Gesellen aus Ferrara, dem Chioccia, er solle mit mir kommen, und ließ mir von meinem Diener mein Pferd nachführen.

Als ich an das Haus kam, wo der Unglücksmensch war, fand ich die Tür angelehnt und trat ein. Ich sah ihn, mit Degen und Dolch umgürtet, auf einem Kasten sitzen. Sein Arm hielt Caterinas Hals umschlungen, und ich hörte, wie er sich mit ihrer Mutter über mich lustig machte. Ich schloß die Tür, zog zugleich den Degen und setzte ihm dessen Spitze an die Drossel, ohne ihm Zeit zu lassen, daran zu denken, daß auch er einen Degen habe. Zugleich rief ich: »Elende Memme, empfiehl dich Gott! Denn du bist des Todes!«

Er rührte sich nicht und sagte dreimal: »Oh, mein Mütterchen, hilf mir doch!« Ich hatte die feste Absicht, ihn totzustechen; als ich aber diese albernen Worte hörte, war mein Zorn schon zur Hälfte verraucht.

Unterdessen hatte ich meinem Gesellen Chioccia gesagt, er solle weder die Caterina noch ihre Mutter hinauslassen; denn wenn ich dem Kerl den Garaus machte, sollten auch die beiden Huren nicht besser davonkommen. Ich hielt ihm beständig die Spitze des Degens an die Gurgel, stach ihn manchmal ein bißchen und stieß immerzu die fürchterlichsten Worte aus. Da ich nun sah, daß er sich gar nicht wehrte, so wußte ich nicht mehr, was ich machen sollte. Damit aber meine Drohung nicht ganz zwecklos sein möchte, so fiel mir ein, ich wollte ihn doch wenigstens das Mädchen heiraten lassen und mich dann später an ihm rächen. Kaum hatte ich dies beschlossen, so rief ich: »Zieh den Ring da von deinem Finger ab, du Feigling, und verlobe dich mit ihr, damit ich mich nachher an dir rächen kann wie du es verdienst.«

Er sagte sofort: »Wenn Ihr mich nur nicht totstecht, so will ich alles tun.« – »Nun, so steck ihr den Ring an!« – Ich entfernte den Degen ein weniges von seiner Kehle, und er steckte ihr den Ring an. Hierauf sagte ich: »Das genügt nicht! Ich verlange, daß zwei Notare geholt werden, damit ein Vertrag darüber abgeschlossen werde.«

Ich befahl dem Chioccia, die Notare zu holen und sagte dann auf französisch zu ihr und der Mutter: »Es werden Notare und andere Zeugen hierherkommen. Die erste von euch, die ich etwas sagen höre, ermorde ich auf der Stelle! Ich ermorde euch alle drei! Also merkt euch das!«

Zu ihm aber sagte ich auf italienisch: »Wenn du auf das, was ich sagen werde, auch nur ein Wort erwiderst, so gebe ich dir bei dem ersten Ton, den du sagst, so viele Dolchstiche, daß dir die Gedärme aus dem Leibe heraushängen sollen!« Er antwortete: »Ich bin zufrieden, wenn Ihr mich nur nicht totstecht, und will alles tun, was Ihr verlangt.« Als nun Notare und Zeugen gekommen waren, wurde ein Vertrag in fester und unanfechtbarer Form gemacht. Nun waren meine Wut und mein Fieber verschwunden. Ich bezahlte die Notare und ging fort.

Am nächsten Tage kam Bologna eigens nach Paris und ließ mich zu Mattio del Nazaro rufen. Ich ging hin, und Bologna kam mir mit heiterem Antlitz entgegen und bat mich, ich möchte ihn als guten Bruder ansehen; er werde niemals mehr von jenem Werke reden, denn er wisse sehr gut, daß ich recht habe[6].

Wenn ich nun bei einigen meiner Erlebnisse nicht anerkennen wollte, übel gehandelt zu haben, so würden die anderen, bei denen ich mich rühme, recht gehandelt zu haben, mir nicht geglaubt werden; so bekenne ich denn, daß es ungerecht war, mich auf so eigentümliche Art an Pagolo Micceri rächen zu wollen. Wenn ich freilich geahnt hätte, daß er ein so erbärmlicher Schwächling war, wäre es mir nie in den Sinn gekommen, eine so schimpfliche Rache an ihm auszuüben. Es war mir noch nicht genug, daß ich ihn gezwungen hatte, eine so abgefeimte Hure zu heiraten; um meine Rache vollends auszukosten, ließ ich sie zu mir rufen und Modell stehen. Dafür gab ich ihr jeden Tag dreißig Sous. Ich ließ sie nackt stehen. Nun verlangte sie aber erstens, daß ich ihr das Geld im voraus gäbe; zweitens, daß sie ein sehr gutes Frühstück erhielte. Dafür ergötzte ich mich drittens aus Rache mit ihr, indem ich sie und ihren Mann wegen der vielen Hörner verhöhnte, die ich ihm aufsetzte; viertens ließ ich sie zu ihrem großen Verdruß viele Stunden lang stehen, so daß sie es kaum aushalten konnte, während ich meine Freude an ihr hatte, denn sie war von wunderschöner Gestalt, und die Zeichnungen, die ich nach ihr machte, trugen mir die größte Ehre ein.

Sie glaubte nun, ich behandle sie nicht so anständig wie ich es vor ihrer Verheiratung getan; hierüber ärgerte sie sich sehr und begann zu schimpfen. Auf ihre französische Art sprach sie sehr herausfordernd und drohte mir mit ihrem

---

6 Es steht jedoch fest, daß Primaticcio die Brunnenarbeiten ausgeführt hat; immerhin wäre es möglich, daß ihm der Auftrag erst nach Benvenutos Fortgang übertragen wurde.

Mann, der unterdessen zum Prior von Capua, dem Bruder des Herrn Piero Strozzi[7] gegangen war. Sie drohte mir also mit ihrem Manne, und als ich sie von diesem sprechen hörte, befiel mich eine unbeschreibliche Wut, dennoch bezwang ich diese nach Möglichkeit, so schwer es mir ankam, denn ich dachte daran, daß ich für meine Kunst kein besseres Modell finden könnte als sie. Darum sagte ich denn bei mir selber: »Meine Rache ist eine doppelte. Sie ist jetzt eine Ehefrau; seine Hörner bestehen nicht bloß in der Einbildung wie die, die er mir aufzusetzen gedachte, als sie meine Buhlerin war. Wenn ich mich nun so gründlich an ihm räche und auch sie so derb bestrafe, indem ich sie zu ihrem großen Verdruß hier stehen lasse und dadurch mir selber Nutzen und Ehre verschaffe, was kann ich dann noch mehr verlangen!«

Während ich dies bei mir bedachte, schimpfte die Vettel immerzu, sprach fortwährend von ihrem Mann und redete so lange, daß es schließlich mit meiner Vernunft zu Ende war und der Zorn mich fortriß. Ich packte sie an den Haaren, schleifte sie durch das Zimmer und gab ihr so viele Fußtritte und Faustschläge, bis ich ganz müde war. Das Zimmer war verschlossen, darum konnte niemand ihr zu Hilfe kommen. Nachdem ich sie tüchtig durchgebleut hatte, schwor sie, sie würde niemals wieder zu mir kommen. Da dachte ich denn freilich zum erstenmal, daß ich unrecht getan hatte, denn ich verlor dadurch eine ausgezeichnete Gelegenheit, in meiner Kunst Ehre einzulegen. Außerdem sah ich, daß sie ganz zerschunden, gelb und grün geschlagen und geschwollen war, so daß ich sie, wenn sie überhaupt wieder gekommen wäre, mindestens vierzehn Tage in ärztliche Behandlung hätte geben müssen, bevor ich mich ihrer wieder hätte bedienen können.

Ich schickte ihr nun eine Magd zu, die ihr helfen sollte, sich wieder anzukleiden. Diese Magd war eine sehr freundliche Frau namens Ruberta. Diese brachte nun der Spitzbübin zuerst noch einmal etwas zu essen und zu trinken; hierauf salbte sie ihr mit ausgebratenem Schmalz die bösen Beulen ein, die sie von meinen Püffen davongetragen hatte. Was von dem Schmalz übrig blieb, aßen die beiden miteinander auf. Nachdem sie sich angezogen hatte, ging sie fluchend von dannen. Sie verwünschte alle Italiener und den König, der sie in seinem Dienst hielte; so ging sie denn weinend und fluchend nach Hause.

Es tat mir nun wirklich leid, daß ich sie so schlecht behandelt hatte, und auch meine Ruberta schalt mich aus und sagte zu mir: »Ihr seid sehr grausam, daß Ihr ein so schönes Mädchen so hart mißhandelt.«

---

7 Leone Strozzi, trotz seinem geistlichen Beruf ein großer Kriegsheld zu Wasser und zu Lande. Er fiel 1554 im senesischen Kriege.

Ich wollte mich bei ihr entschuldigen und sagte ihr, was für Schelmenstücke Caterina und ihre Mutter ausgeübt hätten, als sie bei mir gewesen wären. Ruberta aber blieb bei ihrem Schelten und sagte, das sei gar nichts; in Frankreich sei das nun einmal so, und ich wisse doch auch, daß es in Frankreich keinen Ehemann gebe, der nicht seine Hörner habe.

Hierüber mußte ich lachen. Dann bat ich Ruberta, sie möchte doch einmal nachsehen, wie es der Caterina gehe, denn mir sei daran gelegen, meine Arbeit fertig zu machen, und sie dabei als Modell zu haben. Da schalt mich aber Ruberta wieder aus und sagte: »Ihr seid ja gar kein Menschenkenner! Kaum graut der Morgen, so wird sie von selber kommen. Schickt Ihr mich aber zu ihr und laßt sie einladen, so wird sie die Große spielen und nicht kommen wollen.«

Am nächsten Morgen kam wirklich Caterina an meine Tür und schlug so heftig mit dem Klopfer, daß ich, der ich schon unten war, herbeistürzte, um zu sehen, wer so unverschämt klopfte.

Als ich die Tür aufmachte, warf das verrückte Weibsstück sich lachend an meinen Hals, herzte und küßte mich und fragte mich, ob ich noch böse mit ihr wäre. Ich sagte nein. Da sagte sie: »Gib mir nur tüchtig was zu essen!« Das tat ich denn auch und aß mit ihr zum Zeichen der Versöhnung. Hierauf begann ich wieder zu modellieren, und dabei kam es denn wieder zur fleischlichen Lust, und genau um dieselbe Stunde wie am Tage vorher ärgerte sie mich wieder so sehr, daß ich sie wieder ebenso verdreschen mußte. So ging das viele Tage lang immer nach derselben Leier.

Unterdessen hatte ich meine Figur aufs beste fertiggestellt und befahl, sie in Erz zu gießen. Es fielen dabei einige Schwierigkeiten vor, von denen zu lesen für jeden Kunstfreund sehr unterhaltend sein würde. Um aber nicht zu weitschweifig zu werden, will ich darüber hinweggehen. Genug, meine Figur kam aufs beste heraus und war herrlich gegossen.

ZWEIUNDDREISSIGSTES KAPITEL
1543 – 1544

*Benvenuto bringt dem König ein Salzgefäß von vortrefflicher Arbeit,
von welchem er früher eine genaue Beschreibung gegeben.
Er nimmt ein anderes Mädchen in seine Dienste, das er Scorzone nennt,
und zeugt eine Tochter mit ihr. Der König besucht Benvenuto
wieder, und da er seine Arbeit sehr zugenommen findet, befiehlt er, ihm
eine ansehnliche Summe Geldes auszuzahlen,
welches der Kardinal von Ferrara wie das vorige Mal verhindert.
Der König entdeckt, wie Benvenuto verkürzt worden, und befiehlt seinem Minister,
demselben die erste Abtei, welche ledig würde, zu übertragen.
Madame d'Estampes, in der Absicht, Benvenuto ferner zu verfolgen,
erbittet von dem König für einen Destillateur die Erlaubnis,
das Ballhaus in Petit-Nesle zu beziehen. Cellini widersetzt sich und nötigt
den Mann, den Ort zu verlassen. Benvenuto triumphiert,
indem der König sein Betragen billigt. Er begibt sich nach Fontainebleau
mit der silbernen Statue des Jupiter. Bologna, der Maler,
der eben Abgüsse antiker Statuen in Erz von Rom gebracht, versucht den Beifall,
den Benvenuto erwartet, zu verkümmern. Parteilichkeit
der Madame d'Estampes für Bologna.
Des Königs gnädiges und großmütiges Betragen gegen Benvenuto.
Lächerliche Abenteuer des Ascanio.*

WÄHREND ICH hieran arbeitete, hatte ich außerdem die Stunden des Tages eingeteilt und schuf bald an meinem Salzfaß, bald am Jupiter. Das Salzfaß war damals bereits vollkommen fertig, da ich viele Leute daran arbeiten lassen konnte, während für die Arbeiten am Jupiter diese Bequemlichkeit nicht möglich war. Der König war nach Paris zurückgekehrt; daher suchte ich ihn auf und brachte ihm das fertige Salzgefäß[1]; wie ich schon erwähnte, war es von einer runden Form, etwa zwei Drittel Ellen groß, ganz und gar von Gold und mit dem Meißel aufs sauberste nachgearbeitet. Wie ich

---

[1] Dieser Tafelaufsatz befindet sich jetzt in Wien im Kunsthistorischen Museum. Karl der Neunte von Frankreich schenkte ihn im Jahre 1570, als er sich mit der österreichischen Prinzessin Elisabeth vermählte, ihrem Oheim, dem Erzherzog Ferdinand, der es in seinem Schlosse Ambras in Tirol verwahrte. Kurz nach dessen Tode kam es zusammen mit der Burg an Kaiser Rudolf den Zweiten. Übrigens sollte im Jahre 1566 wegen der Geldnot des französischen Hofes das Werk vernichtet werden: es stand bereits auf dem Verzeichnisse der zum Einschmelzen bestimmten Gold- und Silbersachen!

bereits sagte, als ich das Modell beschrieb, hatte ich Meer und Erde in sitzender Stellung abgebildet. Ihre Beine waren ineinander verschränkt, wie die Buchten des Meeres in das Land hineinlaufen und die Landzungen in das Meer hinausragen. Dies hatte ich mit der größten Anmut dargestellt. Dem Meere hatte ich in die rechte Hand einen Dreizack gegeben und in die linke ein sehr sauber gearbeitetes Boot, das zur Aufnahme des Salzfasses bestimmt war. Unter dieser Figur waren ihre vier Seerosse; diese hatten Kopf, Brust und Vorderbeine vom Pferde, der ganze hintere Teil aber war ein Fischleib. Die Fischschwänze waren auf anmutige Weise miteinander verschlungen. Über dieser Gruppe nun thronte in stolzester Haltung der Meeresgott; um ihn herum waren allerlei Fische und andere Seetiere dargestellt. Das Wasser hatte ich mit seinen Wellen in natürlicher Farbe auf das schönste emailliert. Die Erde stellte ein sehr schönes Weib vor, das in der Hand ein Füllhorn hielt; sie war wie der Meeresgott völlig nackt. Sie stützte sich mit der linken Hand auf einen mit den feinsten Ornamenten gezierten jonischen Tempel, der den Pfeffer aufzunehmen bestimmt war. Unter diesem Weib hatte ich die schönsten Tiere angebracht, die die Erde hervorbringt. Die Erdschollen hatte ich zum Teil emailliert, zum Teil golden gelassen. Ich hatte das Werk auf eine Unterlage von schwarzem Ebenholz gesetzt; diese war von der gehörigen Dicke und von einem schmalen Gurt umgeben, worauf in mehr als halberhabener Arbeit vier goldene Figuren verteilt waren, nämlich die Nacht, der Tag, die Dämmerung und die Morgenröte. Ferner waren darauf noch vier andere Figuren von derselben Größe angebracht, die die vier Hauptwinde darstellten; diese waren zum Teil emailliert und auf das sauberste bearbeitet.

Als ich mein Werk dem König zeigte, tat er vor Erstaunen einen lauten Ausruf. Er konnte sich gar nicht satt daran sehen; schließlich sagte er mir, ich möchte die Arbeit wieder mit mir nach Hause nehmen, er würde mir zu seiner Zeit sagen, was ich damit machen sollte. Dies tat ich. Unverzüglich lud ich mehrere Freunde ein und speiste mit ihnen zusammen in größter Fröhlichkeit. Das Salzgefäß stand mitten auf dem Tisch und wir waren die ersten, die sich seiner bedienten. Hierauf arbeitete ich an der Vollendung meines silbernen Jupiters weiter, sodann auch an dem großen schon erwähnten Gefäß, das ich mit den anmutigsten Zieraten und zahlreichen Figuren schmückte.

Um diese Zeit gab der vorhin erwähnte Maler Bologna dem König zu verstehen, es möchte gut sein, wenn Seine Majestät ihn mit Empfehlungsbriefen nach Rom schickte, damit er die allergrößten Kunstwerke des Altertums abgießen dürfte, nämlich den Laokoon, die Kleopatra, die Venus, den Kommodus, die Zigeunerin und den Apoll. Diese sind in der Tat die schönsten Kunstwerke, die sich in Rom befinden. Er sagte dem König, erst wenn Seine

Majestät diese wunderbaren Werke[2] gesehen hätte, würde sie über die bildenden Künste urteilen können; denn alles, was er von uns Neueren gesehen hätte, wäre weit entfernt von den trefflichen Arbeiten der Alten. Der König stimmte ihm bei und gab ihm alle Empfehlungsbriefe, die er verlangte. So ging denn die Bestie zum Henker. Da er sich nicht traute, durch seiner Hände Kunst mit mir zu wetteifern, so nahm er auf lombardische Art den Ausweg, daß er meine Werke herabzusetzen suchte, indem er die Kunstwerke der Alten abgoß. Obgleich er sie aber aufs beste abgießen ließ, so war doch die Wirkung gerade das Gegenteil von dem, was er erwartet hatte; ich werde dies an seinem Ort berichten.

Unterdessen hatte ich nun die böse Caterina wirklich fortgejagt; ihr armer, unglücklicher Mann war mit Gott von Paris fortgegangen. Da ich nun meine Nymphe von Fontainebleau, die schon in Erz gegossen war, vollends fertig machen wollte, und da ich auch die beiden Siegesgöttinnen noch auszuführen hatte, die in die beiden Ecken über dem Halbrund des Tores kommen sollten, so nahm ich ein armes, kleines Mädchen von ungefähr fünfzehn Jahren zu mir. Sie war sehr schön von Körperformen und ein wenig bräunlich. Da sie nun menschenscheu, wortkarg, schnell im Laufen und von düsteren Blicken war, so nannte ich sie Scorzone; eigentlich hieß sie Gianna. Nach diesem Mädchen beendigte ich auf das beste die eherne Figur der Nymphe von Fontainebleau und die beiden Siegesgöttinnen für das Tor. Das junge Mädchen war rein und jungfräulich; ich schwängerte sie, und sie gebar mir am siebenten Juni 1544, eine Stunde nach Mittag, eine Tochter.

Ich war damals vierundvierzig Jahre alt. Ich nannte diese Tochter Constanza; mein bester Freund, von dem ich vorhin schrieb, der Leibarzt des Königs, Herr Guido Guidi, hielt sie über die Taufe. Er war der einzige Gevatter, weil es in Frankreich Brauch ist, nur einen Gevatter und zwei Gevatterinnen hinzuzuziehen. Von den letzteren war die eine Signora Madelena, die Gattin des Herrn Luigi Alamanni, des Florentiner Edelmannes und wundervollen Dichters; die andere Gevatterin war die Gattin des Herrn Ricciardo del Bene, des Florentiner Bürgers und großen Kaufherrn; sie war eine vornehme französische Edeldame. Dies war das erste Kind, das ich jemals hatte, so weit ich mich erinnere[3]. Ich gab dem Mädchen so viel Geld zur Mitgift, wie ihre Muhme, der ich sie übergab, für angemessen hielt; später hatte ich niemals wieder etwas mit ihr zu schaffen.

---

2 Außerdem noch einige andere. Ein Teil dieser Statuen wurde zur Revolutionszeit eingeschmolzen, um Münzen daraus zu prägen. Die übrigen befinden sich jetzt im Louvre. Der Apoll ist der von Belvedere; die Venus ist die Knidische, Kommodus ist Herakles mit dem jungen Telephos. Die Kleopatra ist die Verlassene Ariadne; die Zigeunerin ist der Opferknabe, früher allgemein la Zingara genannt.
3 Dieses Kind scheint im zartesten Alter gestorben zu sein, noch bevor Benvenuto Frankreich verließ.

Ich schuf eifrig an meinen Werken, die ich um ein beträchtliches weiter gebracht hatte; der Jupiter war schon fast vollendet, desgleichen das Silbergefäß, und das Tor begann seine Schönheiten zu zeigen. Zu jener Zeit traf der König in Paris ein; das heißt, das Jahr 1543 war noch nicht zu Ende. Ich habe allerdings bereits von der Geburt meiner Tochter gesprochen, die im Jahre 1544 stattfand; doch tat ich dies nur, damit ich durch die Erwähnung eines Ereignisses nicht bei der Schilderung anderer Dinge von größerer Wichtigkeit behindert würde. Von nun an aber werde ich die Dinge stets nur in ihrem richtigen Zusammenhang erwähnen. Wie ich bereits erwähnte, kam der König nach Paris; er ging sofort in mein Haus. Da er alle die vielen schönen Werke darin fand, an denen seine Augen sich nach Herzenslust weiden konnten, so war er damit so wohl zufrieden, wie nur ein Künstler es verlangen kann, der sich so viele Mühe gegeben hat, wie ich es getan hatte. Sogleich erinnerte er sich von selber, daß der Kardinal von Ferrara mir nichts gegeben hatte, weder ein Jahrgeld noch sonst etwas von dem, was mir versprochen worden war. Er flüsterte daher seinem Admiral zu, der Kardinal von Ferrara habe sehr übel daran getan, mir nichts zu geben; er wolle aber selber dieses Versehen wieder gut machen, denn er merke wohl, daß ich nicht viele Worte mache und daß ich unversehens einmal fortgehen könne, ohne vorher etwas davon zu sagen. Sie gingen nach Hause, und nach dem Essen sagte Seine Majestät dem Kardinal, er sollte in seinem Namen dem Schatzmeister befehlen, mir so schnell wie möglich siebentausend Goldgulden in drei oder vier Zahlungen auszuhändigen; er solle dies nach seiner Bequemlichkeit einrichten, doch dürfe es auf keinen Fall unterbleiben. Ferner sagte der König zu ihm: »Ich habe Euch die Sorgfalt für Benvenuto übertragen; Ihr aber habt seiner ganz vergessen.«

Der Kardinal antwortete, er wolle gern alles tun, was Seine Majestät befehle. Trotzdem aber ließ der Kardinal, seiner bösen Natur folgend, den Befehl des Königs unausgeführt. Unterdessen nahmen die Kriege eine immer größere Ausdehnung, und gerade um jene Zeit zog der Kaiser mit seinem ungeheuren Heere gegen Paris[4]. Da nun in Frankreich ein großer Geldmangel eintrat, so brachte der Kardinal eines Tages das Gespräch auf mich und sagte: »Geheiligte Majestät, ich glaubte besser zu handeln, indem ich Benvenuto das Geld nicht auszahlen ließ; einesteils, weil wir in diesem Augenblick das Geld zu dringend brauchen, und dann aber auch, weil eine so große Summe Geldes der Anlaß hätte werden können, den Benvenuto ganz zu verlieren: er hätte vielleicht gedacht, nun sei er reich, und hätte Güter in Italien gekauft. Wäre ihm dann

---

4 Es war der vierte Krieg zwischen Franz und dem Kaiser, dessen Heer 50 000 Mann stark war, für jene Zeit allerdings »ungeheuer«.

einmal eine Schrulle in den Kopf gekommen, so hätte er wohl leicht von hier fortgehen mögen. Darum bin ich der Meinung gewesen, es sei besser, daß Eure Majestät ihm ein Besitztum in Ihrem Reiche gebe, wenn Ihr wünscht, daß er länger in Eurem Dienste bleibt.« Der König hieß diese Gründe gut, weil er in Geldnot war. Trotzdem sah der edelherzige und wahrhaft königliche Mann wohl ein, daß der Kardinal mehr aus Eigennutz als aus Notwendigkeit gehandelt hatte; denn wie hätte er wohl voraussehen können, daß ein so mächtiges Reich in solche Geldnot geraten würde?

Obgleich also der König tat, wie wenn er diese Gründe gut fände, war er im geheimen doch nicht dieser Meinung. Als er nun, wie ich vorhin erwähnte, nach Paris zurückkam, besuchte er schon am nächsten Tage aus eigenem Antriebe mein Haus, ohne daß ich ihn darum gebeten hätte. Ich ging ihm entgegen und führte ihn durch verschiedene Zimmer, worin Werke von mancherlei Art sich befanden. Indem ich mit den geringsten Werken begann, zeigte ich ihm Erzarbeiten von einer Größe, wie er sie bis dahin noch nicht gesehen hatte. Hierauf führte ich ihn zu meinem silbernen Jupiter, der beinahe fertig war; er erschien ihm mit seinen wunderschönen Zieraten herrlicher als vielleicht ein anderer die Arbeit gefunden haben würde; dies kam davon, daß ihm einige Jahre vorher etwas sehr Verdrießliches begegnet war. Als nämlich der Kaiser nach der Einnahme von Tunis[5] in freundschaftlichem Einvernehmen mit seinem Vetter, dem König Franz, nach Paris kam, wollte der König ihm ein Geschenk machen, das eines so großen Herrschers würdig sein sollte. Darum ließ er einen silbernen Herkules machen, der genau von derselben Größe war wie der von mir angefertigte Jupiter. Von diesem Herkules sagte der König, es sei das häßlichste Werk gewesen, das er jemals gesehen; dies habe er auch den Pariser Meistern, die sich für die ersten Künstler der Welt ausgegeben, ganz offen gesagt[6]. Sie hätten dem König erwidert, etwas Besseres könne man aus Silber nicht herstellen, und hätten trotz der schlechten Ausführung zweitausend Dukaten für ihre Schweinearbeit verlangt. Als nun der König meine Arbeit sah und sie so sauber ausgeführt fand, wie er es nicht für möglich gehalten hätte, da erwog er die Sache mit Bedacht und entschied, meine Arbeit an dem Jupiter müsse ebenfalls auf zweitausend Goldgulden geschätzt werden; er sagte: »Jenen gab ich kein Gehalt; dieser, dem ich ungefähr tausend Goldgulden im Jahre gebe, kann mir die Arbeit gewiß für den Preis von zweitausend Goldgulden machen, da er außerdem ja sein Gehalt bezieht.«

---

5 Das heißt: ungefähr fünf Jahre danach, nämlich am Neujahrstage 1540.
6 Rosso Fiorentino sollte die Zeichnung entwerfen, scheint dies aber nicht getan zu haben, worauf die Ausführung wahrscheinlich einem gewissen Chevrier zufiel.

Hierauf führte ich ihn zur Besichtigung meiner anderen Arbeiten in Gold und Silber und zeigte ihm auch viele Modelle und neue Entwürfe. Als er endlich fortgehen wollte, enthüllte ich auf der Wiese meines Schlosses den großen Riesen, über welchen der König sich über alle Maßen verwunderte. Er wandte sich zum Admiral, der Herr Annibale[7] hieß, und sagte: »Da der Kardinal gar nicht für ihn gesorgt hat und er selber zu faul zum Bitten ist, so will ich über die Sache nicht länger sprechen, sondern verlange, daß für ihn gesorgt wird; denn für Menschen, die selber nichts verlangen, müssen ihre Arbeiten sprechen. Gebt ihm darum die erste Abtei, die frei wird, mit einem Einkommen von zweitausend Goldgulden; und sollte nicht eine mit so hohem Einkommen frei werden, so gebt ihm nach und nach zwei oder drei mit geringeren Einkünften, denn das kann ihm einerlei sein.«

Da ich dabei zugegen war, so hörte ich alles an. Ich dankte dem König sofort, wie wenn ich die Pfründe schon erhalten hätte und sagte dem König, wenn ich solche Gnade erhielte, wollte ich für Seine Majestät ohne andere Belohnung oder Gehalt so lange arbeiten, bis das Alter mich an weiterem Schaffen verhinderte und ich des Schaffens müde, in Ehren von meinen Einkünften leben und mich der Erinnerung freuen könnte, einen so großen König wie Seine Majestät bedient zu haben. Da wandte sich der König lebhaft und fröhlich zu mir und rief: »So soll es geschehen!«

Der König ging zufrieden fort und ließ mich zufrieden zurück. Als aber Madame d'Estampes diesen Vorfall erfuhr, wurde sie noch giftiger gegen mich und sprach bei sich selber: »Ich beherrsche heute die Welt, und ein Menschlein wie dieser achtet meiner nicht!« Von Stund an begann sie alles gegen mich aufzubieten. Es kam ihr damals ein Mann zur Hand, der ein sehr geschickter Verfertiger von Essenzen war; er gab ihr einige ausgezeichnete wohlriechende Flüssigkeiten, die ihr die Haut glatt machten. Man hatte dergleichen in Frankreich noch niemals benutzt; sie stellte ihn darum auch dem König vor, dem er einige von seinen abgezogenen Wassern zum großen Ergötzen Seiner Majestät überreichte. Sie veranlaßte ihn, diesen günstigen Augenblick zu benutzen und den König um das Ballspiel zu bitten, das ich in meinem Schlosse hatte, nebst einigen kleinen Zimmerchen, deren ich mich, wie er behauptete, nicht bediente. Der gute König, der wohl merkte, was an der Sache war, gab ihm keine Antwort. Madame d'Estampes aber betrieb die Sache mit allen Mitteln, wodurch die Frauen bei Männern etwas ausrichten, und erreichte auch ohne große Mühe ihren Zweck. Wenn sie einmal den König in verliebter Stimmung

---

[7] Claude d'Annebaut, Admiral und Marschall von Frankreich, ein hochverdienter und ehrenhafter Mann, dem Cellini mit der Verballhornung seines Namens (siehe Seite 367) bitter unrecht tut.

fand, der er sehr häufig unterworfen war, bewilligte er der schönen Frau alles, was sie begehrte. So kam denn der genannte Mann mit dem Schatzmeister Grolier[8], einem der ersten Edelleute Frankreichs, zu mir. Der Schatzmeister, der sehr gut Italienisch sprach, unterhielt sich zuerst scherzend mit mir in meiner Sprache; dann aber kam er auf die Sache selbst und sagte: »Im Namen des Königs setze ich diesen Mann in Besitz dieses Ballspiels und der kleinen Häuser, die dazu gehören.«

Ich erwiderte ihm: »Dem geheiligten König gehört alles; deshalb könnt Ihr frei hier eintreten. Da man aber auf diese Weise von Gerichts wegen und mit Notaren vorgeht, so sieht es mehr nach einem Betruge als nach einem Auftrage eines so großen Königs aus. Ich erhebe hiergegen Einspruch und sage Euch, daß ich nicht zum König gehen und mich beklagen werde, sondern daß ich mich selber so zu verteidigen gedenke, wie Seine Majestät mir noch vor kurzer Zeit selber befohlen hat. Ich werde den Mann, den Ihr mir hier eingesetzt habt, zum Fenster hinauswerfen, wenn ich nicht einen ausdrücklichen Befehl sehe, der vom König mit eigener Hand unterzeichnet ist.«

Der Schatzmeister ging brummend und drohend hinweg, und ich blieb brummend und drohend zu Hause, denn ich wollte für den Augenblick nichts anderes unternehmen. Später suchte ich die Notare auf, die den Mann in den Besitz eingesetzt hatten. Sie waren gute Bekannte von mir und sagten mir, es sei eine Förmlichkeit, die zwar im Auftrage des Königs geschehen sei, aber nicht viel bedeuten wolle; wenn ich nur ein wenig Widerstand geleistet hätte, würde jener überhaupt nicht von dem Ballspiel Besitz ergriffen haben; es handle sich nur um gerichtliche Vornahmen und Beschlüsse, die mit dem Gehorsam gegen den König gar nichts zu tun hätten; wenn es mir gelänge, ihn in derselben Weise hinauszudrängen wie er Besitz ergriffen hätte, so wäre alles in Ordnung und es würde weiter nichts geschehen.

Mir genügte dieser Wink, und ich begann gleich am nächsten Tage mich in den Waffen zu üben; obwohl es mir etwas sauer wurde, machte es mir doch viel Vergnügen. Jeden Tag machte ich einmal einen stummen Angriff mit Steinen, Piken und Büchsen; obgleich ich ohne Kugeln schoß, jagte ich ihnen solchen Schrecken ein, daß niemand mehr kommen wollte, um dem Manne beizustehen. Als ich nun eines Tages infolgedessen seine Streitmacht schwach fand, drang ich mit Gewalt in sein Haus ein, jagte ihn fort und warf alles hinaus, was er mitgebracht hatte. Hierauf ging ich zum König und sagte ihm, ich hätte alles getan, was Seine Majestät mir aufgetragen, indem ich mich gegen die Leute

---

8 Jean Grolier aus Lyon hatte eine der schönsten Sammlungen antiker Münzen und Medaillen. Er starb als Intendant der Finanzen 1565.

ein juristischer Akt

gewehrt hätte, die mich verhindern wollten ihm zu dienen. Der König lachte darüber und ließ mir neue Briefe ausfertigen, daß ich fernerhin nicht belästigt werden sollte.

Unterdessen vollendete ich mit großem Fleiß den schönen silbernen Jupiter nebst seinem vergoldeten Fußgestell, das ich auf einen Holzblock gesetzt hatte, der kaum zu sehen war; in diesem Holzblock aber hatte ich vier Kügelchen aus hartem Holz angebracht, die mehr als zur Hälfte in ihrem Behälter verborgen waren; sie hatten die Größe von Schleuderkugeln und alles war so geschickt angeordnet, daß ein kleines Kind ohne die geringste Mühe dieses Jupiterbild vorwärts und rückwärts und zur Seite bewegen konnte. Nachdem ich die Arbeit auf meine Art fertig gemacht hatte, ging ich mit ihr nach Fontainebleau, wo der König sich aufhielt. Zu jener Zeit hatte Bologna die vorhin erwähnten Statuen aus Rom mitgebracht, die er sehr sorgfältig in Erz hatte gießen lassen. Ich wußte nichts davon; denn er hatte sein Geschäft sehr geheimgehalten; außerdem ist Fontainebleau mehr als vierzig Miglien von Paris entfernt. Darum hatte ich nichts davon erfahren können. Als ich beim König anfragte, wo ich den Jupiter aufstellen sollte, sagte Madame d'Estampes, die gerade anwesend war, zum König, es sei dafür kein Ort besser geeignet als seine schöne Galerie. Dies war, wie wir in Toskana sagen würden, eine Loggia, oder eigentlich noch besser: ein Gang; denn Loggia nennen wir ein Gemach, das an der einen Seite offen ist. Jener Saal war mehr als hundert Schritte lang; er war auf das reichste mit Gemälden von der Hand unseres herrlichen Florentiners Rosso geschmückt, und zwischen den Gemälden waren viele Bildhauerwerke angebracht, teils freistehende Figuren, teils Werke von halberhabener Arbeit. Die Breite des Saales betrug ungefähr zwölf Schritte. In diese Galerie hatte nun Bologna alle jene antiken Kunstwerke gebracht. Sie waren auf das beste in Erz gegossen und er hatte sie in sehr schöner Arbeit auf Sockeln aufgestellt; wie ich bereits sagte, waren es die besten Arbeiten des Altertums, die sich in Rom befinden.

In diesen Saal brachte ich nun also meinen Jupiter. Als ich die große Zurüstung sah, die offenbar mit Fleiß gemacht war, dachte ich bei mir selber: »Das gibt ein wahres Spießrutenlaufen; nun helfe mir Gott!«

Ich brachte meine Bildsäule an ihren Ort, stellte sie auf, so gut ich es vermochte, und wartete auf die Ankunft des großen Königs. Jupiter hielt in seiner rechten Hand den Blitzstrahl zum Schleudern bereit, und in die linke hatte ich ihm die Welt gegeben. Zwischen den Flammen des Blitzes hatte ich mit vieler Geschicklichkeit ein Stück weißer Kerze angebracht.

Nun hatte Madame d'Estampes mir zum Schabernack den König bis zum Abend aufgehalten, damit er entweder gar nicht käme, oder damit wenigstens, wenn er doch noch kommen sollte, mein Werk wegen der Dunkelheit sich weniger schön ausnähme. Wie aber Gott denen, die zuversichtlich an ihn glauben, es verheißen hat, so geschah gerade das Gegenteil von dem, was sie geplant hatte. Denn als es Nacht wurde, zündete ich die Kerze in der Hand des Jupiters an, und da er diese etwas über seinen Kopf hielt, fielen die Strahlen von oben und gaben dem Bildnis ein schöneres Aussehen, als es bei Tage gehabt haben würde.

Es kam der König mit seiner Madame d'Estampes, mit seinem Sohn, dem Dauphin, der heute König ist, mit der Dauphine, mit seinem Schwager, dem König von Navarra, mit seiner Tochter, Madame Marguerite, und vielen anderen großen Herren, die von Madame d'Estampes dazu angestiftet waren, gegen mich zu sprechen. Als ich den König eintreten sah, ließ ich von meinem Gesellen Ascanio den schönen Jupiter ganz sacht vorwärts bewegen, und weil ich die Vorrichtung, durch die sie bewegt wurde, recht sinnreich gemacht hatte, so erschien durch jene leichte Bewegung die Bildsäule, wie wenn sie lebendig wäre. Da ließen alle Augen von den antiken Bildwerken ab und wandten sich sofort mit großem Vergnügen meinem Werke zu. Der König aber rief sogleich: »Das ist bei weitem das schönste Werk, das jemals ein Mensch gesehen hat; ich, der ich doch ein Kenner bin und meine Freude an solchen Sachen habe, hätte es nicht den hundertsten Teil so schön erwartet!«

Die Kavaliere, die gegen mich sprechen sollten, konnten sich dem Anschein nach gar nicht genug tun, um mein Werk zu loben. Madame d'Estampes aber sagte kühn: »Es sieht wirklich so aus, wie wenn er keine Augen hätte! Seht Ihr denn nicht die vielen schönen antiken Erzbilder, die hier neben aufgestellt sind? In ihnen offenbart sich die wahre Kunst, und nicht in diesen modernen Firlefanzereien!« Da drehte der König mit seinem ganzen Gefolge sich um und warf einen Blick auf diese antiken Bilder; da aber das Licht von unten auf sie fiel, so boten sie keinen guten Anblick. Da sagte der König: »Wer diesem Manne etwas Ungünstiges antun wollte, der hat ihm eine große Gunst erwiesen; denn gerade diese herrlichen Figuren sind ein sichtbarer Beweis, daß sein Werk viel schöner und wunderbarer ist; darum gereicht es unserem Benvenuto zu hohem Ruhme, daß seine Arbeiten den Werken der Alten nicht nur gleichkommen, sondern sie sogar übertreffen.«

Madame d'Estampes sagte hierauf: wenn man das Werk bei Tage sähe, würde es nicht ein Tausendstel so schön sein wie bei Nacht, außerdem wäre noch zu bemerken, daß ich einen Schleier über die Figur geworfen hätte, um die Schamteile zu bedecken. Dies war ein sehr feiner Schleier, den ich mit großer Anmut dem Jupiter umgelegt hatte, um die Majestät seiner Haltung noch zu erhöhen. Als ich nun diese Worte hörte, ergriff ich den Schleier, hob ihn von unten auf, entblößte die schönen Zeugungsglieder und zerriß den Schleier ganz und gar, indem ich absichtlich ein wenig Verdruß zeigte. Sie glaubte, ich hätte diese Schamteile ihr zum Ärgernis aufgedeckt. Der König bemerkte ihren Zorn und sah auch, daß die Leidenschaft mich fortreißen wollte und daß ich im Begriff stand, etwas zu erwidern. Da sagte der weise König schnell in seiner Sprache die verständigen Worte: »Benvenuto, ich schneide dir das Wort ab; sei nun still! Du wirst eine tausendfach größere Belohnung erhalten als du dir wünschest.«

Da ich nicht reden durfte, machte ich in meiner Leidenschaft die heftigsten Bewegungen; hierüber erzürnte sie sich noch mehr und schalt immerzu vor sich hin; infolgedessen ging der König viel früher fort als er es sonst getan haben würde, doch sagte er zu meiner Ermutigung mit lauter Stimme, er habe sich aus Italien den größten Meister dieser herrlichen Kunst geholt.

Ich ließ ihm den Jupiter zurück; als ich am nächsten Morgen abreisen wollte, ließ er mir tausend Goldgulden geben. Diese hatte ich zum Teil als mein Gehalt, zum Teil für Auslagen zu fordern, die ich aus meiner Tasche gemacht hatte. Ich nahm das Geld und kehrte froh und zufrieden nach Paris zurück. Hier ergötzte ich mich in meinem Hause an einem festlichen Mahle; nach dem Essen aber ließ ich alle meine Kleider hereinbringen. Es waren darunter viele seidene Sachen, ferner kostbare Pelze und allerfeinste Tuche. Hiervon machte ich allen meinen Gesellen ein Geschenk, indem ich einen jeden nach seinem Verdienst bedachte, sogar die Mägde und Stallburschen. Ich forderte sie alle auf, mir mit gutem Willen beizustehen.

Die Schaffenslust war in mir wieder wach geworden und ich arbeitete mit größtem Fleiß und Eifer an dem großen Standbilde des Kriegsgottes. Das Gerüst hatte ich aus Hölzern gemacht, die mit Eisen wohl befestigt waren. Ich hatte es mit einer Kruste überzogen, die eine Achtelelle dick und aufs sorgfältigste bearbeitet war. Ich hatte die Anordnung getroffen, die Figuren aus vielen einzelnen Stücken zu bilden und diese dann nach den Regeln der Kunst mit Schwalbenschwänzen zu verbinden. Dies wurde aufs beste von meinen Gesellen ausgeführt.[9]

Nun will ich aber nicht verfehlen, ein höchst lächerliches Ereignis zu erwähnen, das bei Gelegenheit dieser Arbeit vorfiel. Ich hatte allen, die in meinem Haushalt lebten, verboten, in mein Haus und Schloß Dirnen mitzubringen, und ich paßte mit großer Sorgfalt auf, daß dieses nicht geschähe. Nun war aber mein Geselle Ascanio in ein sehr schönes Mädchen verliebt und sie in ihn; infolgedessen lief sie ihrer Mutter weg und kam eines Nachts zu Ascanio. Sie

---

9 Das Modell (40 Ellen hoch, etwa 28 Meter) war aus Holz und Gips ausgeführt und wurde wahrscheinlich bald nach Cellinis Abreise aus Paris zerstört.

wollte nicht wieder fortgehen, er aber wußte nicht, wo er sie verstecken sollte. Da er jedoch ein anschlägiger Kopf war, fiel ihm schließlich ein Mittel ein: er brachte sie in der Figur des Kriegsgottes unter, und zwar machte er ihr gerade im Kopfe ihre Schlafstelle zurecht. Dort blieb sie ziemlich lange Zeit, und er holte sie zuweilen bei Nacht in aller Stille ab. Als nun der Kopf sich seiner Vollendung nahte, deckte ich ihn auf, wozu mich auch eine gewisse Eitelkeit antrieb, denn dieser Kopf war fast von allen Punkten der Stadt Paris zu sehen. Die Nachbarn stiegen sogar auf die Dächer und es kamen viele Leute eigens um das Wunderwerk zu sehen. Nun ging in Paris schon von alters her die Sage, daß in meinem Schlosse ein Geist hause, den das Volk allgemein Lemmonio Borèo[10] nannte; ich selber habe allerdings niemals etwas gemerkt, was für die Wahrheit dieser Sage spräche. Da nun das Mädchen, das in dem Kopfe wohnte, nicht umhin konnte, sich zuweilen zu bewegen, so sah man sie durch die Augenhöhlen. Da behauptete denn nun das dumme Volk, der Geist sei in die Riesenfigur gefahren und bewege ihre Augen und den Mund, wie wenn sie sprechen wollte. Viele liefen voller Angst davon. Aber auch manche Klügere, die sich das Wunder ansehen wollten, konnten das Aufblitzen der Augen in der Figur nicht begreifen, und versicherten darum ebenfalls, es sei ein Geist in der Figur; sie wußten freilich nicht, daß allerdings ein Geist darinnen war und gutes Fleisch obendrein.

---

10 Entweder: Le démon Bourreau (der dämonische Henker); oder, wohl richtiger: Le moine bourru (der grobe Mönch).

der Koloß

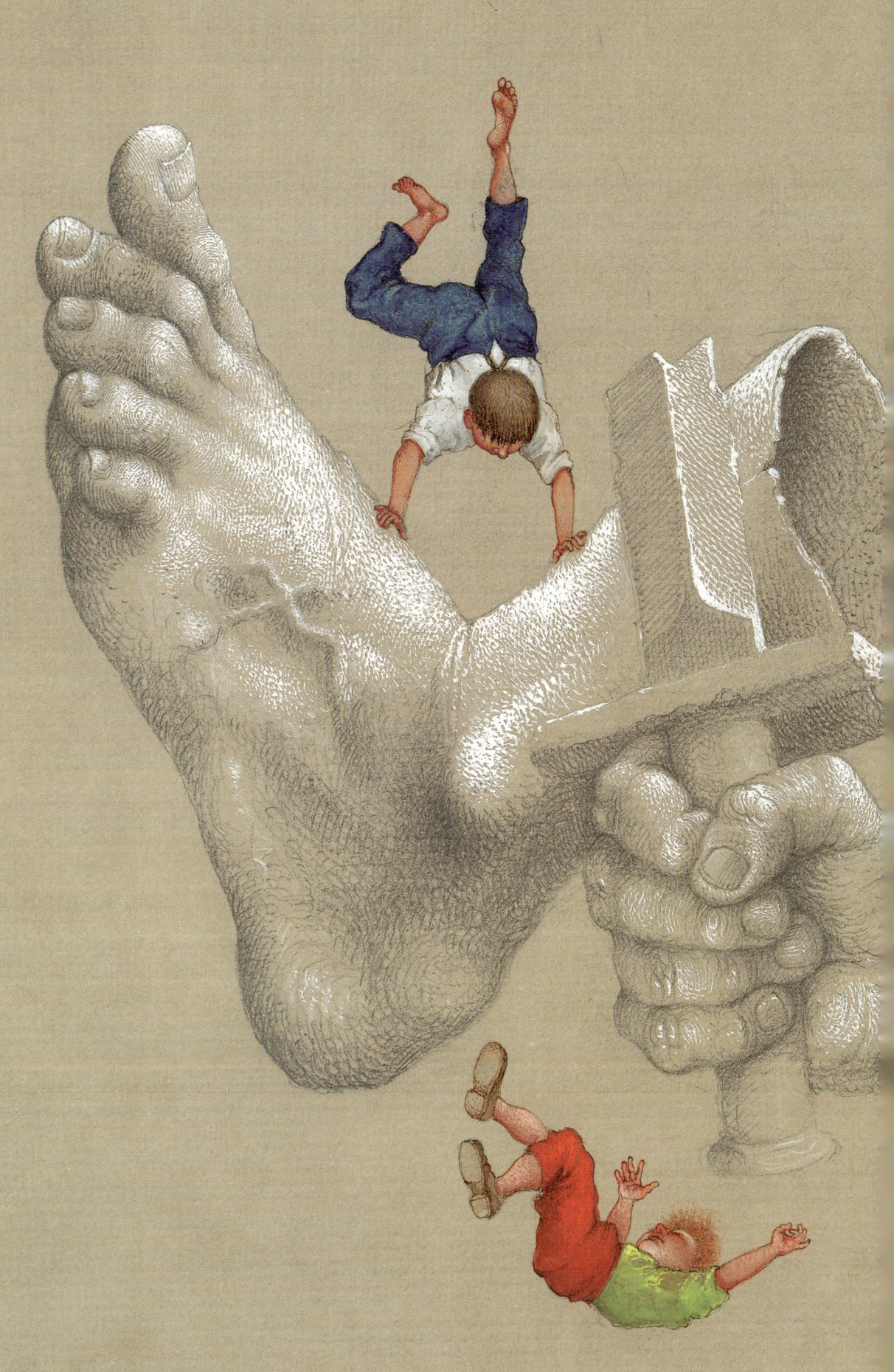

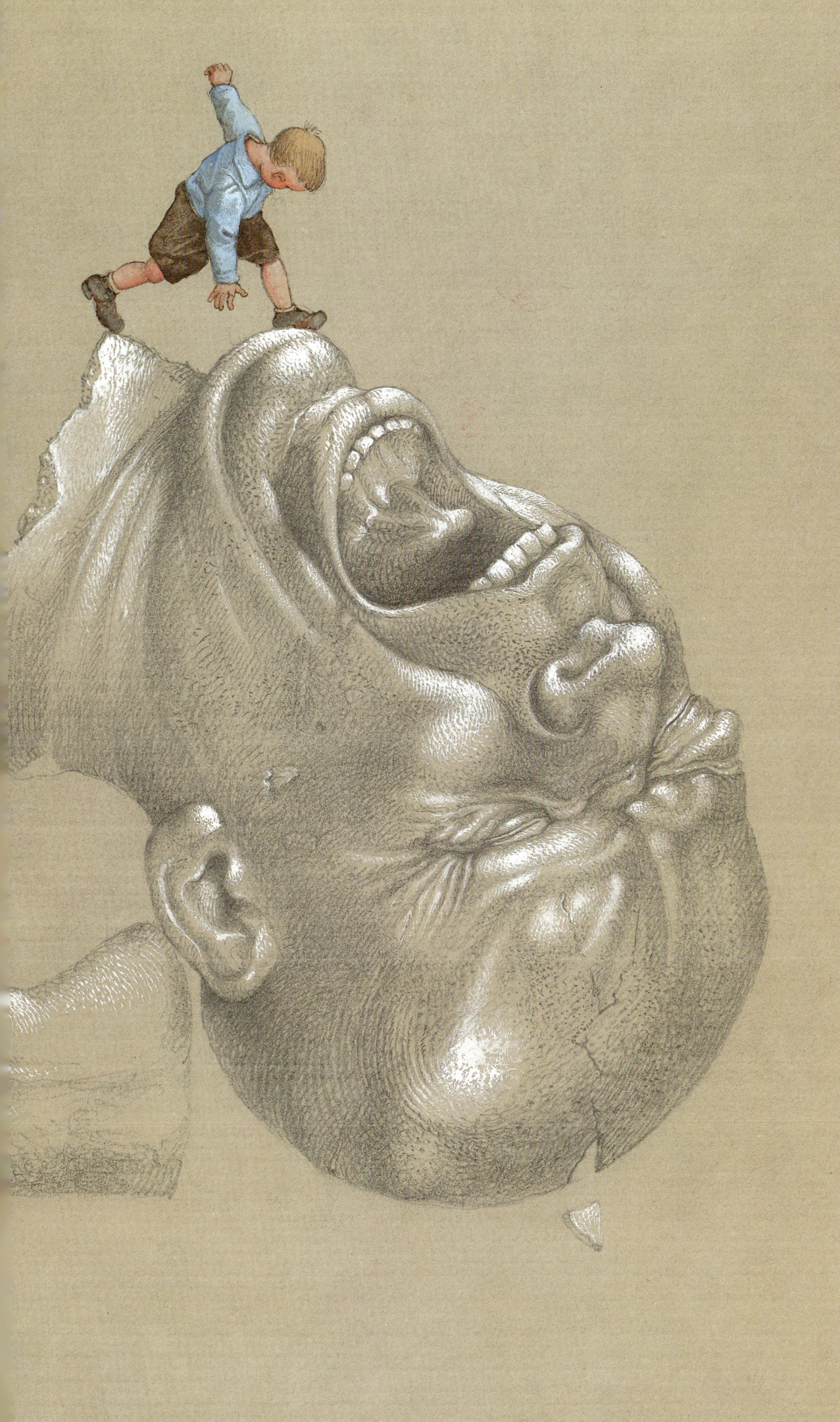

stand auf schwachen Füssen
und zerfiel zum kinderspiel

DREIUNDDREISSIGSTES KAPITEL
1544

*Der Krieg mit Karl V. bricht aus. Benvenuto soll zur Befestigung der Stadt
mitwirken. Madame d'Estampes sucht den König durch fortgesetzte Kunstgriffe
gegen Benvenuto aufzubringen. Seine Majestät macht ihm Vorwürfe,
gegen die er sich verteidigt. Madame d'Estampes
wirkt nach ihren ungünstigen Gesinnungen weiter fort.
Benvenuto spricht abermals den König und bittet um Urlaub nach Italien,
den ihm der Kardinal Ferrara verschafft.*

UNTERDESSEN MACHTE ich mich daran, aus allen oben beschriebenen Teilen mein schönes Tor zusammenzusetzen. Ich will in meiner Lebensbeschreibung nicht jene Dinge erwähnen, deren Erzählung Sache der Chronikenschreiber ist; darum habe ich nichts davon gesagt, wie der Kaiser mit seinem Heere angezogen kam und wie der König ihm mit seiner Streitmacht entgegenrückte[1]. Er verlangte damals meinen Rat, wie Paris in aller Eile befestigt werden könnte. Er kam deshalb eigens in mein Haus und führte mich um die ganze Stadt herum. Und als er nun hörte, wie verständnisvoll ich von einer schnellen Befestigung der Stadt sprach, gab er mir ausdrücklichen Befehl, meine Worte recht schnell zu Taten zu machen. Er befahl seinem Admiral, seine Leute anzuweisen, daß sie bei des Königs Ungnade mir gehorchen sollten. Der Admiral hatte durch die Gunst der Madame d'Estampes und nicht durch sein Verdienst seine Würde erlangt, denn er war ein Mann von geringem Verstande. Sein Name bedeutet in unserer Sprache eigentlich Herr Annibale, in der französischen Sprache aber klingt der Name so, wie wenn er Esel und Ochs bedeutete und so nannten ihn denn auch die Leute gewöhnlich. Dieser Kerl berichtete sofort der Madame d'Estampes alles, und sie befahl ihm, er solle schnell Girolimo Bellarmato kommen lassen. Dies war ein Ingenieur aus Siena, der in Dieppe, eine starke Tagereise von Paris, wohnte. Dieser kam sofort, und da er die längste Strecke auswählte, um die Befestigungswerke aufzuführen, so zog ich mich von dem Unternehmen zurück. Hätte damals der Kaiser sich beeilt, so hätte er mit der größten Leichtigkeit Paris einnehmen können. Man sagte auch, in dem Vertrage, der bald darauf abgeschlossen wurde, hätte Madame d'Estampes, die sich mehr als sonst jemand hineinmischte[2],

---

[1] Die Kaiserlichen hatten bereits Epernay und Château-Thierry eingenommen, konnten also in drei bis vier Eilmärschen Paris erreichen.

[2] Sie sollte schuld daran sein, daß die Brücke bei Epernay nicht rechtzeitig abgebrochen wurde.

den König verraten. Es kommt mir jedoch nicht zu, hierüber noch mehr zu sagen, denn es ist nicht meine Sache.

Ich arbeitete mit großem Fleiß an der Zusammensetzung meiner ehernen Tür, an der Vollendung des großen Silbergefäßes und an zwei anderen von mittlerer Größe, die ich von meinem eigenen Silber machte. Nach all der Bedrängnis kam der gute König nach Paris, um sich ein wenig auszuruhen. Jenes verdammte Weib war gleichsam zum Unheil der ganzen Welt geboren, und darum dünkt mir, ich kann mir etwas darauf einbilden, daß sie in mir ihren Todfeind erblickte. Als sie einst mit dem guten König auf meine Angelegenheiten zu sprechen kam, sagte sie ihm so viel Schlechtes von mir, daß er in seiner Großmütigkeit, um ihr einen Gefallen zu tun, sich verschwor, er wolle sich überhaupt nicht mehr um mich bekümmern, wie wenn er mich niemals gekannt hätte. Ein Page des Kardinals von Ferrara namens Villa kam sofort zu mir, um mir zu sagen, er habe diese Worte aus dem eigenen Munde des Königs vernommen. Dies brachte mich in solchen Zorn, daß ich alle meine Werkzeuge und Arbeiten durcheinander warf, mich zurecht machte, um mit Gott meines Weges zu ziehen, und den König aufsuchte. Gleich nach seiner Mahlzeit trat ich in ein Zimmer ein, worin der König mit ganz wenigen Personen sich befand. Ich machte ihm meine Verbeugung mit der Ehrfurcht, die man einem König schuldet; er aber nickte mir freundlich zu, sobald er mich sah. Da schöpfte ich wieder einige Hoffnung und näherte mich Seiner Majestät ganz allmählich, weil er sich einige Arbeiten von meiner Kunst besah. Nachdem nun hierüber ein Weilchen gesprochen worden war, fragte der König mich, ob ich ihm nicht in meinem Hause etwas Schönes zu zeigen hätte und wann es mir recht sei, daß er komme? Ich antwortete ihm, ich stehe zu seinem Befehl, ihm alles zu zeigen, wann er es zu sehen wünsche. Darauf sagte er, ich solle nach Hause gehen, denn er wolle auf der Stelle kommen.

Ich ging nach Hause und erwartete den guten König; dieser aber war erst zu Madame d'Estampes gegangen, um von ihr Urlaub zu nehmen. Sie wollte wissen, wohin er gehe, und sagte, sie wolle ihm zur Gesellschaft mitkommen. Sobald aber der König ihr gesagt hatte, wohin er gehen wollte, erklärte sie, sie wolle nicht mitkommen und bat ihn, er möge ihr doch die Gnade erweisen, an diesem Tage nicht ohne sie auszugehen. Sie mußte diese Bitte mehrere Male wiederholen, um den König von seinem Vorhaben abzubringen; doch kam er an diesem Tage nicht zu mir. Am nächsten Tage ging ich um dieselbe Stunde wieder zum König; als er mich erblickte, schwor er, er wolle sofort in mein Haus kommen. Nach seiner Gewohnheit ging er wieder zu seiner Madame d'Estampes, um sich von ihr zu verabschieden. Als diese nun sah, daß sie mit all ihrer Macht den König nicht von seinem Entschluß abbringen konnte, sagte sie mit ihrer bissigen Zunge so viel Schlechtes von mir, wie wenn ich der ärgste Feind der heiligen französischen Krone gewesen wäre. Infolgedessen sagte der gute König, er wolle nur deshalb zu mir gehen, um mich tüchtig auszuschelten und mir einen Schrecken einzujagen. Er versprach es der Madame d'Estampes auf sein Wort; hierauf kam er in mein Haus. Ich führte ihn in einen großen Saal des Erdgeschosses, wo ich mein großes Tor zusammengesetzt hatte. Bei diesem Anblick war der König so erstaunt, daß er nicht mehr daran dachte, mich auszuschelten, wie er es seiner Geliebten versprochen hatte. Um jedoch die Gelegenheit nicht ganz ungenützt vorübergehen zu lassen, hub er an und sprach zu mir: »Es ist doch eine höchst merkwürdige Sache, Benvenuto, daß ihr Künstler, so tüchtig ihr auch seid, nicht begreifen könnt, daß ihr nur uns es verdankt, wenn ihr eure Kunst zeigen könnt; denn eure Größe könnt ihr nur erweisen, wenn ihr von uns die Gelegenheit dazu erhaltet. Darum solltet Ihr ein wenig gehorsam sein und nicht so stolz und eigensinnig. Ich erinnere mich, Euch ausdrücklich befohlen zu haben, Ihr solltet mir zwölf silberne Bildsäulen machen. Dies war mein ganzes Verlangen; Ihr aber wolltet mir auch ein Salzfaß und Silbergefäße und Köpfe und Türen anfertigen, und noch allerlei andere Dinge. Dies ist mir sehr ärgerlich, denn ich sehe, daß meine eigenen Wünsche zurückgesetzt werden und daß Ihr nur darauf bedacht seid, Euren Willen zu bekommen. Wenn Ihr aber so zu handeln gedenkt, so sollt Ihr sehen, wie ich zu verfahren pflege, wenn ich wünsche, daß meine Befehle ausgeführt werden. Darum sage ich Euch: Gehorchet nur den Befehlen, die Euch gegeben worden sind; denn wenn Ihr hartnäckig seid und auf Euren Launen beharrt, so werdet Ihr mit dem Kopf gegen die Wand rennen.«

So sprach er und alle seine Kavaliere hörten zu; als sie nun sahen, wie er den Kopf schüttelte, finstere Augen machte und bald mit dem einen, bald mit dem anderen Arm in der Luft herumfuhr, da zitterten alle Anwesenden vor Furcht um mich. Ich aber hatte mir vorgenommen, mich nicht im geringsten zu fürchten.

Sobald er mit seiner Strafpredigt fertig war, die er seiner Madame d'Estampes versprochen hatte, ließ ich mich auf ein Knie nieder, küßte ihm den Rock oberhalb seines Knies und sprach: »Geheiligte Majestät! Ich gebe zu, daß alles wahr ist, was Ihr sagt, und antworte auf Eure Worte nur, daß ich mit Herz und Seele Tag und Nacht immerzu nur daran gedacht habe, wie ich Euch gehorchen und dienen könnte. Sollte Eure Majestät meinen, daß zu meinen Worten die Tatsachen nicht stimmen, so möget Ihr überzeugt sein, daß daran nicht Benvenuto schuld ist, sondern ein böses Geschick, das mich unwürdig machen wollte, dem herrlichsten Fürsten zu dienen, den jemals die Erde gesehen hat. Darum bitte ich Eure Majestät, mir zu verzeihen. Mich will nur bedünken, Ihr habet mir nur das Silber zu einer einzigen Statue gegeben; da ich eigenes Silber nicht besaß, so konnte ich nicht mehr als diese eine machen. Von dem wenigen Silber, das mir von dieser Figur übrig blieb, fertigte ich jenes Gefäß, um Eurer Majestät den schönen Stil der Alten zu zeigen, den Ihr vielleicht vorher noch nicht gekannt hattet. Das Salzfaß habt Ihr, wenn ich mich recht erinnere, eines Tages selber bei mir bestellt, als Euch ein anderes Gefäß dieser Art vorgesetzt wurde; auf Euren ausdrücklichen Befehl zeigte ich ein Modell, das ich bereits in Italien gemacht hatte, und Ihr ließet mir sofort tausend Goldgulden geben, um es auszuführen. Ihr sagtet mir, Ihr würdet mir Dank dafür wissen, und ich glaube, Ihr danktet mir noch viel lebhafter, als ich Euch das fertige Gefäß überbrachte. Von dem Tore haben wir, wie ich glaube, zufällig gesprochen; Eure Majestät gaben Ihrem ersten Geheimschreiber, dem Herrn de Villeroy, den Auftrag und dieser befahl den Herren Marmaignes und della Fa, mich zur Vollendung dieses Werkes anzutreiben und mir alles Nötige zu liefern. Ohne solchen Auftrag hätte ich ein so großes Unternehmen aus eigener Kraft niemals vollbringen können. Die ehernen Köpfe habe ich allerdings nur gegossen, um mit den französischen Erden Versuche zu machen; denn als Fremder kannte ich diese nicht. Ohne Versuche damit angestellt zu haben, hätte ich mich niemals getraut, so große Wagnisse zu unternehmen. Die Fußgestelle habe ich gemacht, weil ich der Meinung war, daß sie zu den Figuren aufs beste paßten. Bei allem, was ich gemacht habe, war meine Absicht nur, es aufs beste zu machen, und niemals habe ich dem Willen Eurer Majestät mich entziehen wollen. Allerdings ist es wahr, daß ich den großen Koloß, soweit er jetzt fertig ist, ganz auf meine eigenen Kosten gemacht habe; dies aber habe ich nur darum getan, weil ich der Meinung war: Da Ihr ein so großer König seid und ich ein geringer Künstler bin, so muß ich zu Eurem und meinem Ruhme ein Standbild schaffen wie die Alten niemals gehabt haben. Da ich nun sehe, daß es Gott nicht gefallen hat, mich eines so ehrenvollen Dienstes zu würdigen, so bitte ich Eure Majestät, Ihr wollet statt der ehrenvollen Belohnung, die Ihr für meine Werke bestimmt habet, mir nur ein wenig Gnade gönnen und mir zugleich Urlaub geben. Wollt Ihr mir diese Gnade erweisen, so will ich auf der Stelle abreisen und nach Italien zurückkehren und immer Gott und Eurer Majestät für die glücklichen Stunden dankbar sein, die ich in Eurem Dienste verbracht habe.«

Der König hob mich auf das freundlichste mit seinen eigenen Armen auf und sagte mir, ich solle nur bereitwillig ihm dienen; alles was ich gemacht habe, sei gut und ihm sehr angenehm. Dann wandte er sich zu seinen Kavalieren und sprach mit Bedacht: »Ich glaube ganz gewiß: wenn das Paradies Tore bekommen sollte, so könnte es niemals schönere haben als dieses!«

Als er nun nach diesen Worten, die er mit dem größten Feuer aussprach, eine

saurer Hagelschlag

kleine Pause machte, da dankte ich ihm aufs neue mit der größten Ehrfurcht, wiederholte jedoch zugleich meine Bitte um Urlaub, denn mein Zorn war noch nicht ganz verflogen. Als nun der große König sah, daß ich seine ungewöhnliche Leutseligkeit nicht nach Gebühr zu schätzen wußte, so befahl er mir mit lauter, drohender Stimme, ich solle kein Wort mehr spechen, sonst werde es mir übel ergehen. Dann setzte er hinzu, er wolle mich in Gold ersticken; den Urlaub wolle er mir geben, sobald die Werke fertig seien, die er mir aufgetragen habe; doch sei er mit allem vollkommen zufrieden, was ich im Hause arbeiten wolle; ich werde niemals Verdruß mit ihm haben, denn er habe mich kennengelernt; nun aber solle auch ich mich bemühen, ihn, den König, kennenzulernen, wie meine Pflicht es erfordere. Ich sagte ihm, ich sei Gott und Seiner Majestät für alles dankbar; hierauf bat ich ihn, sich anzusehen, wie weit ich den Riesen fertig gemacht hätte. Er ging auch mit mir, und ich ließ die Figur aufdecken. Er war darüber aufs höchste verwundert und befahl sofort einem seiner Geheimschreiber, er solle mir unverzüglich alles Geld wiedergeben, das ich dafür ausgelegt hatte; die Summe möchte so groß sein wie sie wollte; es genügte, wenn ich mit eigener Hand meine Unterschrift gäbe. Hierauf ging er mit den Worten: »Adieu, mon ami.« Ein Ausdruck, dessen ein König sich sonst nicht bedient.

Als er in seinen Palast zurückgekehrt war, wiederholte er einige von den wunderbar demütigen und zugleich so überaus stolzen Worten, die ich gegen ihn gebraucht hatte und die ihm viel zu denken gegeben hatten, in Gegenwart der Madame d'Estampes und des Herrn St. Paul[3], eines großen Würdenträgers der französischen Krone. Dieser hatte sich früher für einen großen Freund von mir ausgegeben; dies zeigte er denn bei dieser Gelegenheit wirklich höchst trefflich auf französische Art. Nach langem Hin- und Herreden beklagte sich nämlich der König über den Kardinal von Ferrara, dem er die Aufsicht über mich gegeben und der sich niemals um mich bekümmert hätte, so daß es nicht an ihm gelegen wäre, wenn ich nicht sein Reich verlassen hätte; darum dächte er auch allen Ernstes daran, die Fürsorge für mich einem anderen zu übertragen, der mich besser verstände als der Kardinal; denn er wünschte durchaus nicht, mich aus irgendeinem Anlaß zu verlieren. Kaum hatte der König diese Worte gesagt, so erbot sich Herr von St. Paul, die Obhut über mich zu übernehmen; er würde schon dafür sorgen, daß ich keinen Anlaß mehr hätte, das Land zu verlassen. Der König antwortete, dies wäre ihm sehr recht; St. Paul möchte ihm nur sagen, wie er mich festhalten wollte, so daß ich nicht davonginge.

---

[3] François de Bourbon, Seigneur de Saint-Paul. Er hatte nach der Niederlage von Pavia mit dem König, der große Stücke auf ihn hielt, die Gefangenschaft geteilt.

Madame, die zugegen war, zeigte sich sehr ungnädig; St. Paul aber wollte nicht mit der Sprache heraus, so sehr auch der König drängte, er solle ihm sagen, auf welche Weise er mich festhalten wolle. Als nun der König ihm immer von neuem zusetzte, sagte er schließlich, um der Madame d'Estampes einen Gefallen zu tun: »Ich würde Euren Benvenuto am Halse aufhängen; auf diese Art würdet Ihr ihn niemals aus Eurem Reiche verlieren.« Madame d'Estampes lachte laut auf und sagte, das hätte ich wohl verdient. Der König lachte mit und sagte, es solle ihm ganz recht sein, wenn St. Paul mich an den Galgen hängen wolle; nur müsse er vorher einen anderen, mir gleichen Künstler, beschaffen; obgleich ich es durchaus nicht verdient habe, so gebe er ihm doch unter dieser Bedingung volle Erlaubnis. So ging denn dieser Tag vorbei, und ich blieb heil und gesund, wofür Gott gelobet und gepriesen sei.

Den Krieg mit dem Kaiser hatte der König unterdessen beigelegt, nicht aber den mit den Engländern, und diese Teufel machten uns gar viel Verdruß[4]. Der König hatte infolgedessen anderes im Kopf als sein Vergnügen und hatte Herrn Piero Strozzi befohlen, mit etlichen Galeeren auf das englische Meer hinauszufahren[5]. Dies war ein außerordentliches und höchst schwieriges Unternehmen, besonders, da dieser treffliche Feldherr unter seinen Zeitgenossen als Krieger einzig in seiner Art, aber auch einzig in seinem Unglück war. Mehrere Monate waren vergangen, in denen ich weder Geld noch irgendeinen Auftrag erhielt; darum hatte ich alle meine Gesellen fortgeschickt, mit Ausnahme meiner beiden Italiener, von denen ich die beiden Gefäße machen ließ, zu denen ich das Silber aus meinen eigenen Mitteln hergab; denn auf die Arbeit in Erz verstanden sie sich nicht. Als sie mit den beiden Gefäßen fertig waren, reiste ich mit diesen nach einer Stadt, die der Königin von Navarra gehörte: sie heißt Argentan und liegt viele Tagesreisen von Paris entfernt. Als ich dort ankam, fand ich, daß der König krank war; der Kardinal von Ferrara sagte ihm, ich sei angekommen; der König aber antwortete nichts, und darum mußte ich zu meiner Beschwer viele Tage dort warten. Ich bin wahrhaftig niemals verdrießlich gewesen; nachdem ich aber manche Tage gewartet hatte, faßte ich mir eines Morgens Mut und trat dem König mit meinen beiden schönen Gefäßen unter die Augen. Sie gefielen ihm über die Maßen. Als ich nun den König in so guter Stimmung sah, bat ich ihn, er möchte mir die Gnade erweisen und mir eine Urlaubsreise nach Italien gestatten; ich würde mein Gehalt, das ich noch für sieben Monate zu fordern hätte, zurücklassen; dieses Geld möchte Seine

---

4 Die Engländer hatten vier Tage vor dem Friedensschluß zwischen Frankreich und dem Kaiser Boulogne eingenommen und setzten den Krieg noch zwei Jahre lang fort.
5 Strozzi befehligte unter dem Admiral Annebaut 25 italienische Galeeren.

Majestät mir erst später auszahlen, wenn ich wieder zurückkäme. Ich bat den König, er möchte mir doch diese Gnade gewähren, sintemalen jetzt Zeit zum Fechten und nicht zum Bildhauen wäre; Seine Majestät habe auch ihrem Maler Bologna ein gleiches erlaubt; darum bäte ich sie in aller Ehrfurcht, auch mich dieser Gnade zu würdigen.

Während ich diese Worte sprach, betrachtete der König mit größter Aufmerksamkeit die beiden Gefäße, indem er mich nur ab und zu mit einem schrecklichen Blick ansah, ich aber bat ihn nur immer, so sehr ich nur vermochte, er möchte mir doch die Gnade gewähren. Plötzlich sah ich, wie der Zorn über ihn kam; er sprang von seinem Stuhl auf und rief in italienischer Sprache: »Benvenuto, Ihr seid ein großer Narr! Bringt diese Gefäße nach Paris; ich will sie vergoldet haben.« Hierauf ging er hinaus, ohne ein anderes Wort zu sagen.

Nun wandte ich mich an den Kardinal Ferrara, der bei dem Gespräch zugegen gewesen war und bat ihn, da er mich aus dem römischen Kerker befreit und mir so viele andere Wohltaten erwiesen habe, so möge er mir doch noch auswirken, daß ich nach Italien reisen dürfe. Der Kardinal sagte mir, er wolle sehr gern alles tun, um mir diesen Gefallen zu erweisen; ich solle nur alles ihm überlassen und könne nach meinem Gefallen reisen, wohin ich wolle, denn er werde meine Sache beim König auf das beste vertreten.

Ich antwortete dem Kardinal: »Ich weiß ja, daß Seine Majestät die Obhut über mich Euer Gnaden übertragen hat, und wenn Ihr, Hochwürdigster Herr, mir Urlaub gebt, so will ich gerne abreisen; doch werde ich auf den geringsten Wink Eurer Hochwürden sofort zurückkehren.«

Der Kardinal sagte mir hierauf, ich solle nur nach Paris gehen und dort acht Tage verweilen; unterdessen werde er vom König die Bewilligung erlangen, daß ich reisen dürfe. Sollte aber der König nicht damit einverstanden sein, so würde er mich auf alle Fälle benachrichtigen; wenn er jedoch nichts schriebe, so wäre dies ein Zeichen, daß ich als freier Mann meines Weges gehen könnte.

VIERUNDDREISSIGSTES KAPITEL
1545

Benvenuto, der seine Angelegenheiten in Ordnung gebracht, überläßt zwei Gesellen Haus und Habe und macht sich auf den Weg nach Italien. Ascanio wird ihm nachgeschickt, um zwei Gefäße, die dem König gehören, zurückzufordern. Schrecklicher Sturm in der Nachbarschaft von Lyon. Benvenuto wird in Italien von dem Grafen Galeotto von Mirandola eingeholt, der ihm die Hinterlist des Kardinals von Ferrara und seiner zwei Gesellen entdeckt. In Piacenza begegnet er dem Herzog Pier Luigi. Was bei dieser Zusammenkunft vorkommt. Er gelangt glücklich nach Florenz, wo er seine Schwester mit ihren sechs jungen Töchtern findet. Cellini wird von dem Großherzog Cosimo de' Medici sehr gnädig aufgenommen. Nach einer langen Unterhaltung begibt er sich in des Herzogs Dienste. Der Herzog weist ihm ein Haus an, um darin zu arbeiten. Die Diener des Herzogs verzögern die Einrichtung. Lächerliche Szene zwischen ihm und dem Haushofmeister.

DEM BEFEHL des Kardinals gehorsam ging ich nach Paris und ließ dort gute Kisten für die drei Silbergefäße anfertigen. Nachdem zwanzig Tage vergangen waren, rüstete ich mich zur Reise und lud die drei Gefäße auf ein Maultier, das mir der Bischof von Pavia, den ich abermals in meinem Schlosse beherbergt hatte, für meine Reise bis Lyon lieh. Und so begab ich mich denn auf diese Unglücksreise in Gesellschaft mit Herrn Ippolito Gonzaga, der im Dienst des Königs stand und zugleich vom Grafen Galeotto von Mirandola besoldet wurde, und mit einigen Edelleuten dieses Grafen. Außerdem begleitete uns unser Florentiner Landsmann Lionardo Tedaldi. Ich übergab meinen Gesellen Ascanio und Paolo die Obhut über mein Schloß und alle meine Habe, worunter sich auch einige angefangene Gefäße befanden, deren Fertigstellung ich den beiden jungen Leuten auftrug. Auch war viel Hausrat von gutem Werte vorhanden, denn ich hatte mich sehr ehrenvoll eingerichtet; der Wert meiner Sachen belief sich auf mehr als fünfzehnhundert Goldgulden. Ich sagte Ascanio, er solle sich erinnern, wie viele große Wohltaten er von mir erhalten habe; bisher sei er ein unbedachter Knabe gewesen, jetzt aber sei es an der Zeit, sich als Mann von Geist und Verstand zu bewähren; darum wolle ich meine ganze Habe und meine ganze Ehre in seine

Obhut geben. Wenn die Bestien, die Franzosen, ihm irgend etwas antäten, sollte er mir sofort Bescheid geben; dann würde ich sofort die Post nehmen und eilends zurückkommen, sowohl wegen meiner großen Verpflichtungen gegen den guten König, wie auch meiner eigenen Ehre wegen.

Ascanio antwortete mir mit verstellten Spitzbubentränen: »Ich kannte niemals einen besseren Vater als Euch und ich werde stets gegen Euch handeln, wie ein guter Sohn gegen einen guten Vater handeln soll.«

Nachdem wir also einig waren, begab ich mich mit einem Diener und mit einem kleinen französischen Knaben auf die Reise. Gleich nach der Mittagsstunde kamen einige Schatzmeister auf mein Schloß, die nicht eben meine Freunde waren. Dieses Spitzbubenpack sagte sofort, ich sei mit dem Gelde des Königs davongereist. Sie forderten Herrn Guido und den Bischof von Pavia auf, sie sollten unverzüglich nach den Gefäßen des Königs schicken, sonst würde man mich verfolgen und mir große Verdrießlichkeiten bereiten. Der Bischof und Herr Guido hatten viel mehr Furcht als nötig war und schickten sofort den Verräter Ascanio mit Postpferden hinter mir her. Gegen Mitternacht holte er mich ein. Ich konnte nicht schlafen, sondern lag in traurigen Gedanken und sagte zu mir selber: »Wem hinterlasse ich mein Hab und Gut, mein Schloß? Oh, was habe ich für ein Unglück, daß ich zu dieser Reise gezwungen bin! Wenn nur der Bischof nicht im Einverständnis mit Madame d'Estampes handelt! Sie hat ja auf der ganzen Welt keinen größeren Wunsch, als daß ich die Gunst des guten Königs verliere!«

Während mich nun diese widerstreitenden Gedanken quälten, hörte ich Ascanio mich rufen; ich sprang sofort aus dem Bett und fragte ihn, ob er mir gute oder traurige Nachricht bringe. Sprach der Schelm: »Gute Nachricht bring ich! Nur müßt Ihr die drei Gefäße zurückschicken, denn die Halunken, die Schatzmeister, machen ein großes Geschrei; darum sagen der Bischof und Herr Guido, Ihr sollt die Gefäße unter allen Umständen zurückschicken. Macht Euch im übrigen keine Sorgen, sondern reist fröhlich und glücklich weiter.«

Ich übergab ihm sofort die Gefäße, obgleich ich zu zweien von ihnen aus eigenen Mitteln das Silber und alle Zutaten gegeben hatte. Ich wollte sie nach der Abtei des Kardinals von Ferrara in Lyon bringen; denn obwohl sie mich beschuldigten, ich wolle die Gefäße nach Italien bringen, so weiß doch ein jeder, daß man ohne besondere Erlaubnis weder Geld, noch Gold, noch Silber über die Grenze bringen darf. Wie hätte ich wohl die drei großen Gefäße hinausschaffen sollen, die mit ihren Kisten eine volle Maultierlast ausmachten? Allerdings hatte ich sie mit mir genommen, weil sie so schön und so wertvoll waren; denn ich befürchtete den baldigen Tod des Königs, den ich wirklich sehr krank zurückgelassen hatte; ich sagte mir: Sollte dieser Fall eintreten, so könnte ich doch die Gefäße nicht verlieren, wenn der Kardinal sie in Verwahrung hätte. Ich schickte also das Maultier mit den Gefäßen und anderen wertvollen Sachen zurück und reiste am nächsten Morgen mit meiner Gesellschaft weiter. Während der ganzen Reise mußte ich unaufhörlich seufzen und weinen, doch stärkte ich mich einige Male, indem ich zu Gott betete: »Herr Gott im Himmel, du kennst die Wahrheit und weißt, daß ich diese Reise nur unternehme, um sechs armen unglücklichen Mädchen und ihrer Mutter, meiner leiblichen Schwester, ein Almosen zu bringen. Sie haben zwar noch ihren Vater, aber der ist alt und verdient nichts mehr mit seinem Gewerbe; darum könnten sie leicht auf Abwege geraten. Da ich nun dieses fromme Werk tue, so erhoffe ich von deiner himmlischen Majestät Rat und Hilfe.« Diese Gebete waren mir der größte Trost auf meiner Reise. Als wir noch etwa eine Tagesreise von Lyon entfernt waren, hörten wir eines Abends gegen zweiundzwanzig Uhr bei ganz klarem Himmel einige trockene Donnerschläge. Ich war meiner Gesellschaft um einen Pfeilschuß voraus. Nach jenem Donner entstand am Himmel ein so lauter und entsetzlicher Lärm, daß ich bei mir selber dachte, der Tag des jüngsten Gerichtes sei da. Ich hielt mein Pferd an. Plötzlich fiel ohne einen Tropfen Wasser ein dichter Hagel von bohnengroßen Eisstückchen, die mir große Schmerzen machten, indem sie mich trafen. Nach und nach wurden sie immer größer, und es dauerte nicht lange, so waren sie groß wie Armbrustkugeln. Da nun mein Pferd sehr erschrocken war, warf ich es herum und ritt im schnellsten Lauf zu meinen Gefährten zurück, von denen sich die meisten in einen Fichtenwald hinein begeben hatten. Die Hagelstücke wurden so groß wie dicke Zitronen. Da sang ich ein Miserere, und während ich inbrünstig zu Gott betete, fuhr ein so dickes Eisstück vom Himmel herab, daß es einen sehr starken Ast von der Fichte abbrach, unter welcher ich in Sicherheit zu sein glaubte. Mehrere solche Eisstücke trafen den Kopf meines Pferdes, das beinahe zu Boden gestürzt wäre; auch mich traf ein solches Stück, glücklicherweise streifte es mich nur, denn sonst wäre ich des Todes gewesen. Ein solcher Eisklumpen traf auch den guten alten Lionardo Tedaldi, der neben mir auf den Knien lag, so stark, daß er mit vorgestreckten Händen auf die Erde fiel. Da ich nun sah, daß der Fichtenast mich nicht mehr beschützen konnte, und daß ich nicht nur beten durfte, sondern auch handeln mußte, so wickelte ich schnell meinen Mantel um den Kopf und sagte zu Lionardo, der aus vollem Halse Jesus! Jesus! rief: Jesus werde ihm helfen, wenn er sich selber helfe, und ich hatte mit dem Alten mehr Not als mit mir selber. Nachdem dieses eine Weile gedauert hatte, hörte es von selber auf; zerbleut, wie wir waren, stiegen wir, so gut es ging, wieder zu Pferde. Während wir nun nach unserer Herberge weiterritten, zeigten wir einander die Wunden und Beulen, die wir davongetragen hatten. Kaum waren wir tausend Schritte weitergeritten, so fanden wir noch viel größeres Unheil als wir selber erlitten hatten, so daß es unmöglich scheint, es zu beschreiben. Alle Bäume waren abgeschält und zerfetzt, und alles Vieh, das draußen gewesen war, lag tot da. Auch viele Hirten waren erschlagen, und wir fanden eine Menge Eisstücke, die man nicht mit beiden Händen umspannen konnte. Da dünkte uns, wir wären wohlfeilen Kaufes davongekommen, und wir erkannten, daß unsere Gebete und Miserere uns mehr geholfen hatten als alles, was wir selber sonst hätten tun können. So dankten wir denn Gott. Am Tage darauf kamen wir nach Lyon, wo wir uns acht Tage ausruhten. Nachdem wir uns gut erholt hatten, machten wir uns wieder auf den Weg und kamen glücklich über das Gebirge; ich kaufte dort ein Pferdchen, weil meine eigenen Pferde, so gering auch mein Gepäck war, doch ziemlich ermüdet waren.

Als wir eine Tagereise in Italien gemacht hatten, holte Graf Galeotto von Mirandola uns ein, der mit der Post gereist kam. Er machte bei uns halt und sagte mir, ich hätte einen Fehler begangen, daß ich abgereist wäre; ich dürfte nicht weiterreisen, denn meine Angelegenheiten hätten eine Wendung genommen und stünden günstiger denn je. Wenn ich meine Reise fortsetzte, so überließe ich meinen Feinden das Feld und setzte sie in Stand, mir zu schaden; wenn ich aber sofort umkehrte, so würde ich ihre Anschläge gegen mich zunichte machen; gerade von denen, in die ich das größte Vertrauen setzte, würde ich am ärgsten betrogen.

Weiter wollte er mir nichts sagen, obgleich er genau Bescheid wußte; der Kardinal von Ferrara hatte sich mit den beiden Spitzbuben zusammengetan, in deren Obhut ich meine ganze Habe gelassen hatte. Der junge Graf stellte mir wiederholt vor, ich müßte durchaus umkehren. Dann reiste er mit der Post weiter; ich aber entschloß mich, meiner Gesellschaft wegen die Reise fortzusetzen. In meinem Herzen stritten sich zwei Wünsche: bald wollte ich recht schnell nach Florenz reisen, bald nach Frankreich zurückkehren. Diese Unentschlossenheit regte mich dermaßen auf, daß ich mich zuletzt entschloß, Postpferde zu nehmen, um schnell nach Florenz zu kommen. Auf der ersten Poststation bekam ich Streit; dies bestärkte mich aber noch mehr in meinem Entschluß, weiteres Unheil in Florenz abzuwarten. Ich hatte mich von Herrn Ippolito Gonzaga getrennt, denn dieser schlug den Weg nach Mirandola ein, während ich über Parma und Piacenza ging. In Piacenza traf ich auf einer Straße den Herzog Pier Luigi; er sah mich an und erkannte mich. Da ich wohl wußte, daß er an allem Unglück schuld war, das ich in der Engelsburg zu Rom erduldet hatte, so versetzte mich sein Anblick in große Unruhe. Da ich aber keine Mittel sah, wie ich ihm entgehen könnte, so entschloß ich mich, ihn zu besuchen. Ich trat ein, als er schon mit dem Essen fertig war. Bei ihm befanden sich jene Leute aus dem Hause Landi, von denen er später ermordet wurde. Seine Durchlaucht empfing mich mit der größten Liebenswürdigkeit, die man sich nur denken kann, bemerkte dabei zu den Anwesenden, ich sei der erste Meister in meiner Kunst und ich habe lange Zeit im Kerker zu Rom zugebracht. Darauf wendete er sich zu mir und sagte: »Mein Benvenuto, das Unglück, das Ihr ausgestanden habt, tut mir recht herzlich leid; ich wußte wohl, daß Ihr unschuldig waret, doch konnte ich Euch nicht helfen, weil mein Vater Euch nicht freilassen wollte, um einigen Feinden von Euch gefällig zu sein, die ihm außerdem noch mitgeteilt hatten, Ihr hättet schlecht von ihm gesprochen. Ich weiß freilich gewiß, daß dies nicht wahr gewesen ist, und Euer Schicksal tat mir wirklich herzlich leid.«

So sprach er noch vieles in diesem Sinne, wie wenn er mich um Verzeihung bitten wollte. Hierauf fragte er mich nach allen Werken, die ich für den Allerchristlichsten König gearbeitet hätte. Er hörte meiner Antwort mit der größten Aufmerksamkeit zu und war überhaupt so leutselig, wie man sich nur denken kann. Hierauf fragte er mich, ob ich in seinen Dienst treten wollte. Ich antwortete ihm, im Augenblick könnte ich dies um meiner Ehre willen nicht tun; wenn ich aber die großen Arbeiten vollendet hätte, die ich für den erhabenen König begonnen hätte, so würde ich jeden anderen Herrn verlassen, um Seiner Durchlaucht zu dienen.

Hier erkennt man nun, wie der allmächtige Gott niemals jene Menschen ungestraft läßt, die einen Unschuldigen quälen und verfolgen. Der Herzog bat mich gewissermaßen um Verzeihung und er tat dies in Gegenwart jener Leute, die bald darauf mich und viele andere seiner Opfer an ihm rächten. Denn so mächtig auch ein Fürst sei, so darf er doch nicht mit Gottes Gerechtigkeit seinen Spott treiben, wie gewisse Herren tun, die ich kenne, und die mich schnöde vergewaltigt haben, wie ich an seinem Ort berichten werde. Ich beschreibe meine Erlebnisse nicht aus weltlicher Eitelkeit, sondern nur um Gott zu danken, der mich aus so mancher Mühsal errettet hat. Darum wende ich mich bei allem, was mir täglich geschieht, mit meinen Klagen stets an ihn, rufe ihn an, der wahrlich mein Beschützer ist, und empfehle mich ihm. Freilich helfe ich mir selber, so gut ich kann; wenn man mich aber unterdrückt und meine eigenen schwachen Kräfte nicht reichen, dann zeigt sich sogleich die Allmacht Gottes, die sich unerwartet den Übeltätern offenbart, die ihre Mitmenschen verfolgen und die sich gar wenig um das große und ehrenvolle Amt kümmern, das Gott ihnen verliehen hat.

Als ich in meine Herberge zurückkehrte, fand ich, daß der Herzog mir überreichlich Speise und Trank als ehrenvolles Geschenk übersandt hatte; ich erquickte mich daran mit Vergnügen, dann stieg ich wieder zu Pferde und ritt nach Florenz. Dort fand ich meine Schwester mit ihren sechs Töchterchen, von denen die älteste schon mannbar und die jüngste noch bei der Amme war. Ich fand auch ihren Gatten, der wegen der verschiedenen Wechselfälle, die die Stadt betroffen hatten, seinen Beruf nicht mehr ausübte. Reichlich ein Jahr vorher hatte ich ihnen Edelsteine und französische Goldarbeiten im Werte von mehr als zweitausend Dukaten geschickt, und für mehr als tausend Goldgulden brachte ich mit. Da fand ich nun, daß sie beständig die ihnen von mir geschenkten Goldsachen zu Gelde machten, indem sie täglich davon verkauften, obgleich ich ihnen im Monat vier Goldgulden gab. Mein Schwager war ein so ehrlicher Mann, daß er fast all sein Hab und Gut versetzt hatte und sich von den Zinsen auffressen ließ, um nur nicht das Geld anzurühren, das ich ihm nicht ausdrücklich überwiesen hatte. Er befürchtete, ich könnte unwillig auf ihn sein, da das Geld, das ich ihm als Unterstützung für seinen Unterhalt geschickt, nicht hingereicht hatte. Hieran erkannte ich, daß er ein sehr redlicher Mann war, und ich fühlte ein immer größeres Verlangen, ihm noch mehr Gutes zu tun; darum beschloß ich auch, vor meiner Abreise von Florenz alle seine Töchter auszustatten[1].

Unser Herzog von Florenz befand sich zu jener Zeit, im August 1544, auf Poggio a Caiano[2], zehn Miglien von Florenz. Ich machte ihm meine Aufwartung, weil ich dies für meine Schuldigkeit hielt, da auch ich florentinischer Bürger war und da meine Vorfahren dem Hause Medici stets ergeben gewesen waren. Auch liebte ich mehr als alle anderen Medicäer den Herzog Cosimo. Ich ging also nach Poggio, nur um ihm meine Ehrfurcht zu bezeigen, ohne die geringste Absicht, mich bei ihm niederzulassen. Nun aber gefiel es Gott, der alles zum besten wendet, daß der Herzog mir, als er mich sah, die allergrößten Liebkosungen erwies. Er sowohl wie die Herzogin[3] fragten mich nach den Werken, die ich für den König gemacht hätte. Darauf erzählte ich denn gerne alles der Reihe nach. Als er mich angehört hatte, sagte er zu mir, dies sei gewißlich wahr, denn er habe es ebenso gehört; dann aber setzte er bedauernd hinzu: »Oh, welch geringen Lohn hast du doch für diese schönen und mühevollen Arbeiten erhalten! Mein Benvenuto, wenn du etwas für mich arbeiten wolltest, würde ich dich ganz anders bezahlen als dein großer König getan hat,

---

1 Zwei von ihnen ließ er später als Nonnen in das Kloster Sant' Orsola aufnehmen.
2 Früher im Besitze der Cancellieri von Pistoia, ging das Schloß an die Strozzi und von diesen an die Medici über. Die herrliche Villa ließ Lorenzo der Prächtige nach dem Plan des Giuliano da Sangallo erbauen.
3 Eleonora von Toledo, Tochter des Vizekönigs von Neapel, Pietro Alvarez, wurde 1539 die Gattin des Herzogs Cosimo. Trotz ihrer Tugendhaftigkeit und Wohltätigkeit war sie wegen ihres spanischen Hochmuts bei den Florentinern unbeliebt.

den du in deiner Gutmütigkeit so hoch preisest!« Hierauf schilderte ich die großen Verpflichtungen, die ich gegen Seine Majestät hätte, die mich aus so ungerechter Kerkerhaft befreit und mir sodann Gelegenheit gegeben hätte, herrlichere Werke zu arbeiten als es jemals einem Künstler meiner Art vergönnt gewesen wäre.

Während ich so sprach, schnitt mein Herzog allerlei Gesichter, wie wenn er mich gar nicht anhören könnte, und sobald ich ausgeredet hatte, rief er: »Wenn du etwas für mich machen willst, werde ich dir solche Huld erweisen, daß du wohl darüber erstaunen sollst; vorausgesetzt, daß deine Arbeiten mir gefallen, woran ich nicht im geringsten zweifle.«

Ich armer, unglückseliger Mann fühlte ein großes Verlangen, auch unserer wunderbaren Florentiner Schule zu zeigen, daß ich, wenngleich ich ihr nicht angehörte, mich unterdessen in anderen Künsten betätigt hätte, die man mir nicht zutraute. So antwortete ich denn meinem Herzog, ich würde ihm gerne aus Marmor oder Erz ein großes Bildwerk für seinen schönen Platz machen. Er antwortete mir, als erste Arbeit begehre er von mir nur einen Perseus; einen solchen habe er sich schon seit langer Zeit gewünscht[4]. Er bat mich, ich möchte ihm ein kleines Modell machen. Dies tat ich gern und brachte in kurzen Wochen eins zustande, das ungefähr eine Elle hoch war; es war von gelbem Wachs, recht sorgfältig ausgeführt und mit größtem Fleiß und vieler Kunst gearbeitet.

Der Herzog kam nach Florenz, und es vergingen mehrere Tage, bevor ich ihm mein Modell zeigen konnte. Es war beinahe, wie wenn er mich nie zuvor gesehen oder gekannt hätte, so daß mich bedünken wollte, mit meinem Verhältnis zu Seiner Durchlaucht sähe es übel aus. Als ich jedoch eines Tages nach der Tafel das Modell in sein Vorzimmer brachte, kam er mit der Herzogin und einigen Edelleuten. Es gefiel ihm sofort und er lobte es über die Maßen; dies machte mir ein wenig Hoffnung, daß er doch vielleicht sich ein wenig darauf verstünde. Nachdem er es lange betrachtet hatte, gefiel es ihm immer mehr und er sagte: »Wenn du, mein Benvenuto, dieses kleine Modell im Großen ausführtest, so würde es das schönste Werk auf meinem Platze sein.«

Ich antwortete ihm: »Durchlauchtigster Herr, auf dem Platze stehen die Werke des großen Donatello und des wunderbaren Michelagnolo[5], die die beiden größten Künstler seit dem Altertum bis auf unsere Tage gewesen sind. Da aber Eure Durchlaucht eine so große Meinung von meinem Modell haben, so traue ich mir wohl zu, das Werk selber noch dreimal besser zu machen.«

4 Als Gegenstück zu der in der Loggia dei Lanzi aufgestellten Judith des Donatello wollte Cosimo einen Perseus als Vernichter der Medusa haben – symbolisch für seinen Sieg über die Volkspartei.
5 Die Judith und der David.

Hierüber entstand ein heftiger Streit, denn der Herzog behauptete fortwährend, er verstehe sich recht gut auf die Künste und wisse wohl, was einer leisten könne. Ich antwortete ihm, meine Werke selber sollten den Streit entscheiden und seinen Zweifel beseitigen; ich wäre ganz gewiß, daß ich viel mehr leisten würde als ich Seiner Durchlaucht versprochen hätte. Er möchte mir nur die Einrichtung geben, um das Werk auszuführen; denn ohne solche Einrichtung könnte ich das große Werk, das ich ihm verspräche, nicht zu Ende führen. Der Herzog sagte mir, ich möchte eine schriftliche Eingabe einreichen und darin alles aufzählen, was ich nötig hätte, er würde befehlen, daß mir alles aufs reichlichste beschafft werden sollte. Wäre ich nur so schlau gewesen, über alles, was ich zu meinem Werke brauchte, einen schriftlichen Vertrag zu machen, so hätte ich sicherlich nicht den großen Verdruß gehabt, der mir späterhin daraus entstand; denn damals hatte er offenbar die größte Lust, schöne Werke von mir zu sehen und alles dafür Nötige zu bewilligen. Da ich jedoch nicht wußte, daß der große Herr mehr Kaufmann als Herzog war, so vertraute ich Seiner Durchlaucht auf das freimütigste wie einem Herzog und nicht wie einem Kaufmann. Ich reichte meine Eingabe ein, die vom Herzog in der freigebigsten Weise bewilligt wurde. Hierauf sagte ich zu ihm: »Mein hochverehrter gnädiger Gebieter, meine wahre Bittschrift und unser wahrer Vertrag bestehen nicht in diesen Worten und Schriften, sondern alles kommt darauf an, daß mir mein Werk so gelingt wie ich es versprochen habe. Wenn dies der Fall ist, so hoffe ich, wird Eure Durchlaucht sich ganz gewiß auch dessen erinnern, was mir versprochen wurde.« Von meiner Denkungsweise und von meinen Worten war der Herzog ganz bezaubert, und er sowohl wie die Herzogin bezeigten mir die allergrößte Huld, die man sich nur denken kann.

Da ich den größten Wunsch hatte, meine Arbeit zu beginnen, so sagte ich Seiner Durchlaucht, ich hätte ein Haus nötig, das groß genug wäre, um mich mit meinen Öfen darin einzurichten, Werke von Ton und Erz zu verfertigen und einen abgesonderten Raum für die Verarbeitung von Gold und Silber zu haben; denn wie ich wüßte, wäre ihm ja bekannt, daß ich ihm aufs beste in meiner Kunst dienen könnte; darum brauchte ich bequeme Räume, um dies alles zu machen. Und damit Seine Durchlaucht sähe, wie groß meine Lust wäre, ihr zu dienen, so hätte ich bereits ein passendes Haus für meine Zwecke ausgesucht, und es läge an einem Ort, der mir sehr angenehm wäre. Weil ich aber Seine Durchlaucht nicht um Geld oder sonst etwas angehen wollte, bevor sie meine Arbeiten gesehen hätte, so hätte ich aus Frankreich zwei Schmuckstücke mitgebracht und bäte Seine Durchlaucht, mir das Haus zu kaufen und die Juwelen solange zu behalten, bis ich mir das Haus durch meine Mühe und Arbeit verdient hätte. Diese Juwelen waren von meinen Gesellen nach meinen

Zeichnungen aufs trefflichste gearbeitet. Nachdem er sie ziemlich lange betrachtet hatte, sagte er in herzlichem Ton folgende Worte, die mich mit falscher Hoffnung erfüllten: »Nimm nur, Benvenuto, deine Juwelen zurück; ich will nicht sie, sondern dich; du sollst dein Haus umsonst erhalten.«

Dann schrieb er folgenden Bescheid unter meine Eingabe, die ich immer aufbewahrt habe: »Man sehe sich das Haus an und frage den Verkäufer um den Preis; denn wir wollen Benvenutos Wunsch erfüllen.«

Auf Grund dieser Worte glaubte ich des Hauses sicher zu sein; denn ich war gewiß, daß meine Arbeiten viel mehr gefallen würden als ich versprochen hatte. Hierauf gab Seine Durchlaucht gemessenen Befehl seinem Haushofmeister, der Pier Francesco Riccio hieß. Er war von Prato und war Schulmeister des Herzogs gewesen. Ich sprach mit dieser Bestie und sagte ihm alles, was ich nötig hatte; ich wollte nämlich die Werkstatt in dem Garten des Hauses aufbauen. Er gab sogleich einem Zahlmeister Auftrag, einem trockenen und spitzfindigen Menschen, der sich Lattanzio Gorini nannte. Dieses Menschlein mit Spinnenfingerchen und einem Mückenstimmchen, schnell wie eine Schnecke, ließ mir soviel Steine, Sand und Kalk ins Haus fahren, daß man daraus etwa einen Taubenschlag hätte bauen können, mit welchem die Tauben übel zufrieden gewesen sein möchten.

Da ich sah, daß man sich der Sache so böswillig und kalt annahm, fing ich an, mich zu ärgern; doch sagte ich zu mir selber: Was klein anfängt, wird zum Ende zuweilen gar mächtig groß.

Auch machte es mir einige Hoffnung, daß ich sah, wie der König viele Tausende von Dukaten für jene häßlichen Pfuscherwerke von der Hand jener Bestie, des Buaccio Bandinello[6] weggeworfen hatte. So machte ich mir selber neuen Mut, und blies dem Lattanzio Gorini in den Hintern, um ihn in Bewegung zu bringen: mit meiner Stimme befeuerte ich seine lahmen Esel und das blinde Männchen, das sie führte.

Unter allen diesen Schwierigkeiten und mit Aufwand eigenen Geldes hatte ich den Baugrund für meine Werkstatt fertiggemacht, Bäume und Weinstöcke niedergehauen; dann fing ich nach meiner gewöhnlichen Art eifrig und sogar ein wenig wütend zu bauen an. Glücklicherweise hatte ich anderseits meinen guten Freund Tasso, den Zimmermann, zur Hand; von ihm ließ ich auch das hölzerne Gerüst machen, um den Perseus im Großen anzufangen. Dieser Tasso war ein ausgezeichneter trefflicher Meister, ich glaube der beste, den sein Gewerk jemals aufzuweisen hatte; dabei war er freundlich und fröhlich, und jedesmal, wenn ich zu ihm ging, kam er mir lachend entgegen und sang ein

---

6 Baccio ist Abkürzung von Bartolommeo. Buaccio ist eine boshafte Verdrehung und bedeutet »Rindvieh«.

Liedchen in Fisteltönen. Und obwohl ich schon mehr als halb verzweifelt war, weil ich hörte, daß es mit meinen Sachen in Frankreich übel ging, und weil ich mir von dem kalten Wesen in Florenz wenig versprach, so mußte ich doch wenigstens immer die Hälfte von seinen Liedchen anhören. Oftmals erheiterte ich mich wirklich zum Schluß, indem ich mich bemühte, so gut wie möglich wenigstens etliche von meinen verzweifelten Gedanken zu vergessen.

Nachdem ich nun alle diese erwähnten Anordnungen getroffen hatte, beeilte ich mich, nunmehr so schnell wie möglich die Vollendung des Baues zu betreiben. Schon war ein Teil des Kalks vermauert, da wurde ich plötzlich zu dem genannten Haushofmeister gerufen. Ich ging zu ihm und fand ihn nach der Beendigung der herzoglichen Tafel im Uhrsaal. Ich trat mit der größten Ehrfurcht auf ihn zu, er aber fragte mich mit den strengsten Worten, wer mich in das Haus eingesetzt hätte und mit welcher Befugnis ich angefangen hätte, drinnen zu mauern; er wundere sich sehr über mich, daß ich so kühn und anmaßend sei. Ich antwortete ihm hierauf, in das Haus habe mich Seine Durchlaucht der Herzog und in dessen Namen der Haushofmeister selber eingesetzt, indem er dem Lattanzio Gorini Auftrag gegeben habe; dieser Lattanzio habe Steine, Kalk und Sand anfahren lassen und alles bestellt wie ich es gewünscht habe, und er habe gesagt, dazu habe er Auftrag von Seiner Gnaden erhalten.

Auf diese Worte hin fuhr die Bestie mich noch grimmiger an und sagte mir, ich spräche die Unwahrheit, und die Leute, die ich anführte, hätten gelogen. Hierüber wurde ich unwillig und sagte zu ihm: »Herr Haushofmeister, solange Euer Gnaden so sprechen wie es Eurem hohen Range entspricht, werde ich Euch verehren und mit derselben Ehrfurcht mit Euch sprechen wie zum Herzog; handelt Ihr aber anders, so spreche ich zu Euch als dem Ser[7] Pier Francesco Riccio.«

Da geriet der Mann in einen solchen Zorn, daß ich dachte, er würde auf der Stelle verrückt werden, um schon früher zu dem Schicksal zu gelangen, das der Himmel ihm bestimmt hatte[8]. Er sagte nun mit allerlei Schimpfworten, er wundere sich sehr, daß ich mich erkühne, mit ihm wie mit einem meinesgleichen zu reden. Nun aber fing ich an und sprach: »Nun hört mal, Herr Pier Francesco Riccio, nun will ich Euch mal sagen, wer meinesgleichen und wer Euresgleichen sind. Euresgleichen sind Schulmeister, die die Kinderchen lesen lehren.«

---

7 »Ser« war die Anrede für Personen bürgerlicher Herkunft; mit »Messere« wurden Edelleute angesprochen; mit »Signore« nur fürstliche Personen.
8 Vasari, der Riccio nicht leiden konnte, berichtet, daß er im Wahnsinn gestorben sei. Sicher ist, daß er mit vielen Gelehrten und Literaten eng befreundet war.

Kaum hatte ich das gesagt, so fing der Mann mit bitterbösem Gesicht zu schreien an und wiederholte noch heftiger, was er schon einmal gesagt hatte. Da machte auch ich ein Gesicht, wie wenn ich in Wehr und Waffen dastände, und weil er so war, trat ich ein wenig anmaßend auf und sagte, meinesgleichen seien würdig, mit Päpsten, mit Kaisern und großen Königen zu sprechen, von meinesgleichen gehe vielleicht nur ein einziger durch die Welt, von seinesgleichen aber wohl zehn durch jede Tür. Als er diese Worte hörte, sprang er auf ein Fensterbänkchen, das in jenem Saal ist; dann sagte er, ich solle meine Worte noch einmal wiederholen. Ich tat dies noch kühner als zuvor und sagte ihm außerdem, es liege mir gar nichts mehr daran, dem Herzog zu dienen, und ich wolle nach Frankreich zurückkehren, was mir völlig freistehe. Da wurde die Bestie verdutzt und ganz erdfahl; ich aber ging ärgerlich von dannen und gedachte, in Gottes Namen meiner Wege zu ziehen, und wollte Gott, ich hätte dies getan. Ich wollte nicht, daß Seine Durchlaucht der Herzog diese Teufelsgeschichte sofort erfahren sollte, deshalb blieb ich ein paar Tage zu Hause. Meine Gedanken aber weilten schon nicht mehr in Florenz, außer bei meiner Schwester und meinen Nichten, deren Verhältnisse sich dank meiner Fürsorge schon in der Besserung befanden. Ich gedachte, ihnen das bißchen, das ich mitgebracht hatte, zurückzulassen und für sie zu sorgen, so gut ich konnte; ich aber wollte so schnell wie möglich nach Frankreich zurückkehren und niemals mehr daran denken, Italien wiederzusehen. Ich hatte mich entschlossen, mich so bald wie möglich auf den Weg zu machen und ohne Urlaub vom Herzog oder sonst jemand von dannen zu gehen.

Eines Morgens aber ließ mich der Haushofmeister ganz von selbst auf das höflichste rufen. Er fing an, mir auf seine Weise eine pedantische Rede zu halten, worin ich weder Art noch Anmut noch Kraft, weder Anfang noch Ende finden konnte.

Ich entnahm daraus nur, daß er sagte, er sei ein guter Christ, wolle keinen Haß gegen irgendeinen Menschen hegen und frage mich im Auftrag des Herzogs, wieviel Gehalt ich zu meinem Unterhalt verlange. Ich stand eine Weile da und antwortete nicht, da ich fest entschlossen war, mich nicht zu binden. Als er nun sah, daß ich nicht antwortete, war er doch so vernünftig, daß er mir sagte: »O Benvenuto, einem Herzog gibt man Antwort! Was ich hier sage, sage ich im Auftrag Seiner Durchlaucht.« Da antwortete ich ihm: Da er im Auftrag Seiner Durchlaucht mit mir spreche, so wolle ich ihm sehr gerne antworten; er möge nur Seiner Durchlaucht sagen, ich wolle hinter keinem anderen Meister meiner Kunst zurückstehen. Darauf sagte der Haushofmeister: »Bandinello bekommt 200 Goldgulden Gehalt; bist du also damit zufrieden, so ist die Frage deiner Besoldung abgemacht.«

Ich antwortete ihm, ich sei damit zufrieden; was ich etwa mehr verdiente, möchte man mir geben, wenn man meine Werke gesehen hätte; dies überließe ich völlig dem guten Urteil des Durchlauchtigsten Herzogs. So knüpfte ich denn gegen meinen Willen den Faden wieder an und ging an meine Arbeit. Der Herzog aber bezeigte mir beständig die allergrößte Huld, die man sich nur denken kann.

FÜNFUNDDREISSIGSTES KAPITEL

Der König von Frankreich wird durch Verleumdung der Gesellen Benvenutos gegen ihn eingenommen, wodurch er nach Frankreich zu gehen verhindert wird. Er unternimmt, eine Statue des Perseus zu gießen, findet aber große Schwierigkeit während des Ganges der Arbeit, indem der Bildhauer Bandinello sich eifersüchtig und tückisch gegen ihn beträgt. Er erhält Briefe aus Frankreich, worin er getadelt wird, daß er nach Italien gegangen, ehe er seine Rechnung mit dem König abgeschlossen. Er antwortet und setzt eine umständliche Rechnung auf. Geschichte eines Betruges, den einige Diener des Herzogs beim Verkauf eines Diamanten begehen. Des Herzogs Haushofmeister stiftet ein Weib an, Benvenuto wegen unnatürlicher Befriedigung mit ihrem Sohne anzuklagen. Benvenuto, verdrießlich über das Betragen der herzoglichen Diener, begibt sich nach Venedig, wo ihn Tizian, Sansovino und andere geschickte Künstler sehr gut behandeln. Nach einem kurzen Aufenthalt kehrt er nach Florenz zurück und fährt in seiner Arbeit fort.

Ich hatte recht oft Briefe aus Frankreich von meinem getreuesten Freunde, Herrn Guido Guidi, bekommen. In diesen Briefen stand immer noch nichts als Gutes. Auch mein Ascanio schrieb mir, ich sollte nur darauf bedacht sein, mir einen guten Tag zu machen; wenn irgend etwas geschähe, würde er es mir melden. Dem König wurde berichtet, daß ich angefangen hätte, für den Herzog von Florenz zu arbeiten; da er aber der beste Mensch von der Welt war, sagte er oft: »Warum kommt denn Benvenuto nicht wieder?« Und da er besonders meine beiden Gesellen danach fragte, so antworteten sie ihm, es ginge mir recht gut, wie ich ihnen schriebe, und sie glaubten daher, ich würde wohl keine Lust haben, wieder in den Dienst Seiner Majestät zu gehen. Als der

König diese vermessenen Worte hörte, deren ich mich niemals bedient hatte, geriet er in großen Zorn und rief: »Da er sich denn von uns ohne jeden Grund entfernt hat, so werde ich niemals mehr nach ihm fragen; er bleibe, wo er ist!« So hatten denn die verruchten Spitzbuben ihren Zweck erreicht; denn wenn ich nach Frankreich zurückgekehrt wäre, hätten sie wieder als Gesellen unter mir arbeiten müssen, wie sie es früher getan hatten; wenn ich aber nicht zurückkehrte, so blieben sie frei und lebten auf meine Kosten. Darum boten sie alles auf, um meine Rückkehr zu verhindern.

Während ich nun die Werkstatt mauern ließ, worin ich den Perseus anfertigen wollte, arbeitete ich im Erdgeschoß des Hauses an einem Gipsmodell des Perseus in der Größe, die das Werk bekommen sollte, das ich mit diesem Modell abzugießen gedachte. Als ich aber sah, daß die Arbeit auf diesem Wege etwas langwierig wurde, griff ich zu einem andern Hilfsmittel. Von der Jammerwerkstatt war schon, Stein auf Stein, ein Stückchen so erbärmlich aufgeführt, daß es mich noch jetzt ärgert, wenn ich nur daran denke. Ich begann die Gestalt mit der Medusa, indem ich zunächst ein Gerippe aus Eisen machte; hierauf arbeitete ich sie in Ton, und als die Tongruppe fertig war, brannte ich sie. Diese Arbeit machte ich allein mit einigen Handlangern, unter denen auch ein sehr schöner Knabe war, der Sohn eines Freudenmädchens, die Gambetta genannt wurde. Ich bediente mich dieses Knaben zum Modell, denn wir haben keine anderen Bücher, um unsere Kunst zu erlernen, als das Buch der Natur. Ich suchte Gesellen, um mit meiner Arbeit recht schnell fertig zu werden; doch konnte ich keine finden, allein aber konnte ich auch nicht alles machen. Es waren wohl einige Gesellen in Florenz, die recht gerne zu mir gekommen wären, wenn nicht Bandinello sie davon abgehalten hätte. So hielt er mich denn eine gute Weile auf und sagte noch obendrein zum Herzog, ich suche ihm seine Gesellen abspenstig zu machen, weil ich selber nicht imstande sei, eine große Figur zusammenzusetzen. Ich beklagte mich beim Herzog über den großen Verdruß, den die Bestie mir machte, und bat ihn, er möchte mir einige Gesellen vom Dombau zuweisen. Diese meine Worte machten dem Herzog glaubhaft, daß Bandinello die Wahrheit sage. Als ich dies bemerkte, beschloß ich alles allein zu machen, soweit es mir möglich wäre. Während ich nun mit den allergrößten Anstrengungen, die man sich nur vorstellen kann, Tag und Nacht mich abmühte, wurde der Mann meiner Schwester krank und starb nach wenigen Tagen. Er hinterließ mir meine jüngere Schwester mit sechs größeren und kleineren Töchtern. Dies war meine erste große Not, die ich in Florenz hatte: Vater und Führer einer solchen vom Schicksal verfolgten Familie zu sein.

Nun wollte ich aber, daß alles in Ordnung sein sollte, und da mein Garten sehr verwildert war, so bestellte ich zwei Tagelöhner und bekam diese von der

der Büstenhalter

Alten Brücke; der eine war ein Greis von siebzig Jahren, der andere ein Jüngling von achtzehn. Als ich sie ungefähr drei Tage gehabt hatte, sagte der Junge zu mir, der Alte wolle nicht arbeiten, und ich täte besser, ihn wegzuschikken, denn er wolle nicht nur selber nicht arbeiten, sondern halte auch ihn, den jungen, von der Arbeit ab. Er sagte mir, das bißchen Arbeit könne er allein machen, und ich brauche das Geld nicht für andere Leute wegzuwerfen. Der junge Mensch hieß Bernardino Mannellini, Mugellos Sohn. Da ich sah, daß er mit solcher Lust arbeitete, fragte ich ihn, ob er als Diener bei mir eintreten wolle, und wir wurden sogleich einig. Der Jüngling wartete mir mein Pferd, besorgte den Garten und bemühte sich, mir auch in der Werkstatt zu helfen; dadurch erlernte er die Kunst mit so großer Geschicklichkeit, daß ich niemals eine bessere Hilfe gehabt habe als ihn[1]. Infolgedessen entschloß ich mich, mit ihm allein alles zu machen, um dem Herzog zu zeigen, daß Bandinello gelogen habe, und daß ich recht gut ohne dessen Gesellen fertig werden könne.

Ich hatte zu jener Zeit einige Nierenschmerzen; und weil ich nicht arbeiten konnte, hielt ich mich gerne im Vorzimmer des Herzogs auf, wo ich einige junge Goldschmiede traf, Gianpagolo und Domenico Poggini[2]. Diese ließ ich ein goldenes Gefäßchen verfertigen, das ganz mit Figuren und anderen schönen Verzierungen in erhabener Arbeit bedeckt war. Seine Durchlaucht hatte es für die Herzogin bestellt, und es sollte als Wasserbecher dienen. Ferner bat er mich, einen goldenen Gürtel für sie anzufertigen; auch dieses Werk sollte aufs reichste mit Juwelen und allerlei sinnreichen und lustigen Masken und anderem Zierat ausgestattet sein. Ich machte die Arbeit nach seinem Wunsch. Der Herzog kam alle Augenblicke in dies Vorzimmer und fand das größte Vergnügen daran, der Arbeit zuzusehen und mit mir zu plaudern. Als es mit meinen Nieren etwas besser ging, ließ ich mir Ton bringen, und während der Herzog sich ungezwungen unterhielt, machte ich ein überlebensgroßes Brustbild von ihm. An dieser Arbeit hatte Seine Durchlaucht die größte Freude; er faßte eine solche Zuneigung zu mir, daß er mir sagte, es würde ihm das größte Vergnügen sein, wenn ich mir eine Werkstatt im Palast einrichtete; ich möchte mir nur die Räume aussuchen, worin ich die Öfen anbringen könnte, die ich nötig hätte; er hätte an solchen Dingen das allergrößte Vergnügen. Hierauf antwortete ich Seiner Durchlaucht, dies wäre nicht möglich, denn ich würde mit meinen Arbeiten in hundert Jahren nicht fertig werden.

1 Benvenuto benutzte ihn auch als Modell, so z. B. zum Merkur am Sockel des Perseus.
2 Sie waren die Söhne des Steinschneiders Michele Poggini. Domenico wurde später ein ausgezeichneter Steinschneider und leistete auch als Bildhauer Beachtliches. Er starb 1590, 70 Jahre alt, in Rom als Münzmeister des Papstes Sixtus des Fünften.

Die Herzogin bezeigte mir unbeschreibliche Huld; sie hätte es am liebsten gesehen, wenn ich nur für sie gearbeitet und mich weder um den Perseus noch um sonst etwas gekümmert hätte. Ich erkannte wohl, daß dies eitle Gunstbezeigungen waren, und wußte, daß mein böses und launisches Geschick mir bald irgendein neues Unheil bereiten würde; ich erkannte, daß ich, um ein großes Glück zu erlangen, sehr unrecht gehandelt hatte. Ich spreche von meinen französischen Angelegenheiten. Der König konnte den Verdruß über meine Abreise nicht hinunterschlucken; wohl hätte er gewünscht, daß ich zurückkehrte, doch sollte dies so geschehen, daß ihm an seiner Ehre kein Abbruch getan würde. Ich glaubte aber viele triftige Gründe zu haben, um mich nicht zuerst zu demütigen; denn wenn ich mich herbeigelassen hätte, in aller Demut an den König zu schreiben, so hätten die Leute auf ihre französische Art gesagt, ich sei der Sünder, und allerlei Vorwürfe, die man mit Unrecht gegen mich erhoben hatte, seien berechtigt. Darum hielt ich auf meine Ehre und schrieb wie ein Mann, der im Recht ist, in stolzen Worten. Ich tat damit meinen beiden hinterlistigen Gesellen den allergrößten Gefallen; denn ich rühmte mich in meinem Briefe der freundlichen Aufnahme, die mir in meiner Heimat von dem unumschränkten Gebieter meiner Vaterstadt Florenz und von seiner Gemahlin zuteil geworden sei. Sobald sie einen derartigen Brief erhalten hatten, gingen sie zum König und drangen in Seine Majestät, ihnen mein Schloß unter denselben Bedingungen zu geben, wie ich es gehabt hätte. Der König, ein guter und trefflicher Mann, verstand sich niemals dazu, die frechen Forderungen dieser beiden Spitzbuben zu bewilligen, denn er hatte die boshaften Beweggründe ihrer Handlungsweise wohl bemerkt. Um nun ihnen doch noch ein wenig Hoffnung zu lassen, mir aber Gelegenheit zu geben, sofort zurückzukehren, ließ er mir auf etwas zornige Weise von einem seiner Schatzmeister schreiben, dem Florentiner Bürger Giuliano Buonaccorsi. In dem Briefe stand: Wenn ich wirklich den Namen eines Ehrenmannes aufrechterhalten wolle, den ich bis dahin stets geführt habe, so sei ich, da ich ohne jeden Grund abgereist sei, sicherlich verpflichtet, über alles, was ich für Seine Majestät besorgt und gearbeitet habe, Rechenschaft abzulegen. Als ich diesen Brief erhielt, war ich höchst erfreut; denn wenn ich meine Wünsche hätte äußern sollen, hätte ich selber nicht mehr und nicht weniger verlangt. Sofort machte ich mich ans Schreiben und füllte neun Bogen gewöhnlichen Papiers. Ich zählte ganz genau alle Arbeiten auf, die ich gemacht hatte, alle Umstände, die sich dabei zugetragen hatten, und alle Gelder, die für diese Arbeiten ausgegeben waren. Diese waren alle durch die Hände von zwei Notaren und einem Königlichen Schatzmeister gegangen; die Leute, an die sie ausgezahlt waren, hatten alle eigenhändig unterschrieben, sei es, daß sie das Geld für Lieferungen oder für ihre eigene Arbeit erhalten hatten. Von diesen Geldern war nicht ein Heller in meinen Beutel gekommen, und als die Arbeiten fertig waren, hatte ich selber nicht das geringste erhalten, außer einigen Gunstbezeigungen und recht königlichen Versprechungen, die ich mit nach Italien genommen hatte. Ich könne mich nicht rühmen, für meine Arbeiten etwas anderes erhalten zu haben als meine Besoldung, die mir von Seiner Majestät für meinen Unterhalt ausgesetzt gewesen sei. Von dieser hätte ich auch noch mehr als siebenhundert Goldgulden zu bekommen, die ich absichtlich zurückgelassen hätte, damit man sie mir für meine Rückreise schicken könne.

»Ich weiß wohl«, fuhr ich fort, »daß einige Bösewichte aus Neid mir einen üblen Dienst geleistet haben, aber die Wahrheit wird doch stets die Oberhand behalten: ich rühme mich der Huld des Allerchristlichsten Königs, und Habsucht liegt mir fern, denn ich weiß, daß ich dem König viel mehr geleistet habe als ich ihm versprochen hatte; obwohl ich nun dafür die versprochene Belohnung nicht erhalten habe, so ist mir doch nur dran gelegen, in der Meinung Seiner Majestät als ein Ehrenmann vollkommen rein dazustehen, wie ich es immer gewesen bin. Sollte Seine Majestät hieran im geringsten zweifeln, so würde ich auf den kleinsten Wink sofort zurückeilen und mit meinem eigenen Leben für meine Rechnung einstehen. Da ich aber sah, daß man sich so wenig aus mir machte, so mochte ich nicht wieder zurückkehren, um mich anzubieten; denn ich weiß, daß für mich immer reichlich Brot ist, wohin ich auch gehe. Wenn man mich ruft, so werde ich stets antworten.«

In diesem Brief waren noch viele andere Umstände angeführt, die des herrlichen Königs würdig waren und zur Verteidigung meiner Ehre gereichten. Bevor ich diesen Brief abschickte, brachte ich ihn meinem Herzog, der ihn mit Vergnügen las. Dann schickte ich ihn sofort nach Frankreich an den Kardinal von Ferrara[3].

Zu jener Zeit hatte Bernardone Baldini[4], der Juwelenhändler Seiner Durchlaucht, von Venedig einen großen Diamanten mitgebracht, der mehr als fünfunddreißig Karat wog. Antonio di Vittorio Landi[5] war Teilhaber bei dem

---

[3] In seinem Trattato della Scultura stellt Benvenuto die Sache so dar, als ob allen Ernstes über seine Rückkehr verhandelt worden sei; der König habe ihm siebentausend Goldgulden anweisen lassen wollen. Während der Verhandlungen sei jedoch der gute König Franz gestorben. – Benvenutos plötzliche Abreise aus Frankreich erscheint jedenfalls sehr verdächtig. Dimier beschuldigt ihn (unter Anführung eines mit großem Scharfsinn beigebrachten Beweismaterials), er habe das Silber zu den sämtlichen bei ihm bestellten zwölf Götterbildern erhalten, aber nur den Jupiter fertig gemacht, das übrige Silber also unterschlagen. Daß Cellini mehr Silber erhielt als er zum Jupiter brauchte, gibt er selber an, doch behauptet er, er habe davon mehrere große silberne Gefäße gefertigt.
[4] Bereits im sechzehnten Kapitel erwähnt.
[5] Er war auch ein angesehener Schriftsteller und Komödiendichter.

Geschäft und ihm lag daher viel daran, dem Herzog diesen Stein zu verkaufen. Dieser Diamant war zuerst spitz geschliffen gewesen. Weil aber auf diese Weise nicht jene glänzende Klarheit zur Geltung kam, die man von einem solchen Juwel verlangen konnte, hatten die Besitzer des Steines die Spitze abschleifen lassen. Nun aber nahm er sich in Flachschliff nicht besser aus als mit der Spitze. Unser Herzog, der ein großes Vergnügen an Edelsteinen hatte, aber nichts davon verstand, gab dem Erzschelm Bernardaccio sichere Hoffnung, daß er den Diamanten kaufen wolle. Weil nun Bernardo allein die Ehre zu haben wünschte, den Herzog von Florenz zu betrügen, sprach er mit seinem Teilhaber, dem genannten Antonio Landi, niemals über die Sache. Dieser Antonio war mir von Jugend an sehr befreundet gewesen. Als er nun sah, daß ich mit meinem Herzog auf so vertrautem Fuße stand, rief er mich eines Tages gegen Mittag an der Ecke des Neuen Marktes beiseite und sprach zu mir: »Benvenuto, ich bin gewiß, der Herzog wird Euch einen Diamanten zeigen, zu dessen Ankauf er Lust bezeigt. Ihr werdet einen herrlichen Diamanten sehen. Helft dazu, daß er verkauft wird! Ich kann ihn für siebzehntausend Goldgulden hergeben. Ich bin überzeugt, der Herzog wird Euren Rat hören wollen. Wenn Ihr nun seht, daß er zum Ankauf geneigt ist, so wird es sich schon machen lassen, daß er ihn erwerben kann.«

Antonio war offenbar sehr sicher, daß er den Edelstein verkaufen würde. Ich versprach ihm: wenn man mir den Stein zeigte und mich nach meiner Meinung fragte, würde ich nach bestem Wissen mein Urteil abgeben, ohne dem Diamanten zu schaden.

Wie ich vorhin erzählte, kam der Herzog jeden Tag auf einige Stunden in die Goldschmiedewerkstatt im Palast. Etwa acht Tage nach meinem Gespräch mit Antonio Landi zeigte mir der Herzog nach dem Mittagessen den Diamanten, den ich nach Antonios Angaben über Gestalt und Gewicht sofort erkannte. Da nun der Diamant, wie schon gesagt, von etwas trübem Wasser war, weshalb man auch die Spitze abgeschliffen hatte, so würde ich sicherlich, nachdem ich ihn gesehen hatte, von dem Ankauf abgeraten haben. Als mir daher der Herzog den Stein zeigte, fragte ich Seine Durchlaucht, was für ein Rat von mir erwartet würde. Denn die Juweliere machten eine andere Schätzung, wenn ein Herr einen Edelstein schon gekauft hätte, als wenn sie vor dem Ankauf den Wert angeben sollten. Seine Durchlaucht sagte mir, er habe ihn bereits gekauft und ich möge nur meine Meinung sagen. Da wollte ich nun nicht verfehlen, auf eine bescheidene Weise kundzugeben, was ich von dem Juwel verstand. Er sagte zu mir, ich sollte doch die Schönheit der langen Facetten sehen, die der Stein hätte. Ich erwiderte hierauf, dies wäre nicht eben eine Schönheit, wie Seine Durchlaucht vermeine, sondern vielmehr nur eine abgeschliffene Spitze.

Der Fürst, der wohl sah, daß ich die Wahrheit sprach, stieß ein ärgerliches Grunzen aus und sagte dann, ich solle jetzt den Edelstein schätzen und mein Urteil abgeben, wieviel er wert sei. Da nun Antonio Landi den Diamanten für siebzehntausend Goldgulden angeboten hatte, so glaubte ich, der Herzog hätte ihn für höchstens fünfzehntausend gekauft, und da ich sah, daß er es übelnahm, wenn ich die Wahrheit sprach, so gedachte ich ihn in seiner falschen Meinung zu erhalten, und sagte, indem ich ihm den Diamanten zurückgab: »Achtzehntausend Goldgulden habt Ihr dafür gegeben.«

Da schrie der Herzog laut auf, machte mit dem Munde ein O, größer als eine Brunnenöffnung, und sagte: »Jetzt dünkt mir, du verstehst dich nicht recht darauf.« Ich erwiderte: »Gewiß, gnädiger Herr, seid Ihr falscher Meinung; wenn Ihr Euch bemüht, den Ruf Eures Edelsteines zu erhalten, so werde ich mich bemühen, mich darauf zu verstehen. Sagt mir wenigstens, was Ihr dafür ausgegeben habt, damit ich es lerne, mich nach Eurer Durchlaucht Weise zu verstehen.« Der Herzog drehte sich mit einer etwas ärgerlichen Grimasse um und sagte: »Fünfundzwanzigtausend Goldgulden und mehr kostet mich der Diamant, Benvenuto.« Damit ging er hinaus.

Bei diesem Gespräch waren die Goldschmiede Gianpagolo und Domenico Poggini zugegen. Auch der Sticker Bachiaccia, der in einem Nebenzimmer arbeitete, war auf diesen Lärm herbeigelaufen. Vor diesen Leuten sagte ich: »Ich würde ihm niemals geraten haben, den Diamanten zu kaufen. Hätte er nun aber einmal Lust dazu gehabt, so hat Antonio Landi ihn mir vor acht Tagen für siebzehntausend Goldgulden angeboten, und ich glaube, ich hätte ihn für fünfzehn oder gar noch weniger bekommen. Aber der Herzog will nun seinen Edelstein in Ehren halten. Darum ist es des Teufels, daß der dicke Bernardo den Herzog auf diese schändliche Weise betrogen hat! Denn wenn auch Antonio Landi mir den Stein zu solchem Preise angeboten hat, so wird er niemals glauben, daß es sich so verhält.« So sprachen wir miteinander und lachten über die Einfalt des Herzogs.

Ich hatte die Figur der großen Medusa, wie gesagt, schon ziemlich weit gebracht. Zuerst hatte ich das Gerippe aus Eisen gemacht. Hierauf hatte ich dieses gleichsam anatomisch mit Ton überzogen, aber so, daß die ganze Gestalt ungefähr um einen halben Finger zu mager war. Hierauf brannte ich sie aufs beste, überzog sie mit dem Wachs und vollendete sie, wie sie dereinst in Erz werden sollte. Der Herzog, der mehrere Male zu mir gekommen war, um die Arbeit zu besehen, war so besorgt, der Erzguß möchte mir nicht gelingen, daß er wünschte, ich riefe einen Meister zu Hilfe, der das Gießen für mich besorgte. Da nun Seine Durchlaucht beständig und mit der größten Huld die Anmut meiner Unterhaltung lobte, so erregte dies den Neid seines Haushofmeisters.

Dieser lag beständig auf der Lauer und wartete auf eine Gelegenheit, um mir den Hals zu brechen. Der Herzog hatte diesem schlechten Menschen, der von Prato und daher ein Feind von uns Florentinern war, große Gewalt gegeben und ihn, den Sohn eines Böttchers, einen unwissenden, jämmerlichen Pedanten, bloß weil er ihn in seiner Jugend unterrichtet hatte, bevor er Herzog war und als er nicht daran denken konnte, daß er jemals ein so gewaltiger Mann sein werde, zum Oberaufseher der Polizeidiener und aller Gerichtsämter der armen unglücklichen Stadt Florenz gemacht. Da er nun trotz aller Wachsamkeit mir nichts zuleide tun und seine Klauen nirgends einschlagen konnte, verfiel er endlich auf folgenden Plan. Er ging zu der Mutter meines Lehrburschen Cencio, der sogenannten Gambetta[6], und nun machten der pedantische Spitzbube und die spitzbübische Hure zusammen einen Anschlag, mir einen Streich zu spielen, der mich veranlassen sollte, mich davonzumachen. Sie hatten auch den Bargello, einen Bologneser, den der Herzog später wegen ähnlicher Geschichten davonjagte, in ihr Komplott gezogen. Nachdem nun die Gambetta von dem pedantischen Spitzbuben und Narren, dem Haushofmeister, ihren Auftrag erhalten hatte, machte sie sich daran, ihre Kunst auszuüben und kam eines Samstags drei Stunden nach Sonnenuntergang mit ihrem Sohn zu mir und sagte, sie habe ihn um meines Wohles willen einige Tage eingeschlossen gehalten. Ich lachte über ihre Hurenkünste und antwortete ihr, meinetwegen hätte sie ihn nicht einzuschließen brauchen. Dann wandte ich mich zu dem Knaben und sagte ihm: »Du weißt, Cencio, ob ich mit dir gesündigt habe!« Weinend antwortete er, ich hätte es nicht getan. Da schüttelte die Mutter den Kopf und sagte zu dem Knaben: »Ei, du Schelm, weiß ich etwa nicht, wie 's hergeht?« Dann wandte sie sich zu mir und sagte, ich solle ihn in meinem Hause verborgen halten, denn der Bargello suche ihn und werde ihn überall festnehmen. Nur in meinem Hause werde er ihn nicht anrühren. Hierauf erwiderte ich ihr, in meinem Hause hätte ich meine verwitwete Schwester mit ihren sechs frommen Töchterlein und ich wollte niemanden sonst dort haben. Nun sagte sie, der Haushofmeister habe dem Bargello Auftrag gegeben und man werde mich unter allen Umständen festnehmen. Da ich aber ihren Sohn nicht in mein Haus aufnehmen wolle, so möge ich ihr hundert Goldgulden geben und mich um weiter nichts bekümmern, denn der Haushofmeister sei ihr allerbester Freund und darum könne ich mich darauf verlassen, daß er ihr alles zu Gefallen tun werde. Nur solle ich ihr sogleich die hundert Goldgulden geben.

---

6 Gambetta (Beinchen, und zwar mit der Nebenbedeutung des Hübschen, Zierlichen) war ihr Beiname. Sie hieß Margherita und war die Tochter einer gewissen Maria aus Bologna.

Das Weib brachte mich in die allergrößte Wut und ich rief ihr zu: »Pack dich fort, schändliche Hure! Wäre es nicht aus Achtung vor der Welt und wegen der Unschuld deines unglücklichen Sohnes hier, so hätte ich dich längst mit diesem Dolche durchbohrt, nach dem ich schon zwei- oder dreimal gegriffen habe!« Mit diesen Worten und mit vielen bösen Püffen warf ich sie und den Knaben zum Hause hinaus.

Als ich aber später bei mir selber den Spitzbubenstreich und die Macht des bösen Pedanten erwog, dünkte mir, es möchte besser sein, dieser Teufelei ein wenig aus dem Wege zu gehen. Nachdem ich meiner Schwester Juwelen und andere Sachen im Werte von ungefähr zweitausend Goldgulden zum Aufheben gegeben hatte, stieg ich am Morgen in aller Frühe zu Pferde und ritt nach Venedig, indem ich meinen Bernardino di Mugello mitnahm. Von Ferrara aus schrieb ich an Seine Durchlaucht den Herzog: Wie ich ohne Urlaub weggegangen sei, so werde ich auch wiederkommen, ohne daß er mich zu rufen brauche. Als ich nun nach Venedig kam und bedachte, wie mein grausames Geschick mich auf alle möglichen Arten verfolgte, wie ich aber trotz alledem gesund und munter wäre, da nahm ich mir vor, auf meine gewöhnliche Art mit dem Glück zu scharmutzieren. Indem ich so an meine Umstände dachte, vertrieb ich mir aufs beste die Zeit in dieser schönen und reichen Stadt. Ich begrüßte den wundersamen Maler Tiziano und unseren Florentiner, den trefflichen Bildhauer und Baumeister Jacopo von Sansovino, der vom Hohen Rate von Venedig sehr reichlich unterhalten wurde. Wir hatten uns in unserer Jugend in Rom und in Florenz als Landsleute gekannt. Diese beiden großen Künstler nahmen mich sehr freundlich auf. Am nächsten Tage begegnete ich Herrn Lorenzo de' Medici, der mir sogleich mit der größten Leutseligkeit die Hand schüttelte. Wir hatten uns in Florenz gekannt, als ich dem Herzog Lessandro seine Münzstempel schnitt, und später in Paris, als ich im Dienste des Königs stand. Er wohnte dort im Hause des Herrn Giuliano Buonaccorsi, und da er sich nicht überall sehen lassen durfte, ohne sich der größten Lebensgefahr auszusetzen[7], so brachte er die meiste Zeit in meinem Hause zu und sah mir zu, wie ich an meinen großen Werken arbeitete. Wegen dieser alten Bekanntschaft nahm er mich bei der Hand und führte mich in sein Haus, wo der Herr Prior Strozzi war, der Bruder des Herrn Piero Strozzi. Sie freuten sich und fragten mich, wie lange ich in Venedig bleiben wolle. Denn sie glaubten, ich hätte die Absicht, nach Frankreich zurückzukehren. Da erzählte ich den Herren, aus welchem Anlaß ich von Florenz fortgegangen sei, und daß ich nach zwei oder drei Tagen schon wieder zurückreise, meinem erhabenen Herzog zu

---

7 Herzog Cosimo hatte wegen der Ermordung Alessandros einen hohen Preis auf seinen Kopf gesetzt.

dienen. Als ich dies gesagt hatte, wandten der Herr Prior und Herr Lorenzo sich mit solcher Strenge gegen mich, daß ich die größte Furcht bekam, und sagten zu mir: »Du tätest am besten, nach Frankreich zurückzukehren, wo du reich und geehrt bist. Wenn du nach Florenz zurückgehst, wirst du alles verlieren, was du in Frankreich erworben hattest, und nichts als Verdruß gewinnen.« Ich antwortete auf ihre Worte nicht und reiste am nächsten Tage in aller Heimlichkeit nach Florenz ab.

Unterdessen waren dort die Teufelsgeschichten zum Ausbruch gekommen, denn ich hatte meinem großmütigen Herzog geschrieben, was mich veranlaßt hätte, nach Venedig zu reisen. So ernst und klug er sonst war, durfte ich ihn doch ohne Umstände besuchen. Nachdem er eine Zeitlang ernsthaft geschwiegen hatte, wandte er sich freundlich zu mir und fragte mich, wo ich gewesen sei. Ich antwortete ihm, mein Herz sei niemals einen Finger breit von meinem Durchlauchtigsten Herzog entfernt gewesen, obgleich mich aus guten Gründen die Umstände genötigt hätten, meinen Körper ein wenig spazieren zu führen. Hierauf wurde er noch freundlicher und begann nach Venedig zu fragen, und so plauderten wir ein Weilchen. Endlich sagte er zu mir, ich solle nur fleißig arbeiten und ihm seinen Perseus fertig machen.

So ging ich denn froh und munter nach Hause und erfreute durch meine Ankunft meine Familie, nämlich meine Schwester mit ihren sechs Töchtern. Dann ging ich wieder an meine Arbeiten und schaffte daran, so fleißig ich nur konnte.

die ganymedische Versuchung

SECHSUNDDREISSIGSTES KAPITEL

*Den Perseus kann Benvenuto nicht zum besten fördern, weil es ihm
an Hilfsmitteln fehlt; er beklagt sich deshalb beim Herzog.
Die Herzogin beschäftigt ihn als Juwelier und wünscht, daß er seine ganze Zeit
auf diese Arbeit verwende; aber aus Verlangen, sich in einem höheren
Felde zu zeigen, greift er seinen Perseus wieder an.
Die Eifersucht des Bandinello legt Benvenuto unzählige Schwierigkeiten
in den Weg, wodurch der Fortgang seines Werkes durchaus
behindert wird. In einem Anfall von Verzweiflung geht er nach Fiesole,
einen natürlichen Sohn zu besuchen, und trifft auf seinem
Rückweg mit Bandinello zusammen. Erst beschließt er, ihn zu ermorden;
doch da er sein feiges Betragen erblickt, ändert er den Sinn,
fühlt sich wieder ruhig und hält sich an sein Werk.
Unterhaltung zwischen ihm und dem Herzog über eine antike Statue,
die Benvenuto zum Ganymed restauriert. Nachricht von
einigen Marmorstatuen Cellinis, einem Apoll, Hyazinth und Narziß.
Durch einen Zufall verliert er fast sein Auge.
Art seiner Genesung.*

DAS ERSTE Werk, das ich in Erz goß, war jene überlebensgroße Porträtbüste des Herzogs, die ich in der Goldschmiedewerkstatt des Palastes aus Ton verfertigt hatte, als ich die Kreuzschmerzen hatte. Diese Arbeit fand Beifall. Ich hatte sie aber eigentlich nur gemacht, um die Erdarten zu versuchen, die für den Erzguß geeignet sein möchten. Denn ich sah wohl, daß der treffliche Donatello bei seinen Erzgüssen, zu denen er sich florentinischer Erden bedient hatte, sehr große Schwierigkeiten gefunden hatte. Da ich mir nun dachte, daß die mangelhafte Beschaffenheit des Tons daran schuld sei, so wollte ich vor dem Guß meines Perseus vor allen Dingen hierauf alle Mühe verwenden, um die beste Erde zu finden, die der wunderbare Donatello offenbar nicht gekannt hatte, da ihm seine Werke, wie ich wohl sah, große Schwierigkeiten bereitet hatten. So mischte ich denn mit vieler Kunst verschiedene Erden, bis ich eine ausgezeichnete Mischung fand und der Guß der Büste mir aufs beste gelang[1]. Da aber mein Ofen noch nicht fertig war, bediente ich mich des Ofens des Meisters Zanobi von Pagno, des Glockengießers. Als ich

---

[1] Diese Büste wurde 1557 über dem Tor der neuerbauten Zitadelle von Porto Ferraio auf der Insel Elba aufgestellt, wo sie länger als zweihundert Jahre blieb; jetzt befindet sie sich in Florenz im Museo Nazionale (Bargello).

sah, daß der Kopf sehr sauber herausgekommen war, begann ich sofort einen kleinen Ofen in der Werkstatt zu bauen, die auf Befehl des Herzogs nach meinen Angaben und Zeichnungen in dem mir geschenkten Hause errichtet worden war. Sobald der Ofen fertig war, traf ich mit dem größten Eifer alle Anstalten, um das Bildnis der Medusa zu gießen, nämlich jenen in Schmerzen zusammengezogenen Frauenleib unter den Füßen des Perseus. Da nun ein solcher Guß außerordentlich schwierig ist, so versäumte ich nichts von alledem, was ich gelernt hatte. Und so geriet mir denn der erste Guß aus meinem Ofen so über alle Maßen schön und sauber, daß meine Freunde der Meinung waren, ich brauchte ihn gar nicht weiter auszuputzen. Allerdings rühmen sich etliche Deutsche und Franzosen der schönsten Geheimnisse und behaupteten, derart in Erz gießen zu können, daß man nachher nicht nötig habe, es nachzuputzen. Dies ist aber ein großer Unsinn, denn wenn das Erz gegossen ist, muß es mit Hämmern und Meißeln nachbearbeitet werden, wie es die vortrefflichen Alten getan haben und auch die Kenner, ich meine jene, die überhaupt auf die Bearbeitung des Erzes sich verstanden. Dieser Guß gefiel dem Durchlauchtigen Herzog gar sehr. Er kam oft in mein Haus, die Arbeit anzusehen und ermunterte mich aufs beste, sie sorgfältig zu vollenden. Doch der rasende Neid des Bandinello war zu übermächtig. Er lag fortwährend dem Durchlauchtigen Herzog in den Ohren und gab ihm zu verstehen: wenn ich auch eine einzelne Statue gießen könne, so wäre ich doch niemals imstande, solche zusammenzusetzen. Denn dies wäre für mich eine neue Kunst und Seine Durchlaucht sollte sich nur in acht nehmen und nicht ihr Geld wegwerfen. Diese Worte machten solchen Eindruck auf die durchlauchtigen Ohren, daß mir die Löhne für meine Gesellen säumig ausgezahlt wurden, so daß ich genötigt war, mich allen Ernstes beim Herzog zu beklagen. Eines Morgens wartete ich auf ihn in der Via de' Servi und sprach zu ihm: »Gnädiger Herr, ich erhalte nicht die nötige Unterstützung für meine Arbeiten und befürchte daher, Eure Durchlaucht mißtraue mir. Darum sage ich von neuem, ich getraue mich, das Werk dreimal besser zu machen als das Modell war, so wie ich es versprochen habe.«

Da ich keine Antwort erhielt, so merkte ich, daß diese Worte nichts gefruchtet hatten. Da stieg in mir ein Zorn und eine unerträgliche Leidenschaft auf, so daß ich den Herzog von neuem anredete und zu ihm sprach: »Gnädiger Herr, diese Stadt ist fürwahr immer die Schule der trefflichsten Kunstfertigkeit gewesen. Wenn aber einer einmal bekannt ist und etwas gelernt hat, so tut er gut, anderswo zu arbeiten, um den Ruhm seiner Stadt und seines erlauchten Fürsten zu mehren. Zum Beweise, gnädiger Herr, sage ich nur dieses: Eurer Durchlaucht ist ja bekannt, was Donatello und der große Lionardo da Vinci waren und was jetzt der wunderbare Michelagnolo Buonarroti ist. Diese vermehren durch ihre Kunst den Ruhm Eurer Durchlaucht. So hoffe auch ich, meinen Teil dazu zu tun und darum, gnädiger Herr, bitte ich Euch: Laßt mich gehen. Aber Eure Durchlaucht möge sich wohl hüten, den Bandinello gehen zu lassen! Gebt ihm vielmehr immer noch mehr als er von Euch verlangt. Denn wenn er auswärts geht, so wird seine anmaßende Unwissenheit unserer edlen Florentiner Schule Schande machen. So gebt mir denn Urlaub, gnädiger Herr. Ich verlange für meine Mühen nichts weiter als die Gnade meines Durchlauchtigsten Herzogs.«

Als nun der Herzog mich so entschlossen sah, wandte er sich ziemlich verdrießlich zu mir und sagte: »Benvenuto, wenn du Lust hast, das Werk zu vollenden, so soll es dir an nichts fehlen.« Ich dankte ihm und sagte, ich hätte keinen anderen Wunsch, als meinen Neidern zu zeigen, daß ich mich getraue, das versprochene Werk auszuführen. Nachdem ich mich nun von Seiner Durchlaucht verabschiedet hatte, erhielt ich einige Beihilfe, aber diese war so gering, daß ich in meinen eigenen Beutel greifen mußte, wenn ich wollte, daß das Werk nicht im Schneckengang vorwärts ginge.

Abends ging ich immer in die herzogliche Goldschmiedewerkstätte, wo Domenico und sein Bruder Gianpagolo Poggini an dem erwähnten goldenen Gefäß für die Herzogin und an einem goldenen Gürtel arbeiteten. Ferner hatte Seine Durchlaucht mich ein kleines Modell eines Gehänges machen lassen, in welches der große Diamant gefaßt werden sollte, den er von dem dicken Bernardo und von Antonio Landi gekauft hatte.

Mir war es nicht recht, solche Arbeit zu machen, der Herzog aber hielt mich mit den größten Freundlichkeiten jeden Abend bis vier Uhr nach Sonnenuntergang bei der Arbeit fest. Ferner setzte er mir auf das freundlichste zu, ich möchte auch bei Tage daran arbeiten. Dessen aber weigerte ich mich ständig, obwohl ich wohl voraussah, daß der Herzog mir darum zürnen würde. Als ich nun eines Abends etwas später als gewöhnlich ankam, sagte der Herzog zu mir: »Du bist unwillkommen (*malvenuto*).« Ich versetzte ihm darauf: »Gnädiger Herr, das ist mein Name nicht. Denn ich heiße Benvenuto. Doch denke ich, Eure Durchlaucht will nur mit mir scherzen, und darum sage ich weiter nichts.«

Da sagte der Herzog, es sei kein Scherz, sondern verdammter Ernst. Ich solle mich nur in acht nehmen und auf das achten, was ich tue, denn ihm sei zu Ohren gekommen, daß ich, auf seine Gunst pochend, diesen oder jenen übers Ohr gehauen habe. Da bat ich den Durchlauchtigen Herzog, er möge geruhen, mir einen einzigen Menschen zu nennen, den ich übers Ohr gehauen hätte. Plötzlich brauste er zornig auf und sagte: »Gib erst heraus, was du von Bernardone hast. Das ist schon einer!«

Ich antwortete: »Gnädiger Herr, ich danke Euch und bitte, Ihr wollet geruhen, nur vier Worte von mir anzuhören: Es ist wahr, er lieh mir eine alte Waage, zwei Ambosse und drei Hämmerchen, und ich sagte schon vor vierzehn Tagen seinem Gesellen, Giorgio von Cortona, er möchte zu mir schicken und das Gerümpel abholen. Da kam Giorgio selber und holte es ab. Wenn Eure Durchlaucht jemals findet, daß ich vom Tage meiner Geburt an bis heute von irgendeinem Menschen etwas auf unrechtmäßige Weise besitze oder besessen habe, sei es in Rom oder in Frankreich, sei es von den angeblich Geschädigten selber oder von solchen, die es nur gehört haben, so möget Ihr mich mit dem Kohlenmaß strafen, wenn Ihr es als wahr erkennet.«

Als der Herzog mich in so heftiger Leidenschaft sah, wandte er sich ruhig und freundlich zu mir und sagte: »Wer nichts gefehlt hat, für den gelten die Worte nicht. Wenn es so ist, wie du versicherst, so werde ich dich immer gerne sehen, wie es früher war.«

Hierauf erwiderte ich: »Die Schelmenstreiche des dicken Bernardo zwingen mich, an Eure Durchlaucht eine Frage zu richten und Euch zu bitten, mir zu sagen, wieviel Ihr für den großen Diamanten mit der abgeschliffenen Spitze bezahlt habt. Denn ich hoffe, Euch beweisen zu können, warum dieser schlechte Mensch mich bei Euch in Ungnade zu bringen sucht.« Da sagte der Herzog: »Der Diamant kostet mir fünfundzwanzigtausend Goldgulden. Warum fragst du danach?«

»Gnädiger Herr, an dem und dem Tage, um die und die Stunde bat mich Antonio Landi an der Ecke des Neuen Marktes, ich möchte doch mich bemühen, das Geschäft mit Eurer Durchlaucht zustande zu bringen. Er verlangte von vornherein nur sechzehntausend Goldgulden. Nun weiß also Eure Durchlaucht, was Ihr gekauft habt. Fraget nur Meister Domenico Poggini und seinen Bruder Gianpagolo, ob dies nicht wahr ist. Ich habe es ihnen damals sofort gesagt, später aber habe ich niemals mehr davon gesprochen, weil Ihr mir sagtet, ich verstände nichts davon. Da dachte ich mir, Ihr wolltet auf die Ehre Eures Edelsteines halten. Wisset aber, gnädiger Herr, ich verstehe mich sehr wohl darauf. Ich kann mich rühmen, ein ehrlicher Mann zu sein wie nur irgendein anderer auf der Welt, er sei wer er wolle. Ich werde niemals versuchen, Euch acht- oder zehntausend Goldgulden auf einmal zu stehlen. Ich werde mich vielmehr bemühen, sie mit meiner Arbeit zu verdienen. Ich bin hier, Eurer Durchlaucht als Bildhauer, Goldschmied und Münzmeister zu dienen. Geschichten von anderen Leuten zu hinterbringen, das ist nicht meine Sache. Was ich jetzt vorbringe, sage ich zu meiner Verteidigung und verlange nicht das Viertel, das dem Anzeiger gebührt. Ich sage es in Gegenwart aller dieser ehrlichen Leute hier, damit Ihr, Durchlauchtigster Herzog, dem Bernardone nicht mehr glaubt, was er sagt.«

Da sprang der Herzog zornig auf und schickte nach Bernardone, der mit Antonio Landi sofort nach Venedig reisen mußte. Antonio sagte zu mir, er habe nicht diesen Diamanten gemeint. Sie reisten nach Venedig und kamen wieder zurück; hierauf ging ich zum Herzog und sagte: »Gnädiger Herr, was ich Euch sagte, ist wahr, und was Euch der dicke Bernardo von den Geräten gesagt hat, ist nicht wahr; Ihr werdet gut tun, Beweis darüber zu erheben, und wenn er seine Behauptung als wahr erweist, so will ich mich freiwillig dem Bargello überliefern.« Der Herzog aber wandte sich zu mir und sagte: »Benvenuto, sei nur immer ein ehrlicher Mann, wie du es stets gewesen bist, und mach dir keine weiteren Sorgen.«

So ging denn diese Sache in Rauch auf und ich hörte niemals mehr ein Wörtlein davon sprechen.

Ich arbeitete nun weiter an der Fassung für den Diamanten: als er aber fertig war, brachte ich ihn zur Herzogin und diese sagte zu mir, sie schätze meine Arbeit ebenso hoch als den Diamanten, den der eklige Bernardo ihr gekauft habe[2]. Ich mußte ihr sogar das Kleinod mit eigener Hand an die Brust stecken, und sie gab mir dazu eine Stecknadel; ich befestigte den Diamanten und entfernte mich dann, nachdem sie mir noch große Huld erwiesen hatte. Ob es wahr ist, weiß ich nicht, doch hörte ich später, die Herzogin hätte den Diamanten von einem Deutschen oder einem anderen Fremden wieder anders fassen lassen, weil der dicke Bernardo behauptet hätte, der Diamant würde besser zur Geltung kommen, wenn er einfacher gefaßt wäre.

Die beiden Brüder Domenico und Giovanpagolo Poggini, die Goldschmiede, arbeiteten, wie ich wohl schon gesagt habe, in einem Vorzimmer des Durchlauchtigsten Herzogs nach meinen Zeichnungen gewisse ziselierte Goldgefäße mit halberhabenen figürlichen Darstellungen sowie auch andere Sachen von großem Werte. Ich sagte bei Gelegenheit wiederholt zum Herzog: »Gnädiger Herr, wenn Eure Durchlaucht mir einige Arbeiter bezahlen wollte, so würde ich die Stempel für Eure Münze sowie auch Medaillen mit Eurem Bildnis machen; ich würde mit den Alten wetteifern, ja ich hoffe sogar, ich werde sie übertreffen; denn seitdem ich die Schaumünzen für den Papst Klemens machte, habe ich soviel gelernt, daß ich jetzt etwas viel Besseres hervorbringen würde. Ich würde daher schönere Münzen schlagen als die von mir für den Herzog Alessandro hergestellten, die man doch noch für schön hält. Auch würde ich Euch große Gefäße von Gold und Silber machen, wie für den erhabenen König Franz von Frankreich, für den ich nur deshalb so vieles schuf, weil er mir die Arbeit erleichterte, indem ich viele Gesellen halten konnte, so daß ich niemals

---

2 Für diese Fassung berechnete Cellini einen Preis von 200 Goldgulden.

Zeit verlor, obgleich ich die großen Kolosse und andere Statuen verfertigte.« Der Herzog erwiderte mir: »Arbeite nur; ich werde schon sehen.« Er gab mir jedoch niemals Erleichterung oder irgendeine Hilfe.

Eines Tages ließ der Herzog mir mehrere Pfund Silber reichen und sagte: »Dies ist Silber aus meinem Bergwerk[3]; mach mir ein schönes Gefäß!«

Weil ich nun meinen Perseus nicht vernachlässigen, anderseits aber doch sehr gerne ihm gefällig sein wollte, so gab ich das Silber nebst einigen Zeichnungen und kleinen Wachsmodellen einem Spitzbuben, dem Goldschmied Piero, Martinos Sohn. Dieser fing die Arbeit recht übel an; außerdem war er faul, so daß ich mehr Zeit damit verlor, als wenn ich alles mit eigener Hand gemacht hätte. Nachdem ich mich mehrere Monate hatte foppen lassen, sah ich ein, daß Piero nicht daran arbeitete und nicht einmal daran arbeiten ließ. Ich ließ mir daher das Silber zurückgeben und bekam schließlich nach großer Mühe das schlecht gearbeitete, rohe Gefäß und den Rest des ihm gegebenen Silbers heraus. Der Herzog hatte etwas davon reden hören; er ließ das Gefäß und die Modelle abholen, sagte mir aber niemals, wie und warum. Ich weiß nur soviel, daß er nach meinen Zeichnungen mehrere Meister in Venedig und an anderen Orten arbeiten ließ; er wurde jedoch überall schlecht bedient.

Die Herzogin sagte mir oft, ich möchte Goldschmiedearbeiten für sie verfertigen; ich antwortete ihr: »Die Welt und ganz Italien wissen wohl, daß ich ein guter Goldschmied bin; Italien hat aber niemals Bildhauerarbeiten von meiner Hand gesehen; unter den Künstlern sind einige wütende Bildhauer, die mich auslachen und mich ›den neuen Bildhauer‹ nennen; diesen hoffe ich zu zeigen, daß ich ein Bildhauer von alter Art bin, wenn Gott mir die Gnade erweist, daß ich meinen Perseus fertig auf dem ehrenvollen Platze Seiner Durchlaucht aufstellen kann.«

Ich ging nach Hause, arbeitete Tag und Nacht und ließ mich nicht mehr im Palast sehen. Da mir jedoch daran lag, mich bei der Herzogin in gutem Andenken zu erhalten, so ließ ich ihr einige kleine silberne Gefäße von der Größe eines Zweipfennigtöpfchens machen; diese waren mit schönen Masken nach antiker Weise auf das reichste geschmückt. Als ich ihr diese Töpfchen brachte, nahm sie mich auf das allerfreundlichste auf und bezahlte mir mein Silber und Gold, das ich darauf verwandt hatte; ich aber empfahl mich der Durchlauchtigsten Frau und bat sie, dem Herzog zu sagen, ich hätte so wenig Hilfe bei

---

3 Cosimo hatte große Freude an edlen Metallen, die in seinen eigenen Staaten gefördert waren. Die Kosten der Förderung scheinen jedoch größer gewesen zu sein als der Ertrag, und die Bergwerke wurden ziemlich bald wieder aufgegeben.

meinem großen Werk, und der Herzog möchte doch nicht der giftigen Zunge des Bandinello glauben, denn dadurch würde ich gehindert, meinen Perseus fertig zu machen. Zu diesen Worten, die ich unter Tränen sprach, zuckte die Herzogin die Achseln und sagte: »Gewiß müßte doch der Herzog einsehen, daß sein Bandinello nichts taugt.«

So blieb ich nun zu Hause, zeigte mich selten im Palast und arbeitete mit großer Sorgfalt, um mein Werk fertigzustellen. Dabei mußte ich die Arbeiter aus meiner eigenen Tasche bezahlen, denn der Herzog hatte mir durch Lattanzio Gorini nur ungefähr achtzehn Monate lang einige Gesellen bezahlen lassen; schließlich wurde er aber der Sache überdrüssig und widerrief seinen Befehl. Ich fragte nun den Lattanzio, warum er mich nicht bezahle. Er fuchtelte mit seinen Spinnenfingern in der Luft herum und antwortete mir mit seinem Mückenstimmchen: »Warum machst du denn nicht deine Arbeit fertig? Man glaubt, du wirst sie niemals zustande bringen.« Ich geriet in Zorn und antwortete ihm: »Hole Euch der Geier und alle, die da glauben, daß ich das Werk nicht zu Ende bringe!«

Verzweiflungsvoll ging ich wieder nach Hause zu meinem unglückseligen Perseus, und nicht ohne Tränen, denn ich gedachte der glänzenden Lage, in der ich im Dienste des herrlichen Königs Franz mich befunden hatte; dieser hatte mir alles darreichen lassen, und hier fehlte es mir an allem.

Mehrere Male war ich schon entschlossen, mich der Verzweiflung zu überlassen. So steckte ich eines Tages hundert Gulden in die Tasche, stieg auf mein schönes Pferd und ritt nach Fiesole, um einen natürlichen Sohn von mir zu besuchen, der bei seiner Amme, meiner Gevatterin, der Frau eines meiner Gesellen, in Kost war. Ich fand mein Söhnchen bei gutem Wohlsein und küßte es herzlich trotz meinem Verdruß; als ich aber fortgehen wollte, ließ der Knabe mich nicht und hielt mich mit seinen Händchen unter rasendem Weinen und Schreien fest, was für ein Kind von zwei Jahren eine äußerst wunderbare Sache war. Ich riß mich von meinem Kinde los und ließ ihn in seinem herzbrechenden Weinen.

Nun hatte ich mir vorgenommen, den Bandinello, der jeden Abend nach einem ihm gehörenden Pachthof über San Domenico zu gehen pflegte, verzweiflungsvoll zu Boden zu strecken, sobald ich ihn fände. Als ich nun auf dem Rückwege nach Florenz auf den Platz von San Domenico kam, betrat Bandinello gerade von der anderen Seite den Platz. Sofort entschloß ich mich die Bluttat zu vollbringen und eilte auf ihn zu. Als ich aber die Augen aufschlug, sah ich ihn ohne Waffen auf einem ganz kleinen Maultier von der Größe eines Esels sitzen, und er hatte einen Knaben von zehn Jahren bei sich. Sobald er mich sah, wurde er totenbleich und zitterte vom Kopf bis zu den Füßen. Da sah ich, daß es eine erbärmliche Arbeit sein würde, ihn zu erschlagen, und sprach zu ihm: »Habe keine Angst, feige Memme! Ich will dir nicht die Ehre erweisen, dich zu erstechen.« Er sah mich an und sagte nichts. Da faßte ich mich wieder und dankte Gott, daß er in seiner Gnade nicht zugelassen hatte, daß ich mich in diesen ärgerlichen Handel hineinstürzte. Da ich nun von meiner teuflischen Raserei mich befreit fühlte, faßte ich wieder Mut und sagte zu mir selber: Wenn Gott mir soviel Gnade erzeigt, daß ich mein Werk vollende, so hoffe ich mit diesem alle meine schurkischen Feinde zu erschlagen. Dies wird für mich eine größere und ruhmreichere Sache sein, als wenn ich meine Wut an einem einzigen ausgelassen hätte.

Mit diesem guten Vorsatz ging ich nach Hause. Nach drei Tagen hörte ich, daß meine Gevatterin mir meinen einzigen Sohn erstickt hatte. Dies war für mich der größte Schmerz, den ich jemals empfunden hatte. Trotzdem aber kniete ich nieder und dankte nach meiner Gewohnheit, wenn auch nicht ohne Tränen, dem lieben Gott und sprach: Herr, du hast ihn mir gegeben, du hast ihn mir genommen; für alles danke ich dir von ganzem Herzen. Und obwohl der große Schmerz mich fast von Sinnen gebracht hatte, so machte ich doch nach meiner Gewohnheit aus der Not eine Tugend und faßte mich, so gut ich konnte.

Zu jener Zeit hatte den Bandinello einer seiner Arbeiter verlassen, ein gewisser Francesco, Sohn des Schmiedes Matteo. Dieser Jüngling ließ mich fragen, ob ich ihm Arbeit geben wolle. Ich war es zufrieden und gab ihm die Figur der Medusa nachzuputzen, die bereits gegossen war. Nach vierzehn Tagen sagte der Geselle zu mir, er habe mit seinem vorigen Meister, dem Bandinello, gesprochen, und dieser lasse mich fragen, ob ich eine Marmorfigur machen wolle; er erbiete sich, mir ein schönes Stück Marmor dazu zu schenken. Ich antwortete ihm sogleich: »Sag ihm, ich nehme es an, und es könnte wohl ein böser Marmor für ihn werden! Fortwährend stichelt er an mir; er erinnert sich nicht mehr der großen Gefahr, der er auf dem Platze San Domenico entgangen ist. Sage ihm nun, ich verlange den Stein unter allen Umständen. Ich spreche niemals von ihm, diese Bestie ärgert mich aber fortwährend; ich glaube wahrhaftig, er hat dich abgeschickt, um bei mir zu arbeiten und zu spionieren. Geh nun und sag ihm, ich verlange jetzt den Marmor, auch wenn er ihn nicht geben wolle; und geh nur wieder zu ihm auf Arbeit.«

Nachdem ich viele Tage lang mich nicht mehr im Palast hatte sehen lassen, kam mir eines Tages die Laune, wieder einmal hinzugehen. Der Herzog war beinahe mit dem Essen fertig, und wie ich hörte, hatte Seine Durchlaucht am Morgen sehr gut von mir gesprochen; unter anderem hatte er meine Art, wie ich Edelsteine faßte, sehr gelobt. Als nun die Herzogin mich erblickte, ließ sie mich von Herrn Sforza[4] heranrufen, und als ich mich ihr näherte, bat sie mich, ich möchte ihr einen spitzgeschliffenen kleinen Diamanten in einen Ring fassen, den sie immer am Finger tragen wollte. Sie gab mir das Maß ihres Fingers und den Diamanten, der ungefähr hundert Goldgulden wert war, und bat mich, ich möchte mich beeilen. Plötzlich sagte aber der Herzog zur Herzogin: »Gewiß hatte Benvenuto in dieser Kunst nicht seinesgleichen; jetzt aber, nachdem er sie aufgegeben hat, würde die Anfertigung eines Ringleins, wie Ihr es wünschet, ihm zuviel Mühe machen; darum bitte ich Euch, belästigt ihn nicht mit dieser Kleinigkeit, die für ihn eine große Arbeit sein würde, weil er aus der Übung ist.«

Ich dankte dem Herzog und bat ihn, er möchte mir gestatten, der Frau Herzogin diesen kleinen Dienst zu erweisen. Sofort legte ich die Hand ans Werk, und in wenigen Tagen hatte ich den Ring fertig. Er war am kleinen Finger zu tragen und bestand aus vier Putten in runder Arbeit mit vier kleinen Masken; außerdem hatte ich noch einige Früchte und Bändchen von Schmelz angebracht, so daß der Edelstein und der Ring aufs beste zusammenpaßten. Ich brachte ihn sofort der Herzogin, die mir mit gütigen Worten sagte, ich habe ihr eine sehr schöne Arbeit gemacht und sie werde sich meiner erinnern. Den Ring schickte sie als Geschenk dem König Philipp[5]. Nachher bestellte sie fortwährend andere Sachen bei mir, aber stets mit solcher Freundlichkeit, daß ich mir immer alle Mühe gab, ihr zu dienen, obgleich ich nur wenig Geld von ihr sah, und Gott weiß, wie nötig ich solches brauchte, denn ich wünschte meinen Perseus zu vollenden und hatte einige junge Leute zu meiner Hilfe angenommen, die ich aus meiner eigenen Tasche bezahlte.

Ich ließ mich nun wieder öfter als früher im Palast sehen. Eines Sonntags ging ich auch wieder nach dem Essen hin, und als ich in den Uhrsaal kam, sah ich die Tür zum Vorzimmer offen und trat näher. Der Herzog rief mich heran und sagte mit großer Freundlichkeit: »Sei willkommen! Sieh hier diese Kiste, die mir Herr Stefano von Palestrina[6] als Geschenk gesandt hat; öffne sie, wir wollen einmal sehen, was darin ist.« Ich öffnete die Kiste sofort und sagte zum Herzog: »Gnädiger Herr, dies ist eine griechische Marmorfigur, ein Knabe, ein wunderbares Werk. Ich erinnere mich nicht, unter den Knabengestalten aus

---

4 Sforza Almeni, aus einem edlen Geschlecht von Perugia, war Geheimkämmerer des Herzogs Cosimo. Nach vierundzwanzig Jahren treuer Dienste wurde er am 22. Mai 1566 von Cosimo im Palazzo Vecchio in einem Wutanfall ermordet, weil er dem Prinzen Don Francesco verraten hatte, daß sein Vater Cosimo eine Liebschaft mit Eleonora degli Abbizzi unterhielte und diese wahrscheinlich heiraten wollte. Der Leichnam wurde in derselben Nacht in der nahegelegenen Kirche San Piero Scheraggio beigesetzt.
5 Philipp dem Zweiten von Spanien.
6 Stefano Colonna von Palestrina war auch Generalleutnant des Herzogs. Er starb 1548 in Pisa. Auch Vasari nennt ihn als einen großen Freund der Künste und Beschützer von Künstlern.

dem Altertum jemals ein so schönes und so kunstreich gearbeitetes Werk gesehen zu haben. Darum erbiete ich mich, die Figur für Eure Durchlaucht wieder herzustellen und Kopf, Arme und Füße zu ergänzen. Ich werde auch einen Adler dazu machen und so kann man die Figur einen Ganymed nennen. Eigentlich ist es nicht meine Sache, Statuen auszuflicken – denn das ist das Handwerk gewisser Pfuscher, die noch dazu ihre Sache schlecht genug machen – indessen die ausgezeichnete Arbeit eines großen Meisters treibt mich an, mich zu solchem Dienste zu erbieten.«

Der Herzog freute sich sehr, daß die Statue so schön sei, er fragte mich nach allerlei Dingen darüber und sagte: »Sage mir doch, mein Benvenuto, ganz genau, worin die große Kunst dieses Meisters besteht, über die du dich so sehr verwunderst.«

Nun zeigte ich dem Herzog, so gut ich es vermochte, die Schönheit der Arbeit und suchte ihm das Talent, das Kunstverständnis und die außerordentliche Arbeitsweise des Meisters verständlich zu machen. Hierüber hatte ich viel gesprochen, und hatte dies um so lieber getan, da ich wußte, daß Seine Durchlaucht sehr viel Vergnügen daran hatte.

Während ich auf so angenehme Art den Herzog unterhielt, begab es sich, daß ein Page aus dem Vorzimmer ging, und als er die Tür aufmachte, kam Bandinello herein. Als der Herzog ihn sah, geriet er in einige Verwirrung und sagte mit strenger Miene zu ihm: »Was wollt Ihr hier?«

Bandinello antwortete nicht, sondern warf sofort einen Blick auf die Kiste, worin die ausgepackte Statue lag, schüttelte den Kopf und sagte mit seinem unangenehmen Kichern, indem er sich zum Herzog wandte: »Gnädiger Herr, das ist auch eins von den Dingen, wovon ich mit Eurer Durchlaucht so oft gesprochen habe. Ihr müßt wissen, diese Alten verstanden nichts von Anatomie; darum sind auch ihre Werke voll von solchen Fehlern.« Ich stand ganz still und achtete nicht auf das, was er sagte; ja ich hatte ihm sogar den Rücken zugewandt. Kaum hatte die Bestie ihr ekelhaftes Geschwätz beendigt, so sagte der Herzog zu mir: »Nun, Benvenuto, das ist ja ganz das Gegenteil von dem, was du eben erst mit so vielen schönen Gründen auseinandergesetzt hast; nun verteidige dich mal!«

Auf diese freundlichen Worte des Herzogs antwortete ich sofort mit den Worten: »Gnädiger Herr, Eure Durchlaucht muß wissen, daß Baccio Bandinelli aus lauter Bösem zusammengesetzt ist und daß er immer so war; was er auch ansieht, verwandelt sich vor seinen widerwärtigen Augen sogleich in das Allerschlechteste, und wäre es auch über alle Maßen gut. Ich aber, den meine Neigungen nur zum Guten ziehen, erkenne mit frommerem Gefühl die Wahrheit. Was ich Eurer Durchlaucht über die herrliche Statue gesagt habe, ist die reine Wahrheit, und was Bandinello gesagt hat, das ist nur das Böse, woraus er zusammengesetzt ist.«

Der Herzog hörte mir mit großem Vergnügen zu, und während ich sprach, krümmte Bandinello sich und verzerrte sein ohnehin sehr häßliches Gesicht zu den allerhäßlichsten Grimassen. Plötzlich ging der Herzog durch einige Zimmer des Erdgeschosses, und Bandinello folgte ihm. Die Kämmerer aber faßten mich am Mantel und zogen mich nach; so folgten wir dem Herzog, bis er in ein Zimmer kam, wo er sich niedersetzte; Bandinello aber und ich standen zu seinen beiden Seiten, der eine zur Rechten, der andere zur Linken. Ich hielt mich ganz still, aber die Diener des Herzogs, die im Saal herumstanden, sahen alle den Bandinello scharf an und lächelten zuweilen untereinander über jene Worte, die ich in dem anderen Saal gesagt hatte. Da begann Bandinello zu reden und sprach: »Gnädiger Herr, als ich meinen Herkules und Kakus enthüllte, da wurden gewiß mehr als hundert schlechte Sonette[7] auf mich gemacht, die das Schlimmste enthielten, was man von solchem Pöbel erwarten darf.«

Ich aber antwortete hierauf: »Gnädiger Herr, als unser Michelagnolo Buonarroti seine Sakristei[8] eröffnete, wo man so viele schöne Gestalten sieht, da machte die ausgezeichnete, talentreiche Künstlerschaft, die Freundin des Wahren und Guten, mehr als hundert Sonette darauf, und einer wetteiferte mit dem anderen, das Beste darüber zu sagen. Wie nun das Werk des Bandinello alles Böse verdiente, das man ihm nachsagte, so verdiente auch das Werk des Buonarroti alles Gute, das man davon sagte.«

Über diese meine Worte geriet Bandinello in solche Wut, daß er beinahe platzte. Er drehte sich nach mir um und rief: »Und was könntest denn du dazu beibringen?« – »Das will ich dir sagen, wenn du soviel Geduld hast, mich anzuhören!« – »Sprich nur, sprich!« – Der Herzog und alle Anwesenden hörten aufmerksam zu. Da hub ich denn an und sprach: »Es tut mir leid, daß ich dir die Mängel deines Werkes aufzählen muß; aber was ich dir sage, ist nicht nur meine eigene Meinung, sondern ich werde weiter nichts sagen, als was unsere treffliche Künstlerschule davon sagt.«

---

7 Ob die Sonette und Epigramme wirklich *alle* so schlecht waren, läßt sich nicht mehr entscheiden, da uns nur 3 Zeilen durch Vasari erhalten geblieben sind. Der Flut von boshaften Versen konnte nur dadurch ein Damm errichtet werden, daß Herzog Alessandro auf Veranlassung des Papstes Klemens einige von den Verfassern ins Gefängnis setzen ließ. Damit waren natürlich die bösen Zungen noch lange nicht zum Schweigen gebracht. Die boshafte Beschreibung Benvenutos ist übrigens trotz einiger Übertreibung nicht ungerecht, wovon ein jeder sich überzeugen kann, der sich diese Skulptur auf der Piazza della Signoria in Florenz ansieht.
8 Die sogenannte *Sagrestia nuova*, die Neue Sakristei von San Lorenzo zu Florenz mit den berühmten Medici-Grabmälern von Michelangelo.

Da begann dieses Menschlein so unangenehm zu schimpfen und dazu mit Armen und Beinen zu zappeln, daß ich in Zorn geriet und nun viel schärfer sprach, als ich getan haben würde, wenn er sich anders benommen hätte. Ich begann nämlich: »Unsere treffliche Schule sagt: Wenn man dem Herkules die Haare abschöre, so würde nicht soviel Hinterkopf übrig bleiben, um das Gehirn zu fassen; an seinem Gesicht aber könne man nicht sehen, ob es einen Menschen oder einen Löwenochs vorstellen solle. Er sehe gar nicht auf das, was er tue, und der Kopf sei so schlecht auf dem Halse befestigt, sei mit so geringer Kunst und Anmut gearbeitet, daß man niemals etwas Schlechteres gesehen habe. Seine krummen Schultern gleichen den beiden Bogen von einem Lasteselsattel; die Brust und ihre Muskeln seien nicht nach einem Menschenleib gebildet, sondern sehen aus wie ein Sack voll Melonen, der aufrecht an die Wand gestellt sei; ebenso stelle der Rücken einen Sack voll langer Kürbisse dar. Von den beiden Beinen sehe man nicht, wie sie an dem häßlichen Rumpf befestigt seien; man erkenne nicht, auf welchem Bein der Leib ruhe; auch scheine keins von den beiden stark genug zu sein, den Körper zu tragen. Ebensowenig sehe man, daß er auf beiden Beinen stehe, wie sonst wohl Meister es gemacht haben, die etwas von ihrer Kunst verstehen. Man sehe vielmehr, daß die Gestalt um mehr als eine Drittelelle nach vorne falle, und dies allein sei der größte und unerträglichste Fehler, den nur ein Dutzendmeister aus dem Pöbel begehen könne. Von den Armen sagen sie, sie hängen beide ohne die geringste Anmut gerade herunter, und man sehe keine Kunst daran, wie wenn Ihr niemals lebendige Menschen nackt gesehen hättet. Das rechte Bein des Herkules und das des Kakus haben die Wade gemeinsam; und wenn die beiden voneinander getrennt würden, so würde nicht nur einer, sondern alle beide ohne Wade sein. Ferner sagen sie, der eine von den Füßen des Herkules stecke in der Erde, der andere dagegen sehe aus, wie wenn Feuer darunter sei.« Nun aber konnte der Mann es nicht mehr aushalten. Er hatte nicht die Geduld noch abzuwarten, was ich über die großen Mängel des Kakus zu sagen gehabt hätte. Ich aber sagte nicht nur die Wahrheit, sondern machte sie auch dem Herzog und den anderen Anwesenden deutlich erkennbar, so daß sie die größte Verwunderung bezeigten und einsahen, daß ich vollkommen recht hatte. Auf einmal fing der schlechte Mensch an und rief: »Oh weh, du böse Zunge! Wo lässest du denn meine Zeichnung?« Ich antwortete: »Wer gut zeichnet, kann nicht schlecht arbeiten. Indessen glaube ich, deine Zeichnung ist wie deine Werke.«

Als er nun die Gesichter des Herzogs und der anderen sah, die ihm mit Blicken und Gebärden zusetzten, da ließ er sich von seiner Frechheit hinreißen, wandte sich mit seinem abscheulich häßlichen Gesicht gegen mich und rief plötzlich: »Oh, sei doch still, du ekelhafter Sodomiter!« Als er dies gesagt hatte, runzelte der Herzog ärgerlich die Stirn gegen ihn, die anderen schlossen den Mund und sahen ihn mit finsteren Blicken an. Als ich mich nun so schändlich beleidigt sah, überkam mich die Wut, aber ich faßte mich sofort und sagte: »Du Narr, du überschreitest alle Grenzen! Aber wollte nur Gott, daß ich mich auf eine so edle Kunst verstände, denn wir lesen ja, daß Jupiter sie mit Ganymed im Paradiese trieb, und hier auf Erden geben die mächtigsten Kaiser und die größten Könige der Welt sich damit ab. Ich aber bin nur ein niedriges und geringes Menschlein, das mit einer so wundersamen Sache nicht umzugehen wüßte.«

Da konnte sich nun niemand mehr halten. Der Herzog und die anderen erhoben ein schallendes Gelächter. Ich tat nun zwar freundlich und heiter, aber wisset, gütige Leser, im Innern wollte mir das Herz zerspringen, daß der schmutzigste Schurke, den jemals die Welt sah, so frech sein sollte, in Gegenwart eines so großen Fürsten mir so schweren Schimpf anzutun. Aber wisset: Er beleidigte den Herzog und nicht mich. Denn wäre ich nicht in Gegenwart eines so hohen Herrn gewesen, so hätte ich ihn tot zu Boden gestreckt.

Als nun der schmutzige, alberne Schelm sah, daß das Lachen der Herren gar nicht aufhörte, brachte er ein anderes Thema auf, um den Spott von seinem Narrenstreich abzulenken und sagte: »Dieser Benvenuto rühmt sich, ich hätte ihm einen Marmor versprochen.« Sofort erwiderte ich: »Wie? Hast du mir nicht durch deinen Gesellen Francesco, den Sohn des Schmiedes Matteo, sagen lassen, du wollest mir einen Marmorblock schenken, wenn ich in Marmor arbeiten wolle? Ich habe es angenommen und verlange den Marmor.« Da sagte er: »Oh, verlasse dich darauf, den bekommst du niemals.«

Ich war übervoll von Wut wegen der ungerechten Beleidigungen, die er mir vorher gesagt hatte. Nun verließ mich die Vernunft, ich dachte nicht mehr an die Anwesenheit des Herzogs und rief in hellem Zorn: »Ich sage dir hiermit ausdrücklich: Wenn du mir nicht den Marmor in mein Haus schickst, so suche dir eine andere Welt, denn in dieser werde ich dich erwürgen. Verlaß dich drauf!«

Sofort aber dachte ich daran, daß ich mich in Gegenwart eines so hohen Herzogs befand. Ich wandte mich in aller Demut zu Seiner Durchlaucht und sagte: »Gnädiger Herr, ein Narr macht hundert. Über den Dummheiten dieses Menschen hatte ich die ruhmvolle Hoheit Eurer Durchlaucht und mich selber vergessen. So verzeihet mir!«

Da fragte der Herzog den Bandinello: »Und ist es wahr, daß du ihm den Marmor versprochen hast?« Bandinello sagte, es sei wahr. Nun sagte der Herzog zu mir: »Geh in die Dombauhütte und nimm dir einen Block nach Belieben!« Ich erwiderte, er habe mir versprochen, den Stein in mein Haus zu schicken. Da gab es dann wieder schreckliche Worte. Ich aber bestand darauf, daß ich den Marmor auf andere Weise nicht wolle. Am nächsten Morgen wurde mir ein Marmorblock ins Haus gebracht. Ich fragte, wer ihn schicke und man antwortete mir, Bandinello schicke ihn, und dies sei der Marmor, den er mir versprochen habe.

Sofort ließ ich ihn in meine Werkstatt bringen und begann ihn zu behauen. Während ich ihn bearbeitete, machte ich auch das Modell, denn so groß war meine Lust, in Marmor zu arbeiten, daß ich mich nicht entschließen konnte, noch länger zu warten und mit der Sorgfalt, die eine solche Kunst erfordert, ein Modell zu machen. Als ich nun gar beim Meißeln einen dumpfen Klang hörte, bedauerte ich oft, daß ich die Arbeit angefangen hatte. Doch holte ich aus dem Block heraus, was ich konnte, nämlich die Gruppe des Apollo mit dem Hyazinth, die man noch unvollendet in meiner Werkstatt sieht. Während ich daran arbeitete, kam der Herzog oft in mein Haus und sagte zu mir: »Laß mal das Erz stehen und arbeite ein wenig in Marmor, daß ich dir zusehe.« Da nahm ich sofort die Meißel und arbeitete herzhaft darauf los. Der Herzog fragte mich nach dem Modell, das ich für den Marmor gemacht hätte. Ich antwortete: »Gnädiger Herr, dieser Marmor ist voller Sprünge, aber trotzdem will ich noch etwas daraus machen. Nur habe ich mich nicht entschließen können, ein Modell zu verfertigen, sondern will nur so darauf los arbeiten und etwas herausbringen, so gut es eben geht.«

Ohne Säumen ließ der Herzog mir von Rom ein Stück griechischen Marmors kommen, der den Anlaß zum Streit mit Bandinello gegeben hatte. Als nun der griechische Marmor kam, da bedachte ich, daß es schade sei, ihn in Stücke zu zerlegen, um Kopf, Arme und Beinwerk für den Ganymed zu schaffen. Ich besorgte mir anderen Marmor und für den griechischen Block machte ich ein kleines Wachsmodell und nannte die Figur: Narziß. Da nun dieser Marmor zwei Löcher hatte, die gut zwei Finger breit und mehr als eine Viertelelle tief waren, so machte ich die Stellung so, wie man sie kennt, so daß also die Löcher meine Figur nicht berührten. Aber es hatte so viele Jahrzehnte lang auf den Stein geregnet und da waren die Löcher immer voll von Wasser gewesen. So war denn das Wasser so tief eingedrungen, daß der Marmor an dem oberen Loch geschwächt und gleichsam verfault war. Dies zeigte sich später bei der großen Überschwemmung des Arno[9], als das Wasser in meiner Werkstatt mehr als anderthalb Ellen hoch stieg. Weil nun der Narziß auf einem hölzernen Untergestell stand, so warf das Wasser ihn um und die Figur zerbrach oberhalb der Brust. Ich fügte sie wieder zusammen und machte, damit man den Riß nicht sehen sollte, den Blumenkranz, den er über der Brust

---

9 Im Jahre 1547.

trägt¹⁰. Ich vollendete das Werk in den Stunden vor Tage oder auch an den Festtagen, damit ich nur keine Zeit für meine Arbeit am Perseus verlöre. Als ich nun eines Morgens einige Meißel schärfte, sprang mir ein ganz feiner Stahlsplitter ins rechte Auge und drang so tief in die Pupille ein, daß ich ihn durchaus nicht herausbringen konnte. Ich glaubte schon ganz gewiß, das Licht dieses Auges zu verlieren. Nach etlichen Tagen rief ich den Chirurgus Meister Raffaello de' Pilli. Dieser befahl mir, mich rücklings auf einen Tisch zu legen, nahm zwei lebende Tauben und öffnete ihnen mit einem Messerchen eine Ader unter dem Flügel, so daß das Blut mir ins Auge floß. Durch dieses Blut verspürte ich sofort eine Besserung und nach Verlauf von zwei Tagen kam der Stahlsplitter heraus. Ich war befreit und mein Gesicht war besser als zuvor. Als nun drei Tage darauf der Tag der heiligen Lucia war, machte ich aus einem französischen Taler ein goldenes Auge und ließ dieses von meiner zehnjährigen Nichte, einer von den sechs Töchtern meiner Schwester Liperata, als Weihopfer darbringen. So dankte ich Gott und der heiligen Lucia. Eine Zeitlang hatte ich nun keine Lust mehr, am Narziß zu arbeiten, sondern brachte unter den mehrfach erwähnten Schwierigkeiten meinen Perseus vorwärts. Denn ich hatte beschlossen, ihn fertig zu machen und dann mit Gott meines Weges zu gehen.

SIEBENUNDDREISSIGSTES KAPITEL
1548–1549

Der Herzog zweifelt an Benvenutos Geschicklichkeit, in Erz zu gießen, und hat hierüber eine Unterredung mit ihm. Benvenuto gibt einen hinreichenden Beweis seiner Kunst, indem er den Perseus gießt. Die Statue gerät zu aller Welt Erstaunen und wird unter vielen Hindernissen mit großer Anstrengung vollendet.

NACHDEM DER Guß der Meduse gut gelungen war, machte ich voller Hoffnung meinen Perseus in Wachs fertig und versprach mir, er solle in Erz ebensogut ausfallen wie die Medusa. Als er nun in Wachs vollkommen fertig war, sah er außerordentlich schön aus. Der Herzog sah ihn in dieser Gestalt und fand ihn ebenfalls schön. Ob ihm nun aber jemand

---

10 Eine Cellini zugeschriebene Marmorskulptur ›Narziß‹ befindet sich heute im Museo Nazionale del Bargello in Florenz.

eingeredet haben mochte, der Erzguß könne nicht so gut gelingen, oder ob er sich dies von selber einbildete – genug, er kam öfter, als er sonst pflegte, in mein Haus. Eines Tages sagte er zu mir: »Benvenuto, die Figur kann dir in Erz nicht gelingen, denn die Regeln der Kunst erlauben es nicht.«

Diese Worte Seiner Durchlaucht verletzten mich tief, und ich sagte zu ihm: »Gnädiger Herr, ich weiß wohl, Eure Durchlauchtige Hoheit hat zu mir wenig Zutrauen. Und ich glaube, dies kommt davon, daß Ihr entweder denen zu sehr glaubt, die übel von mir reden, oder daß Ihr mehr davon versteht.« Er ließ mich kaum ausreden und rief: »Ich gab mir alle Mühe, mich darauf zu verstehen, und verstehe mich auch wirklich sehr gut darauf.« Schnell versetzte ich: »Gewiß, wie ein Herr, aber nicht wie ein Künstler. Denn wenn Ihr, Durchlauchtiger Herr, Euch so darauf verständet, wie Ihr glaubt, so würdet Ihr schon darum mir Vertrauen schenken, weil mir die schöne große Erzbüste von Eurer Durchlaucht so gut gelungen ist, die Ihr nach Elba gesandt habt, und weil ich den schönen marmornen Ganymed mit so großer Schwierigkeit restauriert habe, woran ich mehr Mühe hatte, als wenn ich die ganze Arbeit neu gemacht hätte[1]; ferner auch, weil ich die Medusa schon gegossen habe, die Ihr doch hier vor Euch seht. Dies war ein sehr schwieriger Guß, wobei ich geleistet habe, was vor mir kein Mensch in dieser teufelsmäßigen Kunst vermochte. Dann sehet, gnädiger Herr: Ich habe den Ofen auf eine ganz neue Art, völlig verschieden vom sonst üblichen Brauch gemacht. Denn außer anderen Abweichungen und sinnreichen Einrichtungen, die man daran bemerkt, habe ich zwei Ausflüsse für das Erz angebracht, weil diese schwierige und verkrümmte Figur auf andere Weise unmöglich herauskommen konnte. Nur dank meiner Einsicht ist der Guß so gut gelungen, was von allen Sachverständigen in dieser Kunst niemand vorher geglaubt hätte. Und ich versichere Euch, gnädiger Herr: Alle jene großen und sehr schwierigen Werke, die ich in Frankreich unter dem trefflichsten König Franz gemacht habe, sind mir aufs beste gelungen, bloß weil der herrliche König mir immer so guten Mut machte mit der hohen Besoldung, die er mir gewährte, und indem er mir so viele Gesellen gestattete, wie ich nur haben wollte, so daß ich manchmal mehr als vierzig Gesellen beschäftigte, die ich alle selber ausgewählt hatte. Dies sind die Gründe, warum ich eine so große Menge von Werken in so kurzer Zeit schuf. Vertrauet mir doch, gnädiger Herr, und bewilligt mir die Hilfe, die ich nötig habe. Denn ich hoffe ein Werk abzuliefern, das Euch gefallen wird. Wenn Ihr mir aber den Mut lähmt und nicht die Hilfe gebt, die ich brauche, so kann ich unmöglich, sowenig wie irgendein anderer Mensch auf der Welt, etwas Gutes schaffen.«

---

1 Cellini ließ sich für diese Arbeit 300 Goldgulden bezahlen. Die Statue befindet sich jetzt im Bargello.

Taubenblut tut Augen gut

Der Herzog wollte meine Gründe kaum anhören und drehte sich bald hierhin, bald dorthin. Ich Armer aber war in Verzweiflung, als ich mich der glänzenden Lage erinnerte, worin ich mich in Frankreich befunden hatte, und betrübte mich aufs tiefste. Plötzlich sagte der Herzog: »Nun sage mir, Benvenuto, wie ist es möglich, daß das schöne Medusenhaupt dort oben in der Hand des Perseus jemals herauskommen kann?« Ich antwortete ihm: »Sehet, gnädiger Herr, wenn Ihr die Kenntnis von der Kunst besäßet, die Ihr zu haben glaubt, so würdet Ihr nicht befürchten, daß der schöne Kopf, wie Ihr ihn nennt, nicht gut herauskommen möchte. Wohl aber würdet Ihr Sorge haben um den rechten Fuß, der da unten so weit entfernt steht.« Über diese Worte halb erzürnt, wandte der Herzog sich zu einigen Herren, die mit ihm gekommen waren, und sagte: »Ich glaube, es ist Prahlerei von unserem Benvenuto, daß er immer und von allem das Gegenteil behauptet.« Dann wandte er sich zu mir und sagte mit halb spöttischer Miene, die von allen Herren seines Gefolges sofort nachgeahmt wurde: »Ich will mit dir Geduld haben und die Gründe anhören, die du mir angeben kannst. Und wenn du recht hast, so will ich dir glauben.« Ich antwortete: »Ich will Eurer Durchlaucht einen so guten Grund angeben, daß Ihr ihn sofort begreifen werdet. Wisset, gnädiger Herr: Es ist die Natur des glühenden Erzes, nach oben zu steigen, und darum verspreche ich Euch, daß das Medusenhaupt auf das beste gelingen wird. Es ist aber nicht die Art des glühenden Erzes, nach unten zu fließen, und weil es, um zu dem Fuße zu gelangen, durch eine besondere Vorrichtung sechs Ellen tief getrieben werden muß, so sage ich mit gutem Grunde Eurer Durchlaucht: es ist unmöglich, daß der Fuß gut herauskommt. Es wird mir jedoch ein leichtes sein, ihn zu ergänzen.« Hierauf versetzte der Herzog: »Aber warum dachtest du denn nicht daran, es so einzurichten, daß der Fuß ebensogut kommen wird, wie nach deiner Meinung der Kopf gelingen wird?« Ich sagte: »Zu diesem Zwecke wäre es notwendig gewesen, den Ofen viel größer zu machen. Ich hätte ein Gußrohr von der Dicke meines Beines anbringen müssen, dann wäre das heiße Metall dank seiner Schwere ganz nach unten gesunken. Meine Gußröhre dagegen, die, wie gesagt, bis zu den Füßen sechs Ellen lang ist, ist nur zwei Finger dick. Indessen tut dies dem Werte der Arbeit keinen Abbruch. Denn ich werde die Mängel leicht ausbessern. Wenn aber meine Form, wie ich hoffe, mehr als halb voll wird, so wird das glühende Erz seiner Natur nach von dieser Hälfte an in die Höhe steigen, und der Kopf des Perseus und der der Medusa werden aufs beste gelingen. Seid also ganz ruhig!«

Nachdem ich nun diese guten Gründe vorgebracht hatte nebst unzähligen anderen, die ich nicht niederschreibe, um nicht zu weitläufig zu werden, da schüttelte der Herzog den Kopf und ging in Gottes Namen hinaus.

Nun sprach ich mir selber Zuversicht und guten Mut ein und jagte alle Gedanken fort, die allstündlich auf mich eindrangen, so daß ich oft vor Reue bitterlich weinte, weil ich von Frankreich fortgegangen und nach Florenz, meinem süßen Vaterland, gekommen war, nur um meinen sechs Nichten ein Almosen zu bringen. Denn ich sah wohl, daß aus dieser Guttat großes Übel für mich hervorgegangen war. Trotz alledem nahm ich mir ganz bestimmt vor, mein angefangenes Werk, den Perseus, zu vollenden, und ich hoffte, daß dann alle meine Leiden sich in die höchste Lust und in einen herrlichen Zustand verwandeln würden. So schöpfte ich denn wieder neuen Mut und ging mit allen Kräften meines Körpers und meines Vermögens ans Werk. Obwohl mir nur noch wenig Geld übriggeblieben war, verschaffte ich mir etliche Klafter Pinienholz aus dem Walde der Serristori in der Nähe von Montelupo. Während ich hierauf wartete, bedeckte ich meinen Perseus mit jenen Erden, die ich schon mehrere Monate vorher zurechtgemacht hatte, damit sie gehörig reif würden. Und nachdem ich den Überzug von Erde gemacht und diesen wohl verwahrt und auf das sorgfältigste mit Eisen umgeben hatte, begann ich mit langsamem Feuer das Wachs herauszuschmelzen, das durch viele Luftlöcher abfloß, die ich gemacht hatte. Denn je mehr Luftlöcher man macht, desto besser füllt sich die Form.

Als ich nun alles Wachs herausgezogen hatte, baute ich einen Ofen um meinen Perseus, oder vielmehr um die Form herum. Diesen Ofen machte ich aus Ziegeln, indem ich einen auf den andern schichtete und viele Zwischenräume ließ, damit das Feuer aus ihnen herausschlagen konnte. Hierauf legte ich ganz allmählich Holz auf und unterhielt zwei Tage und zwei Nächte lang ein ununterbrochenes Feuer, bis alles Wachs herausgelaufen und die Form aufs beste gebrannt war. Dann begann ich sofort nach allen Regeln der Kunst die Grube zu graben, um meine Form hineinzubringen.

Als aber die Grube ausgehoben war, nahm ich meine Form und brachte sie mit Winden und guten Hanfseilen sorgfältig bis auf eine Elle über den Boden meines Ofens. Ich hatte die Richtung aufs beste berechnet, so daß sie genau in der Mitte der Grube schwebte. Nun ließ ich sie ganz sachte bis auf den Boden herab und stellte sie so sorgfältig auf, wie es nur möglich ist. Als ich nun dieses schöne Werk vollbracht hatte, begann ich die Form mit der ausgehobenen Erde wieder zuzudecken. Und indem ich die Erde aufschüttete, brachte ich die Luftröhren an, nämlich kleine Röhren von gebranntem Ton, wie man sie zu Wasserleitungen und anderen dergleichen Dingen braucht. Als ich dann sah, daß die Form vollkommen gut befestigt war, und daß meine Arbeiter die Art, sie mit Erde zu bedecken und die Röhren an den rechten Stellen anzubringen, vollständig begriffen hatten, obwohl meine Weise von der der übrigen Meister dieser Kunst ganz verschieden war, so war ich überzeugt, daß ich mich auf sie verlassen konnte und wandte mich zu meinem Ofen, den ich mit vielen Kupferabfällen und anderen Erzstücken hatte anfüllen lassen. Nachdem ich diese kunstgerecht aufeinandergeschichtet hatte, so daß die Flammen durch die Lücken ihren Weg finden konnten, wodurch das Metall schneller erhitzt und zu einer flüssigen Masse wird, befahl ich munter, das Feuer im Ofen anzuzünden. Da warfen sie das Pinienholz hinein und das Feuer wurde wegen der harzigen Beschaffenheit des Holzes und wegen der guten Einrichtung meines Ofens so lebhaft, daß ich bald auf der einen, bald auf der andern Seite aufpassen mußte. Die Anstrengung war so groß, daß ich sie kaum ertragen konnte. Trotzdem aber zwang ich mich zu der Arbeit. Dazu kam noch, daß die Werkstatt Feuer fing, so daß wir befürchteten, das Dach würde über uns zusammenstürzen. Anderseits jagte mir vom Garten her der Himmel so viel Wasser und Wind in die Werkstatt, daß mir der Ofen kalt wurde. Nachdem ich mit diesen widerstreitenden Hindernissen mehrere Stunden lang gekämpft hatte, überwältigte mich die Müdigkeit dergestalt, daß selbst meine starke Natur nicht widerstehen konnte. Mich befiel ein Fieber von einer Heftigkeit, wie man es sich kaum denken kann, so daß ich gezwungen war, fortzugehen und mich ins Bett zu legen. So unlieb es mir auch war, mußte ich mich doch hinwegbegeben. Vorher wandte ich mich noch zu denen, die mir halfen. Es waren alles in allem etwa zehn oder mehr, sowohl Erzgießermeister als Handlanger und Bauern, außerdem meine Werkstattgehilfen. Unter letzteren war auch Bernardino Mannellini, den ich mir seit etlichen Wochen herangezogen hatte. Zu diesem sprach ich, nachdem ich mich ihnen allen empfohlen hatte: »Sieh, mein lieber Bernardino, beobachte die Ordnung, die ich dir gezeigt habe, und beeile dich, so sehr du kannst, denn das Erz wird bald gußfertig sein. Du kannst nicht irren. Die andern wackeren Männer machen schnell die Kanäle und mit diesen beiden Krummeisen könnt ihr in aller Sicherheit die Löcher aufstechen, und ich bin gewiß, daß meine Form sich aufs beste füllen wird. Ich fühle mich so schlecht wie niemals seit meiner Geburt, und ich glaube gewiß, in wenigen Stunden wird meine Krankheit mich umbringen.« So ging ich denn sehr unzufrieden von ihnen und legte mich zu Bett. Sobald dies geschehen war, befahl ich meinen Mägden, allen Leuten in der Werkstatt Essen und Trinken zu bringen. Dabei sagte ich zu ihnen: »Morgen früh bin ich nicht mehr am Leben.« Sie sprachen mir Mut ein und sagten mir, mein schlimmes Unwohlsein würde gewiß vorübergehen, denn es käme nur von der übergroßen Anstrengung. Zwei volle Stunden lang kämpfte ich gewaltig gegen das Fieber an, das ich immer noch steigen fühlte und sagte fortwährend: »Ich fühle mich sterben.« Die Magd, die mein ganzes Hauswesen leitete, mit Namen Frau Fiore von Castel del Rio, war die tüchtigste Frau von der Welt und zugleich die freundlichste. Sie schalt mich fortwährend, daß ich so den Mut sinken ließe, und bediente mich zugleich mit der allerliebevollsten Pflege. Als sie mich aber so über alle Maßen elend und mutlos sah, konnte selbst ihr tapferes Herz nicht verhindern, daß ihr die Tränen aus den Augen strömten. Doch nahm sie sich nach Möglichkeit in acht, daß ich es nicht sähe.

Während ich mich nun in diesen übergroßen Nöten befand, sah ich einen Mann in meine Kammer treten, der von Gestalt so krumm war wie ein großes S. Dieser sagte mit einer betrübten Stimme, wie man den armen Sündern zuspricht, wenn sie zum Hochgericht geführt werden: »Oh, Benvenuto! Euer Werk ist verdorben. Dagegen gibt es auf der ganzen Welt kein Mittel mehr.« Kaum hörte ich diese Worte des Unglücksmenschen, so stieß ich einen so überlauten Schrei aus, daß man ihn wohl im Feuerhimmel gehört haben mag. Ich erhob mich vom Bette, nahm meine Kleider und begann mich anzuziehen. Die Mägde und meinen Jungen und wer sonst mir nahe kam, um mir zu helfen, trieb ich mit Faustschlägen und Fußtritten davon. Dabei jammerte ich und rief: »Weh euch, ihr neidischen Verräter! Dies ist ein Schurkenstreich, der mit Absicht angestellt ist; aber ich schwöre bei Gott, ich will es ganz genau herausbringen, und bevor ich sterbe, will ich der Welt noch ein Beispiel lassen, daß mehr als einer sich darob verwundern soll!«

Als ich mich angezogen hatte, ging ich mit bösen Gedanken nach der Werkstatt, wo ich alle Leute, die ich so munter verlassen hatte, erstaunt und erschrocken sah. Da sprach ich zu ihnen: »Nun höret auf mich! Da ihr den Weisungen, die ich euch gab, nicht gehorchen konntet oder wolltet, so gehorchet mir jetzt, da ich angesichts meines Werkes bei euch bin. Keiner lasse sich einfallen, mir zu widersprechen, denn in Fällen dieser Art braucht man keinen Rat, sondern Hilfe!«

Auf diese Worte erwiderte mir ein gewisser Meister Alessandro Lastricati[2]: »Seht, Benvenuto, Ihr versteift Euch darauf ein Werk zu machen, wie es nicht nach den Regeln der Kunst ist und wie es überhaupt auf keine Weise gehen kann.« Auf diese Worte wandte ich mich mit solcher Wut und zum Allerschlimmsten entschlossen gegen ihn, daß er und alle andern einstimmig riefen: »Auf! Befehlet nur! Wir alle wollen Euch beistehen in allem, was Ihr verlangen mögt, und solange noch Lebenskraft in uns ist!« Ich denke mir aber, diese freundlichen Worte sagten sie mir nur, weil sie glaubten, ich müsse in kurzem tot niedersinken.

Ich ging nun sofort den Ofen zu besichtigen und fand das ganze Metall zu

---

2 Er war Bildhauer und Erzgießer.

einem Kuchen geronnen, wie man es nennt. Ich befahl zwei Handlangern, gerade gegenüber in das Haus des Schlächters Capretta zu gehen und ein Klafter Holz von jungen Eichen zu holen, die schon seit mehr als einem Jahre ausgetrocknet waren; Madonna Ginevra, die Frau des Capretta, hatte mir dieses Holz angeboten. Kaum waren ein paar Arm voll da, so begann ich das Feuerungsloch damit zu füllen. Solch trockenes Eichenholz gibt ein stärkeres Feuer als alles andere; darum bedient man sich auch zum Geschützgießen des Erlen- oder Fichtenholzes, weil es ein gelindes Feuer gibt. Als nun der Erzkuchen dieses gewaltige Feuer verspürte, fing er an zu schmelzen und zu blitzen. Mit einigen Leuten besorgte ich die Gußröhren, andere hatte ich auf das Dach geschickt, um das Feuer abzuhalten, das wiederum noch heftiger die Werkstatt ergriffen hatte; gegen den Garten zu hatte ich Bretter, Teppiche und Tücher aufhängen lassen, um mir das Wasser abzuhalten.

Nachdem ich so gegen die große Gewalt des Feuers wie des Wassers mich geschützt hatte, rief ich mit starker Stimme bald diesem, bald jenem zu: »Bring dies herbei! Nimm jenes hinweg!« Und als sie nun sahen, daß der Erzkuchen zu schmelzen begann, da gehorchte die ganze Gesellschaft mir mit solcher Bereitwilligkeit, daß ein jeder für drei arbeitete. Nun ließ ich einen halben Zinnkuchen nehmen, der etwa sechzig Pfund wog, und warf ihn auf das Erz in den Ofen, das in kurzer Zeit, indem neues Holz aufgelegt und mit eisernen Stangen umgerührt wurde, vollkommen zerschmolz. Da sah ich, daß ich gegen die Erwartung aller jener Dummköpfe den Toten auferweckt hatte und mich erfüllte solche Kraft, daß ich von Fieber und Todesfurcht nichts mehr verspürte. Plötzlich vernahm man ein Getöse und sah einen gewaltigen Blitz, wie wenn ein Donnerschlag mitten aus meiner Werkstatt ausgegangen wäre. Ob dieser Erscheinung ergriff uns alle große Furcht und mich mehr als die anderen. Als aber das Getöse und der Blitz aufgehört hatten, sahen wir einander an. Ich bemerkte, daß der Deckel des Ofens geplatzt war und sich aufgerichtet hatte, so daß das Erz ausfloß; da ließ ich sofort die Mündungen meiner Form öffnen und zu gleicher Zeit die beiden Gußlöcher aufstoßen. Da jedoch das Metall nicht so schnell ausströmte wie es sonst zu tun pflegt, bedachte ich, daß vielleicht durch das übergewaltige Feuer der Zinnzusatz verzehrt sein möchte. Darum ließ ich sofort alle meine zinnernen Teller und Schüsseln, etwa zweihundert an der Zahl, herbeischaffen und warf ein Stück nach dem andern vor die Kanäle; zum Teil ließ ich sie auch in den Ofen werfen. Als nun ein jeder sah, daß mein Erz aufs beste geschmolzen war und daß meine Form sich füllte, da gehorchten und halfen mir alle mit fröhlicher Zuversicht, ich aber befahl und half bald hier, bald dort und sagte: »Oh Gott, der du mit deiner unendlichen Kraft vom Tode auferstanden und herrlich zum Himmel aufgefahren bist, gib, daß mir mein Werk gelinge!« Und siehe da, meine Form füllte sich. Da kniete ich nieder und dankte Gott von ganzem Herzen. Dann wandte ich mich zu einer Schüssel Salat, die auf einer Bank stand, und aß und trank mit großer Lust, und mit mir schmauste der ganze Haufen. Hierauf ging ich froh und gesund zu Bett – denn es war schon zwei Stunden vor Tag – und ruhte so sanft, wie wenn mir niemals etwas gefehlt hätte.

Meine gute Magd hatte mir indessen, ohne daß ich ihr etwas gesagt hatte, einen fetten Kapaun zurechtgemacht. Als ich nun um die Zeit des Mittagessens von meinem Bette aufstand, trat sie mir fröhlich entgegen und sagte: »Ei, ist das der Mann, der sich sterben fühlte? Ich glaube, die Püffe und Fußtritte, die Ihr uns vergangene Nacht in Eurer Wut gabt, haben Euch gedient: vor Eurer teufelsmäßigen Wut hat vielleicht das böse Fieber Angst bekommen, hat gedacht, es würde ebenfalls Prügel bekommen, und ist davongelaufen.«

So war nun meine ganze arme Familie von ihrer Angst befreit und erholte sich nach der übermäßigen Anstrengung. Für die Zinnteller und Schüsseln wurden schnell irdene Gefäße gekauft; wir aßen alle miteinander fröhlich zu Mittag, und ich erinnere mich nicht, in meinem Leben heiterer und mit besserem Appetit gespeist zu haben. Nach dem Essen kamen alle, die mir geholfen hatten, zu mir; sie waren alle voller Freude, dankten Gott für alles, was geschehen war, und sagten, sie hätten Dinge gesehen und gelernt, die von allen anderen Meistern für unmöglich gehalten würden. Auch ich war einigermaßen stolz und rühmte mich meines Werkes, denn ich vermeinte, wohl einiges geleistet zu haben; dann griff ich in meinen Beutel und bezahlte und befriedigte sie alle.

Der böse Mensch aber, mein Todfeind, Pierfrancesco Ricci, der Haushofmeister des Herzogs, suchte mit großer Sorgfalt zu erfahren, wie die Sache abgelaufen war, und jene beiden Männer, die ich im Verdacht gehabt hatte, sie hätten mir das Erz zu dem Kuchen gerinnen lassen, sagten ihm, ich sei kein Mensch, sondern recht eigentlich ein großer Teufel, denn ich habe verrichtet, was nach den Regeln der Kunst nicht möglich sei; sie erzählten noch von anderen großen Dingen, die wirklich selbst für einen Teufel zuviel gewesen wären. So erzählten sie also viel mehr, als wirklich vorgefallen war, vielleicht zu ihrer Entschuldigung; der Haushofmeister aber schrieb es sofort dem Herzog, der damals in Pisa war, und stellte die Sache noch schrecklicher und wunderbarer dar, als jene sie berichtet hatten.

Nachdem ich nun zwei Tage lang mein gegossenes Werk hatte abkühlen lassen, begann ich es ganz sachte abzudecken; da fand ich nun zuerst den Kopf der Medusa, der dank meinen Luftröhren aufs beste herausgekommen war, wie ich ja bereits dem Herzog gesagt hatte, daß es die Natur des glühenden Erzes sei, nach oben zu steigen. Dann fuhr ich fort, das übrige aufzudecken und fand den andern Kopf, nämlich den des Perseus, der ebenfalls aufs beste geraten war. Hierbei verwunderte ich mich noch viel mehr; denn wie man sieht, ist dieser Kopf sehr viel tiefer als das Medusenhaupt. Die Röhren für das Metall mündeten auf den Schultern und auf dem Kopfe des Perseus. Nun fand ich, daß gerade auf dem Kopfe des Perseus das Erz meines Ofens zu Ende gewesen war; merkwürdigerweise stand kein Erz über die Röhre hinaus, und ebensowenig fehlte etwas; dies erschien mir als ein wahres Wunder, als eine Einwirkung und Führung Gottes: Glücklich in meinem Herzen deckte ich immer weiter auf und fand, daß alles aufs beste gekommen war, bis ich an den rechten Fuß gelangte; da fand ich den Absatz ausgegossen, und als ich weiterging, sah ich, daß auch der Fuß selber ausgefüllt war. Hieran hatte ich einerseits eine große Freude, anderseits aber war es mir doch halb und halb unangenehm, weil ich dem Herzog gegenüber behauptet hatte, der Fuß könne nicht kommen. Als ich nun aber auch den Rest aufdeckte, da fand ich, daß die Zehen dieses Fußes nicht gekommen waren und daß auch oberhalb der Zehen ein wenig fehlte, so daß der Fuß nur etwa halb war. Obwohl mir daraus etliche Mühe entstand, so war es mir doch sehr angenehm, weil es dem Herzog zeigte, daß ich meine Sache verstand. Wenn nun viel mehr von diesem Fuß gekommen war, als ich geglaubt hatte, so war der Grund der, daß wegen der verschiedenen Zwischenfälle das Metall heißer war, als es eigentlich nach den Regeln der Kunst hätte sein sollen, und daß ich dem Guß mit dem Zusatz jener Zinnteller zu Hilfe kommen mußte, was bisher noch niemand getan hatte.

Da ich nun mein Werk so trefflich gelungen sah, ging ich sofort nach Pisa zu meinem Herzog; er sowohl wie die Herzogin bereiteten mir den allergnädigsten Empfang, und obwohl bereits ihr Haushofmeister sie von allem in Kenntnis gesetzt hatte, so erschien es doch dem Durchlauchtigen Paare viel erstaunlicher und wunderbarer, die Geschichte von mir mündlich vorgetragen zu hören. Und als ich zu dem Fuß des Perseus kam, der sich nicht angefüllt hatte, wie ich Seiner Durchlaucht vorhergesagt hatte, da sah ich ihn aufs höchste erstaunt, und er erzählte der Herzogin, was ich ihm schon früher gesagt hätte. Als ich nun sah, daß meine Herrschaft so freundlich gegen mich war, bat ich den Herzog, er möchte mich nach Rom gehen lassen. Er gab mir gnädigen Urlaub und sagte mir, ich möchte bald zurückkehren, um seinen Perseus fertig zu machen. Zugleich gab er mir Empfehlungsbriefe an seinen Gesandten Averado Serristori[3]. Dies geschah in den ersten Jahren des Papstes Julio de' Monti[4].

---

3 Er wurde von Herzog Cosimo häufig zu schwierigen Gesandtschaften benutzt; so war er 1537 bei Kaiser Karl dem Fünften.
4 Paul III. war Ende 1549 gestorben. Giovanni Maria Ciocchi del Monte Sansavino wurde als Julius III. am 22. Februar 1550 zum Papst gewählt.

ACHTUNDDREISSIGSTES KAPITEL

Benvenuto erhält einen Brief von Michelagnolo, betreffend eine Porträtbüste des Bindo Altoviti. Er geht mit des Herzogs Erlaubnis nach Rom, zu Anfang der Regierung des Papstes Julius des Dritten. Nachdem er diesem aufgewartet, besucht er den Michelagnolo, um ihn zum Dienste des Herzogs von Toskana zu bereden. Michelagnolo lehnt es ab mit der Entschuldigung, weil er bei St. Peter angestellt sei. Benvenuto kehrt nach Florenz zurück und findet eine kalte Aufnahme bei dem Herzog, woran wohl die Verleumdungen des Haushofmeisters Ursache sein mochten. Er wird mit dem Fürsten wieder ausgesöhnt, fällt aber sogleich wieder in die Ungnade der Herzogin, weil er ihr bei einem Perlenhandel nicht beisteht. Umständliche Erzählung dieser Begebenheit. Bernardone setzt es beim Herzog durch, daß dieser gegen Benvenutos Rat die Perlen für die Herzogin kauft. Diese wird Benvenutos unversöhnliche Feindin.

VOR MEINER Abreise befahl ich meinen Arbeitern nach der ihnen von mir gezeigten Art am Perseus fortzuarbeiten. Daß ich nach Rom ging, hatte folgenden Anlaß: Ich hatte dem Bindo Altoviti[1] sein lebensgroßes Brustbild aus Erz gemacht und es ihm nach Rom geschickt. Er hatte dieses Bild in sein Schreibzimmer gestellt, das mit Altertümern und anderen schönen Dingen sehr reich geschmückt war. Dieses Zimmer war aber für Bildhauerarbeiten und Gemälde nicht geeignet, denn die Fenster befanden sich unterhalb der Kunstwerke, so daß diese ein falsches Licht hatten und sich nicht so gut zeigten, wie sie es bei richtiger Beleuchtung getan haben würden. Eines Tages begab es sich, daß Bindo in seiner Tür stand, als der Bildhauer Michelagnolo Buonarroti vorbeikam. Er bat ihn, ihm die Gunst zu erzeigen und in sein Haus einzutreten, um sein Schreibzimmer zu sehen. Er führte den Künstler hinein, und als dieser das Zimmer besehen hatte, sagte er: »Wer ist denn der Meister, der Euch so gut und mit so schöner Manier abgebildet hat? Wisset, der Kopf gefällt mir, denn er ist besser als alle die Antiken hier, obwohl gute Sachen dabei sind, die sich können sehen lassen. Wären diese Fenster oberhalb angebracht anstatt unterhalb, so würde alles besser zur Geltung kommen, und Eure Büste würde unter all den schönen Sachen einen ehrenvollen Platz einnehmen.«

---

1 Bindo Altoviti (1491 bis 1556), aus einer alten Florentiner Familie, lebte als reicher Kaufherr und päpstlicher Bankier in Rom. Er war einer der standhaftesten Feinde der Medici. Cellinis Büste befindet sich jetzt im Isabella Stewart Gardner Museum Boston.

das Haupt der Medusa

Michelagnolo begab sich sofort nach Hause und schrieb mir den allerfreundlichsten Brief, der folgendermaßen lautete: »Mein Benvenuto, ich habe Euch so viele Jahre als den besten Goldschmied gekannt, von dem wir jemals gewußt haben, und nun werde ich Euch als einen ebenso trefflichen Bildhauer anerkennen müssen. Ihr möget wissen, daß Herr Bindo Altoviti mich in sein Haus führte, mir seine Erzbüste zeigte und mir sagte, sie sei von Eurer Hand. Ich hatte meine große Freude daran, doch habe ich sehr bedauert, daß sie in schlechtem Lichte stand; denn wenn sie das richtige Licht hätte, so würde sie als das schöne Werk erscheinen, das sie in Wirklichkeit ist.«

Diesen Brief voll so freundlicher Worte und so günstiger Gesinnung gegen mich hatte ich vor meiner Abreise nach Rom dem Herzog gezeigt, der ihn sehr gnädig las und mir sagte: »Benvenuto, wenn du ihm schreibst, so suche ihn doch zu bereden, daß er nach Florenz zurückkehrt. Ich würde ihn zu einem der Achtundvierzig[2] machen.«

So schrieb ich ihm denn einen sehr freundschaftlichen Brief und sagte ihm darin im Namen des Herzogs hundertmal mehr als mir aufgetragen war. Um jedoch keinen Irrtum zu begehen, zeigte ich dem Herzog den Brief, bevor ich ihn versiegelte und sagte zu Seiner Durchlaucht: »Gnädiger Herr, vielleicht habe ich ihm zuviel versprochen?« Er antwortete: »Er verdient mehr, als was du ihm versprochen hast, und ich will ihm noch mehr halten.« Auf diesen Brief hatte Michelagnolo mir niemals geantwortet, und deshalb war der Herzog sehr ärgerlich auf ihn.

Als ich nun nach Rom kam, nahm ich Wohnung im Hause des Herrn Bindo Altoviti. Er erzählte mir sofort, daß er seine Erzbüste dem Michelagnolo gezeigt, und wie sehr dieser sie gelobt hätte, und wir sprachen darüber des langen und breiten. Nun hatte Bindo zwölfhundert Goldgulden von mir in Händen, die sich mit unter den fünftausend befanden, welche er dem Herzog geliehen hatte; viertausend davon gehörten ihm, mein Geld aber ging ebenfalls unter seinem Namen, und er hatte mir die auf meinen Teil entfallenden Zinsen richtig bezahlt. Dies hatte mich veranlaßt, sein Porträt zu machen, und als Bindo das Wachsmodell desselben sah, schickte er mir durch seinen Notar Giuliano Paccalli fünfzig Goldgulden zum Geschenk. Ich wollte jedoch dieses Geld nicht nehmen, schickte es durch denselben Mann ihm zurück und sagte später zu ihm: »Mir genügt es, wenn Ihr mir mein Geld lebendig erhaltet, so daß es mir etwas einbringt.«

Nun bemerkte ich aber, daß er übel gegen mich gesinnt war. Anstatt mich

---

2 Der Senat der Achtundvierzig war bei der Verfassungsänderung von 1532 eingerichtet worden; aus ihm wurde jedes Vierteljahr der Rat der Vier gewählt, die höchste Behörde unter dem Herzog. Cosimo hatte dem Michelangelo schon früher vergeblich diese Ehre angeboten.

freundlich zu behandeln, wie er es sonst getan hatte, zeigte er sich kalt und streng, und obwohl er mich in sein Haus aufgenommen hatte, zeigte er sich mir niemals heiter, sondern immer verdrießlich. Zuletzt kamen wir aber doch mit wenig Worten überein: Ich verlor den Lohn für die Anfertigung seiner Büste und das Erz noch obendrein, und wir vereinbarten, daß er mein Geld behalten und mir dafür, so lange ich lebte, fünfzehn vom Hundert geben sollte.

Ich war sofort zum Papst gegangen, um ihm den Fuß zu küssen, und während ich mit ihm sprach, kam Herr Averardo Serristori dazu, der Gesandte unseres Herzogs. Nach dem Gespräch, das ich mit dem Papst hatte, glaubte ich, ich würde mich leicht mit ihm verständigt haben, und ich wäre gern wieder nach Rom gegangen, weil ich in Florenz so große Schwierigkeiten fand; ich bemerkte jedoch, daß der Gesandte gegen mich gearbeitet hatte. Dann besuchte ich Michelagnolo Buonarroti und wiederholte ihm, was ich in jenem Briefe von Florenz aus im Auftrag des Herzogs ihm geschrieben hatte. Er antwortete mir, er sei für den Bau von Sankt Peter verpflichtet und könne deshalb nicht fort. Ich versetzte darauf: Da er wegen des Bauplanes für die Kirche bereits schlüssig sei, so brauche er nur seinen Urbino[3] zurückzulassen, der auf das beste alle seine Anordnungen befolgen werde. Ich fügte noch viele Versprechungen im Namen des Herzogs hinzu. Plötzlich sah er mich scharf an und sagte lächelnd: »Und Ihr? Wie seid denn Ihr mit ihm zufrieden?« Obgleich ich ihm sagte, ich sei sehr zufrieden und werde sehr gut bezahlt, so ließ er doch merken, daß er meine Verdrießlichkeiten zum größten Teil kenne. Er antwortete mir aber, es werde schwer für ihn sein, von Rom fortzugehen. Ich sagte noch, er tue besser, nach seiner Vaterstadt zurückzukehren, die von dem gerechtesten Herrn regiert werde, dem größten Liebhaber der Künste, den die Welt je gesehen habe.

Wie ich vorhin erwähnte, hatte er einen Gesellen bei sich, der aus Urbino stammte. Dieser war schon viele Jahre bei ihm gewesen und hatte ihm mehr als Knecht und als Magd gedient denn auf andere Weise. Dies sah man daran, daß er von der Kunst nichts gelernt hatte. Als ich nun mit vielen guten Gründen, auf die er nichts zu erwidern wußte, den Michelagnolo in die Enge getrieben hatte, wandte er sich plötzlich zu seinem Urbino und fragte diesen, was er davon halte. Urbino sagte sofort in seiner bäurischen Weise und mit sehr rauher Stimme: »Ich werde mich niemals von meinem Herrn Michelagnolo trennen, bis entweder ich ihn schinde, oder er mich schindet.«

Über diese dummen Worte mußte ich lachen, und ohne ihm Lebewohl zu sagen, zuckte ich die Achseln, drehte mich um und ging.

---

3 Er hieß Francesco Amatori und stammte aus Castel Durante in Urbino.

Da ich nun mit Bindo Altoviti ein so schlechtes Geschäft gemacht hatte, indem ich meine eherne Büste verlor und ihm noch dazu mein Geld auf Leibrente lassen mußte, so wurde mir klar, was Treu und Glauben von Kaufleuten zu bedeuten habe. So kehrte ich denn verdrießlich wieder nach Florenz zurück. Ich ging sofort in den Palast, um den Herzog aufzusuchen; Seine Durchlaucht war aber im Castello, oberhalb Ponte a Rifredi. Ich fand im Palast den Haushofmeister, Herrn Pierfrancesco Ricci, und als ich auf ihn zutreten wollte, um ihm die hergebrachte Reverenz zu machen, rief er mit übertriebener Bewunderung: »Ach? Du bist zurückgekommen?« Dann schlug er in die Hände und sagte immer noch in sehr verwundertem Ton: »Der Herzog ist im Castello.« Damit drehte er mir den Rücken zu und ging. Ich konnte nicht begreifen, warum die Bestie sich so benahm, ging aber sofort nach dem Castello hinaus. Als ich in den Garten trat, wo der Herzog war, sah ich ihn von fern; als er mich erblickte, tat er ganz erstaunt und winkte mir zu, ich solle mich entfernen. Ich hatte erwartet, Seine Durchlaucht würde mir dieselben Freundlichkeiten erweisen, ja sogar noch größere, als vor meiner Abreise; als ich nun ein so seltsames Benehmen sah, ging ich sehr verdrießlich nach Florenz zurück und machte mich mit Fleiß an meine Arbeiten.

Ich konnte mir nun gar nicht denken, was an dem verdrießlichen Vorfall schuld sein möchte, doch fiel es mir auf, wie Herr Sforza und die übrigen Herrn aus der nächsten Umgebung des Herzogs mich ansahen. So bekam ich denn Lust, Herrn Sforza zu fragen, was dies eigentlich bedeuten sollte, er aber lächelte nur und sagte: »Benvenuto, bleibt nur immer ein braver Mann und bekümmert Euch um weiter nichts.«

Einige Tage darauf erhielt ich Gelegenheit, mit dem Herzog zu sprechen. Er sagte mir einige Freundlichkeiten, aber mit zerstreutem Wesen, und fragte mich, was man denn in Rom mache. Ich berichtete ihm, so gut ich konnte, und erzählte ihm von der Erzbüste, die ich für Bindo Altoviti gemacht hatte, und von allem, was damit zusammenhing. Ich bemerkte, daß er mir mit großer Aufmerksamkeit zuhörte, und erzählte ihm nun auch alles, was ich mit Michelagnolo Buonarroti gesprochen hatte. Hierüber war er ein wenig verdrießlich; aber als ich erzählte, was Urbino von der Schinderei gesagt hatte, da lachte er laut auf. Dann sagte er: »Es ist sein eigener Schaden!« und ich entfernte mich. Ganz gewiß hatte der Haushofmeister Herr Pierfrancesco irgend etwas Böses beim Herzog gegen mich angestiftet. Aber es gelang ihm nicht, denn Gott, der die Wahrheit liebt, beschützte mich, wie er mich denn stets bis zu meinem Alter aus so unermeßlichen Gefahren errettet hat und mich, wie ich hoffe, bis zum Ende meines wenn auch mühevollen Lebens erretten wird. So gehe ich denn, nur auf seine Kraft bauend, guten Mutes meinen Weg und lasse mich durch keine Wut des Geschickes oder widriger Gestirne schrecken, wenn mich nur Gott in seiner Gnade erhält.

Nun aber höre, freundlichster Leser, einen schrecklichen Vorfall. So eifrig wie ich nur konnte und vermochte, bemühte ich mich, mein Werk zu vollenden, abends aber ging ich zur Aufsicht in die Werkstatt des Herzogs und half den Goldschmieden, die dort für Seine Durchlaucht schufen und meistens nur nach meinen Zeichnungen arbeiteten. Und da ich sah, daß es dem Herzog viel Vergnügen machte, nicht nur bei der Arbeit zuzusehen, sondern auch mit mir zu plaudern, so hielt ich es für angebracht, auch manchmal bei Tage hinzugehen. Als ich nun wieder eines Tages in der Werkstatt war, kam der Herzog nach seiner Gewohnheit, und diesmal noch lieber, da er von meiner Anwesenheit erfahren hatte. Sofort begann er mit mir von allen möglichen artigen Dingen zu sprechen, worauf ich ihm die besten Antworten gab. Dies gefiel ihm so, daß er noch huldvoller gegen mich war, als er sich je zuvor gezeigt hatte. Plötzlich kam einer von seinen beiden Geheimschreibern und sagte Seiner Durchlaucht etwas ins Ohr, was wohl von großer Bedeutung sein mochte, denn der Herzog stand sofort auf und ging mit dem Schreiber in ein anderes Zimmer. Unterdessen hatte die Herzogin geschickt und nachsehen lassen, was Seine Durchlaucht mache. Der Page kam zurück und sagte zu ihr: »Der Herzog plaudert und lacht mit Benvenuto und ist ganz und gar bei guter Laune.« Als die Herzogin dieses hörte, kam sie sofort in die Werkstatt, und da sie den Herzog nicht fand, setzte sie sich zu uns. Nachdem sie eine Weile unserer Arbeit zugesehen hatte, wandte sie sich mit großer Huld zu mir und zeigte mir einen Schmuck von großen und wirklich sehr seltenen Perlen. Da sie mich fragte, was ich davon halte, so sagte ich ihr, der Schmuck sei sehr schön, worauf Ihre Durchlaucht folgendermaßen sprach: »Ich wünsche, daß der Herzog mir den Schmuck kauft. Darum, mein Benvenuto, lobe ihn, so sehr du nur kannst.« Hierauf sagte ich mit der größten Ehrfurcht, aber auch mit der größten Aufrichtigkeit zur Herzogin: »Gnädige Frau, ich glaubte, dieser Perlenschmuck gehöre Eurer Durchlaucht, und da verlangt die Vernunft, daß man von solchen Dingen niemals mit Tadel spricht. Da ich nun aber erfahren habe, daß die Perlen nicht Eurer Durchlaucht gehören, so darf, ja muß ich sagen, daß ich als Fachmann an diesen Perlen sehr viele Fehler wahrnehme, und daß ich deshalb Eurer Durchlaucht niemals raten möchte, sie zu kaufen.«

Sie antwortete mir: »Der Händler gibt sie mir für sechstausend Goldgulden. Wenn der Schmuck nicht einige Mängel hätte, würde er zwölftausend wert sein.« Ich antwortete ihr: »Wäre dieser Schmuck selbst von unendlicher Güte, so würde ich doch niemandem raten, mehr als fünftausend Goldgulden dafür zu geben, denn Perlen sind keine Edelsteine, sie sind Fischknochen und werden im

Laufe der Zeit geringer. Diamanten dagegen, Rubine, Smaragde und Saphire altern nicht. Diese vier Edelsteine sind Juwelen, und solche sollte man kaufen.«

Hierauf erwiderte die Herzogin ein wenig verdrießlich: »Ich habe nun aber gerade Lust auf diese Perlen und darum bitte ich dich, sie dem Herzog zu bringen und sie zu loben, so sehr du nur kannst. Und solltest du auch ein wenig zu lügen glauben, so tue dies mir zu Gefallen. Es soll dein Schaden nicht sein.«

Ich war immer ein großer Freund der Wahrheit und ein Feind des Lügens gewesen. Nun aber befand ich mich in einer Zwangslage, da ich die Huld einer so mächtigen Fürstin nicht verlieren wollte. So nahm ich denn verdrießlich die verdammten Perlen und ging mit ihnen in das Nebenzimmer, in das der Herzog sich zurückgezogen hatte. Als er mich sah, fragte er sofort: »Ei, Benvenuto, was hast du?« Ich deckte die Perlen auf und sprach: »Gnädiger Herr, ich komme Euch einen Perlenschmuck von seltenster Schönheit zu zeigen, der Eurer Durchlaucht wahrhaft würdig ist. Ich glaube, niemals sind achtzig Perlen beisammen gewesen, die so schön zu einer Schnur passen. Darum solltet Ihr sie kaufen, denn sie sind wirklich wunderbar.« Der Herzog erwiderte schnell: »Ich will sie nicht kaufen, denn sie sind nicht so schön wie du sagst. Ich habe sie bereits gesehen, und sie gefallen mir nicht.« Darauf ich: »Verzeiht mir, gnädiger Herr, diese Perlen übertreffen an unendlicher Schönheit alle anderen, die jemals zu einer Schnur aneinander gereiht waren.«

Die Herzogin war aufgestanden und an die Tür getreten und hörte alles, was ich sagte. Nachdem ich noch mehr als tausend Gründe angeführt hatte, die ich hier nicht niederschreiben mag, sagte der Herzog voller Güte zu mir: »Mein Benvenuto, ich weiß, daß du dich aufs beste darauf verstehst. Wenn diese Perlen wirklich so seltene Vorzüge hätten, wie du ihnen beilegst, so würde es mir nicht schwer fallen, sie zu kaufen, teils um der Herzogin gefällig zu sein, teils weil ich solche Sachen notwendigerweise besitzen muß, nicht nur für die Herzogin, sondern auch für meine Söhne und Töchter.«

Weil ich nun schon einmal zu lügen angefangen hatte, so log ich noch kühner weiter, indem ich jedoch immer bemüht blieb, meinen Worten einen Anstrich von Wahrheit zu geben, damit der Herzog sie mir glauben möchte. Auch verließ ich mich auf die Herzogin, daß sie mir zur rechten Zeit beistehen würde. Sie hatte mir außerdem angedeutet, daß ich mehr als zweihundert Goldgulden erhalten sollte, wenn ich den Handel zustande brächte. Ich hatte aber beschlossen, nicht einen Heller anzunehmen, und zwar schon wegen meines eigenen Vorteils, damit der Herzog nicht von mir denken möchte, ich hätte aus Habsucht gehandelt. Der Herzog fing wieder an und sagte aufs freundlichste: »Ich weiß, daß du ein trefflicher Kenner bist. Wenn du nun der Ehrenmann bist, für den ich dich immer gehalten habe, so sage mir die Wahrheit.« Da wurden mir die Augen rot und naß von Tränen, und ich sagte: »Gnädiger Herr, wenn ich Eurer Durchlaucht die Wahrheit sage, so wird die Herzogin meine Todfeindin, und ich bin genötigt, mit Gott davonzugehen, und die Ehre meines Perseus, den ich der hochedlen Schule Eurer Durchlaucht versprochen habe, wird von meinen Feinden beschimpft werden. Darum empfehle ich mich Euerer erlauchten Hoheit.«

Als der Herzog erfahren hatte, daß ich alle meine Worte gewissermaßen nur aus Zwang gesagt hatte, sprach er zu mir: »Wenn du Vertrauen zu mir hast, so mache dir weiter keine Sorgen!« Da sagte ich abermals: »Weh mir, gnädiger Herr, wie wäre es möglich, daß die Herzogin es nicht erführe?«

Er wiederholte seine Versicherung und sagte: »Sei gewiß, du hast deine Worte in einem Diamantenkästchen vergraben.« Da ich nun diese ehrenvolle Zusicherung erhalten hatte, sagte ich ihm sofort mein wahres Urteil über diese Perlen, daß sie nämlich nicht viel mehr als zweitausend Goldgulden wert seien.

Als nun die Herzogin merkte, daß wir stille wurden – denn wir sprachen so leise, wie wir nur konnten – trat sie hervor und sagte: »Mein Durchlauchtiger Herr, habet doch die Gnade, mir diese Perlenschnur zu kaufen, denn ich trage das größte Verlangen danach, und Euer Benvenuto hat gesagt, er habe niemals eine schönere gesehen.«

Der Herzog erwiderte: »Ich will sie nicht kaufen.« – »Warum, Durchlauchtiger Herr, wollt Ihr mir nicht den Gefallen tun, mir diese Perlenschnur zu kaufen?« – »Weil ich keine Lust habe, mein Geld wegzuwerfen.« – »Ei, wie würfet Ihr denn Euer Geld fort? Euer Benvenuto, zu dem Ihr mit Recht so viel Vertrauen habt, hat mir doch gesagt, der Preis des Schmuckes sei um mehr als dreitausend Goldgulden unter dem Wert.«

Da sagte der Herzog: »Signora, mein Benvenuto hat mir gesagt: wenn ich den Schmuck kaufe, werfe ich mein Geld weg. Denn diese Perlen sind weder rund noch gleichmäßig und es sind auch sehr viele alte darunter. Und das ist auch wahr. Denn sehet nur diese, sehet jene, sehet hier, sehet da! Darum sind diese Perlen nichts für mich.«

Auf diese Worte sah die Herzogin mich mit bitterböser Wut an, drohte mir mit dem Kopf und ging hinaus, so daß ich die beste Lust hatte, mit Gott davonzugehen und aus Italien zu entwischen. Da aber mein Perseus beinahe fertig war, so wollte ich doch nichts versäumen, ihn vor die Welt hinzustellen. Doch mag mir ein jeder nachfühlen, in welcher schweren Pein ich mich befand! Der Herzog hatte in meiner Gegenwart seinen Türhütern befohlen, mich stets in die Zimmer eintreten zu lassen, in denen Seine Durchlaucht sich befänden. Die Herzogin aber hatte denselben Leuten befohlen, mich hinauszujagen, wenn ich in den Palast käme, und so oft ich nun ankam, wiesen sie mich hinaus, sobald sie mich sahen. Dabei nahmen sie sich aber wohl in acht, daß der Herzog es nicht bemerkte. Denn sobald er mich früher sah als jene Elenden, rief er mich an oder winkte mir zu, daß ich eintreten möchte.

Die Herzogin aber rief jenen Bernardone, über dessen Spitzbüberei und gemeine Schlechtigkeit sie sich gegen mich so bitter beklagt hatte, und legte ihm den Handel ans Herz, so wie sie es mir getan hatte. Er sagte zu ihr: »Gnädige Frau, laßt mich nur machen!« Der Spitzbube trat mit der Perlenschnur in der Hand vor den Herzog, der zu ihm, sowie er ihn erblickte, sagte, er solle sich hinausscheren. Der Schurke aber sagte mit seiner plärrenden Stimme, die ihm durch seine Eselsnase drang: »Oh, gnädiger Herr, kauft doch diese Schnur Eurer armen gnädigen Frau, die vor Verlangen danach umkommt und ohne diese Perlen nicht mehr leben kann!« Er redete noch so viele andere alberne Worte, bis der Herzog dessen überdrüssig wurde und zu ihm sagte: »Nun pack dich aber, sonst kriegst du eine dicke Backe!« Der Lumpenhund wußte ganz genau, was er tat, und daß er, wenn er wirklich durch eine herzogliche Ohrfeige eine dicke Backe bekam, den Herzog dahin bringen würde, den Schmuck zu kaufen, wodurch er die Huld der Herzogin gewann und außerdem eine Maklergebühr, die sich auf mehrere hundert Goldgulden belief. Darum wählte er die dicke Backe. Der Herzog gab ihm etliche Maulschellen auf seine häßlichen Backen und sagte ihm etwas lauter, als er sonst zu sprechen pflegte, er solle sich hinausscheren. Er traf ihn so tüchtig, daß die häßlichen Backen feuerrot wurden und daß die Tränen darüber hinweg rannen. Da hub er an zu jammern: »Ach, gnädiger Herr, ich bin Euer getreuer Diener, der nur das Beste will und gerne alles Ungemach erträgt, wenn nur unsere arme gnädigste Herzogin zufrieden ist.«

Dadurch wurde der unangenehme Mensch dem Herzog überaus lästig, und teils wegen der Ohrfeigen, teils wegen seiner Liebe zur Herzogin, deren Wünsche er stets nach Möglichkeit erfüllte, rief Seine Durchlaucht plötzlich: »Mach, daß du hinauskommst und hole dich der Henker! Schließ den Handel ab. Ich bin mit allem zufrieden, was die Herzogin wünscht.«

Hier sieht man nun die Wut eines bösen Geschickes gegen einen armen Mann und wie die Glücksgöttin schnöderweise einen Elenden begünstigt! Ich verlor völlig die Gnade der Herzogin und dadurch später auch die des Herzogs. Er aber gewann den fetten Maklerlohn und ihre Huld. Es genügt eben nicht, ein ehrlicher Mann und guter Künstler zu sein.

NEUNUNDDREISSIGSTES KAPITEL
1552 – 1554

Der Herzog fängt mit den Bewohnern von Siena Krieg an. Benvenuto wird mit anderen zur Ausbesserung der florentinischen Festungswerke angestellt. Wortstreit zwischen ihm und dem Herzog über die beste Befestigungsart. Cellinis Händel mit einem lombardischen Hauptmann, der ihm unhöflich begegnet. Entdeckung einiger Altertümer in Erz in der Gegend von Arezzo. Die verstümmelten Figuren werden von Benvenuto wiederhergestellt. Er arbeitet in des Herzogs Zimmern daran, wobei er Hindernisse von seiten der Herzogin findet. Seltsamer Auftritt zwischen ihm und ihrer Hoheit. Er versagt ihr die Gefälligkeit, einige Figuren von Erz in ihrem Zimmer aufzustellen, wodurch das Verhältnis zwischen beiden verschlimmert wird. Verdruß mit Bernardo, dem Goldschmied. Der Verfasser vollendet seine berühmte Statue des Perseus; sie wird auf dem Platze aufgestellt und erhält großen Beifall. Besonders der Herzog ist sehr zufrieden damit. Benvenuto wird von dem Vizekönig nach Sizilien berufen, will aber des Herzogs Dienste nicht verlassen. Sehr vergnügt über die gelungene Arbeit, unternimmt er eine Wallfahrt von wenigen Tagen nach Vallombrosa und Camaldoli.

UM DIESE Zeit erhob sich der Krieg mit Siena[1]. Der Herzog beschloß, Florenz zu befestigen und verteilte die Tore unter seine Bildhauer und Baumeister. Mir fiel dabei das Pratotor zu und das kleine Tor am Arno, an der Wiese, wo es nach den Mühlen geht. Ritter Bandinello erhielt das Tor San Frediano; Pasqualino von Ancona das Tor San Pier Gattolini; Giuliano di Baccio d' Agnolo, der Zimmermeister, das Tor San Giorgio; Particino, der Zimmermeister, das Tor San Niccolò. Der Bildhauer Francesco von San Gallo, Margolla genannt, erhielt das Tor beim Kreuz, und Giovambiattista, Tasso genannt, das Pintitor. Andere Schanzen und Tore wurden verschiedenen Ingenieuren übergeben, deren ich mich nicht mehr erinnere, und die auch mit meiner Geschichte nichts zu tun haben.

---

[1] Siena hatte die spanische (sogenannte kaiserliche) Besatzung vertrieben und ein vom König von Frankreich unter Piero Strozzi entsandtes Hilfskorps in seine Mauern aufgenommen. Cosimo befürchtete mit gutem Grunde einen Angriff auf Florenz und kam diesem zuvor, indem er den Krieg eröffnete, nachdem er sich von Kaiser Karl dem Fünften hatte versprechen lassen, daß bei günstigem Ausgang des Unternehmens Siena und dessen Gebiet (das an Umfang ungefähr dem von Florenz gleichkam) ihm zufallen sollte. Nach mehrjährigem, heldenmütigstem Widerstande fiel Siena, und durch die Vereinigung von Florenz und Siena entstand Toscana, als dessen Gebieter Cosimo sich vom Papst den Titel Granduca, Großherzog, verleihen ließ.

Der Herzog, der wirklich immer ein Mann von großer Einsicht war, machte selber die Runde um seine Stadt. Und als Seine Durchlaucht alles wohl geprüft und seinen Entschluß gefaßt hatte, da rief er seinen Zahlmeister Lattanzio Gorini. Da nun dieser Lattanzio sich auch ein wenig mit dieser Kunst abgab, so ließ der Herzog ihn zeichnen, wie er die Tore befestigt haben wollte, und schickte dann einem jeden von uns die Zeichnungen für sein Tor zu. Als ich nun die Zeichnung sah, die mich anging, fand ich, daß sie durchaus nicht der Vernunft entsprach, sondern im Gegenteil sehr unrichtig war. Darum ging ich sofort mit dieser Zeichnung zu meinem Herzog, um ihm die Mängel derselben zu zeigen.

Kaum hatte ich zu sprechen begonnen, so wandte der Herzog sich wütend zu mir und rief: »Benvenuto, wenn es sich darum handelt, wie man Figuren schafft, so will ich deiner Einsicht nachgeben. Aber in diesem Fache verlange ich, daß du der meinigen nachgebest. Richte dich also nach der Zeichnung, die ich dir gegeben habe.«

Auf diese Worte erwiderte ich so gelinde, wie ich nur konnte: »Mein gnädiger Herr, auch in bezug auf die Kunst, schöne Figuren zu schaffen, habe ich von Eurer Durchlauchtigen Hoheit gelernt, indem wir immer ein bißchen darüber disputiert haben. Darum bitte ich auch über diese Befestigung Eurer Stadt, die viel wichtiger ist als das Figurenmachen, mich allergnädigst anzuhören. Denn im Gespräch mit Eurer Durchlaucht kann ich am besten auseinandersetzen, auf welche Art ich Euch zu dienen gedenke.«

Infolge dieser meiner höflichen Worte begann der Herzog in gnädiger Weise mit mir zu disputieren, und als ich mit lebhaften und klaren Gründen dargetan hatte, daß die Befestigung in der Art, wie er sie aufgezeichnet habe, nicht gut sei, sagte der Herzog zu mir: »So geh und mache selber eine Zeichnung. Ich will dann sehen, ob sie mir gefällt.«

So machte ich denn zwei Zeichnungen, wie die beiden Tore nach den Regeln der Kunst befestigt werden müßten, und brachte sie ihm. Der Herzog aber, der recht wohl das Wahre vom Falschen zu unterscheiden wußte, sagte freundlich zu mir: »Geh nur und mache es auf deine Art. Ich bin damit zufrieden.« So machte ich mich denn mit großem Eifer ans Werk.

Die Wache am Pratotore hatte ein lombardischer Hauptmann, ein Mann von schrecklicher, starker Gestalt und von recht gemeiner Sprechweise, außerdem anmaßend und äußerst unwissend. Dieser Mann fragte mich sogleich, was ich wollte. Ich zeigte ihm freundlich meine Zeichnungen und gab mir die allergrößte Mühe, ihm begreiflich zu machen, wie ich es haben wollte. Die dumme Bestie schüttelte bald den Kopf, bald wandte er sich hierhin und dorthin, trat von einem Bein auf das andere, strich sich seinen riesengroßen Schnurrbart und zog sich alle Augenblicke seine Mütze über die Augen. Dabei sagte er fortwährend: »Hol's der Geier! Ich verstehe von deinen Geschichten nichts.«

Schließlich wurde ich der Bestie überdrüssig und sagte zu ihm: »So laß denn mich es machen, der ich's verstehe.«

Zugleich drehte ich ihm den Rücken zu, um an mein Geschäft zu gehen. Der Mann aber machte ein drohendes Gesicht, legte die linke Hand an den Degengriff, zog die Klinge ein wenig heraus und sagte: »Holla, Meister, du willst wohl, daß ich mich im Ernst mit dir schlage?«

Nun wurde ich aber auch wütend. Im größten Zorne drehte ich mich herum und sagte: »Es wird mir weniger Arbeit machen, mit dir zu fechten, als diese Schanze zu bauen und dieses Tor zu befestigen.« Im Nu hatten wir beide die Hand an den Degen, und wir würden auch wirklich blank gezogen haben, wenn nicht sofort eine Menge wackerer Leute, teils Florentiner Bürger, teils Hofkavaliere, sich dazwischen geworfen hätten. Die meisten von diesen schalten ihn aus und sagten ihm, er habe unrecht. Ich sei der Mann, es mit ihm aufzunehmen. Wenn aber der Herzog davon erfahre, werde es ihm übel ergehen. So ging er denn an seine Geschäfte, ich aber begann meine Schanze zu bauen.

Nachdem ich die nötigen Weisungen erteilt hatte, ging ich nach dem anderen kleinen Tor am Arno. Dort fand ich einen Hauptmann aus Cesena, den artigsten Edelmann, den ich jemals unter Soldaten getroffen habe. Er sah aus wie ein hübsches Mädchen, war aber, wenn es galt, einer der tapfersten Männer und ein ganz mörderischer Fechter. Dieser wackere Mann beobachtete meine Anordnungen so genau, daß ich mich oft darüber verwunderte. Er wünschte alles zu verstehen, und ich erklärte es ihm bereitwillig. Genug, wir verkehrten auf das freundlichste miteinander, so daß ich diese Schanze viel besser als die andern zustande brachte.

Als ich mit meinen Schanzen fertig war, hatte ein Streifzug der Leute des Piero Strozzi die Landschaft von Prato so in Schrecken gesetzt, daß alle Bauern ihre Habe aufluden und auf ihren beladenen Karren ihr ganzes Gut in die Stadt fuhren. Es war eine unendliche Menge Karren, so daß einer den andern berührte. Als ich nun solche Unordnung sah, sagte ich den Torwächtern, sie sollten acht geben, daß an ihrem Tore nicht ein Unfall geschähe, wie in Turin, wo man im Augenblick der Not das Fallgatter nicht brauchen konnte, weil es über einem solchen Karren schwebte und von diesem in die Höhe gehalten wurde. Als der Hauptmann, die dicke Bestie, meine Worte hörte, fuhr er mich mit Schimpfreden an, und ich erwiderte ihm in gleichem Tone, so daß es beinahe schlimmer geworden wäre als beim ersten Male. Wir wurden jedoch getrennt. Als ich nun meine Schanzen fertig hatte, erhielt ich unerwarteterweise etliche Goldgulden[2], die mir recht gut zustatten kamen. Ich wandte mich nun mit Lust der Beendigung meines Perseus zu.

In jenen Tagen waren etliche Altertümer in der Gegend von Arezzo gefunden worden, darunter auch die Chimära, jener eherne Löwe, den man in einem der Zimmer in der Nähe des großen Saales des Palastes noch sehen kann[3]. Zugleich mit dieser Chimära waren eine Menge kleiner Statuen, ebenfalls von Erz, gefunden worden. Diese waren mit Erde und Rost bedeckt, und einer jeden fehlte entweder der Kopf oder die Hände oder die Füße. Der Herzog hatte sein Vergnügen daran, sie selber mit Goldschmiedsmeißelchen zu putzen. Als ich mich nun eines Tages mit Seiner Durchlaucht unterhielt, reichte er mir ein Hämmerchen, mit welchem ich auf die Meißelchen schlug, die der Herzog in der Hand hielt, so daß die Figürchen von Erde und Rost befreit wurden. So vergingen etliche Abende. Hierauf veranlaßte der Herzog mich, die fehlenden Glieder an den Bildern zu ergänzen, und da Seine Durchlaucht an diesen Sächelchen so übergroße Freude fand, so ließ er mich auch am Tage daran arbeiten, und wenn meine Ankunft sich verzögerte, so schickte er nach mir. Ich gab dem Herzog öfters zu verstehen, daß ich mich dadurch von meinem Tagewerk am Perseus ablenkte, und daß hieraus allerlei Unannehmlichkeiten entstehen könnten. Am meisten befürchtete ich, daß Seine Durchlaucht meines Werkes überdrüssig werden möchte, wenn ich so lange Zeit daran arbeitete. So geschah es denn auch später. Außerdem hatte ich mehrere Gesellen, und wenn ich nicht da war, so verdarben sie mir meine Arbeit und faulenzten, soviel sie nur konnten.

Infolge meiner Vorstellungen begnügte denn auch der Herzog sich damit, daß ich nur nach Sonnenuntergang käme. Seine Durchlaucht war so überaus freundlich zu mir geworden, daß er mich immer huldvoller empfing, wenn ich abends zu ihm kam.

In jenen Tagen wurden die neuen Zimmer nach der Löwengasse zu gebaut, und der Herzog hatte sich, um sich ungestört zurückziehen zu können, in diesem neuen Teil des Palastes eine kleine Wohnung einrichten lassen. Mir aber hatte er befohlen, durch seine Werkstatt zu gehen. Infolgedessen ging ich heimlich über den Balkon des großen Saales und gelangte durch einige Schlupflöcher zu seinem geheimen Gemach. Dieses Weges beraubte mich jedoch die Herzogin schon nach wenigen Tagen, indem sie alle Zugänge abschließen ließ, so daß ich jeden Abend, wenn ich in den Palast kam, eine gute Weile zu warten

---

2 Auf Beschluß der »Acht« erhielten die bei den Befestigungswerken beschäftigten Künstler und Baumeister jeder monatlich zehn Dukaten Honorar.
3 Jetzt im Museo Archeologico zu Florenz.

hatte, weil die Herzogin sich in ihren Vorzimmern aufhielt, durch die ich hindurch mußte. Und da sie nicht wohl war, so kam ich niemals, ohne sie zu stören. Deswegen und aus den anderen schon erwähnten Gründen war sie so erbost auf mich, daß sie meinen Anblick nicht ertragen konnte. Obwohl mir dies alles sehr lästig und verdrießlich war, ging ich doch geduldig auch weiterhin in den Palast. Der Herzog hatte besondere Weisungen gegeben, und so wie ich an die Tür klopfte, wurde mir aufgemacht und man ließ mich überall eintreten, ohne ein Wort zu sagen. Nun kam es zuweilen vor, daß ich leise und unerwartet in geheime Zimmer eintrat und die Herzogin bei ihrer Bequemlichkeit fand. Da fuhr sie mich dann jedesmal mit so wütendem Zorne an, daß ich ganz entsetzt war. Fortwährend sagte sie zu mir: »Wann wirst du denn einmal mit dem Ausbessern dieser kleinen Figuren fertig sein? Dein Kommen ist mir über alle Maßen lästig!« Ich antwortete hierauf in aller Ruhe: »Gnädige Frau, meine einzige Gebieterin! Ich wünsche nichts anderes, als Euch mit Treue und äußerstem Gehorsam zu dienen. Da die Arbeiten, die der Herzog mir anbefohlen hat, noch viele Monate dauern werden, so möge Eure Durchlaucht mir sagen, wenn Sie nicht will, daß ich hierher kommen soll. Dann werde ich unter keinen Umständen mehr kommen, es rufe mich, wer will. Selbst wenn der Herzog mich ruft, werde ich sagen, ich sei unwohl. Jedenfalls werde ich unter keinen Umständen mehr hierher kommen.« Hierauf antwortete sie: »Ich sage nicht, daß du nicht hierher kommen sollst, und ich sage nicht, daß du dem Herzog nicht gehorchen sollst. Aber mir scheint, deine Arbeiten nehmen auch gar kein Ende.«

Ob nun der Herzog hiervon etwas gehört haben mochte, oder ob irgendein anderer Grund war, genug, wenn es nahe an vierundzwanzig Uhr war, schickte der Herzog wieder zu mir und ließ mich rufen und jedesmal sagte sein Bote: »Unterlaß aber ja nicht zu kommen, der Herzog erwartet dich.« So ging es immer mit denselben Schwierigkeiten mehrere Abende hintereinander. Als ich aber eines Abends wie gewöhnlich hereintrat, da mochte wohl der Herzog mit seiner Gemahlin von geheimen Dingen sprechen, denn er wandte sich plötzlich ganz wütend nach mir um; wie ich jedoch einigermaßen erschrocken mich zurückziehen wollte, sagte er schnell: »Tritt ein, mein Benvenuto, und geh an deine Arbeit. Ich werde gleich zu dir kommen.« Während ich durch das Zimmer ging, zupfte mich Prinz Grazia[4], ein Knabe von wenigen Jahren, am Mantel und trieb mit mir die artigsten Possen, wie ein solches Kind sie nur machen kann; darüber erstaunte der Herzog sehr und sagte: »Ei, welch eine anmutige Freundschaft haben doch meine Kinder zu dir!«

---

4 Populäre Form für Garzia. Der Prinz war damals sechs Jahre alt und der dritte von vier Söhnen Cosimos.

Während ich nun an jenen Kleinigkeiten arbeitete, waren der Erbprinz[5] und Don Giovanni und Don Arnando und Don Grazia den ganzen Abend um mich herum und piekten mich, ohne daß der Herzog es sah. Ich bat sie, sie möchten doch ruhig sein. Sie antworteten: »Das können wir nicht.« Drauf ich: »Was man nicht kann, das will man auch nicht; also marsch mit euch!« Darüber lachten der Herzog und die Herzogin plötzlich laut auf.

An einem anderen Abend, als ich die vier kleinen ehernen Figuren fertig hatte, die am Sockel angebracht sind, nämlich Jupiter, Merkur, Minerva und Danae, die Mutter der Perseus, mit ihrem kleinen Perseus zu Füßen, ließ ich sie in das Zimmer bringen, worin ich abends arbeitete und stellte sie ein wenig höher als das Auge in einer Reihe auf, so daß sie sehr schön anzusehen waren. Der Herzog hatte davon gehört und kam ziemlich viel früher als für gewöhnlich, und da die Person, die ihm berichtet hatte, diese Statuen weit höher gepriesen hatte als sie verdienten, und gesagt hatte, sie seien besser als die Werke der Alten, und dergleichen Dinge mehr, so kam der Herzog mit der Herzogin und sprach mit froher Erwartung von meiner Arbeit; ich aber stand sogleich auf und ging ihm entgegen. Er hob mit seinem schönen herzoglichen Anstand die rechte Hand hoch, worin er eine über alle Maßen große und schöne Birne hielt, und sagte: »Da nimm, mein Benvenuto, bringe diese Birne in den Garten deines Hauses.« Ich antwortete fröhlich: »O mein gnädiger Herr, sagt Eure Durchlaucht wirklich, ich solle sie in den Garten *meines* Hauses bringen?« Der Herzog sagte abermals: »In den Garten des Hauses, das dein ist – hast du mich verstanden?« Da dankte ich Seiner Durchlaucht und desgleichen der Herzogin mit den besten Zeremonien, die ich nur zu machen wußte. Hierauf setzten sie sich beide den Figuren gegenüber und sprachen mehr als zwei Stunden lang von nichts anderem als von den schönen Figuren, so daß schließlich die Herzogin ein übermäßiges Verlangen danach empfand und zu mir sagte: »Ich will nicht, daß diese Figuren am Sockel drunten auf dem Platz verloren gehen, wo sie in Gefahr wären, beschädigt zu werden; vielmehr sollst du sie mir in einem meiner Zimmer anbringen, wo sie in allen Ehren gehalten werden sollen, wie ihre seltene Trefflichkeit es verdient.«

Ich trat ihren Gründen mit unendlich vielen Worten entgegen; da ich aber sah, daß sie entschlossen war, ich sollte sie nicht an dem Sockel anbringen, woran sie sich jetzt befinden, erwartete ich den andern Tag und ging um zweiundzwanzig Uhr in den Palast. Ich fand, daß der Herzog und die Herzogin ausgeritten waren und ließ die Figuren hinuntertragen. Den Sockel hatte ich

---

[5] Don Francesco, geboren 1541, war der älteste Sohn Cosimos; Giovanni war zehn, Ferdinando (Arnando) vier Jahre alt.

bereits in Ordnung gebracht, und so lötete ich die Figuren sofort an wie sie bleiben sollten. Als aber die Herzogin dies hörte, oh, da geriet sie in eine solche Wut, daß es mir sehr übel gegangen wäre, wenn nicht der Herzog gewesen wäre, der mir edel zu Hilfe kam. Zu ihrem Grimm wegen der Perlenschnur und wegen dieses neuen Anlasses bearbeitete sie den Herzog so lange, bis er seine Belustigung mit den antiken Bildern aufgab. Infolgedessen ging ich nicht mehr in den Palast, denn ich fand jetzt wieder dieselben Schwierigkeiten wie früher, wenn ich hineinwollte.

Ich schlug nun meine Wohnung in der Loggia auf, wohin ich den Perseus schon hatte bringen lassen, und arbeitete an der Vollendung meines Werkes unter den schon genannten Schwierigkeiten, das heißt, ohne Geld und gegen so viele andere Hindernisse, daß die Hälfte von ihnen einen Mann in einer Diamantenrüstung entmutigt haben würde. Als ich eines Morgens in San Piero Scheraggio die Messe gehört hatte, trat der dicke Bernardo mir entgegen, der Juwelenmakler, Goldschmiedepfuschmeister und durch die Gnade des Herzogs Vorsteher der Münze war. Kaum war er vor der Kirchentür, so ließ das schmutzige Schwein vier Fürze fahren, die man bis nach San Miniato gehört haben muß. Da sagte ich zu ihm: »Oh du Schwein, du feiger Esel, ist das der Klang deiner schmutzigen Kunst?« und lief nach einem Stock. Er flüchtete schnell in die Münze hinein, ich aber stellte mich hinter meine Tür und ließ meinen Lehrburschen draußen warten, um mir ein Zeichen zu geben, sobald das Schwein die Münze verließe. Nachdem ich lange gewartet hatte, wurde ich der Sache überdrüssig; mein Zorn hatte sich inzwischen ein wenig gelegt und ich bedachte, daß man Prügel zu geben nicht verpflichtet ist, daß anderseits aus dem Handel allerlei Verdrießlichkeiten entstehen konnten. Darum beschloß ich, mich auf eine andere Weise zu rächen. Die Geschichte war ein oder zwei Tage vor dem Feste unseres San Giovanni vorgefallen; darum machte ich nun vier Verse und schlug sie im Winkel der Kirche an, wo man die große und kleine Notdurft verrichtet. Und die Verse lauteten folgendermaßen:

> Hier liegt der dicke Bernhard, welch ein Hohn,
> Dieb, Esel, wüstes Schwein, voll von Betrug –
> Der all die schlechten Gaben übertrug
> Auf dieses Schaf Buaccio, seinen Sohn.

Der Vorfall und die Verse wurden im ganzen Palast bekannt, und der Herzog und die Herzogin lachten darüber. Bevor aber der dicke Bernardo es merkte, waren sehr viele Leute stehen geblieben und erhoben ein unendliches Gelächter darüber. Da sie nun dabei nach der Münze hinübersahen und nach dem dicken Bernardo ausblickten, so wurde sein Sohn, Meister Baccio[6], es gewahr und riß sofort in großem Zorn den Zettel herunter. Er biß sich in den Finger und drohte mir mit seiner Eselsstimme, die er durch die Nase trompetet; mit einem Wort, er benahm sich sehr tapfer.

Als der Herzog vernahm, daß mein ganzer Perseus sich bereits als fertig könne sehen lassen, kam er eines Tages, ihn zu besichtigen und bekundete durch viele deutliche Zeichen, daß ihn das Werk in hohem Maße befriedigte; er wandte sich zu verschiedenen Edelleuten, die bei ihm waren, und sagte: »So schön uns auch dieses Werk erscheint, so muß es doch auch dem Volke gefallen; darum, mein Benvenuto, möchte ich, daß du aus Gefälligkeit gegen mich, bevor du die letzte Hand anlegst, die Vorderwand nach meinem Platz hinaus auf einen halben Tag ein wenig öffnest, um zu sehen, was das Volk dazu sagt; denn ohne Zweifel ist es ein Unterschied, ob man das Bildwerk in solcher Enge oder auf freiem Platze sieht.«

Hierauf antwortete ich in aller Demut Seiner Durchlaucht: »Gnädiger Herr, Ihr sollt sehen, es wird sich um die Hälfte besser ausnehmen. Ei, erinnert sich denn Eure Durchlaucht nicht, es in dem Garten meines Hauses gesehen zu haben, wo es sich in dem weiten Raum so gut ausnahm, daß sogar Bandinello in den Garten der Unschuldigen kam, es zu sehen, und daß er trotz seiner bösen Natur gezwungen war, Gutes davon zu reden – er, der sein Leben lang von keinem Menschen Gutes gesagt hat? Ich fürchte, Durchlauchtiger Herr, Ihr trauet ihm zu sehr.«

Zu diesen meinen Worten lächelte der Herzog etwas verdrießlich, doch sagte er sehr freundlich: »Tu es, mein Benvenuto, nur um mir einen kleinen Gefallen zu tun.«

Als er fort war, begann ich meine Vorbereitungen zu treffen, um die Statue aufzudecken. Weil aber noch ein wenig Gold fehlte und etwas Firnis und andere solche Sächelchen, die zum Fertigmachen eines derartigen Werkes gehören, so brummte ich verdrießlich vor mich hin und verwünschte traurig den verfluchten Tag, der schuld daran war, daß ich nach Florenz ging. Denn nun sah ich wohl den sehr bedeutenden Verlust, den ich mir zugezogen hatte, indem ich Frankreich verließ; was ich aber Gutes von meinem Herrn in Florenz erwarten sollte, das sah und wußte ich nicht; denn vom Anfang bis zur Mitte und bis zum Ende war alles, was ich getan hatte, zu meinem großen Schaden ausgeschlagen. In solcher unzufriedenen Stimmung deckte ich am nächsten Tage das Bildwerk auf. Nun aber gefiel es Gott, daß sich, sobald man

---

6 Er war Arzt und hielt auch Vorlesungen an der Universität zu Pisa. Später war er Bibliothekar der Laurenziana und Leibarzt des Großherzogs Cosimo.

es sah, ein unmäßiges Geschrei zum Lob des Werkes erhob, wodurch ich mich einigermaßen getröstet fühlte. Die Leute hefteten beständig Sonette an die Tür, die dadurch ein festliches Aussehen gewann, während ich an der Vollendung des Werkes arbeitete. Und an dem Tage, an welchem die Tür mehrere Stunden offen blieb, wurden mehr als zwanzig Sonette angeheftet, die alle meine Arbeit über alle Maßen priesen. Als ich später die Türe wieder verschloß, wurden jeden Tag viele neue Sonette sowie lateinische und griechische Verse angeheftet; denn gerade in jenen Tagen waren Ferien der Hochschule zu Pisa, und alle trefflichen Gelehrten und Studenten bemühten sich um die Wette. Am meisten aber erfreute es mich und gab mir Hoffnung auf den Erfolg meines Werkes beim Herzog, daß auch die von der Kunst, Maler sowohl wie Bildhauer, wetteiferten, wer das Beste davon sagen könnte. Besonders schätzte ich das Lob des trefflichen Malers Jacopo von Pontormo[7], und noch höher das des ausgezeichneten Malers Bronzino[8], dem es nicht genügte, mehrere Gedichte anheften zu lassen, sondern der mir auch noch durch seinen Sandrino Gedichte in mein Haus schickte, worin er mir auf seine schöne und eigenartige Weise so viel Gutes sagte, daß es ein rechter Trost für mich war. Ich hatte also das Werk wieder zugedeckt und arbeitete mit Eifer an dessen Vollendung.

Als mein Herzog erfuhr, welche große Gunst mir unsere ausgezeichnete Schule bei dieser Besichtigung erzeigt hatte, sagte er: »Ich freue mich sehr, daß Benvenuto diese kleine Befriedigung gehabt hat, denn diese wird ihn veranlassen, um so schneller und eifriger das erwünschte Ziel zu erreichen; aber er denke nur nicht, daß die Leute ebenso urteilen werden, wenn das Bildwerk ganz aufgedeckt ist und man es von allen Seiten betrachten kann; sondern es werden dann alle Fehler aufgedeckt werden, die daran sind, und es werden noch viele hinzugetan werden, die nicht daran sind. Er möge sich also mit Geduld wappnen.«

Eigentlich waren dieses Worte, die Bandinello dem Herzog gesagt hatte; er hatte ihm nämlich als Beispiel die Werke des Andrea del Verrocchio[9] angeführt, der den schönen Christus und San Tommaso aus Erz machte, die man an der Fassade von Or San Michele sieht; er nannte noch viele andere Werke, sogar den wunderbaren David des göttlichen Michelagnolo Buonarroti, von dem er behauptete, daß er sich nur von vorne gesehen gut ausnähme; endlich sprach er von seinem Herkules und Cacus und von den unzähligen schändlichen Sonetten, die man an dieses Werk angeheftet hätte, und schimpfte auf das

---

7 Jacopo Carrucci, genannt Pontormo (1494 bis 1556/57).
8 Agnolo di Cosimo di Mariano, genannt Bronzino (1505 bis 1572), Schüler Pontormos.
9 Andrea de' Cioni, genannt Andrea del Verrocchio (1435 bis 1488), Maler und Bildhauer, Lehrer Leonardo da Vincis.

mehr Licht!

Volk. Mein Herzog, der viel auf seine Meinung gab, hatte ihn zu diesen Reden veranlaßt; er glaubte auch wirklich, es werde nicht viel anders kommen, denn der neidische Bandinello hörte nicht auf Übles zu reden. Als eines Tages auch der schurkische Makler Bernardone dabei war, sagte er zum Herzog, um Bandinellos Worte zu bestätigen: »Wisset, gnädiger Herr, solch große Figuren zu machen, das ist 'ne andere Suppe als mit dem kleinen Zeug! Ich will ja nichts sagen, die kleinen Figuren hat er ja ganz gut gemacht, aber Ihr werdet sehen, mit der großen glückt es ihm nicht.« Unter diese hämischen Worte mischte er nach seiner Spionenart noch andere Geschichten und einen Haufen von Lügen obendrein.

Wie es aber nun meinem glorreichen Herrn und unsterblichen Gott gefiel, vollendete ich mein Werk und machte es an einem Donnerstagmorgen ganz frei. Sofort – es war noch nicht einmal klarer Tag – versammelte sich eine unzählige Menge Volkes, und alle wetteiferten, Gutes von meinem Werke zu sagen. Der Herzog saß unten im Palast an einem Fenster über der Tür und hörte, halb verborgen, alles mit an, was über meine Arbeit gesagt wurde. Nachdem er mehrere Stunden zugehört hatte, stand er fröhlich und zufrieden auf und sagte zu seinem Herrn Sforza: »Geh zu Benvenuto, Sforza, und sage ihm von mir, er habe mich mehr befriedigt als ich erwartet habe, und sage ihm, ich werde auch ihn zufriedenstellen, daß er sich verwundern solle; sag ihm also, er solle guten Mutes sein.«

Herr Sforza überbrachte mir diese ehrenvollen Worte, die für mich ein wahres Labsal waren. Ich brachte diesen Tag sehr vergnügt zu, sowohl wegen dieser guten Nachricht, als auch, weil die Leute mit Fingern auf mich wiesen und mich diesem und jenem als etwas ganz Neues und Wunderbares zeigten. Unter anderen waren da zwei Edelleute, die vom Vizekönig von Sizilien in Geschäften zu unserem Herzog geschickt waren. Als ich diesen beiden freundlichen Herren auf dem Platze gezeigt wurde, liefen sie mir eilig nach, redeten mich an und hielten mit den Mützen in der Hand eine so umständliche Ansprache an mich, daß sie für einen Papst zuviel gewesen wäre. Ich demütigte mich, so sehr ich konnte, aber sie machten solch ein Wesen um mich herum, daß ich sie schließlich bat, um Gottes willen mit mir den Platz zu verlassen, denn die Leute standen still und sahen mich schärfer an als meinen Perseus selber. Bei allen diesen Ehrenbezeigungen waren sie so kühn, daß sie mich ersuchten, nach Sizilien zu gehen; sie würden mit mir einen Vertrag schließen, womit ich zufrieden sein sollte. Sie sagten, Bruder Giovanagnolo von den Serviten habe ihnen einen Brunnen mit vielen Figuren gemacht; diese seien aber nicht von solcher Vortrefflichkeit wie die des Perseus, und doch sei er dadurch reich geworden. Ich ließ sie nicht alles ausreden, was sie mir noch sagen wollten, sondern antwortete ihnen: »Ich wundere mich sehr über Euch, daß Ihr von mir verlangt, einen so großen Fürsten zu verlassen, der die Kunst mehr liebt als irgendein anderer Fürst, der je geboren wurde; und ich wundere mich um so mehr, da ich doch in meinem Vaterlande bin, das die Schule aller größten Künste ist. Ei, hätte ich Lust nach großem Gewinn gehabt, so konnte ich in Frankreich bleiben im Dienste des großen Königs Franz, der mir tausend Goldgulden für meinen Unterhalt gab und mir außerdem die Arbeit für alle meine Werke bezahlte, so daß ich jedes Jahr mehr als viertausend Goldgulden gewann; trotzdem habe ich in Paris den Lohn für vierjährige Arbeit zurückgelassen.«

Mit diesen und ähnlichen Worten machte ich den Komplimenten ein Ende, indem ich ihnen für das hohe Lob dankte, das sie mir gespendet hätten und das der schönste Lohn für einen strebenden Künstler wäre; sie hätten meine Lust, etwas Gutes zu schaffen, so vermehrt, daß ich in kurzen Jahren imstande zu sein hoffte, ein anderes Werk zu zeigen, das der bewunderungswürdigen Florentiner Schule noch viel mehr gefallen sollte. Die beiden Edelleute hätten gerne den Faden der Komplimente doch wieder angeknüpft; ich aber zog die Mütze, machte eine tiefe Verbeugung und sagte ihnen Lebewohl.

So ließ ich zwei Tage vorbeigehen und als ich sah, daß das große Lob immer zunahm, beschloß ich, mich vor meinem Herrn Herzog zu zeigen. Er sagte mit großer Freundlichkeit zu mir: »Benvenuto, du hast mich vollkommen zufriedengestellt; aber ich verspreche dir auch, daß ich dich auf eine Weise zufriedenstellen werde, über die du dich verwundern sollst; ja noch mehr, der morgende Tag soll nicht vorübergehen.«

Als ich diese herrlichen Versprechungen hörte, wandte ich sogleich alle Kräfte meiner Seele und meines Leibes in *einem* Augenblick zu Gott und dankte ihm aufrichtig; zugleich wandte ich mich zu meinem Herzog, küßte ihm das Kleid und sprach zu ihm, während mir vor Freude die Tränen in den Augen standen: »Oh mein glorreicher Herr, freigebigster Liebhaber aller Künste und Beschützer der Künstler, die sie ausüben! Ich bitte Eure Durchlauchtigste Hoheit, mir gnädigst zuvor acht Tage Urlaub zu geben, damit ich Gott danken kann. Denn ich weiß wohl, wie übermäßig meine Arbeit war, und ich erkenne, daß mein Vertrauen Gott bewogen hat, mir zu helfen. Deswegen und weil er mir so manchen anderen wunderbaren Beistand gewährt hat, will ich acht Tage lang auf die Pilgerschaft gehen und immer meinem unsterblichen Gott danken, der stets dem hilft, der ihn aufrichtig anruft.«

Der Herzog fragte mich, wohin ich gehen wolle. Ich antwortete: »Morgen früh gehe ich fort und wandere nach Vallombrosa, von dort nach Camaldoli und nach der Einsiedelei, dann weiter nach den Bädern der heiligen Maria und vielleicht bis nach Sestile, weil ich höre, daß dort schöne Altertümer seien. Dann werde ich mich nach San Francesco della Vernia wenden und so werde ich unter beständigem Danke gegen Gott zufrieden zurückkehren, um Euch zu dienen.«

Sogleich sagte der Herzog heiter: »Geh und komm wieder! Wahrlich, so gefällst du mir. Aber laß mir zwei Verse zur Erinnerung zurück; im übrigen lasse mich nur machen.«

Ich ging nach Hause und machte sofort vier Verse, in denen ich Seiner Durchlaucht dankte; diese gab ich Herrn Sforza, der sie dem Herzog in meinem Namen überreichte. Er nahm sie ihm ab, gab sie dem Herrn Sforza zurück und sagte: »Lege sie mir jeden Tag vor; denn wenn Benvenuto zurückkäme und seine Sache nicht ausgefertigt fände, so würde er mich umbringen, glaube ich.« Und lachend sagte der Herzog noch einmal, er solle ihn erinnern.

Diese bedeutsamen Worte sagte mir Herr Sforza am selben Abend; er lachte dabei und verwunderte sich über die große Gunst, die der Herzog mir erweise, und sagte freundlich zu mir: »Geh, Benvenuto, und komm bald wieder! Fürwahr, ich beneide dich.«

VIERZIGSTES KAPITEL
1554–1556

*Benvenuto begegnet auf seinem Wege einem alten Alchemisten von Bagno,
der ihm von einigen Gold- und Silberminen Kenntnis gibt
und ihn mit einer Karte von seiner eigenen Hand beschenkt, worauf
ein gefährlicher Paß vermerkt ist, durch welchen die Feinde
in des Herzogs Land kommen könnten. Er kehrt damit zum Herzog zurück,
der ihn wegen seines Eifers höchlich lobt. Differenz zwischen ihm
und dem Herzog wegen des Preises des Perseus.
Man überläßt es der Entscheidung des Girolimo Albizzi, welcher die Sache
keineswegs zu Benvenutos Zufriedenheit vollbringt.
Neues Mißverständnis zwischen ihm und dem Herzog, welches
Bandinello und die Herzogin vermitteln sollen.
Der Herzog wünscht, daß er halberhabene Arbeiten in Erz für den
Chor von Santa Maria del Fiore unternehmen möge.
Nach wenig Unterhaltungen gibt der Herzog diesen Vorsatz auf.
Benvenuto erbietet sich, zwei Pulte für den Chor
zu machen und sie mit halberhabenen Figuren in Erz auszuzieren.
Der Herzog billigt den Vorschlag.*

IN GOTTES Namen ging ich von Florenz fort, auf der ganzen Reise immer zu Gottes Ruhm und Ehre Psalmen und Gebete singend. Meine Wanderung bereitete mir die größte Lust, denn es war die allerschönste Sommerszeit, und das Land, wo ich noch nie gewesen war, erschien mir so schön, daß ich erstaunt und recht zufrieden war.

Als Führer war ein junger Gesell aus meiner Werkstatt mit mir gegangen; er hieß Cesare und war aus Bagno. Ich wurde von seinem Vater und von seinem ganzen Hause mit größter Liebe aufgenommen.

Unter seinen Verwandten war auch ein alter Mann von mehr als siebzig Jahren, ein sehr freundlicher Greis; er war Cesares Oheim, von Beruf Arzt und Chirurgus und gab sich auch ein wenig mit Alchemie ab. Dieser gute Mann zeigte mir, daß in der Nähe von Bagno Minen von Gold und Silber seien; er zeigte mir sehr viele schöne Dinge in jener Gegend, woran ich das allergrößte Vergnügen hatte. Als er nun mit mir vertraut geworden war, sagte er eines Tages zu mir: »Ich will doch nicht versäumen, Euch einen Gedanken zu sagen, der, wie ich glaube, von großem Nutzen sein könnte, wenn Seine Durchlaucht darauf hören wollte: nämlich in der Gegend von Camaldoli ist ein so verborgener Paß, daß Piero Strozzi[1] ihn nicht nur in aller Sicherheit überschreiten, sondern daß er auch Poppi ohne jeden Widerstand wegnehmen könnte.«

Er erklärte mir die Sache nicht nur mit Worten, sondern zog auch aus der Tasche ein Blatt hervor, worauf der gute Alte die ganze Gegend so genau aufgezeichnet hatte, daß man die große Gefahr sehr wohl sehen und aufs deutlichste erkennen konnte. Ich nahm die Zeichnung, ging sofort von Bagno weg und kehrte, so schnell ich konnte, über Prato Magno und San Francesco della Vernia nach Florenz zurück. Dort ging ich, ohne weiteren Aufenthalt, als daß ich die Stiefel auszog, in den Palast. Bei der Abtei begegnete ich meinem Herzog, der eben vom Palast des Podestà zurückkam; er grüßte mich auf das freundlichste, aber auch ein wenig verwundert, als er mich sah, und sagte: »Ei, warum bist du denn so schnell wiedergekommen? Ich erwartete dich nicht vor acht Tagen.« Ich antwortete: »Eurer Durchlauchtigen Hoheit zu dienen, bin ich zurückgekommen, denn gerne wäre ich noch etliche Tage in jener herrlichen Gegend herumgewandert.« – »Was bringst du denn Gutes?« fragte der Herzog. – »Gnädiger Herr, ich muß Euch Sachen von großer Bedeutung sagen und zeigen.«

So ging er denn mit mir nach dem Palast und führte mich in ein geheimes Zimmer, wo wir allein waren. Ich sagte ihm alles und zeigte ihm die kleine Zeichnung, worüber er mir seine Zufriedenheit bekundete. Als ich hierauf Seiner Durchlaucht sagte, einer so wichtigen Sache müsse schnell abgeholfen werden, dachte der Herzog eine Weile nach, dann sagte er: »Wisse, wir stehen mit dem Herzog von Urbino[2] im Einvernehmen, und dieser hat dafür zu sorgen. Aber behalte dies für dich.« Er erwies mir noch große Zeichen seiner Huld, und ich ging nach Hause.

Als ich mich am nächsten Tage sehen ließ, sagte der Herzog nach einem kurzen Gespräch recht freundlich zu mir: »Morgen will ich ganz gewiß deine Sache ausfertigen; so sei nun guten Mutes!« Ich hielt es nun für ganz sicher und wartete mit großem Verlangen auf den nächsten Tag. Als der ersehnte gekommen war, ging ich nach dem Palast. Wie es nun üblich ist, daß einem schlechte Nachrichten immer schneller hinterbracht werden als gute, so rief mich der Geheimschreiber Seiner Durchlaucht, Jacopo Guidi[3], mit seinem herabgezogenen Munde und mit seiner hochmütigen Stimme an. Ganz in sich selber zurückgezogen, stocksteif, wie wenn er einen Pfahl verschluckt hätte, redete er mich folgendermaßen an: »Der Herzog sagt, er wolle von dir wissen, was du für

---

1 Strozzi lagerte damals mit einer ziemlich bedeutenden Streitmacht in der Gegend von Arezzo.
2 Guidobaldo della Rovere.
3 Er stammte aus Volterra, war ein Freund Bandinellos und schon deshalb sicherlich Benvenutos Feind.

deinen Perseus verlangst.« Ich war erstaunt und erschrocken und antwortete sofort, es sei meine Art nicht, einen Preis für meine Mühe zu heischen. Dies stimme nicht zu dem, was Seine Durchlaucht mir vor zwei Tagen versprochen habe. Sogleich schrie der Mensch mit noch lauterer Stimme mich an, er befehle mir ausdrücklich im Namen des Herzogs zu sagen, was ich verlange, bei Strafe völliger Ungnade Seiner Durchlauchtigen Hoheit.

Ich hatte wegen der großen Freundlichkeit, die der Herzog mir erzeigt hatte, nicht nur einen Gewinn erwartet, sondern ich hatte noch viel mehr gehofft, die volle Huld des Herzogs gewonnen zu haben; denn ich hatte für mich niemals mehr verlangt als diese. Nun brachte mich dieses unerwartete Betragen in Wut, besonders da mir die Botschaft von dieser giftigen Kröte ausgerichtet wurde, und ich rief: »Wenn der Herzog mir zehntausend Goldgulden[4] gäbe, würde er mir mein Werk nicht bezahlen, und wenn ich jemals geglaubt hätte, so behandelt zu werden, so wäre ich nicht geblieben.«

Hierauf sagte mir der ekelhafte Mensch eine Menge beleidigender Worte, die ich mit gleichen erwiderte. Als ich am Tage darauf dem Herzog meine Aufwartung machte, winkte Seine Durchlaucht mich heran; ich ging zu ihm, und er rief voller Zorn: »Städte und große Paläste baut man um zehntausend Dukaten.«

Ich antwortete, Seine Durchlaucht werde unzählige Menschen finden, die für ihn Städte und Paläste zu bauen wüßten; den Perseus zu machen, fände er aber vielleicht auf der ganzen Welt keinen einzigen. Und ohne weiter ein Wort zu sagen, ging ich hinaus.

Wenige Tage darauf ließ die Herzogin mich holen und sagte mir, ich möchte meinen Streit mit dem Herzog ihr überlassen; sie schmeichele sich, die Sache so machen zu können, daß ich zufrieden sein werde. Auf die gütigen Worte antwortete ich: »Ich habe für meine Mühe niemals besseren Lohn verlangt als die Huld des Herzogs und diese hat Seine Durchlaucht mir versprochen; ich brauche auch Eure Hoheiten nicht daran zu erinnern, daß ich von den ersten Tagen an, da ich Euch zu dienen begann, mich Euch vollkommen gewidmet habe. Falls Seine Durchlaucht mir für meine Mühe auch nur ein Gnadenzeichen gäbe, das fünf Heller wert wäre, so würde ich glücklich und zufrieden sein, wenn nur meine Herrschaft mir nicht ihre Gnade entzieht.«

Auf diese meine Worte antwortete die Herzogin mit einem Lächeln: »Benvenuto, du würdest am besten tun, wenn du tätest, was ich dir sage.« Damit

---

4 Diese Forderung war von Cellini offenbar sehr ernst gemeint, denn in einem Brief an Guidi verlangte er 5000 Goldgulden in bar und ebensoviel in unbeweglichen Gütern und dergleichen. In seinem Rechnungsbuch belastete er unter dem 27. April 1554 den Herzog Cosimo mit 10 000 Goldgulden »per mia fattura dell' opera del Perseo«.

wandte sie mir den Rücken und ging weg. Ich glaubte mein Bestes zu tun, indem ich so demütige Worte brauchte. Denn, obgleich sie ein wenig erzürnt auf mich war, so hatte sie doch eine gewisse Art des Handelns an sich, die recht gut war. Es begab sich aber, daß es für mich zum Bösen ausschlug. Ich war zu jener Zeit sehr vertraut mit Girolimo degli Albizi, dem Kommissar der herzoglichen Truppen. Eines Tages sagte dieser zu mir: »O Benvenuto, es wäre doch gut, die kleine Meinungsverschiedenheit beizulegen, die du mit dem Herzog hast. Wenn du nur Vertrauen zu mir hättest, so würde ich mich getrauen, sie beizulegen, denn ich weiß wohl, was ich sage. Sollte der Herzog ernstlich böse werden, so würde es dir sehr übel ergehen. Dies möge dir genügen. Ich kann dir nicht alles sagen.«

Nun war mir nach meiner Unterredung mit der Herzogin bereits von einem, der vielleicht üble Absichten damit hatte, gesagt worden, er habe gehört, daß der Herzog bei irgendeiner Gelegenheit gesagt habe, ich würde ja für weniger als zwei Heller den Perseus wegwerfen und damit würde der ganze Streit beendigt sein. Darum hatte ich auf die Herzogin Verdacht und so sagte ich denn zu Girolimo, ich wollte ihm alles überlassen und mit dem, was er täte, aufs beste zufrieden sein, wenn ich nur in der Gnade des Herzogs bliebe. Nun verstand sich dieser Ehrenmann trefflich auf die Soldatenkunst, besonders auf die Anführung leichter Truppen, die aus lauter rohen Menschen bestehen, aber an der Kunst der Bildhauerei hatte er kein Vergnügen und verstand darum auch nichts davon. So sagte er denn in seinem Gespräch mit dem Herzog: »Gnädiger Herr, Benvenuto hat mir seine Sache anheimgestellt und mich gebeten, ihn Eurer Durchlauchtigen Hoheit zu empfehlen.« Der Herzog erwiderte: »Auch ich will es Euch anheimstellen und mit Eurem Urteil völlig zufrieden sein.« So setzte denn nun Girolimo ein Schreiben auf, das sehr gut verfaßt war und sehr zu meinen Gunsten sprach und entschied dahin, der Herzog solle mir dreitausendfünfhundert Goldgulden in Gold reichen lassen. Diese Summe genüge zwar nicht als Preis für ein so schönes Werk, gewähre mir aber doch einigermaßen meinen Unterhalt. Es genüge, wenn ich mich damit zufrieden gebe. Es waren noch viele andere Worte hinzugesetzt, die sich alle auf die Feststellung dieses Preises bezogen.

Diese Abmachungen unterschrieb der Herzog ebenso gerne, wie ich damit unzufrieden war. Als die Herzogin es erfuhr, sagte sie: »Es wäre viel besser für den armen Mann gewesen, hätte er sich auf mich verlassen. Denn ich hätte ihm fünftausend Goldgulden verschafft.« Und als ich eines Tages in den Palast gegangen war, sagte die Herzogin mir dieselben Worte in Gegenwart des Herrn Alamanno Salviati. Sie lachte mich aus, indem sie bemerkte, es geschehe mir ganz recht, wenn mich Unglück treffe.

Der Herzog befahl, mir jeden Monat hundert Goldgulden in Gold auszuzahlen, bis die ganze Summe beglichen wäre. Dies geschah auch einige Monate lang. Dann aber begann Herr Antonio de' Nobili, dem dieser Auftrag erteilt worden war, mir fünfzig zu zahlen und später gab er mir manchmal fünfundzwanzig und manchmal gar nichts. Als ich sah, wie die Sache in die Länge gezogen wurde, sprach ich freundschaftlich mit dem Herrn Antonio und bat ihn, mir doch den Grund zu nennen, warum er mir nicht weiter zahle. Er antwortete mir auch recht gütig, doch schien er mir in seinem Bescheide ein wenig zu weit zu gehen, denn er sagte mir, er setze die Zahlung an mich nicht fort, weil die herzogliche Hofhaltung allzu knapp bei Gelde sei; aber er versprach mir, er würde mich bezahlen, sobald Gelder eingingen. Hierüber mag urteilen, wer etwas davon versteht. Zum Schluß sagte er noch: »Oh weh mir! Wenn ich dich nicht bezahlte, wäre ich ein großer Schuft!«

Ich wunderte mich, ein solches Wort von ihm zu hören und daß er mir auf solche Art versprach, mich zu bezahlen, sobald er könnte. Es erfolgte aber gerade das Gegenteil, und da ich mich so hingehalten sah, wurde ich böse auf ihn und sagte ihm viele kühne und zornige Worte und erinnerte ihn an alles, was er mir gesagt hatte. Unterdessen starb er, und ich habe heute noch fünfhundert Goldgulden zu bekommen, da wir nahe am Ende des Jahres 1566 sind[5].

Auch hatte ich noch einen Rest von meinem Gehalt zu bekommen, und ich glaubte schon, man dächte nicht mehr daran, ihn mir zu bezahlen, weil schon ungefähr drei Jahre verflossen waren. Aber der Herzog fiel in eine gefährliche Krankheit, so daß er achtundvierzig Stunden lang nicht sein Wasser lassen konnte. Als er nun sah, daß die Mittel der Ärzte ihm nicht halfen, da wandte er sich vielleicht zu Gott, und bestimmte, daß ein jeder sein Rückständiges erhalten sollte. So erhielt denn auch ich mein Geld, aber der Rest für den Perseus wurde mir nicht bezahlt.

Eigentlich hatte ich halb und halb beschlossen, von meinem unglücklichen Perseus nichts mehr zu sagen. Aber ein besonders merkwürdiger Umstand zwingt mich um ein Weniges zurückzugehen und den Faden wieder anzuknüpfen. Ich dachte mein Bestes zu tun, als ich der Herzogin sagte, ich könne nicht weiter entgegenkommen, als es in meiner Macht stehe, da ich bereits dem Herzog gesagt habe, ich werde mit allem zufrieden sein, was Seine Durchlaucht mir geben wolle. Dies sagte ich in der Absicht, mich wieder einigermaßen in Gunst zu setzen, und mit meiner demütigen Haltung suchte ich durch jedes geeignete Mittel den Herzog etwas zu besänftigen. Denn wenige Tage bevor der Vergleich durch Albizi zustande kam, hatte der Herzog sich mir sehr

---

5 Indessen erhielt Cellini kurz vor Ablauf des Jahres von diesem Rest 200 Goldgulden ausbezahlt.

Cellini macht der Chimäre Beine

ungnädig bezeigt. Als ich mich nämlich bei Seiner Durchlaucht über bitteres Unrecht beklagte, das mir Herr Alfonso Quistello, Herr Jacopo Polverino, der Fiskal, und vor allen anderen Herrn Giovanbatista Brandini von Volterra angetan hatten, und dabei meine Sache auf eine etwas leidenschaftliche Weise vertrat, da geriet der Herzog in den allergrößten Zorn und sagte in seiner Wut zu mir: »Es ist derselbe Fall wie bei deinem Perseus, für den du zehntausend Goldgulden verlangt hast. Du bist zu sehr auf deinen Vorteil bedacht. Ich dagegen will das Bildwerk schätzen lassen und dir soviel geben, wie man für recht befindet.« Hierauf antwortete ich sofort ein wenig zu kühn und halb im Zorn, wie es sich großen Herren gegenüber nicht schickt: »Wie wäre es denn möglich, daß mein Werk nach seinem Preise geschätzt würde, da doch heute in Florenz kein Mensch ist, der es machen könnte?« Da wurde die Wut des Herzogs noch größer, und er sagte mir viele zornige Worte, unter anderem auch folgende: »In Florenz ist heute ein Mann, der auch ein solches Werk zu schaffen weiß, und der daher am besten urteilen kann.« Er meinte damit Bandinello, den Ritter von St. Jakob. Darauf versetzte ich: »Durchlauchtiger gnädiger Herr, Ihr habt mir Gelegenheit gegeben, in der größten Schule der Welt ein großes und schwieriges Werk zu vollenden, das mir mehr gelobt worden ist als irgendeins, das jemals in dieser göttlichen Schule enthüllt worden ist. Und am meisten hat es mir geschmeichelt, daß ausgezeichnete Männer, die die Kunst verstehen und sie selber üben, mir ihren Beifall gaben. So hat zum Beispiel der Maler Bronzino sich bemüht und vier Sonette auf mich gemacht, worin er die auserlesensten, herrlichsten Worte sagte. Und dieser wunderbare Mann gab vielleicht Anlaß, daß die ganze Stadt in eine so große Bewegung geriet. Und wahrlich, ich sage Euch, wenn dieser Mann sich mit der Bildhauerei abgeben wollte wie mit der Malerei, so möchte er freilich wohl ein solches Werk schaffen können. Ferner sage ich Eurer Durchlaucht, daß mein Meister Michelagnolo Buonarroti wohl ein solches Werk geschaffen hätte, als er noch jünger war, doch hätte er dabei nicht weniger Anstrengungen gehabt, als ich selber. Nun aber, da er sehr alt ist,[6] würde ihm ein solches Werk ganz gewiß nicht gelingen. Und darum glaube ich nicht, daß in unseren Tagen ein Mensch bekannt ist, der eine solche Arbeit ausführen könnte. Nun hat mein Werk den höchsten Lohn erhalten, den ich auf dieser Welt wünschen könnte, besonders, da Eure Durchlaucht sich so befriedigt erklärte und mein Werk noch mehr lobte als irgendein anderer Mensch. Welchen größeren und ehrenvolleren Lohn könnte man wohl wünschen! Ich erkläre, Eure Durchlaucht könnte mir nicht mit einer ehrenvolleren Münze zahlen, denn gewiß kann

---

6 Michelangelo, geboren 1475, war 1555 achtzig Jahre alt.

kein Schatz auf der Welt sich mit diesem vergleichen. So bin ich denn überreich bezahlt und danke Eurer Durchlaucht von ganzem Herzen.« Hierauf antwortete der Herzog: »Im Gegenteil, du denkst, ich sei nicht reich genug, deine Arbeit zu bezahlen. Ich aber sage dir, ich werde dir mehr dafür bezahlen als sie wert ist.«

Ich erwiderte: »Ich bildete mir nicht ein, daß ich eine andere Belohnung von Eurer Durchlaucht erhalten würde, und ich erkläre, daß ich mit der, die die Schule mir gezollt hat, aufs vollständigste bezahlt bin. Und damit will ich auf der Stelle mit Gott fortgehen und niemals wieder das Haus betreten, das Eure Durchlauchtige Hoheit mir schenkte, und will niemals mehr daran denken, Florenz wiederzusehen.«

Wir waren gerade bei Santa Felicita, denn Seine Durchlaucht ging nach dem Palast zurück. Auf meine heftigen Worte wandte der Herzog sich schnell in großem Zorn um und sagte: »Geh nicht fort! Hüte dich wohl, fortzugehen!«

Halb erschrocken begleitete ich ihn nach dem Palast. Dort rief er den Erzbischof von Pisa, Bartolini, und Herrn Pandolfo della Stufa und befahl ihnen, dem Baccio Bandinello in seinem Namen zu sagen, er möge sich meinen Perseus genau ansehen und ihn schätzen, denn der Herzog wolle mir den rechten Preis bezahlen. Die beiden ehrlichen Männer suchten sofort Bandinello auf und richteten ihren Auftrag aus. Er aber sagte ihnen, er habe das Werk ganz genau betrachtet und wisse sehr gut, was es wert sei. Da er aber mit mir wegen anderer vergangener Dinge in Streit liege, so wolle er sich durchaus nicht in meine Angelegenheiten einmischen. Hierauf fuhren die beiden Edelleute fort und sagten: »Der Herzog hat uns gesagt, er befehle Euch bei Strafe seiner Ungnade, den Preis anzugeben. Begehrt Ihr aber zwei oder drei Tage zur reiflichen Überlegung, so nehmet Euch diese Zeit und sagt uns dann, welchen Lohn nach Eurer Meinung die Arbeit verdient.« Nun antwortete er, er habe das Werk ganz genau betrachtet, und da er dem Befehl des Herzogs nicht ungehorsam sein könne, so erkläre er, es sei ein sehr reiches und schönes Werk, das nach seiner Meinung sechzehntausend Goldgulden und mehr wert sei. Die guten Edelleute berichteten dieses sofort dem Herzog, der darob in argen Zorn geriet. Sie sagten es auch mir, worauf ich ihnen erwiderte, ich wolle unter keinen Umständen das Lob des Bandinello annehmen, sintemalen dieser böse Mensch von jedermann nur Übles spreche. Diese meine Worte wurden dem Herzog berichtet, und deshalb wünschte die Herzogin, daß ich diese Sache ihr überlassen sollte. Dies alles ist die reine Wahrheit. Genug, ich hätte besser getan, den Schiedsspruch von der Herzogin machen zu lassen, dann wäre ich in kurzem bezahlt gewesen und hätte einen besseren Preis erhalten.

Der Herzog ließ mir durch seinen Auditor, Herrn Lelio Torello sagen, er wünsche, daß ich gewisse Darstellungen in halberhabener Arbeit von Erz rings um den Chor von Santa Maria del Fiore verfertige. Weil aber dieser Chor ein Unternehmen des Bandinello war, so wollte ich seine Pfuscharbeiten nicht durch meine Mühen bereichern. Zwar war dieser Chor nicht nach seiner Zeichnung gemacht, denn er verstand auf der Welt nichts von Architektur. Die Zeichnung war vielmehr von Giuliano di Baccio d'Agnolo, dem Zimmermann, der die Kuppel verdarb[7]. Genug, es ist nicht die mindeste Kunst daran. Aus diesen beiden Gründen wollte ich die Arbeit durchaus nicht übernehmen, obwohl ich dem Herzog immer auf das höflichste versicherte, ich werde alles tun, was Seine Durchlaucht mir befehle. Nun trug der Herzog den Werkmeistern von Santa Maria del Fiore auf, sie sollten sich mit mir einigen. Seine Durchlaucht würde mir nur meine Besoldung von zweihundert Goldgulden im Jahre geben, und alle anderen Ausgaben sollten die Werkmeister aus der Baukasse bestreiten. So erschien ich denn vor den Werkmeistern, die mir den vom Herzog erhaltenen Befehl bekanntgaben. Da ich nun glaubte, ihnen ganz sicher meine Gründe vortragen zu können, so wies ich ihnen nach, daß diese ganzen Darstellungen in Erz sehr viel Geld kosten würden, das völlig weggeworfen wäre. Ich nannte ihnen alle meine Gründe, die sie aufs beste begriffen. Vor allen Dingen sei die Anordnung des Chores ganz fehlerhaft. Er sei ohne die geringste Vernunft entworfen und man sehe daran weder Kunst noch Bequemlichkeit, weder Anmut noch richtige Zeichnung. Zweitens würden diese Darstellungen so niedrig angebracht werden, daß sie unter dem Auge blieben. Sie würden von Hunden bepißt und immer voll von allem möglichen Unrat sein. Aus diesen Gründen wolle ich die Arbeiten durchaus nicht machen. Denn ich wolle nicht gerne den Rest meiner besten Jahre wegwerfen, ohne dabei Seiner Durchlaucht einen Dienst zu leisten, dem ich doch so herzlich gerne zu dienen wünsche. Wolle indessen Seine Durchlaucht meine Mühe in Anspruch nehmen, so möge sie mich die Mitteltür von Santa Maria del Fiore machen lassen. Dieses Werk werde gesehen werden und darum Seiner Durchlauchtigen Hoheit zu viel größerem Ruhme gereichen. Ich wolle mich durch einen Vertrag verpflichten, daß ich nichts für meine Arbeit erhalten solle, wenn sie nicht schöner ausfalle als die schönste von den Türen von San Giovanni. Wenn ich sie aber nach meinem Versprechen ausführe, so wolle ich zufrieden sein, daß man sie schätzen lasse, und man solle mir dann tausend Goldgulden weniger geben als sie von Kunstverständigen werde geschätzt werden.

---

7 Ein Irrtum Benvenutos. Nicht Giuliano, sondern der Vater Baccio war es, der das Geländer entwarf, das um die Kuppel herumlaufen sollte. Auf Michelangelos entrüsteten Einspruch wurde die Arbeit eingestellt. – Die Arbeiten Giulianos im Chor wurden 1841 bei Restaurierungsarbeiten entfernt.

Den Werkmeistern gefiel mein Vorschlag sehr und sie gingen zum Herzog, um mit ihm darüber zu reden – unter anderen auch Piero Salviati – und glaubten damit dem Fürsten etwas sehr Angenehmes zu sagen. Es war aber gerade das Gegenteil der Fall, denn er sagte, ich wolle nur immer gerade das nicht tun, was er von mir wünsche. So ging denn Herr Piero vom Herzog fort, ohne daß es zu einem Schluß gekommen wäre.

Als ich dies hörte, suchte ich sofort den Herzog auf, der sich ziemlich ungnädig gegen mich zeigte. Ich bat ihn, er möchte geruhen, mich anzuhören, und er versprach mir dies. So trug ich ihm denn die Sache von Anfang an vor und wies ihm mit vielen guten Gründen die Richtigkeit meiner Behauptung nach, indem ich ihm zeigte, daß eine große Ausgabe nur würde fortgeworfen sein. So gelang es mir, ihn mit meinen Worten zu besänftigen. Dann fuhr ich fort: wenn es Seiner Durchlaucht nicht gefalle, daß diese Tür gemacht werde, so sei es eine Notwendigkeit, in jenem Chor zwei Kanzeln anzubringen. Dies würden zwei große Werke sein, die Seiner Durchlaucht zum Ruhm gereichen würden. Ich wolle daran eine Menge Darstellungen in halberhabener Arbeit von Erz mit vielen Zieraten anbringen. So erweichte ich ihn denn und er trug mir auf, die Modelle zu machen. Ich verfertigte mehrere Modelle mit der äußersten Anstrengung, unter anderen eins mit acht Flächen, worauf ich mehr Fleiß verwandte als auf die anderen. Dieses schien mir viel bequemer zu dem Dienste zu sein, für den es bestimmt war. Nachdem ich meine Modelle mehrere Male in den Palast getragen hatte, ließ mir der Herzog durch seinen Kämmerer Cesare sagen, ich möchte sie da lassen. Nachdem nun der Herzog sie besichtigt hatte, bemerkte ich, daß Seine Durchlaucht das weniger schöne ausgewählt hatte. Als eines Tages der Herzog mich rufen ließ, sprachen wir über die Modelle, und ich wies ihm mit vielen Gründen nach, daß das achtseitige sich am besten zu dem Dienste schicke und am schönsten anzusehen sei. Der Herzog antwortete mir, er wünsche die Arbeit in *einer* Fläche zu haben, denn auf diese Weise gefalle sie ihm viel besser. Hierüber sprach er lange auf sehr freundliche Weise mit mir. Ich unterließ nicht, alles zu sagen, was ich zur Verteidigung der Kunst vorbringen konnte. Ob nun der Herzog wohl einsah, daß ich recht hatte, es aber doch auf seine Weise gemacht haben wollte, das weiß ich nicht. Genug, es verging eine lange Zeit, ohne daß mir etwas darüber gesagt wurde [8].

---

8   Um diese Arbeiten hatte Benvenuto sich schon früher bemüht; denn bereits 1549 schreibt Bandinelli in einem Brief, Cellini rühme sich, mehr als die Hälfte der Arbeiten am Chor erhalten zu haben; die Chorschranken im Dom sind sämtlich von Bandinelli.

EINUNDVIERZIGSTES KAPITEL
1559

Streit zwischen Benvenuto und Bandinello, wer die Statue des Neptuns aus einem großen vorrätigen Stück Marmor machen solle. Die Herzogin begünstigt Bandinello; aber Benvenuto bewegt durch eine kluge Vorstellung den Herzog zur Erklärung, daß der die Arbeit haben solle, der das beste Modell mache. Benvenutos Modell wird vorgezogen, und Bandinello stirbt vor Verdruß. Durch die Ungunst der Herzogin erhält Ammannato den Marmor. Seltsamer Kontrakt Benvenutos mit einem Viehhändler mit Namen Sbietta. Das Weib dieses Mannes bringt Benvenuto Gift bei, und er wird mit Mühe gerettet. Benvenuto wird während seiner Krankheit, welche sechs Monate dauert, bei Hofe von Ammannato verdrängt.

ZU JENER ZEIT[1] war der große Marmorblock für den Neptun auf dem Arno herbeigebracht und dann auf der Grieve[2] auf den Weg nach Poggio a Caiano geschafft worden, um ihn auf der ebenen Straße besser nach Florenz bringen zu können. Ich ging, ihn zu besehen, und obwohl ich bestimmt wußte, daß die Herzogin ihn aus besonderer Huld dem Ritter Bandinello verschafft hatte, so jammerte mich doch der arme unglückliche Marmor, nicht etwa daß ich auf den Bandinello neidisch gewesen wäre. Denke nur aber

---

1 Nachdem Benvenuto im vorigen Kapitel Ereignisse des Jahres 1556 behandelt hat, wendet er sich plötzlich zum Jahre 1559, überspringt also die beiden Jahre 1557 und 1558. Nicht ohne guten Grund. Er verschweigt, daß er in diesen Jahren zweimal im Gefängnis war. An anderen Stellen seiner Schriften und in mehreren Gedichten schreibt er diese Leiden den Nachstellungen und Verleumdungen seiner Feinde zu. In einem seiner Sonette sagt er:

> Zwei Monde bin ich voll Verzweiflung hier.
> Die einen sagen: wegen Ganymedes –
> Die anderen: weil ich zu kühn gesprochen.

Aus Dokumenten der Geheimen Archive geht hervor: Die erste Strafe erlitt Benvenuto, weil er aus Rachsucht einen Goldschmied Lorenzo auf offener Straße durch vier Hiebe mit einem Knüppel schwer verletzt hatte. Nach kurzer Haft wurde er entlassen, mußte aber 300 Goldgulden als Buße zahlen und 1000 Goldgulden als Sicherheit hinterlegen. Die zweite Strafe wurde ihm wegen Päderastie zuerkannt. Er wurde durch Spruch der »Acht« zu vier Jahren Gefängnis verurteilt. Nachdem er sein Laster bekannt hatte, wurde durch Milde des Großherzogs die Strafe in Hausarrest umgewandelt und später ganz aufgehoben.

Übrigens hatte Benvenuto schon 1523 wegen des gleichen Vergehens Strafe erlitten und auch in Rom und Paris deswegen Schwierigkeiten gehabt. Die Heiterkeit des Herzogs und seiner Kavaliere bei jenem vorher erwähnten komischen Auftritt mit Bandinelli hatte also wohl ihren Hauptgrund darin, daß Cellinis Laster allgemein bekannt, Bandinellis – allerdings ja sehr überflüssige – Anschuldigung also an sich vollkommen begründet war. Gerade dadurch erhielt Benvenutos schlagfertiger Witz etwas besonders Pikantes.

2 Ein kleiner Irrtum Benvenutos. Nicht die Grieve, sondern der Ombrone fließt bei Poggio a Caiano vorbei.

niemand, irgendeine Sache, die unter der Herrschaft eines bösen Geschickes liegt, vom offenbaren Bösen zu erretten! Es wird ihm geschehen, daß sie einem viel Schlimmeren verfällt, wie es denn auch diesem Marmor erging, daß er dem Bartolomeo Ammannato in die Hände fiel, wie ich an seinem Orte wahrheitsgetreu erzählen werde. Als ich nun den herrlichen Marmor gesehen hatte, nahm ich sogleich das Maß seiner Höhe und Dicke nach allen Seiten, kehrte nach Florenz zurück und machte mehrere zweckmäßige kleine Modelle. Dann ging ich nach Poggio a Caiano, wo der Herzog und die Herzogin mit dem Erbprinzen sich aufhielten. Ich fand sie alle bei Tische; der Herzog aber und die Herzogin speisten allein, weshalb ich mich mit dem Prinzen unterhielt. Nachdem ich eine gute Weile mit ihm gesprochen hatte, hörte mich der Herzog, der in einem Nebenzimmer war, und ließ mich mit großer Huld rufen. Als ich nun vor die hohen Herrschaften kam, begann die Herzogin mit vielen freundlichen Worten zu mir zu sprechen, und ich leitete nach und nach das Gespräch auf den herrlichen Marmor, den ich gesehen hätte, und sagte, wie ihre Vorfahren die edle Florentiner Schule nur dadurch so trefflich gemacht hätten, daß sie alle Künstler miteinander hätten wetteifern lassen. Auf diese Weise seien die wunderbare Kuppel und die allerschönsten Türen von San Giovanni, seien so viele andere Tempel fertig geworden, die ihrer Stadt die Krone der Kunst aufgesetzt hätten, so daß sie von den Alten an bis auf jetzt ihresgleichen nicht gefunden hätte. Sogleich sagte die Herzogin mir verdrießlich, sie wisse sehr wohl, was ich sagen wolle. Ich solle in ihrer Gegenwart nicht mehr von dem Marmor sprechen, denn das sei ihr ärgerlich. Ich sagte: »Also bin ich Euch ärgerlich, weil ich für Eure Hoheiten sorgen will und alles aufbiete, damit Ihr besser bedient werdet? Bedenket nur, gnädige Frau: wenn Eure Hoheiten darin einwilligten, daß jeder ein Modell für den Neptun machen könnte – selbst wenn Ihr schon entschlossen wäret, daß Bandinello den Auftrag erhalten soll –, so würde auch Bandinello um seiner Ehre willen mit größerem Fleiße sich bemühen, ein schöneres Modell zu schaffen, als wenn er weiß, daß er keinen Mitbewerber hat. Auf diese Weise werdet Ihr, meine hohen Herrschaften, viel besser bedient sein. Ihr werdet der trefflichen Schule den Mut nicht nehmen und werdet sehen, wer nach dem Guten strebt, ich meine, nach der rechten Art dieser wunderbaren Kunst, und Ihr werdet zeigen, daß Ihr die Kunst liebt und Euch auf sie versteht.«

Da sagte mir die Herzogin in großem Zorn, alle meine Worte seien umsonst, sie wolle, daß Bandinello den Marmor erhalte. »Frage nur den Herzog«, rief sie aus, »ob nicht auch er will, daß Bandinello ihn erhält!«

Nachdem die Herzogin ausgeredet hatte, sagte der Herzog, der bis dahin immer geschwiegen hatte: »Vor zwanzig Jahren ließ ich diesen schönen Marmor eigens für den Bandinello brechen, und darum will ich auch, daß Bandinello ihn bekommt und behält.« Da wandte ich mich zum Herzog und sagte: »Gnädiger Herr, ich bitte Eure Durchlaucht, gnädigst zu gestatten, daß ich nur vier Worte zu Eurem Vorteil sage.« Der Herzog erwiderte, ich möchte nur sagen, was ich wollte; er würde mich anhören. Da sagte ich denn: »Wisset, gnädiger Herr, jener Marmor, woraus Bandinello seinen Herkules und Kakus machte, wurde für den wunderbaren Michelagnolo Buonarroti gebrochen, der das Modell für einen Simson mit vier Figuren gemacht hatte, das das schönste Werk der Welt geworden wäre. Euer Bandinello aber brachte nur zwei Figuren heraus, die schlecht gearbeitet und überall zusammengeflickt sind. Darum schreit die treffliche Schule noch jetzt über das große Unrecht, das man jenem schönen Marmor antat. Ich glaube, es wurden mehr als tausend Sonette zum Tadel dieses verpfuschten Werkes angeheftet, und ich weiß, daß Eure Durchlaucht sich dessen sehr gut entsinnt. Wenn nun, mein trefflicher Herr, jene Leute, denen das Urteil oblag, so unvernünftig waren, den schönen Marmor dem Michelagnolo wegzunehmen, für den er gebrochen wurde, und ihn dem Bandinello zu geben, der ihn verdarb, wie man sieht – oh! würdet Ihr es jemals ertragen, daß dieser schöne Marmor, mag er gleich dem Bandinello gehören, von ihm verdorben würde? Wolltet Ihr ihn nicht lieber einem anderen tüchtigeren Mann geben, der ihn gut bearbeiten würde? Bestimmet, gnädiger Herr, daß ein jeder, der will, ein Modell mache, und lasset sie dann alle vor der Schule ausstellen. Dann wird Eure Durchlaucht hören, was die Schule sagt, und wird mit Eurem trefflichen Urteil das Beste zu wählen wissen. So werdet Ihr Euer Geld nicht wegwerfen und nehmet Eurer wundersamen Schule nicht den Mut, einer Schule, die heute einzig auf der Welt ist und Eurer Durchlaucht den höchsten Ruhm bringt.« Der Herzog hatte mich gütig angehört. Plötzlich stand er vom Tische auf, wandte sich zu mir und sagte: »Geh, mein Benvenuto, mach ein Modell und gewinne dir den schönen Marmor. Denn du hast recht, ich sehe es ein.« Die Herzogin drohte mir mit dem Kopf und murmelte ärgerlich irgendwelche Worte. Ich machte ihnen meine Reverenz und kehrte nach Florenz zurück, und es schienen mir tausend Jahre, ehe ich die Hand an dies Modell legen könnte.

Als der Herzog nach Florenz zurückkehrte, kam er, ohne sich bei mir anmelden zu lassen, in mein Haus, und ich zeigte ihm zwei kleine Modelle, die beide voneinander verschieden waren. Er lobte sie zwar alle beide, doch sagte er mir, das eine gefalle ihm mehr als das andere, und darum solle ich das fertigmachen, was ihm gefalle, es werde mein Vorteil sein. Seine Durchlaucht hatte schon das Modell gesehen, das Bandinello gemacht hatte, und auch einige von anderen Künstlern, doch lobte der Herzog das meinige bei weitem vor allen anderen, wie mir viele von seinen Hofleuten sagten, die es gehört hatten. Unter anderem ist nun ganz besonders bemerkenswert, daß der Herzog den Kardinal von

Santa Fiore, der nach Florenz gekommen war, nach Poggia a Caiano führte. Und als der Kardinal unterwegs den Marmor sah, lobte er ihn sehr und fragte sodann, wem Seine Durchlaucht ihn zur Bearbeitung bestimmt hätte. Der Herzog antwortete sogleich: »Meinem Benvenuto; dieser hat ein sehr schönes Modell dafür gemacht.«

Dies wurde mir von vertrauenswürdigen Leuten berichtet. Ich suchte darum die Herzogin auf und brachte ihr einige niedliche Sächelchen meiner Kunst, worüber Ihre Durchlaucht sich sehr freute; hierauf fragte sie, was ich arbeitete? Ich erwiderte: »Gnädige Herrin, ich habe mir zum Vergnügen eine der mühseligsten Arbeiten von der Welt unternommen, nämlich einen Kruzifixus vom allerweißesten Marmor auf einem Kreuze von dem schwärzesten, von der Größe eines lebendigen Menschen.« Sogleich fragte sie mich, was ich damit machen wolle. Ich antwortete ihr: »Wisset, gnädige Frau, ich würde es nicht um zweitausend goldene Dukaten hergeben; denn so hat sich wohl noch niemals ein Mensch an einem derartigen Werke abgemüht; auch hätte ich mich niemals verpflichtet, dies Werk für irgendeinen Herrn zu übernehmen, denn ich hätte gefürchtet, damit in Schande zu geraten. Darum habe ich mir den Marmor für mein eigenes Geld gekauft und habe mir ungefähr zwei Jahre lang einen jungen Gesellen gehalten, der mir dabei geholfen hat. So kostet mich das Werk für Marmor, Eisen (besonders, da es steinhart ist), und Arbeitslohn mehr als 300 Goldgulden, so daß ich es nicht für zweitausend Goldgulden hergeben würde. Wenn aber Eure Durchlauchtige Hoheit mir eine gewiß erlaubte Huld erweisen will, so will ich Euch gern ein freies Geschenk damit machen. Ich bitte Eure Durchlaucht nur mir in bezug auf die Modelle, die der Herzog für den großen Marmorblock des Neptun befohlen hat, weder Gunst noch Ungunst zu erweisen.« Darauf sagte sie in großem Zorn: »Also schätzest du weder meinen Beistand noch meinen Widerstand?« Ich antwortete: »Im Gegenteil, gnädige Frau, ich schätze sie sehr hoch. Weshalb würde ich Euch sonst ein Werk als Geschenk anbieten, das ich auf zweitausend Dukaten bewerte? Aber ich vertraue so sehr auf meine mühsamen und systematischen Studien, daß ich die Palme zu erringen gedenke, und wenn selbst der große Michelagnolo Buonarroti Mitbewerber wäre, von dem ich, und von sonst keinem anderen Menschen, alles erlernt habe, was ich verstehe. Ja, es wäre mir viel lieber, wenn er, der so viel kann, ein Modell machte, als jene anderen, die nur wenig können, denn durch den Wettbewerb mit einem großen Meister könnte ich viel gewinnen, während mit jenen anderen nichts zu gewinnen ist.« Kaum hatte ich ausgesprochen, so stand sie halberzürnt auf; ich aber kehrte zu meiner Arbeit zurück und suchte mein Modell vorwärts zu bringen, so sehr ich nur konnte. Als ich es fertig hatte, kam der Herzog es zu besehen, und bei ihm waren zwei

Gesandte, der eine vom Herzog von Ferrara, der andere vom hohen Rat von Lucca. Meine Arbeit gefiel ihm außerordentlich, und er sagte zu jenen Herren: »Benvenuto verdient wirklich den Marmor.« Da erwiesen die beiden Herren mir die größte Huld, besonders der Gesandte von Lucca, der ein Gelehrter und Doktor war. Ich war ein wenig beiseite getreten, damit sie ihre Meinung frei aussprechen könnten; da ich mich aber so huldvoll loben hörte, trat ich sofort hinzu, wandte mich zum Herzog und sagte: »Gnädiger Herr, Eure Durchlaucht sollte noch eine andere ausgezeichnete Vorsicht anwenden, nämlich befehlen, daß ein jeder, der sich bewerben will, ein Tonmodell anfertigt, das genau so groß ist wie das Marmorwerk werden soll; auf diese Weise werdet Ihr am besten sehen, wer den Marmor verdient. Denn fürwahr, wenn Ihr ihn einem versprecht, der ihn nicht verdient, so schadet Ihr dadurch nicht so sehr dem Manne, der ihn verdient hätte, als vielmehr Euch selber, denn es wird Euch zu Schaden und Schande gereichen. Gebt Ihr ihn aber im Gegenteil dem, der ihn verdient, so werdet Ihr zu allererst den größten Ruhm gewinnen, werdet Euer Geld nützlich verwenden, und tüchtige Künstler werden alsdann glauben, daß Ihr an der Kunst Freude habt und Euch darauf versteht.«

Als ich diese Worte gesprochen hatte, zuckte der Herzog die Achseln und wandte sich zum Gehen; der Gesandte von Lucca aber sagte zu ihm: »Gnädiger Herr, Euer Benvenuto ist ein schrecklicher Mensch.« Der Herzog antwortete: »Er ist noch viel schrecklicher als Ihr glaubt, und es wäre gut für ihn, wenn er es nicht gewesen wäre, denn er würde Sachen erhalten haben, die er nicht erhalten hat.« Diese bedeutsamen Worte sagte mir derselbe Gesandte wieder, indem er mir gleichsam einen Tadel aussprechen wollte, daß ich nicht so handeln sollte. Ich antwortete ihm: »Ich habe meinen Herrn lieb als ein getreuer und liebender Diener und verstehe nicht den Schmeichler zu spielen[3].«

Etliche Wochen darauf[4] starb Bandinello, und man glaubte, außer seinem unordentlichen Leben sei auch der Verdruß über den Verlust des Marmors zum guten Teil an seinem Tode schuld. Bandinello hatte gehört, daß ich den Kruzifixus gemacht hatte, den ich vorhin erwähnte; sofort legte er die Hand an einen Marmorblock und machte jene Pietà, die man in der Kirche der Verkündigung sieht. Nun hatte ich meinen Kruzifixus der Kirche Santa Maria Novella geweiht und schon die Haken eingeschlagen, um ihn zu befestigen; nur verlangte ich, daß zu Füßen meines Kruzifixus eine kleine Gruft gemacht würde, um mich nach meinem Tode hineinzulegen. Die Mönche sagten mir, dies

---

[3] Natürlich ein Hieb auf Bandinelli, der gerade als Schmeichler dem Herzog Cosimo gefiel und nur als solcher ihm gefallen konnte.
[4] Am 7. Februar 1560, zweiundsiebzig Jahre alt.

könnten sie mir nicht zugestehen, ohne ihre Bauherren zu fragen. Ich antwortete ihnen: »O ihr Mönche, warum fragtet ihr nicht eure Bauherren, bevor ihr den Platz für meinen schönen Kruzifixus ausmachtet, und warum habt ihr ohne deren Erlaubnis mich die Haken und andere Zurüstungen anbringen lassen?« Aus diesem Grunde wollte ich nun der Santa Maria Novella mein Werk, das ich mit so außerordentlicher Anstrengung geschaffen hatte, nicht mehr überlassen, obwohl später die Bauherren zu mir kamen und mich darum baten. Ich wandte mich vielmehr an die Kirche der Verkündigung, und als ich davon sprach, mein Werk unter denselben Bedingungen zu geben, wie Santa Maria Novella es hätte erhalten sollen, da waren die trefflichen Brüder der Verkündigung völlig einverstanden und sagten mir, ich solle mein Bild in ihre Kirche bringen und mein Grab so zurüsten, wie es mir nur gefallen möge. Kaum hatte Bandinello dies gehört, so machte er sich mit großer Eile daran, seine Pietà fertigzustellen; er bat die Herzogin ihm die Kapelle zu verschaffen, die den Pazzi gehört hatte; dies gelang nicht ohne Schwierigkeit; sobald er die Kapelle erhalten hatte, stellte er schnell sein Werk darin auf, das aber durchaus noch nicht fertig war, als er starb. Die Herzogin sagte: sie habe ihm im Leben geholfen und werde ihm auch im Tode helfen, und wenn er gleich tot sei, so solle ich mir doch niemals Hoffnung darauf machen, jenen Marmor zu erhalten. So sagte mir denn der Makler Bernardone eines Tages, als er mir auf der Villa begegnete, die Herzogin habe den Marmor fortgegeben. Da rief ich aus: »O unglückseliger Marmor! Gewiß, in den Händen des Bandinello wär es dir übel ergangen, aber in Ammannatos Händen wird es dir noch hundertmal schlimmer gehen!«

Ich hatte vom Herzog Befehl erhalten, das Tonmodell in der Größe des Marmors auszuführen. Er hatte mir Holz und Ton besorgen lassen, ließ mir in der Loggia, wo mein Perseus steht, eine Wand aufrichten und bezahlte einen Handlanger. Ich ging mit allem Fleiße an die Arbeit, machte nach meiner guten Methode das Gerippe von Holz und brachte meine Arbeit glücklich zustande, ohne an die Ausführung in Marmor zu denken; denn ich wußte wohl, daß die Herzogin beschlossen hatte, ich sollte den Marmor nicht erhalten, und darum kümmerte ich mich nicht mehr darum. Ich hatte meine Freude an dieser Arbeit, denn ich hoffte, wenn sie fertig wäre, so würde die Herzogin, die doch immerhin etwas von Kunst verstand, es selber bedauern, dem Marmor und sich selbst einen unermeßlichen Schaden zugefügt zu haben. Ein Modell machte Johann der Flame[5] im Kreuzgang von Santa Croce, ein anderes Vincenzio

---

5 Giovanni da Bologna, genannt Giambologna, Bildhauer, geboren 1529 in Douai/Flandern, seit 1556 in Florenz, gestorben 1608 ebenda. Von seinen Werken sind besonders bekannt: der Brunnen auf dem Großen Platz zu Bologna und der Raub der Sabinerinnen in der Loggia della Signoria zu Florenz.

Danti aus Perugia im Hause des Herrn Ottaviano de' Medici, ein drittes begann der Sohn des Moschino in Pisa und ein viertes machte Bartolommeo Ammannato in der Loggia, die man für uns geteilt hatte.⁶

Als ich das Ganze gut herausbossiert hatte und eben beginnen wollte, den Kopf zu machen, wovon ich die erste Arbeit schon gemacht hatte, da kam der Herzog vom Palast, und der Maler Giorgetto⁷ hatte ihn in die Werkstatt des Ammannato geführt, um ihm den Neptun zu zeigen, an welchem dieser Giorgino mit dem Ammannato und allen seinen Gesellen viele Tage lang gearbeitet hatte. Der Herzog sah sich das Werk an, aber es befriedigte ihn sehr wenig, wie man mir erzählte; und als Giorgino ihn mit seinem Geschwätz einnehmen wollte, da schüttelte der Herzog den Kopf, wandte sich zu seinem Herrn Gianstefano und sagte: »Geh und frage Benvenuto, ob sein Riese schon soweit ist, daß er bereit ist, mich einen Blick darauf werfen zu lassen?«

Herr Gianstefano richtete sehr höflich und freundlich den Auftrag des Herzogs aus und sagte mir außerdem, wenn ich glaube, mein Werk noch nicht zeigen zu können, so solle ich es frei heraus sagen, denn der Herzog wisse sehr wohl, daß ich bei diesem großen Unterfangen nur sehr wenig Hilfe gehabt habe. Ich antwortete, er möge nur gnädigst kommen; wenn auch mein Werk noch nicht weit vorgeschritten sei, so habe doch der Herzog ein so feines Verständnis, daß er aufs beste beurteilen könne, wie das Werk nach seiner Vollendung aussehen werde. Der Edelmann meldete dies dem Herzog, der hierauf mit Vergnügen zu mir kam. Kaum hatte er meinen Raum betreten und seinen Blick auf mein Werk geworfen, so bezeigte er große Zufriedenheit. Hierauf ging er rings herum, blieb an allen vier Ansichten stehen, wie es erfahrene Kenner der Kunst tun und gab sein Vergnügen durch viele deutliche Zeichen und Gebärden des Beifalls kund. Außerdem sagte er mir: »Benvenuto, du brauchst ihm nur noch die letzte Oberhaut zu geben.« Hierauf wandte er sich zu seinen Begleitern, rühmte ihnen mein Werk sehr und sagte: »Das kleine Modell, das ich in seinem Hause sah, gefiel mir sehr wohl; aber dieses Werk hat die Güte des Modells weit übertroffen.«

Wie es nun Gott gefällt, daß alle Dinge uns zum besten dienen – ich meine denen, die ihn ehren und an ihn glauben; denn diese beschützt er immer – so begab es sich, daß in jenen Tagen ein gewisser Schelm von Vicchio mich

---

6 Bartolommeo Ammanati (1551 bis 1592), Bildhauer und Architekt. Benvenuto vergißt zu sagen, daß Ammanati die Loggia zuerst allein als Werkstatt angewiesen erhielt. Als Cellini dies erfuhr, ritt er spornstreichs nach Pisa und beschwerte sich beim Herzog, der dann, um ihn zu besänftigen, die Loggia für die beiden Künstler teilen ließ.
7 Giorgio Vasari trat mit ganz besonderem Eifer für Ammanati ein und reiste sogar mit einem kleinen Wachsmodell des Neptun nach Rom, um Michelangelos Gutachten einzuholen. Er setzte es denn auch schließlich durch, daß Ammanati den Auftrag erhielt.

aufsuchte; er hieß Piermaria von Anterigoli und hatte den Beinamen Sbietta. Er war von Beruf Viehhändler, und weil er ein naher Verwandter von Herrn Guido Guidi, dem Arzt und jetzigem Vorsteher von Pescia war, so gab ich ihm Gehör. Er bot mir an, mir sein Landgut auf Lebenszeit zu verkaufen. Ich wollte mir sein Gut nicht ansehen, weil ich mein Modell des großen Neptun fertig zu machen wünschte; auch war es nicht nötig, daß ich es besah, denn er verkaufte mir den Ertrag, worüber er mir ein schriftliches Verzeichnis gegeben hatte: so und so viele Scheffel Korn, so viel Wein, Öl, Feldfrüchte, Kastanien und andere Vorteile. Ich fand meine Rechnung dabei, denn zu jener Zeit waren diese Dinge mehr als hundert Goldgulden wert, ich aber gab ihm sechshundert und fünfzig Goldgulden, die Zölle eingerechnet. Nachdem er es mir schriftlich hinterlassen hatte, daß er mir bei meiner Lebenszeit stets diese Erträgnisse abliefern wolle, schien es mir nicht nötig, mir sein Gewese anzusehen; wohl aber erkundigte ich mich so sorgfältig wie nur möglich, ob dieser Sbietta und sein Bruder Filippo so wohl gestellt wären, daß ich sicher wäre. Von vielen Leuten, die sie kannten, wurde mir gesagt, ich hätte völlige Sicherheit. Nach gegenseitigem Übereinkommen riefen wir Herrn Pierfrancesco Bertoldi, den Notar bei der Kaufmannschaft. Ich gab ihm vor allen Dingen das Verzeichnis der Sachen, die Sbietta mir liefern wollte, indem ich natürlich dachte, daß die Verschreibung im Vertrag aufzuführen wäre; der Notar aber hörte nur auf einundzwanzig Festsetzungen, welche Sbietta ihm ansagte, dachte aber nicht daran, in den Vertrag einzuschließen, was der Verkäufer mir angeboten hatte. Während nun der Notar schrieb, arbeitete ich, und da er sich mehrere Stunden mit seiner Schreiberei abmühte, machte ich ein großes Stück am Kopfe meines Neptun. Nachdem nun dieser Vertrag aufgesetzt war, erzeigte Sbietta mir die allergrößte Freundlichkeit, die ich erwiderte. Er brachte mir ein Zicklein, Kapaunen, harten und weichen Käse und viel Obst, so daß ich mich halb und halb zu schämen begann und ihn, so oft er nach Florenz kam, aus dem Gasthofe holte und in meine Wohnung einlud; sehr oft hatte er auch Verwandte bei sich, die denn ebenfalls zu mir kamen. Er machte mir oft freundliche Vorwürfe, es sei doch eine Schande, daß ich ein Landgut gekauft hätte und noch immer, nach so vielen Wochen, mich nicht entschlossen hätte, einmal für drei Tage meine Arbeiten meinen Gesellen zu überlassen und mir mein Gut anzusehen. Er wußte mich so wohl zu umgarnen, daß ich zu meinem Unheil wirklich hinausreiste. Sbietta empfing mich in seinem Hause mit solchen Freundlichkeiten und Ehren, wie er sie einem Herzog nicht reichlicher hätte erweisen können, und seine Frau war noch freundlicher als er selber. So blieb es zwischen uns eine Weile, bis sie das ausführen konnten, was er und sein Bruder Filippo geplant hatten. Das Wetter war warm und angenehm; da nun die beiden Spitzbuben so freundlich gegen mich waren und in die Woche zwei Festtage fielen, so machte ich mich eines Mittwochs von meinem Landgute in Trespiano [8] auf den Weg. Ich hatte zuvor ein gutes Frühstück eingenommen, so daß es mehr als zwanzig Uhr war, als ich in Vicchio ankam. Ich fand dort Herrn Filippo am Tor, der von meinem Kommen bereits unterrichtet zu sein schien. Er empfing mich auf das freundlichste und führte mich in das Haus des Sbietta, wo mich dessen schamloses Weib ebenso mit unmäßiger Freundlichkeit empfing. Ich schenkte ihr einen sehr feinen Strohhut, und sie sagte, sie habe niemals einen schöneren gesehen. Sbietta selber war nicht da. Gegen Abend speisten wir alle fröhlich miteinander; hierauf wurde mir ein anständiges Zimmer gegeben, und ich ruhte mich in einem sehr sauberen Zimmer aus; meinen beiden Dienern wurde ein gleiches gegeben, ihrem Stande entsprechend. Als ich am andern Morgen aufstand, widerfuhr mir die gleiche Freundlichkeit. Ich besah mir mein Gut, und es gefiel mir. Man wies mir so und so viel Korn und andere Feldfrüchte an, worauf wir nach Vicchio zurückgingen. Der Priester Herr Filippo sagte zu mir: »Seid unbesorgt, Benvenuto; selbst wenn Ihr nicht alles so gefunden hättet, wie es Euch versprochen wurde, so seid getrost: man wird Euch überreichlich befriedigen, denn Ihr habt es mit ehrlichen Leuten zu tun. Den Arbeiter da haben wir entlassen, denn der ist ein trauriger Mensch.«

Dieser Arbeiter hieß Mariano Rosegli; er sagte mehrere Male zu mir: »Seht nur zu Euren Sachen; am Ende werdet Ihr schon merken, wer von uns der traurigere ist.« Indem der Bauer mir diese Worte sagte, lächelte er spöttisch auf eine unangenehme Weise und schüttelte dabei den Kopf, wie wenn er sagen wollte: »Mach nur zu, du wirst es schon sehen.« Dies wollte mir nicht ganz gefallen, doch dachte ich keineswegs an das, was mir geschehen sollte. Als ich nun von dem Gute zurückkehrte, das zwei Miglien von Vicchio entfernt gegen die Berge zu liegt, fand ich den Priester, der mich mit seiner gewohnten Freundlichkeit erwartete. Wir frühstückten miteinander; denn es war kein Imbiß, sondern ein wirkliches Frühstück. Hierauf ging ich ein wenig durch den Ort, wo eben Markt gehalten wurde, und alle Einwohner sahen mich wie etwas ganz Wunderbares an, vor allen anderen aber ein wackerer Mann, der schon seit vielen Jahren in Vicchio lebt. Seine Frau backt Brot zum Verkauf. Er hat ungefähr eine Miglie entfernt eine gute Besitzung, doch lebt er gerne in Vicchio, wo er zur Miete in einem Hause wohnt, dessen Einkünfte mir ebenfalls mit jenem Gute, zum Brunnen genannt, angewiesen waren. Dieser Mann

---

[8] Benvenuto besaß mindestens 3 oder 4 Landgüter, die er aber nur auf Lebenszeit gekauft hatte, so daß sie nach seinem Tode dem Verkäufer wieder zufallen sollten, oder von denen er auf Lebenszeit die Einkünfte erhielt, während die Bewirtschaftung dem Besitzer verblieb.

sagte zu mir: »Ich wohne in Eurem Hause und werde Euch zur rechten Zeit Eure Miete geben; oder wollt Ihr sie voraus haben? Ich werde gerne tun, was Ihr wünscht, denn mir liegt daran, daß Ihr immer mit mir zufrieden seid.« Während wir nun miteinander plauderten, bemerkte ich, daß der Mann mich immerzu fest ansah, so daß ich den Blick abwenden mußte. Schließlich sagte ich zu ihm: »Ei, sagt mir doch, mein lieber Giovanni, warum seht Ihr mich immer so starr an?« Der wackere Mann antwortete mir: »Ich will es Euch gerne sagen, wenn Ihr mir auf Euer Manneswort versprecht, nicht zu verraten, daß ich es Euch gesagt habe.« Ich versprach es ihm und er sagte: »Wisset, vor nicht gar vielen Tagen hat dieser schlechte Pfaffe, Herr Filippo, sich mit der Klugheit seines Bruders Sbietta gebrüstet; er hat erzählt, er habe sein Gut auf Lebenszeit an einen Alten verkauft, der kein ganzes Jahr mehr leben werde. Ihr habt Euch mit Halunken eingelassen; darum seht nur zu, daß Ihr lebet, solange Ihr könnt, und haltet die Augen offen, denn Ihr habt es nötig. Weiter will ich nichts sagen.«

Indem ich auf dem Markte hin- und herging, fand ich Giovan Battista Santini, und wir beide wurden von dem Priester zum Abendessen geführt. Es war ungefähr zwanzig Uhr, und man speiste meinetwegen so früh, weil ich gesagt hatte, daß ich am Abend nach Trespiano zurückkehren wolle. So wurde denn geschwind alles zurechtgemacht. Sbiettas Frau war sehr geschäftig, und unter anderen auch ein gewisser Cecchino Buti, ihr Aufwärter. Als die Salate fertig waren und wir uns eben zu Tische setzen wollten, sagte der böse Pfaffe mit einem ihm eigenen üblen Lächeln: »Ihr müsset mir verzeihen, daß ich nicht mit Euch speisen kann; ich habe unerwartet eine sehr wichtige Sache für meinen Bruder Sbietta zu erledigen; da er selber nicht hier ist, so muß ich für ihn eintreten.« Wir alle baten ihn, zu bleiben, konnten ihn jedoch nicht dazu bewegen; er ging und wir begannen zu essen. Nachdem wir die Salate aus gemeinsamen großen Schüsseln gegessen hatten, wurde das gesottene Fleisch auf Tellern für jeden einzeln aufgetragen. Santino, der mir gegenüber saß, sagte zu mir: »Euch geben sie immer etwas anderes als den übrigen. Habt Ihr jemals schöneres Essen gesehen?« Ich sagte ihm, ich hätte nicht darauf geachtet. Hierauf bat er mich, ich möchte doch die Frau des Sbietta zu Tische rufen, die mit jenem Cecchino Buti fortwährend hin und wider lief und über alle Maßen beschäftigt war. Ich bat die Frau so lange, bis sie endlich kam; sie beklagte sich aber bei mir und sagte: »Meine Speisen haben Euch nicht gefallen, denn Ihr eßt ja so wenig.« Ich lobte ihr Essen mehrere Male und sagte, ich hätte niemals mit besserem Appetit und bessere Speisen genossen; zuletzt erklärte ich, ich hätte völlig genug gegessen. Niemals hätte ich mir eingebildet, warum diese Frau mich so sehr zum Essen nötigte! Als wir mit dem Essen fertig waren, war schon einundzwanzig Uhr vorbei, und ich wünschte noch am Abend nach Trespiano zurückzukehren, um am anderen Tage an meine Arbeit in der Loggia zu gehen. So sagte ich allen Lebewohl, dankte der Frau und reiste ab. Ich war noch nicht drei Miglien entfernt, als es mir vorkam, wie wenn der Magen mir brenne; ich fühlte solche Schmerzen, daß es mir tausend Jahre zu währen schien, bis ich auf mein Gut zu Trespiano kam. Mit großer Not kam ich Gott sei Dank in der Nacht dort an und gab sofort Befehl, mir mein Bett zu rüsten. Ich fand die ganze Nacht keine Ruhe, denn es trieb mich öfters zu Stuhle. Als es heller Tag geworden war, fühlte ich ein Brennen an meinen Geschlechtsteilen; darum ging ich hinaus, um nachzusehen und fand den Abgang ganz blutig. Sofort dachte ich mir, ich müsse etwas Giftiges gegessen haben, und als ich mir nun überlegte, was dies gewesen sein könnte, da fielen mir die Teller und Schüsseln ein, die mir von Sbiettas Frau besonders vorgesetzt waren. Ferner fiel mir auf, daß sein Bruder, der schlechte Priester, mir so viele Ehre erwiesen hatte, dann aber nicht bei uns zu Tisch bleiben wollte; auch erinnerte ich mich, daß er gesagt hatte, sein Bruder Sbietta habe einen schönen Streich verübt, er habe ein Gut auf Lebenszeit an einen Alten gegeben, der das Jahr nicht überleben werde, wie mir der wackere Giovanni Sardella erzählt hatte. Infolgedessen war ich überzeugt, daß sie mir in einem Schüsselchen Brühe, die sehr gut gemacht und recht angenehm zu essen war, eine Dosis Sublimat gegeben hatten; denn das Sublimat ruft alle jene Leiden hervor, die ich an mir bemerkt hatte. Weil ich aber zum Fleisch nur wenig Brühe oder andere Gewürze außer Salz genieße, so hatte ich kaum zwei Mundvoll von dieser Brühe genossen, obwohl sie so gut schmeckte. Ich erinnerte mich, daß die Frau des Sbietta mich auf alle mögliche Weise aufgefordert hatte, ich möchte doch von der Brühe essen. Hieran erkannte ich auf das deutlichste, daß sie mir das Sublimat in jener Brühe beigebracht hatten.

Obgleich ich mich nun sehr angegriffen fühlte, wollte ich doch durchaus in die Loggia gehen, um an meinem Riesen zu arbeiten; aber wenige Tage darauf überwältigte die Krankheit mich, so daß ich im Bette bleiben mußte. Sobald die Herzogin hörte, daß ich krank war, ließ sie den unglückseligen Marmor dem Bartolommeo Ammannato zur Bearbeitung geben; dieser ließ mir durch einen Bekannten sagen, ich möchte nun mit meinem angefangenen Modell machen, was ich wollte; er habe den Marmor gewonnen. Dieser Bekannte, ein Herr X aus der X-Straße, war einer von den Liebhabern der Frau des Bartolommeo Ammannato; und da er freundlich und verschwiegen war, so wurde er bevorzugt und Ammannato ließ ihm alle mögliche Bequemlichkeit; hierüber ließe sich nun sehr viel reden. Ich will es jedoch nicht machen wie sein Meister Bandinello, der mit seinen Reden weit über das hinausging, was einem Künstler geziemt; genug, ich sagte dem Herrn, ich hätte es immer vermutet; Bartolommeo solle sich nur Mühe geben, um zu zeigen, daß er der Gunst würdig sei, die das Glück ihm unverdientermaßen erwiesen habe.[9]

So blieb ich denn mit großem Verdruß im Bett und ließ mich von dem ausgezeichneten Arzt Meister Francesco von Montevarchi und zugleich von dem Chirurgus Meister Raffaello de' Pilli behandeln; denn das Sublimat hatte mir dermaßen die Eingeweide verbrannt, daß ich den Kot nicht zurückhalten konnte; aber der treffliche Meister Francesco erkannte, daß das Gift alle Wirkung bereits getan hatte, daß es aber nicht genug gewesen war und darum meine kräftige Natur nicht hatte überwältigen können. So sagte er denn eines Tages zu mir: »Benvenuto, danke Gott, du hast gewonnen! Sei unbesorgt, ich will dich gesund machen, den Halunken zum Trotz, die dir zu schaden gedachten.« Und Meister Raffaellino sagte: »Es wird eine der schönsten und schwierigsten Kuren sein, von denen man je gehört hat; denn wisse, Benvenuto, du hast einen Mundvoll Sublimat verschluckt.« Meister Francesco fiel ihm in die Rede und sagte: »Vielleicht war es ein giftiges Insekt.« Ich sagte: »Ich weiß ganz genau, was für ein Gift es war und wer es mir gegeben hat.«

Hiermit schwiegen wir alle. Sie kurierten mehr als sechs Monate an mir herum, und es dauerte länger als ein Jahr, bis ich wieder meines Lebens froh werden konnte.

---

9 Bartolommeo Ammanati war mit der Dichterin Laura Battiferri verheiratet. Er leitete in seinen letzten Lebensjahren hauptsächlich den Bau des Pittipalastes. Er gewann gegen Cellini, Bologna und Dante den Wettbewerb um den Neptunbrunnen auf der Piazza della Signoria. Der Brunnen wurde 1575 enthüllt.

Künstlerlohn

ZWEIUNDVIERZIGSTES KAPITEL
1559–1561–1562

*Benvenuto wird nach seiner Genesung besonders von Don Francesco,
des Herzogs Sohn, begünstigt und aufgemuntert.
Großes Unrecht, das er von dem Magistrat in einem Prozeß erduldet,
den er mit Sbietta führt. Er begibt sich zum Herzog
nach Livorno und trägt ihm seine Angelegenheit vor, findet aber keine Hilfe.
Das Gift, das er bei Sbietta bekommen, reinigt seinen Körper
anstatt ihn zu zerstören und stärkt seine Leibesbeschaffenheit. Fernere
Ungerechtigkeit, die er in seinem Rechtsstreite mit Sbietta
durch den Verrat des Raffaello Schieggia erfährt. Der Herzog und die Herzogin
besuchen ihn, als sie von Pisa zurückkommen. Er verehrt
ihnen bei dieser Gelegenheit einen trefflich gearbeiteten Kruzifixus.
Der Herzog und die Herzogin versöhnen sich mit ihm
und versprechen ihm alle Art von Beistand und Aufmunterung.
Da er sich in seiner Erwartung getäuscht findet, ist er geneigt, einem Vorschlag
Gehör zu geben, den Caterina de' Medici, verwitwete Königin
von Frankreich, an ihn gelangen läßt, zu ihr zu kommen und ihrem Gemahl,
Heinrich dem Zweiten, ein prächtiges Monument zu errichten.
Der Herzog läßt merken, daß es ihm unangenehm sei, und die Königin
geht von dem Gedanken ab. Der Kardinal de' Medici
stirbt, worüber am florentinischen Hofe große Trauer entsteht.
Benvenuto reist nach Pisa.*

ZU JENER Zeit verreiste der Herzog, um seinen Einzug in Siena zu halten, wohin Ammannato schon etliche Monate vorher gegangen war, um die Triumphbögen zu bauen. Ein Bankert des Ammannato war in der Loggia geblieben und hatte mir einige Tücher von meinem Neptunmodell weggenommen, das ich bedeckt hielt, weil es nicht vollendet war. Sofort beschwerte ich mich darüber bei des Herzogs Sohn, Don Francesco, der sich mir huldvoll gezeigt hatte, und sagte ihm, man hätte mir meine Figur aufgedeckt, obgleich sie doch unvollendet wäre. Wenn sie fertig gewesen wäre, so würde ich mich nicht darum bekümmert haben. Der Prinz antwortete mir mit einer ziemlich drohenden Miene: »Benvenuto, kümmert Euch nicht darum, daß die Statue aufgedeckt ist, denn sie handeln damit vielmehr zu ihrem eigenen Schaden. Wenn Euch aber daran gelegen ist, daß ich sie zudecken lasse, so will ich dies sogleich veranlassen.« Außerdem sagte Seine Durchlaucht mir noch viele andere huldvolle Worte in Gegenwart vieler Herren. Da sagte ich zu ihm, ich bitte Seine Durchlaucht, mir Gelegenheit zu verschaffen, daß ich das Modell beendigen könne, denn ich wünsche dieses sowie auch das kleine Modell ihm zum Geschenk zu machen. Er antwortete mir, er nehme das eine wie das andere gern an[1] und werde mir alle Bequemlichkeit verschaffen, um die ich bitte. Dieses bißchen fürstlicher Huld war mir eine Herzensfreude und ich verdankte ihm die Rettung meines Lebens. Denn das viele übergroße Leiden und Ungemach, das auf einmal über mich hereingebrochen war, hatte mir allen Mut genommen. Dieser Schimmer von Huld aber tröstete mich und gab mir wieder einige Lebenshoffnung.

Ich besaß nun schon seit einem Jahre das Gut des Sbietta, zum Brunnen genannt, und hatte nun außer den Leiden, die sie mir mit ihren Giften und anderen Spitzbübereien zugefügt hatten, auch noch zu sehen, daß das Gut mir nicht einmal die Hälfte von dem eintrug, was mir versprochen worden war. Ich hatte darüber außer dem Vertrage auch noch eine Verschreibung von der Hand des Sbietta, durch die er sich vor Zeugen verpflichtete, mir bestimmte Erträgnisse zu sichern. So ging ich denn zu den Herrn Räten, unter denen Averardo Serristori und Federigo de' Ricci waren sowie auch einer von den Alessandri. Wie die andern alle hießen, erinnere ich mich nicht mehr – genug, es waren lauter Herren von großer Bedeutung. Auch der Fiskal, dessen Stelle damals Alfonso Quistello bekleidete, kam zu den Sitzungen der Räte. Nachdem ich nun meine Gründe der Behörde vorgetragen hatte, erklärten sie alle übereinstimmend, Sbietta habe mir mein Geld zurückzugeben. Nur Federigo de' Ricci sprach dagegen, weil er sich zu jener Zeit des Sbietta zu Geschäften bediente. Alle sprachen mir ihr Bedauern aus, daß Federigo de' Ricci schuld sei, daß meine Sache nicht ausgefertigt werden könne. Besonders Averardo Serristori und auch jener Alessandri nebst allen anderen wandten sich gegen Ricci. Dieser aber machte einen gar gewaltigen Lärm und zog die Sache solange hin, bis die Sitzung der Behörde zu Ende war. Als sie eines Morgens auf den Platz der Annunziata heraustraten, sagte jener Alessandri ohne jede Rücksicht mit lauter Stimme zu mir: »Federigo de' Ricci hat es gegen uns anderen alle durchgesetzt, daß dir schnödes Unrecht angetan worden ist.« Ich will hierüber nichts weiter sagen, weil der oberste Inhaber der Gewalt dadurch zu sehr beleidigt werden würde. Genug, ich wurde einem reicheren Bürger zuliebe vergewaltigt, nur weil er sich jenes Viehtreibers bediente.

---

1 Dies wurde jedenfalls nur aus Höflichkeit gesagt, denn Cellini behielt die Modelle, die sich sämtlich in seinem Nachlaß befanden. Eine Cellini zugeschriebene kleine Bronzeplastik des Neptun mit zwei Seepferden befindet sich im North Carolina Museum of Art, Raleigh, USA.

Da der Herzog in Livorno war, suchte ich ihn dort auf. Ich wollte mir nur Urlaub erbitten. Denn da ich meine Kräfte zurückkehren fühlte, so war es mir schmerzlich, meine Kunst so sehr zu vernachlässigen; denn ich wurde zu nichts mehr gebraucht. Nachdem ich also meinen Entschluß gefaßt hatte, ging ich nach Livorno und fand dort meinen Herzog, der mich auf das huldvollste empfing. Ich hielt mich etliche Tage dort auf und ritt jeden Tag mit Seiner Durchlaucht aus, wobei ich Gelegenheit hatte, ihm alles zu sagen, was ich wollte. Denn der Herzog ritt täglich von Livorno aus vier Miglien weit am Meeresstrande entlang nach einem Platze, wo er eine kleine Festung erbauen ließ. Um nicht von zu vielen Leuten belästigt zu werden, hatte er es gern, wenn ich mich mit ihm unterhielt. Als ich nun eines Tages sah, daß er mir ganz besonders gnädig gestimmt war, brachte ich das Gespräch auf den Sbietta, eigentlich Pier Maria von Anterigoli genannt, und sagte: »Gnädiger Herr, ich möchte Eurer Durchlauchtigen Hoheit einen seltsamen Fall erzählen, damit Ihr die Ursache erfahret, die mich verhinderte, mein Tonmodell des Neptun fertig zu machen, woran ich in der Loggia arbeitete.« Ich erzählte nun Seiner Durchlaucht, wie ich von Sbietta ein Gut auf Lebenszeit gekauft hätte. Genug, ich berichtete alles ganz genau, ohne im geringsten die Wahrheit zu verfälschen. Als ich nun an das Gift kam, sagte ich: Wenn Seine Durchlaucht mich jemals als einen guten Diener geschätzt habe, so solle sie den Sbietta oder jene, die mir das Gift gegeben hätten, nicht etwa bestrafen, sondern im Gegenteil belohnen. Denn das Gift sei nicht so stark gewesen, mich umzubringen, sondern habe im Gegenteil dazu gedient, meinen Magen und meine Eingeweide von einer lebensgefährlichen Verschleimung zu reinigen. Wäre diese geblieben, so hätte ich bei meinem Gesundheitszustande nur noch drei oder vier Jahre leben können. Diese eigenartige Medizin aber habe so gewirkt, daß ich mein Leben um mehr als zwanzig Jahre verlängert zu haben glaube, wofür ich fröhlicher denn je dem lieben Gott danke. Denn wohl sei das Sprichwort wahr, welches besage, daß Gott uns Übel schicke, um uns Gutes zu tun.

Der Herzog hörte mir mehr als zwei Miglien Weges mit großer Aufmerksamkeit zu und sagte nur: »O, die bösen Menschen!« Ich aber schloß damit, daß ich ihnen zu Dank verpflichtet sei, und brachte das Gespräch auf andere angenehme Gegenstände.

Eines Tages aber gedachte ich meines Vorsatzes, und da ich ihn in einer mir freundlichen Stimmung fand, so bat ich den Herzog, mir gnädigen Urlaub zu geben, damit ich nicht die paar Jahre, die ich noch zum Arbeiten gut sein werde, wegwerfen müsse. Was ich noch für meinen Perseus zu bekommen habe, könne Seine Durchlaucht mir geben, wann es ihr gefalle. Sodann erging ich mich in vielen langen Komplimenten, um Seiner Durchlaucht meinen Dank zu sagen. Der Herzog aber erwiderte mir kein Wort, sondern schien es mir übelgenommen zu haben[2]. Am nächsten Tage kam Herr Bartolommeo Concino, einer von den ersten Geheimschreibern des Herzogs, zu mir und sagte ziemlich hochfahrend: »Der Herzog sagt, wenn du Urlaub wollest, so werde er ihn dir geben. Wenn du aber arbeiten wollest, so wolle er dir zu tun geben, und möchtest du nur soviel schaffen können wie Seine Durchlaucht dir aufzutragen gedenkt!«

Ich antwortete ihm, ich hätte keinen anderen Wunsch als zu arbeiten, besonders für Seine erlauchte Hoheit, mehr als für alle anderen Menschen auf der Welt, seien es Päpste oder Kaiser oder Könige. Ich würde Seiner Durchlaucht lieber für einen Groschen dienen als jedem anderen für einen Dukaten. Da sagte er zu mir: »Wenn du so gesonnen bist, so seid ihr ohne weiteres einig. Geh also nach Florenz zurück und sei guten Mutes, denn der Herzog will dir wohl.« So ging ich denn nach Florenz zurück.

Gleich nach meiner Rückkehr suchte mich ein gewisser Raffaellone Scheggia, ein Goldbrokatweber auf, und sagte zu mir: »Benvenuto, ich will einen Vergleich zwischen dir und Pier Maria Sbietta zustande bringen.« Ich antwortete ihm, einen Vergleich zwischen uns könnten nur die Herren Räte zustande bringen, und diesmal würde Sbietta unter den Räten nicht einen Federigo de' Ricci haben, der für ein Geschenk von zwei fetten Zicklein Gott und seine Ehre vergäße und in so verruchter Weise der Vernunft und dem Recht ins Antlitz schlüge. Auf diese und viele andere Worte antwortete Raffaello mir in aller Freundlichkeit, es sei besser, eine Drossel in Frieden zu essen, als einen fetten Kapaun, vorausgesetzt man bekäme ihn überhaupt, in Streit und Hader. Prozesse könnten manchmal sehr lange dauern, und ich täte besser, diese Zeit darauf zu verwenden, irgendein schönes Werk zu verfertigen, wodurch ich viel größeren Ruhm und Nutzen erwerben würde. Ich sah wohl ein, daß er recht hatte, und begann daher seinen Worten Gehör zu schenken. Kurz und gut, wir schlossen folgenden Vergleich: Sbietta sollte von mir für die Dauer meines Lebens das Gut gegen einen jährlichen Zins von siebzig Goldgulden in Pacht nehmen. Als wir nun durch Herrn Giovanni von Falgano den Vertrag wollten aufsetzen lassen, sagte Sbietta, wir würden höhere Gebühren bezahlen müssen. Er würde gewiß sein Wort halten, und darum wäre es besser, wir machten den Pachtvertrag immer von fünf zu fünf Jahren. Er werde sein Wort halten und niemals wieder einen Prozeß gegen mich anfangen. Dasselbe

---

2 Zu einem späteren schriftlichen Urlaubsgesuch Cellinis ließ Cosimo von Torelli die Randbemerkung machen: »Wenn er entschlossen ist, nicht in Florenz bleiben zu wollen, wird Seine Durchlaucht ihm Urlaub geben zu gehen, wohin er will; denn er hält keinen mit Gewalt.« – Es war wohl dem Künstler wie dem Fürsten nicht so recht ernst damit.

versprach mir auch sein Bruder, der schuftige Pfaffe. Und so machten wir denn den Vertrag auf fünf Jahre.

Damit ich nun nachher nicht mehr von diesem überfrechen Schelmenstreich zu sprechen brauche und andere Dinge erzählen kann, muß ich gleich hier sagen, wie es nach dem Ablauf des fünfjährigen Pachtvertrages ging. Als diese Zeit verstrichen war, wollten die beiden Schurken mir ihr Versprechen nicht halten. Sie erklärten vielmehr, sie wollten das Gut nicht wieder pachten, sondern es mir zurückgeben. Als ich nun daraufhin klagte, beriefen sie sich auf den Vertrag, und so war ich denn wegen ihres Wortbruches hilflos. Da sagte ich ihnen, der Herzog und der Erbprinz von Florenz würden es nicht ertragen, daß in ihrer Stadt jemand so schnöde beraubt würde. Diese Drohung hatte die Wirkung, daß sie mir wieder denselben Raffaello Scheggia zuschickten, der den ersten Vergleich zustande gebracht hatte. Sie ließen mir durch ihn sagen, sie wollten nicht mehr die siebzig Goldgulden bezahlen, wie sie es die letzten fünf Jahre getan hätten. Ich antwortete, ich wolle nicht mehr, noch weniger. Raffaello kam abermals zu mir und sagte mir: »Mein Benvenuto, Ihr wißt, daß ich auf Eurer Seite stehe. Nun haben jene alles mir anheimgestellt.« Zugleich zeigte er mir eine Schrift von ihrer Hand. Ich wußte nicht, daß er ein naher Verwandter von ihnen war. Darum glaubte ich wohl zu tun, indem ich ihm alles ganz und gar anheimstellte. Nun kam dieser Ehrenmann eines Abends im August eine halbe Stunde nach Sonnenuntergang zu mir und drang mit vielen Worten in mich, den Vertrag auszufertigen. Er wußte wohl, daß der Betrug, den er gegen mich im Sinne hatte, ihm nicht gelungen wäre, wenn er am Morgen zu mir gekommen wäre. So wurde denn der Vertrag geschlossen, daß er mir jährlich fünfundsechzig Dukaten Kurant in halbjährlichen Terminen für meine Lebenszeit Pacht zahlen solle. Als ich mich dagegen sträubte und mich durchaus nicht damit zufrieden geben wollte, zeigte er mir meine eigene Handschrift, wodurch ich nach der Ansicht eines jeden unrecht hatte. Er sagte nämlich, er habe alles zu meinem Besten gemacht und stehe ganz auf meiner Seite, und da weder der Notar noch sonst jemand wußte, daß er ihr Verwandter war, so gaben alle mir unrecht. Darum gab ich denn bald nach. Nun will ich mich wenigstens bemühen, solange wie möglich zu leben. Später, im Dezember 1566, beging ich noch einen anderen Fehler: ich kaufte von ihnen, nämlich den Sbiettas, um zweihundert Dukaten Kurant die Hälfte ihres Gutes Poggio, das an mein Pachtgut zum Brunnen anstieß, mit einem Vorbehalt auf drei Jahre, und verpachtete es an sie. Ich glaubte damit richtig zu handeln. Es würde mich aber zu weit führen, wenn ich alle die bösen Streiche beschreiben wollte, die sie mir gespielt haben. So will ich nun dieses Gott anheimstellen, der mich immer gegen die verteidigt hat, die Übles tun wollten.

Nachdem ich meinen marmornen Kruzifixus ganz fertiggestellt hatte, schien es mir, er müßte sich viel besser ausnehmen, wenn ich ihn aufrichtete und einige Ellen über dem Boden anbrächte, als wenn er auf der Erde liegen bliebe. So war es denn auch, und ich hatte meine große Freude daran und zeigte das Werk jedem, der es sehen wollte. Wie nun Gott es wollte, wurde dies dem Herzog und der Herzogin berichtet, und als sie von Pisa zurückgekehrt waren, kamen eines Tages ganz unerwartet die hohen Herrschaften mit dem ganzen Adel ihres Hofes in mein Haus, um den Kruzifixus zu sehen. Er gefiel ihnen so sehr, daß der Herzog und die Herzogin und mit ihnen natürlich alle anwesenden Herren und Edelleute mir ihren unendlichen Beifall aussprachen. Als ich nun sah, daß sie so wohl zufrieden waren, begann ich ihnen auf das artigste zu danken, und sagte ihnen, daß sie mir die Mühe abgenommen hätten, den marmornen Neptun zu bearbeiten, wäre der eigentliche Anlaß, daß ich dieses Werk unternommen hätte, ein Werk, wie es vor mir niemand zu machen sich getraut hätte. Obwohl es mir mehr Mühe gemacht hätte als irgendeine frühere Arbeit, so schiene diese Mühe mir doch gut angewandt zu sein, besonders da Ihre Durchlauchtigen Hoheiten mein Werk so sehr lobten und da ich niemanden wüßte, der dieses Werkes würdiger sein könnte als Ihre Hoheiten, so machte ich es ihnen gerne zum Geschenk[3] und bäte sie nur, sie möchten geruhen, vor ihrem Fortgehen in das Erdgeschoß meines Hauses zu kommen.

Auf diese Worte hin standen sie sofort freundlich auf, verließen die Werkstatt und gingen in das Haus. Da sahen sie nun das kleine Modell des Neptun mit dem Brunnen, das die Herzogin bisher noch niemals gesehen hatte. Es fiel der Herzogin so sehr in die Augen, daß sie sofort einen Laut der höchsten Verwunderung ausstieß und zum Herzog sagte: »Bei meinem Leben, ich hätte nicht gedacht, daß es den zehnten Teil so schön wäre!« Hierauf antwortete der Herzog mehrere Male: »Hatte ich's Euch nicht gesagt?« So sprachen sie denn darüber zu meiner großen Ehre eine lange Weile miteinander. Dann rief die Herzogin mich zu sich und lobte mich gar sehr, wie wenn sie mich um Verzeihung bitten wollte. Denn in diesem Augenblicke kamen ihre Worte einer Bitte um Verzeihung gleich. Hierauf sagte sie zu mir, sie wünsche, daß ich mir einen Marmor nach meinem Belieben brechen lasse und sofort an die Arbeit gehe. Ich erwiderte auf diese gütigen Worte: »Wenn Eure Hoheiten mir die Bequemlichkeiten verschaffen wollten, würde ich Euch zuliebe gerne ein so mühevolles Werk unternehmen.« Der Herzog antwortete schnell: »Benve-

---

3 Die Herzogin hatte das Geschenk bereits früher abgelehnt. Benvenuto bot den Kruzifixus später dem Großherzog Cosimo an, der das Werk im Jahre 1565 für 1500 Goldgulden kaufte. Sein Sohn und Nachfolger Francesco schenkte es Philipp dem Zweiten von Spanien. Es befindet sich jetzt noch im Chor von San Lorenzo im Escorial.

nuto, dir soll alle Bequemlichkeit gewährt sein, die du begehren kannst, und was ich dir aus eigenem Antrieb geben werde, das soll noch bei weitem mehr wert sein.« Mit diesen freundlichen Worten gingen sie fort und ließen mich in großer Freude zurück.

Als aber viele Wochen vergingen, ohne daß ein Wort zu mir gesprochen wurde, da geriet ich halb in Verzweiflung, weil ich nun wohl sah, daß man zu nichts Anstalt machte. Zu jener Zeit schickte die Königin von Frankreich Herrn Baccio del Bene zu unserem Herzog, um von ihm eine schnelle Beihilfe in Geld zu verlangen. Der Herzog war ihr freundlich zu Diensten, wie man sagte. Da nun Herr Baccio del Bene und ich sehr vertraute Freunde waren, so erneuerten wir unsere Bekanntschaft in Florenz und kamen recht gern zusammen. Als er mir nun eines Tages von der großen Huld erzählte, die Seine Durchlaucht ihm erwiese, fragte er mich, was für große Werke ich unter meinen Händen hätte. Da sagte ich ihm dann, wie es mit dem großen Neptun und dem Brunnen hergegangen war und welch großes Unrecht die Herzogin mir angetan hatte. Hierauf sagte er mir im Namen der Königin, Ihre Majestät habe den sehnlichen Wunsch, das Grabdenkmal für ihren Gemahl, König Heinrich, beendigt zu sehen, und Daniello von Volterra habe es übernommen, ein großes ehernes Pferd zu schaffen. Die Zeit aber, in der er es habe liefern wollen, sei bereits abgelaufen. Es handle sich um ein Grabdenkmal, das auf das großartigste ausgeschmückt sein solle. Wenn ich nun nach Frankreich in mein Schloß zurückkehren wollte, so würde sie mir alle gewünschte Bequemlichkeit gewähren, wenn ich nur Lust hätte, bei ihr zu dienen. Ich antwortete Herrn Baccio, er solle mich nur von meinem Herzog verlangen. Wenn Seine Durchlaucht damit einverstanden wäre, würde ich gern nach Frankreich zurückkehren. Da rief Herr Baccio fröhlich: »So werden wir zusammen zurückreisen!« – denn er nahm die Sache schon als ausgemacht an. So redete er denn am nächsten Tage, als das Gespräch auf mich kam, mit dem Herzog und sagte diesem, wenn Seine Durchlaucht nichts dagegen hätte, so möchte die Königin sich meiner bedienen. Der Herzog antwortete sofort: »Benvenuto ist der trefflichste Künstler, als den die Welt ihn kennt. Jetzt aber will er nicht mehr arbeiten.« Hierauf brachte er das Gespräch sofort auf einen anderen Gegenstand.

Am nächsten Tage suchte ich Herrn Baccio auf, der mir alles wiedererzählte. Da konnte ich nicht mehr an mich halten und rief: »Ei ja! Wenn ich, seitdem Seine Durchlaucht mir nichts mehr zu arbeiten gibt, aus eigenem Antrieb eines der schwierigsten Werke vollendet habe, die die Welt kennt, und wenn ich dafür zweihundert Goldgulden von meiner Armut aufgewandt habe – was würde ich erst gemacht haben, wenn Seine Durchlaucht mich beschäftigt hätte! Wahrlich, ich sage Euch, mir ist sehr unrecht geschehen!«

Der wackere Edelmann sagte dem Herzog alles wieder, was ich geantwortet hatte. Der Herzog aber erwiderte, es sei alles nur Scherz, er selber wolle mich behalten. Mehrere Tage lang stand ich auf dem Sprunge, mit Gott von dannen zu gehen. Die Königin aber wollte nicht mehr davon sprechen, um den Herzog nicht zu verdrießen, und so blieb ich denn recht unzufrieden in Florenz.

Zu jener Zeit verreiste der Herzog mit seinem ganzen Hofe und allen seinen Kindern, außer dem Prinzen, der in Spanien war. Sie reisten über die Maremmen von Siena nach Pisa. Die giftige schlechte Luft jener Sümpfe ergriff den Kardinal zuerst: nach wenigen Tagen befiel ihn ein pestartiges Fieber, das ihn in kurzem dahinraffte. Er war des Herzogs rechtes Auge, schön und gut, und es war herzlich schade um ihn. Ich ließ etliche Tage verstreichen, bis ich dachte, daß die Tränen getrocknet seien; dann ging ich nach Pisa.

Kreuzschmerzen

ANHANG

INHALTSVERZEICHNIS

WILLKOMMEN BENVENUTO
Ein Leben in zweiunddreißig Bildern
Vorbemerkung von Michael Mathias Prechtl
9

ERSTES KAPITEL 21

Was den Autor bewogen, die Geschichte seines Lebens zu schreiben. Ursprung der Stadt Florenz. Nachricht von des Autors Familie und Verwandtschaft. Ursache, warum er Benvenuto genannt worden. Er zeigt einen frühen Geschmack für Nachbilden und Zeichnen; aber sein Vater unterrichtet ihn in der Musik. Aus Gefälligkeit, obgleich mit Widerstreben, lernt der Knabe die Flöte. Sein Vater wird von Leo X. begünstigt. Benvenuto kommt zu einem Juwelier und Goldschmied in die Lehre.

ZWEITES KAPITEL 32

Benvenuto sieht seinen Bruder in einem Gefecht beinahe erschlagen und nimmt seine Partei; daraus entspringen einige unangenehme Vorfälle, und er wird deshalb von Florenz verbannt. Er begibt sich nach Siena und von da nach Bologna, wo er in der Kunst, auf der Flöte zu blasen, zunimmt, mehr aber noch in der Profession des Goldschmiedes. Streit zwischen seinem Vater und Pierino, einem Tonkünstler; trauriges Ende des letzteren. Benvenuto begibt sich nach Pisa und geht bei einem dortigen Goldschmied in Arbeit. Er kommt krank nach Florenz zurück. Nach seiner Genesung tritt er bei seinem alten Meister Marcone in Arbeit. Pietro Torrigiani, ein italienischer Bildhauer, kommt nach Florenz und sucht junge Künstler für den König von England.

DRITTES KAPITEL 40

Benvenuto wird mit Torrigiani bekannt und wirft einen Haß auf ihn. Benvenuto befleißigt sich, nach den Kartons von Michelagnolo und Lionardo da Vinci zu studieren. Um sich in seiner Kunst zu vervollkommnen, geht er nach Rom, begleitet von einem jungen Gesellen namens Tasso. Er findet in dieser Hauptstadt große Aufmunterung sowie mancherlei Abenteuer. Nach zwei Jahren kehrt er nach Florenz zurück, wo er seine Kunst mit gutem Erfolg treibt. Seine Mitkünstler werden eifersüchtig über seine Geschicklichkeit. Streit zwischen ihm und Gherardo Guasconti. Verfolgt, weil er seinen Gegner geschlagen und verwundet, kleidet er sich in eine Mönchskutte und flieht nach Rom.

VIERTES KAPITEL 51

Benvenuto macht außerordentliches Glück in Rom. Er wird von einer edlen Dame, Porzia Chigi, höchlich aufgemuntert. Besonderes Zutrauen dieser Dame. Eifersucht zwischen ihm und Lucagnolo von Jesi. Er bläst vor Papst Klemens VII., der mit ihm wohl zufrieden ist und ihn, wegen der doppelten Fähigkeit als Goldschmied und Musikus, in Dienst nimmt. Der Bischof von Salamanca gibt ihm, auf die Empfehlung des Francesco Penni, Schülers von Raffael, Arbeit. Seltsame Abenteuer zwischen ihm und dem Bischof.

FÜNFTES KAPITEL 64

Benvenuto findet Händel und nimmt eine Herausforderung eines der Leute des Rienzi da Ceri an. Er arbeitet große Kardinalssiegel, nach Art des Lautizio. Die Pest bricht in Rom aus; während derselben hält er sich viel in den Ruinen auf und studiert dort nach den architektonischen Zieraten. Geschichte des Herrn Giacomo Carpi, berühmten Wundarztes. Begebenheiten mit einigen Vasen, welche Benvenuto gezeichnet. Nachdem die Pestilenz vorbei war, treten mehrere Künstler zusammen, Maler, Bildhauer und Goldschmiede, sich wöchentlich zu vergnügen. Angenehme Beschreibung eines dieser Bankette, welches Benvenuto durch einen glücklichen Einfall verherrlicht.

SECHSTES KAPITEL 78

Benvenuto ahmt türkische, mit Silber damaszierte Dolche nach. Ableitung des Wortes Groteske, von Zieraten gebraucht. Benvenutos Fleiß an Medaillen und Ringen. Seine Wohltaten an Luigi Pulci werden mit Undank belohnt. Leidenschaft des Pulci zu Pantasilea und tragisches Ende desselben. Kühnes Betragen Benvenutos, der die Verliebten und ihr bewaffnetes Geleit angreift. Benvenuto entkommt und versöhnt sich mit Benvegnato von Perugia.

SIEBENTES KAPITEL 88

Der Herzog von Bourbon belagert Rom. Es wird eingenommen und geplündert. Benvenuto tötet den Herzog von Bourbon durch Büchsenschüsse von der Mauer. Er flüchtet ins Kastell Sant' Angelo, wo er als Bombardier angestellt wird und sich außerordentlich hervortut. Der Prinz von Oranien fällt auf einen Kanonenschuß Benvenutos. Der Papst erkennt die Dienste des Benvenuto. Das Kastell Sant' Angelo geht über durch Vertrag.

ACHTES KAPITEL 98

Benvenuto kehrt nach Florenz zurück und kauft seinen Bann ab. Orazio Baglioni möchte ihn zum Soldatenstand bereden; aber auf seines Vaters Bitten geht er nach Mantua. Er findet seinen Freund Giulio Romano daselbst, der seine Kunst dem Herzog empfiehlt. Eine unvorsichtige Rede nötigt ihn, von Mantua zu gehen. Er kommt nach Florenz zurück, wo sein Vater indes und die meisten seiner Bekannten an der Pest gestorben. Gutes Verhältnis zwischen ihm und Michelagnolo Buonarroti, durch dessen Empfehlung er bei seinen Arbeiten sehr aufgemuntert wird. Geschichte des Federigo Ginori. Bruch zwischen Papst Klemens und der Stadt Florenz. Benvenuto folgt einem Rufe nach Rom.

NEUNTES KAPITEL 107

Benvenuto kehrt nach Rom zurück und wird dem Papste vorgestellt. Unterredung zwischen ihm und Seiner Heiligkeit. Der Papst überträgt ihm eine vortreffliche Goldschmiede- und Juwelierarbeit. Nach des Papstes Wunsch wird er als Stempelschneider bei der Münze angestellt, ungeachtet sich die Hofleute und besonders Pompeo von Mailand, des Papstes Günstling, dagegensetzen. Schöne Medaille nach seiner Erfindung. Streit zwischen ihm und Bandinello, dem Bildhauer.

ZEHNTES KAPITEL 116

Die Tochter des Raffaello del' Moro hat eine böse Hand; Benvenuto ist bei der Kur beschäftigt, aber seine Absicht, sie zu heiraten, wird vereitelt. Er schlägt eine schöne Medaille auf Papst Klemens VII. Trauriges Ende seines Bruders, der zu Rom in einem Gefechte fällt. Schmerz des Benvenuto darüber, der seinem Bruder ein Monument mit einer Inschrift errichtet und den Tod rächt. Seine Werkstatt wird bestohlen. Außerordentliches Beispiel von der Treue eines Hundes bei dieser Gelegenheit. Der Papst setzt großes Vertrauen auf Benvenuto und muntert ihn außerordentlich auf.

ELFTES KAPITEL 127

Benvenutos Feinde bedienen sich der Gelegenheit, daß falsche Münzen zum Vorschein kommen, um ihn bei dem Papste zu verleumden; allein er beweist seine Unschuld zu des Papstes Überzeugung. Er entdeckt den Schelm, der seine Werkstatt bestohlen, durch die Spürkräfte seines Hundes. Überschwemmung von Rom. Er macht eine Zeichnung zu einem prächtigen Kelche für den Papst. Mißverstand zwischen ihm und Seiner Heiligkeit. Kardinal Salviati wird Legat in Rom in des Papstes Abwesenheit, beleidigt und verfolgt Benvenuto. Eine Augenkrankheit verhindert ihn, den Kelch zu beendigen. Der Papst ist bei seiner Rückkehr erzürnt über ihn. Außerordentliche Szene zwischen ihm und Seiner Heiligkeit. Benvenuto leidet an venerischen Übeln und wird durch das Heilige Holz geheilt.

ZWÖLFTES KAPITEL 138

Geschichte eines Goldschmiedes von Mailand, der zu Parma als falscher Münzer zum Tode verdammt war und durch den Kardinal Salviati, Legaten dieser Stadt, gerettet wurde. Der Kardinal sendet ihn nach Rom als einen geschickten Künstler, der dem Benvenuto das Gegengewicht halten könne. Tobia wird von dem Papste in Arbeit gesetzt, welches Benvenuto sehr unangenehm ist. Pompeo von Mailand verleumdet ihn; er verliert seine Stelle bei der Münze. Er wird verhaftet, weil er den Kelch nicht ausliefern will, und vor den Gouverneur von Rom gebracht. Sonderbare Unterhaltung zwischen ihm und dieser Magistratsperson. Durch einen Kunstgriff überredet ihn der Gouverneur, den Kelch dem Papste auszuliefern, der ihn Benvenuto zurückschickt, mit dem Befehl, das Werk fortzusetzen.

DREIZEHNTES KAPITEL 148

Benvenuto verliebt sich in eine sizilianische Kurtisane namens Angelica, welche von ihrer Mutter geschwind nach Neapel geführt wird. Seine Verzweiflung über den Verlust der Geliebten. Er wird mit einem sizilianischen Priester bekannt, der sich mit Zauberei abgibt. Zeremonien, deren er sich bedient. Benvenuto ist bei den Beschwörungen gegenwärtig, in Hoffnung, seine Geliebte wieder zu erlangen. Wunderbare Wirkung der Beschwörung. Ihm wird versprochen, er solle Angelica innerhalb eines Monats wiedersehen. Streit zwischen ihm und Herrn Benedetto, den er tödlich mit einem Stein verwundet. Pompeo von Mailand berichtet dem Papst, Benvenuto habe den Goldschmied Tobia umgebracht. Seine Heiligkeit befiehlt dem Gouverneur von Rom, den Mörder zu ergreifen und auf der Stelle hinrichten zu lassen. Er entflieht und begibt sich nach Neapel. Auf dem Wege trifft er einen Freund, Solosmeo, den Bildhauer.

VIERZEHNTES KAPITEL 156

Benvenuto gelangt glücklich nach Neapel. Dort findet er seine Geliebte Angelica und ihre Mutter. Sonderbare Zusammenkunft dieser Personen. Er wird von dem Vizekönig von Neapel günstig aufgenommen, welcher versucht, ihn in seinen Diensten zu behalten. Angelicas Mutter macht ihm zu harte Bedingungen. Er nimmt die Einladung des Kardinals von Medici nach Rom an, da der Papst den Irrtum wegen Tobias Tod schon entdeckt hat. Besonderes und galantes Abenteuer auf der Straße. Er kommt glücklich nach Rom, wo er hört, daß Benedetto von seiner Wunde genesen ist. Er schlägt eine schöne Medaille auf Papst Klemens und wartet Seiner Heiligkeit auf. Was ihm in dieser Audienz begegnet. Der Papst vergibt ihm und nimmt ihn in seine Dienste.

FÜNFZEHNTES KAPITEL 168

Papst Klemens wird krank und stirbt. Benvenuto tötet Pompeo von Mailand. Kardinal Cornaro nimmt ihn in Schutz. Paul III. aus dem Hause Farnese wird Papst. Er setzt Benvenuto wieder auf seinen Platz als Stempelschneider bei der Münze. Pier Luigi, des Papstes natürlicher Sohn, wird Benvenutos Feind. Ursache davon. Pier Luigi bestellt einen korsikanischen Soldaten, Benvenuto zu ermorden, der die Absicht erfährt und nach Florenz geht.

SECHZEHNTES KAPITEL 177

Herzog Alexander nimmt Benvenuto sehr freundlich auf. Dieser macht eine Reise nach Venedig mit Tribolo, einem Bildhauer. Sie kommen nach Ferrara und finden Händel mit florentinischen Ausgewanderten. Nach einem kurzen Aufenthalte in Venedig kehren sie nach Florenz zurück. Wunderliche Geschichte, wie Benvenuto sich an einem Gastwirte rächt. Nach seiner Rückkunft macht ihn Alexander zum Münzmeister und schenkt ihm ein vortreffliches Schießgewehr. Ottaviano de' Medici macht Benvenuto mancherlei Verdruß. Papst Paul III. verspricht ihm Begnadigung und lädt ihn wieder nach Rom in seine Dienste. Er nimmt an und geht nach Rom zurück. Großmütiges Betragen Herzog Alexanders.

SIEBZEHNTES KAPITEL 187

Benvenuto wird bald nach seiner Rückkehr von vielen Häschern bei Nacht angegriffen, die ihn wegen des an Pompeo von Mailand verübten Mordes einfangen sollen. Er verteidigt sich tapfer und zeigt ihnen des Papstes Freibrief. Er wartet dem Papst auf, und seine Begnadigung wird auf dem Kapitol eingezeichnet. Er wird gefährlich krank. Erzählung dessen, was während dieser Krankheit vorfällt. Musterhafte Treue seines Dieners Felice.

ACHTZEHNTES KAPITEL 197

Benvenuto reist nach seiner Genesung nach Florenz mit Felice, um die vaterländische Luft zu genießen. Er findet Herzog Alexander durch den Einfluß seiner Feinde sehr gegen sich eingenommen. Er kehrt nach Rom zurück und hält sich fleißig an sein Geschäft. Feuriges Luftzeichen, als er zur Nachtzeit von der Jagd nach Hause kehrt. Seine Meinung darüber. Nachricht von der Ermordung des Herzogs Alexander, welchem Cosimo de' Medici nachfolgt. Der Papst vernimmt, daß Karl V. nach seinem glücklichen Zuge gegen Tunis nach Rom kommen werde; schickt nach Benvenuto, ein kostbares Werk zum Geschenke für Seine Kaiserliche Majestät zu bestellen. Kaiser Karl V. hält einen prächtigen Einzug in Rom. Schöner Diamant, den dieser Fürst dem Papste schenkt. Herr Durante und Benvenuto werden von Seiner Heiligkeit befehligt, die Geschenke dem Kaiser zu bringen. Diese waren zwei türkische Pferde und ein Gebetbuch mit einem goldenen Deckel. Benvenuto hält eine Rede an den Kaiser, der sich mit ihm freundlich bespricht.

NEUNZEHNTES KAPITEL 209

Dem Autor wird aufgegeben, den Diamanten zu fassen, den der Kaiser dem Papste geschenkt hatte. Herr Latino Juvenale erfindet einige Geschichten, um Seine Heiligkeit gegen Benvenuto einzunehmen, der, als er sich vernachlässigt hält, den Entschluß faßt, nach Frankreich zu gehen. Wunderbare Geschichten seines Knaben Ascanio.

ZWANZIGSTES KAPITEL 218

Benvenuto zieht mit Ascanio nach Frankreich und kommt über Florenz, Bologna und Venedig nach Padua, wo er sich einige Zeit bei dem nachherigen Kardinal Bembo aufhält. Betragen dieses Herrn gegen Benvenuto. Dieser setzt bald seine Reise fort, indem er durch die Schweiz geht. Mit großer Lebensgefahr schifft er über den Wallenstädter See. Er besucht Genf auf seinem Wege nach Lyon, und nachdem er sich vier Tage in gedachter Stadt befunden, gelangt er glücklich nach Paris.

EINUNDZWANZIGSTES KAPITEL 225

Undankbares Betragen Rossos, des Malers. Benvenuto wird dem König Franz dem Ersten zu Fontainebleau vorgestellt und sehr gnädig empfangen. Der König verlangt, ihn in seine Dienste zu nehmen; er aber, da ihn eine schnelle Krankheit heimsucht, mißfällt sich in Frankreich und kehrt nach Italien zurück. Große Gefälligkeit des Kardinals von Ferrara gegen Benvenuto. Was ihm auf dem Wege zwischen Lyon und Ferrara begegnet. Der Herzog nimmt ihn freundlich auf. Er kommt nach Rom zurück, wo er seinen treuen Diener Felice wiederfindet. Merkwürdiger Brief des Kardinals von Ferrara über das Betragen des Kardinals Gaddi. Er wird fälschlich von einem Gesellen angeklagt, als wenn er einen großen Schatz von Edelsteinen besitze, den er damals entwandt, als ihm der im Kastell belagerte Papst die Krone auszubrechen gegeben. Er wird gefangengenommen und auf die Engelsburg gebracht.

ZWEIUNDZWANZIGSTES KAPITEL 233

Herr Pier Luigi, des Papstes natürlicher Sohn, in Hoffnung, gedachten Schatz zu erhalten, überredet seinen Vater, mit der äußersten Strenge gegen Benvenuto zu verfahren. Er wird von dem Gouverneur und anderen obrigkeitlichen Personen verhört. Treffliche Rede zur Verteidigung seiner Unschuld. Pier Luigi tut alles mögliche, ihn zu verderben, indessen der König von Frankreich sich für ihn verwendet. Freundliches Betragen des Burgvogtes gegen ihn. Geschichte des Mönchs Pallavicini. Benvenuto macht Anstalten zur Flucht. Der Papst, ungehalten über das Fürwort des Königs von Frankreich, beschließt, Benvenuto in lebenslänglichem Gefängnis zu halten. Streit zwischen Benvenuto und Ascanio.

DREIUNDZWANZIGSTES KAPITEL 243

Seltsame kranke Phantasie des Burgvogtes, wodurch sein Betragen gegen Benvenuto geändert wird. Dieser wird enger als jemals eingeschlossen und mit großer Strenge behandelt. Er entflieht; Kardinal Cornaro nimmt ihn auf und verbirgt ihn eine Zeitlang.

VIERUNDZWANZIGSTES KAPITEL 252

Allgemeines Erstaunen über Benvenutos Entkommen. Geschichte einer ähnlichen Flucht Pauls des Dritten in seiner Jugend aus dem Kastell. Pier Luigi tut sein möglichstes, um seinen Vater abzuhalten, daß er Benvenuto nicht die Freiheit schenke. Kardinal Cornaro verlangt eine Gefälligkeit vom Papst und muß dagegen Benvenuto ausliefern. Er wird zum zweitenmal in die Engelsburg gebracht und von dem verrückten Burgvogt mit äußerster Strenge behandelt.

FÜNFUNDZWANZIGSTES KAPITEL 264

Erzählung der grausamen Mißhandlung, die er während seiner Gefangenschaft erduldet. Große Ergebung in sein trauriges Schicksal. Wunderbare Vision, die eine baldige Befreiung verkündet. Er schreibt ein Sonett auf sein Elend, wodurch das Herz des Burgvogtes erweicht wird. Der Burgvogt stirbt. Durante versucht Benvenuto zu vergiften. Dieser entkommt dem Tode durch den Geiz eines armen Juweliers.

SECHSUNDZWANZIGSTES KAPITEL 278

Der Kardinal von Ferrara kommt von Frankreich nach Rom zurück. Als er sich mit dem Papst bei Tafel unterhält, weiß er die Freiheit Benvenutos zu erbitten. Benvenutos Gedicht auf das Gefängnis.

SIEBENUNDZWANZIGSTES KAPITEL 287

Benvenuto besucht nach seiner Befreiung den Ascanio zu Tagliacozzo. Er kehrt nach Rom zurück und beendet einen schönen Becher für den Kardinal von Ferrara. Modell zu einem Salzfaß mit Figuren. Er verbindet sich zu den Diensten des Königs von Frankreich, Franz I., und reist mit dem Kardinal von Ferrara nach Paris. Böses Abenteuer mit dem Postmeister von Siena. Benvenuto kommt nach Florenz, wo er vier Tage bei seiner Schwester bleibt. Er kommt nach Ferrara, wo ihn der Herzog sehr wohl aufnimmt und sein Profil von ihm bossieren läßt. Das Klima ist ihm schädlich, und er wird krank. Er speist junge Pfauen und stellt dadurch seine Gesundheit wieder her.

ACHTUNDZWANZIGSTES KAPITEL 299

Mißverständnisse zwischen Benvenuto und des Herzogs Dienern, von manchen Umständen begleitet. Nach vielen Schwierigkeiten und erneutem Aufschub reist er weiter und kommt glücklich nach Lyon, von wo er sich nach Fontainebleau begibt, wo der Hof sich eben aufhält. Benvenuto wird von dem König in Frankreich sehr gnädig empfangen. Gemütsart dieses wohldenkenden Monarchen. Benvenuto begleitet den König ins Dauphiné. Der Kardinal verlangt von Benvenuto, er solle sich für ein geringes Gehalt verbinden. Benvenuto, darüber sehr verdrießlich, entschließt sich aus dem Stegreif, eine Pilgrimschaft nach Jerusalem anzutreten. Man setzt ihm nach und bringt ihn zum König zurück.

NEUNUNDZWANZIGSTES KAPITEL 310

Der König gibt Benvenuto ein schönes Gehalt und weist ihm ein großes Gebäude in Paris zu seiner Werkstatt an. Der König bestellt bei ihm lebensgroße Götterstatuen von Silber. Cellini begibt sich nach der Hauptstadt, findet aber dort Widerstand, indem er Besitz von seiner Wohnung nehmen will, welches ihm jedoch zuletzt voll glückt. Indessen er am Jupiter arbeitet, verfertigt er für Seine Majestät Becken und Becher von Silber, nicht weniger ein Salzgefäß von Gold, mit mancherlei Figuren und Zieraten. Der König drückt seine Zufriedenheit auf das großmütigste aus; Benvenuto verliert aber den Vorteil durch ein sonderbares Betragen des Kardinals von Ferrara. Der König, begleitet von Madame d'Estampes und dem ganzen Hof, besucht den Künstler. Der König läßt ihm eine große Summe Goldes zahlen. Als er nach Hause geht, wird er von vier bewaffneten Freibeutern angefallen, die er zurückschlägt.

DREISSIGSTES KAPITEL 319

Streit zwischen Benvenuto und einigen französischen Künstlern bei Gelegenheit des Metallgießens. Der Ausgang entscheidet für ihn. Benvenuto wird vom König aus eigener Bewegung naturalisiert und mit dem Schloß, worin er wohnt, Petit Nesle genannt, beliehen. Der König besucht ihn zum andernmal, begleitet von Madame d'Estampes, und bestellt treffliche Zierate für die Quelle zu Fontainebleau. Auf des Königs Befehl verfertigt er zwei schöne Modelle und zeigt sie Seiner Majestät. Beschreibung dieser Verzierung. Merkwürdige Unterredung mit dem Könige bei dieser Gelegenheit. Madame d'Estampes findet sich beleidigt, daß Benvenuto sich nicht um ihren Einfluß bekümmert. Um sich wieder bei ihr in Gunst zu setzen, will er ihr aufwarten und ihr ein Gefäß von Silber schenken, aber er wird nicht vorgelassen. Er überbringt es dem Kardinal von Lothringen. Benvenuto verwickelt sich selbst in große Verlegenheit, indem er einen Begünstigten der Madame d'Estampes, der im Schlößchen Petit-Nesle eine Wohnung bezogen, hinauswirft. Sie versucht ihm die Gunst des Königs zu entziehen, aber der Dauphin spricht zu seinem Vorteil.

EINUNDDREISSIGSTES KAPITEL 335

Madame d'Estampes muntert den Maler Primaticcio, sonst Bologna genannt, auf, durch Wetteifer Benvenuto zu quälen. Er wird in einen verdrießlichen Prozeß verwickelt mit einer Person, die er aus Petit-Nesle geworfen. Beschreibung der französischen Gerichtshöfe. Benvenuto, durch diese Verfolgungen und durch Advokatenkniffe aufs Äußerste gebracht, verwundet die Gegenpartei und bringt sie dadurch zum Schweigen. Nachricht von seinen vier Gesellen und seiner Magd Caterina. Ein heuchlerischer Geselle betrügt den Meister und hält's mit Caterina. Der Meister ertappt sie auf der Tat und jagt Caterina mit ihrer Mutter aus dem Hause. Sie verklagen ihn wegen unnatürlicher Befriedigung. Benvenuto wird bange. Nachdem er sich gefaßt und sich kühnlich dargestellt, verficht er seine eigene Sache und wird ehrenvoll entlassen. Offener Bruch zwischen Cellini und Bologna, dem Maler, weil dieser auf Eingeben der Madame d'Estampes verschiedene Entwürfe des Benvenuto auszuführen unternommen. Bologna, durch Benvenutos Drohungen in Furcht gesetzt, gibt die Sache auf. Cellini bemerkt, daß Pagolo und Caterina ihr Verhältnis fortsetzen, und rächt sich auf eine besondere Weise.

ZWEIUNDDREISSIGSTES KAPITEL 350

Benvenuto bringt dem König ein Salzgefäß von vortrefflicher Arbeit, von welchem er früher eine genaue Beschreibung gegeben. Er nimmt ein anderes Mädchen in seine Dienste, das er Scorzone nennt, und zeugt eine Tochter mit ihr. Der König besucht Benvenuto wieder, und da er seine Arbeit sehr zugenommen findet, befiehlt er, ihm eine ansehnliche Summe Geldes auszuzahlen, welches der Kardinal von Ferrara wie das vorige Mal verhindert. Der König entdeckt, wie Benvenuto verkürzt worden, und befiehlt seinem Minister, demselben die erste Abtei, welche ledig würde, zu übertragen. Madame d' Estampes, in der Absicht, Benvenuto ferner zu verfolgen, erbittet von dem König für einen Destillateur die Erlaubnis, das Ballhaus in Petit-Nesle zu beziehen. Cellini widersetzt sich und nötigt den Mann, den Ort zu verlassen. Benvenuto triumphiert, indem der König sein Betragen billigt. Er begibt sich nach Fontainebleau mit der silbernen Statue des Jupiter. Bologna, der Maler, der eben Abgüsse antiker Statuen in Erz von Rom gebracht, versucht den Beifall, den Benvenuto erwartet, zu verkümmern. Parteilichkeit der Madame d' Estampes für Bologna. Des Königs gnädiges und großmütiges Betragen gegen Benvenuto. Lächerliche Abenteuer des Ascanio.

DREIUNDDREISSIGSTES KAPITEL 367

Der Krieg mit Karl V. bricht aus. Benvenuto soll zur Befestigung der Stadt mitwirken. Madame d' Estampes sucht den König durch fortgesetzte Kunstgriffe gegen Benvenuto aufzubringen. Seine Majestät macht ihm Vorwürfe, gegen die er sich verteidigt. Madame d' Estampes wirkt nach ihren ungünstigen Gesinnungen weiter fort. Benvenuto spricht abermals den König und bittet um Urlaub nach Italien, den ihm der Kardinal Ferrara verschafft.

VIERUNDDREISSIGSTES KAPITEL 376

Benvenuto, der seine Angelegenheiten in Ordnung gebracht, überläßt zwei Gesellen Haus und Habe und macht sich auf den Weg nach Italien. Ascanio wird ihm nachgeschickt, um zwei Gefäße, die dem König gehören, zurückzufordern. Schrecklicher Sturm in der Nachbarschaft von Lyon. Benvenuto wird in Italien von dem Grafen Galeotto von Mirandola eingeholt, der ihm die Hinterlist des Kardinals von Ferrara und seiner zwei Gesellen entdeckt. In Piacenza begegnet er dem Herzog Pier Luigi. Was bei dieser Zusammenkunft vorkommt. – Er gelangt glücklich nach Florenz, wo er seine Schwester mit ihren sechs jungen Töchtern findet. Cellini wird von dem Großherzog Cosimo de' Medici sehr gnädig aufgenommen. Nach einer langen Unterhaltung begibt er sich in des Herzogs Dienste. Der Herzog weist ihm ein Haus an, um darin zu arbeiten. Die Diener des Herzogs verzögern die Einrichtung. Lächerliche Szene zwischen ihm und dem Haushofmeister.

FÜNFUNDDREISSIGSTES KAPITEL 387

Der König von Frankreich wird durch Verleumdung der Gesellen Benvenutos gegen ihn eingenommen, wodurch er nach Frankreich zu gehen verhindert wird. Er unternimmt, eine Statue des Perseus zu gießen, findet aber große Schwierigkeiten während des Ganges der Arbeit, indem der Bildhauer Bandinello sich eifersüchtig und tückisch gegen ihn beträgt. Er erhält Briefe aus Frankreich, worin er getadelt wird, daß er nach Italien gegangen, ehe er seine Rechnung mit dem König abgeschlossen. Er antwortet und setzt eine umständliche Rechnung auf. Geschichte eines Betruges, den einige Diener des Herzogs beim Verkauf eines Diamanten begehen. Des Herzogs Haushofmeister stiftet ein Weib an, Benvenuto wegen unnatürlicher Befriedigung mit ihrem Sohne anzuklagen. Benvenuto, verdrießlich über das Betragen der herzoglichen Diener, begibt sich nach Venedig, wo ihn Tizian, Sansovino und andere geschickte Künstler sehr gut behandeln. Nach einem kurzen Aufenthalt kehrt er nach Florenz zurück und fährt in seiner Arbeit fort.

SECHSUNDDREISSIGSTES KAPITEL 401

Den Perseus kann Benvenuto nicht zum besten fördern, weil es ihm an Hilfsmitteln fehlt; er beklagt sich deshalb beim Herzog. Die Herzogin beschäftigt ihn als Juwelier und wünscht, daß er seine ganze Zeit auf diese Arbeit verwende; aber aus Verlangen, sich in einem höheren Felde zu zeigen, greift er seinen Perseus wieder an. Die Eifersucht des Bandinello legt Benvenuto unzählige Schwierigkeiten in den Weg, wodurch der Fortgang seines Werkes durchaus behindert wird. In einem Anfall von Verzweiflung geht er nach Fiesole, einen natürlichen Sohn zu besuchen, und trifft auf seinem Rückweg mit Bandinello zusammen. Erst beschließt er, ihn zu ermorden; doch da er sein feiges Betragen erblickt, ändert er den Sinn, fühlt sich wieder ruhig und hält sich an sein Werk. Unterhaltung zwischen ihm und dem Herzog über eine antike Statue, die Benvenuto zum Ganymed restauriert. Nachricht von einigen Marmorstatuen Cellinis, einem Apoll, Hyazinth und Narziß. Durch einen Zufall verliert er fast sein Auge. Art seiner Genesung.

SIEBENUNDDREISSIGSTES KAPITEL 415

Der Herzog zweifelt an Benvenutos Geschicklichkeit, in Erz zu gießen, und hat hierüber eine Unterredung mit ihm. Benvenuto gibt einen hinreichenden Beweis seiner Kunst, indem er den Perseus gießt. Die Statue gerät zu aller Welt Erstaunen und wird unter vielen Hindernissen mit großer Anstrengung vollendet.

ACHTUNDDREISSIGSTES KAPITEL 426

Benvenuto erhält einen Brief von Michelagnolo, betreffend eine Porträtbüste des Bindo Altoviti. Er geht mit des Herzogs Erlaubnis nach Rom, zu Anfang der Regierung des Papstes Julius des Dritten. Nachdem er diesem aufgewartet, besucht er den Michelagnolo, um ihn zum Dienste des Herzogs von Toskana zu bereden. Michelagnolo lehnt es ab mit der Entschuldigung, weil er bei St. Peter angestellt sei. Benvenuto kehrt nach Florenz zurück und findet eine kalte Aufnahme bei dem Herzog, woran wohl die Verleumdungen des Haushofmeisters Ursache sein mochten. Er wird mit dem Fürsten wieder ausgesöhnt, fällt aber sogleich wieder in die Ungnade der Herzogin, weil er ihr bei einem Perlenhandel nicht beisteht. Umständliche Erzählung dieser Begebenheit. Bernardone setzt es beim Herzog durch, daß dieser gegen Benvenutos Rat die Perlen für die Herzogin kauft. Diese wird Benvenutos unversöhnliche Feindin.

NEUNUNDDREISSIGSTES KAPITEL 436

Der Herzog fängt mit den Bewohnern von Siena Krieg an. Benvenuto wird mit anderen zur Ausbesserung der florentinischen Festungswerke angestellt. Wortstreit zwischen ihm und dem Herzog über die beste Befestigungsart. Cellinis Händel mit einem lombardischen Hauptmann, der ihm unhöflich begegnet. Entdeckung einiger Altertümer in Erz in der Gegend von Arezzo. Die verstümmelten Figuren werden von Benvenuto wiederhergestellt. Er arbeitet in des Herzogs Zimmern daran, wobei er Hindernisse von seiten der Herzogin findet. Seltsamer Auftritt zwischen ihm und ihrer Hoheit. Er versagt ihr die Gefälligkeit, einige Figuren von Erz in ihrem Zimmer aufzustellen, wodurch das Verhältnis zwischen beiden verschlimmert wird. Verdruß mit Bernardo, dem Goldschmied. Der Verfasser vollendet seine berühmte Statue des Perseus; sie wird auf dem Platze aufgestellt und erhält großen Beifall. Besonders der Herzog ist sehr zufrieden damit. Benvenuto wird von dem Vizekönig nach Sizilien berufen, will aber des Herzogs Dienste nicht verlassen. Sehr vergnügt über die gelungene Arbeit, unternimmt er eine Wallfahrt von wenigen Tagen nach Vallombrosa und Camaldoli.

VIERZIGSTES KAPITEL 450

Benvenuto begegnet auf seinem Wege einem alten Alchemisten von Bagno, der ihm von einigen Gold- und Silberminen Kenntnis gibt und ihn mit einer Karte von seiner eigenen Hand beschenkt, worauf ein gefährlicher Paß vermerkt ist, durch welchen die Feinde in des Herzogs Land kommen könnten. Er kehrt damit zum Herzog zurück, der ihn wegen seines Eifers höchlich lobt. Differenz zwischen ihm und dem Herzog wegen des Preises des Perseus. Man überläßt es der Entscheidung des Girolimo Albizzi, welcher die Sache keineswegs zu Benvenutos Zufriedenheit vollbringt. Neues Mißverständnis zwischen ihm und dem Herzog, welches Bandinello und die Herzogin vermitteln sollen. Der Herzog wünscht, daß er halberhabene Arbeiten in Erz für den Chor von Santa Maria del Fiore unternehmen möge. Nach wenig Unterhaltungen gibt der Herzog diesen Vorsatz auf. Benvenuto erbietet sich, zwei Pulte für den Chor zu machen und sie mit halberhabenen Figuren in Erz auszuzieren. Der Herzog billigt den Vorschlag.

EINUNDVIERZIGSTES KAPITEL 461

Streit zwischen Benvenuto und Bandinello, wer die Statue des Neptuns aus einem großen vorrätigen Stück Marmor machen solle. Die Herzogin begünstigt Bandinello; aber Benvenuto bewegt durch eine kluge Vorstellung den Herzog zur Erklärung, daß der die Arbeit haben solle, der das beste Modell mache. Benvenutos Modell wird vorgezogen, und Bandinello stirbt vor Verdruß. Durch die Ungunst der Herzogin erhält Ammannato den Marmor. Seltsamer Kontrakt Benvenutos mit einem Viehhändler mit Namen Sbietta. Das Weib dieses Mannes bringt Benvenuto Gift bei, und er wird mit Mühe gerettet. Benvenuto wird während seiner Krankheit, welche sechs Monate dauert, bei Hofe von Ammannato verdrängt.

ZWEIUNDVIERZIGSTES KAPITEL 475

Benvenuto wird nach seiner Genesung besonders von Don Francesco, des Herzogs Sohn, begünstigt und aufgemuntert. Großes Unrecht, das er von dem Magistrat in einem Prozeß erduldet, den er mit Sbietta führt. Er begibt sich zum Herzog nach Livorno und trägt ihm seine Angelegenheit vor, findet aber keine Hilfe. Das Gift, das er bei Sbietta bekommen, reinigt seinen Körper anstatt ihn zu zerstören und stärkt seine Leibesbeschaffenheit. Fernere Ungerechtigkeit, die er in seinem Rechtsstreite mit Sbietta durch den Verrat des Raffaello Schieggia erfährt. Der Herzog und die Herzogin besuchen ihn, als sie von Pisa zurückkommen. Er verehrt ihnen bei dieser Gelegenheit einen trefflich gearbeiteten Kruzifixus. Der Herzog und die Herzogin versöhnen sich mit ihm und versprechen ihm alle Art von Beistand und Aufmunterung. Da er sich in seiner Erwartung getäuscht findet, ist er geneigt, einem Vorschlag Gehör zu geben, den Caterina de' Medici, verwitwete Königin von Frankreich, an ihn gelangen läßt, zu ihr zu kommen und ihrem Gemahl, Heinrich dem Zweiten, ein prächtiges Monument zu errichten. Der Herzog läßt merken, daß es ihm unangenehm sei, und die Königin geht von dem Gedanken ab. Der Kardinal de' Medici stirbt, worüber am florentinischen Hofe große Trauer entsteht. Benvenuto reist nach Pisa.

EDITORISCHE ANMERKUNG

Das Originalmanuskript der ›Vita‹, das im Nachlaßinventar Cellinis nicht verzeichnet ist, besaß nach Benvenutos Tod sein Freund Andrea Cavalcanti. Von einem seiner Erben gelangte die Handschrift in den Besitz des Arztes und Schriftstellers Francesco Redi, danach verschwand sie in der Bibliothek eines Jesuitenklosters, bis sie 1805 im Laden des Buchhändlers Cecchino dal Seminario von einem gewissen Herrn de Poirot wiederentdeckt wurde. Laut Testament des letzten Besitzers gelangte das Manuskript 1825 an die Biblioteca Medicea Laurenziana zu Florenz. Die erste Drucklegung der ›Vita‹ nach der Originalhandschrift erfolgte durch F. Tassi 1829 in Florenz. Eine weitere kritische Edition wurde ebenda von O. Bassi 1901 herausgegeben. Diese Ausgabe benutzte Heinrich Conrad für seine Übertragung aus dem Italienischen ins Deutsche. Sie erschien erstmals im Jahre 1908. Die Fußnoten, vom Übersetzer für die Erstausgabe formuliert, wurden von Michael Mathias Prechtl überarbeitet, ergänzt und auf den neuesten Wissensstand gebracht.

In deutscher Sprache wurde ›Das Leben des Benvenuto Cellini‹ durch Goethe bekanntgemacht, zuerst 1796/97 in Schillers Monatsschrift ›Die Horen‹, 1803 als Buchausgabe im Verlag der J.G.Cottaschen Buchhandlung. Goethe hatte für seine Übersetzung nicht den Originaltext als Vorlage, sondern eine Ausgabe, die nach einer fehlerhaften, unvollständigen Abschrift gedruckt worden war. Bei seiner Bearbeitung änderte er noch einiges, anderes kürzte er oder ließ es ganz weg. So wurde aus Cellinis ungebärdiger Vita Goethe-Literatur. Die hier vorgelegte Ausgabe bringt den Lebensbericht vollständig, also weniger Weimarer Klassik, mehr Florentiner Original.

Alle Rechte vorbehalten
© Büchergilde Gutenberg, Frankfurt am Main und Wien 1994

Typographie und Einbandgestaltung Heinz Richter, Hanau-Steinheim
Schutzumschlag und Bildlayout Michael Mathias Prechtl
Die Bilder werden in Originalgröße wiedergegeben, oben, rechts und unten
geringfügig beschnitten
Gesetzt aus der Bembo auf Berthold-Syntax von Dörlemann-Satz, Lemförde
Lithographie Reprotechnik Staudacher GmbH, Nürnberg
Papier für den Text holzfrei weiß Prolitho Offsetpapier, 100 g/qm
der Firma GD Drewsen, Spezialpapiere, Lachendorf
Papier für die Bilder Ikonofix matt gestrichen, 135 g/qm
der Papierfabrik Albbruck
Druck des Textes Paul Robert Wilk, Friedrichsdorf im Taunus
Druck der Bilder Fritz Osterchrist KG, Nürnberg
Bindung G. Lachenmaier, Reutlingen
Printed in Germany 1993

Ausgabe für den Buchhandel
beim Verlag C. H. Beck München
ISBN 3 406 38123 5